让法律被信仰

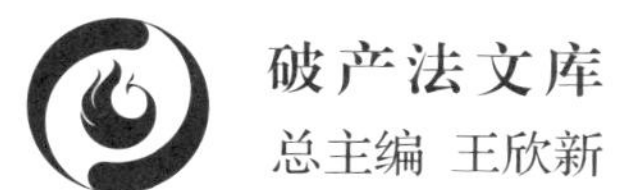

破产法文库

总主编 王欣新

论坛系列

王欣新 郑志斌 主编

BANKRUPTCY
LAW
FORUM

破产法论坛

第十六辑

王欣新 郑志斌 主编

法律出版社
LAW PRESS·CHINA

《破产法文库》编审委员会

总 序

现代破产法融清算退出与挽救更生程序于一体，是警醒正常市场主体“向死而生”之法，是帮助困境企业“涅槃重生”之法，是促使失败企业“规范退出”之法。破产法律制度是市场经济法律体系不可或缺的重要组成部分，甚至被称为市场经济之“宪法”。市场经济社会的基本法则乃公平竞争、优胜劣汰。故，凡市场经济之法治国家，无不将破产法视为其法律体系不可或缺之重要组成部分，并将其作为评价一国市场经济地位和营商环境水准的重要标志。

中国自改革开放以来，高度重视营商环境建设。1986 年 12 月 2 日第六届全国人民代表大会常务委员会审议通过了《企业破产法（试行）》，于 1988 年 11 月 1 日起施行。2006 年 8 月 27 日第十届全国人民代表大会常务委员会第二十三次会议审议通过了《企业破产法》，自 2007 年 6 月 1 日起施行，《企业破产法（试行）》同时废止。2013 年 11 月《中共中央关于全面深化改革若干重大问题的决定》指出：“健全优胜劣汰市场化退出机制，完善企业破产制度”。2014 年 10 月《中共中央关于全面推进依法治国若干重大问题的决定》指出：“社会主义市场经济本质上是法治经济。使市场在资源配置中起决定性作用和更好发挥政府作用，必须以保护产权、维护契约、统一市场、平等交换、公平竞争、有效监管为基本导向,完善社会主义市场经济法律制度。”2018 年 8 月第十三届全国人大常委会立法规划发布,《企业破产法》的修订纳入立法规划,属于“需要抓紧工作、条件成熟时提请审议”的项目。2018 年 11 月中央全面深化改革委员会第五次会议审议通过了《加快完善市场主体退出制度改革方案》,将加快以破产法为核心的市场主体退出制度建立健全的步伐,以更好地服务供给侧结构性改革和营商环境优化建设。

我国破产法的历史虽然短暂,但也已走过了 30 余个春秋,《企业破产法》及其司法解释构成了较为完整的破产法制度体系,全国各地各级法院组建了约 100 家破产审判庭,北京、上海、深圳三地更是在最高人民法院的批准下组建了破产法庭,破产审判的法治化、专业化建设取得了长足的进步,破产案件数量逐渐上升,破产法的理念、文化与制度规则也得到了更广泛的传播和认可。

破产法律制度的建立健全和破产审判的法治化、常态化推进,是市场经济可持续发展、营商环境优化建设的重要保障,市场经济之发展亦注定离不开破产法学研究之繁荣。中国人民大学破产法研究中心和北京市破产法学会自成立以来,始终坚持学术为本、理论联系实际和以问题为导向的研究理念,不遗余力地创办“中国破产法论坛”及其专题研讨会等权威交流平台,多年来持续编辑出版《破产法论坛》等图书,凝聚了中国破产法理论与实务界之顶尖研究力量,致力于破产法治事业之发展与进步,赢得了全体“破人”之赞誉与支持。

为进一步整合中国破产法理论界与实务界之研究力量,经与浙江省高级人民法院民四庭庭长章恒筑法官、中国人民大学破产法研究中心副主任郑志斌律师、中国人民大学破产法研究中心副主任兼秘书长徐阳光教授、法律出版社法治与经济出版分社社长沈小英编审反复商议,中国人民大学破产法研究中心、北京市破产法学会决定联合法律出版社创办“破产法文库”,面向国内外同仁开放。

“破产法文库”设置 5 个子系列,其中,学术系列希冀广纳中国学界高水准之破产法专著;译著系列拟推介域外之经典破产法文献与法典;论坛文集系列继续推出“中国破产法论坛”及其专题研讨会之优秀论文;实务系列侧重出版破产法实务经验总结之佳作;茶座系列则旨在分享破产法实施中的趣闻轶事以及破产法同仁办理破产案件的心得体会。

从历史上看,中国缺乏破产法文化传统与理论实务研究积淀。“破产法为一重要之法律,然学者研究之者,远不如研究民刑之法之夥;良以向者适用较少,兴趣遂减。”民国法学家吴传颐先生数十年前之感慨，仍让今人有现实之叹。而今，破产法的社会调整作用日益得到人们的认可与重视，破产法的研究也日益深入。破产法是一个综合性的法学领域，破产法治建设是我们共同的事业追求。但愿“破产法文库”之创办能够团结更多法学同仁来关注和研究破产法理论与实践之重点难点问题，并将自己高水平的研究成果纳入文库中出版，共同推动中国破产法学术之繁荣、立法之完善与司法之进步。

是为序！

王欣新*

2016年7月16日撰写

2019年2月26日修订

---

* 中国人民大学法学院教授、博士研究生导师，中国人民大学破产法研究中心主任，北京市破产法学会会长。

序　言

我国现行《企业破产法》自2007年6月1日起施行，我们选择在《企业破产法》实施10周年之际举办第八届中国破产法论坛，旨在回顾过往10年历程和展望未来制度发展，这是一次具有历史纪念意义的全国破产法同仁的盛会。作为论坛的组织者，我们很高兴看到论坛的吸引力越来越强，1000余人报名参会，与会嘉宾的参会热情和他们对破产法的热爱，让我们感觉到10多年来的坚持和付出都是值得的，也昭示着破产法治建设的明天一定会更好。

本届论坛的举办，一如既往地得到了最高人民法院、中国人民大学法学院、北京市法学会等单位的大力支持，中国国际贸易促进委员会法律事务部加入主办单位行列，给我们带来了新的力量与发展机遇。我们还要特别感谢北京市破产法学会团体会员北京市金杜律师事务所、北京大成律师事务所、北京市中伦律师事务所、北京市炜衡律师事务所、山东华信清算重组集团、江苏新天伦律师事务所等单位的协办支持。

本届论坛共收到了220余篇会议论文，我们组织评审专家评选了24篇优秀论文并在论坛闭幕式举行了颁奖仪式。论坛结束之后，我们鼓励支持作者将参会论文修改定稿并投给报纸杂志公开发表，以更好地传播破产法的文化和理念。在论坛文集遴选出版过程中，考虑到部分参会论文已经公开发表,为了避免出版内容的重复,也为了尊重作者和报社、杂志社的著作权,我们原则上未收入已发表论文,而是制成清单附后,以方便大家检索阅读。为了更好地回顾论坛研讨过程,我们特意整理了论坛全程文字实录。特别感谢中国人民大学破产法研究中心副主任兼秘书长徐阳光教授及其团队成员范志勇、陈科林、李奇等人的编辑整理,感谢法律出版社法治与经济分社社长、编审沈小英老师及其团队成员的精心编辑出版。

中国破产法论坛及其专题研讨会是我们精心打造的公益学术品牌,近年来的活动日益丰富和频繁,每次收集到的会议论文数量非常多。不仅为理论界与实务界的同仁提供了分享智慧和交流经验的高端平台,更是鼓励和引导破产法同仁撰写了系列的研究成果。对此,我们甚感欣慰,因为这正是我们多年来秉承公益心态和开放格局举办论坛活动所追求的目标。略感遗憾的是,组委会秘书处的工作压力相对增加,"破产法文库"之"论坛文集系列"的编辑出版工作时间相对滞后,特此表示敬请大家谅解,让我们继续共同努力,推动破产法治建设取得更大的进步。

是为序。

王欣新 郑志斌*

2020年2月3日

---

* 郑志斌,北京大成律师事务所高级合伙人,中国人民大学破产法研究中心副主任,北京市破产法学会副会长,东亚破产重组协会中国区副会长,北京市破产管理人协会副会长,法学博士,中国人民大学法学院兼职教授,吉林大学法学院校外合作导师。

目　录

一、第八届中国破产法论坛开幕致辞

二、第八届中国破产法论坛主题演讲

三、破产法实施情况与企业挽救制度

四、债务人财产、破产债权与管理人制度

五、论坛全程文字实录与已发表论文清单

一、第八届中国破产法论坛开幕致辞

中国破产法论坛组委会主任王欣新开幕式致辞

欢迎各位嘉宾光临由中国人民大学法学院、中国人民大学破产法研究中心、中国国际贸易促进委员会法律事务部、北京市破产法学会共同主办的“第八届中国破产法论坛暨《企业破产法》实施十周年纪念研讨会”。

2017年恰逢《企业破产法》实施10周年,所以本届论坛的主题是对《企业破产法》实施10周年的成就与展望,以此彰显我国破产法所取得的巨大社会成就以及对经济发展的巨大促进作用。10年来,《企业破产法》经历了艰难的发展历程,从实施初期全国破产案件受理数量持续下降,到如今案件受理数量不断攀升,这一巨大的变化得益于党中央、国务院对破产法和企业市场化退出机制的充分重视,得益于在座各位同仁的共同努力。

随着《企业破产法》的颁布与实施,中国破产法论坛也在各位同仁的关心和参与之下茁壮成长起来。中国破产法论坛的前身是2006年年底召开的企业破产法国际研讨会。2008年5月31日第一届中国破产法论坛在北京召开,时至今日已经召开了八届中国破产法论坛大会,6次中国破产法论坛专题研讨会。本届论坛共收到参会论文220余篇,编入会议论文集的有近190篇论文。出席大会的嘉宾有来自全国各地包括我国香港特别行政区、台湾地区的专家学者,法官,政府工作人员,还有金融机构、企业以及律师、会计师等中介机构人员共850余人。参会的人数、论文征集数量再次打破中国破产法论坛的纪录,可谓盛况空前,反映出社会各界对《企业破产法》实施与完善极大的关注,以及对中国破产法论坛的热情支持和参与,让我们为之振奋。本届破产法论坛对提交的论文进行了评奖,共评出一等奖6名、二等奖8名、三等奖10名,以上奖项将在会议闭幕阶段予以颁发。会后,我们还将对提交会议的论文择优编入"破产法文库"中的"破产法论坛"系列文集公开出版。

中国破产法论坛设立以来,以理论研究与司法实务并举,专家学者与法官、管理人、企业人员等实务工作人士互动共建的方式,积极地推动我国破产立法和实施的完善进度。中国破产法论坛在各位嘉宾和各位同仁的参与之下,已经成为我国破产法领域进行学术理论和实务经验交流的稳定而权威的平台,得到了社会各界的热情支持与高度好评。中国破产法论坛将在大家的参与和支持之下,致力于破产立法的完善,为破产法司法解释的制定和司法实务中难题的解决不断地作出努力和贡献。本届中国破产法论坛在《企业破产法》实施10周年成就与展望的主题之下,还设置了若干个推荐专题、前沿论题作为具体的议题,包括管理人制度、债务人财产制度、个人破产制度等,在友谊宾馆的聚英厅中将再次汇聚群英,百家争鸣、分享智慧,共同为中国破产法的实施与完善继续奋斗。论坛组委会也希望各位嘉宾能够对中国破产法论坛这一共同交流平台的创新、发展与完善提出宝贵的建议。

最后,感谢各位领导和嘉宾的光临与支持,感谢北京市破产法学会全体会员对论坛各方面工作的大力支持,感谢以学会徐阳光秘书长为首的论坛会务组的辛勤工作,祝论坛圆满成功,祝各位与会嘉宾在破产法的研究上事业有成!谢谢!

中国人民大学法学院党委书记兼副院长林嘉开幕式致辞

值此《企业破产法》实施10周年之际,“第八届中国破产法论坛暨《企业破产法》实施十周年纪念研讨会”隆重召开,在此请允许我代表主办方之一——中国人民大学法学院,对来自全国各地800多位与会嘉宾的到来表示最热烈的欢迎,对最高人民法院、北京市法学会、中国国际贸易促进委员会等单位给予的大力支持表示衷心的感谢。

破产法是市场经济法律体系中的重要内容,是衡量一个国家市场经济发达程度的重要标杆。我国现行的《企业破产法》于2006年8月颁布,2007年6月1日起实施,至今正好10周年。在当前国家供给侧结构性改革和“僵尸企业”处置工作方针的指引下,《企业破产法》的实施受到了前所未有的重视。近年来,最高人民法院制定了一系列的司法解释,全国各地法院积极探索出了很多很好的审判经验,中央和地方各级人民政府也出台了相应措施来推动破产法的实施,学界对破产法的研究空前繁荣。中国人民大学法学院、中国人民大学破产法研究中心、北京市破产法学会等研究机构,通过主办中国破产法论坛及其专题研讨会,凝聚各界从事破产法理论研究和实务工作的有识之士,出版了一系列研究成果,推动了破产法学科的发展,也为破产法事业做出了积极的贡献。

今天,我们在此召开盛会,以《企业破产法》的成就与展望为主题进行研讨,最高人民法院杜万华专委出席本次会议,贺小荣庭长也将发表演讲,全国多个省高院的副院长、民二庭庭长带队出席本次研讨会,提交了近年来法院破产审判工作的报告,大会还收到了近200篇参会论文,这是中国破产法领域最高规格、最大规模的学术盛会,相信本次会议必将对中国破产法的发展产生积极的影响。

我是从事社会法研究的学者,也非常关注在破产企业处置过程中相关职工权益保护的问题,包括劳动债权在破产债权中的顺位问题,企业破产重整过程中的劳动者安置问题、经济补偿金问题、社会保障问题,等等。我希望本次论坛能够对企业破产过程中的劳动法问题展开研讨,并且今后能有机会推动破产法学界与劳动法学界共同交流和研讨。中国人民大学法学院一直非常重视破产法的教学科研工作,王欣新教授很早就在中国人民大学开设了破产法课程,他的课程还被评为"国家级网络精品课程",与此同时,王教授也培养了一大批从事破产法理论和实务工作的学生。王欣新教授、汤维建教授都参与了中国破产法的起草、制定、论证工作。中国人民大学破产法研究中心是全国著名的破产法研究基地,中心在举办中国破产法论坛,推出破产法文库等系列研究成果的同时,也深度参与破产立法和司法工作,尤其是王欣新教授和徐阳光教授通过教学、科研和社会服务工作,取得了非常好的成绩,在此向他们表示衷心的感谢。

中国人民大学法学院和中国人民大学破产法研究中心的发展离不开各位领导、各位专家长期以来的关心和支持,在此我代表中国人民大学法学院对各位领导、各位同仁的关心、支持表示衷心的感谢。最后预祝本届论坛取得圆满成功,谢谢!

中国国际贸易促进委员会法律事务部副部长刘超开幕式致辞

中国贸易促进委员会(以下简称中国贸促会)法律事务部很高兴与中国人民大学法学院、中国人民大学破产法研究中心、北京市破产法学会在这里共同举办“第八届中国破产法论坛暨《企业破产法》实施十周年纪念研讨会”。首先,我对来自全国各地的800多名破产法理论界和实务界的专家表示衷心感谢,对出席会议的各位来宾表示热烈欢迎!

一、企业破产法实施10年取得的成绩

破产法是我国市场经济体系中实现市场主体优胜劣汰的重要法律机制,也是促进市场统一、恢复市场信用的基础性法律。从2007年6月1日《企业破产法》实施10年以来,我国经济社会取得了巨大发展,我国企业破产法制度在经济改革和市场经济建设大潮中同步变迁。《企业破产法》立法者、改革者和实践者们经历了“十年磨一剑”的艰难探索和不懈努力,可以说我国破产法中的很多制度都是先进的,实践中探索出来的很多经验都是宝贵的,这与在座各位专家学者的努力是息息相关的。

二、企业破产法实施10年存在的问题

如王欣新教授所言,破产法是衡量市场经济法制完善程度之标志。我国的破产法汲取了国际先进经验,立法上取得了很大的进步。但我们看到,这样一部反映先进市场经济理念的《企业破产法》,由于中国转型期的经济社会环境制约,仍存在一些不尽如人意的地方。在国家削减过剩产能政策背景下,目前我国企业每年正常退出市场比例仅为10%,破产法作为企业退出市场的重要机制,其利用率仍有待提高。破产重整制度地方利益化问题严重,其市场化、商业化的制度优势没能发挥出来。一些没有重整价值的企业却采用重整方式解决自身问题,破产退出机制本末倒置。现有破产管理人模式混乱,中介组织在管理人角色中定位不清,存在不良竞争行为。此外,企业境外破产债权维权意识薄弱,跨境破产法律业务发展仍有巨大潜力尚未被开发,很多企业尚不能充分利用跨境重整和并购制度有效延伸海外市场。

三、中国贸促会围绕破产法已开展的工作

2016年G20峰会上,中美领导人就发挥破产制度解决产能过剩问题达成重要共识。习近平总书记指出,“中方高度重视运用兼并重组和破产重整、破产和解、破产清算制度和机制依法解决产能过剩问题。”在这一背景下,中国贸促会从代言工商、“服务政府、服务企业”的角色定位出发,开始着力推动跨境破产制度在我国的发展。法律事务部多次派员赴奥地利维也纳、美国纽约参加联合国国际贸易法委员会破产法工作组会议,跟踪跨国破产的国际立法发展;与国际破产协会建立联系,探讨开展破产法国际合作;与中国人民大学法学院和北京市破产法学会对接合作资源;与中美破产法知名的法律、金融服务机构达成合作意向,为企业提供跨境破产法律服务等。中国贸促会将充分发挥与各国工商界的多边和双边合作平台资源,为中国破产法实务界和理论界提供更高的国际发展舞台。

四、中国贸促会推动中国破产法发展的下一步计划

(一)搭建中外破产法国际交流平台

联合国国际贸易法委员会是我国参与国际经贸规则制定,提升我国在跨国破产法律制定话语权的重要平台。中国贸促会从2016年起深度参与联合国贸法会破产法、电子商务、担保法、中小企业等多个工作组的规则制定之中,在把握国际规则发展进程的同时,代表工商界适时推动中国立法进程。中国贸促会将与国际破产协会等国际组织加强在破产法立法和实践对接,促进中外破产法立法及实践经验的研讨与合作,从工商界角度为中国破产法发展改革建言献策。

(二)整合法律服务资源为企业提供破产法律服务

中国贸促会企业权益保护中心成立于2015年12月,成立至今已为上百家企业提供行业性、集合性的法律服务,这其中包括为行业企业开展法律抗辩、经贸游说、行业自律等特色服务。面对中国企业跨境破产债权维权难问题,企业权益保护中心将整合国内国外破产法领域优秀的法律、会计、金融等服务团队资源,为中国企业提供跨境破产服务业务,帮助中国企业嫁接海外优质破产法律服务资源,打通海外破产案件信息来源渠道,切实落实“一带一路”倡议,为企业提供海外债权追索、海外重组并购等服务,提升企业经贸投资活跃度。

(三)推动破产法律业务与金融资本业务的对接融合

经过多年的实践反思,越来越多的实践者认识到破产法除使债权人获得平等受偿外的重要商业本质。破产重整与并购为企业和社会带来的商业价值是巨大的。目前我国已有一些危困企业投资机构或基金的出现,金融资本的注入使破产企业的价值和活力被激发。中国贸促会将进一步推动破产法律服务与金融服务的对接和合作,发挥中国企业与投资、金融、法律服务机构之间的桥梁作用,计划在2017年下半年举办中国破产重组与投资并购论坛,帮助企业转变观念,创新思维,运用多种金融工具为重整企业和社会经济服务。

最后,预祝第八届中国破产法论坛暨《企业破产法》实施10周年纪念研讨会取得圆满成功!

北京市法学会党组书记韩耕开幕式致辞

今天，我们在这里隆重举办“第八届中国破产法论坛”，800多名专家学者齐聚一堂，共同参与专业领域的法学研究，既是北京市法学会所属研究组织举办的一次十分重要的学术研究活动，也是首都法学法律界和法学研究领域中的一件大事。

在此，我代表北京市法学会向此次论坛的顺利召开表示热烈祝贺，向出席和参加本届论坛的各位领导、专家学者表示热烈欢迎，向为本次论坛的成功举办付出辛勤劳动和给予大力支持的破产法学会、中国人民大学等有关单位的各位领导、各位同仁和工作人员表示衷心感谢！

北京市破产法学会与中国人民大学破产法研究中心联合有关部门共同主办的中国破产法论坛及其专题研讨会，在国内外产生了积极而深远的影响。至今，中国破产法论坛已成功主办7届全国性的论坛，同时还分别在北京、杭州、温州、绍兴、苏州等地主办了6次全国性的专题研讨会，每次会议规模都很大，会议成果都通过“破产法文库”的5个系列公开出版，并通过专项报告的形式向中央有关部门建言献策，发挥了全国破产法领域的智库作用。

2017年6月1日，是我国《企业破产法》实施10周年之日。为了更好地总结《企业破产法》实施10周年的成就与问题，推动我国破产立法和司法的进步，北京市破产法学会联合中国人民大学法学院、中国国际贸易促进委员会法律事务部、中国人民大学破产法研究中心共同主办"第八届中国破产法论坛暨《企业破产法》实施十周年纪念研讨会"。最高人民法院审委会专委杜万华同志出席开幕式并致辞，最高人民法院民二庭贺小荣庭长将发表演讲，浙江省高级人民法院、广东省高级人民法院、江苏省高级人民法院、广西壮族自治区高级人民法院、江西省高级人民法院等5个省高级人民法院的民二庭(或破产庭)庭长带队参会，300多位法官、400多位管理人以及相关政府部门、金融机构、高校科研系统的总计800余位专家学者齐聚一堂，利用一天半时间，围绕"企业破产法的成就与展望"的主题展开深入研讨。毫无疑问，这是中国目前规格最高、规模最大的破产法学术研究活动，已经成为市法学会所属研究组织开展学术研究活动的一个十分响亮、影响较大的学术研究品牌。我相信，这次论坛对推动我国的破产立法和司法进步必将发挥重要作用。

据了解，北京市破产法学会联合中国人民大学破产法研究中心创办的、在法律出版社出版的"破产法文库"已经陆续推出了"论坛文集系列""学术系列""实务系列""译著系列""茶座系列"5个系列的作品，这次论坛赠送给每位参会嘉宾的会议资料中就有王欣新会长的最新著作——《破产法前沿问题思辨》。"破产法文库"开放共享的理念，得到了大家的广泛好评和高度赞赏。

北京市法学会对北京市破产法学会成立以来的工作成效是高度认可。近几年，北京市法学会总结推广了破产法学会、劳动与社会保障法学会、税收法制建设研究会等优秀研究组织的工作经验，并得到了大家的认可和好评。2017年5月20日，北京市破产法学会作为北京市法学会所属52家研究组织中的优秀代表，在中国法学会研究会工作会议上介绍了先进工作经验，赢得了中国法学会领导的肯定和与会人员的一致好评，希望破产法学会继续保持和发扬。

2017年5月27日，市委任命我担任市法学会党组书记。今天，应邀参加本届论坛，是我到市法学会工作以来第一次参加市法学会所属研究组织举办的重大学术研究活动。看到本届学术论坛，参与人数的规模之大、学术研究的成果影响之广、出席会议的领导规格之高，对于我进一步了解和掌握市法学会所属研究组织的工作方式和开展学术研究活动的形式，提供了重要契机。

借此机会，就如何做好加强研究组织建设、提升法学研究质量和做好成果转化等工作，我讲三点意见：

第一,要认真学习领会习近平总书记在中国政法大学考察时发表的重要讲话精神。2017 年 5 月 3 日,习近平同志到中国政法大学考察时发表了重要讲话。他强调:"全面依法治国是坚持和发展中国特色社会主义的本质要求和重要保障,事关我们党执政兴国,事关人民幸福安康,事关党和国家事业发展。随着中国特色社会主义事业不断发展,法治建设将承载更多使命、发挥更为重要的作用。推进全面依法治国既要着眼长远、打好基础、建好制度,又要立足当前、突出重点、扎实工作。建设法治国家、法治政府、法治社会,实现科学立法、严格执法、公正司法、全民守法,都离不开一支高素质的法治工作队伍"。"没有正确的法治理论引领,就不可能有正确的法治实践","法治人才培养上不去,法治领域不能人才辈出,全面依法治国就不可能做好"。

习近平总书记的重要讲话,与以前关于全面依法治国的一系列重要论述,既有一脉相承又有许多新观点、新要求,是法治理论的经典之作,是法学教育、法学研究的纲领性文献。习总书记的讲话高屋建瓴、寓意深远,具有很强的思想性、指导性和针对性,对法学法律界开展法学研究、建设法学学科体系、培养高素质法律人才提出了新的更高要求,充分体现了党中央对法治建设的高度重视和对法学教育事业的亲切关怀,为我们做好当前和今后一个时期的工作指明了方向,提供了遵循。我们要深入学习、认真贯彻习近平总书记重要讲话精神,深刻理解以习近平同志为核心的党中央坚定不移推进全面依法治国的坚强信念,科学把握重要讲话的深刻内涵和依法治国战略意义、历史意义,在法治问题上坚持历史唯物主义,坚定不移推进法治领域的改革,全面做好法治人才的培养,努力建设中国特色社会主义法学体系,深入开展中国特色社会主义法治理论研究。

北京市破产法学会,是北京市法学会组织体系的重要组成部分,是全面推进依法治国、建设法治中国首善之区的重要力量。因此,北京市破产法学会首先要强化政治性,牢固树立"四个意识",坚决维护以习近平同志为核心的党中央权威和集中统一领导,始终坚持党的基本理论、基本路线、基本方针,坚定不移走中国特色社会主义法治道路,绝不能用西方的法治理论和法治模式格式化我们的法治理论和法律制度,防止掉入西方"法律陷阱"。要深刻认识到意识形态工作的极端重要性,认识到自身责任的重大,坚决贯彻落实党中央决策部署,坚持底线思维、增强阵地意识,保持头脑清醒、准确研判形势,建立工作机制、统一部署应对,把法学会意识形态工作责任制落到实处。

第二,要围绕党和国家工作大局开展法学研究,服务国家和首都的法治实践。法学理论源于法治实践、服务于法治实践,并在法治实践中得到检验和发展。只有在法治中国实践中总结出来的理论,才能真正指导法治中国实践。北京市破产法学会要不断强化法学理论与法治实践的紧密结合,着力解决理论与实践"两张皮"的问题,增强服务法治实践的针对性、实效性。2017 年是我国企业破产法实施的 10 周年,企业破产法走过的 10 年中,北京市破产法学会在立法和司法解释的制定方面,在破产审判机制的创设和专业队伍的建设方面,在案件数量的上升和案件质量的提高方面,都取得了长足的进步。这些进步,有中央政策法规的导向作用,有国家立法、司法机关和政府部门的大力推动,有全国从事破产审判的法官和破产实务的管理人的辛勤努力,还有北京市破产法学会和广大法学法律专家学者积极参与法学研究、不断推动法治实践的结果。因此,北京市破产法学会要开拓创新,大胆实践,在破产法学研究领域不断取得新成效、新业绩,为推进国家相关法治领域的立法、司法、执法和法治实践做出更大贡献。

第三,要加强工作机制建设,不断提升北京市破产法学会新型法治智库的能力和水平。北京市破产法学会要发挥好法治人才培养和法治研究的主阵地、主力军作用,充分利用法学人才密集、联系面广、贴近司法实践的优势,加强破产法学领域基础性、实践性问题的研究,深入分析研判、作出科学总结,提炼规律性认识,为完善中国特色社会主义法治体系、建设社会主义法治国家提供理论支撑。要推动法学研究与司法实践有效对接,努力培养造就一大批高素质应用型法治人才,加强法学成果转化运用,有效推进法学研究、法学教育和法治实践的深度融合。要遵循规律,勇于创新,努力形成覆盖全市、影响全国、纵向联系、横向协同、专家学者与实务部门互动的研究会系统工作体系,促进与北京市各区法学会、市法学会所属研究组织、各省区市破产法学研究会共同发展,提升新型法治智库的能力和水平,最大限度发挥好破产法学会人才队伍的积极作用。

同志们,当前,我们正迎来法治建设的黄金时期,也是北京市法学会和所属研究组织抓住机遇、乘势而上,实现超越式发展的历史机遇期。通过市法学会和各研究组织的共同努力,研究组织工作已经形成了良好的工作局面,赢得了市委、市政府和社会各界的高度认可。我相信,北京市破产法持续开展"破产法高端论坛""破产法茶座"等学术研究活动、推动研究成果的转化应用、加强制度机制建设,一定能够取得学会建设的新进步、学术研究的新成效,为促进首都经济社会发展和法治建设做出新贡献。

最后,预祝本届论坛取得圆满成功!谢谢大家!

二、第八届中国破产法论坛主题演讲

深入推进破产法律实施　积极补齐市场机制短板*

杜万华**

各位专家、各位法官同仁、各位出席会议的代表，大家上午好！《企业破产法》实施10周年之际，回顾、总结10年来《企业破产法》之历程和经验，共同展望企业破产拯救和市场有序退出领域美好的未来，意义十分重大，影响十分深远。今天我们相聚在中国破产法论坛，共同拉开这个活动的帷幕，令人欢欣。在此，我谨代表最高人民法院向本次论坛及研讨会的召开表示热烈祝贺。

2007年《企业破产法》实施之时，中国经济经历了改革开放以来近30年的高速发展，逐步进入换挡转型期。2008年全球金融危机爆发后，世界各国家和地区经济也处于深度调整期，金融危机及其余波引发大量企业兼并重组、破产重整和清算，新的经济形态和世界格局在震荡中逐步调适。与此相对应的是，《企业破产法》实施后的相当一段时间内，由于对破产制度的认识不全面、企业破产配套制度不完善、破产审理工作机制不健全等因素影

* 本文为作者于2017年6月3日在"第八届中国破产法论坛暨《企业破产法》实施十周年纪念研讨会"开幕式上的主旨演讲内容，经作者审定后，发表于《人民司法》2017年第19期，特此说明并致谢。

** 时任最高人民法院审判委员会副部级专职委员。

响,企业破产工作的开展遇到了较多困难,每年进入人民法院的企业破产案件只有3000件左右,企业破产制度在优化资源配置、规范市场秩序、实现市场出清等方面的作用未能充分发挥。

党的十八大以来,以习近平同志为核心的党中央高度重视发展和完善社会主义市场经济。党的十八届五中全会要求更加注重运用市场机制、经济手段、法治办法化解产能过剩,完善企业退出机制。中央经济工作会议强调,在处置“僵尸企业”、化解过剩产能、推进供给侧结构性改革中,司法部门要依法为实施市场化破产程序创造条件。2016年9月3日,习近平主席与美国奥巴马总统在20国集团领导人杭州峰会期间开展会晤,双方达成一系列重要共识,形成了中美元首杭州会晤中方成果清单,其中特别强调要建立和完善破产制度和机制。当前,充分运用破产法治思维、正确贯彻破产法治方式,已成为促进国家治理体系和治理能力现代化的历史契机。推进破产法律深入实施、积极补齐市场机制短板,是人民法院必须承担的一项艰巨任务。

一、要进一步加强对破产制度重要性的认识

我国从一个经济比较落后的国家,跃升为世界第二大经济体,取得了举世瞩目的成就,形成了中国特色社会主义市场经济基本格局。随着经济结构迈向更高层次和新经济、新业态不断涌现,作为市场经济主体的企业面临的矛盾和挑战不断加大。运用破产手段积极服务和保障具有经营价值的困境企业健康发展、促进没有经营前景的企业及时有序退出市场,具有重要意义。我们要进一步加强对破产制度重要性的认识。

(一)实施破产制度、补齐市场主体救治和退出机制短板,对完善社会主义市场经济具有重要意义

我国社会主义市场经济体制从改革开放以来逐步建立。1992年邓小平同志南方谈话以后,社会主义市场经济的步伐进一步加快。2010年我国初步建立了中国特色社会主义市场经济,但是我国市场经济体制并不完善,存在比较明显的短板,市场主体的救治机制和退出机制并没有真正落地。尽管《企业破产法》已经通过多年,但是在司法审判中,其发挥的作用有限。

人吃五谷生百病，生病以后去医院。但是企业病了怎么办？到现在为止，将人民法院办成治疗生病企业的医院的理念还没有完全建立。2016 年以来，我一直呼吁要形成这一工作理念，得到了社会各界，特别是理论界的响应。现在仍有必要强调，企业生病了，就应当由人民法院这个医院运用破产制度予以治疗。企业被治愈后，可重返市场经济的舞台，任意驰骋。但是目前而言，这个制度还没有完全建立。

据统计，2014 年商事登记制度改革后，我国平均每天新增企业 1 万余家，但近一半企业的年龄在 5 年以下，不少企业成立两三年经营就难以为继。有的企业耗费大量资金、土地、信用等经济资源，但生产效率低下、市场前景渺茫，不仅自身难以为继，而且挤压了新企业的生存发展空间；有的企业产能严重过剩，造成全行业产品价格回落，进而导致一些原本经营较好的企业效益也难以保障，最终使局部企业的不景气波及整个行业，产生劣币驱逐良币现象。尽管困境企业症状多样、情况不一，但如果任由其发展，则可能进一步消耗资源、透支社会信用，从整体上拉低我国市场经济的质量和水平，为经济持续健康发展埋下巨大隐患，因此，对于这些企业，如果符合破产条件，就应当进入破产程序。人民法院对这些企业能救治的应积极救治，不能救治的就应该通过破产清算使其退出市场。所以，破产制度对于补齐市场主体救治和退出机制短板具有十分重要的意义。目前还有很多国家不承认中国的市场经济地位，其中一个重要原因与我国破产制度未能真正落地有关系。

（二）实施破产制度，对于保护市场主体具有重要意义

目前，很多企业一旦进入破产，都会被认为是一件丢脸的事情。所以当企业快要破产时，往往不是借用破产制度来治疗自己企业的病，而是采用借高利贷或其他方式孤注一掷来缓解眼前危机，结果企业死亡得更快。

从调研的情况看，有些企业的原因不完全是它的产品没有市场。企业的病因虽然很多，但通过破产重整不少都可以解决。很多企业一听说要到法院破产，就不敢来了，这是债务人通常的反应。债权人发现企业濒临破产，就争相对该快破产的企业提起诉讼，得到人民法院的生效判决书后，就通过强制执行来实现其权益。结果是进一步加速濒临破产企业的死亡。

通过破产制度对生病企业进行救治，对保护各类市场主体都有重要意义。

首先,对于债务人而言,企业进入破产程序后,如果发现企业破产的原因是流动性出现问题,就着重解决流动性问题;如果发现企业产品质量技术出现问题,就着重解决技术问题;如果是企业管理出现问题,就着重解决管理问题。从一年多来的破产审判工作情况看,我们发现很多存在问题的企业经过救治后,大多都恢复了生机。其次,对债权人而言,通过破产制度,可以从实质上保护债权人的合法权益。一个企业生病了,就像一只母鸡已经饿得只有骨头,不能下蛋。此时有两个办法:一是我们给这只鸡一点米,对它进行疗养,把这只鸡继续养肥,让它继续下蛋;二是把这个鸡杀掉,得到一点皮毛和骨头。哪一个办法好呢?当然是把这个鸡救活让它继续下蛋更好。目前,由于破产制度没有完全落地,很多债权人希望把这只鸡杀掉。这种做法实际上不是对债权人利益的有力保护,而是对债权人利益的损害。

实施破产制度对保护市场主体具有重要意义,进入破产程序的企业破产,对于企业的股东是一种保护。所以,无论是对企业的股东,还是对破产企业或债权人,破产制度都是一种保护制度。有人说破产不好,可是美国特朗普总统曾4次破产,现在还成了美国总统。因此,破产制度利用好了,对于我国市场经济建设有极大益处。

(三)实施破产制度,对于完善司法工作机制,从制度上打通解决部分执行难问题"最后一公里"具有重要意义

我国现在司法审判采用的是三环节理论,即立案、审判、执行。对民事商事审判而言,司法程序基本上采用三环节工作方法。某一民事纠纷出现后,原告先到法院立案,纠纷进入审判。通过一审、二审,一审原告获得生效判决以后,进入执行程序。有些作为被执行人的企业有执行能力,进入执行程序以后,很快就实现了债权人的债权,权利人的利益得到保护。在这种情况下,民商事审判的三环节就足够了。但是,实践中往往会出现其他情况。当权利人收到生效判决后,发现被执行人没有执行能力或者执行能力很弱。如果作为被执行人的债务人面对众多债权人或权利人,债务人将完全入不敷出,难以实现所有债权人或权利人的权利主张。这就是我们在执行中常说的执行不能。目前,人民法院对这些执行不能案件通常的做法是终结本次执行。但这些案件形式上终结了,实质上并未得到最终解决。如果破产制度在我国真正落实到位了,把破产制度作为司法审

判工作的第四个环节,情况就可能会发生很大的变化。如果这类执行不能的企业进入破产程序,并通过破产程序把企业救活了,那么债权人的利益就能得到实现,作为债务人的企业也可以重新登上市场经济的舞台。即使破产企业最终不能救活,需要通过破产清算退出市场,那么与之相关的一系列执行案件也可以得到解决,有关企业的执行难问题就可以得到部分解决。如果在条件成熟的时候,我们把个人破产制度再建立起来,那么执行难的问题,就能够通过破产程序实现良性循环,这一问题就可以得到较好解决。所以,要从制度上解决执行难问题,就应当建立完善的破产制度。

二、要进一步建立和完善四项工作机制,进一步推动破产审判工作的发展

(一)要建立破产企业的识别机制

困境企业进入破产程序以后,人民法院应该把这些企业分门别类进行识别。第一类企业,产品有市场、技术先进,只是因为流动性吃紧而陷入经营危机。可以通过破产重整,让它重获生机。第二类企业,产品没有市场,但导致产品没有市场的原因是技术落后。人民法院通过重整,引进先进技术,让企业获救。第三类企业,产品虽然没有市场,但是通过改变它的经营模式,改变它的产品经营方向,重新开拓市场,改进企业的管理方式,仍可以使企业获得重生。对于以上3类破产企业,人民法院可以进行重整。对于产品没有市场、技术比较落后、消耗资源又大的企业,就应当让它退出市场。因此,到底是通过破产重整救治企业还是通过破产清算使其有序退出,必须首先对企业类型进行正确识别。

(二)要建立法院和政府破产工作统一协调机制

破产审判工作单靠人民法院是难以高效开展的,一定要与政府共同协作,才能够实现法律效果和社会效果的有机统一。人民法院要在各级党委的领导下,与地方政府建立企业破产工作统一协调机制,保障破产工作有序开展、稳妥推进。由该协调机制来统筹企业清算、破产的相关工作,一体解决破产重整、破产和解和破产清算的业务指导、信息提供、破产企业职工安置、维护稳定等方面的问题。特别是一些大中型国有企业的破产更离不开政府部门的协助。人民法院

在处理一些中小微民营企业的破产案件时,对政府的依赖程度会低一些。对不同的破产对象,人民法院要采取不同的措施,不能将各种企业破产审判完全等量齐观。在大中型国有企业较多的地区,人民法院在审理破产案件时,需要与政府部门建立更紧密、高效的沟通机制。

(三)要建立信息交流沟通机制,运用信息化手段来推动破产审判工作

要让破产审判工作具有更高的透明度、公开性,让人民群众了解人民法院审判工作的公正性,通过公开来促进公正。要加强破产审判信息化工作,不断健全和升级最高人民法院建立的全国企业破产重整案件信息网络,加大破产重整信息公开力度,促进各类生产要素在全国乃至全球范围内自由流动和有效配置,最大限度地实现破产资产价值。要通过信息网络等方式,把破产企业信息适度向社会公开,吸引战略投资人加入破产重整。因为有很多企业在本地破产时,其资产可能在本地价值不高,但在外地战略投资人看来它可能就是值钱的金子。现在破产企业破产重整效率不高的一个重要原因是信息不对称,如果把破产企业的信息广而告之,让投资人掌握破产企业的情况以后,积极加入破产重整,对于破产企业重整成功、获得新生有极大好处。从现代企业的投资技巧看,一个企业是从头开始、从征地立项开始来经营的效率高呢,还是通过破产重整向破产资产中注入相应的资源来开拓业务的效率更高?这涉及企业重置成本与参与破产重整成本的比较问题,投资者们自己会对这一问题作出分析判断。关键是人民法院给投资人的破产信息是否准确,是否有助于其作出正确决策。破产信息交流沟通机制建立以后,破产重整成功的概率就会非常高。要发挥信息网便捷宣传、即时交流等功能,为企业破产重整提供优质服务,通过信息化提高审判效率、统一裁判尺度。

(四)要建立合法有序的利益平衡机制

人民法院在审理破产案件的过程中,无论是进行破产清算、破产重整还是破产和解,都要注意建立和完善利益协调机制。例如,在破产重整中,就需要协调好债权人与债务人、债权人与股东及战略投资人之间的利益关系,还要平衡企业和职工的关系、国家和企业的关系。人民法院必须要做好这方面的工作,要引导和监督破产管理人,使其在制订重整计划时平衡好各方利益。人民法院在审查

重整方案时也要考虑各方的利益。对重整计划的强裁不是不可以使用,但是一定要平衡好各方利益,否则容易导致利益失衡。这些利益关系的平衡机制都需要在破产审判工作中建立。

三、今后破产审判工作应该重点关注的几个问题

从2016年落实中央供给侧结构性改革、加强破产审判工作以来,破产审判工作有了很大进步,2017年受理的破产案件比去年增长超过50%,增长幅度较大。按照中央要求,2017年我国经济工作要进一步加强供给侧结构性改革,清理“僵尸企业”。人民法院的破产审判工作应重点关注以下几个问题:

(一)要进一步畅通破产程序的启动通道

要解决破产立案难的问题,现在这个问题没有完全解决。尽管企业破产启动难很大程度上是一个经济问题、社会问题,但人民法院要坚持从自身出发,首先从法院内部查排影响破产案件受理和审理的问题,并切实加以解决。2016年以来,最高人民法院下发了一系列文件,推动破产立案工作,并狠抓政策落实,着重从破产立案、审判流程上扫清影响破产启动的障碍。目前来看,企业破产受理渠道明显通畅。虽然2017年人民法院受理破产案件数量相比2016年增多,但是相对大量需要救治和出清的企业而言还只是“冰山一角”。今后,各地法院要继续按照最高人民法院《关于破产案件立案受理有关问题的通知》《关于调整强制清算与破产案件类型划分的通知》等的要求,切实抓好企业破产案件依法、便捷受理工作。最高人民法院要落实企业破产受理情况通报、违法拒绝受理企业破产通报等制度,计划建立破产案件受理、审查每月通报机制,各级法院每月受理、审查、审结多少破产案件等情况要向全国法院通报,并同时向中央报告。此外,对于符合破产立案条件的破产申请,地方法院拒绝立案的,发现一起就向全国通报一起。我们要坚决杜绝有意不作为现象,力促依法受理企业破产。

(二)要进一步推行执行转破产的工作

我国市场中有一批“僵尸企业”,有的甚至是“三无”企业。2017年对于“三无”企业要通过破产工作进行清理。最高人民法院与国资委等部门已就相关工

作做过沟通,希望争取一部分财政资金,启动这一类企业的破产工作。另外,人民法院将通过推动执行转破产工作,进一步解决执行难问题。完善破产制度是解决执行难问题的重要措施之一。周强院长在全国人民代表大会上,向全国人民作了郑重承诺,要用2~3年时间基本解决执行难问题。解决执行难问题的关键之一在于大力开展破产审判工作。当前我国执行不能案件数占到未执行到位案件数的40%~50%,虽然这其中有部分案件是以自然人为被执行人的案件,但是其中大部分案件还是以企业为被执行人的案件。如果破产制度真正落到实处,一个破产案件可以消解若干执行案件。这些执行案件进入破产程序后,如果能够通过破产重整或破产和解解决,债权人的利益能够得到实现,执行难问题就迎刃而解。如果破产案件只能通过破产清算解决,那就对被执行人的破产财产进行清算,对所有债权人进行公平清偿。破产程序结束后,这些债权债务关系归于消灭,执行案件也可以结案。现在各地法院都在想办法解决执行难问题,但如果不从落实破产制度下手,执行难问题很难得到根本解决。尽管有些执行案件人民法院可以裁定终结本次执行,但是执行案件仍然存在,问题并未解决。从2016年人民法院开展执行转破产工作以来,深圳等地区已经取得了初步的经验,效果非常好。各级人民法院要从解决执行难的角度认识开展破产审判工作的重要意义。执行难问题解决后,司法审判的形象和权威也将树立。2017年人民法院将继续加大力度,把执行转破产这项工作深入扎实地推进下去。

(三)要进一步加大破产审判专业化的力度

破产审判工作能不能进一步向前推进,破产制度能不能真正在中国落地,在很大程度上取决于我国破产审判是否能够实现专业化。破产审判专业化分为两个方面:破产审判机构的专业化和破产审判队伍的专业化。2016年最高人民法院开始重点抓破产审判工作时,全国大约有五六个法院设立了破产审判庭。2016年6月22日最高人民法院下发了《关于在中级人民法院设立清算与破产审判庭的工作方案》。根据该方案要求,在各直辖市至少要选择一个中级人民法院设立专门的清算与破产审判庭,省会城市和副省级城市中级人民法院要设立专门的清算与破产审判庭。经过1年工作,全国设立破产审判庭的法院现在达到86个。从长远来看,人民法院现有的破产审判机构远远不能适应破产审判工作的需要,还有大量潜在的破产案件没有到法院。我国每年有大量企业注册成立,但是破产重整、清算的企业非常少。市场主体只进不出，在市场经济中极少见到企业死亡，是很不正常的现象。其中一个原因是现在破产审判机构专业化和队伍专业化问题没有解决，2017 年人民法院要把破产审判机构专业化和队伍专业化的问题解决好。人民法院商事审判庭既办金融借款合同纠纷等案件，又办破产审判的案件，这不利于破产审判工作的开展，长此以往，对于我们积累审判经验非常不利。破产审判工作的程序与其他商事审判程序并不一样，其中与政府沟通、与各界沟通的经验积累，都需要破产审判庭自己来探索，所以，破产审判工作必须进一步推进专业化。

（四）要建立和完善破产管理人制度

目前，破产管理人制度是破产审判工作的"瓶颈"之一，是一个急需取得突破的问题。关于如何完善这项制度的问题，人民法院需要汲取社会各界的智慧。一旦企业进入破产程序，大量工作需要破产管理人承担，包括与债权人谈判、与战略投资人谈判，等等。破产程序中很多很细的工作都是由破产管理人负责的。依照企业破产法的相关规定，破产管理人主要由律师、会计师、清算师等人员组成。如果要提高破产重整的效率，提高破产重整的成功率，就需要将大量的科技工作者、企业管理者等人员引入破产管理人队伍中来。目前，破产管理人队伍主要是为适应破产清算工作而设，主要工作是清理、计算、分配破产财产。如果要提高破产重整的成功率，还需要在破产管理人制度上不断创新。破产管理人队伍建设应从以下四方面入手：第一，破产管理人要逐渐走专业化道路。第二，对破产管理人的管理要规范化，要思考是否通过管理人协会来管理、法院与破产管理人的关系如何处理、如何选任破产管理人、管理人指定方式如何确定等问题。最高人民法院在探索和解决这些问题时要起到引领作用，各地人民法院也要勇于探索。这是破产工作的重中之重。第三，破产管理人工作程序规范化的问题。第四，人民法院对破产管理人指导监督的规范化问题。

2017 年的人民法院破产审判工作要从以上四方面着手。全国法院要发挥主观能动性、借助社会各界力量，齐心协力、不断进取，把企业破产审判工作推上一个新台阶。

供给侧结构性改革背景下破产审判的重点问题及未来走向*

贺小荣**

当前，在供给侧结构性改革的大背景下，充分发挥破产法在减少无效和低端供给、提高全要素生产率中的积极作用，革除“逃废债”这一市场经济中的毒瘤，解决债务诉讼中“程序空转”导致的司法资源的极大浪费，最大限度地释放大量因涉诉而被冻结的土地、设备等生产要素的市场活力，需要尽快建立和完善具有中国特色的市场退出机制。当前我国破产审判实践中面临的重点问题及未来走向集中呈现在以下八个方面。

一、积极推动破产案件的繁简分流，探索建立便捷退市的快速审理机制

根据破产案件的难易程度进行繁简分流，不仅是法院有效贯彻多元化纠纷解决机制和繁简分流程序改革的内在要求，也是提升破产程序整体效能、优化司法资源配

---

* 本文为作者于2017年6月3日上午在“第八届中国破产法论坛暨《企业破产法》实施十周年纪念研讨会”上的大会主题演讲内容，后发表于《人民法院报》2017年6月7日第7版，特此说明并致谢。

** 时任最高人民法院民二庭庭长，现为最高人民法院审判委员会副部级专职委员。

置、完善我国破产法律制度的重要举措。为此,最高人民法院已经部署安排了试点工作,各地法院正在探索推进。当前,要结合破产财产以及无财产担保债务数额的大小、债权人人数的多少等因素,尝试将部分事实清楚、债权债务关系清晰或者“无产可破”的案件,纳入快速审理范围,建立中小企业便捷退市的快速审理机制,在债权申报期限、审理期限、分配次数、费用收取等程序环节进行简化设计,并在管理人的指定与报酬、债权人会议制度运行等方面建立配套制度,为未来建立简易破产程序积累经验、提供素材。

二、高度重视破产重整的拯救价值,实现静态资产整合与动态营业让与的有机融合

重整制度集中体现了破产法的拯救价值,是现代破产法的灵魂所在。但由于重整成本较高,各方往往对企业挽救价值缺乏准确判断,加之受外界因素干预,导致部分企业在重整期间迟迟不能制定重整计划草案;或者在重整计划执行中出现障碍,最终不得不进入破产清算。有的债务人或管理人单纯将重整作为减债和权益调整的工具,忽视企业经营调整,偏离了重整制度的基本目标。对此,需要继续加强和完善困境企业识别机制,细化经营方案,确保重整程序的妥善适用。

随着重整理念的变迁,重整方式也在变化。除传统的企业存续型重整模式外,还要重视营业让与型重整,即将企业的生存潜力和未来竞争力作为重整计划关注的重点。对此,最高人民法院将积极推进相关配套制度的完善,并通过指导案例的形式统一和规范法律适用标准,确保破产重整能够恪守正确的价值取向。

三、妥当行使重整计划的强制批准,确保债权人利益充分保护和公平公正对待原则的依法适用

如何正确行使重整计划的强制批准权,是当前破产审判实践中亟待解决的难题。由于我国《企业破产法》第 87 条的规定过于原则,导致法院自由裁量的空间较大,利害关系人对部分案件强制批准的妥当性产生质疑。我们认为,强制批准权作为司法权对当事人意思自治的强行干预,应当慎重使用。法院强制批准

重整计划时,必须严格遵守债权人利益充分保护和公平公正原则的依法适用,以平衡相关主体之间的利益冲突。

重整中还存在对利害关系人的知情权保障不到位,尤其是对资产评估信息和重整计划的内容披露不充分等诸多问题,给债权人会议通过重整计划草案带来不确定性,客观上会增加法院后续运用强制批准权的概率。因此,如何强化相关主体的信息披露和说明义务,加强债权人的参与权和监督权,也是审判实践中值得重点关注和研究的问题。

四、着力推进执行案件移送破产的审查工作,彰显破产程序终结争讼、公平保护的内在价值

全面推进“执转破”工作是2017年破产审判工作的重要内容之一。自2016年年底“执转破”工作具体部署以来,许多法院迅速制定工作方案,取得了一定成绩。但“执转破”工作中仍然面临不少问题,如法院内部移送和接收的主动性不足,当事人申请的积极性不够,异地移送程序的衔接性不强,破产费用的保障难以到位等,均需进一步研究解决。当前,各级法院要深入研究“执转破”衔接中的制约因素,细化和规范流程管理,推进建立相关部门统一协调机制,完善破产费用的保障机制,规范破产程序终结后相关主体责任承担的法律适用,处理好打击逃废债与避免企业经营风险不当传导的关系,促进“执转破”案件审理的常态化和规范化。

五、积极推动破产管理人制度的改革创新,健全完善更加科学合理的管理人准入、选任、考评和淘汰机制

企业破产法虽然规定了管理人制度,但由于制度建立时间短,相关规定不完善,管理人市场发育不成熟,导致实践中管理人素质能力参差不齐,部分管理人难以胜任职责;管理人的选任、考核、培训等管理体系不健全;管理人报酬和履职地位得不到保障;管理人与法院职责界限不清、监督和责任机制有待强化。一方面,要进一步完善管理体系,包括建立健全管理人名册动态和分级管理制度,完善管理人的准入、选任、考评、淘汰等机制,强化对管理人的培育及履职保障机

制，推动人才培养和储备；另一方面，要细化和完善相关规定，明确法院与管理人的职责区分，通过强化管理人责任制度和债权人自治权，加强对管理人选任、报酬和履职方面的监督，促进管理人制度的价值和功能得以有效发挥。

六、深入研究关联企业的破产难题，进一步规范关联企业实质合并破产的法律适用

关联企业及关联交易是市场经济中的重要现象，并且日趋复杂化和国际化。近年来，关联企业破产案件日益增多，由此引发的矛盾和问题也愈加突出，而我国现行的法律和司法解释尚不能完全适应司法实践的迫切要求。如何处理此类案件，已成为当前破产审判实践中的重要课题。虽然有的法院在实践中进行了大胆尝试，在审理此类案件中引入了“实质合并原则”，案件类型也从清算扩展到重整，还在关联企业重整案件中出现了“非实质性合并”的处理方式，但由于缺乏统一的制度规定，导致各地法院在实质合并条件的把握和具体做法上存在差异。为此，最高人民法院正在加大调研力度，系统梳理和归纳关联企业破产实践中的法律问题，重点对关联企业实质合并破产的适用条件、管辖原则、申请主体、举证责任、管理人的确定、合并的法律效果等事项进行专门研究，并通过司法解释或者案例指导的方式统一法律适用，为审判实践提供明确指引。

七、高度关注房地产企业的破产难题，妥善处理不同利益主体的权利冲突和清偿顺位

随着国家对房地产行业调控力度的加大，尤其是供给侧结构性改革对房地产行业“去库存”的政策导向，房地产企业的破产问题应当引起全社会的高度关注。房地产企业破产的复杂性和重要性，一方面，源于该类案件通常涉及购房者的居住权等生存权保障问题，容易引发群体性事件；另一方面，由于商品房这一标的物上往往聚合了物权、债权等多重法律关系，涉及购房者权利、建设工程施工主体权利、被拆迁人权利等多种权利并存，以及管理人对待履行合同的选择、刑民交叉等问题，具有相当的复杂性。当前，最高人民法院将继续加大调研力度，适时总结经验，完善房地产企业破产案件中破产法与其他部门法的衔接和适

用,明确各类权利在破产程序中的清偿顺位,依法加强法院与政府的协调关系,依法助力供给侧结构性改革的顺利推进。

八、积极探索跨境破产中的法律适用规则,为推动“一带一路”建设以及创建国际经济秩序贡献中国智慧

随着“一带一路”建设的深入推进,以及经济全球化和对外开放政策的相互作用,我国与境外特别是“一带一路”沿线国家的经济交往将更加频繁,跨境破产案件的数量也在不断增多。如何解决跨境破产中的法律冲突与矛盾,充分保护本国企业利益,促进各国在跨境破产领域的合作,进而推进国际投资健康有序发展,是国际社会共同关注的重要问题。我国《企业破产法》第5条仅对跨境破产进行了原则性规定,尚未构建完整的跨境破产法律框架。对此,最高人民法院将积极推进跨境破产相关制度的完善,就外国破产代表及债权人的地位与待遇、承认外国破产判决的条件及方式、承认后的救济、法院所能采取的保护我国债权人利益的具体措施等方面予以研究和规范,从而为国际经济投资发展提供良好司法环境。

习近平总书记指出:“供给侧结构性改革,重点是解放和发展生产力,用改革的办法推进结构调整,减少无效和低端供给,扩大有效和中高端供给,增强供给结构对需求变化的适应性和灵活性,提高全要素生产率。”我们要认真学习和深刻领会习近平总书记的这一重要论断,用供给侧结构性改革的内在精神指导我国的破产审判实践,不断完善破产法的制度机制,提升破产法的实施效果,为建立更有效率、更有质量、更加公平、更可持续发展的社会主义市场经济提供有力的司法保障。

论破产法市场化实施的社会配套法律制度建设*

王欣新

2017年是《企业破产法》实施10周年。10年之际，关心破产法的人们都不禁在回顾与展望。破产法的实施是为了解决问题，所以回顾与展望也要以问题为导向，回顾以发现问题，展望以解决问题。

《2015年中央经济工作会议公报》强调指出，“要依法为实施市场化破产程序创造条件”。公报之所以提出“创造条件”这一目标，就是因为目前要想完全实施市场化破产程序还不具备充分条件。对当下的中国而言，实施市场化的破产至少应具备三方面的条件。一是有市场化的破产法，要能够正确理解与执行破产法，对实践中遇到的法律规定不明确或没有规定的问题，要以市场化的观念有担当、有创新地予以解决，对立法与执法中发现的问题要及时修订、完善立法，包括制定相应的司法解释。二是法律实施组织与人员的建设，主要包括法院与管理人两个方面。如建立破产专业审判庭或合议庭组织，配备充足的审判力量，健全破产案件审理法官的工作业绩

---

* 本文为作者于2017年6月3日上午在“第八届中国破产法论坛暨《企业破产法》实施十周年纪念研讨会”上的大会主题演讲内容，后发表于《人民法院报》2017年6月14日第7版，特此说明并致谢。

考核与激励制度,对审判人员的常态化业务培训;管理人名册的常态化更新调整,管理人与案件的分级管理,管理人指定方式的改革,管理人的监督与追责制度,管理人协会的建立,等等。三是破产法市场化实施的社会配套法律与制度建设。

笔者认为,目前"要依法为实施市场化破产程序创造条件",保障破产法市场化顺利实施的关键,主要不在于前两项事项。尽管破产法本身确实有需要补充、修改、完善之处,对法律的理解与执行同样存在一些问题,组织建设方面也存在问题,但这些问题通常是可以通过法院系统以及破产法律人的内部协调机制调整的,尤其是通过法官、管理人的观念转换、创新担当与努力工作得到解决的。也就是说,至少这些破产法圈内的问题基本上是属于所谓"破人"可以掌控的,原则上可以通过自力解决。例如,最高人民法院近年来出台了《关于适用〈中华人民共和国企业破产法〉若干问题的规定(一)》《关于适用〈中华人民共和国企业破产法〉若干问题的规定(二)》;实施立案登记制,发布《关于破产案件立案受理有关问题的通知》,以解决破产案件受理难问题;建立全国企业破产重整信息网,发布《关于企业破产案件信息公开的规定(试行)》;发布《关于在中级人民法院设立清算与破产审判庭的工作方案》,建立破产审判庭等专业化审判组织;继《民事诉讼法》、最高人民法院《关于适用〈中华人民共和国民事诉讼法〉的解释》对执行转破产问题作出原则性规定后,发布《关于执行案件移送破产审查若干问题的指导意见》;等等。现在问题的关键是破产法实施的各种外部社会配套的法律与制度不完善,即实施市场化破产程序的外部社会条件不完备,而要想解决这些问题往往超出了法院与"破人"们的职权与能力范围,更令人无奈的是,负有解决这些社会问题义务的某些政府有关部门对解决问题持懈怠态度且不自觉。

破产法在市场经济中具有重要的地位,原因之一就是它是具有强外部性的法律,可以对整个社会与经济产生广泛、重要的影响。一方面,一个企业的破产不仅会产生债权债务清偿、财产资源分配等法律问题,还会产生诸如职工就业安置、社会救济、非经营性资产处置、工商与税务调整、信用修复等一系列需要政府履行职责解决的社会衍生问题,破产制度的发展与改革会对整个社会产生极为深远的影响。另一方面,没有充分的外部法律与社会制度环境的支撑与保障,破产法普遍的市场化实施是不可能的。在其他市场经济国家中,经过长期的发展,诸多破产衍生社会问题都已由政府通过相应的法律予以制度化、社会化的解决,如建立职工工资保障基金、破产基金，有健全的失业救济与再就业保障，在税收与企业管理等方面有与破产法相互配合衔接的制度，所以不需要对这些社会问题通过或借道破产程序解决。但目前我国有关破产法实施的各种社会配套法律与制度远未建立完善，政府尚没有制定相应的法律对破产衍生社会问题以制度化的方式解决，所以破产法的实施在很多地方还离不开甚至依赖地方政府直接或间接的个案支持与服务。这种问题解决方式是具有较大不确定性社会风险的，是一种人治而非法治的非常态化方式，也是破产法至今难以完全法治化、常态化实施的原因之一，是我们在深化市场经济体制改革中必须解决的问题。

企业破产社会配套制度不健全的主要原因之一，是政府未能积极、有预见或者亡羊补牢地履行其工作职责，即政府应当办的事没有及时办或没有办好，没有做到“为实施市场化破产程序创造条件”，没有“使市场在资源配置中起决定性作用和更好发挥政府作用”。目前一些与破产相关的法律和社会制度往往仅着眼于对正常经营的常态企业的调整，而缺乏对处于债务困境与破产程序中的非常态企业进行常态化调整的理念和措施，远远落后于现实发展的需要，其与破产法之间的生态关系处于隔离、缺失与冲突的状态，不仅不能对破产法的实施起到有机配套、衔接与融合的保障效应，其制度缺陷反而成为破产法市场化实施的障碍。由于法院与中介机构管理人既无财务资源也无法定职权解决这些本应由政府解决的社会问题（虽因其发生在破产程序中而不得不协助地方政府处理），使法院在面临这些难题时不得不更多地依赖地方政府对破产企业个案的临时性调整措施解决。但有些地方政府缺乏对破产法的正确认识，企业一旦进入破产程序，就消极地将本应由其负责的破产衍生社会问题解决责任推卸给法院与管理人，使破产案件的审理陷于困境。这使法院不愿意受理地方政府未承担其应尽社会义务的破产案件，并导致一些法院不得不借助于指定政府清算组为管理人的方式，将政府的行政力量拖入破产案件，以缓解、疏导其面临的破产衍生社会问题解决压力，由此形成了一种恶性循环，严重影响管理人的市场化指定和破产法的市场化实施。

笔者认为，解决这一问题，首先，要让政府有关部门端正观念，认识到解决企业破产衍生社会问题是政府的本职工作和其应尽的法定职责，法院和管理人实际上是在帮助政府解决困难，从而依法积极配合各项破产工作，而不能站在一边“看热闹”，甚至有意无意地给破产审理工作设置阻力、制造障碍。其次，各级政府要主动承担起建立解决破产衍生社会问题常态化、规范化调整的法律与制度的责任。必须迅速及时的修改那些影响、阻碍破产法市场化实施的各项法律、各种制度,而不能放任其继续制约破产法的实施,要调动社会资源,逐步建立各项具体的配套执行制度与机制,以保障政府解决企业破产衍生社会问题职责的切实履行。

企业破产衍生社会问题是客观存在的,解决问题的正确方法,不是将政府重新推向行政直接干预企业破产的前台,走非市场化、非法治化的政策性破产老路,包括诸如向后退缩到固化由政府清算组担任管理人模式等。因为政府在破产案件中要实现的目的,与破产法的立法目的以及法院的破产审判目的是存在较大落差的。政府关注的是其行政利益与目标,包括维护社会和谐稳定、维护地方经济、保护地方企业等,往往并不在意债权人等破产利害关系人的利益与债务清偿的公平。在政府行政权力直接介入破产案件后,往往会影响乃至破坏破产法的市场化实施,使破产程序变成政府不当干预市场经济的渠道。所以,政府应当在破产法律程序之外发挥其社会调整作用。我们应当督促、协助政府尽快建立起完善的社会配套制度,如常态化的政府财政支持企业破产社会费用制度,建立职工工资保障基金、管理人报酬保障基金等制度,以及在工商管理、企业挽救融资制度、重整企业信用修复、破产企业税务合理调整、企业破产注销、企业档案保存管理等方面及时进行适应破产法市场化实施需要的改革,建立相应制度从根本上解决问题。在能够以法律和制度统一解决衍生社会问题之前,在地方政府层面应当采取类似浙江等地区建立的"府院联动"等机制,对企业破产提供全面的临时性协同处理和个案支持,避免破产的社会负效应过度溢出,影响社会稳定和经济发展,并逐步总结经验,通过地方政府文件制定常态化调整制度,以市场化、法治化的方式保障《企业破产法》的实施,实现中央"为实施市场化破产程序创造条件"的目标。在这一过程中,最高人民法院和各级法院应当积极向全国人大及其常委会、中央和地方政府就破产衍生社会问题的解决,对影响《企业破产法》实施的其他立法与制度的修改与完善,对破产法配套实施制度的建立,提出建议,督促解决,以最终实现破产法的市场化实施。

法庭外重组在破产法体系中的地位*

王卫国**

《企业破产法》由清算主义走向再建主义是其跟进世界潮流的第一步，当前破产法在国际上的发展又有了新的趋势，就是由庭内程序转向庭外程序，这是值得我们进一步去思考的问题。未来，中国破产法体系需要进一步完善，个人破产法将会出台。但是，个人破产法一旦出台，加上企业破产的常态化，仅仅靠庭内的破产程序，我相信这对于法院来说是不堪重负的。实际上，世界上其他国家也存在这样的问题，为什么现在破产难？因为庭内的司法破产程序需要企业付出非常高的成本，尤其在征信体制健全以后，信用成本和其他各方面成本都是非常高的，所以企业不愿意破产，而且这也一定全是认识落后的问题，可能是基于市场理性思维，从而使企业不得不慎重地对待破产问题。

在历史发展的国际视野中，第一阶段是重整制度的推行，应该是在20世纪80年代，最早是1978年美国破产法的改革带动了各国的破产法由清算主义转向再建主

---

* 本文为作者于2017年6月3日上午在“第八届中国破产法论坛暨《企业破产法》实施十周年纪念研讨会”上的大会主题演讲内容。

** 中国政法大学民商经济法学院教授、中国法学会银行法学研究会会长。

义。第二个阶段是由临危拯救到早期拯救。临危拯救就是司法重整程序,相当于过去由清算主义到再建主义,由“火葬场”到“医院”,但是过去的医院只动大手术,成本很高,而且成功率很低。我2000年到国外考察发现,美国企业的重整成功率也就是20%左右,大企业能够达到80%,欧洲也就15%左右,重整成功率比较低是一个很大的问题,这也是为什么很多企业不敢选择重整的一个原因。同时,各国为了防止滥用重整程序,立法规定了很多严格的限制条件,所以重整程序也有局限性。

法庭外债务重组出现得比较晚,主要是在20世纪90年代末到21世纪初亚洲金融危机以后。最初很多亚洲国家还没有司法破产程序及其相关立法,金融危机爆发后,企业陷入债务危机就走法庭外程序,那时中国也没有重整程序,我们在面临大量国有企业破产的困境时也采用了法庭外重组的方式。

早期法庭外债务重组是司法重整程序缺失情况下而不得不采用的一个方法,但是后来发现庭外重组有很多好处。在2000年的时候,国际上出台了一个《多数债权人协商解决全球方法的原则重塑》,称“庭外重组”为“协商解决”,后来也有其他叫法。21世纪初,学术界也有不成文的约定,在法庭外称为重组,在法庭内称为重整。

世界银行曾经在2001年发布《有效破产和债权人权利体系的原则和指引》,这个文件没有谈到“庭外重组”,但是2016年出台的升级版,即《有效破产和债权人/债务人制度原则》,则在内容上发生了很大变化,专门加入“风险管理与企业庭外重组”(原文翻译为:风险管理和企业非正式协商解决),把程序分为庭内和庭外。庭内程序到庭外程序的发展,形成了全球视野下的破产法新体系架构,即清算程序、司法重整程序,再加上法庭外的协商解决程序(庭外重组程序)这样三足鼎立的状态,三类程序之间也是相互支撑、相互支持的,形成了一个完整的体系。

从清算主义到再建主义,临危拯救到早期拯救,庭内拯救到庭外拯救,形成一套完整的以拯救企业为主的再建主义破产法新体系。我国从20世纪初国家经贸委主导的国有企业法庭外债务重组,到2016年的供给侧结构性改革以来,我们在处置一些困境企业时大量地采用法庭外协商,还有法庭外协商跟法庭内重整程序对接的所谓预重整的实践。借此,下一步就是法庭外非正式协商解决程序如何制度化的问题。

世界银行的文件实际上是指导和评价各个国家破产立法的一个重要的全球共识,“风险管理和企业非正式协商解决”包括以下5条原则:

第1条:信用信息系统。法庭外的协商解决首先要求透明化,需要一套成熟的、系统的、制度化的信用信息系统。信息系统要为企业的运行和后期拯救奠定基础,相关法律制度要对信息系统的建立、使用范围、信息储存、信息服务开展以及个人隐私保护等一系列问题作出规定。

第2条:董事在临近破产期间的义务。法律制度必须规定企业管理层在知道或应该知道企业临近破产的情况下,要对债权人和其他利益相关者的利益负注意义务,与义务相对应的就是管理层的法律责任。如果管理层违反了注意义务,法院可以依法裁判其对债权人承担赔偿责任,破产管理人也可以对管理层提起诉讼。

第3条:完善的法律框架。重视信息披露义务,鼓励对困境企业实现借贷、融资及再资本化。灵活协调多种重组做法,包括出售资产、贴现债券销售、债务核销、债务重组、企业重组、各种权益转换等。同时,在企业重组过程中,要形成对企业重组有利的税收机制。加强解决可能影响企业重组的监管障碍,如银行债权人基于银行业监管的条条框框的规定,无法作出一些灵活的、理性的妥协,妨碍企业重组。此外,须给予债权人可靠的执行途径,需要合理的司法执行机制的配合。

第4条:庭外协商解决的程序。司法程序能够迅速处理法庭外预先协商所达成的协议,包括预重整制度,庭外协商不成则可以转入法庭程序,这实际上也是对债权人、债务人的督促。庭外协商失败后,当事人进入司法程序进行破产重整,重整失败再进入清算程序。让利害关系人形成这种程序预期,有利于促使利害关系人积极考虑后果及带来的成本,理性选择,促进最佳效果的达成。

第5条:协商解决和风险管理的规范。将风险管理与信息系统相结合,让破产法成为企业的保健机构,及时发现问题,解决问题,尽早地帮助企业走出困境。

在顶层设计角度上,对未来破产法体系应该有一个全面的规划,要做到清算制度、重整制度及法庭外重组制度等各个方面的完善。关于如何充分适用和解制度的问题,现在有一些基层法院已经做得不错,如瑞安市人民法院。其实,和解程序原先是为小企业预备的,但现在看来可以做一个早期处理的程序,通过司法解释进一步完善后,再逐渐形成一套融洽的制度。如此,就形成一个立体化、全方位,以企业拯救为主,同时也是以清算为兜底的困境企业处置制度。

笔者相信,在国际社会的推动之下,我们好好研究,借鉴别人的先进经验,同时加强国际交流、国际合作,我们未来的破产法能够跨入国际的先进行列,配合着“一带一路”倡议,我国不仅能成为具有经济硬实力的强国,还能成为具备制度软实力、学术软实力的强国。因此,在座的各位任重而道远,让我们一起努力。谢谢大家!

秉持浙江精神
深化推进企业破产审判工作*

徐建新**

各位来宾，上午好！今天我代表浙江法院演讲的题目是“秉持浙江精神，深化推进企业破产审判工作”。我原来在温州市中级人民法院工作，这次是首次代表浙江法院站在这里发言。首先请允许我代表浙江法院对论坛的召开表示热烈祝贺，同时也感谢各位来自理论界、实务界的领导、专家学者对浙江法院破产审判工作的关心、帮助和支持。

我国《企业破产法》实施以来，风风雨雨已经走过了10个年头，在最高人民法院的有力监督指导下，浙江法院的破产审判工作取得了一些成效，借此机会作一个总结回顾，并提出若干设想，与大家分享。

一、浙江法院破产审判工作的简要回顾

2007年我国《企业破产法》开始实施不久，浙江省高级人民法院即编制了第一批包括48家中介机构的管理

---

* 本文为作者于2017年6月3日上午在“第八届中国破产法论坛暨《企业破产法》实施十周年纪念研讨会”上的大会主题演讲内容。

** 浙江省高级人民法院党组成员、副院长。

人名册。为应对国际金融危机的影响,2008 年 10 月 28 日,浙江省高级人民法院下发了《关于资金链断裂引发企业债务重大案件的集中管辖问题的通知》(浙高法〔2008〕289 号),依法支持各地政府妥善化解风险,先后指定相关中级人民法院集中管辖涉及台州的飞跃集团、中汽雷克萨斯汽车销售公司,绍兴的江龙控股、纵横集团,丽水的银泰集团等企业债务的重大案件。为严格区分企业集资类案件中罪与非罪的界限,会同省检察院、公安厅联合下发文件,注意防止因机械执法而扩大打击面的情况。参照破产重整审理方式,探索集中管辖案件的审理模式,杭州市中级人民法院、金华市中级人民法院成功审结了首例上市公司破产重整案、浙江海纳破产重整案、首例金融机构破产重整案以及金信信托破产重整案。

2011 年 11 月,浙江省高级人民法院发布了首个《浙江法院司法重整报告》,对破产审判的前期探索工作进行了阶段性总结。2011 年下半年,温州发生了民间金融风波,浙江省高级人民法院及时应对,结合中小企业资金链、担保链风险和银行不良贷款风险的司法治理,推进破产审判工作。2012 年浙江省高级人民法院党组提出了市场化、法治化的破产审判工作思路。2013 年浙江省高级人民法院编制了第二批包括 222 家机构和 23 名个人的管理人名册,还批准了温州市中级人民法院编制管辖区内的管理人名册,加上第一批编制的名册,形成了机构和数量居全国首位的管理人队伍。2012 年到 2014 年,浙江省高级人民法院陆续出台了建立管理人动态管理、破产案件简易审理和破产程序中涉集资类犯罪刑民交叉问题处置等规范性文件。浙江省高级人民法院民二庭每年开展破产重点课题的调研,编写破产审判年度报告,及时总结经验,推进"僵尸企业"的处置和破产审判的深入开展,特别是温州两级人民法院、杭州市余杭区人民法院及江山市人民法院被列入最高人民法院破产案件审理方式改革的试点以来,创造出了一系列可复制、可推广的经验,有力推动了破产审判工作的开展。

2016 年年初,最高人民法院杜万华专委专门到温州调研指导破产审判,温州的破产审判经验得到了最高人民法院院长周强同志、央行行长周小川同志的肯定。最高人民法院专门刊发信息推广浙江经验,浙江省委书记亲自组织召开浙江省深改组会议,专门听取温州法院对企业破产处置经验的介绍,并且确定为浙江可复制、可推广的经验。

二、供给侧结构性改革背景下破产审判的深化推进

2014 年 8 月，浙江省高级人民法院党组向省委报送了《关于及时依法处置“僵尸企业”盘活存量资产加快我省经济转型升级的报告》，率先在全国作出了处置“僵尸企业”的工作部署。2015 年以来，破产审判进入了深化阶段。两年多来，浙江破产审判工作在市场化、法治化的基础上逐步向常态化迈进。2016 年全省法院共受理破产案件达到 849 件，办结 427 件，分别占全国的 15% 和 12% 左右。2017 年一季度，全省法院受理破产案件达到 212 件，审结 61 件。2016 年 2 月，最高人民法院在杭州召开了座谈会，并对我省破产审判的前期工作进行检验。在最高人民法院首批公布的破产审判十大典型案例中，涉及我省的有两个案件：一个案件是湖州市安吉县人民法院审理的安吉同泰皮革有限公司执行转破产清算案，另一个案件是绍兴市中级人民法院审理的浙江玻璃股份有限公司及其关联公司的合并破产案。

我们的主要工作成效有以下 6 个方面：一是加强破产审判专业机构建设；二是率先推进执行程序与破产的衔接工作；三是进一步建立和完善府院联动，率先在全国建立省级层面的实质性府院联动机制；四是进一步完善管理人制度，出台了《破产审判管理人指定工作规程（试行）》，实现区域性重大破产案件竞争方式指定管理人常态化；五是积极探索破解重整企业信用修复的问题；六是推进破产财产网络拍卖试点。

三、下一步要继续推进的几项重点工作

浙江法院将继续着力打造浙江破产审判的市场品牌：一是要编写破产审判的 10 周年报告。二是要落实最高人民法院依法受理破产案件的要求，成立清算与破产庭，推进破产重整平台建设的部署，协调研究破产审判级别管辖、跨区域管辖等问题。三是全面深入推进并进一步深化和完善破产审判的府院联动机制。四是花大力气落实最高人民法院《关于执行移送破产案件审查若干问题的指导意见》，就“执转破”问题的深化再进行部署。五是结合新形势和实践经验总结，修订管理人动态管理、破产案件简化流程、破产案件财产变价和分配、管理人

指定和破产程序中涉集资类犯罪刑民交叉问题的处置规则。六是要完善管理人的动态管理机制,按照优胜劣汰的要求,重新公布浙江省高级人民法院编制的管理人名册,实行分级管理和动态管理。

三、破产法实施情况与企业挽救制度

破产法与破产制度的回顾与展望

——写在《企业破产法》实施10周年之际

赵坤成*

2006年8月27日,第十届全国人民代表大会常务委员会第二十三次会议审议通过了《企业破产法》。作为一部社会主义市场经济标志性的法律,取代了《企业破产法(试行)》等原有破产法律规定,构建了市场经济条件下全新的破产法律体系,规范了市场主体的退出和拯救机制,完善了社会主义市场经济法律体系。该法的出台与实施标志着我国市场经济进入一个新的发展阶段。

2017年是我国《企业破产法》实施10周年。我国破产制度的实施与运行已历经10个春秋。在这10年期间,破产理念、参与主体、法律规则、从业人员、案件数量、审判方式等都发生了巨大变化。《企业破产法》实施10年是一个节点,是一个温故而知新的节点,是一个对过往案例进行系统梳理和总结并提出以后可资借鉴的新思想新思路的节点。正是基于这个考虑,本文以《企业破产法》实施10周年为契机,对《企业破产法》在立法与运行方面的发展与成就进行总结,也对10年间破产配套制度的完善与发展进行回顾。与此同时,总结10年经验教

* 北京市金杜律师事务所合伙人。

训,展望我国破产制度的未来,希望《企业破产法》在下一个10年能够继续大放异彩,继续为市场经济保驾护航,为市场经济参与主体提供明确、可行、高效、稳定而可预期的挽救之道与退出之路。

一、破产制度的发展与成就

《企业破产法》自实施以来即被寄予厚望:通过市场化的方式进行债务清理,保护债权人、债务人的合法权益,维护社会主义市场经济秩序。实施10年,破产制度取得了长足的发展与进步,这既包括《企业破产法》立法本身所带来的全新的理念与制度设计,也包括破产制度在司法实践中取得的成就与发展。

(一)《企业破产法》立法的发展与进步

《企业破产法》作为我国市场经济条件下的第一部破产法律,其总结了既往破产制度运行的教训与不足,借鉴了域外成熟国家的经验与理念,具有相当的先进性,对完善我国社会主义市场经济法律体系具有深远意义。《企业破产法》无论在立法理念,还是具体制度设计方面,与《企业破产法(试行)》相比,发生了巨大变化,取得了长足的发展与进步。具体表现如下:

1. 变革理念,服务市场经济

《企业破产法(试行)》第1条规定其立法目的在于促进全民所有制企业自主经营,加强经济责任制和民主管理,改善经营状况,提高经济效益,保护债权人、债务人的合法权益。其第2条规定其仅适用于全民所有制企业。因此,《企业破产法(试行)》适用于全民所有制企业,其背景主要在于配合全民所有制企业改制,促进全民所有制企业自主经营,建立现代企业制度,改善企业经营状况。换言之,《企业破产法(试行)》之立法目的在于为全民所有制企业改制服务,并非市场主体依法退出市场的法律。

而《企业破产法》与此不同,其第1条规定之立法目的在于规范企业破产程序,公平清理债权债务,保护债权人和债务人的合法权益,维护社会主义市场经济秩序。由此观之,其立法理念在于通过破产制度公平保护债权人、债务人的合法权益,处理债务人债务,建立市场化退出机制,实现对社会主义市场经济秩序的维护,从市场退出端完善市场经济法律体系。

2. 扩大适用范围,平等对待不同性质市场参与主体

根据《企业破产法(试行)》第 2 条的规定,该法适用于全民所有制企业。而《关于在若干城市试行国有企业破产有关问题的通知》(以下简称《通知》)、《关于在若干城市试行国有企业兼并破产和职工再就业有关问题的补充通知》(以下简称《补充通知》)亦明确其适用范围为国有企业。同时,《企业破产法(试行)》第 3 条规定公用企业和与国计民生有重大关系的企业,政府有关部门给予资助或者采取其他措施帮助清偿债务的或者取得担保,自破产申请之日起 6 个月内清偿债务的,不予宣告破产,从反面限定了不适用破产制度的主体。换言之,以《企业破产法(试行)》为核心内容的法律体系,其使命即为服务于全民所有制企业改制及政策性破产,并非平等适用于全体市场参与主体,限制了非全民所有制企业的市场退出之路。

但《企业破产法》与此不同,其扩大了适用主体,不再区分企业所有制性质而设定不同的适用范围。其第 2 条规定只要是企业法人不能清偿到期债务,并且资产不足以清偿全部债务或者明显缺乏清偿能力的,即可启动破产程序。此外,其第 134 条规定商业银行、证券公司、保险公司等金融机构符合条件的亦可经金融监督管理机构批准后适用破产程序。同时,其第 135 条通过参照适用制度,将其他法律规定企业法人以外的组织的清算亦纳入调整范围。

换言之,《企业破产法》不再因企业性质而设定不同的破产程序,凡企业法人,无论国有抑或民营,无论经营范围如何,均可适用该法规定的程序清理债务,或者彻底退出市场,或通过重整及和解制度调整债务后恢复营业,以此实现对市场参与主体的平等保护,体现市场经济平等原则。

3. 扩大破产原因,挽救危困企业

《企业破产法(试行)》第 3 条要求进入破产程序的全民所有制企业必须是因管理不善所致的严重亏损、不能清偿到期债务,对企业适用破产程序限定了经济原因,即经营不善所致,进一步限定企业破产程序启动的条件。

与此不同,《企业破产法》第 2 条排除诸如“企业因经营不善造成严重亏损”等不合理限制,借鉴域外通行的破产原因判断标准,建立了“不能清偿到期债务且资产不能清偿全部债务”、“不能清偿到期债务且明显缺乏清偿能力的”及“有明显丧失清偿能力可能”3 种破产原因,进一步拓宽启动适用破产程序的原因,让更多符合条件的企业可以通过启动破产程序退出市场。与此同时,为体现债务

人重生理念,该法还针对适用重整程序的企业提供更为宽松的破产原因,放宽程序启动条件,以鼓励符合条件的企业尽早启动重整程序。

4. 引入市场化管理人制度

《企业破产法(试行)》所规定的破产程序,因其立法目的主要系为全民所有制企业改制服务,行政管理色彩浓厚,故其第 24 条规定人民法院应当自宣告企业破产之日起 15 日内成立清算组,接管破产企业。清算组成员由人民法院从企业上级主管部门、政府财政部门等有关部门和专业人员中指定。由于清算组成员主要系行政机关和其工作人员,清算组浓厚的行政色彩不可避免,效率不高、权责不明、专业能力不足等亦是饱受诟病。

与此不同,《企业破产法》第 24 条规定,管理人可以由有关部门、机构的人员组成的清算组或者依法设立的律师事务所、会计师事务所、破产清算事务所等社会中介机构担任。同时规定法院可以指定符合机构管理人条件中具备相关专业知识并取得执业资格的人员担任管理人。《企业破产法》将更具中立性、专业性、责任归属明确的社会中介机构及中介机构中的自然人确定为担任管理人的首选主体,同时规定在特殊条件下可以指定清算组作为管理人,确立了以中介机构担任管理人为原则、清算组担任管理人为补充的管理人选任制度,凸显《企业破产法》的市场属性。

5. 引入市场化重整制度

《企业破产法(试行)》第 17 条、第 18 条规定:企业由债权人申请破产的,在人民法院受理案件后 3 个月内,被申请破产的企业的上级主管部门可以申请对该企业进行整顿,整顿的期限不超过 2 年。整顿申请提出后,企业应当向债权人会议提出和解协议草案。该法在破产清算之外亦规定和解与整顿制度,作为与破产清算并列的制度,以挽救企业。但该制度的适用完全由其上级机关决定,债权人并无参与权,且虽然名为整顿,但实为债务人与债权人和解的前置程序,与域外通行的司法重整制度并非同一。

与此不同,《企业破产法》改变了传统的破产即为清算的立法理念,引入域外重整制度,为具有挽救价值的企业提供重生之路,给予一时陷入困境但复苏有望的企业更多的选择。《企业破产法》借鉴域外成熟经验,建立了破产清算、破产和解与重整并列的三大程序,排除债务人上级主管机关对债务人破产程序的干预,通过市场化方式,由债权人、出资人等利害关系人自行选择适用的程序,实现利害关系人的自主决策,充分尊重市场主体的意思自治,建立起纯粹市场化背景下的司法重整制度,完善了我国市场主体的困境救济之道。

6. 设立跨境破产制度

《企业破产法(试行)》并未涉及跨境破产问题,对于域外开始的破产程序之效力是否及于境内以及我国法院启动的破产程序是否及于债务人位于境外的财产,并未规定。这与当时的经济发展形势相适应,境内外双向投资不多,几乎不会涉及跨境破产问题,自无规定之必要,故该法并未涉及该问题。

随着世界经济一体化趋势的增强,我国对外投资与引进外资的广度与深度均不断加深,跨境破产问题成为可能。鉴于此,《企业破产法》第5条规定了我国启动的破产程序对债务人域外财产的效力以及我国承认域外破产程序效力的条件与程序,明确了跨境破产问题的处理原则,适应了我国目前双向投资大幅增长的局面与形势,为可能出现的跨境破产问题指明了方向。

7. 完善破产责任制度

《企业破产法(试行)》第41条、第42条对破产企业之法定代表人、直接责任人员和上级主管部门的领导人的行政责任和构成犯罪的刑事责任进行了规定,一定程度上构建了破产责任体系。但其构建的责任体系并不完善。一方面,责任性质未包含民事责任:因该法行政色彩浓厚,因此其重在对有关主体的行政追责,缺乏对民事责任的规定,直接导致对债权人利益保护乏力。另一方面,其仅对债务人的法定代表人和直接责任人员的责任作出了规定,未对债务人破产程序其他参与主体的责任进行规定,如清算组、债务人出资人、涉及可撤销行为相对方的责任等。

《企业破产法》在上述基础上完善了破产责任体系。在责任性质上,增加了民事责任的规定:因《企业破产法》是市场经济条件下的破产立法,以公平清理债权债务、保护债权人和债务人的合法权益、维护社会主义市场经济秩序为宗旨,因此更加注重于民事责任设计,更加注重对债权人利益的保护,而民事责任机制的建立与落实即为对债权人利益的最大保护;在责任主体上,扩大责任主体,将管理人、债务人股东、债务人董监高等均纳入责任主体范畴,进一步完善了破产责任体系,以此促进破产程序的顺利运行。

8. 进一步完善债务人财产保护制度

破产制度与破产程序作为集中清理债权债务的法律,以债务人财产为基础,以实现对债权人利益最大化为首要目标,而该目标的实现则是以债务人财产最大化为前提。《企业破产法(试行)》第35条构建了隐匿、私分或者无偿转让财产、非正常压价出售财产、对原来没有财产担保的债务提供财产担保、对未到期的债务提前清偿、放弃自己的债权等无效行为制度,初步构建了有关债务人财产的追收与保护制度。

在此基础上,《企业破产法》进一步完善了债务人财产保护与追收制度,在上述无效行为的基础上,将债务人在进入破产程序前特定期间内实施的特定行为类型化为无效或可撤销行为,并通过管理人的撤销权或无效确认权予以追收,以实现债务人财产最大化,实现对全体债权人的公平保护。与此同时,在《企业破产法(试行)》的基础上,《企业破产法》还就债务人股东出资加速到期、债务人董监高侵权等行为进行了规制,建立了全方位的债务人财产保护机制,以最大化债务人责任财产,确保破产程序开展与推进的基础,实现对债权人利益最大化的保护。

9. 规定金融机构破产,加强对金融安全的保障

金融机构作为一国资本市场最重要的参与者,其依法合规设立、运行及退出不仅关系一国金融与资本市场的稳定,亦关系一国金融安全,因此其破产应当建立完善的程序与机制。《企业破产法(试行)》并未规定金融机构破产有关问题,立法重点在为全民所有制企业改制及国有企业政策性破产服务。在《企业破产法》施行之前,对高风险证券公司的清理也是基于特定的政策与规定进行,并无体系化、制度化的规定可以适用。

随着金融监管体制的不断完善与升级,金融市场不断规范与发展,金融机构能否破产以及如何破产等问题就不得不解决,且无法回避。在此背景下,《企业破产法》就金融机构破产进行了原则性规定,明确金融机构作为企业法人,可以根据该法的规定启动破产程序。但基于金融机构的特殊性,要求其破产需经监管机构的批准,附加了前置条件,以妥善化解金融风险。此举不仅是对市场参与主体的平等保护,也是对国家金融安全的有力保护,有助于实现金融市场出清,改善金融市场环境,阻断金融市场风险,实现对金融机构及金融安全的维护,意义重大。

10. 限定政策性破产完成时间

如上所述,《通知》及《补充通知》构建了国有企业政策性破产的法律体系,

为国有企业政策性破产提供了法律依据,顺利实现了符合条件的国有企业的政策性破产。全国企业兼并破产和职工再就业工作领导小组《关于进一步做好国有企业政策性关闭破产工作意见》明确规定:国有企业实施政策性关闭破产的期限为2005年至2008年,2008年之后不再实施政策性关闭破产。这意味着国有企业的政策性关闭破产将于2008年年底退出历史舞台。

政策性破产是我国在经济转型过程中的特定产物,是典型的政策考量结果,在特定的历史时期,促进了国有经济结构的调整和国有企业扭亏脱困,也取得了良好的效果。但随着社会主义市场经济体系的建立,政策性破产逐渐显露其不足之处。部分地方把让企业破产作为解决国有企业和集体企业历史遗留问题的一条出路,为减轻企业负担而忽视担保债权人的利益,致使银行的债权得不到保障,为保护社会利益和单纯强调对债务人减负而忽视了对金融机构债权的保护,有违公平原则,也与平等保护市场经济参与主体的市场经济理念不符。而市场经济条件下的破产法则与此不同,应当最大限度地保护债权人与债务人的合法权益,维护社会主义市场经济秩序。

针对国有企业政策性关闭破产的过渡需要,《企业破产法》作出了衔接规定,其第133条规定在该法施行前国务院规定的期限和范围内的国有企业实施破产的特殊事宜,按照国务院有关规定办理。该条规定了政策性破产的处理方式,给解决历史遗留问题提供了明确的依据。2008年以后,国有企业亦将统一纳入《企业破产法》所规定的程序中,并不因国资背景而区别对待,实现对不同主体的平等保护。

(二)破产实践的发展与成就

法律的生命不在于逻辑,而在于经验。面对日新月异的社会发展、纷繁复杂的社会矛盾,法律永远是一部有待完善的作品,它始终无法穷尽并覆盖现实社会无限而复杂的问题。唯有通过司法实践,法律方能从纸上的法律成为活的法律,方能焕发生机,彰显活力,实现其裁判、指引的价值。10年间,《企业破产法》丰富的实践经验亦印证了前述论断。

1. 破产理念深入市场

在中国,“破产”这个词原本使人敬而远之,债务人、股东、债权人均会对企业破产存有顾虑和担忧,但经过近10年的司法实践,尤其是重大、成功案例的示范作用,市场主体多已意识到破产清算制度在市场主体依法退出中的重要作用以及重整制度在企业挽救中的巨大功效。当然,这也与政府和法院积极引导密切相关。

《企业破产法》实施 10 年,不仅是我国破产制度建设发展变革的 10 年,也是市场经济条件下市场主体观念转变、认识深化,破产理念不断为各方所接受并逐步熟悉的 10 年。《企业破产法》实施 10 年,市场参与主体之前的“破产有罪”“破产逃债”“破产等于清算”等局限性认识发生了根本性变化。通过破产制度的实施与运行,各方已经认识到破产是市场经济条件下的必然现象,破产是中性的市场现象,不应附加任何否定的负面评价,这是市场经济条件下的必然产物,也是市场规律作用的必然结果。各方已经充分认识到破产清算制度对调整经济结构、合理分配资源的强有力作用,也充分意识到破产重整制度在挽救有价值的危困企业方面无可比拟的制度优势。破产法规范、破产制度及破产理念深入人心,各方不再闻之色变,这正是《企业破产法》实施 10 年的成就之一,这也是未来破产制度继续发挥重要的基础。

2. 完善市场主体依法退出市场的法定通道

在《企业破产法》实施之前,由于《企业破产法(试行)》适用于全民所有制企业的破产,并无法为全部市场主体通过破产清算程序退出市场提供依据,导致大量非全民所有制企业虽然已经符合破产前清算条件,但依然无法适用破产清算程序退出市场。与此同时,该类企业因无法通过破产清算方式退出市场,最常见的退出方式即为工商机关吊销营业执照。而根据《公司法》的有关规定,公司被工商机关吊销营业执照,即触发解散事由,相应即应启动清算程序,但大量企业并未循此程序处理,被工商机关吊销营业执照后即处于事实上的“僵尸状态”,或者通过直接吊销营业执照而退出市场,并未清理债权债务,严重侵犯债权人的利益。而《企业破产法》与《公司法》的规定相结合,要求企业法人已解散但未清算或者未清算完并且资产不足以清偿债务的,依法负有清算责任的人应当向人民法院申请破产清算,赋予清算组在被清算企业具备破产清算条件时依法启动清算程序的义务,完善了市场主体退出市场的法定程序与通道,防止企业未经法定程序即退出市场、损害债权人合法权益。此举将市场主体退出市场与进入市场均纳入有法可依的轨道中,为市场主体退出市场提供了明确的操作路径,完善了市场主体依法退出市场的法定通道。

3. 专业破产法院及破产审判庭的建立

破产案件审理复杂、周期长、难度大、专业性强、事务性工作繁重,需要法官具备深厚的理论功底和化解社会矛盾、处置突发事件、协调各方利益诉求等多方面工作能力。此外,由于《企业破产法》施行仅10年,部分法院审理破产案件较少,部分法院甚至从未审理过破产案件,导致破产案件审判队伍亟待发展壮大。人民法院需要加强法官专业化队伍建设,在人员和物资保障方面给予支持。

鉴于此,最高人民法院制定了《关于在中级人民法院设立清算与破产审判庭的工作方案》,要求直辖市应当至少明确一个中级人民法院设立清算与破产审判庭,省会城市、副省级城市所在地中级人民法院应当设立清算与破产审判庭。其他中级人民法院是否设立清算与破产审判庭,由各省(区、市)高级人民法院会同省级机构编制部门,综合考虑经济社会发展水平、清算与破产案件数量、审判专业力量、破产管理人数量等因素,统筹安排。

目前,广东省高级人民法院已于2016年8月挂牌成立破产审判庭,这是全国首个高级人民法院破产审判庭,旨在解决破产案件"启动难""执行难"问题,推进破产审判专业化建设,主要负责审理企业破产案件、企业强制清算案件,协调指导全省法院开展执行转破产工作,审理执行诉讼案件,与实体权利有关的执行异议、执行复议等案件,探索新形势下如何依法重组及关闭破产"僵尸企业"。而在最高人民法院前述方案出台前,深圳市中级人民法院已经率先设立公司清算与破产审判庭,专司破产案件审理,培养了一支高素质的专业化审判队伍。

4. 管理人制度不断完善规范

鉴于破产案件专业性强、事务工作复杂,除需要具备专业化的审判力量外,专业化、高素质的管理人队伍亦不可或缺。《企业破产法》第24条规定管理人可以由有关部门、机构的人员组成的清算组或者依法设立的律师事务所、会计师事务所、破产清算事务所等社会中介机构担任。此外,最高人民法院已于2007年发布《关于审理企业破产案件指定管理人的规定》,就管理人资格、选任方式、职责等事宜进行了规定,但依然无法满足司法实践需要。

鉴于此,各地法院依照《企业破产法》的规定,纷纷根据本辖区管理人队伍规模、执业经验、案件数量等因素,建立了管理人名册制度,基于实践需要创新发展了联合管理人制度、竞争与摇号相结合的选任制度、管理人分级管理制度及管理人培训制度等。通过前述有益探索,我国管理人队伍规模不断壮大,执业人员业务能力不断提高,有力推动我国破产制度的发展。

5. 上市公司重整制度不断完善

上市公司作为股份有限公司,亦当然属于《企业破产法》提及之企业法人,可以适用破产程序。由于上市公司的特殊性,其进入破产程序影响甚广,不得不慎重,需要完善的配套制度与措施。《企业破产法》并未基于上市公司的特殊性而制定有异于其他主体的破产规则,一定程度上影响了上市公司这类特殊主体的破产程序推进。但可喜的是,司法实践走在了立法前端,对上市公司破产重整进行了有益探索。

《企业破产法》实施以后,截至本文成稿之日,已经有 50 家上市公司完成破产重整。通过重整,该类上市公司依法化解债务负担,调整业务结构,实现轻装上阵,保住上市公司上市资格,依法维护了上市公司、股东、债权人、职工、所在地方政府等各方利益。鉴于上市公司重整的复杂性与特殊性,最高人民法院、证监会及交易所先后制定相应规范,引导上市公司重整程序依法推进。

2007 年 10 月,针对上市公司重整中遇到的问题,最高人民法院和证监会在昆山召开研讨会,对上市公司重整案从案件受理、管理人组成方式,到信息披露及重大资产重组等一系列问题进行讨论,以指导上市公司重整实践。

2008 年,上交所、深交所也分别对《股票上市规则》进行修订,增设“破产”一节,并首次对上市公司重整的信息披露义务人予以明确,以指导上市公司重整涉及的相关问题。

2011 年,创智科技重整案首开出资人组会议开通网络投票方式之先河,以便于出资人对出资人权益调整方案进行表决,使中小股东充分参与重整程序。自此以后,上市公司重整案凡涉及出资人权益调整的,均开启网络投票制度,维护中小股东知情权与程序参与权。

2012 年,最高人民法院会同中国证监会在海南省万宁市召开了审理上市公司破产重整案件工作座谈会,并形成了《关于审理上市公司破产重整案件工作座谈会纪要》,该纪要针对上市公司重整案件的审理、管辖、申请、审查、信息保密与披露、重整计划草案制定、出资人组表决、会商机制、行政许可执行等进行了详细的规定。而同年,上海证券交易所、深圳证券交易所再次修订《股票上市规则》,针对退市指标与重新上市的指标进一步予以明确。

通过上述有益探索与实践,我国已经具备丰富而完善的上市公司重整实践经验，假以时日，未来《企业破产法》修改或司法解释应当适时将此类经验上升至规则，指导上市公司重整程序的推进。

6. 关联或集团公司破产实践不断完善

关联企业或集团公司是企业发展到一定规模后，为充分发挥规模效应与协同效应而出现的新型企业组织形式。该种企业发展模式为企业相互之间合理利用资源，实现包括资金、客户等资源最大化提供了制度优势，实践中亦越来越多的企业采用该种模式。但该种模式的优势亦是其不规范治理的风险所在。实践中，大量企业集团公司利用控制关系或相互之间的关联关系而无视法人独立人格和股东有限责任，无视公司治理机制，随意调配资源，管理混乱，财务、人员、业务、场所高度混同，无法识别，严重侵害债权人的利益。而该种企业在符合破产条件后亦应进入破产程序，但由《企业破产法》适用的是单体企业法人，并未就关联企业或集团公司破产问题进行规制。

司法实践中，为实现对债权人权益的平等保护，依法处理大型集团公司或关联企业破产，部分法院根据《企业破产法》的立法精神，结合《公司法》的基本理论，对关联企业或集团公司的合并破产重整或合并清算进行了有益尝试和探索。

前者如绍兴市中级人民法院审理的浙江纵横集团重整案，绍兴市中级人民法院认为虽然纵横集团“1＋5”公司从法律上讲都是独立法人，但实际法人人格高度混同，合并重整可能更利于公平清理债权债务、保护债权人的合法利益，后裁定上述6家公司合并重整，坚持实质重于形式原则，依法提高破产程序效率，妥善化解债务人相互之间的债务往来，实现对债权人的公平保护。后者如无锡市中级人民法院审理的无锡市奥特钢管有限公司与无锡市沪通焊管有限公司合并破产清算案。在该案中，无锡市中级人民法院将公司法领域的法人人格否认理论延伸至破产法领域形成实质合并原则，对“人格混同”的数个关联企业实施合并破产，实现了对形式上是不同企业但实质上是同一法人的数个关联企业债务的同比例公平清偿。

7. 信息披露机制不断完善

破产程序作为债权债务集中处理与受偿的程序，关系债权人、债务人、股东等各方利益主体之利益的保护与实现，应当保障各方对破产程序的充分知情权，并在此基础上确保各方参与破产程序，而该制度的落实均需要以充分的信息披露为前提。《企业破产法》未明确规定破产程序中的信息披露，仅要求债务人的特定主体及管理人负有回答义务,未建立持续、有效的信息披露机制。

为建立债务人破产程序的信息披露机制,让各利益方充分参与破产程序,提高破产程序的透明度,最高人民法院于 2016 年 7 月 26 日下发《关于企业破产案件信息公开的规定(试行)》,就破产案件信息公开问题作出了规定,规定最高人民法院设立全国企业破产重整案件信息网,破产案件(包括破产重整、破产清算、破产和解案件)审判流程信息以及公告、法律文书、债务人信息等与破产程序有关的信息统一在破产重整案件信息网公布。人民法院以及人民法院指定的破产管理人应当使用破产重整案件信息网及时披露破产程序有关信息,首次就破产案件信息披露作出了规定。与此同时,《企业破产案件破产管理人工作平台使用办法(试行)》《企业破产案件法官工作平台使用办法(试行)》亦相继出台,指导破产重整案件承办法官及管理人依法披露案件信息。

为充分发挥全国企业破产重整案件信息网的重要作用,切实运用信息化手段推进破产法的实施,推动破产审判信息化、常态化、法治化,最高人民法院于 2016 年 11 月 11 日下发《关于进一步做好全国企业破产重整案件信息网推广应用工作的办法》,进一步就破产案件信息披露问题作出规定。案件承办法官、管理人可以通过该系统发布案件进程,保障债权人的知情权与监督权,债权人、潜在重整投资人等有关主体可通过该系统了解案件进程,积极参与破产程序,充分行使知情权与参与权。

8. 简易破产程序的探索

《企业破产法》规定的破产程序并未因债务人的情况而就程序适用的简繁作出区别对待,此举虽然能够确保程序完备、公正,但于资产负债体量小、法律关系简单、债权人人数少的破产案件,若亦如大型企业破产一般推进破产程序,则表面实现程序公正,实则损害了破产程序的效率,徒增成本。鉴于此,确有必要根据案情需要而在不违背现行法的基础上采用更为简单高效的方式推进破产程序。在域外立法中,德国破产法、俄罗斯联邦无支付能力法均有简易程序的体现,而国内司法实践中,浙江地区法院先行一步,探索适用简易程序审理破产案件,如浙江省高级人民法院于 2013 年 6 月 28 日发布《关于企业破产案件简易审若干问题的纪要》、浙江省杭州市中级人民法院于 2012 年 11 月 30 日发布《关于破产案件简易审理机制的指导意见》、浙江省建德市人民法院于 2013 年 2 月 26 日发布《关于企业破产案件简易审理的实施办法(试行)》,基于地方实践需要而探索适用简易程序,并取得良好效果。

9. 通过破产程序处置“僵尸企业”得以制度化

2015年11月4日,国务院总理李克强在国务院常务会议中提到,要“加快推进‘僵尸企业’重组整合或退出市场”。2016年2月24日,在全国部分法院依法处置“僵尸企业”调研及工作座谈会上,时任最高人民法院审判委员会副部级专职委员杜万华提出,司法部门要依法为实施市场化破产程序创造条件,今后一个时期运用破产法律程序处置“僵尸企业”将是人民法院的一项重要任务。2016年3月5日,李克强总理在第十二届人大四次会议的政府工作报告中提及,采取兼并重组、债务重组或破产清算等措施,积极稳妥处置“僵尸企业”。随后包括发改委、国资委、质检总局、国土资源部等在内的中央各部委以及包括河北省、甘肃省、湖南省、浙江省在内的地方政府均出台相关政策处置“僵尸企业”。由此,依法处置“僵尸企业”、确保“僵尸企业”合法有序退出市场,是未来相当长一段时期内我国经济结构调整所必须解决的问题。

在此背景下,各地司法机构均意识到破产制度对“僵尸企业”的处置将发挥重要作用。对于“僵尸企业”的处置,各地进行了有益探索,坚持有保有破的差异化处置原则,积极创新,坚持依法审判,充分发挥破产审判对维护市场经济秩序、保障社会稳定等方面的作用,为“僵尸企业”依法退出市场提供了有力保障与支持。

二、配套制度的完善

破产制度的施行并非一部《企业破产法》即可全部规范与调整,还依赖相应配套制度的协调与配合,方可确保破产制度顺利运行。在《企业破产法》颁布实施以后,为促进、配合破产制度顺利运行,相应的配套制度亦在《企业破产法》实施过程中不断完善,进一步促进配合破产制度的运行与完善,为破产制度的顺利实施提供了保障。

(一)失信被执行人系统不断完善

为促使被执行人自觉履行生效法律文书确定的义务,推进社会信用体系建设,最高人民法院于2013年7月16日下发《关于公布失信被执行人名单信息的若干规定》,就符合法定条件且具有履行能力而不履行生效法律文书确定义务的被执行人,人民法院应当将其纳入失信被执行人名单,依法对其进行信用惩戒,并在被执行人全部履行了生效法律文书确定义务、与申请执行人达成执行和解协议并经申请执行人确认履行完毕或人民法院依法裁定终结执行后,人民法院应当将其有关信息从失信被执行人名单库中删除。而司法实践中,大量进入破产程序的企业在进入破产程序前已经被纳入失信被执行人名单,但由于前述规定并未明确被纳入失信被执行人名单的债务人在破产程序终结后可以从失信被执行人名单中删除,由此导致大量已经终结破产程序的债务人无法从失信被执行人名单中被删除,影响债务人在重整程序或和解程序完成后重新恢复营业。

鉴于此,最高人民法院于 2017 年 2 月 28 日发布《关于修改〈最高人民法院关于公布失信被执行人名单信息的若干规定〉的决定》,修改了上述规定,其第 10 条第 1 款第 5 项规定:因审判监督或破产程序,人民法院依法裁定对失信被执行人中止执行的,人民法院应当在 3 个工作日内删除失信信息。根据该条规定,债务人进入破产程序后,人民法院应当裁定对失信被执行人中止执行,并删除失信信息。而《企业破产法》第 19 条规定,人民法院受理破产申请后,有关债务人财产的执行程序应当中止。换言之,一旦失信被执行人进入破产程序,则其失信信息应当被删除。如此,破产清算的企业在程序终结后法人资格注销,自无继续作为失信被执行人的必要,其已经完全彻底退出市场;而进入和解程序、重整程序的债务人,如债务已经妥善处理,从法律意义上已经履行完毕全部义务,程序终结后还需继续营业,应当删除失信信息,确保其能够顺利恢复正常营业状态。

(二)试行简易注销程序

《企业破产法》第 121 条要求管理人应当自破产程序终结之日起 10 日内持人民法院终结破产程序的裁定,向破产人的原登记机关办理注销登记。司法实践中,破产清算程序终结后,管理人持法院的终结程序裁定申请工商登记机关办理注销登记的,通常需要提交诸多材料,程序烦琐,耗时较久,导致管理人职责无法顺利终结。

为缓解上述情况,打通企业破产清算程序实施的最后一个环节,进一步深化商事制度改革,完善市场主体退出机制,国家工商总局于 2016 年 12 月 26 日下发《关于全面推进企业简易注销登记改革的指导意见》,自 2017 年 3 月 1 日起在全国范围内全面实行企业简易注销登记改革。其第2条规定人民法院裁定强制清算或裁定宣告破产的，有关企业清算组、企业管理人可持人民法院终结强制清算程序的裁定或终结破产程序的裁定，向被强制清算人或破产人的原登记机关申请办理简易注销登记。

通过简易注销登记的实施，实现了司法程序与行政程序的有效衔接，提高破产清算企业工商注销登记办理效率，尽快实现企业彻底退出，实现了破产清算程序事实上的顺利终结。

（三）执行转破产制度的实施

不同于德国破产法律规定，我国《企业破产法》除规定清算义务人特定情形下负有破产清算申请义务外，并未建立强制破产制度，采用破产申请主义立法。在此背景下，司法实践中存在大量企业作为被执行人但执行无果的情形，从《企业破产法》第2条规定的破产受理原因视之，此类企业已经符合破产条件，囿于现行立法采破产申请主义，无人申请则法院不能依职权启动破产程序，导致大量符合破产清算条件的企业无法进入破产清算程序。鉴于此，最高人民法院《关于适用〈中华人民共和国民事诉讼法〉的解释》（以下简称《民事诉讼法司法解释》）第513～517条率先建立执行转破产衔接制度，通过执行法院的释明权，引导执行人或被执行人同意将被执行人转入破产程序，化解“执行难”与“无案可破”的局面。此外，2016年11月17日，广东省高级人民法院印发《关于执行案件移送破产审查的若干意见》，在《企业破产法》及《民事诉讼法司法解释》的框架下细化执行转破产的推进工作，地方法院已经逐步推行执行转破产制度。

例如，在浙江安吉同泰皮革有限公司执行转破产清算案中，浙江省安吉县人民法院（以下简称安吉法院）执行局在执行浙江安吉同泰皮革有限公司（以下简称同泰皮革公司）作为被执行人的系列案件中经审查发现，同泰皮革公司已不能清偿到期债务，而且资产不足以清偿全部债务，遂根据《民事诉讼法司法解释》第513条规定，向部分申请执行人征询意见，并得到其中一位申请执行人书面同意后将该案移送破产审查。后安吉法院受理同泰皮革公司破产清算案。同泰皮革公司作为被执行人的案件共53件，债权金额累计4213.1万元，个案执行时间最长达1年半。启动执行转破产程序后，3个月即审结完成，实现了案件执行程序和破产程序的有序衔接。案件由执行程序转入破产审查，不仅可以迅速启动破产程序,还有助于执行案件的及时结案,化解执行难问题。

(四)金融机构破产有据可依

《企业破产法》第134条规定商业银行、证券公司、保险公司等金融机构具备破产原因后,国务院金融监督管理机构可以向人民法院提出重整或者破产清算的申请。因此,根据该条之规定,金融机构破产不存在法律适用障碍。但因金融机构破产关乎一国金融安全,涉及利益主体众多,影响甚广,并非一蹴而就,在相应配套措施出台前不能贸然实施。

为建立防范和处置证券公司风险的长效机制,维护社会经济秩序和社会公共利益,保护证券投资者的合法权益,促进证券市场有序、健康发展,2005年7月1日《证券投资者保护基金管理办法》开始施行,并于2016年6月1日修订。其第2条规定证券投资者保护基金是指依法筹集形成、在防范和处置证券公司风险中用于保护证券投资者利益的资金。其第3条规定基金主要用于按照国家有关政策规定对债权人予以偿付。其第19条规定基金的用途之一为在证券公司被撤销、被关闭、破产或被证监会实施行政接管、托管经营等强制性监管措施时,按照国家有关政策规定对债权人予以偿付。通过证券投资者保护基金的建立,完善了证券公司破产清算的配套制度,为证券公司破产清算时投资者利益的保护提供了依据,确保了证券公司破产清算有据可依、风险可控。

2015年4月24日,修订后的我国《保险法》施行,其第91条规定保险公司破产财产在优先清偿破产费用、共益债务和职工债权后,应当赔偿或者给付保险金,保险金优先于税款债权受偿。其第92条规定经营有人寿保险业务的保险公司被依法撤销或者被依法宣告破产的,其持有的人寿保险合同及责任准备金,必须转让给其他经营有人寿保险业务的保险公司;不能同其他保险公司达成转让协议的,由国务院保险监督管理机构指定经营有人寿保险业务的保险公司接受转让。通过前述规定,保险公司破产时保险金的支付顺位、寿险合同的承接等事宜有了明确的法律依据,完善了保险公司破产清算的配套制度,为保险公司破产扫清了障碍。

2015年5月1日,《存款保险条例》正式施行,其第2条规定要求境内设立的商业银行、农村合作银行、农村信用合作社等吸收存款的银行业金融机构依法投保存款保险。其第19条规定,存款人有权在法院裁定受理对投保机构的破产申请后要求存款保险基金管理机构在法定限额内使用存款保险基金偿付存款人的被保险存款。通过前述规定,《存款保险条例》为银行破产时存款人的存款处置提供了明确依据,完善了银行破产清算的配套制度,可以在银行破产时控制金融风险,保护存款人合法权益,确保银行破产顺利实施。

通过上述一系列规定,我国已经构建了覆盖证券公司、保险公司及银行破产的配套措施,使《企业破产法》第134条的金融机构破产不再因缺乏配套制度或措施而形同具文。在此背景下,金融机构可以根据有关规定和制度安排依法启动破产程序,在金融市场充分发挥破产制度合理配置资源、挽救危困企业、实现市场出清的功效,促进我国金融市场健康、良性发展。

(五)市场化债转股的推行

2016年10月10日,国务院发布《关于积极稳妥降低企业杠杆率的意见》与《关于市场化银行债权转股权的指导意见》,标志着我国债转股17年后正式重启。前述意见提出要坚持积极的财政政策和稳健的货币政策取向,以市场化、法治化方式,通过推进兼并重组、完善现代企业制度强化自我约束、盘活存量资产、优化债务结构、有序开展市场化银行债权转股权、依法破产、发展股权融资,积极稳妥降低企业杠杆率,助推供给侧结构性改革,助推国有企业改革深化,助推经济转型升级和优化布局,为经济长期持续健康发展夯实基础。要遵循法治化原则、按照市场化方式有序开展银行债权转股权,确保银行转股债权洁净转让、真实出售,有效实现风险隔离,防止企业风险向金融机构转移。开展市场化债转股要与深化企业改革、降低实体经济企业成本、化解过剩产能和企业兼并重组等工作有机结合、协同推进。

《企业会计准则第12号——债务重组》规定:债务重组是指在债务人发生财务困难的情况下,债权人按照其与债务人达成的协议或者法院的裁定作出让步的事项,债务重组的方式主要包括以资本清偿债务、将债务转为资本、修改其他债务条件或三种方式的组合等。因此,债转股是国际通用、行之有效的特殊债务重组方式,能够在经济下行期帮助企业降低杠杆率、促进行业资产重组、同时降低银行不良资产压力、增强经济复苏活力。而法治化原则下开展的债转股,能够充分发挥债权人对债务人的监督作用,通过参与公司治理,促进产业龙头企业转型增效,也降低企业降低杠杆率后过度融资冲动,从而避免产能二次扩张,从而降低商业银行潜在风险,实现银企“双赢”,共同促进经济发展方式转变,形成更加健康的宏观经济环境。

为市场广为接受的市场化债转股方式可以与破产重整与和解制度配合,协同解决债务人债务危机,通过司法程序与庭外重组程序相结合的方式,共同化解债务人危机,实现供给侧结构性改革,促进产业结构升级与优化布局。

(六)破产程序之外的金融机构债委会

为加强金融债权管理,维护经济金融秩序,支持实体经济发展,银监会于2016年7月6日下发《关于做好银行业金融机构债权人委员会有关工作的通知》,针对债务规模较大的困难企业中金融债权保护问题提出建议金融机构债权人委员会的要求,以此依法维护银行业金融机构的合法权益,推动银行业金融机构精准发力、分类施策,有效保护金融债权,支持实体经济发展。债委会按照“一企一策”的方针集体研究增贷、稳贷、减贷、重组等措施,有序开展债务重组、资产保全等相关工作,确保银行业金融机构形成合力。其第11条规定,债委会实施金融债务重组的,可以采取协议重组和协议并司法重组的方式。其第13条规定,为保证企业的正常运营,企业提出的新资金需求有充分理由的,债委会可以通过组建银团贷款、建立联合授信机制或封闭式融资等方式予以支持。各债权银行业金融机构应当一致行动,切实做到稳定预期、稳定信贷、稳定支持,不得随意停贷、抽贷;可通过必要的、风险可控的收回再贷、展期续贷等方式,最大限度地帮助企业实现解困。

通过金融机构债委会的设立,鼓励金融机构在债务人风险彻底爆发前提前介入,通过集体行动协助债务人化解债务风险与负担,依法保护金融机构债权人的利益。同时,金融机构债委会实施金融债务重组的,可以采取协议重组和司法重组相结合的方式,借助破产重整制度的优势,化解债务人债务负担,同时给予后续融资,最大限度帮助债务人解困。此外,一旦债务人进入破产程序,原有的金融机构债委会可以在增加债务人职工代表后转为破产程序中的债委会,依法履行职责,实现协议重组与司法重组的无缝对接,提高债务人危机化解效率。

三、展望未来

《企业破产法》实施10年以来,我国破产理念与制度发生了巨大变化,破产实践也不断丰富与完善。相应地,无限而复杂的司法实践亦对破产制度提出了更高的要求。未来,《企业破产法》与破产制度尚需在如下方面进行完善,以期更好地指导司法实践。

(一)建立个人破产制度

随着目前消费模式的改变,个人信用消费量剧增,信用负债相应上升,个人资产负债结构实现倒挂,一旦个人丧失清偿能力、无法清偿全部债务,即有必要通过个人破产制度帮助诚信的个人处置债务,化解债务负担,并重新恢复信用,鼓励其开始新生活。未来,个人破产制度应当被提上日程,相应的配套制度亦应予以完善,以应对当前的个人消费模式。

(二)尝试推行预重整制度

作为美国破产法中破产制度重要组成部分的预重整制度,在美国破产法上大放异彩,为挽救企业作出了巨大贡献。此外,联合国国际贸易法委员会在其制定的《破产法立法指南》中亦规定了预先重整制度,将其作为使债权人在破产申请之前自愿重组谈判中商定的计划发生效力而启动的一种简易的重整程序。该制度可以有效降低司法重整成本,提高效率,使企业拯救机制更具确定性、可行性,减少对债务人的负面影响,给予各方最大限度的协商空间。虽然《企业破产法》尚未引入该制度,但司法实践已经走在立法前列,部分案件已经开始适用预重整制度,并取得了良好的效果。未来,《企业破产法》修改可以考虑尝试引入预重整制度,与破产重整制度并用,为各方挽救债务人提供更多的选择。

(三)关联企业合并破产制度的完善

如上分析,《企业破产法》系针对单一法人破产程序,而随着目前企业组织形式的不断发展与变化,大量关联企业或集团企业因经济上的一体性而导致法律上的独立性被淡化,由此衍生出关联企业合并破产的命题。针对此,司法实践先于立法规定做出回应,受案法院通过朴素的法理和《公司法》的有关规定,开创了各式的关联企业合并破产模式,积累了丰富的实践经验,但毕竟缺乏明确直接的法律依据。未来,《企业破产法》应当总结已有的实践经验,针对关联企业合并破产问题作出明确规定,以适应未来企业组织形式的深刻变化,更好地指导此类企业退出市场,充分发挥法律的裁判与指引功能。

(四)跨境破产制度的完善

随着经济一体化的加强以及我国双边及多边投资的上升,未来,跨境破产案件数量将不断增加,将充分考验一国跨境破产制度的合理性与可操作性。虽然《企业破产法》已经就跨境破产制度在第5条作出了规定,但该条仅系原则性规定,无法满足司法实践的需要,无法适应未来跨境破产案件的高效、务实解决的需求,影响破产程序的顺利推进。为顺应经济一体化的趋势,未来,《企业破产法》应当就跨境破产作出更为详尽具体的规定,与域外不同法域就跨境破产的承认与执行通过双边、多边协定的方式进行落实,确保双方能够互相认可彼此启动的破产程序,促进跨境破产的顺利实施,公平保护境内外债权人合法权益。

(五)建立破产企业征信恢复制度

《企业破产法》第94条规定:按照重整计划减免的债务,自重整计划执行完毕时起,债务人不再承担清偿责任。其第106条规定:按照和解协议减免的债务,自和解协议执行完毕时起,债务人不再承担清偿责任。根据前述规定,债务人在重整与和解程序终结后,即使债务未实际清偿完毕,但是只要按照重整计划与和解协议履行,即视为已经从法律上履行完毕全部债务,不再对实际未清偿的债务承担清偿义务。

但在司法实践中,银行、税务机关等并不会因债务人已经执行完毕重整计划或和解协议而自动消除债务人的不良信用记录,债务人依然会被银行或税务机构作为信用不良主体。由于破产重整与和解后,企业的法人资格未发生变化,依然存续,债务人原有的信贷不良记录、税务记录都将继续存续,且目前尚无制度性的清理规定,由此导致债务人虽然通过法律程序完成债务处理,但事实上依然留有不良信用记录,后续银行融资受阻、税收优惠享受受限,影响债务人恢复营业,甚至可能导致债务人陷入二次破产境地。因此,为妥善解决债务人信用恢复问题,实现债务人真正意义上的重生,未来,《企业破产法》应当就债务人依法执行完毕重整计划与和解协议后的信用恢复问题作出规定,以保障债务人重新开始,恢复营业。

（六）借鉴域外立法与制度

世界经济一体化的趋势已经无法避免，相应地，我国的破产立法与制度建设也可以借鉴域外先进、合理的破产法立法与制度。结合目前我国《企业破产法》及破产制度运行中的有待完善之处，建议未来《企业破产法》立法可以借鉴域外先进立法，经过充分论证后，可以借鉴包括德国破产法中的董事强制申请破产制度、美国破产法的自动冻结制度或德国的保全处分制度等，不断完善我国破产立法与制度建设，以期更好地指导破产实践。

四、结　语

成熟的市场经济应当是市场参与主体可以自由、有序进入与退出，应当有明确、可预期的规则指导市场主体进入和退出市场。《企业破产法》即为我国市场经济下市场主体退出市场的法律依据。该法的制定与出台历经波折，但好事多磨，虽然姗姗来迟，但终归“迟到甚过不到”，填补了我国社会主义市场经济法律体系的短板。该法自其制定之初即被寄予厚望，且该法推陈出新，具有划时代的意义。施行10年，该法虽不能说功德圆满，但亦可谓不辱使命，实现了我国破产制度的历史性变革，取得了诸多成就与长足的进步，可谓我国法治进程中的重大事件。下一个10年，我们应当总结过往，展望未来，不断开展破产实践，深入研究破产理论，以《企业破产法》为核心，不断完善我国破产法律体系，并以此反哺破产实践，充分发挥破产制度的价值。

破产审判绩效考核机制探究

李　琛[*]　徐　艳[**]

一、透视：破产审判绩效考核机制应然性考究

（一）背景分析

在市场经济的运行体系下，企业规范有序退出市场包括两种途径：一是资可抵债的通过自行清算、注销登记退出；二是资不抵债的通过破产程序司法强制退出。2007 年我国施行了新《企业破产法》。但是，破产法实施以来，总体实施效果却不尽如人意：尽管施行之初，破产案件数量有短暂回升，但自 2009 年开始下降，至 2013 年达到最低数值，前后几年全国破产案件数量未超过 4000 件。可该低数值并不代表企业经营有多乐观，如 2015 年全国注销企业达到 788，500 家，进入破产程序的仅占比 0.45%。2016 年，在最高人民法院出台一系列“组合拳”的刺激下，破产审判开始“回暖”，全国法院全年受理破产案件共计 5665 件，但该数据远低于经济总量和国际平均破产发展水平，与发达市场经济国家法国、英国、德国相比，仍只能望其项背；尤其近几年来，国内企业经营不

[*] 岳阳市中级人民法院民二庭庭长。
[**] 岳阳市中级人民法院民二庭审判员。

景气，但法院办理破产案件的数量并未大幅增加。由此可见，企业退出市场机制非常混乱，很多企业自生自灭，导致“僵尸企业”大量出现，破产法治对于市场秩序的积极调整作用远没有得到充分发挥。个中原因当然是多方面的，就法院而言，则与法官办理破产案件积极性不高密切相关，深究之，即是法院内部破产审判绩效考核机制没有达到激励办案程度。

（二）剖面分析

审判考核绩效制度，是指通过一套客观化的指标来衡量法官审判能力、水平、劳动程度及效果的评估制度，兼具约束和激励作用，法院将之视为激励法官“多办案、快办案、办好案”的重要手段。实质是将审判活动加以分解，抓住其中可以量化的部分转译成各式指标，对法官审判的效率和质量施加细致微妙的把控，实现一种“可计算的数字化管理”，以实现司法审判目标。[①] 而破产案件却不同于一般民商事案件，具有自身显著的特殊性，既有办案与办事相协调，又有开庭与开会相结合，还有裁判与谈判相融合，非常复杂，致使对其审理工作进行绩效考核困难，有的法院、法官宁愿办十件民事案也不愿办一件破产案。具体来讲，呈现以下几方面独特性：

1. 审理程序独特

破产案件的审理程序由破产法特别规定，兼具民事诉讼程序、特别程序、执行程序的部分特征，包括重整、和解、清算 3 种不同的程序，需要的裁定书、决定书、通知书等法律文书至少达到 15 项以上。因此，审理周期长，比一般民商事案件长得多，大型企业复杂的破产案件往往需要 3 ~ 5 年甚至更长时间才能审结，工作量远大于其他民商事案件，这也成为制约破产案件审理的“瓶颈”。

2. 审理工作方式独特

与一般民商事案件法官“坐堂办案、居中裁判”的工作方式不同，破产案件法官的审理工作更为繁杂。例如，对债权确认、财产变现、重整、和解等事项进行审查裁决；指导和监督管理人对企业事务进行全面管理；衔接工商、税务、国土、房管、社保等行政职能部门和鉴定、评估、审计等中介机构及其他相关联案件兄弟

---

① 参见李拥军、傅爱竹：《“规训”的司法与“被缚”的法官——对法官绩效考核制度困境与误区的深层解读》，载《法律科学》2014 年第 6 期。

法院进行协调、沟通;外出执行企业清场移交、财产追收、过户等各种执行工作;召开听证会、债权人会议、协调会、业务会议等多种类多次数会议;接待审理过程中可能触及的各类利益主体等。[①]

3. 审理效果独特

破产审判虽能一次性整体解决矛盾、盘活资产,但因涉及利益阶层广泛、利益冲突杂乱交错、矛盾尖锐对立,各方主体不满情绪表达直接,稍有不慎,极易引发群体性、突发性事件,影响社会稳定,造成广泛不良影响。

4. 破产个案独特

2007 年以前,大部分破产案件为国企改制破产,2007 年以后的破产案件绝大多数已是非国有企业,近些年民营企业破产更为甚,同时企业类型上涵盖当下各行业各类型,包括房地产公司、上市公司、关联企业等有较强资金融通性质的企业。即便同种类型的企业破产案件差异性也较大,有的仅需处置几十万元资产、调处几十个法律关系,而有的要处置十几亿元资产,调处几百个法律关系。

二、检视:现行破产审判绩效考核模式的实证分析

(一)横向视角:几地中级人民法院的实践模式[②]

如表 1 所示,各中级人民法院均意识到了审理破产案件工作非同于一般民商事案件的特殊性,并试图从绩效考核问题上予以区分,只是程度有殊方法有异,加之破产案件的审理还与当地党委、政府、法院的领导等是否重视、各院所面临的商事审判压力等因素密切相关,各地法院在对其绩效考核问题上的态度和做法也就各异。除少数经济发达地区设立独立的破产审判庭,采用综合考核标准外,大多地区比照普通民商事案件绩效考核标准,采取以一般案件为基础折量计算的方法,还有的法院由于受理破产案件数量较少,为统一全院整体考核标准,并未对此作特殊考虑,一案算一案,使审理破产案件工作量根本无从确认。

---

① 参见王天喜、张纯金:《破产审判绩效考核制度的实证分析与构建设想》,载《审判工作研究》2011 年第 11 期。

② 参见赵军:《推进破产案件审理的工作方法和措施——北京市第二中级人民法院民四庭审理破产案件情况介绍》,载王欣新、尹正友主编:《破产法论坛》(第 5 辑),法律出版社 2010 年版,第 249 页。

而以办案数量折抵计算,虽从一定程度上肯定了破产案件工作量大于常规案件的客观事实,但单纯以结案数为考核指标,并不能体现其间动态工作量,如未结案,工作量也就无从体现。

表1　几地中级人民法院的实践模式

中级人民法院	审理破产案件庭室	绩效考核标准
北京市第二中级人民法院	涉外商事审判庭负责审理	立案后2年内审结的,1件折算为16件二审案件(每季度计算2件,提前审结的一次性补足未计考数额);如因法官督导不力或工作拖延致2年内仍未审结的,自2年届满按延长期间每季度扣减2件,总扣减数以16件为限,但因客观因素造成延期的除外
南京市中级人民法院	未将其与普通案件管理区分开来	2011年以前,1件折算为15件一审商事案件,1件商事案件折算为2件二审案件;2011年后采用随机分案的办法后,已取消折算案件的做法,对其审理不作特殊的考虑和安排
无锡市中级人民法院	金融庭	审结1件折算为10件商事案件,提前终结的折算为5件商事案件,折算后的案件数未区分一审、二审
深圳市中级人民法院	独立的破产审判庭	综合考核标准

(二)纵向视角:岳阳市中级人民法院的实践探索

岳阳市中级人民法院自1992年开始受理破产案件,基本上可划分为三个阶段(见表2)。

表 2 岳阳市中级人民法院受理破产案件情况

年份	阶段	绩效考核
1992 年至 2007 年	探索阶段	初步建立破产案件审判模式和制度,由经济审判第二庭(后来变更为民二庭)随机组成合议庭审理破产案件。1 案算 1 案,但不纳入统一审限管理
2008 年至 2015 年	发展阶段	由民二庭随机分案,2013 年以前,审结1 案折算为 10 件普通民商事案件,不区分一审、二审;2013 年至 2015 年,由于新收破产案件鲜少,实际取消折算计件方法,年度考核中未再作单独考虑
2016 年至今	逐步完善阶段	在民二庭挂牌成立破产合议庭,由合议庭成员作为经办人随机分案,试行破产案件考核特殊制度。2017 年,将民事二审案件作为参照标准,以破产案件阶段性、节点性工作量为基础,制定破产案件折算标准

根据表 2 所示,长期以来,岳阳市中级人民法院并未针对破产案件审理制定单独的绩效考核指标,总体上仍纳入一般民商事案件中考核,不过考虑到破产案件复杂难办、审理周期较长的特点,多年来一直未在审限上设定硬性标准,故在几项以审理天数作为参数的评估指标中,例如,“案件平均审理天数”“超 × × 个月未结案数”等,破产案件均不作为评估对象。而在其他评估指标中如“结案率”“人均结案率”“存案工作量”等,破产案件未受到特殊对待。在月、季度、年度统一考核中,特别是那些到了年底仍不能结案的破产案件也计入未结案的范围,势必影响审理法官甚至整个审判庭的工作业绩,从而损害其受理破产案件的积极性。为提高办案人员的工作积极性,稳定办案队伍,岳阳市中级人民法院曾经采取将 1 件破产案件折算成若干件普通诉讼案件计算办案数的考核措施。但此项考核措施只是岳阳市中级人民法院的内部政策,故折算系数在全市范围内缺乏统一的标准,且由于各基层人民法院受理的破产案件数量有限(年均多为 1 ~ 2 件,最多不超过 5 件,有的甚至为 0),故折算对工作量的提升并不明显,办案人员的积极性仍然不高,而且折算在技术上较难应用于全市范围内的质效评估体系。鉴于此,随着近年来党中央、最高人民法院对“清理僵尸企业,推进供给侧结构性改革”的高度重视和大力号召,岳阳市中级人民法院成立湖南首个专门破产合议

庭，并借此机遇，力图重新调整破产案件审理的绩效考核机制。在目前尚未设置专业破产审判庭、无法脱离于传统业务庭室考核体系的情况下，尝试分解审理破产案件烦冗的工作量，分阶段、分节点进行独立统一。

具体思路如下：(1)无资产处置类案件1件折5标准案(以1件民事二审案件作为标准案)，有资产处置类案件1件折10标准案；(2)债权人数超过100人的(不包括职工债权)，每增加20人加折1标准案，全案最高不超过20标准案；(3)职工人数或债权人数超过500人的属重大疑难复杂案件，超过500人以上的部分，每增加20人加折1标准案，全案最高不超过30标准案。职工人数或债权人数以债权申报期届满之日作为统计的基准日，以便于及时确定折算数额。

年度考核时根据案件类别，按当年完成的案件进度考核：

1. 破产清算案件分四个阶段考核：(1)召开了第一次债权人会议的按30%计算工作量；(2)通过(或裁定确认)财产变价方案的按20%增加计算工作量；(3)通过(或裁定确认)财产分配方案的按30%增加计算工作量；(4)结案时再计算剩余20%工作量。

2. 重整(和解)案件分三个阶段考核：(1)召开了第一次债权人会议的按30%计算工作量；(2)通过或裁定批准重整计划草案(通过和解协议)的按30%增加计算工作量；(3)重整计划(和解协议)执行完毕时再计算剩余40%工作量。如果重整计划(和解协议)执行失败，转为破产程序的，对照破产清算案件的考核计算工作量，超出清算进度已计算工作量部分不扣，逐步消化。

3. 强制清算案件分四个阶段考核：(1)成立清算组按20%计算工作量；(2)确认清算方案按30%增加计算工作量；(3)财产变现按20%增加计算工作量；(4)结案时再计算剩余30%工作量。如强制清算案件转入破产程序，对照破产清算案件的考核计算工作量，超出清算进度已计算工作量部分不扣，逐步消化。

三、反思：构建独立考核机制的机遇和挑战

(一)机遇

从各地法院以往尤其是近些年来的调研情况来看，自破产法实施以来，法院开展破产案件的审理已有30年的历史，随着破产案件审判经验的不断积累，均

认识到对破产案件审理活动考核不可与普通诉讼案件同日而语,因此亦不同程度地为该独特程序探索独特的考核方法,以调动法官工作的积极性,形成一种激励的导向机制。①

而今,在新的政治经济环境下,破产法的实施受到中央高度重视,并已经上升为国家战略,成为重大国际合作议题。党的十八大特别强调要建立和完善破产制度和机制,在解决产能过剩问题过程中,要通过继续建立专门的破产审判庭、不断完善破产管理人制度以及运用信息化手段等方式推进破产法的实施。由此,法院正面临运用破产法治思维和法治方式保障供给侧结构性改革顺利推进的重大契机。最高人民法院为切实推动破产审判工作的常态化、规范化、法治化,先后下发《关于依法开展破产案件审理积极稳妥推进破产企业救治和清算工作的通知》《关于在中级人民法院设立清算与破产审判庭的工作方案》《关于破产案件立案受理有关问题的通知》《关于企业破产案件信息公开的规定(试行)》《关于执行案件移送破产审查若干问题的指导意见》,并搭建包括企业破产案件法官工作平台、破产管理人工作平台在内的"全国企业破产重整案件信息网"。这些加速推进破产法实施的重大举措,使全国各地法院逐步具备开展破产案件审理绩效考核的软硬条件。

(二)挑战

综观各地法院的探索实践,基于各地方党委、政府重视程度不一、内部考核制度有异、经济发展水平差异等因素,呈现出有些多元化的大体几类考核模式,在多少彰显"因地制宜"的同时,如前所述,皆存在或多或少的功能局限性。

1. 数量折抵法

在以往几十年破产司法实践中,这是为大多法院所沿用的最常见的方法。其优势在于符合相当部分法院的实际,简单易行,一方面沿用了传统诉讼案件的目标管理考核办法,另一方面也初步肯定了破产案件的工作量。但其局限性也很明显:首先,折算系数标准不一,无论折算为 10 件、20 件,还是 30 件,在如何确定折算案件数的问题上都缺乏说服力,未必具有科学性,且也较难予以统一;究

① 参见冯海玲、徐鑫:《论分类管理视角下法官评价体系的重构——以法官塑造为着力点的分析》,载《山东审判》2014 年第 5 期。

竟是折算为一审案件还是二审案件,大多亦未明确区分,导致该种折算法在技术上较难应用于地区范围内统一的质效评估体系。其次,由于破产案件个案的特殊性,破产案件自受理至审结的工作量和周期差异很大,一般以年为时间单位,简单地将审结的破产案件折算为普通商事案件也无法反映个案的特点,尚不能充分反映破产案件的工作量。最后,现行指标体系不能反映未立案的破产案件的立案审核工作量。比如,破产案件需对申请破产企业的破产原因审核后才能决定受理与否,必要时还要召开听证会。但该评估方法根本无法反映破产申请的立案审核工作量。因此,这种模式只是以往根据各地法院的不同特点不得已而为之的权宜之计。

2. 综合考核法

鉴于破产案件审理工作的鲜明独特性,难以像传统案件一样量化衡量而纳入业务窗口的管理考核办法,不宜作为案件横向对比的依据,个别法院如深圳法院开始取消对破产案件的传统管理考核,将对破产案件的考核脱离于传统业务庭室的考核体系,纳入综合性管理部门的考核体系,设定一些宏观方面的考核指标,如从案件难易程度、审限用时、社会效果等方面进行总体评价,并施以综合奖惩措施。这种完全独立的考核方法可谓对破产案件较为完善科学的考核机制了,应该是大势所趋。但这种模式仅适用于已设置专门破产审判庭的法院,而在目前全国法院普遍未成立独立的破产审判庭的情况下,消除量化考核,在法院整体绩效考核时,将会使从事破产案件审理工作的法官处于说不清、道不明的不利局面。因此,在现阶段乃至相当时期内,该种模式尚不具有普遍推广性。

3. 分类指标法

这是近年来越来越多的法院为适应破产案件审理过程的非比寻常性而进行探索的新型模式,即大体沿用如岳阳市中级人民法院 2017 年开始试行的考核方向。在尚未设置专门破产审判庭无法独立于传统业务庭室的情况下,不对破产案件简单设定一个固定的折算结案数量的考核办法,而是区别于传统考核指标,分类、分阶段、分结点设定一定工作量折算为具体普通商事案件的办法。这样既符合现阶段我国破产工作的发展水平和司法体制的现实语境,又能从某些方面折射出破产案件审理的动态过程,为形成相对独立合理的评价标准和考核体系提供了过渡土壤。只是该种模式亦同样存在其自身局限性(从上文关于岳阳市中级人民法院的司法实践可见一斑):一方面,对指标项目设置提出了较高要求。

如何区分类别、阶段、节点,保证评估指标科学,符合破产案件周期性规律成为难点。比如,根据岳阳市中级人民法院审判目标管理考核办法所列项目,破产案件涉及资产处置、债权人会议、财产分配等,突破了传统案件考核项目,对其进行合理划分设置也就变得至关重要。另一方面,对指标数据的量化存在难度系数。① 一些指标都是对相应工作量的数据处理,因此指标最终均是具体的数字,这就要求指标数据的量化必须力求客观和可操作性。因此,该种模式仅初具雏形,是现行评估体系缺陷无法弥补情况下的变通措施,亟待结合实践不断完善。

四、重塑:现实语境下建立合理考核机制的路径选择

如前所述,在破产案件审理考核模式的选择上,尚处于亦步亦趋的探索阶段,当前存在的三种模式做法,又各具可行性与局限性。然而,迫于形势和各种因素,在我国法院破产审判机制建设尚不健全、专业化建设未能跟上、尚未建立全国普遍适用的考核标准的情况下,为解决破产案件管理机制中存在的问题,满足破产审判的实际需求,更好应对破产审理新形势,结合各地法院审理破产案件的实践探索经验,笔者认为,目前破产案件审理考核机制的建设,宜从分类指标法着手,从优、从宽进行设置。对此,建议可从以下路径方向展开重塑:

(一)破产案件工作量的核定

1. 确定基准项目

破产案件的审理本身宛若社会综合工程的处理,凸显出事务性强、工作量大的特点,包含方方面面的工作,如听证、开庭、开会、调查、协调、接访、通知、决定、裁定、执行……这些不同于普通诉讼案件程序的审理工作,也就决定了其无法参照其他案件的审理设定审限。② 而且在这长时间的审理周期中,这些事务性工作并非线型展开,而是交替进行,充满了周转反复与不确定性。要对其实现"数目字管理"式化的考核,就需理顺过程、从盘根错节的"大杂烩"中抽丝剥茧,找准基

---

① 参见王宏、王明华:《法官内部考核机制研究》,载《山东师范大学学报》(人文社会科学版)2006 年第 1 期。

② 参见《关于破产案件审限管理与绩效考核工作的意见》,载中国清算网:http://www.yunqingsuan.com/news/detail/5622,最后访问日期:2019 年 12 月 26 日。

线,再在基线基础上加权计算。因此,在核定工作量时,首先要确定好作为基本标准件的工作量。企业破产的本质原因是“资不抵债”,可见资产是本。一个濒临“死亡”的企业申请破产的根本目的,就是如何处理好类似于“遗产”的剩余资产,实现有限的平衡分配,达到“善后”致以“善终”的社会效果。事实上,破产企业有无财产可分配直接决定了破产案件审理工作的过程。依据《企业破产法》第120条的规定,当破产财产不足以清偿破产费用和共益债务,即“无产可破”时,法院应根据管理人的请求裁定终结破产程序。这样一来,“无产可破”的案件审理工作也就变得简单了许多,大大减少了工作量、缩短了审理周期。因此,岳阳市中级人民法院将“有无资产处置”作为标准件的衡量项目。诚然,无论有无财产可破,破产案件自受理至结案期间,立案审查、庭前听证、指定管理人、债权人会议……这些工作环节仍然不可或缺。所以,对于“无资产处置类案件”仍折以5标准件,而将“有资产处置类”案件折以10标准件。当然,在选择区分基准一审、二审案件和折抵具体数量上,各人民法院可根据现行案件考核机制的实际情况予以酌定。

2. 确定加权工作量

在破产案件中,个案差异表现得非常明显。在不同破产案件的审理中,除了整体事务上存在差别外,同样事务的工作量也往往不尽相同。如债权人会议的召开,人数不同工作量不同、债权种类不同工作量也不同。一般而言,对于人数众多、债权种类复杂的债权人会议,在秩序引导、维稳把控、债权核定方面的工作也就艰难得多,常常需要承办法官、合议庭花费更多的精力施以指导、监督、防预等。另外,虽然同为债权,但职工债权和一般债权的性质、影响存有差异:在一定范围内,由于性质单纯、标准统一,法律关系同类,对职工债权的处理相对要简单;由于个案悬殊,债权主体不一,基础法律关系多为不同,利益关系错综复杂,一般债权人数量的多少很大程度上决定了关系调处、债权核定的复杂性。因此,岳阳市中级人民法院在以债权人数项目上加权的计算上,没有一概而论,即“超过100人每增加20人加折一标准案”时,不包括职工债权。但一旦职工人数超出一定范围,与成百上千的家庭利益息息相关,波及范围大,不满情绪表达直接集中,职工安置问题变得敏感突出,便极易引发职工上访的群体性事件,这就意味着破产案件审理法官在接访、沟通、协调、疏导、维稳方面的工作量成倍增加。换言之,当债权人数达到一定可观数量时,当谓之“重大疑难复杂案件”,均应加折计算。考虑到全案加权折算的总体平衡,设定全案最高折算上限亦属必要。

(二)破产案件考核节点的确定

1. 分节依据

一方面,“数目字”管理下的案件绩效考核制度作为一种相对客观、公平的评价规则,本质在于抓住其中可以量化的部分转译成各式指标,通过一系列明确的统计数据表现出来,使审判工作变得可以精确测量,并有了一个统一的衡量方式,[①]由此决定了其在评价指标上不可能面面俱到,实现绝对公平合理。正如对普通诉讼案件的考核不能体现不同个案工作量的大小差异,对破产案件的考核评估也不可能施加全面把控。所以有必要比照一般案件绩效考核机制的“评估段”,在破产案件考核中确定相应评估节点。另一方面,从破产案件的审理过程看,审理周期长、短时期内难结案,这是全国各地破产案件审理的普遍现象。法院受理破产案件后,除了指定清算组或选任管理人、召开债权人会议、变现分配破产财产等系列程序性工作,还存在大量影响破产进程推进的事项,如审计、评估、资产处置、综合协调、衍生诉讼等都会拖累到进程,且这些事项的进程并不是法院可以主动控制的。[②] 因此,根据破产法律关于一些程序性事项的期限规定,分情况进行节点管理考核不失为一种较为合理的选择,这也是提升破产案件审理效率的有效途径。

2. 节点划分

破产案件从立案至结案的整个过程,尽管其间存在一定的反复、不确定性,但总体方向仍是在破产法的程序规范下分阶段不断推进的。而且,如前面提及的,在立案之前还存在不容小觑的审查阶段的工作,但由于2017年伊始法院在破产案件的案号管理上有了新的完善,即在立“破字号”案件前,先立“申破字”号案件;也就可视为将破产案件立案审查工作单列出来,只有“申破字”号案件结案后,方可进入“破字号”案件的实质审理程序,这样一来,“申破字”号案件就可以直接一案算一案,无须再加以立案审查阶段的考虑了。根据破产案件审理规范的进程,大致可以分为以下几个阶段:指定管理人、召开第一次债权人会议、通

① 参见刘练军:《对法院考核制度的价值思考》,载《法制日报》2005年7月2日,第3版。

② 参见《关于企业破产案件审限管理和绩效考评的报告》,载中国清算网:http://www.yunqingsuan.com/news/detail/5612,最后访问日期:2019年12月27日。

过财产管理方案、通过财产变价方案、通过财产分配方案、结案，特殊情况下，还可能存在重整、和解阶段以及重整、和解转破产。岳阳市中级人民法院比照诉讼案件“论结案”考核标准，侧重于阶段性工作对破产进程实体性效果的考量，以召开第一次债权人会议、通过财产变价方案、通过财产分配方案、结案这 4 个节点为折算点，分别计量 30%、20%、30%、20%。这样既便于法院统一年度考核计量，又利于促进破产案件审理法官对破产进程的准确把握和积极推进。只是这种阶段划分的计量考核也还不具有普遍代表意义，尤其在划分阶段上还略显粗糙，还可在扩大破产案件调研范围的基础上，作深入研究，以使其更全面科学。

（三）考核技术手段的完善

“数目字”管理考核之所以被多方沿用至今，最重要的原因就在于其客观可比性。要真正利用好这一优势，必须要确保考核数据的客观性，[①]而破产案件的审理中，存在大量的无形工作，只有尽量“化无形为有形”，少“酌定”多“可视”，提高其工作量的可考核性，使破产案件审理工作真正有理有节有据，才是对破产案件可持续管理的长远之举。这就需要借助一定的考核技术手段，以增强破产案件管理上的透明度、客观性。

在“大数据”时代，全国法院系统的数字化、信息化系统也随着日臻完善。比如，在数字法院系统中的内网平台中，对普通诉讼案件的管理便基本实现了步步留痕，法院内部可直接以其显示的不同数据进行考核评估。而在通行的案件信息平台上，关于破产案件仅存在立案和结案的登记，对过程毫无监控。实际上，为加强破产案件的统一信息化管理，最高人民法院在 2016 年 8 月建立的“全国企业破产重整案件信息网”中开通了企业破产案件法官工作平台，法院可以通过该平台全面发布企业破产案件审理流程、破产信息动态等。就像普通诉讼案件信息平台，如果可以充分利用该专门平台，法院在对破产案件审理的技术考核手段上将大为改进。比如，可以根据上传司法文书为计算依据，以上传结点为考核阶段等。由于该平台的运行目前还处于试行完善阶段，在审理流程的设置上还不够全面、突出，信息公开的推广落实程度还不够高，要将其与管理考核机制有效衔接还存在一定障碍。但我们可以此为突破口，在日后不断完善与全面运行

① 参见刘炜：《法官绩效考核之忧》，载《民主法治时报》2012 年 6 月 11 日，第 4 版。

的基础上,实现二者的管理对接,使破产案件审理的绩效考核机制更为科学、公平、合理。

五、结　　语

破产案件审理绩效考核机制的构建,在现实语境下仍只能“在夹缝中求生存”。① 但是,在中央对破产审判工作的高度重视下,在当下我国新一轮司法改革的全面启动下,对于构建成熟、科学的破产审判绩效考核制度,各地法院仍大可冀望,结合几十年破产审判工作的实践经验,摒弃以往“小打小闹”“敲敲补补”的传统思维,大胆突破,从内部体制设置上进行进一步探究、革新,从而真正形成独立的破产案件审理绩效考核机制,推动破产审判的长足发展。

① 张勇健、钱晓晨、杨以生:《最高人民法院破产法考察团赴美考察报告》,载《民商事审判指导》2010年第2辑。

企业破产法在审判实践中五个问题的研究

韩跃东[*]

一、前　　言

企业破产制度是保障现代市场经济活动有序开展的一项重要制度。企业破产制度在市场经济活动中承担着"医生"和"清道夫"的双重职能。一方面,企业破产制度为经营陷入困境的企业提供挽救和重生的机会;另一方面,也对挽救无望的企业提供有序退出市场经济活动的机制。企业破产制度涉及对市场经济活动各参与主体的利益在利益清算时的平衡与保护,规范各主体的经济活动,引导市场主体规范经营。完善、高效运行的企业破产制度可以提高市场资源的合理优化配置效率,促进市场经济活动的健康发展和规范化建设,亦对市场经济的诚信建设起到推动作用。因此,加强企业破产制度的完善,对我国市场经济的有序发展有着不可替代的作用。企业破产制度一个具有较强程序性和规则性的制度,因此需要有完备的企业破产方面的法律法规对相应事项加以规范和指引。

---

* 北京市朝阳区人民法院法官助理。

以往我国企业破产制度的起源有着较浓的行政色彩,所制定出的相应法律法规亦偏行政化。近些年,我国在企业破产制度方面的法律法规的立法水平有了较大的提高,配套法律法规逐渐完善。2006 年 8 月 27 日,第十届全国人民代表大会常务委员会第二十三次会议通过了现行《企业破产法》,并于 2007 年 6 月 1 日起实施。与之前偏行政化的企业破产方面的法律法规相比,现行企业破产法是一部高质量、符合市场经济规则的法律。整部法律减少了政府行政部门的不当干预,更加尊重市场主体的意愿。整部法律突出围绕对债权人利益的保护、债务人财产保全、债权人自决方面展开,架构起了以管理人为破产案件推进核心,债权人为决策核心,法院予以必要监督的体系架构,较为科学合理的分配和平衡破产案件中各主体的权责,以遵循市场规律的方式处理各利益主体之间的冲突。

企业破产法颁布实施以来,至今已近 10 年,虽然《企业破产法》是一部较为优秀的法律法规,但企业破产法的实施并未起到其应有的作用。2007 年至 2013 年,最高人民法院先后发布了《关于审理企业破产案件指定管理人的规定》《关于审理企业破产案件确定管理人报酬的规定》《关于适用〈中华人民共和国企业破产法〉若干问题的规定(一)》《关于适用〈中华人民共和国企业破产法〉若干问题的规定(二)》等一系列司法解释文件,努力完善企业破产案件立法,推动企业破产法的顺利实施。但在新《企业破产法》实施过程中的一个突出问题是,全国破产案件受理数量不但没有增加,反而连续下降,这种情况阻碍了《企业破产法》的贯彻实施,是企业破产制度未能发挥其应有的社会调整作用。

归纳破产案件受理数量下降的原因,从法律制度方面来看,既有企业破产法本身规定有待完善、程序效率有待提高的原因,也有企业破产法之外其他法律不衔接的问题。从相关主体的主观方面看,既有法院自身观念、内部制度和审判队伍建设的原因,也有法院外各种因素,社会配套法律制度不健全、不当行政干预、企业破产文化观念落后的问题,当然也有债务人缺乏申请破产的动机、债权人缺乏申请的动力等原因。① 但与此同时,我国有大量经营陷入困境,应当退出市场经营活动的企业却未能通过企业破产制度有序退出市场经济活动,这种现象在全国范围内都比较普遍。笔者所在区域就有数 10 万家被吊销或者被列入经营

① 王欣新、徐阳光:《中国破产法的困境与出路——破产案件受理数量下降的原因及应对》,载王欣新、郑志斌主编:《破产法论坛》(第 9 辑),法律出版社 2015 年版,第 47 页。

异常名录的企业久悬于工商登记机关。这部分企业一部分是靠着政府或银行的贷款勉强存续,成为占有、吸食社会各项资源但却无产出的“僵尸企业”,严重的阻碍了市场经济活动的正常秩序,市场资源无法得到优化配置,另一部分企业成为企业投资人利用公司独立法人人格制度逃费债务,损害债权人利益的工具,亦同样严重损害了市场经济活动的正常秩序。

上述情况所产生的消极后果逐渐显现,随着我国经济增长压力逐渐增大,产业结构调整升级,需要调整和退出市场经济活动的主体规模越来越大,中央对发挥企业破产制度,解决上述问题越来越重视。党的十八届三中全会通过的《关于全面深化改革若干重大问题的决定》指出,要健全优胜劣汰市场化退出机制,完善企业破产制度。完善企业破产法律制度,是建设统一开放、竞争有序的市场体系,是使市场在资源配置中起决定性作用的基础,也是完善社会主义法律体系、建设法治国家的必然要求。2016 年,中央更是对发挥企业破产制度,解决“僵尸企业”,优化市场资源配置提出了更高的要求,中央多份文件多次提到要求重视通过企业破产制度挽救经营陷入困境的企业,通过企业破产制度及时清退占据社会优质资源的“僵尸企业”,并提出了多破产重整,少破产清算的口号,充分发挥企业破产制度激活市场经济活力的作用。根据中央的顶层设计和部署,最高人民法院加强了对各级人民法院受理破产案件的规范力度,多次以明传的方式要求各级人民法院不得对破产案件的受理设置法律规定以外的限制,加强破产案件的受理和审理力度,并在试点城市组建了破产案件专业审判庭室,为审理破产案件提供了充分的审判队伍和审判资源的保障。各级人民法院根据最高人民法院的要求,逐渐规范破产案件的受理标准,破产案件立案难的状况得到了有效改善。2016 年,全国法院受理的破产案件数量呈爆发式增长,较 2015 年增长近一倍,可以说企业破产制度迎来了新的生机和春天。

二、《企业破产法》中的问题与建议

《企业破产法》是一部较为优秀的法律,但随着大量破产案件的产生,审判实践中,因企业破产法自身规范的不足、不完善所产生的问题也随之暴露出来,如上文所述,最高人民法院在近些年为了完善《企业破产法》在实施中所暴露出的问题,出台了大量的司法解释以及批复,但因企业破产制度是舶来品,我国企业破产制度建立时间不长,经验积累不足,立法也相对薄弱,规范整个企业破产制度的《企业破产法》仅有百余条,即便有司法解释、批复等指导,但也仅能对破产案件起到一个较为宏观的规范作用,审判实践中一些具体问题无法律规范,影响了破产案件的审理尺度和质量。笔者所在单位所辖区域是经济活动较为发达的区域,破产案件资源在数量上和类型上都非常丰富,笔者作为审理破产案件的一线办案人员,在审判实践中,遇到了不少企业破产法未予规定但又亟须解决的问题,笔者在此总结了 5 个相关问题,包括破产审查阶段和审理阶段中遇到的问题,并提出了自己的相应意见,在《企业破产法》实施 10 周年之际,为《企业破产法》今后的完善提出些建议。

(一)诉讼时效对债权人申请债务人破产权利的影响

《企业破产法》对申请企业破产规定的主要申请主体主要有债务人和债权人。《企业破产法》及司法解释对债权人债权要求为:债权债务关系依法成立;债务履行期限已经届满;债务人未完全清偿债务。债权人申请方面,在审判实践中,笔者遇到过债权人申请时,其主张的对债务人的债权未经生效法律文书确认,提供的是债务人所出具的对债务认可的材料,但截至债权人的提出的破产申请,其对债务人的债权已经超过了诉讼时效。即出现了债权人债权超过诉讼时效,是否影响债权人申请破产的权利的问题。《企业破产法》对债权人债权超过诉讼时效后,是否可以申请债务人破产未进行规定。针对此类问题,一些地方高级人民法院制定的破产案件审理的规范性文件中对该问题予以了规定。例如,在北京市高级人民法院制定的破产案件审理规程中,要求就债权人的债权是否超过诉讼时效进行主动审查,如果超过了诉讼时效,则对债权人的申请不予受理。但此类规定仅是地方高级人民法院破产案件审理的操作性规定,并非《企业破产法》或司法解释层级的法律效力,因在法律效力上存在瑕疵,无法直接引用,也就无法解决上述问题。就债权人的债权超过诉讼时效后,是否有权申请债务人破产有以下观点:

1. 因债权人的债权已超过诉讼时效,债权人无权申请债务人破产。北京市高级人民法院正是持此种观点,但此种观点意味着法院对诉讼时效制度进行了直接引用,此种做法违背了最高人民法院《关于审理民事案件适用诉讼时效制度若干问题的规定》第3条①规定的法院不得主动适用诉讼时效的要求，因此存在很大争议。

2. 债权人的债权虽然超过诉讼时效，但诉讼时效不能由法院直接引用，债权人仍有权申请债务人破产，如债务人在异议期内对此提出异议，则驳回债权人的申请；如债务人未提出异议，则构成诉讼时效的中断，债权人仍有权申请债务人破产。此种做法在一部分案件中适用是比较合理的，既没有对债权人的申请增加额外审查条件要求，也避免了法院直接引用诉讼时效制度剥夺债权人的申请资格，使诉讼时效制度重新回到了应有的本位。但该种观点可能会有以下问题：如果债务人能在审查阶段出现，则该种观点没有问题。如果债务人下落不明，超出异议期后法院就应当予以受理，破产程序进展到债权人向管理人申报债权时，管理人可能会主张债权人的债权超过诉讼时效，失去了法律的强制保护力而不予认可债权人的债权，则导致破产案件的申请人失去申请资格。尤其在破产企业仅有申请人申报债权时，申请人失去债权人资格也同时意味着审理的破产案件没有债权人，这对破产案件的继续审理造成了很大障碍，基本意味着无法继续在进行审理，也同时浪费了各方的资源。

3. 债权人应就该债权提起诉讼，根据诉讼结果确定债权人是否有权申请债务人破产。此种做法是很多法院所采取的通行做法，可以避免法院直接审查诉讼时效而违反法律规定，又能避免法院不审查诉讼时效所导致前述第二种情况的发生，但此种做法属于要求债权人必须经过诉讼才具备申请资格，也在一定程度上违反了现行《企业破产法》的规定。因此，《企业破产法》应针对上述问题予以完善。

（二）破产案件中通知已知债权人的义务主体

根据《企业破产法》第14条的规定，法院应当自裁定受理破产申请25日内通知已知债权人。在通常理解下，该条法律规定系要求由法院承担通知债务人已知债权人的义务，围绕该条法律规定在破产案件的实际审理中，存在以下问题：如果由法院承担通知已知债权人的义务，则法院首先要对已知债权人进行梳

---

① 最高人民法院《关于审理民事案件适用诉讼时效制度若干问题的规定》第3条规定：当事人未提出诉讼时效抗辩，人民法院不应对诉讼时效问题进行释明及主动适用诉讼时效的规定进行裁判。

理。但此项工作存在困难,审判实践中,法院一般仅能通过债务人自己提供的已知债权人的名单作为认定债务人已知债权人的依据,但债务人提供的已知债权人名单可能与其会计账簿等材料的记载存在差错和遗漏或者未提供相应材料,而法院本身没有能力去核查债务人会计账簿记载。如果法院依据债务人提供的已知债权人名单通知的已知债权人与债务人会计账簿记载的不符,法院则可能因未尽到通知已知债权人的义务而承担相应赔偿责任,不当地加重了法院的审判责任。一些地方高级人民法院制定的破产案件审理规程中,规定法院可以委托管理人开展债权申报通知工作,实践中大部分法院也是委托管理人去完成对已知债权人的通知工作,法院仅是在管理人发送的材料中加入法院的通知材料,并要求管理人保证尽到对已知债权人的通知义务。但上述做法并未尽到《企业破产法》规定的法院通知义务,审判实践中,亦有因各种情况未得到直接通知的已知债权人,根据《企业破产法》的规定,要求法院承担相应赔偿责任的案例。笔者认为,根据企业破产制度整体设计和各主体的权责,通知已知债权人应是管理人的义务,管理人是整个破产案件的核心执行者,也享有获得相应报酬的权利,应突出管理人在整个破产案件的核心执行者地位,且就债权申报的后续工作也都是由管理人完成的。参照《公司法》关于清算责任方面的规定,对未能尽到直接通知义务所产生的赔偿责任的主体为清算组,管理人与清算组在定一定程度上权责高度相似,因此亦应有管理人履行和承担通知已知债权人的工作和责任。现行《企业破产法》规定由法院履行通知义务,在一定程度上没有区分好管理人和法院的相应权责。因此无论从任何角度出发,都应由管理人完成通知已知债权人的义务,并承担相应责任。法院在破产案件中更应起到的是监督的作用,而不应成为具体事项的执行者,避免超出法院的能力而带来不合理的负担和责任,因此建议《企业破产法》就此问题能有调整。

(三)对异议债权提起破产债权确认诉讼的期限限制

根据《企业破产法》第58条的规定,管理人应在第一次债权人会议上提交其登记造册的债权申报及经核查后的债权表,如果债务人、债权人对债权记载表无异议,由法院裁定确认,如有异议,可向法院提起诉讼,即破产债权确认诉讼。但《企业破产法》并未对债务人、债权人提起破产债权确认诉讼加以期限限制,导致审判实践中,出现破产债权一直处于未确定状态的情况。这种债权未能确认,直接影响了债权人表决时所代表的表决数额，债权人会议需要表决的事项迟迟无法得到表决。部分常设组织，例如，债权人委员会也无法设立。且如果有异议的债权人在法院出具债权确认裁定后，再提起诉讼，法院出具的债权确认裁定本身对债权人的债权就有判决的效力。因此，一方面，在有生效法律文书对债权人的债权已经确定后，债权人是否还有权就此提起破产债权确认诉讼；另一方面，如果法院认定的最终债权金额与债权确认裁定上记载的金额不一致，则还会影响债权确认裁定的效力，对已表决的各项债权人会议决议也有影响。因此，《企业破产法》未对异议债权提起诉讼作出期限规定，影响了破产案件后续工作的开展和推进。一些地方高级人民法院制定的破产案件审理规范性材料中，对此有所规定。例如，北京市高级人民法院制定的破产案件审理规程中对债权人、债务人对其他债权人债权如有异议，限定了 15 日的提起诉讼的期限，但对债权人对自己的债权有异议提起诉讼的期限仍没有规定。审判实践中，就提起破产债权确认诉讼期限的确定，法院有如下做法：一是在第一次债权人会议上，由法院确定提起破产债权确认诉讼的期限，超过该期限未提起诉讼的，则债权表记载的债权确认。该种做法是法院对异议债权提起诉讼进行了期限限定，但因没有法律法规的依据，因此这种做法的效力一直存在质疑和争议。二是由债权人会议决议通过破产债权确认诉讼的提起期限，如超过该期限未提起诉讼，则债权表记载的债权确认。该种做法将限定期限的最终决定权交给了债权人决定，如果全体债权人都同意，则没有问题，属于债权人自愿对自己的权利进行了合理限制。但如果异议债权人不同意，是否能以对数债权人同意的期限来对其提起诉讼的期限加以限制，也是存在矛盾和争议的。以上两种方式是法院在审判实践中，为推进债权确认程序所做出的尝试，上述做法在一定程度上推进了破产案件审理进程，但因无法律依据，因此实践中人存在争议，因此需要企业破产法在完善的过程中，能对此有明确的规定。

（四）刑事判决中受害人是否享有取回权及受害人债权与普通债权人的清偿顺序

破产案件中，有部分债权人申报债权时，债权依据为刑事判决书，一般认定的是债权人与债务人的某笔交易为属于债务人因合同诈骗罪等犯罪行为非法行为，因此债权人就此主张，因债务人属于犯罪行为，债务人之前所取得财产属于债务人占有的不属于债务人的财产,要求行使取回权。对此,笔者有以下问题:一是债权人是否可以直接仅以刑事判决书来主张债务人所取得的财产为债务人占有的不属于债务人的财产,还是先需要就其所主张的交易所涉及的合同提起确认合同无效的诉讼后,再依据生效判决确认的事实主张取回权。二是取回权的范围,如果涉及的是非货币资产,取回权的范围较为容易区分,但如果取回权的范围是货币资金,则比较麻烦,因货币资金的特殊属性还会产生不同情形,如债权人可证明,法院在刑事案件中所查封的资金就是其与债务人所交易的特定资金,则该笔被查封的资金是否属于取回权的范围。但一般情况下,刑事案件中所查封的债务人账户的资金无法与债权人特定交易相对应,则该部分资金还是否属于债权人所主张的取回权范畴。因此,希望《企业破产法》能就涉及刑事案件方面可能所存在取回权作出详细认定标准。

审判实践中,因长时间存在的刑事案件重要性高于民事案件的观念,或者认为刑事案件中的受害人的债权并非基于其真实意思表示所发生,对于刑事犯罪中受害人的债权在清偿顺序上亦应该优先于普通债权人的清偿顺序。因此,部分刑事判决中直接要求将破产企业的财产向受害人进行发还,并强制执行了上述判决内容。上述观点并非没有合理性,但在《企业破产法》中未对刑事案件受害人的债权清偿顺序作出特别规定时,实践中刑事案件受害人的获偿,属于对部分债权人进行了个别清偿无法律依据,在根本上破坏了《企业破产法》所确定的,对同一顺序债权人应共同清偿的原则,损害了其他债权人的利益。因此,希望《企业破产法》在完善时,能就破产企业涉及刑事犯罪时,刑事犯罪中受害人的债权清偿顺序,与普通债权人的债权清偿顺序进行明确,规范破产案件中不同性质债权人的清偿顺序。

(五)无法破产清算终结的条件及责任的

在《企业破产法》中,对破产程序的终结主要规定了两种终结方式:一种是无财产可供分配而终结破产程序;另一种是财产分配完毕后进行终结。但在审判实践中,还大量存在另一种终结情形,即无法破产清算而终结。这种破产案件终结情形是因为企业进入破产程序后,因管理人无法联系到该企业,无法接收到企业的资产和账册,或者接收到的企业资产和账册不全,无法进行审计,最终导致无法清算。这种情形在现实中大量、普遍存在,主要是由于公司投资人缺乏诚信或法律意识淡薄，在公司经营过程中，没有按照法律规定置备公司财务账册，公司财务制度管理混乱，公司经营陷入困境后，投资人成为“甩手掌柜”，对公司资料和财产没有尽到义务，导致公司资料、财产灭失，更有甚者，侵害公司利益，转移公司资产，销毁公司资料，逃废债务，严重损害了债权人的利益。这种不诚信的行为在我们现在的市场经济活动中是普遍存在的，公司的有限责任制度成为部分投资人损害公司债权人利益的工具。为了打击这种不诚信的行为，维护市场经济活动的正常秩序，法律规定公司的股东等人员，对公司是负有清算义务的，如果股东没有尽到相应义务，要承担相应责任。如果公司无法进行破产清算，破产案件终结后，股东等责任人是要对公司的债务承担连带赔偿或清偿责任，属于“刺破了公司的面纱”，但《企业破产法》中并没有将该种情形列为破产案件的结案方式之一。而无法清算作为破产清算终结方式之一的依据，是基于最高人民法院于 2008 年 8 月 7 日所作出的《关于债权人对人员下落不明或者财产状况不清的债务人申请破产清算案件如何处理的批复》，①该批复第 4 段指出，债务人的有关人员不履行法定义务，人民法院可依据有关法律规定追究其相应法律责任；其行为导致无法清算或造成损失的，有关权利人起诉请求其承担相应民事责任的，人民法院应依法予以支持。但该批复没有明确何种情形属于无法清算的情形，审判实践中，部分企业账务存在缺失，一般来说，年头较短的账务比较齐全，年头较为久远的账务存在缺失，可能无法全面审计。对此，债务人主张近几年内的账簿可以完成清算就意味着债务人可以清算，而债权人要求就债务人成立初始就要审计，主张债务人不能完成清算。因此，也需要《企业破产法》在完善过程中，能明确将无法清算作为破产清算终结的方式之一列入《企业破产

---

① 最高人民法院《关于债权人对人员下落不明或者财产状况不清的债务人申请破产清算案件如何处理的批复》：“贵州省高级人民法院：你院《关于企业法人被吊销营业执照后，依法负有清算责任的人未向法院申请破产，债权人是否可以申请被吊销营业执照的企业破产的请示》（(2007) 黔高民二破请终字 1 号）收悉。经研究，批复如下：债权人对人员下落不明或者财产状况不清的债务人申请破产清算，符合企业破产法规定的，人民法院应依法予以受理。债务人能否依据企业破产法第十一条第二款的规定向人民法院提交财产状况说明、债权债务清册等相关材料，并不影响对债权人申请的受理。人民法院受理上述破产案件后，应当依据企业破产法的有关规定指定管理人追收债务人财产；经依法清算，债务人确无财产可供分配的，应当宣告债务人破产并终结破产程序；破产程序终结后二年内发现有依法应当追回的财产或者有应当供分配的其他财产的，债权人可以请求人民法院追加分配。债务人的有关人员不履行法定义务，人民法院可依据有关法律规定追究其相应法律责任；其行为导致无法清算或者造成损失，有关权利人起诉请求其承担相应民事责任的，人民法院应依法予以支持。此复。”

法》的规定中,并具体明确企业清算的标准,便于管理人在对企业进行破产清算中,明确审计的范围和工作内容。最后,还需明确无法破产清算的责任主体及相应责任,对相应责任人恶意逃费债务的行为予以惩处,引导市场经济诚信体系的建设。

三、企业破产法的立法展望

伴随企业破产案件的常态化审理,涉及企业破产方面的法律法规还有待完善,企业破产法不是一个简单的部门法。实践中,企业破产制度所涉及的利益群体之广,领域之多,不单单是《企业破产法》中的法律条文所能涵盖和解决的,企业破产制度的推进亦不是仅依据法院审理破产案件的改革而能成功的,更多地需要其他部门,例如,银行、税务、工商、国土等政府机构行政部门和相关行业的配合和支持。因此,《企业破产法》在今后的修改中,需要更为重视企业破产法与其他法律法规有良好的衔接,以便更为有效地推动我国企业破产制度的完善和发展,为社会经济的发展保驾护航。

最高人民法院所发布的多部司法解释和批复对解决企业破产制度在实践中所遇到的问题有很大帮助,但因法律法规条文零散,对审判实践中的法律适用带来一定困难。随着我国在企业破产制度经验的积累和立法技术的娴熟,适时应整合现有企业破产制度方面的法律法规,制定我国的企业破产法法典,从而更为系统和翔实地指导和规范我国的企业破产制度。

破解启动国有“僵尸企业”破产程序现实困局的路径探索

——以2017年广州市中级人民法院审理首批国有“僵尸企业”案为样本

石　佳*

近期，广州市中级人民法院（以下简称广州中院）接收了78件国有“僵尸企业”强清和破产案件（相当于2016年全年审理的强清和破产案件数量），该批案件申请主体的82%为国资托管主体，且这些企业100%由国资托管主体托管，但国资托管主体不是现有法律框架下的破产申请主体。与此同时，我国《民法总则》第70条对破产申请主体之一的“负有清算责任的人”进行了全新的规定，能否以《民法总则》第70条为基础扩大现有的破产申请主体？国资托管主体是否属于《民法总则》第70条规定的破产申请主体之一的“负有清算责任的人”？这是人民法院审理国有“僵尸企业”清算破产案件首要的、必须要解决的问题。然而，运用破产程序处置“僵尸企业”是今后一个时期人民法院的一项重要工作任务，①该问题的处理直接决定了人民法院能否完成这一时代任

---

* 广州市中级人民法院清算与破产审判庭法官。

① 参见杜万华：《依法处置“僵尸企业”开创破产审判工作新局面》，载《人民法院报》2016年3月28日，第2版。

务。且因该问题的研究尚处于理论研究的空白地带,目前正是理论成果向实践转化的契机,因此,本文具有重大的理论和现实意义。

一、立法审视:现有法律框架下的破产申请主体的法律分析

(一)《民法通则》

我国《民法通则》第47条规定:“企业法人解散,应当成立清算组织,进行清算。企业法人被撤销、被宣告破产的,应当由主管机关或者人民法院组织有关机关和有关人员成立清算组织,进行清算。”《民法通则》规定了企业法人的清算责任,同时也规定了企业被撤销、被宣告破产时主管机关和人民法院有义务组织清算。清算义务人的义务是组织清算,故又称为公司清算的组织主体。[①] 即企业被撤销、被宣告破产时主管机关和人民法院是负有清算责任的人。

(二)《企业破产法》

我国《企业破产法》第7条规定,企业法人的债务人与债权人为破产申请主体,当企业法人已解散但未清算或者未清算完毕,资产不足以清偿债务的,依法负有清算责任的人应当向人民法院申请破产清算。《企业破产法》规定的申请破产主体有三类,债务人、债权人和负有清算责任的人。但负有清算义务的人启动破产程序的前提是企业法人已解散但未清算或未清算完毕。

(三)《公司法》及其司法解释

我国《公司法》第183条规定,有限责任公司的清算组由股东组成,股份有限公司的清算组由董事或者股东大会确定的人员组成。最高人民法院《关于适用〈中华人民共和国公司法〉若干问题的规定(二)》第18条规定,有限责任公司的股东、股份有限公司的董事和控股股东未在法定期限内成立清算组开始清算,导致公司财产贬值、流失、毁损或者灭失,债权人主张其在造成损失范围内对公司

---

① 参见最高人民法院民事审判第二庭编著:《最高人民法院关于公司法司法解释(一)、(二)理解与适用》,人民法院出版社2008年版,第334页。

债务承担赔偿责任的，人民法院应依法予以支持。据此，有限责任公司的股东、股份有限公司的董事、股东大会确定的人员和控股股东为法律规定的负有清算责任的人。

综上所述，我国法律规定的破产申请主体有三类，即债务人、债权人和负有清算责任的人。法律明确规定的负有清算责任的人包括了有限责任公司的股东、股份有限公司的董事、股东大会确定的人员和控股股东。企业被撤销、被宣告破产时主管机关和人民法院为负有清算责任的人。

二、实践检讨：现有法律框架下破产申请主体的真实困局

（一）2017年广州中院审理首批国有“僵尸企业”案实证分析

2016年12月30日，广州中院清算与破产庭成立，为广州地区国有“僵尸企业”的审理提供了坚实基础。2017年广州中院审理首批国有“僵尸企业”案是广州中院成立清算与破产庭以来审理的第一批强清和破产案，也是广州中院有史以来审理的最大批量的强清和破产案件，其数量相当于以往一年审理的强清和破产案件之多，而这批案仅是国有“僵尸企业”申请强清和破产的首批案件，据国资有关部门统计，广东省属“僵尸企业”共计3385家，第一批拟进入破产程序的“僵尸企业”已有239家；广州市属国有“僵尸企业”共计476家，第一批拟进入破产程序的“僵尸企业”为168家，因此，国有“僵尸企业”破产案件的审理将是广州中院清算与破产庭未来一段时期的主要工作内容。广州中院接收的第一批国有“僵尸企业”强清与破产案件，省属国有“僵尸企业”案58件，市属国有“僵尸企业”案20件，申请主体分为两大类：(1)债务人为申请人(14件，占比18%)；(2)国资托管主体为申请人(64件，占比82%)。国资托管主体申请的比例高达82%。其中绝大多数没有财务账册，有账册的16件，没有账册的62件。

（二）债权人启动的困境

债权人启动“僵尸企业”破产程序难的问题早已暴露，各地法院纷纷探索金

融机构、社保、税务或电力等部门作为“僵尸企业”破产申请主体。[①] 而国有“僵尸企业”启动破产程序则难上加难,许多国有“僵尸企业”已经存续数十年,与债权人已纷纷失去联系,部分债权人甚至已经死亡或注销,债权人无法提出破产申请。即便能够找到债权人,债权人也多为是银行债权人,其债权多为担保债权,更多愿意选择以个案诉讼方式追讨债务,所以债权人无法启动或者不愿意启动破产程序。

(三)债务人启动的困境

该批案件的被申请人均由国资托管中心进行托管,债务人已经没有公司架构,人员已经安置完毕,没有留存人员,“僵尸企业”人去楼空的情况是普遍存在的,因此现实中无法由债务人启动破产程序。

(四)其他清算义务人启动的困境

该批国有“僵尸企业”由于历史久远,很多为全民所有制企业或者由全民所有制企业改制而来,其股东通常已注销或改制为其他企业,企业的股东极有可能已不复存在,无法提出破产申请。且企业成为“僵尸”,说明多数没有进行清算,财务制度不规范,一旦进入破产程序,企业董事、股东的违法行为将无法掩盖,存在承担民事甚至刑事责任的风险。另外,该批“三无僵尸企业”已长期停产停业,进行重整的可能性小,股东启动破产程序缺乏动力。

正如江平教授所说,破产退出存在一个难题,对于“僵尸企业”,无论债务人还是债权人,都不愿意提出破产。所以,在解决“僵尸企业”走破产退出的道路时,首先要激发债权人和债务人走破产道路的积极性和勇气。[②] 在上述主体启动破产程序缺乏动力的情况下,现实的做法是:在现有的法律框架下找到有动力提出破产申请的主体。

---

① 参见魏新璋等:《处置好“僵尸企业”助推供给侧改革——浙江衢州中院关于“僵尸企业”司法处置的调研报告》,载《人民法院报》2016年12月22日,第8版。

② 参见江平:《处置僵尸企业有四条出路》,载《法制日报》2016年12月10日,第6版。

三、现实选择:现有法律框架下扩大破产申请主体的必要性分析

笔者在第一节分析了目前我国法律框架下的破产申请主体,但是我国《公司法》在 2006 年实施,《企业破产法》2007 年实施,而绝大多数的产能过剩的国有“僵尸企业”早在立法之前就已经产生了,大多数都不具备现代公司的架构和建制,以前的企业如何在新法的框架下启动破产程序?在企业破产法还担负着促进建立完善的破产机制作用的前提下,破产法对破产申请主体的范围确定,就应当采取外向型的、开放式的立法方式。增加破产申请的法律主体,以较大幅度地提高破产程序启动率。[①] 正是因为“新法”与“旧物”的矛盾,国有“僵尸企业”因缺乏申请主体而难以启动清算破产程序。

在广州中院 2017 年审理的首批国有“僵尸企业”破产案中,债务人申请破产的 14 件,仅占 18% 。在上述主体缺位的情况下,是否应该将该批“僵尸企业”挡在破产大门之外呢?中央经济工作会议强调要把积极稳妥处置“僵尸企业”作为化解产能过剩的“牛鼻子”,最高人民法院《关于依法开展破产案件审理积极稳妥推进破产企业救治与清算工作的通知》指出,社会主义市场主体救治和退出机制是否建立,是衡量社会主义市场经济体制完善的标志之一,既是供给侧改革的客观需要,又是建立完善社会主义市场主体救治和退出机制的客观需要。依法开展破产案件审理、积极稳妥推进企业救治和清算工作,各级人民法院对救治无效或者根本不能适应市场需要的企业,要进行破产清算,促进及时退出市场。因此,推进破产审判、完善破产制度是推进供给侧结构性改革的重要制度保障,审理国有“僵尸企业”破产案件是新的时代背景下赋予人民法院的历史使命,国有“僵尸企业”的出清也是人民法院在今后一段时期审理破产案件的主要工作。国有“僵尸企业”在“僵尸企业”中数量最多,是“僵尸企业”的最主要部分,也是目前法院审理破产案件的主要内容,国有“僵尸企业”申请主体缺位是“僵尸企业”破产审理普遍存在的问题,也是“僵尸企业”能否进入破产程序的首要的、最为关键的问题。如果在国有“僵尸企业”在破产启动主体存在客观障碍的情况下,简

---

① 参见梁君:《论破产申请主体》,载《河北软件职业技术学院学报》2006 年第 3 期。

单地将案件挡在破产门外,那么处理“僵尸企业”这个“牛鼻子”将无从谈起,人民法院也无法为中央供给侧改革提供司法支持。现有法律框架下的破产申请主体已经不能适应当前时代背景之下人民法院审理清算破产案件的需要。如何在法律的框架下启动国有“僵尸企业”的破产程序?如何打破现有破产申请主体的困局?是人民法院面临的必须要解决的问题。

四、路径尝试:《民法总则》对破产申请主体的路径探索

(一)实体正义:申请主体范围的扩大

根据目前我国法律规定,申请破产的主体主要为三大类:债务人、债权人、负有清算责任的人。债权人和债务人申请破产有明确法律规定,在此不必赘言,但广州中院2017年首批国有“僵尸企业”破产清算案件中,82%的案件中均找不到债权人和债务人启动破产程序,对于第三类有清算义务的人的范围的界定,将直接影响国有“僵尸企业”破产清算案件的数量和启动。有限责任公司的股东、股份有限公司的董事、股东大会确定的人员和控股股东为最典型的清算义务人,同时,企业被撤销、被宣告破产的主管机关和人民法院为清算义务人。除此之外,法律对第三类负有清算组责任的人再无明确的法律规定。

我国《民法总则》第70条规定:“法人解散的,除合并或者分立的情形外,清算义务人应当及时组成清算组进行清算。法人的董事、理事等执行机构或者决策机构的成员为清算义务人。法律、行政法规另有规定的,依照其规定。清算义务人未及时履行清算义务,造成损害的,应当承担民事责任;主管机关或者利害关系人可以申请人民法院指定有关人员组成清算组进行清算。”笔者认为,以上条款明确了法人的执行机构或者决策机构的成员为清算义务人,同时主管机关或者利害关系人可以申请法院清算,毫无疑问,《民法总则》对现有法律规定的负有清算义务人的范围进行了修改和扩大,是对破产申请主体的制度重塑。《民法总则》相较于《民法通则》第47条的变化在于:(1)法人被宣告破产时,人民法院不再作为清算义务人。(2)增加了法人执行机构、决策机构成员为清算义务人,且主管机关或利害关系人在清算义务人未履行清算义务时,主管机关或利害关系人可以申请人民法院组织清算。《民法总则》第70条将清算义务人甚至放宽

至“利害关系人”,可以看出《民法总则》第70条的立法旨意在于扩大清算义务人的范围,放开企业进入到清算破产程序的大门,解决实践中存在的启动企业清算破产之困。哪些人属于《民法总则》第70条中的“执行机构”、“决策机构成员”、“主管机关”以及“利害关系人”呢?笔者将结合2017年广州中院审理首批国有“僵尸企业”案的申请主体进行探讨。

1. 国有资产管理监督委员会(以下简称国资委)

《企业国有资产监督管理暂行条例》第13条对国资委的主要职责作出了明确规定:依照《公司法》等法律、法规,对所出资企业履行出资人职责,维护所有者权益;指导推进国有及国有控股企业的改革和重组;依照规定向所出资企业派出监事会;依照法定程序对所出资企业的企业负责人进行任免、考核,并根据考核结果对其进行奖惩;通过统计、稽核等方式对企业国有资产的保值增值情况进行监管;履行出资人的其他职责和承办本级政府交办的其他事项。国务院国有资产监督管理机构除前款规定职责外,可以制定企业国有资产监督管理的规章、制度。国资委作为破产申请人并非“空穴来风”,早在《企业破产法》颁布之前,一些地方立法和规范性文件如《深圳特区企业破产条例》[①]就已经明确了国有企业主管部门可提出破产申请。在《企业破产法》颁布之后,在当前时代背景之下,国资委能否作为申请破产的主体呢?下面对国资委的性质进行分析:

(1)出资人

我国《企业国有资产法》第4条规定:“国务院和地方人民政府依照法律、行政法规的规定,分别代表国家对国家出资企业履行出资人职责,享有出资人权益。国务院确定的关系国民经济命脉和国家安全的大型国家出资企业,重要基础设施和重要自然资源等领域的国家出资企业,由国务院代表国家履行出资人职责。其他的国家出资企业,由地方人民政府代表国家履行出资人职责。”第11条规定:“国务院国有资产监督管理机构和地方人民政府按照国务院的规定设立国有资产监督管理机构,根据本级人民政府的授权,代表本级人民政府对国家出资企业履行出资人职责。”从上述法律规定可以得出,国有出资企业的出资人为国务院和地方人民政府,而国资委代表国务院和地方人民政府履行出资人的职责,因此国资委的性质为代表国家出资的人即出资代理人。上述法律已经将出

---

① 参见李显先:《论我国破产申请主体之完善》,载《人民司法》2006年第2期。

资的相关义务授权给国资委具体行使,因此,在出资方面,国资委的行为可以产生法律上出资人的权利与义务。但是,我国企业破产法规定达到一定出资比例的出资人可以申请重整,但出资人并非破产申请的主体,因为现代公司制度公司权利的具体行使主体为有限责任公司的股东、股份有限公司的董事和控股股东等,出资人在现代公司制度下通过委派股东、董事的形式行使出资人权利。《企业国有资产法》第6条也明确国务院和地方人民政府应当按照政企分开、社会公共管理职能与国有资产出资人职能分开、不干预企业依法自主经营的原则,依法履行出资人职责。因此,为避免政企不分,与现在公司制度精神相悖,国资委作为出资人不直接参与公司经营管理,当然也不能作为直接作为破产申请的主体。

(2)股东

我国《企业国有资产法》第13条规定:“履行出资人职责的机构委派的股东代表参加国有资本控股公司、国有资本参股公司召开的股东会会议、股东大会会议,应当按照委派机构的指示提出提案、发表意见、行使表决权,并将其履行职责的情况和结果及时报告委派机构。”国资委作为公司国有股东,其股东权的内容已由《公司法》予以明确,作为公司的国有股东,其通过行使股东权,借以履行出资人的职责。[①] 股东为公司法规定的清算义务人,而清算义务人是《企业破产法》规定的破产申请主体,因此国资委虽不能直接申请破产,但其可以通过其委派的股东申请破产。虽绝大多数情况下,国资委委派股东参与公司经营管理,但实践中存在国资委为隐名股东或者没有委派股东的情形,这种情况在之前政策性破产中是存在的,因为当时背景下成立的公司不具备公司法上的建构和设置,国资委虽履行出资义务,但并非成为公司的股东。在这种情况下,国资委不能作为破产申请主体。

(3)决策机构——区别对待

我国《企业国有资产法》第12条规定了国资委作为出资人享有参与重大决策权:“履行出资人职责的机构代表本级人民政府对国家出资企业依法享有资产收益、参与重大决策和选择管理者等出资人权利。”该法第31条规定了国资委对以下重大事项享有决定权:“国有独资企业、国有独资公司合并、分立,增加或者减少注册资本,发行债券,分配利润,以及解散、申请破产,由履行出资人职责的

① 参见洪学军:《分权与制衡:国有资产管理监督委员会职责探析》,载《法学》2006年第9期。

机构决定。”另外，根据我国《公司法》及相关法律法规的规定，股东依其投入公司的资本额通过股东大会行使的对公司重大事项具有表决权，即享有重大事项决策权。股东的该项权利源于其作为出资人的地位，从而当然有权参与公司事务，股东的重大决策权正是股东参与公司事务的一种重要形式。国资委作为一位特殊的出资人同样享有重大事项决策权，我们将国资委享有的重大决策权定义为：国资委依其在国有企业的出资额度而通过股东大会对公司的重大经营决策事项和重大事项所行使的表决权，在重要领域的国有企业中享有更为有力的决策权。国资委作为国有资产的出资人，通过股东大会行使该项权利，其表现形式为表决权。[①] 因此，国资委对其出资的国有独资企业和国有独资公司享有重大决策权，国资委为国有独资企业和国有独资公司决策机构，属于《民法总则》第70条规定的决策机构的成员为清算义务人的情形，可以决策机构的名义申请破产。

但这种决策权要区分国有企业的性质，国资委仅为国有独资企业和国有独资公司决策机构。《企业国有资产法》第33条规定：“国有资本控股公司、国有资本参股公司有本法第三十条所列事项的，依照法律、行政法规以及公司章程的规定，由公司股东会、股东大会或者董事会决定。由股东会、股东大会决定的，履行出资人职责的机构委派的股东代表应当依照本法第十三条的规定行使权利。”由此可见，在国有资本控股公司、国有资本参股公司中，国资委作为出资人与其他股东处于平等的地位，重大事项决策上，要适用按照民商事法律和《公司法》的规定，与其他股东共同决策，国资委不享有决策权，国资委不能成为国有资本控股公司、国有资本参股公司决策机构，不是国有资本控股公司、国有资本参股公司申请破产的主体。

(4)主管部门——先后顺序

企业主管部门通常是代表国家行使行政管理的机关，其行为通常是行政管理行为，即对企业的设立进行审批，对企业的经营活动进行监督、指导等。[②]《企业国有资产法》第11条规定了国资委代表国家行使出资人职责，第19条规定了国资委对国有企业有监管义务，第21条规定了国资委的出资人权利，第22条规定了国资委的人事任免权。笔者认为，国资委对国有企业享有人事任免权、重大

---

① 参见陈丽萍：《论国资委的出资人权利》，中南大学2012年硕士学位论文，第19页。

② 参见陈丽洁：《也谈主管机关对企业法人债务的连带责任》，载《政治与法律》1991年第4期。

决策权和监督职责,是国有企业的主管部门,且广州法院2017年审理的首批国有"僵尸企业"破产案中所有被申请破产企业都是由人民政府或者是国资委以发文的形式将该批企业交由国资托管主体进行托管,托管的前提就是人民政府或者国资委是这些企业的主管部门,只有这样,人民政府、国资委才有权将该企业委托第三方国资托管主体托管。根据《民法总则》第70条的规定,主管机关为法律规定的清算义务人,也当然成为《企业破产法》中规定的第三类即清算义务人破产申请主体,只是《民法总则》规定主管机关启动清算有前提条件,即当第一顺位的清算义务人不进行清算时,主管机关才作为第二顺位的清算义务人申请清算。梁慧星教授也持此观点,他认为清算义务人造成损害债权人追究清算人责任的条件是主管机关或者利害关系人先申请法院指定清算,清算以后才能计算遭受的损害,因此第二句话是第一句话的条件,[①]如主管机关不是清算义务人,则追究清算义务人的责任则无法落实。因此,对于交由国资托管主体的企业而言,国资委为这批企业的主管部门,是《民法总则》规定的适格破产申请主体。

(5)利害关系人——先后顺序

无论国资委是被申请企业的出资人、股东,抑或主管机关、决策机构,国资委基于上述关系的存在,与被申请破产企业当然均存在法律上的利害关系。国有企业中的"国有"的"血液"也决定了其与国资委的天然联系。因此,笔者认为,在上述主体缺位的情况下,国资委有权以被申请人利害关系人的名义申请破产(见图1)。

2. 国资托管主体

国资委《关于国家开发投资公司对中国包装总公司实施托管的决定》,国家开发投资公司对中国包装总公司实施托管,是国资委首次实施的国企托管。[②] 国资委此次实行托管的目的在于国资委正在研究一种模式,即中央企业发展托管公司,专门处置资产,企业要上市,"包袱"可以交给托管公司处理,一时难以剥离的辅助性质资产,可以先由国有投资控股公司托管,目的是让产业集团第一时间,突出和做强大主业,待条件适合后,再由托管变为彻底分离。托管中心的任

---

① 梁慧星:《中华人民共和国民法总则解读》,2017年4月23日于湖南大学的讲座。

② 参见张宇哲:《国资委首次实施国企托管》,载《财经》2005年第130期。

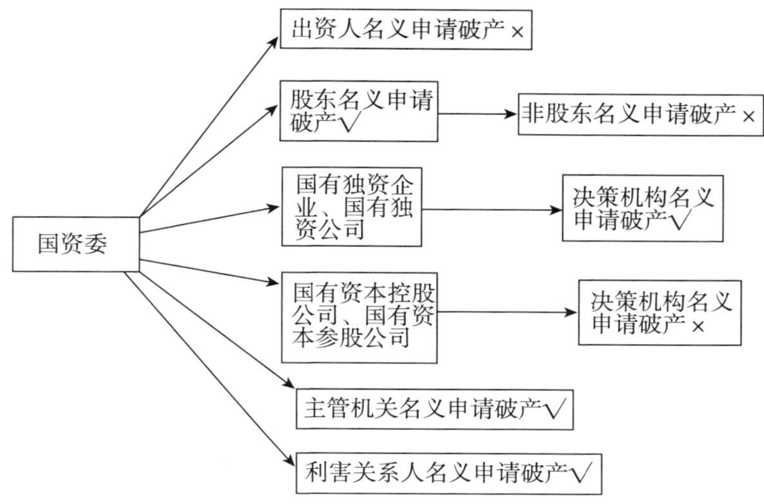

图1 国资委申请破产方式

务是盘活资产、安置职工、办好企业。① 国资委对经营性国有资产托管的尝试,起初也是为了打造不良资产退出的通道,处置那些重组和政策性破产都难以解决的大型国有企业的实际问题,减轻国资监管的压力。② 国资运营机构设立的依据是国家授权,运营机构在授权范围内享有自主进行资产运营的权利,并对授权经营的国有资产承担保值增值的责任。③ 笔者认为,国资托管主体的产生主要是为了解决国有不良资产的处置问题,国资托管主体是根据国资委的授权对国有企业中一部分资产,尤其是不良资产进行运营的主体。

(1)直接作为破产申请主体的正当性

国资托管主体能否直接作为国有“僵尸企业”破产申请的主体呢?主要应当分析托管主体的性质。其为破产企业的出资人、股东、主管机关,抑或决策机构?一种观点认为,托管主体可以出资人的身份提出破产申请,基于国资委与托管主体之间的信托关系。我国2001年生效的《信托法》是经营性国有资产托管最重要的法律依据和制度基础。《信托法》肯定了以国有资产为信托财产的法律关系

① 参见张宇哲:《国资委首次实施国企托管》,载《财经》2005年第130期。

② 参见宋云中:《托管公司:国企改革的新平台》,载《中国企业家》2005年第11期。

③ 参见徐晓松:《公司法与国有企业改革研究》,法律出版社2000年版,第235页。

的合法性。[①] 在国有资产信托中,国有资产所有权与经营权分离,国资运营主体作为在管理人才和技术上拥有优势的受托人,独立自主地对企业投资、管理,可免受国资委的不合理干预。[②] 对于企业来说,国资运营主体则是出资人。它将国有资产转投资于企业,是企业真正的"老板",并以对企业的出资额为限承担责任,按出资比例享有经营管理者选择权、企业重大决策权和资产收益权。[③] 综上所述,对于由国资运营主体出资的,且对破产企业享有经营管理者选择权、企业重大决策权和资产收益权的托管主体,托管主体既是企业的直接出资人又是企业的经营决策者。其经营自主权大,国资委宏观调控力度小,其与国资委一样,可以以股东身份或者决策机构的身份提出破产申请。但是对于托管主体直接提起破产应当进行严格审查,审查托管主体和破产被申请企业之间是否存在出资及经营管理关系。这种审查是现实可行的,如被申请破产企业的工商登记内档能够反映出托管主体为被申请破产企业的出资人,被申请企业的股东会决议、章程以及重大事项的审批过程也能够反映出托管主体对破产被申请企业的享有经营管理和决策权,那么具备这些条件的托管主体可以直接作为法律上的破产申请主体。

(2)间接作为破产申请主体的正当性

实践中,政府或国资委以签订合同的形式将企业交由国资托管主体托管的做法极为普遍,广州中院 2017 年审理的首批国有"僵尸企业"破产案件中的国有企业均采用这种托管形式。[④] 原因是党的十八大和十八届三中、四中、五中全会以来,中央加大力度推进供给侧改革,为出清国有"僵尸企业",政府或者国资委

---

① 参见刘丹冰:《论国有资产信托及法律调整》,载《中国法学》2002 年第 5 期。

② 王全兴、傅蕾、徐承云:《国资委与国资运营主体法律关系的定性探讨》,载《法商研究》2003 年第 5 期。

③ 方加春:《金融托管经典案例研究》,经济科学出版社 2002 年版,第 163 页。

④ 广东省政府在出清国有"僵尸企业"的方案和意见中均将委托托管主体作为处理"僵尸企业"的重要途径:广东省人民政府办公厅《关于印发〈省属国企出清重组"僵尸企业"促进国资结构优化的实施方案〉的通知》(粤府办〔2016〕25 号):"六、利用基金平台推动省属'僵尸企业'处置:在企业重组转型中发挥资金支持、引进战略投资者、优化治理等作用。对破产清算类企业,处置过程中涉及企业职工安置、社会保险、再就业等费用按规定优先从企业……"广东省人民政府《关于全省国企出清重组"僵尸企业"促进国资结构优化的指导意见》(粤府〔2016〕29 号):"三、依托各类平台加快处置'僵尸企业'——充分发挥各类平台的市场化、专业化优势,集聚资源,发掘价值,提高处置效率和效益。省属国企和具备条件的地市,可采取委托集中处置管理模式,构建或指定专业处置平台处置关停企业。"

将部分企业集中交由国资托管主体进行托管。托管主体与政府或国资委形成委托代理关系,国资托管主体为政府或国资委的代理人,国资委把国有资产交给具有法人地位的国资运营主体经营,以合同的形式确定这种关系,这种合同不是一般民事合同,而应当归属于经济合同或政府商事合同。① 政府或国资委将国有资产尤其是国有不良资产委托给国资运营主体经营,国资运营主体在政府或国资委授权的范围内行使权利与义务,国资运营主体不享有被申请破产企业的经营管理和决策权,也不是该企业的出资人。但国资托管主体在“组织被托管企业的资产重组、转制及关闭破产等工作”“制定出清方案”等方面获得授权,②其中包含了申请破产的授权。因此,笔者认为,在政府或国资委为破产申请主体的前提下,国资托管主体基于上述委托关系可以行使破产申请权,成为适格的破产申请主体。③ 实践中,我们还可以看到一级托管主体将被申请企业转委托给二级托管主体的情形,且这种情形普遍存在。笔者认为,只要一级托管主体对二级托管主体包含了申请破产的授权,二级托管主体基于转委托关系可以成为破产申请主体。

而且,国资托管主体不管是基于信托关系还是委托关系,其与被申请企业已经形成了托管关系,其是被托管企业的直接联系人,尤其在债权人、债务人以及其他有清算义务的人都缺位的情况下,其当然成为《民法通则》第70条的“有利害关系的人”,可以以利害关系人的名义申请破产(见图2)。

---

① 张开平:《英美公司董事法律关系研究》,法律出版社1998年版,第13页。

② 如广东省财政厅、广东省经济贸易委员会《关于省广业资产经营有限公司企业托管有关问题的批复》(粤财企〔2001〕446号):“根据《广东省省属国有企业托管操作暂行规定》,对被管企业行使投资主体的权利和义务,制定符合托管企业实际情况的各个托管企业的处置方案,组织被托管企业的资产重组、转制及关闭破产等工作,并妥善处理好被托管企业的债权债务关系和做好退出企业的职工安置等各项工作,依法处置国有资产,防止国有资产流失。”《关停企业集中托管协议》:“一、权利与义务:1.甲方负责组织所属各类关停企业的出资主体开展以下工作:组织对关停企业前期核实核查的基础工作,核实关停企业详细具体情况;根据具体情况确定关停企业名单和初步出清方式;制定出清方案和人员安置方案;与乙方签订关停企业托管合同,并将关停企业统一集中托管到省股权托管中心;对乙方集中处置提供支持和配合。2.乙方研究指定产权转让、资产置换或打包拍卖、集中办理关闭破产清算等处置方案……二、乙方作为关停企业的受托管理人,对接收的关停企业的资产、印章、档案资料负有管理责任。在取得甲方、关停企业的出资主体授权后,有权对关停企业资产进行处置,并组织办理相关的变更登记、质押登记和注销登记。”

③ 李曙光教授在2017年5月13日“广东省国有‘僵尸企业’重整与破产清算实务研修班”上的讲座也持此观点。

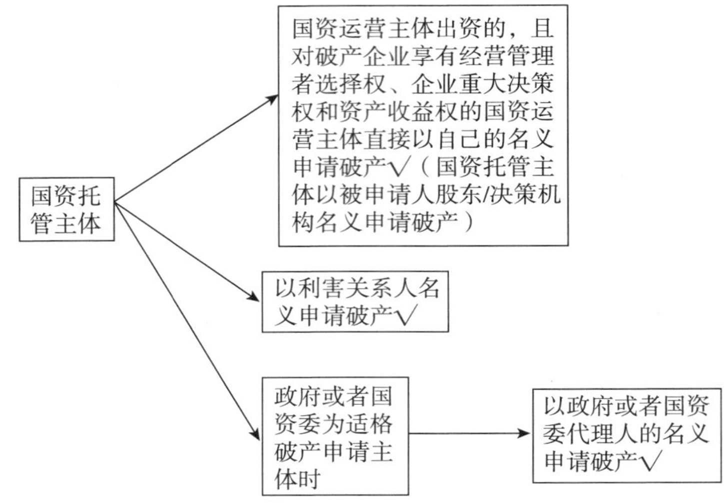

图2　国资托管主体申请破产方式

(二)程序正义:申请主体的顺位

第一顺位:在可以找到债务人和债权人的情况下,应当由债务人或者债权人申请破产。

第二顺位:当债务人和债权人均不申请破产且未进行清算或者未清算完毕的情况下,由负有清算责任的人申请破产:(1)国资委或者国资托管主体以被申请人的股东或董事、股东大会确认的人员和控股股东的身份申请破产;(2)国有独资企业和国有独资公司中的国资委和享有经营管理者选择权、企业重大决策权和资产收益权的国资托管主体以决策机构的身份申请破产。

第三顺位:当第二顺位的清算义务人未及时履行义务的情况下,国资委以主管机关的名义申请破产。在上述主体均缺位的情况下,国资委和国资托管主体以利害关系人的名义申请破产。

另外,当国资委为适格申请主体的前提下,国资托管主体基于与国资委的委托关系可以成为破产申请主体。

人民法院妥善处置“僵尸企业”的应然路径

——以N市人民法院企业破产案件审理情况为样本

杨　乐[*]　张君明[**]

2015年年底，中央经济工作会议强调，推进供给侧结构性调整，积极稳妥处置“僵尸企业”，司法部门要依法为实施市场化破产程序创造条件。“僵尸企业”一词肇始于彼得·科伊提出的经济学概念，是指那些无望恢复生气，但由于获得放贷者或政府的支持而免于倒闭的负债企业，①其典型特点是企业形式还存在，却不能产生效益。在实施市场化破产的过程中，处置“僵尸企业”是目前中国破产法面临的一项历史性任务。② 笔者在考察N市两级人民法院近年来企业破产案件审理现状的基础上，分析梳理当前破产审判中面临的突出障碍和问题，并就进一步完善人民法院“僵尸企业”司法处置工作提出

---

* 河南省南阳市中级人民法院审判员。

** 南阳师范学院副教授。

① 参见王欣新：《僵尸企业治理与〈企业破产法〉的实施》，载王欣新、郑志斌主编：《破产法论坛》（第12辑），法律出版社2016年版，第4页。

② 参见熊爱宗：《美国、日本处置“僵尸企业”的经验教训》，载《中国财经报》2016年1月30日，第6版。

对策建议,以期为进一步提升人民法院应对“僵尸企业”治理的能力水平,实现破产审判工作的常态化、规范化、法治化提供参考。

一、2011 年以来 N 市人民法院审理企业破产案件的审理情况

(一)案件审理的基本情况

2011 年以来,N 市两级人民法院共受理各类企业破产案件 188 件(含旧存 126 件,新收 62 件),已审结 69 件。其中各基层人民法院共新收案件 46 件,审结 48 件。N 市中级人民法院新收案件 16 件,审结 21 件(见表 1)。

表 1 2011 年至今 N 市人民法院新收和审结企业破产案件数

年 份	2011	2012	2013	2014	2015	2016
新收案件数(件)	23	11	9	6	8	5
审结案件数(件)	13	8	22	9	11	6

(二)呈现的主要特点

1. 受案数量总体增长缓慢

据统计数据可知,N 市人民法院年均新收企业破产案件在 11 件左右,案件数量总体增长缓慢,且相较于 2011 年,此后每年新收案件数都有不同程度的下降,降幅最高达到 65%。

2. 破产主体以国有企业为主

2011 年以来 N 市人民法院新收破产案件中,国有企业破产的有 47 件,占案件总数的 76%。集体所有制企业破产的有 10 件,占案件总数的 16 %。民营企业破产的有 5 件,仅占案件总数的 8%。可见,目前国有企业仍是主要的破产主体。

3. 破产程序启动以债务人申请为主

《企业破产法》规定的破产程序启动方式主要包括债权人申请、债务人申请和股东、清算组等依法负有清算义务的人申请。近年来 N 市人民法院受理的企业破产案件中,由债务人申请启动破产程序的占 90% 以上,而由债权人申请破产的案件则不到 5%。

4.破产清算类案件较多,破产重整或和解类案件少

破产程序包括和解、重整和破产清算三种。目前N市人民法院已审结的69件破产案件中,破产重整类案件仅有1件,仅占已审结案件总数的1.4%,其余案件均以破产清算结案。

5.管理人的选任以清算组为主

在管理人的选任上面,仍然以清算组为主,律师事务所、会计师事务所等中介机构担任管理人占比例仍然较低。主要是因为国有企业破产涉及国有资产处置、企业职工安置等特殊保护问题,需要政府相关部门统一协调与安排,因此一般适用清算组担任破产案件的管理人。

二、供给侧改革背景下“僵尸企业”司法处置工作面临的主要问题及原因分析

(一)存在的主要问题

1.破产程序启动困难

受当前产业结构调整和经济下行等因素的影响,很多无力清偿到期债务或陷入经营困境的企业都面临退出市场的局面,人民法院民商执行案件中也有相当一大批无偿债能力的债务人企业符合破产申请的条件,然而在实践中进入破产程序的企业却寥寥无几。“陷入困局的企业规避破产,等于放弃了止损的阀门和救赎的治疗,这必将产生巨大的个人成本和社会成本。”①破产程序启动困难,破产案件受案数量增长缓慢直接制约破产审判功能的发挥。

2.破产案件审理期限较长

相较于普通民商事案件,企业破产案件涉及法律关系复杂,事务性工作繁重,审理周期较长,往往需要2~3年的时间,甚至部分案件5年以上仍未审结。破产案件久拖不决,容易导致企业的机器设备、资产价值因长期消耗而贬值,土地、房产等生产要素难以得到尽快有效释放,影响资源重新配置效率,同时也造成债权人和企业职工的权益长期无法得到保护,严重损害司法权威和司法公信。

① 叶建平:《唯有破产真利器驱除“僵尸”化危机》,载王欣新、郑志斌主编:《破产法论坛》(第12辑),法律出版社2016年版,第134页。

3. 破产案件维稳压力较大

破产案件涉及多方利益,矛盾冲突集中,衍生出一系列相关诉讼,处理不当可能引发"多米诺骨牌"效应,形成难以处理的棘手案件。破产企业职工安置问题突出,企业拖欠职工养老金、医疗保险费用的现象十分普遍,企业破产后职工的再就业及生活来源难以保障,极易引发职工上访等群体性事件。因此,在案件办理过程中要把维稳工作始终放在中心位置,做到裁判法律效果和社会效果的统一。

4. 企业进行重整难度较大

"僵尸企业"本身即陷入经营困境、停产停业多年,无力偿债,且多为产能过剩企业,不具备商业前景,难以吸引有效投资,资产兼并重组希望渺茫。企业重整涉及商业判断,存在市场变化、价格波动等一系列不确定因素,可能会导致重整失败。加之人民法院尚未形成对"僵尸企业"破产重整的成熟经验,致使在司法实践中企业重整成功仍相对较少,存在一定难度。

(二)产生这些问题的原因

1. 对破产功能的认识还存在误区

供给侧结构性改革的背景下,破产审判功能发挥的前提是具备破产原因的企业能够进入司法程序。然而,从目前司法实践来看,破产程序启动难得问题仍然较为突出。破产程序启动困难主要存在以下方面的原因:一是债务人层面,债务人对破产制度的功能认识不足,宁愿"跑路"也不愿走破产清算的道路,企业职工对破产程序也多存在抵触情绪。二是债权人层面,破产企业自有资产极为有限,破产债权的清偿率较低,债权人更多选择通过个案诉讼方式实现债权受偿。三是地方政府层面,出于政绩或维稳等方面的考虑,地方政府不愿意让企业走清算退出市场的道路。四是法院层面,部分法院以破产审判队伍和管理人队伍力量不足等为由不愿审理企业破产案件,导致多年未受理一起案件,破产审判工作长期处于停滞状态,形成了由于没有专门的审判组织,所以法院不愿或不会处理破产案件,由于不处理破产案件,就更不需要专门的破产审判组织的不良循环。

2. 管理人能力有待增强

我国破产法实行"管理人中心"主义,作为破产事务的具体执行者,管理人承担债权审查、债权催收、资产管理等重要职责,然而实践中普遍存在管理人的履职积极性不高和推进工作不力的情况。以企业主管部门为主体成立的清算组为管理人不熟悉破产程序流程,业务不够熟练,又是兼职,一定程度上存在被动应付、敷衍塞责的情况。而中介机构为管理人,囿于报酬费用往往较低甚至难以支付,难以调动工作积极性和主动性。现行的管理人选任机制也存在问题,以随机形式产生的管理人在专业领域和管理能力等方面可能并不适应破产案件的具体需求。管理人和法院之间存在角色错位,一些本应由管理人自行决定的事项也推诿给法院,导致法院从“监督者”异化为“实际操作者”。

3. 破产财产处置难度较大

破产财产的处置是审理企业破产案件的关键,也是制约破产案件顺利终结的瓶颈问题。破产财产处置难主要表现在:一是资产核查困难。破产企业往往财务管理混乱,企业账册资料不完善、企业财务报表反映的财务状况严重失实、企业账户与法定代表人个人账户混用、经营者个人资产与企业资产混同情况严重等情况时有发生,导致财务资料不能真正反映企业真实财产状况,资产审计难度增大。二是债权催收困难。企业应收账款多为销货记录或会计单方记账,公司业务员也多以没有时间或记不清为由拒绝配合管理人核对相关收支条据,致使大部分债权因凭证欠缺问题无法收回。部分距离较远、数额不大的债权需考虑清收成本,一般要经提交债权人会议讨论后通过方可实施。三是资产变现困难。受当前经济下行因素影响,加之设备陈旧老化,破产企业资产往往陷入流拍、无人接盘的尴尬境地。土地、房屋等不动产处置需要政府规划、土地等相关部门的配合,部门间协调也需要耗费大量时间。

4. 破产审判队伍建设滞后

当前人民法院的破产审判力量仍较为薄弱,人员配备不足,一些破产审判法官还需承办其他类型的民商事案件。破产审判法官缺乏系统性的学习培训,专业化程度不高。加之破产案件审理难度大、协调事项多、维稳压力重,各院对办理破产案件的绩效考评机制不够科学合理,缺乏有效的办案数量折算机制,导致法官办理破产案件的积极性不高。

三、人民法院应对“僵尸企业”司法处置工作的完善进路

(一)厘清工作思路,树立分类处置理念

1. 树立“僵尸企业”分类处置理念

“僵尸企业”的种类千差万别,审判过程中要按照“尽可能多兼并重组,少破产清算”的要求,树立把人民法院当“生病企业”的医院这一指导思想,根据产业政策、企业前景、破产原因及再生可能等情况进行分类识别,分别处置。要坚持“有保有破”的差异化处置原则,对于因资金链断裂无力偿债,但产品适销、产业前景广阔的企业,人民法院应当积极通过破产重整、和解促进债务重组,化解企业债务危机,帮助企业脱困;对于生产技术低下、发展前景差、环境资源消耗大、不适合市场发展的“僵尸企业”,要及时进行破产清算,助推市场出清,倒逼经济转型升级。要通过依法审理企业破产案件,为供给侧结构性改革提供司法保护,切实保障地方经济持续健康发展。

2. 注重破产重整挽救制度

破产重整被认为是挽救“僵尸企业”的有效途径。要积极推动企业的破产重整,将债务清偿和企业拯救两个目标有机结合起来,对陷入生产经营困境、债务负担沉重但符合产业政策调整目标的企业,要依法及时进行破产重整,设计可行的兼并重组方案。现行法律对破产重整的规定较为原则,需要在司法实践中不断探索,总结经验。在办理重整案件时应当重点把握以下几个方面:一是重整计划草案应当遵循可行性原则,提出的经营方案具有可行性,债权清偿资金有明确来源;二是重整计划对债权人、债务人和出资人利益的调整应当公平、合理,同一表决组成员享受相同待遇;三是要做好信息披露和债权人的沟通工作,使债权人充分掌握意向投资者和重整前景的完整信息,对预期清偿率、破产企业和意向投资人的履约能力有理性的判断;四是要充分尊重债权人的意思自治,慎用强制批准权;五是要防止单纯维稳式重整、掠夺式重整、程序空转式重整和恶意逃债式重整,避免因为不当适用重整程序导致破产程序空转和造成新的产能过剩。

(二)创新工作措施,提高破产审判质效

1. 严格把握破产案件审查受理条件

要通过依法受理破产案件,将陷入债务困境企业的矛盾纠纷及时纳入法制轨道,通过法律手段公平清理债权债务,优化社会资源配置和使用,解决产能过剩和“僵尸企业”问题。对于符合“僵尸企业”出清政策,具备法定受理条件的债务企业,应当严格依照法律、司法解释的要求审查受理企业破产申请,不应在法律、司法解释之外设置其他企业破产案件受理条件。

2. 探索试行破产案件简易程序

破产案件简化审理能够缩短案件审理期限,有效解决审判实践中破产案件审理周期偏长的突出问题。“案件简繁对应的是申请人不同的程序诉求。简单破产案件,申请人希望在法院和管理人的指导和主持下,尽快核清债务人债权债务,处置资产,使各方能尽早脱身;相对复杂的破产案件,则要求程序完整,以确保债权债务的有序清偿。”①设立简易破产程序旨在把涌入法院的破产案件加以分流,实现案件难易与程序繁简匹配,防止出现程序供给相对不足或程序成本过高的现象。适用简易破产程序的案件主要依据债权债务关系的复杂程度、破产财产的数量等标准进行判断,对于事实清楚、债权债务关系明确、争议不大的企业破产案件,可以试行简易审理机制,在《企业破产法》及其司法解释的制度框架内简化程序、缩短时间、并联事项,如开展简易程序试点法院的温州市中级人民法院就规定适用简易程序的破产案件,一般在裁定受理后6个月内审结。

3. 实现执行转破产程序的良好衔接

最高人民法院《关于适用〈中华人民共和国民事诉讼法〉的解释》第513条至第515条规定了执行转破产程序。执破衔接制度的建立,既能够将陷入执行僵局的案件转入破产程序,通过破产程序来清理债务化解纠纷,有效化解执行难的困境,也有助于解决破产案件受理难,规范企业市场退出机制,推动《企业破产法》的实施。要明确执行案件移送启动破产程序的具体流程和处置规则,在执行程序中,执行法院发现被执行企业已经符合企业破产条件的,应当及时向当事人释明并告知其可以向法院申请企业破产,引导对确无履行债务清偿能力的债务

① 徐阳光、殷华:《论建议破产程序的现实需求与制度设计》,载《法律适用》2015年第7期。

人进入破产程序。申请人申请执转破程序后,受理案件的法院应当对执行案件的相关材料进行审查,重点审查申请人主体适格和是否达到破产界限,实现程序间的良好衔接。

4. 审慎适用关联企业合并破产

尽管我国现行破产法并未明文规定实质合并原则,但司法实践中不乏关联企业"合并重整"或"合并清算"的先例,最高人民法院于2016年发布的破产典型案例中,浙江玻璃股份有限公司及其关联公司合并破产一案,也对实质合并原则的适用持肯定态度。实体合并原则系美国破产法基于判例创设的衡平法规则,旨在特定情形下否认关联企业的独立法人资格,将关联企业各成员公司的资产和债务予以合并清算,向全体债权人进行公平分配,实现对债权人利益的实质保护。要秉持审慎原则,严格控制实体合并原则的适用范围,对存在高度人格混同且该混同损害债权人利益的关联企业方可适用。

5. 严厉打击"假破产、真逃债"等破产欺诈行为

在依法审理企业破产案件的过程中,要高度关注对逃废债务行为的规制,指导管理人通过财产清查、破产审计等途径,核实企业真实财产状况及是否存在损害债权人利益的财产处分行为。一旦发现企业假借破产名义进行非法转移财产、隐匿财务资料、虚假交易、低价转让等严重损害债权人合法权益的行为,应当及时通过破产撤销权追回相关财产,并追究债务人及其股东、实际控制人的民事责任,情节严重构成犯罪的,应当移送公安机关以虚假破产罪等追究其刑事责任。

(三)构建联动机制,优化破产审判环境

1. 建立"府院企业破产工作统一协调机制"

针对进入司法程序的"僵尸企业",要积极与政府及其相关职能部门协调,通过召开破产企业资产处置会、职工协调会、债权人协调会等方式,妥善解决企业破产过程中出现的资产兼并重组、职工安置、社保费用缴纳、土地性质变更等问题,统筹解决企业破产案件审理过程中遇到的矛盾和困难,加快法院破产案件的审理进度。推进和凝聚法院与政府有关部门在"僵尸企业"处置和破产审判工作上的共识,尽快出台有关"僵尸企业"处置的指导意见。

2. 设置破产审判专项保障基金

推动政府财政设立破产援助专项资金和破产费用保障基金，主要用于保障管理人的合理报酬和破产程序运行的必要费用的支付，确保诸如破产财产不足以支付破产费用的无产可破企业的破产程序能够顺利完成。

3. 做好维护稳定工作

要建立破产案件风险预警机制，加强对国企破产类重大案件的跟踪指导和统筹协调，对破产过程中可能存在影响社会和谐稳定因素的情况，协助党委、政府做好稳定工作，确保“僵尸企业”处置工作有序开展、稳妥推进，努力实现去产能、促发展、保稳定的动态平衡。

（四）加强监督指导，促进管理人队伍良性发展

1. 推动建立管理人分级管理、动态管理制度

按照管理人的能力、业绩和报酬划分资质等级，根据破产案件的实际情况在不同等级的管理人中进行选择。设立管理人资格准入、考评和淘汰体系，建立起有进有出、有升有降、各级管理人之间健康流动的动态管理体系，以充分调动管理人的工作积极性、主动性。

2. 完善管理人选任机制

在管理人的选任上应当坚持以律师事务所、会计师事务所等中介机构担任为原则，将清算组担任管理人的情形限定在法定情形内。对于重大疑难复杂类破产案件，不宜直接以随机方式产生管理人，应当采取竞争与随机选取相结合的方式产生。借鉴浙江等地的先进做法，在一定范围内允许跨区域指定管理人，促进管理人区域之间的流动，从而带动管理人执业水平的整体提升。

3. 加强对管理人的监督指导

管理人的工作能力和敬业精神是企业破产案件能否顺利推进的关键。人民法院要加强对管理人的任免监督、事务监督和责任监督，健全完善管理人向法院定期汇报工作和重大事项及时汇报制度，督促管理人依法履职，确保监管到位。在具体工作中，要充分调动管理人的积极性，促使其利用法律手段努力查找和追收债务人财产，最大限度地维护债权人利益。

(五)打造专业队伍,提升司法应对能力

1. 建立专业的破产审判庭或合议庭

随着“僵尸企业”司法处置工作的深入推进,势必会有越来越多的企业进入破产程序。因此,在破产审判资源配置方面,有条件的地方应当积极争取成立专业的破产审判庭或合议庭,遴选出一批法律功底扎实、审判经验丰富、协调能力较强的优秀法官充实到破产审判工作一线,打造专业化的破产审判队伍。同时,要保持审判队伍的相对稳定,不宜频繁调整轮岗破产法官,从而确保破产案件审理的连续性。

2. 制定科学合理的破产案件绩效考评办法

相较于普通民商事案件,企业破产案件具有办案与办事相结合、开庭与开会相结合、裁判与谈判相结合的特点,破产案件的办理需要付出更多的时间和精力。应取消诸如单纯衡量破产案件结案率等错误的绩效考核内容,结合破产案件的特殊性,依据出具的法律文书及事务性工作量,对破产案件的办案质量规定相应的考评标准,从而调动广大破产审判法官的工作积极性。

3. 加强理论调研和信息宣传

针对破产案件涉及各种社会问题、法律问题较多,而当前法律不够完善的情况,对审判实践中存在的疑点难点问题进行调研,总结审判经验。向社会公布破产典型案例,加大对破产审判工作的宣传力度,提高社会各界对破产审判工作的正确认识。

4. 确保廉洁司法

以“全国企业破产案件重整信息网”的开通为契机,建立完善破产案件信息平台建设和信息录入工作,进一步公开透明破产审判流程,加快企业重整效率和“僵尸企业”的处置效率。要谨慎行使审判权力,自觉保持与破产清算组织等中介机构的交往边界,确保在指定管理人、委托财产拍卖等环节不发生事故和纰漏,杜绝违法违纪现象发生,自觉接受社会各界对破产审判工作的监督。

当事人自治与司法裁断：公司集团破产规则设计的均衡进路

贺 丹*

引言：公司集团化与破产法新问题

公司集团破产问题是现代破产法所要面对和处理的重大问题。当前，公司已经取代自然人成为主要的破产债务人，公司破产对经济的影响要更为重大，也更受关注。同时，集团化经营的优势使得经济现实中大量公司都以集团方式进行经营。由此，大型企业破产案件往往会涉及公司集团破产。公司集团破产法律规则的设计已经成为破产法不能回避的问题。

为此，联合国国际贸易法委员会第五工作组自2006年起，一直将企业集团破产列为其重要研究主题，并发布多份工作文件，涉及破产企业集团的对待办法、董事义务以及跨境破产问题。欧盟2015年颁布的《欧盟跨境破产规章（第2015/848号）》也特别规定了公司集团破产的相关规则。

在我国，公司集团破产案件也是破产法实务中关注的重要问题。在2007年《企业破产法》实施后，法院已经

---

* 法学博士，北京师范大学法学院副教授。

审理了多起涉及公司集团的破产案件,在实践中摸索了一些经验。因此,学术界对此展开了相应研究。在这一时期的司法实践和学术研究中,对于美国的实体合并规则的考察与适用是一个突出的特征。① 随着实践的发展和研究的深入,对不同公司债权人权益的考量与公平保护的考虑逐渐凸显,实务中也出现了仅在不同公司破产程序上进行程序协调而不进行资产合并的做法。但是,目前的司法实践缺乏相关法律规则指引,做法也不尽统一。为此,最高人民法院曾于2012年起草了《关于适用实体合并规则审理关联企业破产清算案件的若干规定》(征求意见稿),②之后又在《关于适用〈中华人民共和国企业破产法〉若干问题的规定(六)》(第五稿)中再次就实质合并破产规则征求意见。③ 由于涉及复杂的争议问题,该司法解释至今并未出台。而现实中的公司集团破产案件仍然层出不穷,亟待法律规则的设计做出回应。

然而,传统破产法律规则在应对公司集团的经济与法律特征的复杂性时,却遇到了障碍,表现为根据单一公司设计的破产法律规则与公司集团内部经济牵连关系之间的矛盾。公司集团的复杂性主要表现为公司集团内部各成员公司之间的法律人格的彼此独立与公司集团母子公司在经济上的控制关系之间的矛盾。公司集团各成员公司之间的经济牵连关系使得在公司集团中一家公司破产时,由于公司间的往来债务或者集团内部互相担保等问题的存在,往往会连带的

---

① 相关研究成果包括:彭插三:《论美国破产法中的实质合并规则》,载《财经理论与实践》2010年第2期;彭插三:《实质合并规则与公司法人人格否认制度比较研究》,载《北京工商大学学报》2010年第3期;王欣新、周薇:《关联企业的合并破产重整启动研究》,载《政法论坛》2011年第6期;王欣新、周薇:《论中国关联企业合并破产重整制度之确立》,载《北京航空航天大学学报》(社会科学版)2012年第2期;贺丹:《上市公司重整中的公司集团破产问题》,载《政治与法律》2012年第2期;朱黎:《论实质合并破产规则的统一适用——兼对最高人民法院司法解释征求意见稿的思考》,载《政治与法律》2014年第3期;重庆市高级人民法院民二庭课题组:《关联企业破产实体合并中的法律问题及对策》,载《法律适用》2009年第12期;王永亮、黄杰国、高丽宏:《关联企业破产实体合并的司法实践》,载《人民司法》2010年第16期;陶蛟龙、史和新:《关联公司合并破产重整若干法律问题研究——以纵横集团"1+5"公司合并重整案件为视角》,载《政治与法律》2012年第2期;沈芳君:《探索审判新机制新方法,推动重整企业涅槃重生》,载《中国审判》2013年第12期;朱黎:《美国破产实质合并规则的实践及启示》,载《浙江学刊》2017年第1期。在这一时期的实务中,合并重整是较多采用的方式。

② 参见最高人民法院:《民二庭召开企业破产法相关司法解释讨论会》,载最高人民法院网:http://www.court.gov.cn/shenpan-xiangqing-4606.html,最后访问日期:2017年3月6日。

③ 参见朱黎:《论实质合并破产规则的统一适用——兼对最高人民法院司法解释征求意见稿的思考》,载《政治与法律》2014年第3期。

引发其他公司的破产。而此时,破产法就必须处理这些在法律上人格独立,但在资产、债权债务关系上彼此牵连的公司的破产问题。

公司集团内生的矛盾冲突在破产程序中会集中表现为不同成员公司债权人之间的利益冲突。公司集团的经济特征要求在破产处理时考虑集团的整体性。这种冲突将集中表现为以下破产法问题:第一,公司集团破产时,是各集团公司的破产程序分别进行,还是所有案件是否应当进行统一的管辖?在无法统一管辖时如何协调分别进行的破产程序?第二,在处理债务清偿问题时,不同公司的资产是分别偿付其债权人,还是将整个公司集团资产进行合并来偿付债权人?公司集团内部的债权债务关系如何处理?具体的破产法规则的设计,不仅影响现代破产法企业拯救与债权人权益保护目标的实现,也与公司法律规则之间存在复杂的影响关系。因此,破产法关于公司集团破产法法律规则的设计,往往持有十分谨慎的态度。

笔者认为,公司集团破产由于涉及权利多元,利益冲突尖锐,其法律规则设计不应是单向度的。法律规则的设计应当考虑当事人自治和法院裁断的两种规范方式的结合使用,这种规则设计更容易达致公司集团特征考量、破产程序效率与债权人权益平衡等方面的平衡。本文将首先分析公司集团合并破产的原因及存在的规则设计难题,试图从公司集团破产的关键节点入手,从当事人自治和法院裁断的两极框架内,对公司集团破产在程序与实体上的规则设计作出建议。

一、公司集团统一破产程序构建的缘由与难点

破产法中对于公司集团破产法律规则的设计,实际上是对公司集团统一破产程序构建的必要性以及因统一的破产程序构建所可能引发的问题的回应。因而,对公司集团统一破产程序的构建缘由,以及这种规则设计中可能产生的问题的分析是规则设计的前提。

(一)集团统一破产的原因

公司集团在经营中的经济牵连关系使得破产法无法放任当数个并存的破产程序独立进行。一方面,基于人格混同和财产混同而产生的程序协调的必要性。公司集团内部的人格混同与财产混同要求并存的破产程序之间的信息沟通,以

核查不同的公司集团成员的财产状况,并对债权状态进行沟通。公司集团内部的混同在严重情况下,甚至有可能会导致并存的破产程序中,部分破产程序没有可供清偿的破产财产的情形。另一方面,由于公司集团内部存在经济上的协同关系,有可能存在因融资、税收安排等考虑,将部分公司集团成员的盈利转移到其他公司集团的情况。这样会使部分公司集团成员不能清偿到期债务、陷入破产境地,而另外一些公司集团成员经济状况优良,这并非市场交易的结果,而是公司集团内部的协调安排所致。

公司的集团化特征要求采用统一的破产程序解决公司集团破产问题,这是对传统破产程序在面对公司集团时出现的失衡与低效情形的纠正。

第一,公司集团内部的统一管理会导致集团公司不同公司成员的债权债务并非市场交易的结果。公司集团化是公司设立的宽松化趋势与公司兼并浪潮的产物。尽管组成公司集团的不同子公司均具有独立的法人资格,但由于公司集团内部的统一管理,经济运作方面往往具有统一的协调配合。在公司集团内部,不同法人实体之间的交易往往并非公司的理性经济考量,而是从公司集团的整体利益出发所进行的交易设计。因此,公司集团内部的有清偿能力公司与无偿付能力公司可能是公司集团内部非市场交易的结果,此时如果强调对不同公司分别进行破产程序,则易于造成对不同公司集团成员的债权人的不公平对待。统一进行的公司集团破产程序提供了一个全面了解公司集团内部不同关联公司财产状况的机会,从而能够实现债权人的公平对待。

第二,公司集团成员之间互负债务以及相互担保将使集团的外部债权人处于不利地位。一方面,公司集团各成员公司之间往往有大量相互之间的债权债务,其中不排除因控制或者不公平情形形成的债权债务。内部债权人与集团外部债权人在同一顺位下进行财产分配,则使外部债权人处于不公平的地位。此时,在统一进行的集团破产程序中,有可能通过对集团内部债权的消灭,实现对外部债权人的公平对待。另一方面,外部债权人在与公司集团进行交易时,可能基于公司集团内部的互相担保情况,将整个公司集团资产作为其债务偿还的基础,此时如要求债权人分别进行其债务追偿,也将增加外部债权人的成本。

第三,在公司集团破产情况下,分别进行的破产程序将降低破产程序的效率,不利于对公司集团债权人整体权益的维护。首先,在企业集团内部交易复杂、资产混同、账簿合并的情况下,适用破产法或合同法进行精细的撤销权行使,并在此基础上应用审计技术区分不同公司资产,将极大地消耗企业集团的现存资产,从而不利于债权人的保护。其次,在现代破产法的企业拯救制度框架下,企业集团整体进行重整,会极大增加重整的成功可能,从而从整体上增加债权人的受偿份额,实质保护债权人利益。

综上所述,公司集团在其正常运营过程中的集中管理与协同行为导致了在破产程序中仅针对公司个别成员进行的个别破产程序无法完成公正对待债权人的目标。公司集团的破产程序也必须如同公司集团经营一样,呈现集中管理与协同的特征。

这种统一思路在实践中又包括两个层次:一是程序合并路径,是指破产程序的统一仅在程序上协调公司集团不同成员公司破产程序,不同成员公司对其债权人的清偿仍然分别进行。二是实质合并路径,是指消灭公司集团内部债权债务关系,将集团内不同公司的资产归并为同一的债务人财产,公司所有的债权人成为整体债务人财产的债权人,进行统一的清偿分配。

(二)统一集团破产程序构建的难点

在公司集团的破产程序应当在程序上协调以增进破产效率这一点上,一般争议并不重大。建立统一的公司集团破产程序规则的犹疑主要存在于将公司集团中不同成员公司的财产进行合并的实质合并路径之上。

首先,破产法中进行的公司集团合并破产程序有可能会对公司法的基本制度产生影响。在对于公司集团破产法规制模式选择的慎重原因,科克委员会的报告曾经做出了列举:①第一,如使母公司对破产子公司的债务承担责任,将导致在有限责任这一公司基本原则方面,对公司作为股东和自然人作为股东出现不同的对待。这会阻碍公司进行高风险的投资。第二,要求母公司对子公司的债务承担责任会面临责任认定的难题。这些难题包括:公司之间的何种关系会引发经济责任,是否要求是全资子公司,如果是母公司部分持股的子公司,母公司应在多大范围内承担责任;如果母公司承担了经济责任,母公司对小股东是否有追偿权;破产子公司的责任是与其母公司一起承担,还是与集团内的所有其他公

① 参见[英]艾里斯·费伦:《公司金融法律原理》,罗培新译,北京大学出版社2012年版,第42页。

司共同承担;对于破产子公司还不属于集团成员时发生的债务,母公司或者公司集团应当在多大程度上承担责任。第三,关于涉外因素,母公司或者公司集团应当在多大程度上对破产的境外公司的债务承担责任。第四,法律的变更,会影响到公司长期债权人的处境,例如,如果法律规定母公司要对子公司的债务承担责任,则母公司的债权人会受到不利影响,除非能够设计出一套复杂的过渡性安排,来避免法律溯及既往损害现有债权人的利益。

其次,将整个公司集团的财产合并的做法可能忽视了公司集团不同成员公司的债权人之间的利益冲突。在公司集团破产的情况下,实质合并将不同公司的债权人合并为单一破产财产的债权人的做法实际上改变了不同公司债权人之间的清偿基础。公司集团内部的不同公司之间的资产负债数额不同,在实质合并中就存在原本能够获得更高额清偿的债权人在实质合并后清偿率降低的情况。这被认为是公司集团内部低负债公司债权人为高负债公司的债权人支付了成本的过程。通过实质合并,公司集团中部分公司将其破产风险“外部化”了。①

另一个经常被提及的反对观点是,破产法规则无须对公司集团破产问题进行单独设计,完全可以适用公司法中关于公司集团、控制公司的法理资源来解决这一问题。诚然,公司法中针对母子公司的控制情况,发展出一系列的相关法律规则,例如,母公司对子公司的信义义务理论、股东对公司的贷款后位于其他债权人清偿的法律原则、揭开公司面纱理论等。这些法律原则的确可以缓解母子公司之间由于控制关系所产生的不公平现象,然而这些法律原则所赖以构建的基础是单独的债权债务关系,并非集体清偿的破产程序。当公司集团整体陷入破产境地时,单独地解决某一公司债权债务关系的法律原则会陷入无力。而迅速公平地处理破产财产、清偿债权人的要求也使破产程序无法容忍经过漫长的撤销权诉讼恢复公司集团之间公平交易的基础。破产法必须实现保证债权人权利公平与破产法效率要求之间的均衡。

公司集团经济现实的复杂性给破产法律规则的设计提出了难题:一方面,公司集团内部的控制关系与统一管理的存在要求对公司集团的破产程序进行统一的处理,甚至将整个公司集团视为一个破产财产。另一方面,完全的合并公司集

---

① 参见[英]艾里斯·费伦:《公司金融法律原理》,罗培新译,北京大学出版社2012年版,第42页。

团财产的做法可能会忽视部分债权人的利益。公司集团破产法律规则的设计必须回应两种公平性之间的均衡——保证公司集团债权人整体利益的公平与保证公司集团成员个别债权人利益公平之间的均衡。

二、利益均衡思路:当事人自治与司法裁断的两极

破产法机制中实际上包含了这种解决公平与效率之间均衡的内部机制。破产法通过当事人自治和司法权裁断来解决其面对的复杂问题,在破产法律规则设计中,完全的债权人自治与完全的法院裁断是规则设计所应予考虑的两极坐标。这种债权人自治与法院裁断的机制完全可以用于解决公司集团破产所面临的复杂问题,包括如何将整个集团公司纳入统一的破产程序,纳入破产程序的集团成员范围如何界定,是否对整个公司集团的资产进行合并等问题。

当事人自治与司法裁断在破产程序中的并存源于破产程序与传统司法程序的区别。破产程序与传统的司法程序有着极大的区别,传统的司法程序往往是单向度的,集中于纠纷的解决、事实与法律的认定以及法律责任的追究。而破产程序的特征似乎并不在于此,相对于传统司法程序而言,破产程序并非单向度的,而是综合的网格化的程序。这种区别体现在以下方面:

首先,传统司法程序集中于事实的认定,通过事实认定,完成规则适用与司法裁断。而破产法律程序的目标则是债务问题的解决,在破产程序中既存在传统的司法裁断,也包括大量行政事务。例如,在破产程序中,需要解决关于债权债务的申报与认定问题,这种争议的解决有可能涉及司法上事实的认定和规则的运用;而同时破产程序中也存有大量行政性程序管理工作,如债权人会议的召开、表决等程序。尽管在传统的诉讼程序中,也会包括如送达、开庭时间安排等,但在破产程序中,这些行政程序的数量要极大地超过一般的诉讼案件。

其次,与传统诉讼程序设立不同审级持续地对同一纠纷进行审理的做法不同。在破产程序中针对同一主体不能清偿到期债务的情形,法律同时设立几个不同程序解决债权债务问题,如《企业破产法》中的重整、和解和清算程序。当设立不同程序的情况下,就涉及一个当事人对整体目标一致(均为解决债权债务问题)而细节不同的程序的选择问题,法院则处于被动中立地位,由当事人自行对程序进行选择。只有在当事人程序选择不当时,如选择重整程序而无法如期提

交重整计划之时,法院方可以裁定将重整程序转为清算程序。破产法中强调当事人自治的缘由是债务人对自身的财务状况最为了解,由其进行程序选择可以提高破产程序的效率,从而有利于债权人。

破产法律程序与传统诉讼程序的另一个不同之处在于,传统诉讼程序(以民事诉讼为例),强调对争议的事后解决,着重于法律责任的认定等事后补偿。而破产程序的启动尽管是债权债务关系的结果,但在破产程序中包含重整程序等拯救程序的情况下,破产程序具有了某种事先调整的功能,而这种事先的调整功能是传统诉讼程序所无法包含的。因而,在破产程序中,存在一类在民事诉讼程序中极少出现的法律主体——以破产管理人为代表的专业人士。破产管理人等专业人士的出现,其作用在于协助完成这种事先调整工作,解决法院在事前处理问题方面的无能力。同时,专业人士的出现能够使的这种事前调整工作脱离债权人与债务人的冲突利益,能够从更为中立的角度考虑一个对双方共赢的选择。

在现代破产程序中,当事人自治与司法裁断的并存有其合理性。单纯的债权人自治或者当事人自治会面临债权人集体行动与集体决策的困境,破产程序需要对债权人进行约束,以解决债权人自治可能遇到的困境。在以债权人自治为主要模式的法庭外债务重组中,这种约束主要是通过债权人之间的契约或者有约束力的自治规则的制定,来避免债权人的自利行为,促使债权人作出符合债权人整体利益的选择。① 在破产程序中,这种约束则通过司法裁断来实现,例如,在重整计划通过的过程中,在部分债权人以其反对重整计划来"钳制"其他债权人时,法院可以通过对重整计划的强制通过来对这些债权人进行约束。

在处理公司集团破产所面对的复杂问题时,这种司法裁断与当事人自治的配比关系仍然可以有效地发挥作用。在这个过程中,司法功能的行使仍然具有其保守的特性,其作用的发挥需要建立在既有规则的基础上(包括成文法与判例法),对权利的赋予与剥夺需要根据既有法律规则进行。而在当事人自治的层面,当事人可以自由地选择放弃权利或者对权利作出处置,法律需要对当事人的集体行动或决议问题作出指引。公司集团破产所要面对的两类特殊问题——程序问题与实体问题的规则设计均可以通过司法裁断与当事人自治的路径予以

---

① 关于法庭外债务重组时对债权人的约束问题,参见《世界银行法庭外债务重组研究资料:法庭外债务重组》,郑志斌、刘玥译、贺丹审校,载王卫国、郑志斌主编:《法庭外债务重组》(第1辑),法律出版社2017年版,第41页。

实现。

三、公司集团破产中重要程序问题的规则设计

公司集团破产所涉及的重要程序问题主要有两个方面:一方面,是当事人范围问题,即哪些企业属于破产的公司集团的问题;另一方面,则是同属于同一集团的不同公司破产时,如何协调这些分别开始的破产程序的问题。关于这两个方面的规则设计,可以通过当事人自治与法院司法裁断之间的分工与配比关系,来解决公司集团破产时的复杂问题。

(一)公司集团的范围

在确定破产公司集团的范围时,公司集团中出现破产原因的成员企业当然可以申请进入破产程序。这个问题中的复杂点在于:一般情况下,破产法规则仅适用于出现破产原因的企业,但在公司集团破产时,由于集团内部存在统一管理或者控制关系,集团内部各成员公司的债权债务与偿付能力可能并非市场交易的产物,在有些情况下,将公司集团中未出现破产原因的企业纳入公司集团的整体破产范围,或者是列入重整计划的考虑范围是具有公正性的。而且,公司集团的其他成员破产有可能会影响其他未破产集团成员的财务状况,如果允许在公司集团破产时列入其未出现破产原因的成员,就有可能尽早地针对整个集团制定破产解决办法或者编制全面的重整计划,从而有利于保护集团整体利益和集团债权人利益。

在集团范围的界定方面,存在司法裁断模式与当事人自治模式的两种做法。司法裁断模式由债权人、公司集团中出现破产原因的企业(当时可能已经成为申请破产的债务人)或者管理人提出将公司集团中的未破产企业纳入破产程序,由法院进行裁断。此时法律需要明确法院裁断的判断标准。而法院的裁断标准的法理资源往往源于公司法中对于法人格否认的理论基础,即考察集团成员之间,特别是未破产企业与其他企业之间的相互依赖与控制程度,如整个集团的资产基础是否无法区分,各集团成员实际上均为控股公司的工具,或者集团成员之间的人格混同情况等。此时也需要考虑债权人对于整个集团的看法,如债权人是否将整个集团视为统一的整体。但单纯的司法裁断会面临公司集团边界模糊不

清的困境,例如,通过合同进行控制的可变利益实体是否应当被纳入公司集团破产范围的问题。

因此,单一的司法裁断模式需要当事人自治模式予以补充。这种当事人自治模式则表现为集团中的非破产成员可以基于自愿将其纳入破产程序中,但此时由于进入破产程序后,公司的重大利益相关者已经不完全是公司的股东,也包括公司债权人,因此此时如非破产成员企业要将自己纳入公司集团的整体破产程序,不仅需要公司履行其符合公司章程的内部程序,也需要经其债权人会议同意。

(二)程序协调问题

在程序协调方面,公司集团破产法律规则设计的目标是提高整个公司集团破产案件进度的统一性,这种统一性的目标有两个:一是使相关各方都能够识别出其正在进行的是公司集团破产案件,能够注意到各集团成员之间的牵连关系和可能存在的复杂债权债务状况;二是通过整体的程序协调提高破产案件的效率,避免法院进行多次重复工作,提高司法效率。

此时可以通过规则引导,促成当事人通过自行选择来解决案件管辖问题,同时,法律也要安排在无法进行统一协调之时的争议解决和规则设计问题。从司法权行使的角度来看,这种统一性的实现可以通过管辖法院和破产管理人以及程序协调几个关键节点实现。

通过一家法院管理整个公司集团的破产案件是一种有效的统一方式,这种统一方式可以通过规则设计的引导和法院之间的协调移送来实现。

在管辖法院的确定方面,可以采用法律引导当事人自治的方式。如美国《法典》第28编涉及对司法体制和司法程序(Judiciary and Judicial Procedure)的规范问题,其第1408条规定,如果一个法律实体的关联企业、普通合伙人或合伙企业的破产案件已经在一法院启动,则这一实体可以向这一法院申请启动破产程序。这一规定使得当事人在破产申请时,可以进行法院选择。例如,在雷曼公司集团破产案件中,雷曼兄弟控股公司(Lehman Brothers Holdings Inc.,LBHI)率先向美国纽约南区破产法院提起重整申请,之后其22家附属公司也由此向同一家法院提出重整申请,这些重整案件在程序上被合并审理。

但在有些情况下,特别是在公司集团并非自愿破产的情况下,会出现公司集团中的不同成员公司分别向不同法院提起破产申请的情况,此时就会出现需要

在法院之间进行协调的情况。这时法律可以考虑的做法有两个:

一种方式是法律规定此种情况下的案件移送规则,将不同的案件移送至同一家法院管辖,可供参考的标准有由母公司所在地的法院管辖,由集团各成员的负债规模来决定管辖(如负债最多的成员所在地的法院来管辖),或者由集团控制权中心来管辖等。在此,法律需要确定一个明确的标准。

在案件由单一法院管辖之后,在管理人的确定方式上,又有两种不同做法。一种是任命统一的破产管理人来进行整个集团案件的管理;另一种是任命几个破产管理人来对不同公司的案件进行管理,甚至任命多个破产管理人分别管理不同的集团公司企业。

另一种方式就是考虑案件仍由不同的法院管辖,但在这些法院的案件之间建立协调机制。《欧盟跨境破产规章》(第 2015/848 号)中建立了多层次的协调机制。① 第一个层次是破产管理人自治模式的程序协调,不同案件的破产管理人通过协议或者议定书来对所管理的案件的信息交换、案件进度等进行协调。第二个层次是法院之间进行的信息交换和案件协调。第三个层次是通过法律规则的设计,保证对公司集团破产案件中权益保障的重要程序的合作。主要是指中止集团公司中某一成员公司资产变现的执行。第四个层次是特别的协调程序的设计,对于整个公司集团破产案件,可以启动集团协调程序,该程序任命统一的独立协调人,协调人组织和提出集团协调计划,该计划不同于重整计划,其关键点不在于不处理集团的债权债务关系,而主要意在协调整个公司集团破产程序的进行。具集团协调计划具体包括:为恢复集团整体或部分成员的经济表现和财务稳健而采取的措施;包括集团内部交易与破产撤销行为在内的集团内部纠纷解决方案;破产集团成员中破产执业人间的协议。

在程序协调方面,法律规则设计方面对于司法权和当事人自治的配比设计主要体现在法律是提供单一的程序协调模式,还是提供更多可选择的模式,供当事人在不同情况下自由选用。德国在对公司集团破产的调整中就采用了后者。德国康采恩破产法草案提供了四种协调框架,分别为简单性协调、特别协调程序、单一法院或者单一管理人模式、单一法院兼单一管理人模式。② 以供不同紧

---

① 参见陈夏红:《欧盟新跨境破产体系的守成与创新》,载《中国政法大学学报》2016 年第 4 期。

② 参见葛平亮:《德国关联企业破产规制的最新发展及其启示》,载《月旦财经法杂志》2016 年第 1 期。

密程度的公司集团破产时选用。

四、公司集团破产中实体问题规则设计

在公司集团破产中,是否要引入实质合并原则,是公司集团破产法律规则设计中的重大实体问题。具体而言,实质合并是指法院在破产程序中裁定将具有关联性的不同法律主体的破产财产合并为一个破产财产,对合并的各法律主体的债权作为对合并后破产财产的债权对待,在此基础上展开清算或重整。实质合并有三个方面的法律后果:其一,将被合并实体的资产合并,不同实体的债务成为合并实体的债务,统一清偿,承认对集团个别成员而确定的优先权即为对合并破产财产确定的优先权。其二,消灭不同被合并实体之间的债权债务关系。其三,在重整过程中,不同实体的债权人合并对重整计划进行投票。①

将公司集团中各成员企业的财产合并为一个债务人财产的实质合并做法,在针对形式上采用公司集团形式运营,而实质上整个集团是一个“单一企业”的公司集团而言,具有特别的适用性,这一做法能够有效地保护集团外部的债权人利益,实现了债权人之间的公平对待,简化的破产程序也能够高效地保护债权人利益。然而,实体合并实际上是对既有的公司集团中各成员公司独立法律人格和股东有限责任的否认,这牵涉公司法中的基础性问题。公司集团实体合并如果成为破产法中的通行做法,即凡是公司集团破产均进行实体合并的话,会从根本上影响公司法律规则,使得使用公司集团方式进行的经济运营、风险规避失去意义。因此,公司集团破产法律规则设计的一个重点是要考虑在规则设计中是否要引入实质合并原则,在引入实质合并原则的情况下,何种情况、通过何种程序适用实质合并。此外,在规则设计中必须考虑异议债权人的保护问题。

在世界范围内,关于公司集团财产合并的规则设计的做法比较多元。在实质合并的起源国美国,其主要是采用司法模式对实质合并进行裁定。法院通过对法律规则的适用决定是否可以对公司集团进行实质合并,与此同时,对于有异议的债权人也适用债权人期待标准,将异议成立的债权人排除在实质合并的效力之外。而德国在其关于公司集团破产的草案中,则排除了实质合并的适用。

① 860 F. 2d 515, 18 Bankr. Ct. Dec. 852, Bankr. L. Rep. pp. 72, 482.

(一)司法裁断模式:美国的实质合并

美国的实质合并框架是司法裁断模式的代表。法院可以应当事人申请作出实质合并裁定。破产法院进行实质合并的权力来源是美国《破产法》第105(a)条,根据该条规定,法院"有权为执行破产法作出必要和适当的裁定"。实质合并案件产生初期的两个标志性案件分别是1941年的辛普塞尔诉帝国纸业与颜料公司案(Sampsell v. Imperial Paper & Color Corp.)①及该案一年之后的斯通诉艾柯案(Stone v. Eacho),②在这两个案件中,法院直接适用州公司法中的揭开公司面纱制度与州法中的欺诈性财产转让规范支持其实质合并理由。在20世纪八九十年代,实质合并案件的判断标准又进一步发展。在1980年的艾柯建筑工业公司案件中(In re Vecco Construction Industries, Inc.),③法院概括梳理了法院在决定实质合并时应当考虑的7个标准:第一,分离和确定单个实体资产和负债的难度;第二,存在或者不存在合并财务报表;第三,以合并为单一实体方式运营的盈利能力;第四,资产和营业的混同;第五,不同公司所有者结构和利益的同一性;第六,存在母子公司间和公司集团内部的债务担保;第七,资产转移未正式遵守公司程式。而这7个标准中的第一个——分离和确定单个实体资产和负债的难度,已经脱离了揭开公司面纱制度中的人格混同与控制,也完全不属于欺诈性的财产转让范畴。这是基于破产法效率理念和保护债权人要求所发展起来的独立认定原则。正如艾柯案件判决中所引述的"尽管许多导致了实质合并判决的考量可以导致公司法律人格应当被否认的结论,这种结论并不是必然的。当一个集团内部的相互经济关系达到令人绝望的模糊程度,并且试图将这些经济关系区分开来所花费的必需时间和成本十分巨大以至于将损害到用以清偿所有债权人的净资产之时,不需要考虑任何揭开公司面纱问题"。④

破产管理利益标准是实质合并案例在发展过程中发展起来的另一个全新原则。这一原则主要是在20世纪90年代的破产重整程序中发展起来的。该原则

---

① 313 U. S. 215(1941).

② Stone et al. v. Eacho. (In re Tip Top Tailors, Inc.) 127 F2d 284(4th cir. 1942).

③ 4 B. R. 407(Bankr. E. D. Va. 1980).

④ 资料来源:https://www.courtlistener.com/opinion/1538713/in-re-vecco-const-industries-inc/。

主要是当实质合并有利于增加债务人财产,从而从根本上保护债权人利益的情况下,法院可以裁定实质合并。根据玛丽·伊丽莎白·科尔斯(Mary Elisabeth Kors)在其论文中的概括,法院从这个角度裁定实质合并的理由包括:其一,实质合并可以通过增加债务人经营的可行性而提升债务人重整成功的可能性。其二,由于实质合并后确认一个重整计划比确认多个重整计划成本更低,从而可以节约管理费用。其三,实质合并可以使有公司集团中有清偿能力的实体资助其他实体。①

债权人期待标准是实质合并原则在发展过程中针对不同公司债权人之间的利益冲突发展起来的原则。由于实质合并原则将不同公司的债权人合并为单一破产实体的债权人,因此原本在单独实体状态下会获得更高清偿率的债权人往往会对实质合并提出异议。为平衡不同债权人之间的利益关系,实质合并案例中发展出债权人期待标准。债权人期待标准出现在1988年的奥吉/瑞思拓烘培公司案件(In Re Augie/Restivo Baking Company, Ltd.)中,法院认为确定实质合并的依据主要包括两个层次:一是债权人的期待;二是是否各拟合并实体的债务达到令人绝望的混同程度。这个两部分的标准,被称为Augie/Restivo标准,被多家法院在判决中引用。债权人期待标准可以在两个层面上适用。一方面,它可以作为法官判断实质合并的依据,当债权人建立债权债务关系是以公司集团作为一个整体来对待时,法院可以裁定实质合并。另一方面,债权人期待标准也可以用于实质合并的抗辩,公司集团中的个别公司的债权人可以基于其建立债权的基础是基于单个公司法律地位而反对实质合并。

(二)澳大利亚:多元程序设计

澳大利亚在其2007年的新法案中,则试图融合债权人自治与司法裁断的两种做法的优点,因而设计了两套不同的程序。在澳大利亚2007年公司法修改法案(破产程序)中,引入了在破产清算时的资产合并程序(pooling),资产归并可以通过两种方式实现:自愿合并(voluntary pooling)与法院裁定合并(court

① Kors, Mary Elisabeth. "Altered Egos: Deciphering Substantive Consolidation." U. Pitt. L. Rev. 59 (1997): 381.

ordered pooling)。[①] 这里的资产合并将使得所有被合并的公司对其他公司的债权债务承担连带责任,并且被合并公司之间的债权债务关系消灭。[②]

在自愿合并程序中,公司集团的清算人可以作出一个资产合并的决定,然后将这一决定提交给每个需要进行资产归并公司的债权人会议分别表决。当合并决定得到每个公司过半数适格无担保债权人通过,并且其所代表的债权额占适格无担保担保债权总额的75%以上时,则进行资产合并。这里的适格无担保债权人是这一制度的核心概念。适格无担保债权人是指集团的所有无担保债权人,但是并不包括公司集团内部公司之间的互负债务。也就是说,在对资产合并作出决议时,排除了公司集团内部成员公司之间互负债务的表决权。

在法院裁定合并程序中,是否对公司集团的资产进行合并由法院基于公平正义的原则进行裁定。但很重要的一点是,如果合并裁定的作出对集团中成员公司的适格无担保债权人造成实质损害,且适格无担保债权人不同意作出合并裁定的情况下,法院不得作出合并裁定。

澳大利亚模式具有以下特点:

第一,在澳大利亚模式中强调在实体合并过程中的债权人自治。澳大利亚设置了自愿合并与法院裁定合并两种程序,是希望将债权人自治与法院裁定的方法相结合,通过债权人自治的方式来减少对实质合并的争议,同时又通过法院裁定合并的方式来加以补充,防止出现债权人集体行动困境的特殊情形。其在实际的适用过程中主要采用的是债权人自治的方法,对于法院直接裁定合并的实际案例很少。

第二,澳大利亚通过"适格的无担保债权人"规则设计,实现对内部债权人和外部债权人的公平保护。在这一规则设计中,由于"适格的无担保债权人"排除了集团内部公司互负债务时的投票权,强调了对外部债权人的保护。在债权人自治模式下,不同公司的外部债权人能够共同作出通过实体合并决定的决议,其原因在于集团的不同公司之间存在相互之间的连带担保。同时,为防止75%以上的多数债权人滥用权利损害其余25%债权人的利益,少数债权人在其权利受

---

① The Parliament of the Commonwealth of Australia House of Representives, Corporations Amendment(Insolvency)Bill 2007, Explanatory Menorandum, p. 68.

② The Parliament of the Commonwealth of Australia House of Representives, Corporations Amendment(Insolvency)Bill 2007, Explanatory Menorandum, p. 69.

到实质损害的情况下,有权要求法院裁定修改合并决定。

第三,对于法院裁定合并的情形,法律设置了限制条件,法律规定在适格无担保债权人受到实质损害且其不同意合并的情况下,法院不得裁定实质合并。通过此种成文法规定,降低了法院裁定合并可能对异议债权人造成的损害。这种做法实际上是将美国的实践发展的债权人期待标准进行了条文化。

第四,澳大利亚将其两种实体合并程序的效力限制在清算程序中。根据修改后的澳大利亚《公司法》第571(1)(b)条,要进行实体合并,公司集团中的公司必须满足以下条件:属于关联公司;对一个或者多个债务承担连带责任;持有或者拥有被其他公司在商业经营或项目中使用的财产。作出实体合并的决定时,实体合并所涉及的所有公司都必须被清算。

可见,在解决公司集团破产的实体财产层面的问题时,实质合并并非唯一的可适用模式,除德国排除适用这一规则外,澳大利亚通过当事人自治和司法裁断的结合方式作出了一种新的尝试。

五、我国公司集团破产法律规则的设计要点

在分析当事人自治和司法裁断在解决公司集团特殊问题方法的基础上,本文希望能够对于这种规则设计模式能否适用于我国的公司集团破产实务进行分析。因此,在这一部分,本文将先予考察公司集团破产的司法实践,并在此基础上提出建议。

(一)先行的司法实践

在我国现行《企业破产法》中,并没有对公司集团破产作出特别的规则设计。然而在实践中,法院与管理人不得不面对公司集团破产的复杂问题,公司集团在法人实体上的彼此独立与经济业务上的相互牵连要求在公司集团破产时能够对整个集团进行整体上的处理。由于没有特别的规则设计,不同法院在公司集团破产的实体与程序上均进行了探索,形成了以下重要的实践做法。

1. 公司集团破产管辖方面的司法实践

就公司集团破产而言,统一的管辖程序有利于提高破产程序的效率。但我国目前法律未对于公司集团破产时的申请问题作出特别规定。因此在我国目前

的公司集团破产实践中,当公司集团需要选择同一家法院来整体进入破产程序时,不得不采用多种不同的做法来实现这一目标。

这些做法包括在破产程序之外与破产程序之内的做法。在破产程序之外进行的主要是在破产申请前公司集团自行合并的做法,具体是公司集团在进入破产申请前自行进行合并,由工商登记机关注销全部或者部分关联公司,之后,由控股公司向法院申请破产重整。[①] 这种做法是公司集团对其内部结构的调整。属于公司自治范畴,但此种处理方式在适用范围上会受到一定限制,如控股公司对其子公司并非全资控股,而其他股东不同意注销公司的情况;或者子公司面临不能清偿到期债务问题,而其债权人不同意注销等情况。这些情况的出现会使得在破产申请前公司集团自行合并的适用范围受到限制。

在破产程序之内又包括两种做法:

一种是分别申请、经债权人会议决议合并。这种做法是在公司集团中的成员公司均达到破产条件时,同时或者先后分别向法院提起独立的破产申请。之后,经利害关系人申请,将分别的破产程序合并审理的过程。例如,浙江绍兴纵横集团的合并重整案件,法院分别裁定受理纵横集团等 6 家公司提出的破产重整申请,并指定 3 家律师事务所担任管理人。之后由债权人会议表决通过了 6 家公司合并重整的决议。[②] 另外,在上海特毅系关联企业破产清算案中,经债权人申请,法院同时分别受理了特毅系 3 家企业的破产清算案件。管理人基于 3 家企业人格财产混同提出了将 3 家企业破产财产合并清算、统一清偿的建议,并将实体合并方案分别提请 3 家企业的债权人会议表决,获得通过,法院遂决定对 3 起破产案件合并审理。[③]

另一种则是法院裁定合并的做法,具体包括两种情况。一是不同的关联企业先分别申请进入破产程序,之后管理人提出申请,由法院裁定合并的做法。例如,株洲太子奶案件,湖南太子奶首先进入破产重整程序,之后管理人发现关联企业株洲太子奶生物科技发展有限公司(以下简称株洲太子奶)和湖南太子奶集团供销有限公司(以下简称供销公司)存在严重的资产、债务、经营、管理、人员等

---

① 参见陶蛟龙、史和新:《关联公司合并破产重整若干法律问题研究——以纵横集团“1+5”公司合并重整案件为视角》,载《政治与法律》2012 年第 2 期。

② 同上。

③ 参见王欣新、周薇:《关联企业的合并破产重整启动研究》,载《政法论坛》2011 年第 6 期。

混同的事实,以及频繁的关联交易和资金往来,管理人促成债权人提出对供销公司和株洲太子奶的破产重整申请。之后,管理人向法院提出合并重整申请,法院裁定3家公司合并重整。① 二是由法院直接裁定将关联企业纳入破产程序,如沈阳欧亚实业合并破产案。沈阳欧亚实业有限公司申请破产清算之后,法院裁定将沈阳万博商务有限公司等17家关联企业并入债务人沈阳欧亚实业有限公司破产清算受理程序。

另外一个需要解决的问题是地域管辖问题。在实务中,当需要合并破产的关联企业位于其他省份时,法院则需要根据《民事诉讼法》原则由最高人民法院指定管辖。例如,在2009年中谷集团破产重整案中,中谷下属的两家糖厂在广西壮族自治区境内,湛江市中级人民法院无权管理,经广东省高级人民法院报请最高人民法院批复,同意湛江市中级人民法院受理包括广西两家糖厂在内的中谷集团及其下属公司的八宗破产重整案。② 在深圳市中级人民法院受理的汉唐证券有限责任公司合并破产清算案中,对于汉唐证券设立的分布于深圳、广州、湛江、北京、上海、南京、海口、儋州、文昌、贵阳等地的46家壳公司,也是由最高人民法院批复同意合并审理。③

2. 关联企业合并破产实体裁判司法探索

我国关联企业合并破产在实体方面的司法探索呈现出以下几个值得关注的特征:

其一,在关联企业破产实践中,法院从整体上看较多地采用合并重整或者合并清算的方式,司法实践较多地参考了美国"实质合并"的做法与经验。即法院在破产程序中裁定将具有关联性的不同法律主体的破产财产合并为一个破产财产,对合并的各法律主体的债权作为对合并后破产财产的债权对待,在此基础上展开清算或重整。其有三个方面的法律后果:一是将被合并实体的资产合并,不同实体的债务成为合并实体的债务,统一清偿,承认对集团个别成员而确定的优先权即为对合并破产财产确定的优先权。二是消灭不同被合并实体之间的债权

---

① 参见王欣新、周薇:《关联企业的合并破产重整启动研究》,载《政法论坛》2011年第6期。

② 参见冯斐、李若珠:《中谷破产重整结案 恒福接手》,载湛江新闻网:http://www.gdzjdaily.com.cn/zjxw/news/2010-09/15/content_1258804_3.htm,最后访问日期:2017年2月25日。

③ 参见刘敏、池伟宏:《汉唐证券有限责任公司及其46家壳公司合并破产清算案评析——关联企业实体合并破产制度的适用》,载北大法宝网:http://www.pkulaw.cn/Case/pfnl_120801203.html?match=Exact,最后访问日期:2017年2月17日。

债务关系。三是在重整过程中,不同实体的债权人合并对重整计划进行投票。[①]尽管在深圳市中级人民法院的一些公司集团破产实践如ST深泰重整案、迅宝系破产案中,也采取了"整体重整"的方式,即并不对公司集团中各成员公司的资产与债务进行合并,仅对关联企业的破产程序在整体上进行协调,但在司法实践中,"实质合并"仍然是这一时期关联企业破产实践的主流。

其二,这一时期的合并破产完全是司法实践的产物。以"实质合并"为特征的"关联企业破产实体合并",抑或"合并重整""合并清算",在《企业破产法》中并无法条依据可循,这一法律实践是完完全全的"法官造法"。尽管在公司法中存有"揭开公司面纱"的法律资源,但合并破产在程序上和实体上均超越了"揭开公司面纱",这种司法实践对一整套法律制度与规则的创设,在我国目前的司法实践中较为罕见。

其三,在合并破产过程中,存有当事人自治与法院裁定的双重因素。在这一时期的司法实践中,当事人自治并非主动的选择,而是由于法院缺乏裁定的法律依据而不得已为之。在早期的多起合并重整案件中,均是将合并重整方案提交各个公司的债权人会议,获得债权人会议通过后,方进行合并重整。在合并重整成为一种比较稳定的司法实践后,部分案件的合并重整则直接通过法院进行,而不再经过债权人会议裁定。

其四,在合并破产裁定中,"人格混同"是作出合并破产裁定的核心理由。如在"中江系"案件合并重整裁定中,法院对合并重整的理由作出论证公司是企业法人,有独立的法人财产,享有法人财产权,公司以其全部财产对公司的债务承担责任。公司的独立财产是公司独立承担责任的物质保证,公司的独立人格也突出地表现在财产的独立上。当关联企业的财产无法区分,丧失独立人格时,就丧失了独立承担责任的基础。在浙江纵横集团有限公司等6家公司重整案件中,裁定合并重整的主要理由是6家公司实际由同一公司控制,各关联公司财务混同;高管人员、内部机构和经营场所混同;经营决策受制于集团公司,各关联公司无自主决策权和管理自由;资产混同,难以区分单个公司的财产和负债,普遍存在1家公司对外融资,资金却由另1家公司使用的情况;关联公司资本显著不足;集团公司、关联公司之间存在贷款担保关系。这种基于"公司人格混同"而进

① 860 F. 2d 515,18 Bankr. Ct. Dec. 852,Bankr. L. Rep. pp. 72,482.

行的合并重整已经得到最高人民法院相关判决的认可。在最高人民法院提审的烟台银行案件的判决中,法院对于"公司人格混同"与"实体合并破产"之间关系的论证表明,法院认为两者之间具有因果关系。判决书主文为:"如烟台银行关于交易公司与金属材料公司人格严重混同的主张成立,则交易公司的财产当属金属材料公司破产财产的一部分,应当由管理人通过实体合并破产等有关制度将其纳入到破产财产中一并管理和处分,而不能仅以此部分破产财产优先满足于个别债权人受偿,否则,将与破产法公平受偿的基本原则相违背。"①

其五,司法实践中,一个突出的问题是实质合并裁定标准中未能对异议债权人权益保护作出回应。从现有裁判文书分析,目前已有的债权人异议通过两种方式提出。一种方式是债权人通过提起第三人撤销之诉,直接质疑法院的合并重整裁定,代表性案例是淮矿现代合并重整案,②在该案中,债权人向法院提起第三人撤销之诉,要求撤销法院的合并重整裁定。其主要理由为,合并重整的本质是公司法人格否认,根据公司法该诉讼应当由债权人提出,而不应当由管理人提出。另外,以裁定方式否定公司法人人格违反民事诉讼法的规定,对于实体问题,只能由判决作出。另一种方式是通过破产债权确认之诉间接挑战合并重整裁定效力,主要出现在债权人的债权由与债务人同属同一公司集团的其他公司提供保证担保的情况下。在未进行合并前,债权人可以就一笔债权同时向债务人公司与保证人公司同时申报债权,从而从保证人与债务人处获得清偿。而实质合并之后,债权人只能申报一次债权。此种情况下的债权人多数为银行,有代表性的如浙玻"1+4"合并清算案件。但目前债权人通过此两种方式提出的异议均未得到法院的认可。

3. 实践中存在的不足

在实践中开创关联企业合并重整的过程中,也可以发现其中存在的不足。在程序方面,尽管在部分案例中存在债权人会议表决机制,但是这种机制并未考

① 《烟台银行股份有限公司与烟台金属材料交易中心欠款纠纷再审民事裁定书》,(2013)民提字第18号,载中国裁判文书网:http://www.court.gov.cn/zgcpwsw/zgrmfy/ms/201308/t20130830_155947.htm,最后访问日期:2015年8月31日。

② 淮矿现代物流(上海)有限公司、淮矿现代国际贸易有限公司、淮矿现代物流江苏有限公司、淮矿华东物流市场有限公司与淮矿现代物流有限责任公司被安徽省淮南市中级人民法院裁定合并重整,之后江苏长强钢铁有限公司认为法院"裁定损害了起诉人作为淮矿现代物流江苏有限公司债权人的利益,违反我国相关法律规定"。

虑对内部债权人和外部债权人的区别对待,集团内部成员公司之间的相互债权仍然在债权人会议上有表决权,而这种表决权有可能会对公司集团的外部债权人利益造成损害。

在实体上的不足则主要存在于现有的司法裁断标准中,未考虑到对异议债权人的保护,没有建立起对异议债权人的例外或者豁免机制。而在以司法裁断为主要特点的美国,由于债权人期待标准的存在,法院可以裁定基于单独公司而不是整个公司集团的考虑设定债权的债权人有权取得不低于其在未进行实质合并前所获得的清偿,这实际上就是对异议债权人的保护机制。而目前我国的关联企业实质合并过程中,并未建立起这一机制。

(二)我国公司集团破产规则设计建议

公司集团破产涉及复杂的利益冲突,粗放、单一的规则设计无法实现对这些利益冲突的平衡,以当事人自治和司法裁断作为两极考量的规则设计,有可能提供一个更为清晰与灵活的规则设计出路。

在这种规则设计中,法律规则意在为当事人自治提供一个可选择的框架,当事人在法律规则框架中可以根据不同案件需要自行选择,此时,破产专业中介机构人士(如破产管理人、破产律师、会计师等)在这种选择中发挥重要作用。法院的司法裁断则为当事人自治提供约束,当事人自治可能出现低效或者不公平的情形,则法院可以通过司法裁断恢复效率与公平。

主要的规则设计包括在公司集团破产的范围、程序方面的协调与是否进行实体性资产合并的裁定三个方面。

1.公司集团破产的范围

在公司集团破产的范围方面,出现破产原因的公司集团成员可以应当事人申请纳入公司集团破产范围。在未出现破产原因的公司集团成员是否可以纳入公司集团破产范围方面,则兼采当事人自治和法院裁断的做法,当事人可以自行申请将未出现破产原因的公司集团成员纳入公司集团破产范围,此时破产法律效力如中止等效力及于未出现破产原因的公司集团成员。与此同时,未出现破产原因的公司集团成员的债权人也可以申请法院中止其破产程序效力的适用。而且法院也可以应债权人申请在听证情况下,将某一未出现破产原因的公司集团成员纳入破产程序。

2. 程序协调

在程序方面的协调方面,法律规则的设计包括以下层次。

规则引导当事人通过法院选择来实现公司集团破产案件的统一审理。当公司集团中的一家企业向某一法院提起了破产申请时,公司集团的其他企业可以向这一法院申请破产。这样可以使当事人得以选择法院进行统一的公司集团破产。

当公司集团的不同成员公司先后或同时在不同的法院被提起破产申请,甚至这些破产申请已经被不同的法院所受理的情况下,法律规则可以提供给当事人或者专业人士一个选择,他们可以申请将所有的公司集团案件移送至一家法院管辖,也可以申请在不同的受理法院之间建立一个案件协调机制。

在当事人申请将公司集团案件移送至一家法院管辖时,在诸多可选择的标准中,法律所确定的移送标准应更多地考虑债权人情况,建议由负债最多的公司或者债权人人数最多的公司的申请法院来进行公司集团破产的管辖。此时,应逐级报送受理法院的共同上级法院决定。

在当事人申请将公司集团案件统一管辖时,各受理法院的共同上级法院也可以裁定不进行统一管辖,而是在不同法院之间建立协调机制。当不同集团成员的破产案件被认定为统一的集团破产案件后,其重要法律程序,如债权申报时间,债权人会议召开时间应当统一进行。法院也可以为不同的集团成员案件任命一位案件协调人,负责协调不同的集团成员破产案件。

在案件由单一法院管辖之后,法院可以任命统一的破产管理人来进行整个集团案件的管理,也可以任命几个破产管理人来对不同公司的案件进行管理。

3. 公司集团财产合并

在是否合并整个公司集团财产方面,法律规则可以设立当事人自治和法院裁定的并行程序。

在当事人自治的合并程序中,资产合并的决定必须提交每个公司集团成员的债权人会议进行表决。当合并决定得到每个公司过半数债权人通过,并且其所代表的债权额占债权总额的2/3以上时,则进行资产合并。但公司集团内部公司之间的互负债务没有表决权。

在法院裁定合并程序中,是否对公司集团的资产进行合并由法院基于公平正义的原则进行裁定。但很重要的一点是,如果在合并裁定的作出对集团中成员公司的债权人造成实质损害,且债权人会议不同意作出合并裁定的情况下,法院不得作出合并裁定。

关联企业合并破产实务探究

荣　艳[*]　吴　艳[**]

当前中国经济正经历一个变化的节点，2016 年的中央经济工作会议强调，在处置“僵尸企业”、化解产能过剩、推进供给侧结构性改革过程中，司法部门要依法为实施市场化破产程序创造条件。对不符合国家能耗、环保、安全等标准和长期亏损的产能过剩企业，通过破产重整、和解、清算等方式实现生产要素的重新组合或者有序退出市场，有利于提高资源配置效率，提高经济增长的质量和数量。2016 年的 G20 峰会上，建立和完善公正的破产制度和机制被纳入中美元首会晤中方成果清单。随着市场经济的快速发展，规模巨大、高度集中的企业联合体——关联企业①成为当下市场经济的重要参与主体之一，其通过人、财、物、产、供、销等关系，优化内部资源配置，提高资产盈利能力的同时也暴露出许多法律问题，对传统公司法的“法人人格独立”“有限责任”等制度基础构成了巨大挑战。当关联企业人格高度混同，彼此间财产难以区分，易致公司法人制度所赖以维系的传统法律框架和风险配置机制失灵。多个关联企业同时或相继进

---

* 南京市中级人民法院清算与破产庭副庭长。

** 南京市中级人民法院清算与破产庭法官助理。

① 在本文中关联企业与关联公司系同一概念。

入破产程序,按照我国《企业破产法》的基本格局,厘清关联企业之间的财产将会耗尽所剩不多的债务人财产,原本旷日持久的破产程序会变得更加漫长,关联企业之间的利益输送和各种不公平的交易安排更会在实体上严重损害部分关联企业债权人的利益。关联企业实体合并破产的制度安排将会在一定程度上对控制企业利用自身优势地位对从属企业进行控制所从事的不当交易、转移资产危害市场交易秩序和市场安全的行为进行修正,从而实现"公平清理债权债务"这一破产立法目标。我国《企业破产法》对关联企业合并破产(关于合并破产的讨论多有程序合并和实质合并之分,本文所谓合并破产仅指实质合并破产)缺乏具体规定。近年来,破产审判实践积累了一些经验,也面临一些问题。本文拟对关联企业合并破产的相关问题作一番梳理,就教于各位同仁。

一、关联企业合并破产的法律政策沿革

我国《公司法》未对关联企业作出明确的定义,仅在第216条对"关联关系"的含义作出了界定:关联关系是指公司控股股东、实际控制人、董事、监事、高级管理人员与其直接或者间接控制的企业之间的关系,以及可能导致公司利益转移的其他关系。一般认为,关联公司是"两个或两个以上独立的公司之间通过资本参与、企业协议、义务关系、认识连锁或者其他手段形成的一种公司之间的联合"。[①] 当关联企业各成员企业均符合进入破产程序或其中部分企业进入破产程序,而各企业之间人格高度混同、丧失其独立意志,财产难以区分时,应考虑适用合并破产程序。

合并破产,是将多个(两个及两个以上,下同)法人人格混同的关联企业视为一个单一企业,在统一财产分配与债务清偿的基础上进行破产程序,如多个企业的实质合并重整或清算,各企业的法人人格在破产程序中不再独立。[②]

合并破产是美国的破产法官根据其衡平权限创造的一种公平救济措施,其最重要的后果在于直接消灭了所有关联企业间的求偿要求,并排除了集团公司间的欺诈性转让和自益性交易,这对于集团公司外部的债权人是比较公平、有利

---

① 金剑锋:《关联公司法律制度研究》,法律出版社2016年版,第46页。

② 参见王欣新:《关联企业的实质合并破产程序》,载《人民司法·应用》2016年第28期。

的。[①] 破产法官对某些商事案件发布合并破产裁定的依据是美国《破产法典》第105条。该条规定,破产法院有权"发布任何命令……只要是为贯彻相关法律规定所必要并且适当"。[②] 实体合并规则在加拿大、澳大利亚等国亦有适用。

我国《企业破产法》没有具体规定合并破产制度。从破产审判实践看,对关联企业合并破产的态度经历了否定—最高人民法院个案批复—典型案例引导三个阶段。

否定阶段以广东国际信托投资集团破产清算案为标志。1999年1月11日,广东国际信托投资公司及其3家全资子公司向广东省高级人民法院提出破产申请。该案涉及490多个境内外债权人,申报债权额逾467亿元人民币,其中80%以上是涉外债权。广东省高级人民法院首创了"一带三"的审理模式,即1家母公司和3家全资子公司分别由广东省高级人民法院、广州市中级人民法院和深圳市中级人民法院审理,没有将关联企业进行合并清算,而是分别开启独立的破产清算程序。最高人民法院《关于审理企业破产案件若干问题的规定》(法释〔2002〕23号)第79条的规定肯定了上述做法。该条规定:债务人开办的全资企业,以及由其参股、控股的企业不能清偿到期债务,需要进行破产还债的,应当另行提起破产申请。广东省高级人民法院《关于审理破产案件若干问题的指导意见》(粤高法〔2003〕200号)第7条规定:财产混同的多个关联企业同时向法院申请破产的,法院应责令其先予界定各自财产,然后再向法院申请破产。债权人同时申请财产混同的多个关联企业破产的,法院受理后应由清算组依法界定各个关联企业的财产,不应以财产混同为由合并清算。

最高人民法院个案批复阶段以汉唐证券有限责任公司破产案为标志。2007年9月7日,深圳市中级人民法院裁定受理汉唐证券有限责任公司(以下简称汉唐证券)破产清算一案,并于同年12月26日宣告汉唐证券破产。审理中查明,汉唐证券在其经营过程中共设立了46家壳公司,用以开展自营业务和委托理财业务,没有实质的经营场所,没有独立的办公场所,没有独立的工作人员,公司印章、证照、账户等均由汉唐公司控制和使用;46家公司作为一个整体只编制了一

① 参见王欣新、蔡文斌:《论关联企业破产之规制》,载《政治与法律》2008年第9期。

② P. Blumberg, The law of Corporate Groups: Bankruptcy Law ch. 10(1985);破产中的实体合并:A Primer, 43 Vand. L. Rev. 207(1990),转引自大卫·G. 爱泼斯坦等:《美国破产法》,韩长印等译,中国政法大学出版社2003年版,第23页。

套账来反映其财务情况,汉唐证券和46家公司之间存在资产、财务、人员的严重混同。2009年11月11日,深圳市中级人民法院根据最高人民法院〔2008〕民二他字第40号批复,宣告将46家壳公司和汉唐证券合并进行破产清算。

典型案例引导阶段以闽发证券有限责任公司合并破产清算案为标志。《最高人民法院公报》2013年第11期刊布闽发证券有限责任公司与北京辰达科技投资有限公司、上海元盛投资管理有限公司、上海全盛投资发展有限公司、深圳市天纪和源实业发展有限公司合并破产清算案。其裁判要旨云:"关联公司资产混同、管理混同、经营混同以致无法个别清算的,可将数个关联公司作为一个企业整体合并清算";"从破产衍生诉讼中破产企业方实际缺位、管理人与诉讼对方不对称掌握证据和事实的实际情况出发,不简单适用当事人主义审判方式,而是适时适度强化职权主义审判方式的应用"。2016年6月16日最高人民法院官方网站公布的人民法院关于依法审理破产案件推进供给侧结构性改革典型案例中,浙江玻璃股份有限公司及其关联公司合并破产案也在其列。①

二、关联企业合并破产的意义及启动模式

(一)关联企业合并破产的意义

笔者认为,在关联企业人格高度混同,无法体现成员企业的独立意志且各关联企业的财产难以区分的情况下,人民法院在破产中适用合并破产程序,将各关联企业的财产和债务合并处置,有利于最大限度清理破产人的财产,保障全体债权人的公平受偿权,同时提高破产审判的效率,实现实质的公平正义。

1. 有利于公平清偿债权。《企业破产法》第1条规定:为规范企业破产程序,公平清理债权债务,保护债权人和债务人的合法权益,维护社会主义市场经济秩序,制定本法。可见,公平原则是贯穿于破产规范的基本原则。因关联企业间存在非法或不当的利益转移,在分别破产情形下,利益实质输入企业的普通债权人将获得额外清偿,而利益实质输出企业的普通债权人必将遭受损失;拥有多家关联企业保证担保的债权人将获得高额乃至全额清偿,而其他债权人仅能获得较

---

① 参见《人民法院关于依法审理破产案件 推进供给侧结构性改革典型案例》,载最高人民法院网:http://www.court.gov.cn/zixun-xiangqing-22051.html,最后访问日期:2017年5月14日。

低比例的清偿,甚至完全不能获得清偿。因此,在各关联企业法人人格高度混同的情况下,分别清理势必导致普通债权人之间受偿不均,显失公平。在合并破产程序中各关联企业被当成一个企业进行整体清算或者重整,各个关联企业的普通债权人得以按同一比例受偿,有利于最大限度地实现“公平清理债权债务”的立法宗旨。

2. 有效纠正关联公司利用控制地位非法转移资产、利益,逃避债务,损害公司债权人利益的行为。关联公司破产合并破产正是对关联公司先前不当行为的矫正,将这些资产和利益的转移予以还原,最终纳入总财产中进行整体分配。

3. 有利于提高破产案件的审理效率。由于关联企业之间人格混同、资产混同、债权债务混同,破产管理人分别甄别个别关联企业财产难度太大甚至完全不可能,如果各成员公司分别独立破产,势必导致案件久拖不决,债权人无法尽快受偿。在适用合并破产时无须划分关联企业成员的资产归属,也无须对成员间的相互担保等事项进行审查,极大地简化了整体破产程序,有利于提高破产案件的审理效率。

(二)关联企业合并破产的启动模式

司法实践中,关联企业实质合并破产程序的启动概括起来大抵有三种模式:

1. 分别受理对各关联企业的破产申请,再实施合并破产。这是司法实践中比较常见的合并破产模式,其特点是实质合并申请与各企业的破产申请是分离的,各成员公司均已具备破产条件,如特毅系关联企业合并破产清算案(上海市金山区人民法院)、①怡华系企业实质合并破产重整案(江苏省常熟市人民法院)、②瑞桓系合并破产清算案(南京市中级人民法院)。

2. 部分关联企业进入破产程序后,经法律程序启动其他关联企业的破产程序,再进行合并破产。有观点认为,这种方式可能将从外观上看尚未出现破产原因的关联企业纳入破产程序,在法律依据与程序正当性上不无疑问。③ 例如,

① 参见王欣新、周薇:《关联企业的合并破产重整启动研究》,载《政法论坛》2011 年第 6 期。

② 参见《江苏省高院发布 2011 - 2015 年企业破产审判十大案例》,载江苏法院网:http://www.jsfy.gov.cn/spxx2014/sfal/dxal/2016/08/12103255234.html,最后访问日期:2017 年 5 月 14 日。

③ 参见李永军、李大何:《重整程序开始的条件及司法审查——对合并重整的质疑》,载《北京航空航天大学学报》(社会科学版)2013 年第 6 期。

2010 年 7 月 23 日,株洲市中级人民法院依据债权人申请,裁定湖南太子奶集团生物科技有限责任公司(以下简称湖南太子奶)进入破产重整程序,管理人的清产核资和债权登记工作因债务人与关联企业人格高度混同而陷入困境。在管理人的说明和建议下,湖南太子奶的关联企业株洲太子奶生物科技发展有限公司、湖南太子奶集团供销有限公司的债权人分别申请对该两家企业进行破产重整。法院于 2010 年 9 月 19 日裁定两家公司进入重整程序。之后,湖南太子奶的管理人向法院提出合并破产申请,法院于 2010 年 11 月 17 日裁定对这 3 家关联企业合并重整。

3. 控股企业先通过自行清算程序注销全部或部分关联子公司,再以债务人身份申请进入破产程序。[①] 这种模式的问题在于:如果在清算过程中发现关联子公司已经资不抵债,清算人有法定义务向法院申请该子公司进入破产清算程序;如果控股企业为关联子公司承担了债务,控股企业的债权人在特定条件下有权在破产程序中主张撤销该行为;不同关联企业的职工权益无法通过司法程序得到保障等。

三、关联企业合并破产的认定标准

公司独立人格是现代公司制度的基石之一,不宜轻易撼动,而合并破产需以“法人人格否认”为前提,且是对“法人人格”的永久性否认,其程度远甚于公司法上仅针对特定一项行为或者关系所适用的法人人格否认(效力不涉及该公司的其他法律关系,且不影响该公司作为一个独立法人继续运行)。这种对商主体人格的彻底否认是交易对象进行商事活动之初难以“预见”,但却要承担其法律后果的,故对关联企业合并破产规则的适用应持审慎之态度,符合破产条件时应以各成员公司独立进行破产处置为原则,以合并破产为例外,这也是维护交易安全和市场秩序的需要。

当关联企业间存在非法或不当的利益转移、分配行为,对其进行纠正除了一般刑事、民事救济外,各国破产法也提供救济途径以保护债权人利益。例如,美

① 参见重庆市高级人民法院民二庭:《关联企业破产实体合并中的法律问题及对策》,载《法律适用》2009 年第 12 期。

国《破产法典》赋予破产受托人(其法律地位和我国破产管理人类似)撤销权,破产受托人可以依法撤销破产程序开始前的债务人三种行为:瑕疵性担保、欺诈性转移、优惠性转移。[①] 日本破产法同样也赋予破产财产管理人“否认权”,对损害破产债权人利益行为加以否认。[②] 我国《企业破产法》第31条、第32条、第33条同样规定了可撤销的债务人清偿和无效清偿制度,利益关系人可借以获得救济。综上所述,只有当上述救济途径无法实现破产法所追求的公正,公平,诚信价值时,方可适用合并破产制度。

关于关联企业合并破产的认定标准,本文认为,关联企业只有达到人格高度混同以致财产不能区分的程度,才能够适用合并破产。具体而言,应当在资产、财务、业务、人员等方面存在严重混同的情形:(1)资产混同。重点核查关联企业的资产是否存在高度混同,难以实质区分的情形。实务中,一些资产虽然登记在各关联公司名下,但与实际上的占用、使用、收益甚至处分权利相分离,互相之间难以实质区分,造成关联企业的责任财产不当减少或增加。(2)财务混同。财务的独立是法人独立的关键所在,如若没有独立的财务,则无法有独立的法人人格。实务中发现,一些公司未设有独立的账簿,一些企业虽然有独立的账簿但不完整,没有独立完善的会计核算体系,一些企业甚至共用或混用财务人员。法院在审查是否需进行合并破产时,应当就财务是否独立,能否区分进行审查。(3)业务混同。关联企业之间是否有独立的业务体系,也是企业能否与其他企业相区分的明显标志,关联企业的业务难以实质区分,是关联企业混同的重要体现。人民法院在审查时,应就各关联企业之间的业务是否相同或者混同作实质性的审查。实践中,还有一些关联公司存在大量密集的交叉担保、联保现象,导致债务的混同,财产难以实质区分。(4)人员混同。应当审核各关联企业之间在实际控制人、董事、监事、高级管理人员、财务人员等是否存在混同情形。存在此种情形,则各关联企业,无法为独立的意思表示,不具备独立的企业意志。实践中,还有一些关联企业存在大量密集的交叉担保、联保,导致债务混同。总之,笔者认为,对关联企业是否需要进入合并破产程序,能否进入合并破产程序,前提是必须对关联企业资产、财务、业务、人员等方面是否存在高度混同情形进行实

---

① 参见冀宗儒编著:《美国破产法案件选评》,对外经济贸易大学出版社2006年版,第214~287页。

② 参见李飞主编:《当代外国破产法》,中国法制出版社2006年版,第782~790页。

质的审查。以瑞桓系合并破产案为例,瑞桓系八家公司由相同的实际控制人控制,资产混同使用,资金调度由相同实际控制人进行审批,且相互之间的调度使用无任何对应的基础法律关系,也不产生相互之间的债权债务关系,财务账册不全,部分公司混用财务人员,没有独立的会计核算体系。八家公司相互交叉担保、联保,不支付任何对价,有的公司未开展任何业务,仅为其他公司提供融资平台。因存在上述严重混同,导致无法区分资产和债务,法院在听证后裁定予以合并进行破产清算。

四、关联企业合并破产案件的程序保障

(一)关联企业合并破产的管辖问题

我国《企业破产法》第 3 条规定,"破产案件由债务人住所地人民法院管辖"。这是破产案件地域管辖的法律规则。最高人民法院 2002 年 7 月 30 日发布的《关于审理企业破产案件若干问题的规定》第 2 条规定,"基层人民法院一般管辖县、县级市或者区的工商行政管理机关核准登记企业的破产案件;中级人民法院一般管辖地区、地级市(含本级)以上的工商行政管理机关核准登记企业的破产案件;纳入国家计划调整的企业破产案件,由中级人民法院管辖"。第 3 条规定:"上级人民法院审理下级人民法院管辖的企业破产案件,或者将本院管辖的企业破产案件移交下级人民法院审理,以及下级人民法院需要将自己管辖的企业破产案件交由上级人民法院审理的,依照民事诉讼法第三十九条的规定办理;省、自治区、直辖市范围内因特殊情况需对个别企业破产案件的地域管辖作调整的,须经共同上级人民法院批准。"这是关于破产案件级别管辖和地域管辖调整的规则。法律对合并破产案件的管辖未作明确规定。关联企业各成员公司住所地不同时,依法应由不同法院管辖,而管辖的分散势必导致各法院很难了解破产关联企业的资产、债权等全貌,难以就后续破产合并达成统一认识,延长案件审理期限等结果。司法实践中,对关联企业住所地不在同一法院辖区内的情况,常以上级法院指定管辖的方式解决。

我国《民事诉讼法》第 2 条规定:中华人民共和国民事诉讼法的任务,是保护当事人行使诉讼权利,保证人民法院查明事实,分清是非,正确适用法律,及时审理民事案件,确认民事权利义务关系,制裁民事违法行为,保护当事人的合法权

益,教育公民自觉遵守法律,维护社会秩序、经济秩序,保障社会主义建设事业顺利进行。可见查明事实,分清是非,及时审理案件是确定管辖权时需要考虑的重要因素。就关联企业合并破产案件而言,也应围绕有利于查明事实,分清是非,及时审理案件等因素来确定管辖法院。本文认为可按以下方式确定关联企业合并破产案件的管辖法院。

1. 控制企业住所地法院管辖。控制企业是关联企业的控制与利益中心,一般为关联公司中的母公司居多,由其所在地法院管辖有助于查明各关联企业的整体情况,从而提高案件审理的效率。

2. 关联企业主要财产所在地法院管辖。破产程序是一个对债务集中清偿的程序,破产财产有效控制和处置对于破产程序的推进具有重要意义。由主要财产所在地法院管辖能够最大限度地有利于管理人查清关联企业资产状况、资产处置,以便债权人能及时受偿。

3. 已受理关联企业破产案件的法院管辖。当关联企业的部分成员公司已进入破产程序,对其他未进入破产程序的企业适用实质合并破产的,由已受理法院管辖,有利于查清事实,避免司法资源重复、浪费。

(二)管理人的选任

我国《企业破产法》第 13 条规定:人民法院裁定受理破产申请的,应当同时指定管理人。第 22 条规定:管理人由人民法院指定。最高人民法院《关于审理企业破产案件指定管理人的规定》第 15 条第 1 款规定:受理企业破产案件的人民法院指定管理人,一般应从本地管理人名册中指定。第 16 条规定:受理企业破产案件的人民法院,一般应指定管理人名册中的社会中介机构担任管理人。因法律未对关联企业合并破产作出明确规定,故上述指定管理人的规定在设计之初也仅针对普通破产案件。就关联企业合并破产而言,一般涉及成员公司众多,分别指定管理人,不同管理人之间的衔接、分工环节必然增多,易造成时间、人力、物力的浪费,办事效率低下等不利后果,阻碍破产案件的推进,故在司法实践中,对于涉及成员较多的关联企业合并破产案件鲜有一一对应指定管理人情形。因关联企业合并破产具有其特殊性,应由破产案件受理法院根据案件具体情况作出合理决定。实践中,一般存在以下做法:

1. 关联企业分别进入程序后分别指定管理人,合并后重新指定同一管理人进行管理。此种指定方式一般产生于关联企业分别独立进入破产程序的情形。对已分别进入破产程序的关联企业,在进入程序之初已指定管理人,后在清理过程中发现存在高度混同情形,进入合并破产程序时,需由同一管理人对关联企业的整体资产债务进行清理,故应重新指定新的管理人。是指定原有管理人中的一家作为合并后的破产管理人,还是另行指定新的管理人,需根据案件的具体情形确定。[①] 无论采用何种形式,均有可能产生一定的弊端。如另行指定新的管理人,则新指定的管理人需重新熟悉案情,从而影响案件审理效率;如指定原有管理人中的一家,则缺乏衡量的标准。

2. 指定先行进入破产程序的破产企业管理人作为合并破产后的管理人。此种方式适用于关联企业中的一家企业已经进入破产程序,而其他企业尚未进入破产程序的情形。一般而言,确定其他关联公司进入破产程序后将与原破产企业合并破产,此时以已进入破产程序的关联公司的管理人,作为合并后的关联企业的管理人,便于工作上的延续。实务中此种情况比较多,[②]破产工作效率也较高,可以较为整体的推进关联企业合并后的破产工作。

3. 直接指定同一家管理人作为拟合并破产的各关联企业的管理人。对拟合并破产的关联企业,在分别受理时先行作程序上的合并,指定同一管理人,为实质合并做好准备。此种方式一般适用于在受理前对关联企业的人格高度混同已有一定认知,对进入破产程序后的合并已有预期的情形,此种情形下,对各关联企业的破产在程序上同步,指定同一管理人,以便对关联企业合并后的管理人指定。[③]

(三)关联企业合并破产的认定机关

关联企业的合并破产是债权人会议表决事项还是人民法院依职权裁定事项,法律未有明确规定,司法实践中也未形成统一的操作规则,但大部分合并破产案件采取司法职权主义,即由人民法院依照一定的程序对是否存在高度混同进行认定后作出裁定。笔者认为,对关联企业合并破产,意味着否定关联企业独立的法人人格,该权利属于司法权的范畴,而非债权人会议表决决定的事项。一

---

① 如浙江纵横集团“1 +5”合并重整案,采用“1 +2”模式,即采用指定原管理人中的其中一家为主,另外两家配合的模式。

② 如浙江玻璃“1 +4”合并清算案,指定原管理人作为合并后的破产管理人。

③ 如瑞桓系合并破产清算案。

方面,毋庸置疑,关联企业合并破产后,债权人的清偿比例将发生变化,从形式上看,势必有部分债权人的清偿比例降低,故全体债权人一致同意合并破产几乎是不可能的。另一方面,关联企业间的不正当关联交易,除损害债权人利益外,也损害他人和国家权益。关联企业间非法或不当的利益转移、分配行为,违反了法律规定,破坏了正常的市场交易秩序,需要对其进行矫正,且破产作为一项特殊的集体受偿制度,以保护大多数债权人利益为原则,故无须以全体债权人的同意作为合并破产的先决条件。同时,部分账面资产占优势的关联企业债权人的债权清偿率,虽然可能较分别清理有所降低,使其利益表面上受损,但此种差异的根源在于各关联企业之间先前的不当关联关系,合并破产清算正是对先前不当行为的矫正,这也正是债权债务清理实质公平之所在。因此,笔者认为,对符合合并条件的关联企业破产案件应在申请人提出申请后,由法院经一定的程序后依职权作出裁定。当然,关联企业是否合并破产虽属人民法院依职权裁定范畴,但其会对债权人利益产生影响,故应保证债权人的知情权。法院可组织管理人、债务人代表、债权人代表、审计机构召开听证会,在充分听取各方对合并破产的意见的基础上依法作出裁定。

五、关联企业合并破产的不足与建议

(一)关于关联企业合并破产的法律依据问题

目前我国破产司法实践中已有很多关联企业合并破产的案例,但破产立法仍没有关于关联企业合并破产的配套性规定。实践中一般认为,公司法关于公司应当以其全部财产对公司的债务承担责任,以及特定情况下法人人格否认的规定,是高度混同的关联企业合并破产的法理依据。建议出台配套的具有可操作性的法律或司法解释,统一司法尺度。当关联公司人格高度混同,分别破产损害债权人利益的情况下,法律应对何人可以提出申请、法院应采取何种程序进行审查、实质审查的标准、合并后管理人的指定等作出具体的规定,以避免实务中关于合并破产的合法性争议,以及合并破产的程序上、实体认定上的标准不统一问题,让符合条件的关联企业及时进入合并破产程序,提高破产清理效率,维护各关联企业的债权人公平受偿的权利。

(二)关于关联企业实质合并的债权人救济途径问题

笔者认为,关联企业的实质合并破产必然对债权人利益产生重大影响,且该制度的适用目的本身就是为了保障全体债权人的公平受偿权利。因此,对债权人权利的保护应当作为重点考虑。一方面,在裁定合并破产前,应当广泛听取债权人意见。应规定管理人向全体债权人告知并听取他们的反馈意见的程序。另一方面,法院可采用听证会的形式,使申请人、被申请人、债权人各方的意见能够在法庭上形成对抗,全面呈现事实,从而全面审查是否具备合并的事实依据。在法院裁定合并破产后,如债权人仍有异议,能否对裁定提起上诉,或者有无其他提起异议(如复议)的权利,目前没有规定,建议在破产配套规定中予以明确。

(三)关于对实际控制人财产与企业财产混同时的处理

实践中常见企业的实际控制人与企业财产混同的情形,因我国尚无个人破产制度,故对实际控制人的财产难以纳入破产企业财产对破产企业债权人与实际控制人的债权人共同进行公平清偿。而通过诉讼等手段追回财产或由个人承担赔偿责任,一方面受制于举证的困难,另一方面也降低了破产工作效率。在目前尚无个人破产制度的情况下,建议明确在特定条件下实际控制人财产与破产企业财产混同时的处理。

六、结　　语

关联企业合并破产是处理高度混同的关联企业破产时的一种特殊方法,其实质是将已破产或具备破产条件的关联企业,或者虽未进入破产程序但与已破产的企业高度混同的情形下将关联企业的资产合并计算,当作一个债务人对待,组成一项单独的破产财产,以保证债权分配相对公平的一种破产财产处置程序。在现行的法律体系下,既要尊重公司“法人人格独立”这一基本原则,又要根据案件具体情形准确运用“法人人格否认”原理,在司法实践中进行创新与突破,体现破产法关于公平清理债权债务、保护债权人和债务人的合法权益,维护社会主义市场经济秩序的精神。

论我国保证人破产重整时的债权人保护制度

朱晓娟*

一、问题的提出

一则案例引发的思考:某银行与A公司签订金融借款合同,A公司向某银行借款10,000万元,借款期限10年(自2008年12月24日起至2018年12月24日止)。B公司与某银行签订了保证合同,由B公司为某银行提供保证,保证合同约定保证方式为连带责任保证。截至2016年2月16日,贷款余额7487.022494万元,A公司贷款已出现逾期,拖欠利息、罚金共计56.318639万元。此间保证人B公司进入破产重整程序。某银行向管理人申报全部债权并参与破产重整程序,债权人会议依法通过重整计划方案,该方案包含对某银行的清偿方案,具体包括1105.73784万元的现金和本公司股票13,890,200股,某银行对该重整计划方案投反对票,故只接受了方案中1105.73784万元的现金清偿,而未受领13,890,200部

---

* 中国政法大学民商经济法学院商法研究所副教授。感谢中国政法大学民商经济法学院赵旭东教授对本文写作的指导与帮助,感谢中国政法大学民商法学硕士研究生易梦圆、郝超和林珮资料收集与整理等实质性工作的承担以及讨论中迸发的灵感与火花,感谢商法研讨课上对案例讨论时各位同学贡献的智慧。

分股份的债权,该部分被B公司破产管理人在其账户内予以提存。现某银行就扣除现金部分的全部债权向A公司提起诉讼,主张A公司承担剩余债权,A公司则以全部债权因B公司的破产重整而清偿完毕予以抗辩。对于某银行的主张应否获得支持,理论与实务界存在不同的观点,支持A公司抗辩成立者有之,支持某银行主张者亦不少。

该案引发的问题是:保证人破产重整时该如何对债权人利益进行保护。保证人破产重整时的法律地位极为特殊,对债权人利益的保护措施不仅关系到保证制度的功能还涉及破产的相关制度,问题相对复杂,受到《担保法》与《企业破产法》的双重调整,但现行法律对之如何适用付之阙如,其他国家立法例也无法提供有效参考,这也导致了实践中对之理解不一,缺乏统一的裁判标准。宜对该种情形下的债权人保护制度进行梳理,总结其存在的问题,并提出完善的建议。

二、保证人重整情境下债权人保护的理论基础

(一)保证之制度价值对债权人的保护

作为典型的债的关系与担保方式之一,保证合同具有从属性的同时,也具有相对独立性。[①] 保证制度不仅对债权人、债务人而言具有积极意义,同时对促进市场经济的健康发展也发挥着重要作用。

对于债权人而言,保证是以保证人的信用作为担保,“保证担保的成立实际上等于扩大了主债务人责任财产的范围,从而增加了债权人的受偿机会”。[②] 保证使债权人实现债权的途径增加,使得负有履行债务一方当事人能为完全给付的概率增加,从而保证债权的完全实现。与一般保证相比,连带责任保证对于债权人实现债权的保障力度更大。

对于债务人而言,保证人的存在有助于增强债务人的信用,担保所具有的保证债权实现的功能增加了债权人的信心,增加了债权人与债务人交易达成的机会。

“市场经济的健康发展,经济主体活动预定目标的实现,都需要良好的秩序

---

① 参见崔建远:《债法总论》,法律出版社2013年版,第169~172页。

② 曾宪义、王利明主编:《担保法》(第3版),中国人民大学出版社2011年版,第10页。

和环境。”①保证作为担保方式,有助于债权的实现,使得债权实现的机会增加,从而减少社会债务总量,促进市场经济秩序的良性发展。如果只有债权人与债务人两方,当债务人无力清偿债务时,债权人的债权就无法实现或无法全部实现;假设还存在其他债务人,因债权人对一个债务人的债权无法实现,使其他债务人的债权也无法获得清偿,如此恶性循环,市场经济的秩序就会产生混乱。

在前述案件中,B公司对债务承担连带责任保证担保。依前所述,保证的制度价值是以完全实现债权为目的,是为了保障债权的实现。如果依照保证人B公司的重整计划清偿债权,即以13.08%的现金受偿率获得一次性现金清偿,其余部分按照5.29元/股的价格以B公司股份受偿。在主债为贷款合同,合同标的物为货币的情况下,保证人B公司以股权清偿的部分在现阶段股权交易市场不健全且公司处于重整的背景下并不能确保债权人完全实现债权,有悖保证制度设立的目的。原告拒绝受领B公司股权清偿部分是在合理行使作为有担保的债权人的权利,符合保证制度的根本价值,且可就未现金受偿部分得向被告即主债务人A公司主张债权以实现债权的全部受偿。

(二)破产重整之立法目标对债权人的支持

我国《企业破产法》第1条开宗明义地指出了《企业破产法》的三大目标:引导破产程序规范化;保护债权人和债务人的合法权益,使其之间的债权债务公平消灭;维护社会主义经济秩序。

要做到债权人与债务人利益平衡,对于债权人来说主要是要通过破产程序与其他无优先权、同顺位的破产债权人获得同等程度的清偿,而对于债务人来说,则是通过清算或重整程序消灭债务,除却沉重的负担。为此,债权人对债权的申报,尤其是及时申报和受偿,对于债权人和债务人来说都是有益且被期待的。在债权人无其他受偿途径的情形下,债权人与破产债务人形成相对封闭的对应关系,对债权的申报和公平受偿产生债权债务消灭的效果,此时无疑双方都达到了破产语境下的利益最大化。然而,在债权人除破产人还有其他连带债务人的情况下,债权人与债务人的利益平衡需要做不同的注解。毫无疑问,作为保证人的企业以破产程序清偿主债权后,就消解了自身的权利负担,使得自己从次

---

① 朱泉鹰、林建伟:《担保法》,厦门大学出版社2003年版,第9页。

债务人的地位中解脱出来，无须再对主债权人承担保证责任，这是根据《企业破产法》立法目的推断出的应有之义，并已经将《企业破产法》对债务人利益之保护发挥到极致。但在此情形下，如果认为债权人就此完全丧失了债权，则是不妥的，这显然是以破产程序剥夺了主债权人之选择权，使得破产程序以保护债权人之名，行损害债权人之实。《企业破产法》从来不具有也不应当具有剥夺债权人选择权及向其他债务人的请求权之功能，而仅具有消灭破产关系当事人之间的债权债务之功能，否则就是通过破产程序保护了债务人的利益却损害了债权人的利益，这与《企业破产法》债权人与债务人利益平衡的立法理念不符。至于主债权人与保证人保证债权之消灭是否一定产生消灭主债权的效果，需要区分不同的情况，但无论如何，基于保证人破产重整程序的进行而认为债权人丧失向主债务人的求偿权是完全荒谬的，超出了《企业破产法》调整的范畴，也有悖《企业破产法》的立法理念。

B公司通过重整消解了权利负担被成功拯救是符合社会利益的，保证某银行对A公司的求偿权也是增强金融债权人信心、降低未来企业融资难度的必要手段，亦符合社会利益，且重整偿债与承认债权人对主债务人之求偿权并不发生利益冲突，同时实现当事人和社会利益的最大化，符合《企业破产法》的立法理念和目的，应当得到支持。

（三）保证人破产重整情境下债权人地位的特殊性

重整程序以最大限度地维护债权人的利益为宗旨。[①] 破产重整的目的之一即公平清偿债权人，在债务人重整时，同一类债权人处于相同的法律地位，平等按清偿比例受偿。在保证人重整时，保证债权人与普通债权人均是破产公司的债权人，均有权申报债权。但是，在连带保证中，基于保证人与主债的债务人对保证债权人负有连带债务；在连带债务中，权利人享有选择权，可分别或同时向负有连带债务的主债务人与保证人主张全部或一部的债权。[②] 因此，在保证人重整时，保证债权人享有选择权，故保证债权人与破产公司的普通债权人相比，具有一定的特殊性。此特殊性表现在连带保证制度中，主债债务人的责任财产范

① 参见郑志斌、张婷：《困境公司如何重整》，人民法院出版社2007年版，第115页。

② 参见郑玉波著，陈荣隆修订：《民法债编总论》（第2版），中国政法大学2004年版，第392～293页。

围增大,保证债权人在此责任财产范围内有权选择实现债权的对象与范围。

债权人与保证人签订连带保证合同,其目的就在于可以依自由意志选择实现债权的对象。如果在保证人破产重整中,保证债权人未申报债权,其法律后果是保证债权人对保证人享有的权利归于消灭,那么,当初设立保证担保的功能与意义将会落空。这对于保证债权人来说是不公平的,因为保证债权人可能是基于对保证人信用担保的信任才与主债的债务人签订合同,如果保证担保归于消灭,将使保证债权人处于不利地位。故而,在普通保证债权人的认知之下,一般会积极向破产保证人主张全部债权,以实现债权受偿的最大化。但是,因为保证人破产重整的特殊情况,其现金清偿率一般不会达到100%,在保证债权人积极申报债权后,由于其较破产重整保证人的普通债权人而言处于特殊地位,在此之外还存在主债务人,应允许保证债权人对债权受偿的方式与内容进行选择。如果让保证债权人与普通债权人一样只接受现金清偿率不足100%的清偿,而因此丧失对主债务人的求偿权,将迫使保证债权人本应享有实现债权的责任范围从"1+1"(包括主债债务人与保证人的财产)变为"2选1",此种限制违背保证制度的立法目的与功能。

在保证人重整中,对于其普通债权人而言,因为债权的债务人只有一人,其实现债权的唯一方式即接受重整计划。即便该给付为不完全给付,因唯一债务人没有其他可支配的财产用于清偿债务,故普通债权人也会接受该不完全给付,并且认为是公平的。但是,对于连带保证债权人而言,其享有的债权有其他的债务人承担连带责任,在重整计划之外仍可向其他债务人主张债权。故而让保证债权人被迫接受不完全给付是不公平的,与普通债权人不同,该不完全给付对于保证债权人而言是能补正的,因为还存在至少有主债务人财产可用于清偿债务的期待。

前述案件中,在保证人B公司破产重整的情况下,某银行作为主债权人申报债权是在债权有难以实现之虞时的一种必然选择,且在重整计划中,因保证人B公司与作为主债务人的A公司负有连带保证债务,某银行存在可向主债务人主张债权的期待,接受现金部分而放弃股权部分的清偿是债权人正常的商业选择。

三、我国保证人重整情境下债权人保护规则的现状及问题

（一）重整计划效力范围的现行规定与评析

“促进债务人复兴”即重整制度的立法目的，这是世界各国有关重整制度的立法共同的目的选择。[①] 而为了达到资不抵债之债务人的复兴，债权人必须就其债权作出让步，例如，以债转股改变企业资产结构，以使债务人摆脱沉重的债务负担，继续生产经营从而为债权人及利害关系人创造比企业破产清算所能获得的更高的价值。[②] 重整程序的目的表明，重整计划的效力不在于完全实现债权人之债权，而在于通过债权人之权利让步公平、有效率地消灭破产人的债务负担，达到营运企业价值的更大化，甚至在债务清理和企业拯救这两个目标之间，后者是主要的方面。[③]

1. 我国《企业破产法》中重整计划效力的现行规定

根据我国《企业破产法》第 81 条的规定，重整计划草案不仅要包括债权受偿方案，还应包括债权调整方案以及债务人的经营方案。[④] 可以看出，经过重整程序受偿的债权不再是原来的、经过申报的债权，而是就原债权进行调整过的“新债”，包括但不限于债权的减少、免除、延期、债权性质的转换等。正是这种债权的调整加上债务人经营方案的制定，才使债务人的复兴成为可能。但是债权调整是一个权利减损和让步的过程，在债权人人数众多且类型众多的情况下，重整计划的通过将困难重重。为贯彻破产法公平与效率兼顾的立法理念，我国《企业破产法》采用了债权人会议分组多数表决通过的解决方案，[⑤]以债权调整、分组多

---

① 参见康伟：《论破产重整制度的立法目的及其实现基础》，河南大学 2003 年硕士学位论文，第 13 页。

② 参见胡利玲：《拯救困境企业的实质与途径》，载《科技创新导报》2016 年第 14 期。

③ 参见王卫国：《论重整制度》，载《法学研究》1996 年第 1 期。

④ 《企业破产法》第 81 条规定，重整计划草案应当包括下列内容：(1) 债务人的经营方案；(2) 债权分类；(3) 债权调整方案；(4) 债权受偿方案；(5) 重整计划的执行期限；(6) 重整计划执行的监督期限；(7) 有利于债务人重整的其他方案。

⑤ 这具体体现在《企业破产法》第 84 条第 2 款规定：“出席会议的同一表决组的债权人过半数同意重整计划草案，并且其所代表的债权额占该组债权总额的三分之二以上的，即为该组通过重整计划草案。”以及第 86 条规定：“各表决组均通过重整计划草案时，重整计划即为通过。”同时，第 92 条规定：“经人民法院裁定批准的重整计划，对债务人和全体债权人均有约束力。”

数决以及效力及于全体的制度安排来回应重整程序的目标要求。同时,为保障反对者的利益,我国《企业破产法》第87条[①]规定了类似美国破产法上的公平对待与绝对优先原则。[②]

2. 反对重整计划之债权人保护的立法例考察

事实上,我国法律对持反对意见者的保护远远不够。公平对待原则仅保障同顺位的债权人之间的公平,绝对优先原则只是保障特别债权人之利益,这两个原则具有相对性,并不能抵御不利清偿方案对持反对意见债权人债权受偿额度的实际减损。唯有"保证各组中反对重整计划者在重整过程中得到不少于依破产程序可能得到的清偿"这一要求有着特别意义,然而,这一要求却很难满足。原因在于:首先,法院专业知识的欠缺和外部人的信息劣势决定了赋予它这种"重整价值大于清算价值"的自由裁量权是比较不明智的;其次,我们很难去比较一个企业的清算价值和未来的营运价值,因为清算价值是确定的,而未来企业的价值则是不确定的、充满风险的,在瞬息万变的市场经济环境中,没有人能够保证一个资不抵债、经过重整的企业的未来就是一片光明的,所以重整计划可能是一种赌博,在这场赌博中,投赞成票的债权人是自愿下注承担风险,而投反对意见者则显然不愿意参与其中,他们真正期待的要么是更好的方案要么是干脆退出。这就提出了两种可能解决方案:一是调整重整计划的效力,使其不适用于持反对意见的债权人或重新制订重整计划;二是对持反对意见的债权人进行事后的补偿。可是这两种方案都经不起推敲,因为重整计划效力的区分对待或事后特别补偿将对该反对债权人进行偏袒性的清偿,这便以追求少数人正义实现之方式损害了同顺位债权人之间的公平。重新制定方案直至通过也会增加重整成本,有违破产效率,那么怎么做才能在保障全体债权人公平受偿的情况下保障反

---

① 我国《企业破产法》第87条第2款规定:"未通过重整计划草案的表决组拒绝再次表决或者再次表决仍未通过重整计划草案,但重整计划草案符合下列条件的,债务人或者管理人可以申请人民法院批准重整计划草案……(三)按照重整计划草案,普通债权所获得的清偿比例,不低于其在重整计划草案被提请批准时依照破产清算程序所能获得的清偿比例,或者该表决组已经通过重整计划草案……(五)重整计划草案公平对待同一表决组的成员,并且所规定的债权清偿顺序不违反本法第一百一十三条的规定"。

② 公平对待原则,是指应当保证反对通过重整计划的各组当事人与在破产清偿中处于同一顺序的其他当事人得到同一比例的清偿。绝对优先原则,是指应当保证反对通过重整计划的各组当事人在重整中享有与破产程序相同的优先清偿顺序。参见潘琪:《美国〈企业破产法〉》,法律出版社1999年版,第222~226页。

对者的利益呢？为了寻求不错的解决方案，不妨跳脱出我国实体法限定的框架，看看其他国家如何处理这一问题。

就笔者查阅到的资料来看，美国、英国、德国、日本、俄罗斯等国家无一例外地允许将重整计划的效力及于所有申报债权者，并且赋予法院在特定情形下强制通过重整计划的权利；法国更是将社会本位提到了破产立法的显著地位，其法院权力相对扩大，重整计划的生效甚至无须债权人同意。[①] 各国通行的“吸收异议债权人意志”的做法不无道理，在债权人权利被限制甚至被强制的情况下，债权人的利益诉求必然和重整计划的继续展开相冲突或相对立。就法院的司法强制看，是本着社会本位的立场以牺牲个别人的利益来保证全体债权人收益的最大化，以牺牲个别债权人的眼前利益来维护社会的长远和整体利益。[②] 需要重申的是，重整制度具有债务清偿法与企业法相结合、私权本位与社会本位相调和的特点，并且债务清偿让位于企业复兴，社会本位优位于私权本位。[③] 因此，对重整计划投反对票者亦必须接受重整计划。

异议债权人必须受依法通过的重整计划的约束，此乃各国惯例。即异议债权人应当与同类别、同顺位的债权人一起按照给定的方案受偿。例如，在前述案件中，某银行必须接受“现金 + 股权方式”的受偿条件。同时，根据《企业破产法》第 118 条的规定，[④]某银行仅受领现金部分而不受领股权部分清偿之行为，并不影响他与破产人 B 公司之债的关系的消灭。然而，某银行能否向主债务人 A 公司继续求偿的问题至此依然没有得到解决，即便查阅各国立法例也没能找到可以借鉴的方案，这不禁让人感到困惑。但通过仔细分析我国《企业破产法》的规定，笔者对比本案情发现，我国《企业破产法》的制度设计从来都是以债务人为出发点，向外发散寻找直接利益相关者，例如，其债权人、保证人、职工甚至国家(如税收机关)，明确规定他们可以依何种程序向其主张何种权利。本案的新奇

---

① 参见王卫国：《论重整制度》，载《法学研究》1996 年第 1 期；李曙光、贺丹：《破产法立法若干重大问题的国际比较》，载《政法论坛》2004 年第 5 期。

② 参见彭晓娟：《论破产重整制度与债权人利益之对立统一》，载《武汉科技大学学报》2010 年第2 期。

③ 参见王卫国：《论重整制度》，载《法学研究》1996 年第 1 期。

④ 《企业破产法》第 118 条规定：“债权人未受领的破产财产分配额，管理人应当提存。债权人自最后分配公告之日起满二个月仍不领取的，视为放弃受领分配的权利，管理人或者人民法院应当将提存的分配额分配给其他债权人。”

之处就在于,它指出了《企业破产法》的盲区或者说一个新的视角——保证人破产时,作为间接利益主体①的债权人应当怎么办。视角的转换带来的是模型的创新,为了更直观地说明问题,笔者根据现行《企业破产法》规定绘制了三种模型,并抽象出本案的模型,即第四种模型。

模型一:债务人无关联债务人,债权人申报债权。

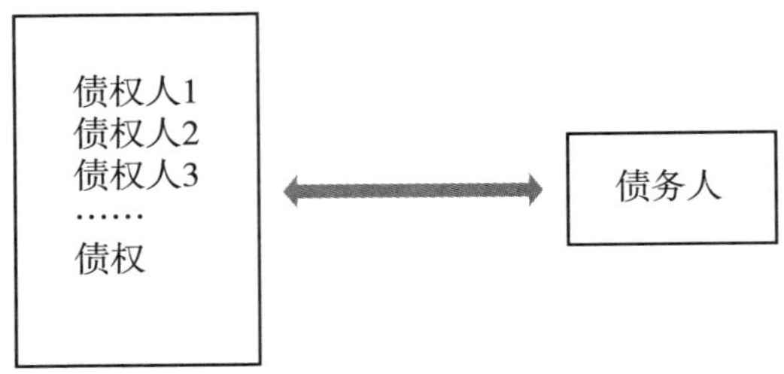

模型二:债务人有关联债务人,债权人申报债权。

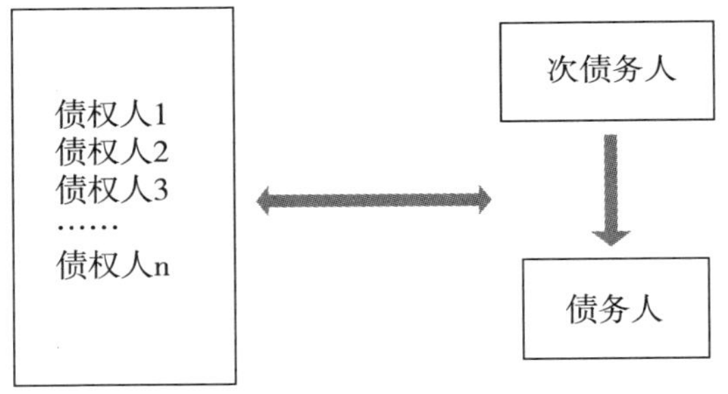

模型三:债务人与其连带债务人均破产,债权人申报债权。

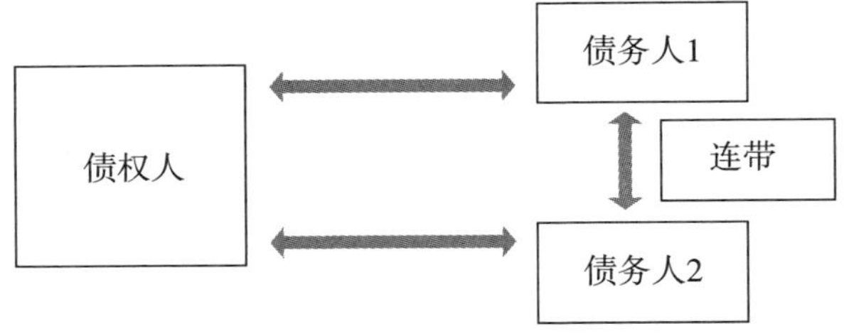

① 笔者认为,虽然连带保证责任中保证人与债务人在清偿债务时具有同等顺位,但由于保证之债的从属性以及债务人承受后果的终局性,决定了保证人与主债权人之间必须以主债务人为利益纽带,因此他们互为间接利益相关者。这种利益的间接性在一般保证中更为突出,这将在本文第三部分详述。

模型四:债务人有关联债务人,该关联债务人破产,债权人申报债权。

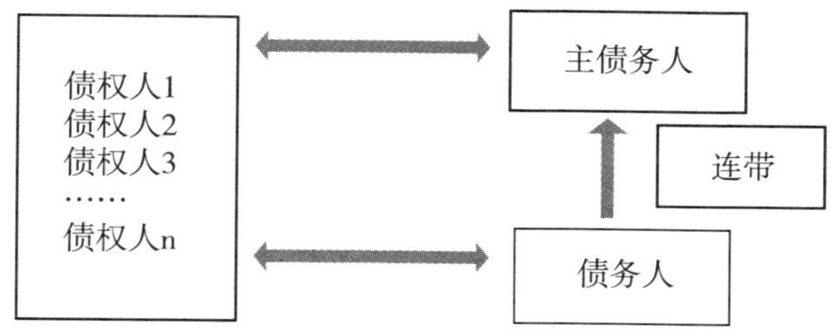

以上前三个模型是我国《企业破产法》已经明确的,[①]第四个模型则是前案所呈现、为我国《企业破产法》没有直接规定的。模型一中,债权人与债务人之间的债权债务关系呈现出一对一的特点,债权人通过破产程序全额申报债权并按比例受偿是其维护自身利益的唯一路径;模型二中,如果债权人已经向债务人全额申报债权,主债权消灭将带来保证债权之消灭,从而也丧失了继续求偿的可能性;模型三中,债权人对每个破产连带债务人均可全额申报债权,按照其对应的破产方案受偿后即丧失求偿权;模型四中,债权人向作为次债务人的破产人全额申报债权后,保证债权必然消灭,然而,保证债权之消灭并不一定导致主债权的消灭。由此,模型四与前三个模型的本质的区别在于,前三个模型是"闭合的",债权人根本不存在破产程序之外的债务人,只能通过破产程序受偿,其向一或多个债务人全额申报债权的行为实质消灭了债权债务关系。实际上,不消灭也没有意义了,因为债务人经清算丧失了责任财产或为复兴之目的必须摆脱债务负担,其陷入了客观的支付不能;模型四却是"开放的",债权人在破产程序之外还存在其他债务人,破产程序的终结不一定影响普通债权债务关系,债权人求偿之客观可能性没有被完全消除。

3.《企业破产法》对模型四的可能回应

上述四种模型实质涵盖了债权人可能面临的所有债务人破产的情形。如果区分破产人有无连带债务人以及连带债务人是否破产的情况,并进行数学上的排列组合,也会得到相同结果。于是,我们发现了《企业破产法》的模型缺陷——它

① 详见我国《企业破产法》第六章"债权申报"。其中模型一最为典型,模型二对应第51条:"债务人的保证人或者其他连带债务人已经代替债务人清偿债务的,以其对债务人的求偿权申报债权。债务人的保证人或者其他连带债务人尚未代替债务人清偿债务的,以其对债务人的将来求偿权申报债权。但是,债权人已经向管理人申报全部债权的除外。"模型三对应第52条:"连带债务人数人被裁定适用本法规定的程序的,其债权人有权就全部债权分别在各破产案件中申报债权。"

漏掉了一种重要的情形。为此有必要探讨《企业破产法》对模型四的适用问题,即重整计划消灭债权债务的效力对模型四的适用问题。对此,笔者提出了三种假设:一是完全适用;二是完全不适用;三是折中方案,即重整之效力对于模型四只能部分适用。

第一,完全适用。所谓完全适用,即经过重整程序债权债务关系实质归于消灭,债权人不得再向主债务人求偿,这种解决思路为本案一审法院所采纳。问题在于,这种思路完全无视模型四的特殊性,将其做了与前三个模型相同对待,显然是将复杂问题进行了过于简单化的处理。首先,正如前文所述,模型四与前三个模型有本质差别,保证之债的从属性决定了其终结并不一定能消灭主债权,因此债权人通过破产程序以外的手段求偿的可能性没有被完全排除。其次,模型三表明,债权人可以同时向两个及以上的破产连带债务人均全额申报债权,说明独立的各破产程序之间是互不影响的,债权人可以在债务人甲处消灭债权而在债务人乙处仍然享有同一债权。立法如此规定是为了最大限度地实现债权人之利益,既然如此,在连带债务人并未破产的场合,债权人也应当能够继续求偿以最大程度实现自己利益。

第二,完全不适用。所谓完全不适用则是指重整程序对债权人不生效力,他无须受到重整计划之约束,债权债务关系亦不能消灭。这种做法显然也不够合理。首先,重整计划之效力排除会使该债权人成为"异类",他需要通过不同于其他任何债权人的方案受偿。这样做对于其他债权人来说有失公平。我国在设置重整计划分组时采法定主义,划分了不同类别的债权并确定优先级,就是为了做到公平、公正。"保证债权人"也只是普通债权人而已,他没有理由享受特别的待遇。同时,对他另行构建偿债方案也会加重债务人的负担,增加谈判成本。其次,重整程序效力之不能适用违背了重整计划之首要目的,在继续背负原有债务的情况下使得破产人复兴更加困难。

第三,折中方案。以上两个思路的不可行性催生了这样一种折中方案:不完全适用的解决思路,即重整计划和重整之效力均适用于债权人,即债权人须遵循重整计划之安排,且破产人依重整计划给付后债权即告消灭,但是,这种消灭的效力有限,只能及于破产人而无法及于破产人的连带债务人。这一思路求同存异,既保障重整制度,尤其是其核心制度对模型四的可适用性,以满足重整之目的、实现制度价值;又保留债权人继续向外求偿的可能性,充分保障债权人利益之实现。

4. 重整程序效力范围的定性——封闭性

上述折中思路其实折射出这样一种观念，即《企业破产法》效力的封闭性。笔者所谓的《企业破产法》效力的封闭性在于，公平清理债权债务、帮助债务人复兴这一重要目标仅能在破产当事人，即申报债权的人及破产企业之间发生效力，原因有两方面。

一是现行《企业破产法》存在模型缺陷。如前所述，我国《企业破产法》的现行法规定只容纳了前三个“封闭的”模型，而没有容纳第四种“开放的”模型。笔者认为，《企业破产法》的内容、效力应当与其调整的法律关系、构建的法律模型相匹配。因此《企业破产法》的效力也应当具有封闭性，而无法对第四种模型直接适用，否则就是无视矛盾、简化问题，这是法学作为精细的、系统的科学不应当存在的。

二是重整制度的目的、功能使然。重整并不旨在实现“债权客观的完全清偿”，事实上通过重整程序也几乎不可能使得债权完全受偿，这与该制度的功能本身是冲突的。由此，当我们说“破产偿债”时，只是一种对原债权的拟制消灭、法定消灭，是在债务人无力偿债的情况下法人人格独立以及股东有限责任的必然后果，亦是法律在协调各债权人利益时的标准方案。破产重整具有债务清偿法与企业法的双重性质，①其在保护债权人债权公平清偿的同时还兼具让企业“复活”之功能，因此，重整程序也是对破产债务人的免责和优待。若破产重整不存在，债务人对任何一个债权人的非完全清偿都将无法消灭债务，在其全额、全部清偿债权人之前，永远背负沉重的债务负担。在理解了重整制度的真正功能和意图后，反观破产程序的后果，则需要区别对待：当不涉及重整程序外的 A 公司时，债权债务之拟制的消灭是公平终结债权债务的不二选择，亦不发生债权人利益受损的情况，但当涉及重整程序外 A 公司时，如果承认重整程序有延及效力，则是使 A 公司在不具有破产原因、未经过法定破产程序的情况下享有了《企业破产法》给予破产债务人的免责优待，同时使《企业破产法》拟制消灭债权债务关系的功能发生了变更。

① 参见王卫国：《论重整制度》，载《法学研究》1996 年第 1 期。

为此,笔者认为,重整程序之效力定性如下:[①]重整程序对于所有申报债权者均有约束力,重整计划实施完毕债权人与破产人之间债的关系即告消灭,其无法再就原债权向债务人要求清偿。但该债之关系的消灭无法适用于重整程序之外的人,债权人与其他债务人之关系适用相应法律的规定。结合前案案情,B 公司经重整程序向某银行实施清偿行为后,直接法律后果是消灭且仅消灭二者之间的保证债权,这意味着某银行无法再向 B 公司提出清偿请求,但重整程序并不能对某银行与其主债务人 A 公司之间的债权债务关系产生直接影响,主债权依然存在。

(二)提存与清偿的现行规定及对债权人利益的影响

1. 提存的规则及其行使在《合同法》与《企业破产法》中的不同后果

我国《合同法》第 101 ~ 104 条规定了提存制度,主要规定了提存条件、债务人的通知义务、提存标的物孳息归属以及债权人领取提存物的权利等。同时,提存公证规则规定了具体的提存实施规则。[②]《合同法》第 91 条规定了债务人依法将标的物提存属于合同权利义务终止的情形。《企业破产法》第 118 条规定,债权人未受领的破产财产分配额,管理人应当提存。债权人自最后分配公告之日起满二个月仍不领取的,视为放弃受领分配的权利,管理人或者人民法院应当将提存的分配额分配给其他债权人。

第一,《企业破产法》上规定的提存若欲产生《合同法》上关于提存产生债务消灭的效果,应符合《合同法》与提存公证规则的相关规定,即提存人需要满足提存的条件,需填写公证申请表,并提存至第三方公证处。而前述案件中,B 公司管理人并未将提存标的物提存至法定中介机关,而仅将 13,890,200 股股票特定化,不能认定为《合同法》上的提存行为,不产生消灭债务的法律效果。

---

① 事实三大破产程序均可遵循。

② 将上述规则总结如下:第一,提存公证机关。提存公证由债务履行地的公证处管辖。第二,提存条件。依据《合同法》第 101 条,有下列情形之一,难以履行债务的,债务人可以将标的物提存:(1)债权人无正当理由拒绝受领;(2)债权人下落不明;(3)债权人死亡未确定继承人或者丧失民事行为能力未确定监护人;(4)法律规定的其他情形。第三,提存程序。提存申请人应当填写公证申请表,内容包括申请人的身份证明;合同(协议)、担保书、赠与书、司法文书、行政决定等据以履行义务的依据;提存受领人姓名(名称)、地址、邮编、联系电话等。第四,提存物所有权。提存物在提存期间所产生的孳息归提存受领人所有。

第二,在《企业破产法》中,债权人在法律规定期限内未表示放弃受领权但未行使受领权,法律拟制债权人放弃受领权,根据《合同法》关于债权人受领权的规定,债权人放弃受领权的,提存人可取回提存物,视为提存未发生。因此,在《企业破产法》中,债权人在最后分配公告之日起满两个月仍不领取,法律拟制为放弃受领权,可以认为债权人放弃债权,破产管理人可取回提存物,将该份额继续分配给其他债权人。

前案中,虽然原告未行使受领权且未明确表示放弃受领权,但是并不产生我国《企业破产法》第118条关于法律拟制债权人放弃受领权的法律后果,因提存行为不合条件未发生,法律拟制的前提条件不存在,也就没有余地和意义继续探讨放弃受领提存标的物所能产生的法律后果,故某银行与A公司就B公司担保的13,890,200股股票部分对应的债权债务关系尚未消灭。

2. 清偿的内涵界定及其效果

清偿,是指债务人按照债的要求,正确、适当地履行了债务,从而使债权人的债权得以实现。① 笔者赞同有学者概括的按清偿目的清偿、清偿主体须明确、须依清偿标的给付、须全面给付的清偿构成要件。② "清偿与履行的概念不能等同。履行在性质上是一个动态的概念,其既包括债务人履行债务的行为,也包括债权人接受债务人履行的行为;而清偿则主要强调债务人履行债务的结果。"③故而,在借款合同中,因其为双务合同,除了需要债务人履行支付货币之外,尚需要债权人为受领履行的行为,才发生清偿的法律效果,债的目的得以实现且债权债务关系归于消灭。如我国台湾地区"民法典"第309条第1项规定:"依债务本旨,向债权人或其他有受领权人为清偿,经其受领者,债之关系消灭。"④在严格区分履行与清偿的概念的情况下,仅债务人一方为履行行为,尚不能发生清偿之法律效果,需该履行符合设立债之目的,且为债权人受领,才发生清偿之法律效果,故而履行是一个动态的行为,而清偿时履行债务之后的后果,且该后果是债消灭的主要方式之一。

按照"代物清偿是指债权人受领他种给付以代原定给付,而使债的关系消灭

---

① 参见王利明:《债法总则研究》,中国人民大学出版社2015年版,第701页。
② 参见江平主编:《民法学》(第2版),中国政法大学2011年版,第454~456页。
③ 王利明:《债法总则研究》,中国人民大学出版社2015年版,第702页。
④ 郑玉波著,陈荣隆修订:《民法债编总论》(第2版),中国政法大学2004年版,第470页。

的契约"①的界定,代物清偿必须经清偿人与清偿受领人就代物清偿达成合意。依我国《企业破产法》第92条第1款的规定,经人民法院裁定批准的重整计划,对债务人和全体债权人均有约束力,应认定为法律拟制代物清偿经过清偿人与受领清偿的同意。但是若代物清偿欲产生消灭债的关系之法律后果,尚需要清偿人以符合债的目的履行债务的行为,且需要受领清偿人的受领行为,才发生代物清偿的法律后果。前案中,某银行拒绝受领13,890,200股股票,即未受领代物清偿,不发生代物清偿的法律后果,故债之关系尚未消灭。

四、保证人重整情境下债权人保护制度的完善

(一)保证人重整的法规范与理论检视

以某银行诉A公司债权案为背景和基础,前文主要围绕保证人重整时维护债权人利益的理论基础与规范依据展开探讨,虽具有典型意义,但尚不能涵盖保证人破产②时债权人利益保护制度全部内容,下文将对此展开重点论述。

1. 规范冲突

关于保证人重整时债权人如何保护,可以参考最高人民法院《关于贯彻执行〈中华人民共和国企业破产法(试行)〉若干问题的意见》(现已失效)第16条的相关规定:在债权人知晓保证人(债务人)破产的事宜之后,债权人享有选择权,即其可以决定是否将保证债权直接作为破产债权进行申报。倘若债权人既未通知保证人亦未选择参与破产程序,则保证之债消灭;倘若债权人选择参与破产程序时,债权人对保证人享有的债权在保证人宣告破产之时列为破产债权,可以参与破产分配,对于因破产分配而未完全得到满足的债权余额,债权人有权向主债权人主张剩余债权。③ 这一规定看似解决了保证债权的申报问题,其实只是"一

---

① 史尚宽:《债法总论》,中国政法大学出版社2000年版,第814页。

② 此处破产之内涵为广义破产概念,包含清算、和解与重整三大典型破产程序。

③ 最高人民法院《关于贯彻执行〈中华人民共和国企业破产法(试行)〉若干问题的意见》第16条规定:依照《企业破产法》第10条第2款的规定,债务人为其他单位担任保证人的,应当在收到人民法院破产立案通知后5日内转告有关当事人。债权人得知保证人(债务人)破产的情事后,享有是否将其债权作为破产债权的选择权。债权人既不参加破产程序又不告知保证人的,保证人(债务人)的保证义务即自此终止;债权人参加破产程序的,债权人在破产宣告时所享有的债权额即为破产债权,参加分配后仍然可就其未受清偿的债权向被保证人求偿。

刀切”式处理,不过是将复杂问题简单化处理,却没有认真分析问题的本质及其可能涉及的具体情形,对于一般保证、连带保证、主债务人的期限利益等均未涉及,违背相关制度的一般理论;这种规定的另一为人诟病之处在于其过于侧重对债权人的保护而忽略了作为破产债务人之保证人的其他债权人的利益,譬如,当主债务人有清偿能力之时,债权人却跳过债务人直接向保证人主张债权,则保证人的其他债权人必须再向主债务人行使追偿权并追加分配,程序复杂,浪费成本。

2002 年最高人民法院《关于审理企业破产案件若干问题的规定》第 55 条则规定:当保证人破产时,只有在破产宣告前已经被生效的法律文书确定承担的保证责任方列为破产债权。相较于债权人享有选择权,从文义解释来看,这一法律规范似乎将法院确权作为了破产债权申报的前置条件,若这般解释必然将极大限缩在保证人破产时债权人申报债权的可申报范围,背离债权人保护理念,缺乏理论根据。

2. 理论冲突

除了法律规范的模糊,理论上对于此问题亦缺乏探讨,观点之间相去甚远。有学者支持“一刀切”式的做法,既不区分是一般保证还是连带责任保证,亦不区分债权是否到期,债权人都可以其保证债权向管理人申报债权,参与破产程序,预先获得清偿。① 这种做法显然是依据《企业破产法(试行)》意见形成,其忽略了保证的性质与债务人期限利益,且规范现已失效,该做法实不可取。

有学者认为,“在分析保证人破产时保证债权是否具有可申报性这个问题上,应当区分连带责任保证和一般保证而分别讨论,这样做既与现行《担保法》相衔接,更具有可操作性”。② 但这种看法忽略了债权未届至履行期会给债务人与保证人所带来的影响,仅解决表面问题,不能触及问题的本质。

还有学者既区分债务是否到期,也区分一般保证与连带责任保证。③ 当保证人破产,主债务到期时,若保证类型是一般保证,债权人应首先向被保证人求偿,

① 参见刘家兴:《民事诉讼法学教程》,北京大学出版社 1994 年版,第 393 页。

② 葛振国:《浅析保证人破产时保证债权的行使——以保证责任的二元化结构为视角》,载《法制博览》2016 年第 5 期。

③ 参见韩长印、王会军、张胜利:《论破产程序中保证债权的处理》,载《甘肃政法学院学报》1996 年第 4 期。

若为连带责任保证,则债权人享有选择权;当保证人破产,主债务未到期时,管理人均以债权人申报的债权额为限提存相应财产,待主债务到期时再根据一般保证或连带责任保证的不同进行追加分配。这种观点显然理解了问题的本质,但其具体做法并非尽善尽美,尤其是对一般保证人先诉抗辩权的诠释以及对分配方式的理解都值得进一步商榷。

(二)明确保证人破产重整时债权人保证债权之行使制度

1.连带责任保证

由于现行法律对于保证人破产重整时债权人如何申报债权的规定模糊,导致实践中许多问题不能得到切实解决。对于连带责任保证,主要问题在于当保证人破产但主债权尚未到期时,债权人能否申报债权。

司法裁判中,一些法院主张在主债权未到期而保证人陷入破产时,债权人不得申报债权。[①] 其理由主要在于以下两点:其一,根据《担保法》第6条的规定,主债权未到期时保证责任尚未确定,因此,不得申报债权。其二,根据最高人民法院《关于审理企业破产案件若干问题的规定》(法释〔2002〕23号)第55条第10项之规定,"债务人为保证人的,在破产宣告前已经被生效法律文书确定承担的保证责任"的债权属于破产债权,即当债务人为保证人的时候,只有在破产宣告前已经被生效法律文书确定债务人承担保证责任的情形下,这种债权才属于破产债权。

但上述观点显然是对债权申报理论和相关法律规范产生了误读。首先,债权申报是"为实现破产程序的基本要求创制的申报制度,是一种纯粹的程序制度"[②],债权申报的制度目的在于保证破产程序的迅速、公平的展开。债权申报只是债权人参与破产程序的必要条件,仅具有形式性意义,对于债权是否成立、债权效力如何、债权大小范围等须在破产程序中予以查明并确认,与债权申报无涉。此外,对于破产债权的范围并未要求必须是实然债权,或然债权亦可。"所谓或然债权是指在发生上尚未确定的债权,需待条件成熟后,或然债权才转化为实然的债权。债权人对保证人享有的债权是典型的或然债权。保证人破产时保

① 交通银行股份有限公司杭州西湖区支行等诉浙江清水湾置业有限公司普通破产债权确认纠纷案,(2016)浙01民终1693号,法宝引证码:CLI. C. 8349990。

② 邹海林:《债权申报若干基本问题研讨》,载《中外法学》1994年第1期。

证人可以凭借或然债权申报。"①其次,最高人民法院《关于审理企业破产案件若干问题的规定》第55条第10项属于对被法律文书所确定的保证债权的处理方法,其并不排斥将其他形式的保证债权确认为破产债权。因此,当保证人破产时,即使主债权未到期,债权人亦可向保证人的破产管理人申报债权,此点不因一般保证与连带责任保证的区分而有所不同。

2. 一般保证

一般保证,是指债权人与保证人约定,只有在债权人对债务人诉讼或仲裁并强制执行仍不能获得清偿时,保证人方承担保证责任。易言之,在一般保证中,保证人享有先诉抗辩权。先诉抗辩权制度是为保护保证人所设置的制度,但存在被保证人滥用的可能,因此,大陆法系的民法典多对保证人的先诉抗辩权进行了限制性规定。例如,德国《民法典》第773条规定:"1. 有下列情形之一时,先诉抗辩权消灭:(1)保证人放弃抗辩权的,特别是保证人作为自身债务人承担保证的;(2)在承担保证后,因主债务人的住所、营业场所或居所发生变动致对主债务人追诉发生重大困难的;(3)对主债务人的财产开始破产程序的;(4)可以认定对主债务人的财产进行强制执行仍不足以清偿债权人的。2. 在有第1款第3项、第4项的情形下,如果债权人能够从对主债务人有质权或留置权的动产取得清偿是,允许有抗辩权。"②法国《民法典》则仅规定了保证人放弃先诉抗辩之事由,③瑞士《债务法》则同样没有规定主债务人破产情形。可见从比较法层面,大陆法系国家对先诉抗辩权的限制都采取较为保守的态度。我国在吸收、借鉴了德国民法保护债权人利益的思想,在我国《担保法》中采纳了类似德国法的规定,但无论是德国法、法国法抑或中国法,从文义解释出发,都只在债务人破产时对一般保证人的先诉抗辩权进行了限制,均未对保证人破产时一般保证人的先诉抗辩权进行限制性规定。

对于一般保证人破产时,保证人的先诉抗辩权是否应受到限制,理论上存在争议。有学者主张"为保护债权人利益,允许债权人向保证人主张";也有学者从

---

① 曹士兵:《中国担保制度与担保方法》,中国法制出版社2015年版,第184页。

② 陈卫佐:《德国民法典》,法律出版社2015年版,第305页。

③ 法国《民法典》第2021条规定:"仅在债务人不履行其债务时,保证人始对债权人负清偿责任。债权人应先就债务人财产进行追索,但如果保证人放弃先行追索抗辩,或者保证人与债务人负有连带责任时,不在此限。"《法国民法典》,罗结珍译,北京大学出版社2010年版,第119页。

先诉抗辩权的一般理论与利益衡量角度出发,认为"在一般保证中,保证人在保证期间内破产时,不论被担保的债务是否到期,也不论被保证人是否与其同时破产,保证人的先诉抗辩权不受限制"。[①] 本文赞同第二种观点。

首先,从制度目的来说,保证的制度特点正在于替代性与补偿性,先诉抗辩权的存在也是为了保护一般保证人的顺位利益,只有在债权人对债务人主张权利并强制执行无效果的时候,方可向保证人主张保证债权。该制度既有利于敦促债权人向债务人主张权利,维护债权人利益,也减轻了保证人的责任,符合分配正义。与此同时,《企业破产法》的目的也正在于保护破产债权人,两者不存在价值冲突。

其次,从从属性来说,债权人与保证人之间的保证之债是从债,从属于债权人与债务人之间的债权合同。从属性意味着从债的成立、效力、范围等从属于主债,主次关系不能颠倒。从理论而言,债权人与保证人之间的债权是一种确定,实然之债;而保证人与债权人之间的关系是一种替代性、补充性的债权,其实现取决于主债务人是否能够完全履行,是一种法律的预设与拟制,理论上称这种债权为或然债权。但由于我国《担保法》规定,当事人未约定保证方式的视为连带责任保证,因此,或然债权的概念仅在保证方式为一般保证时方具有意义。在主债务人破产时,债的一方当事人即将消亡,若不对先诉抗辩权进行限制,必然危及债权人债权的实现,因此《担保法》规定在债务人破产时,"保证人不得行使先诉抗辩权"。与此同时,《企业破产法》规定在债务人破产时,"未到期债权视为已到期"。但在保证人破产时,只能表明主债的担保出现危机,独立于保证之债的主债务人的偿债能力并未受到影响,主债务人的偿还能力不能确定,保证之债的范围不能确定,限制先诉抗辩权并无道理。

从比较法层面,对先诉抗辩权主要有两种理解。其一,以奥地利等国家为代表,主张保证人并无严格意义上的"先诉之利",奥地利《民法典》第1135条规定,只要债权人对于主债务人已为审判上或者审判外的催告,就可以对保证人为请求,易言之,这种立法例不以债权人诉讼为先决条件。其二,债权人并无向主债务人先为追索的义务,只有在保证人主张先诉抗辩权的时候,才须就主债务人的

---

① 山文岑、王延禄:《论保证人破产时的先诉抗辩权》,载《烟台师范学院学报》(哲学社会科学版)2002年第3期。

财产主张先为执行。法国、意大利、德国的民法典均采取此种立法例。法国《民法典》第2021条规定:“保证人仅于债务人不履行债务时,对于债权人负履行责任,债务人之财产应先受检索;保证人抛弃检索利益或与债务人连带负担债务时,不在此限,于此种情形,保证人之债务,其效力依连带债务之原则定之。”德国《民法典》第771条则规定,“保证人于债权人未对主债务人为强制执行而无效果前,得拒绝向债务人为清偿”。对上述法规范的正确理解是法律并不排斥债权人向一般保证人主张债权,唯未对主债务人诉讼或仲裁并强制执行无效果之前,一般保证人可得抗辩,此亦为先诉抗辩权作为防御性权利的应有之意义。这意味着先诉抗辩权与破产债权的申报并不存在理论冲突,申报债权并不必然引起保证人行使先诉抗辩权,先诉抗辩权也不会影响破产债权的申报。

总之,无论债权是否到期都必须继续保留先诉抗辩权,但先诉抗辩并不意味着不能申报,只是预留分配份额而已。

(三)完善保证人重整时债权人保证债权之分配制度

1.预留分配制与即时分配制

债务人破产时,为保护破产债权人的利益,《企业破产法》第46条规定“未到期的债权,在破产申请受理时视为到期”。但当保证人破产时,倘若主债权未到期,一般认为保证人破产不会影响债权人的期限利益。首先,基于债之相对性理论,保证之债是债权人与保证人之间的保证关系,仅在债权人与保证人之间发生效力,保证人是否破产不应影响债权人与债务人之间的权利义务,包括其期限利益;其次,保证人的从属地位亦决定了主债务人不因保证人之破产而遭受不利益。事实上,实践中许多企业都充当着多个保证人的角色,假使因其破产便使得主债之期限利益消灭,势必会影响诸多企业的正常运营与发展。

但当主债权尚未到期保证人破产时的保证之债是否加速到期,申报的保证债权是即时分配还是预留分配,理论上存在争议。

一种观点主张预留分配制。即当保证人破产时,倘若主债务人之债务仍未届至履行期,由于保证人的债务是尚未确定的或然债务,则应当确认为临时破产债权,其份额按照债权人的申报予以预留,待主债务履行期届满时再行分配。[①]

另一种观点则主张即时分配制。“如果保证人被宣告破产时,主债务仍未到期,主债务人对未到期的债务享有期限利益,自然无清偿义务。但若保证人也可享有此期限利益,等主债务到期时,保证人的破产财产可能早已分配完毕,其保证责任实际等于被免除。为此,在破产程序中便须将债权人对保证人之权利适当扩张,以维护其正当权益。”[②]因此,对于保证之债应当参照适用我国《企业破产法》第46条规定,即“未到期的债权,在破产申请受理时视为到期”,在破产分配时直接对债权人进行分配。

对比上述两种观点,其相同点在于均赞同对尚未到期的债权予以申报并确定分配份额,但其分歧点在于分配时间。第一种观点恪守保证之债的从属性,主张对债权人申报的债权部分予以预留,待主债权履行期届满时再行分配。与此相反,第二种观点则考虑到企业破产的特殊地位,主张破产时直接对未到期保证债权进行分配。两种不同的分配措施各有优劣,具有迥异的法律后果,对当事人的利益形成深远影响。

对于预留分配而言,其制度优势在于遵循《担保法》与《企业破产法》的一般理论,维护了主债务人的期限利益,但其弊端相当明显。首先,预留分配制与《企业破产法》的制度价值不能很好衔接,譬如,并非所有债权都是短期债权,有些债权的履行期有5年、10年甚至更久,但《企业破产法》第119条规定,对于尚未诉讼判决或仲裁裁决的而被提存的债权,倘若破产程序终结之日起满两年仍未受领分配的,法院会将该部分追加分配给其他债权人,易言之,预留分配制会导致主债务的履行期与破产提存最长期间发生冲突。[③] 其次,在提存期间,财产会处于无人使用的状态,造成极大的财产闲置,浪费社会资源。

对比预留分配制,即使分配的弊端在于牺牲了债务人的期限利益,但这种利益影响程序却远低于主债权是否加速到期,原因在于实践中破产清偿率较低,一般也就在10%左右。因此,倘若保证人向主债务人追偿相应部分,也仅仅意味着

---

① 参见韩长印、王会军、张胜利:《论破产程序中保证债权的处理》,载《甘肃政法学院学报》1996年第4期。

② 王欣新:《试论破产案件中的保证责任问题》,载《法学家》1998年第2期。

③ 《企业破产法》第119条规定:破产财产分配时,对于诉讼或者仲裁未决的债权,管理人应当将其分配额提存。自破产程序终结之日起满二年仍不能受领分配的,人民法院应当将提存的分配额分配给其他债权人。

破产清偿部分债权的加速到期,对主债务人的影响较小,利益衡量之下,应侧重于对债权人利益的保护。此外,即时分配制不仅可以避免闲置资金的浪费还可以避免案结事不了的状态,使破产企业可以顺利破产或重整,稳固社会秩序,实现破产效率。

2. 具体制度安排

在连带责任保证中,债务人与保证人处于同一顺位,债权人既可以向债务人主张债权亦可以向保证人主张债权。换言之,债权人要求保证人和债务人承担责任的权利不因保证人破产而受影响。假设主债务的履行期是10年,倘若债权人倾向于向保证人主张债权,在现行法下预留分配的份额也只有两年,在企业破产清算后则保证人主体资格丧失,无法行使追偿权,势必会侵害破产企业的其他债权人利益。但是预留分配制不能回避的问题是其未能成功界定出一般保证与连带责任保证的本质区别。对于一般保证,倘若规定未到期保证之债加速到期并即时获得清偿,则先诉抗辩权形同虚设,正如前述,无论是保证与破产的制度目的,还是保证之债从属性的一般原理抑或是从比较法层面,即便保证人处于破产程序中,一般保证人仍具有先诉抗辩权。基于此,不如结合两种策略的优势,对于一般保证,因一般保证人享有先诉抗辩权,此为保证人与债权人自由意志约定的结果,采用预留分配制是法律对于私法自治最好的尊重;对于连带责任保证而言,当事人本就享有向连带之债双方主张债权之权利,即时分配制不仅符合意思自治亦切实维护了债权人之利益。

(1)一般保证的分配策略

考虑一般保证的制度特性,在保证人破产时,倘若主债权已届至履行期,若债权人向一般保证人主张债权,则一般保证人享有先诉抗辩权;倘若主债权未届至履行期,则一般保证人不仅享有先诉抗辩权,同时还享有与期限利益相对应之抗辩权。即唯在主债权已届至履行期并向债务人诉讼或仲裁后强制执行仍得不到满足的债权部分,债权人方可向一般保证人主张剩余债权。这也是一般保证之债替代性与补充性的应有内涵。倘若无视一般保证人的先诉抗辩权,允许债权人在未向债务人充分主张权利之前直接向保证人主张债权,则无疑直接减少了债务人应承担的责任范围,减损了保证人的财产,损害了保证人的其他破产债权人的利益。与此相反,倘若直接否认债权人申报债权并参与破产程序的权利,则保证制度形同虚设,无法发挥其应有的制度价值,切实维护债权人的利益。

于此,为保护债权人利益,除非债权人主动放弃保证利益,否则无论主债权是否届至履行期,破产管理人均应当根据债权人之申报预留相应的份额,待履行期届满,债权人向债务人充分主张权利之后,若债务人能够全部清偿,则将预留部分进行追加分配,若债务人不能清偿或不能完全清偿,则将预留部分分配与债务人,预留部分若有剩余则继续追加分配。

(2)连带责任保证的分配策略

保证人破产时,根据《担保法》的规定,连带责任保证的债务人在主合同规定的债务履行期届满没有履行债务的,债权人可以要求债务人履行债务,也可以要求保证人在其保证范围内承担保证责任。因此,在连带责任保证,倘若债权已到期,则债权人享有选择权,既可向债务人主张债权,亦可向保证人申报债权,在获得破产清偿之后,就未能完全清偿的部分向债务人继续求偿。在债务未到履行期的情况下,为保护债权人利益,参照适用《企业破产法》第 46 条规定,即“未到期的债权,在破产申请受理时视为到期”,在破产分配时直接对债权人进行分配。

3. 明确分配的法律后果

法律的功能本在于定分止争,因此,清晰的法律关系,明确的法律后果对于保护债权人利益尤其重要。对于一般保证而言,由于保证人享有先诉抗辩权,其分配措施采取的是预留分配制,因此,债权人只能以预留分配的财产份额为限向因债权人对债务人主张而未能满足的剩余债权清偿,且保证人陷入破产程序,一旦重整计划执行完毕,债权人对保证人的债务即告消灭。对于连带责任保证而言,当主债务已到期,则债权人享有选择权,其既可以选择向债务人主张全部债权或部分债权,也可以向保证人主张全部或部分债权。债权人向保证人主张之债权的消灭以债权人接受的破产清偿额为限,对未能满足的剩余债权,债权人仍有权向主债务人主张。对债权人未受领部分财产法院可以追加分配,以维护其他破产债权人之利益。

五、结　　论

保证之制度价值与我国《企业破产法》的立法宗旨均在于保证债权人的利益,保证制度的实施使债权人完全实现债权的可能性大大提高,故保证人的清偿方式应当有利于实现债权的全面性与完整性。《企业破产法》的目的在于保证债权的公平清偿,其不具有剥夺债权人选择权及向其他债务人的请求权之功能,而仅具有消灭破产当事人之间债权债务之功能,否则就是通过破产程序保护了债务人的利益却损害了债权人的利益,这与《企业破产法》债权人与债务人利益平衡的立法理念不符。重整程序对于所有申报债权者均有约束力,重整计划实施完毕债权人与破产人之债的关系即告消灭,其无法再就原债权向债务人要求清偿。但该债之关系的消灭无法适用于重整程序之外的人,债权人与其他债务人之关系适用相应法律的规定。

延伸之,我国现行法律的立法不足使保证人在破产时对其债权人利益之维护捉襟见肘,因此,为鼓励债权人申报债权,预防主债务人恶意逃债,实现破产效率,在银行不良贷款日益增加的情形下,为维护金融秩序的稳定与安全,建立和完善保证人破产时债权人保护制度势在必行。当保证人破产重整时无论保证人提供的是一般保证还是连带责任保证,无论主债务是否已届至履行期,债权人均有权向管理人主张债权,但一般保证人仍享有先诉抗辩权,再未对主债务人强制执行无效果之前,保证人有权抗辩。对于一般保证人而言,因其享有先诉抗辩权,兼之为保护债务人的期限利益,建议采取预留分配制,管理人以债权人申报之债权额为限预留分配份额,唯在对主债务人主张权利并强制执行无效果之后,债权人可得分配。对于连带责任保证,当保证人破产时,为维护债权人利益,建议采取即时分配制,参照适用《企业破产法》当债务人破产时未到期债权视为已到期之规定。对于债权人因破产程序而未获得全部清偿之债权,债权人仍可向债务人主张权利。

法院裁定确认债权后债权人救济途径的发掘

冯　坚*　王鹏权**　范平淹***

一、债权人会议能否以决议形式对破产债权进行核查

我国《企业破产法》第58条第1款规定："依照本法第五十七条规定编制的债权表，应当提交第一次债权人会议核查。"根据该条规定，破产管理人应当在债权审核完毕后，提交第一次债权人会议进行核查、确认。但债权人会议应当如何行使核查权，《企业破产法》未作规定，这也成为实践中的一大难题。对债权人会议核查的对象一般认为是管理人编制的债权表记载的有关债权的数额、性质、债权人等有关内容。关于核查的方式，一般采用债权人会议成员向管理人提出书面询问的方式。然而，债权人会议在对破产债权核查后是否应形成核查结论，实践中做法不尽相同。陕西省高级人民法院认为，债

---

* 浙江大公律师事务所主任、浙江省破产管理人协会副会长、绍兴市破产管理人协会会长。

** 浙江大公律师事务所公司与金融法律部主任。

*** 浙江大公律师事务所公司与金融法律部主任助理。

权人会议应对债权核查结果作出决议；①广东省高级人民法院认为，债权表应经债权人会议依法确认。② 从笔者检索到的破产债权确认纠纷类案件中，也可以发现实践中此种做法很常见。在珠海市延兴石油化工发展公司破产清算案中，债权人在第二次债权人会议上对珠海延兴公司的债权表进行了表决，并形成了会议表决决议。后珠海延兴公司管理人依据债权人会议表决结果和债权人的书面确认制成债权表，向珠海市中级人民法院提交申请确认，珠海市中级人民法院裁定确认了第二次债权人会议表决通过的债权表。③ 其他如中国科技国际信托投资有限责任公司破产清算案中，也有此种做法。④

但安吉县人民法院在汤某喜与浙江诸安建设集团有限公司、浙江钱能燃油有限公司普通破产债权确认纠纷一案中否定了上述做法。该案中，汤某喜为维护自己的权益，向法院提出的其中一点事实和理由便是，债权人会议应当对债权登记表进行核查并进行表决。⑤ 对此，安吉县人民法院认为，债权人会议对决议事项进行表决的前提是核查债权金额和性质，在债权尚未确定具体金额和性质的情况下，将债权核查事项列入决议事项是与表决制度运行原理相冲突。我国《企业破产法》第 61 条仅将核查债权事项列入债权人会议的职权范围，但并未规定该事项为决议事项。债权的金额或性质的确定，不应通过民主表决，而是应通过事实和法律来确定。⑥ 湖州市中级人民法院二审维持了一审观点。⑦

---

① 陕西省高级人民法院《关于审理企业破产案件若干问题的指导意见》第 2 条第 14 款规定："债权人对债权人会议确认债权的决议提出异议的，人民法院应当采用书面或者开庭的方式进行审查。异议成立的，应当裁定撤销该项决议；异议不成立的，应当裁定驳回异议申请。"

② 广东省高级人民法院《全省部分法院破产审判业务座谈会纪要》第 5 条规定："对于《企业破产法》第五十八条第二款规定的债务人、债权人均无异议并经债权人会议依法确认的债权表记载的债权，人民法院可根据管理人的申请径行作出裁定予以确认。"

③ 珠海市中级人民法院(2013)珠中法民二初字第 5 号。

④ 北京市第二中级人民法院(2013)二中民初字第 14272 号："中科信管理人在确认上述债权前，曾将债权确认事宜提交债权人会议审议核查，但经债权人会议表决，没有获得通过。"

⑤ 安吉县人民法院(2016)浙 0523 民初 2421 号："2015 年 2 月 12 日上午九点，由安吉县人民法院主持召开了第一次债权人会议，但此次会议并没有对管理人制作的登记表进行核查，也未进行表决，该登记表越权认定的被告诸安公司享有优先权依法应当无效，且该工程款数额，由此形成的债权均存疑。"

⑥ 安吉县人民法院(2016)浙 0523 民初 2421 号。

⑦ 湖州市中级人民法院(2016)浙 05 民终 1608 号："债权人会议作为全体债权人的意思表示机构，是全体债权人的自治性组织，破产法仅赋予债权人会议核查债权的职权，若允许债权人会议对债权金额及性质进行自由表决，不仅有悖破产法规定，更易致债权处于不确定状态。"

上述两种不同做法,笔者倾向于后者。破产债权是否存在是一个事实问题,应通过证据予以证明,并不存在表决的前提,法院裁定确认债权依据的应该是债权发生的事实,而非决议①。加之,《企业破产法》第59条第2款已将“债权的确认”作为债权人参加债权人会议行使表决权的基础,《企业破产法》已将债权的确认权划给法院,必须通过“法院裁定”和“诉讼判决”两种途径进行确认。故在债权人的债权未经人民法院确认前,其债权尚是一种未知债权,由债权人通过表决的形式对债权进行核查缺乏相应的基础,也存在逻辑上的矛盾。事实上,在《企业破产法(试行)》颁布后,债权人会议确认债权与表决制度的冲突问题就屡遭诟病。故在现有法律框架内,不宜再由债权人会议以表决的形式对债权的核查结果作出决议。

二、破产债权审查中的相关问题

(一)法院是否应当对无异议债权进行实质审查

人民法院在对破产债权进行审查确认时是否需要进行实质审查,学界存在不同观点。通说认为,当债务人、债权人对债权表记载的事项无异议时,可由人民法院根据现有的证明材料予以裁定确认,无须再进行实质审查。但个别观点认为,人民法院在裁定确认前应当对无异议的债权是否存在危害他方利益,是否存在虚假破产,是否存在意思表示不自由等情形进行适当审查。② 事实上,该问题与管理人的破产债权审查权是密不可分的。

我国《企业破产法》第57条第1款将破产债权的审查权赋予了破产管理人,形成了“管理人审查—债权人会议核查—债权人异议—法院裁定确认或判决”的破产债权审查确认模式。管理人在破产债权的审查、确认程序中承担了主要的实际工作,处于破产债权审查的第一道防线上,管理人在编制债权表时需要对债权是否可以确认、确认的数额、债权的性质和有无担保等实质性内容进行分析、

① 青海省高级人民法院似乎传达了此种意思。青海省高级人民法院《关于规范审理企业破产案件的实施意见》第12条规定:“第一次债权人会议由人民法院主持,人民法院应根据债权人会议的意见,依据债权发生的事实,依法裁定确认债权。”

② 参见邵长富、王振兴:《破产债权确认中的法院审查权》,第二届中国破产法论坛论会议论文,北京,2009年,第554页。

判断,故破产管理人对破产债权的审查应当是实质审查。该观点也已得到北京市高级人民法院的肯定。① 当然,破产管理人对破产债权的实质审查是有限度的。②

鉴于管理人在审核确认债权时已对申报债权进行了实质审查,破产法也赋予了债权人、债务人异议权。加之,破产程序中债权人人数众多,尤其是一些大型破产案件甚至有成千上百名债权人,要求法院对每一份债权进行实质审查必然会使整个破产程序的周期拉长,无法体现管理人的工作成果,造成诉讼效率的降低和诉讼资源的浪费。故对债权表记载的债权人、债务人无异议的债权,人民法院在裁定确认时无须再进行实质审查,可根据管理人的申请径行作出裁定。③至于,法院裁定确认后发现确有错误时如何救济,本文将在下文予以评述。

(二)法院裁定确认债权的时间节点

破产债权的确定是债权人行使表决权的前提。债权人通过行使表决权形成债权人会议决议的形式行使债权人会议的多项职权。因而,法院确认债权或确定临时债权赋予表决权是形成债权人会议决议的前提。在第一次债权人会议上,管理人在债权核查结束后会先申请法院确认债权和确定临时债权,根据法院口头裁定确认的债权及决定的临时债权,再由债权人对管理人提交的《停止债务人营业的报告》《债务人财产管理方案》《债务人财产变价预案》《管理人报酬方案》进行表决。④

但是,第一次债权人会议的议程通常较多,虽然在债权核查阶段赋予了债权人对债权异议的权利,但提出异议的时间点被限定在管理人申请法院确认债权

---

① 北京市高级人民法院《企业破产案件审理规程》第169条规定:“管理人应当在第一次债权人会议之前对债权进行实质审查,确定债权的性质、数额、担保财产、是否超过诉讼时效、是否超过申请执行时效等情况。”

② 如对已经发生法律效力的裁判文书所确定的债权,管理人可直接予以确认。若其他债权人对该发生法律效力的裁判文书确定的债权数额、性质等有异议的,应通过其他法律途径解决。

③ 该观点也已得到广东省高级人民法院的认可。《全省部分法院破产审判业务座谈会纪要》第12条规定:“对于《企业破产法》第五十八条第二款规定的债务人、债权人均无异议并经债权人会议依法确认的债权表记载的债权,人民法院可根据管理人的申请径行作出裁定予以确认。”

④ 青海省高级人民法院将法院裁定确认债权的时间点限定在第一次债权人会议。青海省高级人民法院《关于规范审理企业破产案件的实施意见》第12条规定:“第一次债权人会议由人民法院主持,人民法院应根据债权人会议的意见,依据债权发生的事实,依法裁定确认债权。”

前,较为仓促;而且,管理人对债权人的异议情况也需要时间核实,在异议债权人较多的情况下,极容易遗漏或出错。另外,根据我国《企业破产法》第62条第1款规定,从债权申报截至第一次债权人大会召开之间仅有约两周时间,管理人对会议资料的准备以及债权审核情况与债权人沟通的时间非常有限,且许多债权人往往是在债权申报期限届满的最后1~2天才来申报,管理人很难在第一次债权人会议前完成全部债权的审核工作,即便完成了审核也难免会出现差错。在这种情况下,如果法院径行裁定确认了无异议债权,但事后发现管理人登记债权存在差错,债权人提出的异议被管理人遗漏等情形,不仅会使原本通过的决议的基础受到质疑,而且通过何种程序变更已为裁定确认的债权也存在疑问。

针对实践中遇到的此类问题,有观点建议法院采谨慎态度,在第一次债权人会议上暂不裁定确认债权,先将所有债权均确定为临时债权并赋予债权人相应的表决权,待第一次债权人会议结束后,给予债权人一定的异议期间,充分保障债权人的异议权,同时留给管理人一定的时间查漏补正。异议期届满后,再由管理人将无争议或虽提出异议但经管理人解释或说明后予以认可的债权另行编制成册,申请法院予以裁定确认并制作债权确认的民事裁定书。该建议虽在一定程度上保障了债权人的异议权,也能降低因管理人自身原因出现错误的概率,但也存在一些弊端。一方面,均认定为临时债权会引发部分债权明确清晰的债权人的不满,对管理人接管以后的工作成果产生怀疑;另一方面,大量确定临时债权并赋予表决权的做法也会让人怀疑管理人是否在利用临时债权制度操控会议表决结果。此外,该种做法仍未能解决超过异议期后的债权争议问题。故本文认为,法院裁定确认债权后出现债权争议的问题不应通过临时债权制度来解决,而应利用其他法律程序予以纠正,法院仍应在债权人行使表决权前根据管理人的申请裁定确认债权。

三、债权人异议中的相关问题

(一)债权人异议能否采口头方式

破产案件审判中,管理人一般会要求债权人以书面方式提出异议,而不受理口头异议,如要求债权人填写管理人制作的《债权异议表》。对此,笔者认为,一方面,我国破产法未明确将债权人提出异议的方式限定于书面方式,管理人单方制定的债权核查规则将异议方式限定为书面缺乏法律依据;另一方面,破产案件中部分债权人往往文化程度较低、多未受过法学教育,加之上文所述的异议时间仓促,一时无法很好地组织语言进行表述,如果不允许其通过口头方式提出异议,既是对其异议权的不当限制,也会导致其提交的书面异议材料与真实意思有所偏差,给管理人的工作造成困扰。故债权人的异议方式不应仅限于书面方式,宜参照起诉制度,①以书面为原则,以口头为例外,债权人以口头方式向管理人提出的,管理人应予以记录。

(二)债权人异议是否应提交相应证据

司法实践中,债权人的异议往往五花八门,有些对债权本金有异议,有些认为利息计算有问题,有些对债权是否享有优先权持有异议,有些对他人的债权持有异议,而有些仅是对自己债权申报材料的重申。笔者认为,对于债权人异议是否应提交证据的问题应区别对待。债权人对利息计算等相关法律适用问题持异议的,说明相应的法律依据即可;对债权是否真实存在、是否享有优先权等事实问题持异议的,应当进一步提交证据材料;债权人仅是对债权申报材料进行重申的,无须进一步提交证据材料;债权人对管理人债权数额登记错误等文字错误提出异议的,说明即可。

(三)债权人异议后法院能否径行确认债权

实践中,在债权人提出债权异议后,管理人一般会将该部分债权暂时转为临时债权,并申请法院赋予其表决权,在会议结束后再进一步核实。但是,如上文所述,债权人的异议并非都能成立,故对债权人的异议也要区别对待,不能因债权人提了异议就一律确定为临时债权。如果管理人审查后认为债权人提出的异议明显无事实和法律依据,应向其说明和解释,但不应以此为由将异议债权转为临时债权。例如,在广东肇庆市永安燃料公司与陕西延长石油工贸有限公司破产债权确认纠纷一案中,债权人对其他债权人的债权提出异议后,管理人认为事

---

① 《民事诉讼法》第120条第2款规定:"书写起诉状确有困难的,可以口头起诉,由人民法院记入笔录,并告知对方当事人。"

实和理由明显不能成立的,仍申请法院确认了被异议债权。[①] 但若债权人提出了对自己的债权不利且不影响其他债权人的异议,或是对管理人因各种原因导致的债权人姓名登记错误、债权数字计算错误或其他文字错误的异议,管理人应当根据其异议直接进行修改,不应将受异议债权整体转为临时债权,否则会对表决基础产生不利影响。例如,管理人审核确认的债权为8000万元,但债权人提出异议称其只申报了800万元,管理人登记债权数额有误,此时管理人应直接将债权核减至800万元,而不应将8000万元转为临时债权。因此,债权被异议后并不意味着法院不能确认债权,管理人应根据不同情况作相应处理。

四、债权人异议之诉中的相关问题

(一)债权人异议之诉的诉讼期限

我国《企业破产法》第58条第3款规定:"债务人、债权人对债权表记载的债权有异议的,可以向受理破产申请的人民法院提起诉讼。"但提起债权异议之诉的诉讼期限,《企业破产法》未作明确。实践中对此存在不同观点和做法。

最常见的做法是由管理人进行指定,[②]通常管理人会在《债权核查规则》中载明债权人向管理人提起诉讼的期限为债权核查结束后的15天。[③] 这"15天"

---

① 广东省高级人民法院(2015)粤高法民二破终字第3号:2012年3月30日珠海延兴公司被宣告破产,永安公司与陕西延长公司作为债权人皆向珠海延兴公司破产管理人申报债权。其中陕西延长公司申报债权为53,380,349.09元,该数额包含(2008)西仲裁字第320号裁决书所确认的款项。破产管理人经审核后仅确认(2008)西仲裁字第320号裁决书所认可的本金及部分利息,共计34,459,010.09元。2012年10月22日,珠海延兴公司召开第二次债权人会议并对债权进行表决,永安公司在债权人会议上对陕西延长公司的债权提出异议。2013年4月1日法院作出(2012)珠法破字第1-3号民事裁定书,确认珠海延兴公司债权人会议通过的债权表。该债权表中既包含了永安公司的债权,也包含了陕西延长公司34,459,010.09元的债权。永安公司于2013年4月3日提起诉讼,要求不予确认陕西延长公司的债权。

② 实践中,也有法院会在民事裁定书中指定诉讼期限。江苏省高级人民法院(2015)苏商终字第00169号:"原审法院于2013年9月17日作出(2012)泰中商破字第0001-3号民事裁定书,裁定国银公司管理人提交的债权表上债权人的债权成立,并明确载明债务人、债权人对债权表有异议的,可以自收到该裁定之日起十五日内向原审法院提起诉讼。"

③ 北京市高级人民法院《企业破产案件审理规程》第174条区分了3种情况:(1)债务人、对他人债权有异议的债权人的异议诉讼期限为债权人会议核查债权结束后15日内;(2)对本人债权有异议的债权人提起异议诉讼的期限未作规定;(3)对于有担保的债权,管理人应将审查情况书面告知担保人,担保人有异议的,可以要求管理人更正。管理人不予更正的,担保人可以在收到不予更正决定之日起15日内,向受理破产案件的人民法院提起债权确认诉讼。逾期未起诉的,上述债权确定。

一般认为是源自《企业破产法》第 64 条第 2 款[①]关于债权人请求法院撤销债权人会议决议的期限。但在债权异议之诉的审判实践中，该种指定期间的做法认可度不高。例如，上虞市红祥化工有限公司与浙江绍兴天源纺织印染有限公司普通破产债权确认纠纷一案中，绍兴市越城区人民法院认为，即便债权人同意了债权核查规则中关于 15 天起诉时限的规定，也不能剥夺债权人法定的起诉权利。[②]张某林与江苏国银投资有限公司破产债权确认纠纷一案中，江苏省高级人民法院亦持相同观点。[③] 可见，管理人能否指定异议之诉的期限也存在探讨的余地。也有观点认为，应根据《企业破产法》第 4 条[④]的规定，适用两年诉讼时效之规定，自当事人知道或应当知道争议发生之日起计算。当然，在《民法总则》实施后，该种观点将变更为 3 年。另有观点认为，债权人在破产财产分配前均可提起异议之诉，在债权人提起异议之诉后，管理人应当将其分配额提存。

对于上述 3 种做法，笔者认为均有待商榷。如果不限制时限或适用普通诉讼时效，意味着争议债权可能长期处于一种不确定状态。而进入破产程序的企业一般已不能清偿到期债务或者存在不能清偿到期债务的可能，债务人的财产处于一种极易流失的状态，要实现破产挽救濒临破产的企业和使债权人获得清算更高的清偿率的目标，就必须迅速了解债权债务关系，把债务人从沉重的债务负担中解脱出来。因此，破产程序不可能因为争议债权的未确定而停滞不前，这就需要对债权异议之诉提起的时限作一个限定，这样既能保障债权人公平参与的权利，又能保证破产程序的正常进行。但是，如果将时限限定在破产财产分配前，可能会导致债权人在破产财产分配阶段无端提起异议之诉，阻碍破产财产的分配，损害其他债权人的利益。管理人单方指定债权异议之诉时限的做法，主体的合法性和期限的合理性上也都缺少法律支持，争议发生后极易被法院否定。考虑到异议之诉的诉讼时限问题通常发生在法院裁定确认债权后，与下文要探讨的法院裁定确认债权后如何救济的问题会有所交叉，故本文将在讨论完救济

---

① 《企业破产法》第 64 条第 2 款规定："债权人认为债权人会议的决议违反法律规定，损害其利益的，可以自债权人会议作出决议之日起十五日内，请求人民法院裁定撤销该决议，责令债权人会议依法重新作出决议。"

② 绍兴市越城区人民法院（2016）浙 0602 民初 1116 号。

③ 江苏省高级人民法院（2015）苏商终字第 00160 号。

④ 《企业破产法》第 4 条规定："破产案件审理程序，本法没有规定的，适用民事诉讼法的有关规定。"

模式后,再提出异议之诉诉讼期限的完善建议。

(二)法院裁定确认债权后,能否提起异议之诉

通过破产债权确认纠纷案件检索可以发现,各地法院对债权裁定确认后债权人提起的债权确认之诉持不同态度,主要有以下几种做法:

1. 以未超过异议之诉期限为由,进行实体审理

部分法院将焦点放在了异议之诉的期限上。如上文提及的上虞市红祥化工有限公司与浙江绍兴天源纺织印染有限公司普通破产债权确认纠纷案以及张某林与江苏国银投资有限公司破产债权确认纠纷案,均是以未超过期限为由,对案件进行了实体审理。

2. 以违反“一事不再理”为由驳回起诉

从检索情况来看,以违反一事不再理为由驳回起诉的判例较多,[①]其中说理较为充分的是中国农业银行股份有限公司深圳市分行与中国科健股份有限公司、中国东方资产管理公司深圳办事处破产债权确认纠纷一案。该案中,深圳市中级人民法院认为当事人的起诉,不能违反“一事不再理”的民事诉讼基本原则。发生法律效力的判决、裁定、调解书,当事人应当履行,不得以同一诉讼标的、同一事实理由再次提起诉讼。破产法已赋予了债权人向管理人异议及向法院起诉的权利,故破产法对于异议债权人债权的保护,在程序上和实体上都有明确的规范。对于管理人确认的债权表有异议的债权人,应按照破产法的相关规定,积极行使权利。而对于债权表中各债权人均无异议的债权,须经人民法院以裁定的形式予以确认,该裁定在法律上赋予债权表以实体确定效力和程序强制效力。同时,该裁定亦为法院对各方当事人无异议的实体性权利的确认,具有与生效之判决等同的既判效力。破产法及相关的民事诉讼法律并没有规定当事人对法院作出的债权确认裁定不服时可以提出上诉,所以,法院一旦作出裁定确认即发生法律效力,即终审裁定效力。因此,对于债权表记载的债权如有异议,异议人应当在法院作出确认裁定前提起诉讼。如果允许债权人或债务人在法院的确认裁定作出后还可提出异议并起诉,实际上是对法院已发生法律效力的裁判所认定

---

① 南通市崇川区人民法院崇商初字第00797号;南通市中级人民法院(2017)苏06民终94号;益阳市赫山区人民法院(2014)益赫民二初字第512号;六安市中级人民法院(2014)六民二初字第00490号。

的法律事实、法律关系又提起诉讼,有违民事诉讼法“一事不再理”的基本原则。①

3. 回避上述问题,直接对案件进行实体审理

在郑某伟与直立汽配有限公司破产债权确认纠纷案中,郑某伟在法院裁定其债权为0元后,向法院提起破产债权确认之诉。直立汽配有限公司管理人认为,郑某伟的债权已经法院裁定确认为0元,应予驳回。但一审、二审法院均未对该答辩意见予以评述,而是直接对案件实体进行了审理。② 韩某与南陵宝钜汽车城有限公司破产管理人破产债权确认纠纷案中,管理人辩称南陵县人民法院已依法裁定确认原告所享有的债权数额为0元,原告依法提起普通民事诉讼程序违法,原告可以申请再审。法院审理后认为,韩某有权提起确认之诉,未阐述理由。③

上述各地法院虽然存在不同做法,但案件的最终处理结果却高度一致,即维持法院原确认债权的裁定。

4. 利息、违约金等债权未被确认的,仍可起诉

怀化市鑫都硅业有限公司与瑞田钢业有限公司、苍南金瑞投资管理有限公司等普通破产债权确认纠纷案中,苍南县人民法院裁定确认鑫都公司对金瑞公司享有4,008,838.58元的本金债权,但对违约金没有予以确认,温州市中级人民法院认为鑫都公司有权就金瑞公司应承担的违约金债权提出破产债权确认的诉讼请求,并确认了鑫都公司对金瑞公司享有违约金普通破产债权134,696.98元。④

在暂时搁置债权异议诉讼期限的前提下,笔者认为法院作出债权确认裁定后,债权人仍可提起破产债权确认之诉,法院应进行实体审理,理由主要有以下几点:首先,现行法律未禁止债权人在债权确认后提起异议之诉。当事人的诉权属“民事基本制度”,只有法律明确禁止性规定才能限制。其次,《企业破产法》虽赋予了债权人向管理人异议及向法院起诉的权利,但未规定法院裁定确认债

① 广东省高级人民法院(2013)粤高法民二破终字第11号。

② 德清县人民法院(2013)湖德商初字第354号;湖州市中级人民法院(2014)浙湖商终字第467号。

③ 南陵县人民法院(2015)南民二初字第00136号;芜湖市中级人民法院(2015)芜中民二终字第00335号。

④ 温州市中级人民法院(2014)浙温商终字第2231号。

权的时间点。如前所述,我国未规定债权人核查债权的方式,以决议形式形成核查结论也存在逻辑矛盾,法院口头裁定确认债权时间仓促;加之,各债权人之间信息不对称,通常无法第一时间判断其他债权人的债权是否有误,若不允许债权人事后起诉,有失公允。再次,债权确认后提起异议之诉并不违反"一事不再理"原则。"一事不再理"原则包含两方面:一是禁止重复起诉;二是判决既判力的效果。最高人民法院《关于适用〈中华人民共和国民事诉讼法〉的解释》(以下简称《民事诉讼法司法解释》)第247条第1款[①]已对重复诉讼作了规定,因确认债权不是诉讼的结果,毫无疑问不构成重复诉讼;至于既判力,应探讨的是:民事裁定是否具有既判力。民事裁定主要用于解决程序问题,个别情况下可用于实体问题的处理。一方面,我国未明确规定既判力制度,更未确定裁定的既判力,学理上亦认为裁定不具有既判力;[②]另一方面,确定债权的裁定关乎实体权利,在诉讼法理上,关乎当事人实体权利的判断,需要当事人双方充分的辩论,否则会被认为是对当事人的突然袭击。[③] 故在我国未设置完备的债权审核程序和债权确认程序的情况下,不宜承认确定债权裁定的既判力。最后,以起诉方式对已生效的判决和裁定进行救济在民事诉讼制度中有制度依据。例如,在公示催告程序中,利害关系人可以作为原告以通过除权判决获得权利的人为被告向法院提起诉讼获得普通诉讼程序的救济;第三人撤销之诉中,第三人有证据证明发生法律效力的判决、裁定、调解书的部分或者全部内容错误,损害其民事权益的,可以向作出判决、裁定、调解书的人民法院提起诉讼获得救济。综上所述,笔者认为,应允许债权人在债权确认后提起异议之诉获得救济。

(三)现有法律框架下,法院裁定确认债权后的其他救济途径

上文提到,因破产案件的复杂性,管理人在工作中难免会出现失误。那么,

---

① 《民事诉讼法司法解释》第247条第1款规定:"当事人就已经提起诉讼的事项在诉讼过程中或者裁判生效后再次起诉,同时符合下列条件的,构成重复起诉:(一)后诉与前诉的当事人相同;(二)后诉与前诉的诉讼标的相同;(三)后诉与前诉的诉讼请求相同,或者后诉的诉讼请求实质上否定前诉裁判结果。"

② 参见张卫平:《民事诉讼法》(第4版),法律出版社2016年版,第437页。

③ 例如,日本对于诉讼要件的判断有条件承认其判断的既判力。所谓有条件,即关于这些事项当事人双方需要充分辩论,否则造成对当事人的突然袭击。参见张卫平:《民事诉讼法》(第4版),法律出版社2016年版,第437页。

如果因管理人工作失误导致法院错误确认债权,在债权人不愿意提起异议之诉的情况下,有无其他救济程序?我国现有法律虽未作出直接规定,但笔者认为在现有法律框架下仍有救济的途径。

我国《企业破产法》第4条规定:"破产案件审理程序,本法没有规定的,适用民事诉讼法的有关规定。"《企业破产法》未规定裁定确认债权后的救济途径,故应从《民事诉讼法》中寻找相应的法律依据。相比于民事诉讼法中普通程序和简易程序等一般诉讼程序,破产程序最接近于"特别程序"。破产案件所涉及的法律关系十分复杂,并不仅仅限于民事法律关系,而特别程序实际上也是包括了若干不同种类的民事权益争议、非民事权益争议的案件的程序。[①] 1991年4月9日通过的《民事诉讼法》第十九章中原本规定了"企业法人破产还债程序",后因2006年《企业破产法》的颁布,2007年修订《民事诉讼法》时将该破产程序从中剔除。这种变化正好说明了破产程序也是民事诉讼中的一种特别程序。而我国对特别程序的救济已做了规定,《民事诉讼法司法解释》第374条规定:"适用特别程序作出的判决、裁定,当事人、利害关系人认为有错误的,可以向作出该判决、裁定的人民法院提出异议。人民法院经审查,异议成立或者部分成立的,作出新的判决、裁定撤销或者改变原判决、裁定;异议不成立的,裁定驳回。"因此,在现有法律框架下,债权人或者管理人认为法院确认债权的裁定有误的,可以引用该条款直接向法院提出异议,法院经审查后,如果认为确认的债权中确有错误的,应当作出新的判决或裁定撤销或改变原裁定。

五、债权人异议之诉的制度设计与安排

(一)债权人异议之诉诉讼期限的具体制度设计

实践中对异议之诉的诉讼期间的差异化做法的争议主要集中在两个方面:一是主体的合法性,二是期限的合理性。确定期限的主体合法性问题可直接通过立法予以明确。在确定期限合理性的问题上,笔者认为应视异议对象区别对待。

---

① 参见张卫平:《民事诉讼法》(第4版),法律出版社2016年版,第450页。

1. 对自己债权的性质、数额等提出异议宜借鉴债权人会议决议撤销制度

如果债权人只是对自己的债权性质、数额提出异议,本文认为,实践中参考债权人会议决议撤销制度将将异议期限定为15天是合理的。因为,管理人在审核债权过程中会多次与债权人沟通,将不予确认债权或核减债权的情况提前告知债权人,并提醒债权人及时补充提交申报材料。换言之,债权人对自己债权的审核情况心里早就有所准备,而且债权人对自己的债权情况往往更为清楚,也有充分的时间维护自己的权益。设定较短的诉讼期限既是督促债权人及时维护自己的权利,也能保障破产程序能迅速、顺利推进。

2. 对他人的债权性质、数额等提出异议的期限宜借鉴第三人撤销之诉

第三人撤销之诉是2012年修改后的《民事诉讼法》所新设立的一项诉讼制度。案外第三人可以以诉的形式撤销他人之间已经生效的判决、裁定和调解书,以维护自己的民事权益。债权人提起异议之诉与第三人撤销之诉制度在目的、功能上都非常相似。一方面,破产案件各债权人之间存在利害关系,他人债权被确认或被确认为优先债权,意味着其他债权人可分配的财产会减少,法院的确认债权裁定会影响到其他债权人的利益。另一方面,第三人撤销之诉的一个要件是"因不能归责与本人的事由未参加诉讼"。案外第三人没有参加诉讼,程序权利就无法得到保障,如果案外第三人参加了他人之间的诉讼,则该第三人可以在该诉讼中,通过行使相应的诉讼权利维护自己的民事权益。对比我国债权确认程序,债权核查和审查制度很不完善,信息不对称,债权人往往无法在第一时间知晓其他债权人的债权情况,其程序权利也无法得到保障,两者如出一辙。故本文认为债权人对他人的债权性质、数额有异议的,可参考"第三人撤销之诉",①将提起异议之诉的诉讼期限确定为6个月。

3. 债权人异议之诉诉讼期限的起算点

笔者认为,异议之诉的诉讼期限应自债权人权利受到实际侵害之日起计算。如果债权人因自己的债权未被确认提起异议之诉的,因通常法院不会对未确认

---

① 《民事诉讼法》第56条第3款规定:"前两款规定的第三人,因不能归责于本人的事由未参加诉讼,但有证据证明发生法律效力的判决、裁定、调解书的部分或者全部内容错误,损害其民事权益的,可以自知道或者应当知道其民事权益受到损害之日起六个月内,向作出该判决、裁定、调解书的人民法院提起诉讼。人民法院经审理,诉讼请求成立的,应当改变或者撤销原判决、裁定、调解书;诉讼请求不成立的,驳回诉讼请求。"

的债权作出裁定,也不会向其送达裁定书,故起诉期限应自接到管理人不予确认通知书之日起计算,当然如果法院对不予确认债权也进行裁定,如有的法院裁定债权为0元,[①]应自法院确认债权的裁定送达之日起计算。此外,债权人对自己的债权被部分确认或债权性质有异议的,异议之诉起诉期限应自法院确认债权的裁定送达之日起计算。债权人对其他债权人的数额或性质有异议的,也应自法院确认债权的裁定送达之日起计算。

(二)债权人异议之诉诉讼主体的具体制度安排

债权人异议之诉分为两种,一种是债权人对自己的债权提起异议诉讼;另一种是债权人对他人的债权提起异议诉讼。然而,当不同的权利人对不同的对象提起诉讼时,应当以谁为被告,《企业破产法》未作规定。对此,笔者认为,在债权人异议之诉被告的确定上应作如下制度安排:

债权人对自己的债权有异议向法院提起诉讼的,应将债务人列为被告,[②]管理人代表债务人诉讼。如有其他异议人否认债权的,可将其他异议人作为第三人。

债权人对他人债权有异议向法院提起诉讼的,亦可参照第三人撤销之诉,[③]应将债务人、受到异议债权人列为共同被告。[④] 如果存在多个异议债权人对同一债权人的债权有异议的,应区别处理:如果多个异议债权人同时起诉的,应适用诉的合并进行合并审理;若某异议债权人起诉后,又有债权人起诉的,先起诉的债权人应作为原告,后起诉的债权人列为第三人。

(三)异议之诉成立后,改变原裁定的程序性操作

关于异议之诉成立后,如何改变原债权确认裁定有不同意见。

---

① 德清县人民法院(2013)湖德商初字第354号;湖州市中级人民法院(2014)浙湖商终字第467号;南陵县人民法院(2015)南民二初字第00136号;芜湖市中级人民法院(2015)芜中民二终字第00335号。

② 因债务人属于有与债权人有利害关系的债之相对方。

③ 《民事诉讼法司法解释》第298条规定:“第三人提起撤销之诉,人民法院应当将该第三人列为原告,生效判决、裁定、调解书的当事人列为被告,但生效判决、裁定、调解书中没有承担责任的无独立请求权的第三人列为第三人。”

④ 因法院对债务人和债权人之间发生的债之法律关系予以了确认。

第一种观点认为,法院应根据异议之诉的审理情况作出相应判决,若异议之诉成立导致判决内容与原债权确认结果不一致的,管理人应根据判决书内容重新编制债权表,提交债权人会议核查,并申请法院作出新裁定变更原裁定。

第二种观点认为,债权异议之诉经审理后,若异议之诉成立导致判决内容与原债权确认结果不一致的,法院应通过判决直接撤销或变更原裁定。

上述做法各有利弊,本文更倾向第二种做法。第一种做法主要是依据《民事诉讼法司法解释》第374条。新的判决与原债权裁定不一致,说明原裁定属于《民事诉讼法司法解释》第374条规定的"裁定有错误",法院作出新判决说明"异议成立",而由管理人提交债权人会议进行核查和说明,能够保证全体债权人的知情权和核查权。但是,在法院已作出判决后,再重新提交债权人会议核查,核查完再由法院作出裁定,程序显得过于烦琐复杂,亦会给法院增加很多工作量。况且在法院已作出判决的情况下,债权人会议的核查也只是形式,债权人的异议无法阻止法院的判决,并不能起到保障核查权的作用。第二种做法虽看似有违民事诉讼惯例,①其实不然。一方面,我国对实体权利的权威性判定原则使用判决,个别才使用裁定,而债权人异议之诉的审理涉及当事人的实体权利,以判决改变涉及当事人实体权利的裁定,在诉讼法理上不存在障碍;另一方面,在第三人撤销之诉制度出台后,已大量出现以判决形式撤销裁定的做法,②有司法实践依据。

六、结　语

破产债权的确认是债权转化为破产债权的最终环节也是最核心的环节。本文一方面结合司法判例对债权核查和审查阶段中的相关问题进行了常规探讨;

---

① 法院一般以新判决改变原判决,以新裁定改变原裁定。

② 如林某兴与林某秀、李某英、邓某一、邓某二、邓某三、邓某四第三人撤销之诉一案中,一审法院判决撤销海南省儋州市人民法院作出的(2013)儋调确字第4号民事裁定,二审海南第二中院维持原判[海南省第二中级人民法院(2015)海南二中民一终字第525号];许某诉李某芳、周某红、周某第三人撤销之诉一案中,耒阳法院一审判决撤销(2014)耒民三初字第196-1号民事裁定第1项[耒阳市人民法院(2015)耒民一初字第774号];永州市永高林业有限公司与广东嘉耀木业有限公司、嘉汉板业(湖南)营林有限公司撤销之诉纠纷一案中,永州中院判决撤销(2013)永中法立民保字第6号民事裁定书[永州市中级人民法院(2015)永中法民二重初字第1号]。

另一方面,跳出了债权核查和审查阶段,将重点放在了发掘债权确认后的救济途径上。实际上,该问题在实践中已频频出现,但探讨多见于司法判例,尚未引起破产法专家学者的高度重视。笔者研究层面尚浅,有些观点也只是蜻蜓点水、泛泛而谈,破产债权的确认制度内容丰富,仍有许多问题值得进一步深入研究。

破产重整中出资人权益保护的本质与界限

——以德国法为鉴

何旺翔*

出资人权益调整是破产重整中常用的重整措施。我国《企业破产法》在2006年改革之时,即效仿美国法将出资人纳入破产重整程序,在该法第85条中对此作出了明确规定。这一规定瞬间化解了德国《破产法》数十年来的"无谓之争",颇具先见之明。然而将出资人纳入破产重整程序调整范围不可回避的问题仍然是出资人权益保护。对此问题,我国学者虽在改革前早有提及,①立法者亦意识到应确保出资人权益调整方案公平、公正,②学者及实务界人士在改革后亦略有探讨,③但未进行详细论

* 德国慕尼黑大学法学博士、南京财经大学法学院副教授、副院长。本文系2013年度国家社科基金项目"破产重整制度的优化研究"(13CFX099)的阶段性成果。本文并受江苏省"青蓝工程"优秀青年骨干教师项目、南京财经大学"青年学者支持计划"资助。

① 参见王利明:《破产立法中的若干疑难问题探讨》,载《法学》2005年第3期;汤维建:《我国破产法草案在重整程序设计上的若干争议问题之我见》,载《法学家》2005年第2期。

② 参见安建主编:《中华人民共和国企业破产法释义》,法律出版社2006年版,第122页。

③ 参见王欣新、徐阳光:《破产重整立法若干问题研究》,载《政治与法律》2007年第1期;唐旭超:《论上市公司重整中的股东权益》,载《政治与法律》2014年第6期。

证。而这不仅关系到出资人纳入破产重整程序的理论支撑，亦为通过强制批准或其他方式防范出资人滥用表决权提供有效论据。

一、破产重整中出资人权益调整的德国法困境与改革

视线先转至德国法，早在 1985 年德国联邦司法部任命的破产法委员会发布的破产法改革报告中就曾提及将出资人纳入破产重整程序。但这一建议随即遭到了德国著名破产法学者巴尔茨（Balz）的反对。其指出，债权人的权利仅应涵盖债务人企业财产，而不应涉及出资人财产，更无权要求出资人行使或不行使特定出资人权利。① 并且破产清算情况下股权价值为零的假设并不准确，破产企业具有重整可能性即反映出股权具有剩余价值，或者说继续经营价值。② 时至 1994 年德国破产法改革，立法者也采纳了上述观点，并在立法理由中明确写道："责任财产的范围仅应限于债务人企业的财产，而不应包括出资人财产。只有债务人企业的财产才可为破产管理人的管理处分权所涵盖。"③简言之，德国当初未将出资人纳入破产重整程序调整范围的主要论据是：如若将出资人纳入破产重整程序，将会引发财产权保护的众多复杂难题。

尽管 2012 年改革之前的德国旧《破产法》并未将出资人纳入破产重整程序调整范围，但德国立法者在 1994 年《破产法》的立法理由中明确指出："出资人将被视为隐藏的参与人，并由其自行决定是否及如何参与重整，相关费用也由其自行承担。"④实际上，部分德国学者一直试图通过学理解释将出资人纳入破产重整程序，但一直无法得到满意答案。有德国学者即指出，依据德国旧《破产法》的规定，出资人并无重整计划提案权、表决权及异议权，因此其亦不是重整程序的参与人。⑤ 更为关键的是，德国旧《破产法》第 217 条、第 221 条明确规定了破产重整程序的参与人及重整计划可规定的内容。由此亦可反推出不为重整计划所涉及的主体及不受重整计划调整的内容。⑥ 此外，德国旧《破产法》第 222 条明确规

---

① Balz, Sanierung von Unternehmen oder von Unternehmensträgern, S. 55.

② Balz, Sanierung von Unternehmen oder von Unternehmensträgern, S. 61.

③ Begr. zum RegE InsO, BT-Drucks. 12/2443, S. 83.

④ Begr. zum RegE InsO, BT-Drucks. 12/2443, SS. 78, 92.

⑤ Krull, Bedingter Insolvenzplan und Kapitalschnitt, S. 92.

⑥ Sassenrath, ZIP 2003, 1517, 1518; Brüning, Gesellschafter und Insolvenzplan, S. 88 f.

定了参与重整计划的三大组别,即担保债权人、普通债权人及后位受偿债权人。[①]自此很长的一段时间内,德国学界的主流观点不得不承认,出资人并不是破产重整程序参与人,其权益不受重整计划调整。[②]

由于在德国旧《破产法》框架下出资人并非破产重整程序的参与人,因此涉及股东权益调整的重整措施无法纳入重整计划,而必须在破产程序外经股东同意或股东(大)会表决通过相应决议。这就使出资人在破产重整过程中握有一强有力的谈判工具,并可借此谋求私利,阻碍重整。如若债权人已通过了债务延期或减免的重整计划,则其显然将面临无法获得出资人相应让步的风险,也即出资人不同意相应让步或不通过重整必需的相应决议。[③] 与之相应,出资人如若先作出相应决议,则其亦将面临无法获得债权人相应让步的风险,也即其不知债权人是否会表决通过重整计划,并且重整计划是否会为法院所批准。[④] 尤令出资人担忧的是,如若出资人通过了增资决议,而债权人并未表决通过重整计划,法院亦未强制批准,则依德国学界的主流观点,增资资金将被视为新取得破产财产,[⑤]并有可能在

---

① Noack in:Festschrift für Röhricht,SS. 455,458;Brüning,Gesellschafter und Insolvenzplan,S. 91.

② Eidenmüller in: MünchKomm-InsO, § 217, Rn. 65 ff; ders., ZGR 2001, 680 ff.; Braun in: Nerlich/Römermann InsO, § 217, Rn. 35; ders. in: Festschrift für Fischer, SS. 53, 54; Krull, Bedingter Insolvenzplan und Kapitalschnitt, SS. 44, 92; Kautzsch, Unternehmenssanierung im Insolvenzverfahren, S. 186; Müller, KTS 2002, 209, 236; ders., Der Verband in der Insolvenz, S. 319 f.; Braun/Uhlenbruck, Unternehmensinsolvenz, S. 91; Noack in: Festschrift für Zöllner, S. 411, 415 f., 419 f.; ders. in: Festschrift für Röhricht, S. 455, 457 f.; Sassenrath, ZIP 2003, 1517, 1518; Smid/Rattunde, Der Insolvenzplan, 2005, S. 142 ff.; Brüning, Gesellschafter und Insolvenzplan, S. 88 ff.; Maus in: Die GmbH in Krise, Sanierung und Insolvenz, 4. Aufl., S. 874, Rn. 8. 14; Schulz/Bert/Lessing, Handbuch Insolvenz, 3. Aufl., S. 255; Madaus, ZIP 2010, 1214 ff.

③ Pujol, Die Sanierung der Schuldnergesellschaft, S. 83.

④ Eidenmüller in: MünchKomm-InsO, § 221, Rn. 87; Krull, Bedingter Insolvenzplan und Kapitalschnitt, S. 94 ff.; Brüning, Gesellschafter und Insolvenzplan, S. 155 ff.

⑤ Begr. zum RegE InsO, BT-Drucks. 12/2443, S. 122; Kautz, Die gesellschaftliche Neuordnung der GmbH im künftigen Insolvenzrecht, S. 208; Schlitt, NZG 1998, 755 f.; Uhlenbruck in: Kölner Schrift zur InsO, 2. Aufl., S. 1172 ff., Rn. 24; ders. in: Festschrift für Lüer, S. 461, 474 f.; ders., NZI 2008, 201, 205; Müller, ZGR 2004, 842, 845 f.; Gundlach/Frenzel/Schmidt, NZI 2007, 692, 693; Gundlach/Frenzel/Schmidt, NZI 2007, 692; Wellensiek/Flitsch in: Festschrift für Fischer, SS. 578, 593; Buth/Hermanns in: Restrukturierung Sanierung Insolvenz, 3. Aufl., S. 335, Rn. 8; K. Schmidt in: Die GmbH in Krise, Sanierung und Insolvenz, 4. Aufl., S. 660, Rn. 7. 14.

随后的破产清算程序中分配给债权人。① 为了避免预付代价风险和谈判中的不利地位，债权人往往要求出资人在重整计划提交表决前必须通过相应决议，甚至要求支付全部增资款。而与之相对，出资人亦会将重整计划的表决通过或者批准作为通过相应决议的前置条件。由此产生的避免风险承担、谋求自身利益的博弈无疑会导致重整僵局。这轻则导致程序迟延及重整费用上升，重则使企业重整失败。

更令人难以理解的是，由于重整程序中多数决、适当分组及强制批准的存在，债权人表决权和异议权的滥用得到有效防范，甚至可以不经债权人同意而强制批准减免债权的重整方案；与之相对，却无法通过同样方式要求出资人对重整做出必要贡献。② 处于后位受偿顺序的出资人取得了相较于债权人更为强势的地位，甚至可以主导本应由债权人主导的重整程序，抑或将其手握的不受限制的关键环节的决定权转化为其本不应获得的现实利益。③ 简言之，不将出资人纳入破产重整程序，则股权价值几近为零的出资人也可阻碍本可成功的破产重整，企业价值最大化的目标显然将受到严重威胁。

德国旧《破产法》未将出资人纳入破产重整程序调整范围的规定一直饱受争议。多数德国学者认为，当时的规定过于保守，将会严重阻碍重整。④ 依德国学

---

① Vgl. Braun/Uhlenbruck, Unternehmensinsolvenz, S. 88 ff.; Schlitt, NZG 1998, 755 f.; Uhlenbruck in: Kölner Schrift zur InsO, 2. Aufl., S. 1174, Rn. 24; ders. in: Festschrift für Lüer, S. 461, 474 f.; ders., NZI 2008, 201, 205; ders. in: Die GmbH in Krise, Sanierung und Insolvenz, 4. Aufl., S. 739 f., Rn. 7. 191 f.; Wellensiek/Flitsch in: Festschrift für Fischer, SS. 578, 593; Buth/Hermanns in: Restrukturierung Sanierung Insolvenz, 3. Aufl., S. 335, Rn. 8.

② Braun/Uhlenbruck, Unternehmensinsolvenz, S. 583.

③ Eidenmüller, ZIP 2010, 649, 652; Eidenmüller/Engert, ZIP 2009, 541, 543; Braun in: Festschrift für Fischer, SS. 53, 69; Sassenrath, ZIP 2003, 1517 f.; Brüning, Gesellschafter und Insolvenzplan, S. 124 f., 134 f.; Westpfahl/Janjuah, ZIP 2008, Beilage zu Heft 3, 1, 15. Zur den Gründen für ein Ausnutzen des Erpressungspotentials vgl. Brüning, Gesellschafter und Insolvenzplan, S. 136 f.

④ Eidenmüller, ZGR 2001, 680, 710; ders., ZIP 2007, 1729, 1736; ders. in: MünchKomm-InsO, § 217, Rn. 2, 74; ders., ZIP 2010, 649, 652; Eidenmüller/Engert, ZIP 2009, 541, 542 f.; Uhlenbruck, NZI 1998, 1, 6; ders. in: Kölner Schrift zur InsO, 2. Aufl., S. 1174, Rn. 25; ders., NZI 2007, 313; ders. in: Festschrift für Lüer, S. 461, 464; ders., NZI 2008, 201; Braun in: Nerlich/Römermann InsO, § 217, Rn. 38 ff.; ders. in: Festschrift für Fischer, SS. 53, 67; Braun/Uhlenbruck, Unternehmensinsolvenz, S. 583 f.; Patzschke, Reorganisation im Insolvenzverfahren, S. 33 f.; Krull, Bedingter Insolvenzplan und Kapitalschnitt, S. 89; Sassenrath, ZIP 2003, 1517; Noack in: Festschrift für Röhricht, S. 455, 458; Brüning, Gesellschafter und Insolvenzplan, SS. 132, 135; Jaffé/Friedrich, ZIP 2008, 1849, 1853; Smid/Rattunde, Der Insolvenzplan, 2005, S. 143, Rn. 6. 15; Braun/Frank in: Braun-Kommentar InsO, § 217, Rn. 10; Vallender, NZI 2007, 129, 136; Smid, DZWIR 2009, 397, 399; Ehlers, ZInsO 2009, 320, 321; Frind, ZInsO 2010, 1426, 1430.

者艾登穆勒(Eidenmüller)教授及其团队在2009年所做的问卷调查,66%的受访者认为这是一立法缺陷,[①]57%的受访者认为有必要将出资人纳入破产重整程序,只有2%的受访者对当时的规定表示满意。[②] 根据同年所做的另一项问卷调查,78%的受访破产管理人认为有必要将出资人纳入破产重整程序,58%的受访破产管理人认为十分有必要。[③] 最终,在德国学术界及实务界人士的不断呼吁及支持下,德国通过2012年《破产重整促进法》的改革将出资人纳入破产重整程序调整范围。修改后的德国《破产法》第217条第2款明确规定,如若债务人非自然人,则其出资人可作为破产重整程序参与人纳入重整计划调整范围。德国《破产法》第222条第1款第4项亦明确规定可以设立出资人组。

二、破产重整中出资人权益保护的再反思

显然,德国数十年来"无谓之争"的焦点问题在于出资人权益保护。而德国2012年破产重整制度改革将出资人纳入破产重整程序并非是从促进重整角度弱化出资人权益保护,而是对出资人权益保护的理性再认识。首先必须要指出的是,在破产重整情况下,债权人及出资人均可被视为企业财产的享有者,区别仅在于其受偿顺序不同。换言之,出资人与债权人的异质性越发不明显,而同质性增强。美国《破产法》就将债权人及出资人均视为投资人,在重整程序中赋予了他们同等参与权。进一步而言,在破产重整程序中,债权人和出资人作为重整参与人利益同样值得保护。德国立法者在2012年《重整促进法》的立法理由中即指出:"出资人被纳入破产重整程序后,其权益将通过破产法中众多的利益保护机制得到有效维护。"[④] 由此,将出资人纳入破产重整程序并不是以损害出资人利益为目的,而是为出资人及债权人提供统一适当的法律保护。更为重要的是,出资人作为破产重整程序的参与人,也获得相应程序权利,特别是参会权,其亦能对重整计划的修改完善提出自己的意见及建议。我国《企业破产法》第85条第1款即规定,债务人的出资人代

---

① Eidenmüller/Frobenius/Prusko, NZI 2010, 545, 549.

② Eidenmüller, ZIP 2010, 649, 652.

③ Bitter/Röder, ZInsO 2009, 1283, 1290.

④ Begr. zum DiskE ESUG, abgedruckt in ZIP 2010, Beilage 1 zu Heft 28, 1, 2; Begr. zum RegE ESUG, BT-Drucks. 17/5712, S. 18.

表可以列席讨论重整计划草案的债权人会议。此外,由于相关决议程序被纳入重整程序中,相关费用也可从破产费用中支出。从此角度而言,将出资人纳入破产重整程序也是对其有利的。

亦须提请注意的是,在企业破产情况下,债权人受偿顺位高于出资人,其利益理应在破产程序中得到更有力的保护。① 并且于企业破产时,某种意义上债权人才是企业财产的真正所有者。② 放弃将出资人纳入破产重整程序的法律制度显然是利益失衡的,并不利于破产重整程序价值目标的实现。实际上,债权人和出资人的共同利益无疑在于企业的继续经营价值。共同利益使合作共赢成为可能,而人为的撕裂既不必要,也有碍企业价值最大化目标的实现。更为关键的是,在将出资人纳入破产重整程序后,所有公司法上所允许的措施均可在重整计划中作出规定,并无须再按照公司法决议程序进行,而是被纳入破产重整程序的统一表决机制中。这不仅化解了众多公司法与破产法协调的法律难题,而且也必将提高破产重整程序的效率,节省相关程序费用,提升重整成功的可能性。更准确地说,将出资人纳入破产重整程序的目的是将重整负担在重整参与人之间进行合理分配,最终实现破产重整中公平与效率兼顾的价值目标。

仍不可回避的问题是出资人财产权保护。针对股权价值,进入 21 世纪以来,德国多数学者认为,在企业破产清算的情况下,尤其在资不抵债的情况下,企业财产通常无法使债权人完全受偿,由此出资人的受偿也基本为零。③ 从此角度而言,出资人通过重整不仅不会遭受损失,反而可以在一定情况下分享企业的继续经营价值,使自己持有的股权重获价值。④ 然而如上所述,德国学界另一种观点则从企业继续经营可能性出发肯定股权的剩余价值。我国学者及实务界人士亦认为,使在资不抵债的情况下,考虑到企业的继续经营可能性,股权仍具有其市场价值,尤

---

① Brüning, Gesellschafter und Insolvenzplan, S. 208, 215 ff.

② Eidenmüller in: MünchKomm-InsO, § 217, Rn. 75; Eidenmüller, ZGR 2001, 680, 688; Braun in: Festschrift für Fischer, S. 53; Brüning, Gesellschafter und Insolvenzplan, S. 218; Uhlenbruck, NZI 2008, 201, 202.

③ Eidenmüller in: Festschrift für Drukarczyk, SS. 187, 190; ders., ZGR 2001, 680, 688; ders., ZIP 2007, 1729, 1736; Müller, Der Verband in der Insolvenz, S. 334; Braun in: Festschrift für Fischer, S. 53; Braun/Uhlenbruck, Unternehmensinsolvenz, S. 91; Uhlenbruck in: Kölner Schrift zur InsO, 2. Aufl., S. 1174 f., 25.

④ Eidenmüller in: Festschrift für Drukarczyk, SS. 187, 190.

其是基于壳资源价值的上市公司股权。① 于此必须加以说明的是,尽管股权在此情况下仍具有剩余价值,但这一剩余价值乃期待价值,并以重整成功和继续经营价值实现为前提。企业继续经营价值,抑或股权剩余价值的实现不仅是通过债权人让步来实现,亦需要出资人作出应有贡献,破产重整绝非是通过债权人利益让步来使出资人坐收渔翁之利。②

然而德国学者巴尔茨早在 1986 年就曾指出,财产权的宪法保护并不取决于股权价值大小,无价值的股权仍应受宪法保护。③ 时至今日,德国的主流观点认为,财产权保护只是禁止无适当补偿的财产调整行为,④而并非让出资人可以毫无贡献的从债权人让步中获利。⑤ 亦为关键的是,出资人基于信义义务应尽力通过重整维系公司继续经营,避免公司解散。⑥ 德国《基本法》第 14 条第 1 款第 2 句亦明确规定,财产权保护的内容及界限由法律加以确定。也就是说,在破产重整情况下,基于企业价值最大化目标及出资人信义义务,出资人权益保护的内容及界限得以明确。⑦国内宪法学者亦认同,财产权所负的社会义务已为现代宪法所确认,法律对财产权的限制亦大量存在。⑧ 财产权在各个方面都受到其所处社会关系的约束,财产权人"依其喜好"使用和支配财产的绝对权利已不复存在。⑨ 即使法律使财产权负担的社会义务被认为过度限制了财产权,立法者也可以考虑对这种较严重的限制给予适当补偿,以满足合宪审查的要求。⑩ 简言之,将出资人纳入破产重整程序并进行适当限制不仅不是违宪的,更是为宪法所允许,核心问题在于股东权益受损情况下

① 王欣新、徐阳光:《破产重整立法若干问题研究》,载《政治与法律》2007 年第 1 期;唐旭超:《论上市公司重整中的股东权益》,载《政治与法律》2014 年第 6 期。

② Uhlenbruck, NZI 2008, 201, 203.

③ Balz, Sanierung von Unternehmen oder von Unternehmensträgern, S. 61.

④ Sassenrath, ZIP 2003, 1517, 1524; Braun in: Festschrift für Fischer, SS. 53, 68; Eidenmüller/Engert, ZIP 2009, 541, 546; Brüning, Gesellschafter und Insolvenzplan, S. 281.

⑤ Müller, Der Verband in der Insolvenz, S. 364; Sassenrath, ZIP 2003, 1517, 1524, 1525; Brüning, Gesellschafter und Insolvenzplan, S. 269 f.; Eidenmüller/Engert, ZIP 2009, 541, 546 f.

⑥ Müller, Der Verband in der Insolvenz, S. 327.

⑦ Vgl. dazu Sassenrath, ZIP 2003, 1517, 1523 f.; Noack in: Festschrift für Röhricht, SS. 455, 459; Brüning, Gesellschafter und Insolvenzplan, S. 273 ff.; Westpfahl/Janjuah, ZIP 2008, Beilage zu Heft 3, 1, 15 f.; Verse, ZGR 2010, 299, 310.

⑧ 参见张翔:《财产权的社会义务》,载《中国社会科学》2012 年第 9 期;聂鑫:《财产权宪法化与近代中国社会本位立法》,载《中国社会科学》2016 年第 6 期。

⑨ 参见张翔:《财产权的社会义务》,载《中国社会科学》2012 年第 9 期。

⑩ 同上。

的适当补偿。

将出资人纳入破产重整程序并不意味着出资人权益必然会被调整。德国《破产法》第225a条第1款即明确规定,如若重整计划未作出特殊规定,债务人企业出资人权利将不受重整计划影响。而在出资人权益调整的情况下,破产重整制度中的相关规定将确保其原则上获得不低于破产清算情况下的收益,除非出资人自愿接受更为不利的重整计划安排。德国立法者在2012年《重整促进法》的立法理由中即强调指出:“将出资人纳入破产重整程序并不意味着可以违背其意愿剥夺其股权应具有的剩余价值。”①也就是说,即使出资人因重整计划而处于相较于破产清算更为不利的境地,其所受损失也将得到适当补偿。此外,考虑到企业的人合性及结社自由,异议出资人应不会被强迫留在公司内,而应可退出公司,并按股权实际价值获得适当补偿。由此,德国《破产法》第225a条第5款规定,如若本条第2款、第3款的重整措施使出资人基于重大事项变更而有理由并欲退出公司,则其将享有股权剩余价值的补偿请求权。该请求权的数额以企业的清算价值为计算依据。为了避免该价值补偿会对债务人企业造成不适当的财务负担,补偿的支付可以在不超过3年的期限内分期支付。对未支付的补偿款应计算相应利息。就我国而言,可从公司股份回购的角度对此问题作出规定,并借鉴德国法中关于价值补偿和分期支付的相关规定内容。从实务角度出发,值得推荐的是,破产管理人或自行管理人可在必要情况下聘请专业评估机构,对补偿款的合理性进行评估。

三、破产重整中出资人权利滥用的防范

尽管重整成功可能会为出资人带来收益,但要求所有出资人从整体利益最大化出发做出理性选择显然并不现实。实际的情况是,并非所有出资人都会从公司利益出发进行决策,且企业继续经营价值越大,出资人滥用其权利谋求个人利益最大化的可能性就越高,上市公司出资人尤其如此。② 如若考虑到出资人避免控制权丧失的心态,其非理性决策的可能性显然不低。亦不容忽视的是,出资人须承担程序参与成本,却很有可能无法获得价值分配。由此,出资人更有可能冒险行事,不

① Begr. zum DiskE ESUG, abgedruckt in ZIP 2010, Beilage 1 zu Heft 28, 1, 2; Begr. zum RegE ESUG, BT-Drucks. 17/5712, S. 18.

② Eidenmüller/Engert, ZIP 2009, 541, 545.

择手段,乃至滥用破产重整法律制度赋予的各项权利,特别是表决权,达到分得一杯羹的目的。更为极端的是,出资人滥用表决权的目的可能只是希望债务人企业消灭从而可以开展与其相竞争的业务。简言之,在将出资人纳入破产重整程序的情况下,如何防范出资人权利滥用是一尤待解决的问题。

(一)表决权赋予和通过门槛设置

面临的第一个问题是出资人于何时方才享有表决权?早在1986年,德国著名的破产法实务人士团体"Gravenbrucher Kreis"曾提议,无价值股权不应获得任何保护,出资人亦不应参与重整计划的表决,而是应由债权人对重整措施进行表决。[①] 2000年,德国著名破产法学家乌伦布鲁克(Uhlenbruck)亦撰文指出,在债务人企业资不抵债的情况下,股权价值应为零,因此出资人组的同意可有可无。[②] 汤维建教授亦认为,在公司达到破产界限而进入重整程序后,股东对公司已不享有潜在利益,因此,它此时虽然可以作为一个独立的组别而存在,但立法却不应赋予其表决权。[③] 我国实务界目前的主流观点亦主张,在资不抵债的情况下,由于股东权益不存在,因此股东不应享有表决权。[④] 而我国《企业破产法》第85条第2款则明确规定,重整计划草案涉及出资人权益调整事项的,应当设出资人组,对该事项进行表决。德国《破产法》第238a条第2款亦作出类似规定:出资人权益未受重整计划影响的,不享有表决权。显然,且不论股权价值评定的不确定性,单纯以股权无价值为由剥夺出资人的表决权显然欠妥。股权价值针对的是价值补偿的问题,而不应是表决权赋予与否的依据。以出资人权益调整作为表决权享有的依据一则更加合理,二来亦清晰明了。

然而遗憾的是,我国《企业破产法》并未明确破产重整中出资人表决权计算

---

① Gravenbrucher Kreis, BB-Beilage 15/1986, SS. 1, 11.

② Uhlenbruck in: Kölner Schrift zur InsO, 2. Aufl., S. 1175, Rn. 25.

③ 参见汤维建:《我国破产法草案在重整程序设计上的若干争议问题之我见》,载《法学家》2005年第2期。

④ 参见李国光主编:《新企业破产法条文释义》,人民法院出版社2006年版,第417页;张勇健、杜军:《破产重整程序中股权调减与股权负担协调问题刍议》,载李曙光、郑志斌主编:《公司重整法律评论》(第3卷),法律出版社2013年版,第73~77页;郑志斌、张婷:《公司重整制度中的股东权益问题》,北京大学出版社2012年版,第161页。

标准和通过门槛，实践中更是操作混乱。[①] 值得借鉴的是德国《破产法》的相关规定。依据德国《破产法》第238a条第1款的规定，出资人按其出资比例行使表决权，任何表决权的限制或特别表决权都于此不得适用。德国立法者认为，在破产情况下，只有出资比例才有意义。[②] 于我国而言，在破产重整中应以出资人实际缴付的出资确定其享有的表决权。就表决通过门槛的问题，德国《破产法》第244条第3款规定，重整计划经出席会议的出资人所持表决权过半数通过即可。值得注意的是，依据德国《破产法》第244条第1款的规定，债权人组表决通过则需要双过半。与德国法规定相类似，美国《破产法》第1126(d)条规定，对出资人权益的调整须经占总股权2/3以上多数的出资人表决通过；而美国《破产法》第1126(c)条规定，债权人组的表决通过不仅要债权额2/3以上多数通过，亦要过半数债权人表决通过。显然，美德两国就出资人表决通过问题都设置了较债权人更低的门槛，即不要求人数过半，但德国设置了更低的出资人表决通过门槛。从促进重整的角度出发，德国法的规定应更具有借鉴意义。

(二)法院强制裁决

表决权的合理赋予及通过门槛的合理设置并无法完全解决出资人滥用表决权的问题。德国的艾登穆勒(Eidenmüller)教授即指出，多数决并不代表在经济上就是最佳解决方案，亦不能确保决策的正当性。[③] 法院的强制批准貌似应对出资人滥用表决权的有利武器。然而现行的强制批准制度涉及的不仅是对出资人利益的权衡，其价值判断和利益权衡的复杂性无疑会导致其适用的巨大不确定性，这轻则会产生程序迟延问题，重则使重整彻底失败。

20世纪80年代，德国破产法委员会发布的破产法改革报告中曾建议，如若出资人无法通过相应决议事项，则法院可裁决相关决议事项的通过。须提请注意的是，当时德国破产法委员会的立法建议实际上并未将公司决议事项真正纳入重整程序进行统一表决，而只是依公司法规定进行表决。在未表决通过的情况下，法院可行使其决议替代裁决权。如前文所述，财产权保护的问题已得到解

---

① 参见郑志斌、张婷：《公司重整制度中的股东权益问题》，北京大学出版社2012年版，第170页。

② Begr. zum RegE ESUG, BT-Drucks. 17/5712, S. 33.

③ Eidenmüller, Unternehmenssanierung zwischen Gesetz und Markt, S. 780.

答。且在出资人被纳入破产重整程序的情况下,如若重整计划能被强制批准,则替代决议也并不为过。只不过替代决议与强制批准的区别之处在于,有鉴于发生破产原因情况下出资人权益的特殊性,法院可以在条件满足时直接替代出资人作出与重整相关的出资人决议,而不必受制于强制批准复杂而具有极大不确定性的判定条件。显然,相对独立的替代决议处理方式相较于强制批准更加简便高效。进而值得考虑的是,可将出资人组的表决提前,在出资人未表决通过权益调整事项决议的情况下,无须进行二次表决,法院即可依法定标准先行裁定作出替代决议,从而提高债权人组表决通过的可能性。通过这样的方式,不仅可以有效防范出资人滥用其表决权,而且亦可提高债权人组表决通过重整计划草案的可能性。于此仍须提请注意的是,在统一纳入破产重整程序的框架下,替代决议是否生效仍取决于重整计划是否能获得人民法院的批准。

决议替代裁决权应是一更优解决方案,但核心问题在于法院做出替代决议的裁决标准。时光再回溯至20世纪90年代,德国联邦最高法院由信义义务出发创设了出资人在一定情况下的重整同意义务。① 尤其在1995年的吉梅斯案(Girmes)判决中,德国联邦最高法院指出,基于信义义务,出资人在行使权利时不得损害公司及其他出资人的利益,而应在适当顾及公司及出资人利益的情况下,以有利于共同目标实现的方式行使出资人权利。换言之,出资人不得以谋求个人利益为目的滥用其表决权来阻止有利于公司发展的重整计划。② 谋求个人利益的典型情况就是通过滥用表决权来为其本因破产而已无价值的股权谋得补偿。这种行为无疑会对公司及其他出资人的利益造成损害。③ 基于吉梅斯案判决,德国学界普遍认为,在企业重整具有成功可能性的情况下,任何一个出资人都应对为重整所必需的决议事项投赞成票。④ 尽管吉梅斯案判决涉及的是庭外

---

① BGHZ 98,276,279;BGH,NJW 1987,3192,3193;BGHZ 129,136 ff.;BGH - II ZR 240/08,NZI 2009,907 ff. = ZIP 2009,2289 ff.

② BGHZ 129,136,142 ff.

③ Spliedt in:Anwalts-Handbuch Insolvenzrecht,2. Aufl.,S. 242,Rn. 177.

④ K. Schmidt,Gesellschaftsrecht,4. Aufl.,S. 134;Hueck/Fastrich in:Baumbach/Hueck Kommentar zum GmbHG,19. Aufl.,§ 13,Rn. 29;Schiessl in:Münchener Handbuch des Gesellschaftsrechts Band 3,2. Aufl.,S. 534,Rn. 23;Müller,Der Verband in der Insolvenz,S. 330 ff.;V. Schorlemer/Stupp,NZI 2003,345 ff.;Pujol,Die Sanierung der Schuldnergesellschaft,S. 113 ff.;Picot/Aleth in:Unternehmenskauf und Restrukturierung,3. Aufl.,S. 1178 f.,Rn. 71 ff.;Spliedt in:Anwalts-Handbuch Insolvenzrecht,2. Aufl.,S. 242,Rn. 177 f.

重整，但其也同样适用于庭内的破产重整，因为企业破产显然不会产生减弱信义义务的效果。[①]

依吉梅斯案判决，出资人重整同意义务的适用应具备以下两个前提条件：(1)该项决议事项是公司重整所不可或缺的重整措施，并可确保企业继续经营这一共同目标的实现；而如若无法达成此决议事项，将导致企业的解散清算。换言之，没有更柔和的措施能确保企业的继续经营。[②] (2)出资人并不会因该决议事项涉及的重整措施利益受损，或者出资人不得不接受这一利益损失，因为这是不可避免的并且是相对较少的利益损失情形。[③] 简言之，适用重整同意义务的两个基本前提条件是重整措施相关决议事项的紧迫必要性以及利弊权衡下的可接受性。在破产程序中，决议事项的紧迫必要性亦得以凸显，因为缺少相应措施很可能会导致重整失败。于此情况下，出资人不仅将失去出资人资格，而且往往一无所得。与之相对，出资人通过重整往往能分享企业继续经营价值，重整成功所能带来的收益显然要高于破产清算情况下的收益。以德国"法官造法"的重整同意义务为参考，并基于我国《企业破产法》第 87 条第 2 款的规定，法院作出替代决议裁决的前提条件应是：(1)债务人的经营方案具有可行性；(2)重整计划草案对出资人权益的调整具有紧迫必要性和可接受性；(3)重整计划草案公平对待出资人表决组的成员；(4)依据重整计划草案无债权人获得超过其申报债权额的受偿。于此仍须提请注意的是，信义义务并不意味着出资人应不惜一切代价去挽救公司。[④] 由此，替代决议也并非适用于一切决议事项，法院在个案中仍需要进行利益权衡，以确保该替代决议的紧迫必要性和对相关出资人的适当性。

(三)出资人异议权和申诉权的赋予和滥用防止

如若法院批准重整计划，但投反对票的出资人确信其将因重整计划而处于相较于破产清算更为不利境地，其应有权向法院提出异议，并请求法院不予批准重整计划，或者在重整计划获批后提出申诉。德国《破产法》第 251 条、第 253 条

---

① Müller, Der Verband in der Insolvenz, S. 335; Pujol, Die Sanierung der Schuldnergesellschaft, S. 111 f., 114 f.; Brüning, Gesellschafter und Insolvenzplan, S. 195 f.

② BGHZ 129, 136, 153.

③ BGHZ 129, 136, 153; Pujol, Die Sanierung der Schuldnergesellschaft, S. 109 ff.

④ K. Schmidt, Gesellschaftsrecht, 4. Aufl., S. 134.

即对此作出了规定,我国《企业破产法》亦应明确规定出资人的异议权和申诉权。然而毫无疑问,任何异议权和申诉权的行使,无论正当与否,都将导致程序迟延和费用上升的问题。为了降低异议权和申诉权行使造成的程序迟延危害,有德国学者主张应对异议权和申诉权进行适当的限制。① 德国 2012 年《重整促进法》改革过程中,玛德奥斯(Madaus)教授曾建议,针对破产重整的申诉原则上应不会产生阻却重整计划生效的作用,但应允许申诉人在个案中申请暂缓重整计划生效执行。可以预测的是,考虑到债权人的整体利益和债务人继续经营的重要性,破产法院可能只会在例外情形下才会暂停重整计划的生效执行。② 更为值得推崇的是,从程序效率性角度出发,规定出资人异议权和申诉权行使程序与破产重整程序相分离,并使重整计划的效力不受申诉权行使的影响。于此方面,可借鉴德国撤销权诉讼中的登记障碍消除程序(Freigabeverfahren)。③ 具体而言,法院在个案中需要进行利益权衡,只要法院确信重整计划实施的紧迫必要性和适当性,并且出资人异议权和申诉权的行使会给债务人企业、债权人及其他出资人带来的不利益超过了给异议出资人带来的不利益,从而使破产重整计划立即有效性具有优先地位,则法院可据此裁决,出资人异议权和申诉权的行使不会阻却破产重整程序的进行,亦不会影响获批准的破产重整计划的效力。如果最终出资人胜诉,并且破产重整计划规定的重整措施给其带来了损失,则债务人企业必须对出资人利益遭受的损失予以补偿。此补偿款亦可借鉴德国《破产法》第 225a 条第 5 款的规定,采取分期支付的方式,从而减轻债务人企业可能的财务负担。

① Kautzsch, Unternehmenssanierung im Insolvenzverfahren, S. 259.

② Madaus, NZI 2010, 430, 434.

③ Eidenmüller, ZIP 2010, 649, 657; Westpfahl/Janjuah, ZIP 2008, Beilage zu Heft 3, 1, 23; Madaus, NZI 2010, 430, 432 ff.; Undritz, ZGR 2010, 201, 210; Willemsen/Rechel, BB 2010, 2059, 2066; Frind, ZInsO 2010, 1524, 1526; ders., ZInsO 2011, SS. 656, 658.

上市公司重整实施问题研究

陈　煜[*]

从我国上市公司重整实践来看,随着宏观经济环境和国内外贸易环境的变化,曾经业绩良好的上市公司也可能面临经营或财务上的困境。当前尚存在强烈的"保壳"动机,但是随着新股发行制度和退市制度改革的完善,可以预见,未来陷入困境的上市公司债务调整的压力会不断增加,试图借助"壳地位"自行进行公司挽救的博弈难度会不断加大。而通过重整程序挽救公司的市场化制度需求将会不断增加。①

一、域外立法的发展概述——从破产清算到破产预防

(一)社会经济任务推动破产制度改革

全球破产制度改革的时间节点与各国经济发展状况,尤其是金融市场发展紧密相连。美国 1929 年的经济衰退一直持续了 5 年时间。最终是以 1933 年至 1938 年

---

* 法学博士,中证金融研究院 2015 级博士后。

① 据《人民法院报》报道,2016 年,全国法院共受理企业破产案件 5665 件,同比上升 53.8%,审结企业破产案件 3602 件,同比上升 60.6%。

“罗斯福新政”的一系列经济复苏法案的颁布,为大萧条画上了句点。[①] 同样情况也出现在日本,随着20世纪90年代的日本经济泡沫危机爆发,日本经济出现大倒退。此后历时约15年“平成萧条”时期,这次经济衰退是日本战后以来持续时间最长、对经济损害最严重的一次。[②] 严峻的经济局势促使日本必须出台更有效的经济挽救措施,特别是解决受经济形势影响的大量中小企业和个人的债务问题。

破产制度现代化的改革始于美国20世纪30年代。随着1929年主要股指的大幅下跌,美国进入在长达了数年的大萧条(Great Depression)。前美联储主席伯南克指出,对美国经济造成伤害的传导现象是通过两项机制发生的:

一是“债务型通货紧缩”。[③] 伯南克认为,如果这种债务型通货紧缩足够严重,那么也会威胁银行和其他金融中介结构的正常运转,并会进一步加重宏观经济环境的恶化。

二是银行资本的稳定性失衡。当银行的债务人财务状况恶化,银行往往只能获得债务人清算财产,或是担保资产,而无法获得利息。一旦发生债务型通货紧缩,银行的利息收益会大幅缩减,而潜在的贷款对象数量和质量也会显著降低。另外,存款人可能因为资金流动性问题而采取挤兑行为。这种情况也迫使银行提高其资产流动性和安全性,从而进一步减少正常的信贷活动。

随着罗斯福新政改革所颁布的成文法规和市场监管措施的施行,为美国的经济复苏和第二次世界大战后的经济腾飞,奠定了坚实的制度基础。其中,自1933年开始长达数年的企业重整制度法典化的立法改革活动收效显著。

(二)美国《破产法》公司重整制度的改革路径

1938年前后,由众议员钱德勒与全国破产会议合作的破产法改革议案,得到当时新政时期成立的证券交易委员会(U. S. Securities and Exchange Commission, SEC)的支持。SEC主张在重整案件中,“赶走原有的破产企业的管理层,以独立

---

① 参见“Great Depression”,载维基百科网:http://en. wikipedia. org/wiki/Great_Depression,最后访问日期:2016年11月1日。

② 参见傅春寰:《平成萧条与日本经济走势》,载《日本学刊》1998年第2期。

③ 1933年的埃文·费舍尔(Irving Fisher)曾提出过“债务型通货紧缩”假设,“资产和商品的价格下降,对债务人构成压力,从而迫使他们为了还债而贱卖自己的资产,这转而引起价格进一步的下降,进一步加剧金融环境的风险”。

的破产托管人取而代之,并监督和抑制华尔街的投行和律师在破产重整中过大的势力”。[①] 该法案第10章的颁布彻底改变了原破产法公司重整制度的权责分配格局,遏制了华尔街精英集团对重整事务的控制和暗中的利益操作。但SEC过多的行政干预,使第10章并没能让破产法的公司重整制度得到美国市场的热烈欢迎。[②]

在1978年的破产法修法活动中,第11章对第10章的替代则再一次彻底地改变了原有第10章主导的公司重整局面。最终通过的法案不再支持第10章,而是通过第11章允许债务人的管理层继续经营公司,并且大幅放宽了绝对优先原则的要求。在之后的修法活动中,破产法建立了一个专门的托管人机构,进而取代了SEC的职责,但也仅限于组成债权人委员会,插手一些债务人律师费用等事务。随着越来越多的大型公司开始援引第11章,全球主要资本市场国家均掀起到仿照美国《破产法》第11章的改革热潮。

当前,SEC在第11章中的角色和地位限于上市公司的信息披露监管,并确保全体股东能够有效地进行集体决策并发表意见。因此,SEC也必须在重整程序实施过程中,关注并确保公众投资者的权益。假如实施重整的上市公司董事、监事及高管利用重整程序掩盖证券欺诈行为,那么SEC将会介入调查并实施监管。

(三)重整程序的制度优势

1. 重整程序具有司法强制力保障

陷入经营困境或财务困境的上市公司,首要的问题是要解决债务问题。选择重整程序还是自行实施资产重组,其关键在于是否能够充分调动政府、债权人、企业等各利益相关方的积极性,债务人能否提出兼顾各方利益的方案。

---

① 证券交易委员会基于1934年《证券交易法》的授权,享有监督证券法实施的司法管辖权。基于1934年《证券交易法》的规定,证券交易委员会对企业和铁路破产接管机构所设立的权益保护委员会进行调查并提交报告。

② 钱德勒法案规定,如果债务人的债务超过了300万美元,那么法院批准重整计划之前,债务人就必须将重整计划提交证券交易委员会进行调查、审查和报备。证券交易委员会将仔细考虑这个重整计划,确认重整计划公平与否,以及评估这个计划是否充分解决了公司根本的财务困境和问题。除此之外,钱德勒法案的第10章将证券交易委员会确认为破产程序的一个利害关系方。这样,证券交易委员会就取得了一项概括性权力,可以参与破产重整程序中的任何环节并发表意见。

如果实施自行救济,债务重组方案和资产重组方案的提出,依赖于公司大股东和实际控制人的能力,并反映股东自身的利益诉求。相比之下,通过司法程序启动公司重整,更有利于复杂情况的应对和解决。自从2007年《企业破产法》设立重整制度以来,截至2016年,约48家上市公司实施并完成了公司重整计划,且没有重整失败进入清算的情形。总体上看,重整制度在解决各类债权受偿问题、所有者权益问题和各方利益协调等方面具有制度优势。重整制度的财产保全制度、撤销权制度、债权人会议制度和绝对优先原则均能够有效保障债权人利益。同时,债务人自行管理制度、法院强制批准制度起到了挽救债务人的重要保障性作用,能够充分发挥法院的监督、约束和司法裁判作用。

2. 重整程序实施的预期明确

有学者通过统计分析指出,综合考虑债务清偿效果、重整成本、融资措施、公司治理以及成功率等方面,重整程序具有更好的市场效益和实施效果。① 与自行救济相比,重整程序的预期更为明确。一方面,重整程序需要在法定期间内进行,依照我国《企业破产法》规定,重整期间为6个月,特殊情况可延长3个月,期间债务人必须提交可行的重整计划草案。因此时间上重整程序的预期非常明确。另一方面,债权受偿的预期能够得到保障。依照我国《企业破产法》第113条,职工债权、税款、担保债权属于优先受偿范围。司法实践中,上市公司重整计划方案均实现了职工债权、税款全部受偿,担保债权优先受偿,普通债权受偿比例均高于清算比例。债权人能够及时有效地通过重整程序获得受偿,有助于债权人在债务重组协商中作出让步。

3. 重整程序中负债处置灵活

重组解决负债,通常需要上市公司与债权人协商减免,或引入投资人代为清偿,或剥离上市公司债务给新设主体。实施债务重组需要上市公司股东与债权人基于债权债务关系处置某一项具体债务。

重整程序采用整体处置方式,采取债券申报机制、债权人自治机制、分组债权人多数决机制、债权受偿顺序和法院强制批准机制等予以保障。债权人会议对重整计划、债务人财产的管理、变价、分配方案享有表决权。同一表决组债权

① 参见李曙光、郑志斌主编:《上市公司退市风险处置:规则、数据与案例》(第1辑),法律出版社2016年版,第164~220页。

人过半数同意,并且所代表的债权达到本组2/3以上,即为该组通过重整计划草案。在符合条件的情况下,个别债权人组即使未达到多数一致,法院也有权强制批准。相比单一债权债务的处置,重整程序能够显著提高了债务处置的效率。

二、上市公司实施重整的实证概况

(一)近三年上市公司重整案例的总体情况

本文选取了近3年实施重整的11家上市公司,从其重整计划方案来看,重整实施帮助债务人免于破产清算,偿付了债务并恢复运营。表1中的11家上市公司均通过重整,有效维持了上市公司主体地位。法院在上市公司重整支持力度也是非常显著,在表决出现未通过的情况下,重整计划草案均得到了法院强制批准。

表1 近3年上市公司重整案例情况

证券名称	重整申请	清算率/%	出资人权益调整方案	债权清偿比率	债权人组表决	重整执行完毕
*ST贤成	2013年6月18日	0	出资人分别按98%、90%、84%比例实施缩股;缩股后,按照12%的比例让渡其所持有的公司股份由管理人予以处置,清偿债务及支付有关费用	职工债权100%;税款100%;小额债权100%;普通债权3%	债权人、出资人表决通过	2014年7月21日
*ST中达	2013年4月26日	8.003	资本公积金按照每10股转增3.55股的比例转增股本,转增股份用于清偿费用、债务和后续经营	担保债权优先受偿;职工债权100%;普通债权29.6%	职工债权组、担保债权组、普通债权组表决通过;出资人组表决通过	2014年2月22日

续表

证券名称	重整申请	清算率/%	出资人权益调整方案	债权清偿比率	债权人组表决	重整执行完毕
*ST 锌业	2013 年1 月 31 日	0.75	资本公积金按每 10 股转增 2.7 股的比例转增股票,全部用于清偿债务;全体股东按照 10% 的比例让渡其目前持有的股票,由管理人处置变现优先用于支付费用和清偿债务	担保债权优先受偿;职工债权 100%;税款债权 100%;小额债权 100%;普通债权5%	担保债权组及普通债权组表决未通过	2013 年12 月 31 日
*ST 凤凰	2013 年11 月 26 日	1.88	资本公积金按每 10 股转增 5 股的比例转增股票,在管理人的监督下部分用于偿付债务和费用,部分用于改善公司持续经营能力等	担保债权优先受偿;职工债权 100%;税款债权 100%;小额债权 100%;普通债权 11.64%	担保债权组、职工债权组、税款债权组表决通过,出资人组会议表决通过,普通债权组表决未通过	2014 年9 月 15 日
*ST 超日	2014 年6 月 26 日	3.95	资本公积金按照每 10 股转增 19.91 股的比例转增股本,全体出资人无偿让渡上述转增股份,由投资人支付 14.6 亿元资金受让,用于支付重整费用、清偿债务;投资人提供 5 亿元无息借款	担保债权优先受偿;职工债权 100%;税款债权 100%;小额债权 100%;普通债权 20%	担保债权组、职工债权组、税款债权组、普通债权组均表决通过;出资人组表决通过	2014 年12 月 26 日

续表

证券名称	重整申请	清算率/%	出资人权益调整方案	债权清偿比率	债权人组表决	重整执行完毕
*ST 霞客	2014 年 11 月 19 日	16.28	公司股东按照6%让渡所持股份,由管理人公开变卖用于偿债和持续经营;资本公积金按每10股转增6.7股的比例转增股份,转增的股份不分配给股东,由管理人出售给重整投资人及公开变卖	担保债权100%;职工债权100%;小额债权100%;普通债权60.24%	职工债权组、普通债权组均、有财产担保债权组均表决通过;出资人组表决通过	2015 年 11 月 2 日
*ST 新都	2015 年 9 月 15 日	46.86	资本公积金按照每10股转增3.045股的比例转增股本,股东无偿转让50%股份,由重整投资人有条件受让,包括按约定价格购买资产、承担税费、清偿债务、承诺支持经营等	担保债权100%;小额债权100%;普通债权60%	债权人会议各表决组表决通过,出资人组会议表决通过	2015 年 12 月 29 日
*ST 新亿	2015 年 11 月 7 日	0	资本公积金按每10股转增29.48股的比例转增股本,转增的股份由全体股东让渡给投资人,受让价款用于清偿	职工债权100%;普通债权65.73%	普通债权组表决通过;出资人组未通过	执行中

续表

证券名称	重整申请	清算率/%	出资人权益调整方案	债权清偿比率	债权人组表决	重整执行完毕
*ST 舜船	2016 年 2 月 5 日	11.099	1. 按每 10 股转增 13.87 股的比例实施资本公积金转增股票,转增股票不向股东分配,全部由管理人向债权人进行分配或处置;2. 发行股份购买资产并进行配套融资,发展双主业务	担保债权优先受偿;职工债权 100%;税款债权 100%;小额债权 100%;普通债权 10.56%	税款债权组、担保债权组、普通债权组和出资人组均已通过;证监会出具了重大资产重组的专家咨询意见	执行中
*ST 川化	2016 年 3 月 24 日	0	按照每 10 股转增 17.02 股的比例实施资本公积金转增股本,由重整投资人有条件受让,变现所得用于支付和清偿,剩余支持后续经营	担保债权优先受偿;职工债权 100%;税款债权 100%;小额债权 100%;普通债权 50%	担保债权组、职工债权组、税款债权组、普通债权组均表决通过	执行中
*ST 云维	2016 年 11 月 21 日	1.35	按照每 10 股转增 10 股的比例实施资本公积金转增股本,全体股东同比例无偿让渡本次转增股份的 30% 用于清偿费用和债务	担保债权优先受偿;职工债权 100%;税款债权 100%;小额金融普通债权 100%;金融普通债权 30%;小额债权 100%;普通债权 30%	担保债权组、职工债权组、税收债权组、普通债权组均过表决通过;出资人表决通过	执行中

1. 债权受偿比率获得提高

相比较普通债权的清算比率,重整程序显著提高了债权人受偿水平。若重整计划未通过而导致重整程序失败,债权人将不得不面对破产清算的较低清偿比率。根据样本情况,11 家上市公司经过重整计划安排,保障了职工债权和税款的全部清偿,以及担保债权和小额债权的优先清偿,普通债权的清偿比率均不同程度地提高了,提高幅度为 3% ~65% 。

2. 债务人通过公积金溢价转增股本获得资金注入

根据样本分析,上市公司均选择实施资本公积金转增股本,转增的部分用于债务清偿。根据方案情况的不同,具体做法主要有以下 3 类:其一,转增股份由重整投资人有条件受让,对价用于支付费用和清偿债务,剩余支持后续经营;其二,实施资本公积金转增股本并由股东受让,之后由股东让渡部分股份,用于引入投资者和清偿债务;其三,转增股份由管理人进行公开拍卖处置,所得价款用于债务清偿。

3. 上市公司股东权益得到保留

尽管重整程序能够达成公司主体存续的目标,但是公司的经营、治理和股权结构都可能发生显著变化。公司的股东、实际控制人将会因为重整方案的实施而让渡部分权益,但是从样本数据来看,公司主要股东的权益让渡并不会导致其股东地位的丧失。*ST 新都的股东在资本公积金转增股本之后,让渡比例 50% 为样本统计中的最高比例。可见,股东地位和较高比例的权益保留是上市公司重整的基本模式。

4. 强制批准发挥了司法保障效力

样本案例显示,部分表决未通过的 3 个重整方案,都获得了法院的强制批准。未通过的表决组包括了担保债权人组、普通债权人组和出资人组三个类别。在这 3 个方案中,普通债权人组未通过与受偿比率不无关联,受偿比率分别仅约为 5% 和 11% ;出资人组表决未通过的方案中,资本公积金按每 10 股转增 29. 48 股,转增部分全部用于清偿,原股东的权益让渡比例相对较高。但是最终法院还是通过适用《企业破产法》第 87 条的强制批准规则批准了重整计划草案,维持了债务人主体存续。

(二)上市公司实施重整案例的关注点

1. 启动重整时公司已无可变现资产

从样本案例来看,上市公司启动重整程序时,资产清算的债务清偿比率普遍较低。在11起重整案例中,仅有3家上市公司的清算率超过了10%,其中仅有1家超过了20%。其余8家清算率低于10%的上市公司中,6家上市公司的资产清算的债务清偿率不足2%,几乎已成为无可变现资产。上市公司在前期经历了持续亏损、财务困境以及经营停滞阶段时,并没有及早启动重整程序进行救济。样本中,多数进入重整的上市公司都已经严重资不抵债,需要通过重整实现剥离亏损资产、减免债务负担、注入资金以及恢复盈利能力等诸多"猛药",才能够成功实现"保壳"目标。

2. 债务清偿与股东权益的利益平衡存在个案差异

从普通债权人组表决未通过案例可以看到,股东让渡比例较低与普通债权人组表决未通过存在关联。例如,* ST锌业的出资人权益调整方案是资本公积金按每10股转增2.7股的比例转增股票,转增部分全部用于清偿债务。全体股东按照10%的比例让渡其目前持有的股票,由管理人处置变现优先用于支付费用和清偿债务。在这个方案下,普通债权人受偿比例从0.75%上升为5%,清偿比率仍然较低。法院最终还是强制批准了该方案。

然而,提高普通债权受偿比例,也遭到出资人组的表决反对。在* ST新亿的案例中,出资人权益调整方案为资本公积金按每10股转增29.48股的比例转增股本,转增的股份由全体股东让渡给投资人,受让价款用于清偿。普通债权的清偿幅度从0提升为65.73%,清偿比率显著提高。尽管该方案遭到出资人组的表决未通过,法院最终还是强制批准了重整计划。

3. 鲜有债权转为股权的实施方案

债转股是常见的债务重组手段之一,债权人可以选择转股方式避免债权的直接损失,将短期的本息转换为长期的股权收益。但是,在统计样本当中,并没有上市公司重整中采用债转股方案。

从实证数据来看,影响债转股实施的因素有以下两个方面:一方面,大额债权实施债转股将改变上市公司原有的股权结构,其控制权也可能会发生变化。由于上市公司控制权争夺关系"壳资源"的控制,控制权变动后也可能会涉及重大资产重组中控制权变动的审核事项,会增加重整实施的不确定性和难度,因此实践中鲜有上市公司重整方案采用了债转股。另一方面,由于上市年公司股东和投资者人数众多,是经济活动关系当中优先保障的群体。因此在出资人权益调整方案中,基本上都会出现出资人权益保留的比例,要高于债权人获得清偿提高的比例的情况。样本数据中,有 7 个重整案例实施转增股本后股东权益的让渡,其中 3 个为大股东让渡权益,幅度区间为 6% ~50% 。剩下 4 个为全体股东按比例进行让渡,幅度区间为 10% ~30% 。

4. 强制手段维持主体存续的裁判倾向明显

11 个重整案例样本中,有 3 个适用了法院强制批准,占比近 30% 。无论是债权人还是出资人,分组表决未通过的全部适用了法院强制批准,比例达到了 100% 。可见,司法实践中,只要符合我国《企业破产法》第 87 条规定,经过了二次表决且仅有部分分组未通过,法院都会实施强制批准可行的重整计划草案,确保上市公司主体资格的存续。

三、关于上市公司重整实施的制度运行分析

从实证案例和有关数据来看,我国上市公司实施重整的实施效果得到了法院的有力保障。进入重整之后,司法机关对各方利益的协调力度也会随之提高。即使某一类权益人的利益诉求难以达成,法院仍会支持可行的重整计划草案。总体来看,上市公司作为重整制度实施的对象,其公众属性、经济角色等因素对法律适用产生了影响。

(一)重整实施受到“大破产”模式的局限

1. 多数启动重整的上市公司已深陷破产困境

从上市公司实证数据来看,多数债务人上市公司已经深陷破产困境,启动重整程序多适用前者,即资产不足以清偿全部债务或者明显缺乏清偿能力。而从样本数据中的普通债权清算率来看,从最低为 0 到最高 46% ,基本上都达到了资产不足以清偿全部债务的程度。样本案例中有 8 个案例显示连续两年以上净利润为负,占比达到 70% 以上;约半数以上的上市公司启动重整时的当期净资产为负;所有上市公司启动重整时已经丧失或彻底丧失偿债能力。

2. 重整成为上市公司“保壳”的最终手段

我国现行《企业破产法》以公平清偿债务为立法主旨,着重强调债权人利益的保护。在概括主义立法下,重整程序的启动是以“大破产”模式之一般原因要件,侧重于对债务人资产负债情况和偿债能力的考察。因此,启动重整程序的债务人往往已经深陷财务和经营困境,甚至濒临破产。这个制度局限在样本数据中得到了体现,超过 70% 的案例中上市公司启动重整时普通债务清算率不足 10% 。

而从重整制度的法理目标来看,作为挽救公司与企业、实现“再生”目标的保障性制度,重整程序相较于清算程序与和解程序,其调整的范围应当较为宽泛。① 现行破产法未兼顾到重整再生的价值目标,也一定程度上造成了上市公司以重整作为“保壳”最后手段的局面。

3. 重整程序的启动缺乏商业化考量

从比较视角来看,美国《破产法》第 11 章公司重整程序作为发达的重整制度,其司法实践经验具有较高的借鉴价值。从其司法实践来看,由于该法第 11 章调整范围较为宽泛,使重整程序更具有商业价值。美国第五巡回法院在 1986 年小溪农业科学发展公司(Matter of Little Creek Development Co.)重整案曾说明,“第 11 章重整程序是为了支持财务上遇到困境的企业,为他们提供喘息的空间,以便能够回复到能够生存的状态”。由此可见制度设计上我国尚未明确财务困境启动重整的具体标准和门槛,而更偏向于“大破产”模式和格局。②

放宽重整启动门槛,帮助上市公司尽早处置不良资产和债务负担,能够有效提高我国上市公司的质量。美国商事法律制度中早有商业化重整程序启动的判例。20 世纪 80 年代初,一家资产净值达到 11 亿美元的世界 500 强企业佳斯迈威公司(John-Manvile)向法院提起了该法第 11 章商业重整程序的申请,当时媒体和法学期刊都质疑这个申请的正当性。许多不同类别的债权人委员会都提出质询动议要求法院驳回受理,其理由认为该公司的重整申请缺乏善意。但法院很快就驳回了这个反对动议,其理由是:债务人财力的不应该成为驳回重整申请

---

① 参见韩长印:《破产法学》,中国政法大学出版社 2007 年版,第 160 ~ 161 页;范建、王建文:《破产法》,法律出版社 2009 年版,第 201 ~ 202 页。

② 参见[美]大卫 · G. 爱泼斯坦等:《美国破产法》,韩长印等译,中国政法大学出版社 2003 年版,第 153 页。

的依据,不能清偿本身不是该法第11章重整案件必备的要件。[①] 佳斯迈威公司一案的受理表明,更为商业化的重整原因能够帮助应困境公司处置和应对大量棘手的债务,以及将要到期的债务,具有实施重整的合理性。

(二)债权清偿优先与股东权益保留的再平衡

1. 分配顺序的特殊化

从分配顺序上来看,债权优先于股权获得清偿,破产清算制度中明确了债权受偿的优先原则。原则上债权获得足额清偿后,股东才可以依据持有股份的份额大小,向公司资产主张剩余索取权。但是,由于重整程序不同于一般破产清算,它负有在重整计划可行条件下,挽救公司或企业的社会经济任务。因此,重整程序既需要公司存量资产的调整和分配,也需要考虑公司股权结构中原有的大股东、控股股东等影响公司持续性的重要因素。

2. 重整实施需兼顾公司股权结构的相对稳定

普通非公众公司并没有明确的对于股权结构保持一定稳定的要求。即使债务人事业整体出让、实际控制权变更或等情形,只会影响公司内部的管理和运营,不会涉及公众投资者的利益。而上市公司则不一样,一旦发生实际控制人的变更,将会对上市公司运营和管理产生重大影响,从而影响公众投资者的权益。从《上市公司重大资产重组管理办法》的规定来看,导致上市公司的主营业务、资产、收入发生重大变化的资产行为需要受到监管和审核,通过认购股份发行获得上市公司实际控制权的主体,需要锁定股份,构成重组上市的,应当符合《首次公开发行股票并上市管理办法》。因此,多数重整债务人的重整计划均避免股权结构发生重大变动并触发行政监管。

3. 股东权益保留与让渡体现市场博弈

从样本数据来看,上市公司普遍采用资本公积金转增股本的方式,转增方案从每10股转增2.7股到19股不等,均获得了出资人组的表决通过。而资本公积金按每10股转增29.48股的方案,则遭到了出资人组的反对。

在转增方案中,多数转增股本直接向重整投资方进行转让,转让的对价用于

---

① 参见[美]大卫·G.爱泼斯坦等:《美国破产法》,韩长印等译,中国政法大学出版社2003年版,第47~48页。

清偿债务和费用。少数转增股本向原股东分配,再由原股东向投资方让渡。前一个方案中,原股东的持股份额比例会受到稀释,如果转增比例较高,所有者权益的让渡比例就会加大。而原股东受让转增股本之后,再按比例进行让渡,则能够减少股权结构的变动。

从样本数据来看,遭到普通债权人组反对的转增方案,一是资本公积金按每10股转增2.7股,并且全体股东让渡所持有10%股份,用于支付费用和清偿债务,约占总股本31%;二是资本公积金按每10股转增5股,转增股份用于支付费用和清偿债务,约占总股本33%。而遭到出资人组反对的方案中,按每10股转增29.48股用于清偿的转增股本占比达到74%,但同时债务清偿比率从0提升至65.73%,债务清偿效果显著。

(三)实践形成了重整计划可行性的具体条件

现行《企业破产法》没有关于资本市场主体实施重整的特殊规定和专门表述。上市公司重整实践显示,从重整启动到重整计划的制订和批准,在满足一定条件的情况下,上市公司即可获得“债务人友好”的对待。

1. 满足债权优先受偿的顺序

解决债务重组问题是重整计划首要目标,然而上市公司启动重整程序时机较晚,大多数公司的债务负担已经非常沉重。债权人面临着较高的破产清算和本息全损的风险。因此,上市公司在获得融资补血的同时,首先必须满足公众主体的权益。依照我国《企业破产法》的规定,在清偿破产费用和公益债务之后,职工债权、社保费用、税款应当优先清偿;其次应优先清偿担保债权;最后为普通债权。实践中,上市公司会专门区分人数众多的小额债权组,保障人数众多、单独份额较低债券持有人的权益。

2. 上市公司主体存续须符合上市要求

上市公司对于重整计划实施的可行性标准,应当高于非公众公司。除了财务方面的净资产、净利润、营业收入要求之外,还应当满足持续上市的各项条件,包括上市公司仍需要满足股本总额、社会公众持股比例、股东人数、股票成交量、收盘价不得低于股票面值等。因此,在出资人与债权人的权益平衡方面,股东权益的保留必须反映股本及比例的要求。

3. 重整计划须包含盈利预测及承诺

我国现行《企业破产法》中关于重整计划可行性的判断仅有原则性规定。重整计划的可行性判断首先是债权债务关系，并兼顾公司的运营能力。尽管法律尚未明确规定，但是上市公司重整实践中，债务人未来盈利的保障性机制已经有效运行。

从实证案例来看，经强制批准的重整计划，均包含了控股股东或投资方对于未来盈利的承诺。例如*ST新亿的控股股东万源稀金，在重整计划中承诺新亿股份2016年、2017年实现经审计的净利润分别不低于人民币4亿元、5亿元。如果新亿股份最终实现的净利润未达到上述标准，由万源稀金在相应会计年度审计报告出具后1个月内以现金方式向新亿股份补足。在*ST霞客的重整计划中，重整投资人对于未来净利润进行了承诺，不足的部分将以现金方式补足。

四、完善我国上市公司重整制度的初步思考与建议

上市公司实施重整的案例显示，司法程序与市场化手段存在制度上的差异。重整程序在法院监督下实施，对于各个环节，法院和债权人会议都负有监督义务和相应的权限。重整计划的表决和批准，法院享有最终的决定权，即使有部分表决组二次表决后未通过重整计划草案，法院仍可以基于可行性判断，强制批准重整计划生效。从上市公司的重整实践来看，重整程序的启动、权益各方的利益平衡以及强制批准制度的实施，呈现出上市公司的特别需求和制度运行特点。因此，通过对上市公司的案例样本分析，对于我国公司重整制度的完善也有积极的意义和作用。

当前我国证券市场新股发行制度改革稳步推进，上市公司数量呈现稳步增长趋势。① 然而，重整制度自《企业破产法》修订和颁布之后至今，仅有不到50件上市公司重整案例。随着证券市场发展，困境上市公司对于重整制度的需求将会持续增加。

① 截至2016年年底，我国上市公司总数达到了3052家，总市值达到50.76万亿元，全年总成交额达到126.4万亿元。2016年新股发行数量达到了约248只。

(一)推动发布《企业破产法》司法解释,完善公司重整制度

当前,上市公司实施重整受到“大破产”立法模式的局限。债务人启动重整程序时,已经深陷破产困境。约半数以上的上市公司启动重整时的当期净资产为负;所有上市公司启动重整时已经丧失或彻底丧失偿债能力。重整成为上市公司“保壳”的最终手段,超过70%的案例中上市公司启动重整时普通债务清算率不足10%。

重整程序相较于清算程序与和解程序,其调整的范围应当较为宽泛。建议应当加快推动发布《企业破产法》公司重整制度的司法解释,明确困境公司不能清偿到期债务且缺乏偿债能力的情况下,债权人或债务人可以启动重整程序实施及时的救济。

(二)针对上市公司建立专门的操作指引及规范

我国现行《企业破产法》缺少关于上市公司重整的特殊规定和专门表述。通过实证分析可以看到,上市公司作为重整制度实施的对象,其公众属性、经济角色等因素对法律适用产生了影响。上市公司重整制度的实施更具有“债务人友好”特点,需考虑公众债权人和投资者的权益,并维持上市公司上市地位。

从美国的市场经验来看,自1978年美国《破产法》第11章重整程序广泛实施之后,20世纪八九十年代美国出现的公司并购潮现象导致了美国《破产法》第11章的重整案件迅速增加。学者认为,第11章对管理层和股东的“友善机制”使收购方得以大胆地采用杠杆收购方式,进行溢价收购或高价收购而少有顾虑。

因此,建议制定专门的上市公司重整实施的规范操作指引,明确和细化债务清偿顺序、公众债权人保护、股权结构变动、出资人权益保留、债转股方案、资产重组监管、信息披露特殊要求或标准等有关内容。

(三)建立规范的资产交易机制,推动债转股方案的实施

由于缺少债权转让的市场化交易机制,并且债务人具有明确维持上市公司股权结构和控制权的“保壳”要求,导致鲜有收购方通过收购债权和债转股方案,获得债务人的控制权。这种状况并不符合债权与股权的索取权顺序,甚至与之相悖。

建议监管机构进一步明确债务人的资产交易规范，为具有转让意愿的困境上市公司债权人，或具有债权收购意愿的收购方，建立和提供有效的资产交易机制和渠道，公开公平地进行债权转让和交易；完善债权人委员会机制，提高债权人的议价和协商地位，推动债转股方案的制定与实施，切实保障债权人的权益。

（四）明确上市公司重整计划的可行性标准

上市公司的重整计划只要能够保障公司公众利益，从重整启动到重整计划的制订和批准，司法实践均表现出“债务人友好”特点。但是，由于现行法规并无重整计划强制批准的可行性标准，法院强制批准的实施更倾向于保障社会公益、完成经济任务。这也促使重整程序成为上市公司实现“保壳”的重要手段。

建议应当建立和完善上市公司重整计划的可行性判断标准或参考依据。其一，债权清偿顺序方面，明确公众债权人、小额债权人应当优先受偿；其二，上市公司主体存续须符合上市要求，包括满足股本总额、社会公众持股比例、股东人数、股票成交量、收盘价不得低于股票面值等；其三，盈利预测及承诺等方面，上市公司控股股东或投资方应对未来盈利预测公开提出补偿承诺，未实现的部分应以现金方式补足。

（五）确立上市公司股东权益保留的“新价值”规则

在出资人与债权人的权益平衡方面，股东权益的保留必须满足上市公司上市条件，因此实践中重整计划多是维持了原有的股权结构比例。但是，这并没有反映股东在公司经营恶化过程中本应承担的义务和责任。

建议借鉴美国《破产法》第 11 章司法实践中形成的“新价值”规则，当股东能够进一步为公司主体存续提供“新价值贡献”时，方可保留其权益；否则，应当大比例让渡其权益，让渡的部分用于清偿债务和费用，以及满足公司未来持续运营的需要。建立“新价值”规则，一方面，需要进一步完善我国现行《企业破产法》的成文规范；另一方面，完善证券市场配套措施，明确上市公司重整计划强制批准应当符合“新价值”规则，并作为重整计划可行性判断的一项原则和标准，对司法裁判起到参考和指引作用。

上市公司重整中的股东权益:基于控制权与利益分配的解析

谢肇煌[*]

公司重整是陷入困境的债务人与其债权人、债务人股东、职工、重组方等各方在司法管制下进行利益博弈,最终形成确定重整价值分配的重整计划的程序和制度。上市公司重整涉及利益广泛,社会影响巨大,直接影响我国信用制度、证券市场和金融安全。股东权益问题是上市公司重整中权益重组的重要方面,股东的控制权对重整程序的进展有深刻影响,股东权益的调整是重整计划的重要组成部分。我国《企业破产法》与相关司法解释中对上市公司重整中股东权益问题的规定存在缺失,影响了重整制度价值的实现与功能的发挥。因此,本文聚焦于上市公司重整中的股东权益,通过分析上市公司重整中股东权益调整的价值目标与股东的法律地位,从控制权配置和重整计划利益分配两个方面,揭示上市公司重整中股东权益调整的应然规则,并对我国的破产立法提出建设性意见。

* 中国人民大学法学院经济法学博士研究生。

一、上市公司重整中股东权益调整的价值目标

破产重整制度是债务人发生财务危机但尚有挽救希望,因而在法院的监督下进行营业与债务的重组,最终避免破产清算、重获再生的法律制度,我国《企业破产法》借鉴美国《破产法》第 11 章规定了破产重整制度。破产重整程序复杂,成本巨大,主要适用于大型企业,尤其是上市公司。传统的企业存续型重整模式强调保留企业法律实体,而随着重整理念的发展,现代重整制度不再拘泥于企业法律实体的保存,而强调最大化破产财产的价值,因而出售式重整模式日益发达。在出售式重整模式下,事业转让之后,原债务人企业清算注销,而事业的重整在债务人企业之外以继续经营的方式进行。①

无论采用何种重整模式,重整制度的核心价值目标在于最大化债务人企业的价值,不同的重整模式只是实现这一价值目标的不同手段。因为债务人企业价值越大,利益相关人可分得的利益就越多。破产重整程序适用的核心条件是企业的营运价值大于清算价值。营运价值即企业继续存续所能创造的价值,清算价值即出售企业所能获得的价值(无论作为整体出售还是将资产零售)。营运价值与清算价值的差额可称为营运价值剩余(going concern surplus)或重整剩余(reorganization surplus)。重整程序的目的在于充分实现营运价值,使重整剩余最大化,为此需要采用高效率的、市场化的重整模式。重整程序通过挽救重整企业的营运价值,同时实现债务清偿与企业复兴,企业若重整成功,债务人能起死回生,债权人能得到更多清偿,债务人股东的利益亦能得到保存与增值。对重整公司股东控制权的配置,以及重整计划中股东权益的调整,应当有助于高效地达成并执行重整计划,实现债务人企业价值最大化、债权人最大限度地获得清偿并兼顾其他相关主体的利益。

破产重整追求的另一个价值目标是重整剩余分配的公平,即各利益相关人在重整程序中获得其应得的利益。从理论上来说,破产法为各方提供一个利益博弈的平台,各方在破产法的框架内进行平等博弈,讨价还价,通过相互妥协让步,达成最终的利益分配格局。为了防止具有优势地位的主体控制谈判博弈,造

① 参见王欣新:《重整制度理论与实务新论》,载《法律适用》2012 年第 11 期。

成不公平的结果,重整程序必须受到立法与司法的管制。重整谈判必须在法律框架内进行,法院在重整程序中担任推动者、监督者和控制者的角色。例如,当事人无法通过谈判达成一致时,法院可以在满足一定条件的前提下裁定强制通过重整计划,防止重整谈判无限期拖延。为了保护这部分异议当事人的权益,破产法规定了一系列强制性规则约束法院的强制批准权力,其中最重要的是清算价值保障原则、公平对待原则和绝对优先权规则。重整博弈中,债务人、债权人、股东各自具有不同的利益偏好与激励,各方出于理性人自利的动机,追求自身利益在重整程序中的最大化,如能协调各方的自利行为,实现公平的利益分配,重整中的博弈方为成功。上市公司重整的控制权配置应当赋予股东适当的谈判筹码,重整计划中的股东权益调整,应当遵循法律规定的利益分配顺序,追求重整剩余的公平分配。

二、上市公司重整中股东的法律地位

(一)公司不同状态下股东的权益状况

在公司正常经营情况下,股东是公司的剩余所有权人,享有公司的最终控制权,公司治理的目的就是实现股东利益最大化。具体而言,股东享有获取经济利益和参与公司经营管理的权利。获取经济利益的权利包括股利分配请求权、剩余财产分配请求权以及公司新增资本或者发行新股的优先权、股份转让权等。参与公司经营管理的权利主要包括表决权、股东会或股东大会召集权、查阅权、提案权、质询权、撤销公司决议或宣告决议无效的诉权、代表诉讼的提起权、对董事或高管的直接诉权和解散公司的诉权等。[①] 获取经济利益的权利及参与公司经营管理的权利又可称为自益权和公益权,前者得为股东自身利益而主张,后者得为全体股东共同利益而主张。

当公司因资不抵债进入破产清算程序,股东将丧失公司控制权。因为当公司的全部财产不足以清偿债务时,此时债务人净资产为负,股权对应价值为零,股权不再有任何实际意义。当资大于债的公司进入破产清算程序,股权虽仍有账面价值,但实际意义也不大,因为公司一切财产都必须先用于对债权人的清

① 参见王军:《中国公司法》,高等教育出版社2015年版,第274页。

偿。在破产清算程序中,股东已不再是公司所有权人,处于完全被动地位,只有义务和责任而没有权利。在清算程序结束后,公司的主体资格消灭,股东的股权也随之消灭。

然而,当公司进入重整程序,股东的地位较之清算程序中更为有利,股东并不完全处于被动地位,而享有相当程度的权利。首先,破产重整制度为各利益相关人提供了通过参与谈判影响最终利益分配的机制,债权人、股东、重组方、职工各方都有参与重整谈判、影响利益分配的权利。从重整公司治理的角度而言,破产重整中债权人不是唯一的剩余所有权人与最终控制权人,[①]股东也享有一定的剩余所有权和最终控制权。其次,重整程序旨在使困境企业起死回生。如果重整成功,股东的股份可以得到保留甚至增值,而不会像在清算程序中那样随公司主体资格消灭而消灭。实现重整成功,也需要充分调动股东的积极性和创造性,为股东积极参与重整构建激励机制,因此重整公司的股东权益不会被全部清零。最后,从重整原因上来看,破产法规定的重整原因除包括破产清算原因以外,"有明显丧失清偿能力可能"的公司也可进入重整程序,此种情况下由于公司尚有财务数据意义上的净资产,股东在重整程序中可分得一定利益。与破产清算程序相比,股东在重整程序中可享有重整申请权、重整参与权、重整计划制定权、重整计划表决权、重整监督权、知情权等一系列权利。重整计划通常也会为股东保留一定权益。[②]

(二)上市公司重整中股东权益调整的现实基础

股东有权参与重整程序,并能够获得重整价值分配,根本上是因为重整公司的股份仍有不可忽视的价值。公司是否具有可供拯救的营运价值,公司重整能否产生重整剩余,不只取决于公司资产和负债的比例,更多的是取决于公司的盈利能力和在市场中的综合资源占有情况。重整公司即使已经资不抵债,但如果拥有自主知识产权、专有技术、销售组织渠道、客户资源、地理位置优势、特殊经营资质、行业经营许可等市场资源,其股份就仍然具有市场价值,其成长和盈利

---

① 此处的控制权指的是重整控制权,重整控制权与公司正常经营时的控制权有大量共同特征,但在公司进入重整程序后,由于公司的所有权状况发生变化,公司控制权必须重新配置。参见贺丹:《破产重整控制权的法律配置》,中国检察出版社2010年版,第21~30页。

② 参见郑志斌、张婷:《公司重整:角色与规则》,北京大学出版社2013年版,第342~348页。

的预期可能不低于正常情况下的上市公司。[1] 应当特别指出的是,由于我国公司间接融资程序烦琐、成本高昂,新股发行注册制的实现尚需时日,且我国退市制度不够完善,首次公开募股(Initial Public Offering,IPO)监管存在不确定性,我国上市公司的壳资源本身就是一种重要的市场资源。[2] 重组方提供资金、技术进入重整公司,主要目的就是掌握上市公司控制权,享受壳资源带来的收益。通过重整或重组方式实现壳资源的存续是大部分上市公司重整或重组的出发点。要引入提供资金、技术支持重整的重组方,股东就必须向重组方让渡股权,使其能够掌握公司的控制权。作为对价,重组方将优质营利性资产注入公司,完成上市公司资产重组。有时重组方甚至提供部分资本代为偿债,作为对价,重组方取得公司的股份。虽然对于这一产生于我国特殊制度环境下的上市公司重整模式存在一些争议,[3]但"借壳上市""买壳上市"在当前制度环境下的确是企业节约上市成本的一种有效途径,目前只能设置更严格的条件加以限制而无法禁止。

上市公司重整中的股东权益调整可以降低重整程序的成本,提高重整程序的效率,促进重整成功。在美国的重整实践中,大型公众公司的股东在重整中之所以得到一定重整价值,可能是出于下列原因:(1)出于节省诉讼费用的考虑,因为如果由法院强裁通过没有对股东作出任何分配的重整计划,可能引发后续的诉讼,产生诉讼费用,增加重整的成本。但这并不是股东得到分配的主要原因,因为节省的诉讼费用往往小于股东得到的利益。(2)为了节省时间成本,因为时间的延误会造成商业机会的损失,以及增加行政费用,所以需要向股东让渡某些权益,促使股东和债权人达成妥协,更快速地通过重整计划。(3)让渡利益于股东给债权人造成的损失会分摊到众多不同的债权人身上,因此给债权人带来的影响比较小。(4)特定管理层持续经营的需要为股东获得分配提供了筹码,因为拥有良好资质、取得显著成功以及获得重整各方信任的管理层本身就是重要的资产,并且美国破产法赋予经管债务人(Debtor in Possession,DIP)的重要权力也成为管理层的筹码。(5)由于"公共关系原因",公司偏好合意通过的重整计划,因为重整计划的和平通过能够向公司的客户、供应商及未来的贷款人传递公司

① 参见王欣新:《破产法》(第3版),中国人民大学出版社2011年版,第278页。

② 参见唐旭超:《论上市公司重整中的股东权益》,载《政治与法律》2014年第6期。

③ 参见王佐发:《上市公司"重整融资"模式的检讨与改进路径》,载《证券市场导报》2010年第3期。

已走出危机的信号。(6)为了维持一个公司股票交易的市场,公司的股票能在其中公开交易并得到增值。[①] 由于股东在重整程序中重要的地位和作用,以及维护股东权益对达成与通过重整计划,实现重整成功具有的重要意义,股东往往能通过重整谈判获得相当程度的分配。

(三)上市公司重整中股东权益调整的原则

上市公司重整中的股东权益调整必须遵循一定的原则。

首先,是债权人利益最大化原则,即在重整程序中,无论在重整价值分配上,还是在控制权配置上,相对于债权人,股东只能居于从属地位。债权人的权利优先于所有者权益是破产重整的基本假设前提。[②] 就重整价值分配的顺位而言,美国破产法明确将股东置于受偿顺位的底层,只有当担保债权人、职工债权人、税收债权人、无担保普通债权人都得到清偿后,股东才能得到分配,在清算方案和重整计划中都应当遵循上述清偿顺位。就目的而言,重整和清算二者都指向破产债权的公平清偿,都应当以债权人利益最大化作为损益分配的基本原则。重整和清算不过是变现破产财产的两种不同方式,在清算中是通过市场机制将破产财产拍卖或变卖给第三人,而在重整中是将破产财产出卖给股东或债权人。[③] 并且,股东在重整中让渡的权益比例也应当多于债权人削减的债权比例。就控制权配置而言,破产程序一旦开始,股东即丧失对公司的控制权,而由管理人(主要代表债权人利益,同时兼顾股东利益)取得控制权。[④] 在债务人自行管理的重整程序中,债务人管理层仍掌握控制权,但管理层信托义务的对象从股东转移到债权人。[⑤]

其次,就控股股东和中小股东之间的利益关系而言,股东权益调整应当从实

---

① See Lopucki Lynn M. ,Whitford William C. ,"Bargaining over Equity's Share in the Bankruptcy Reorganization of Large Publicly Held Companies",*University of Pennsylvania Law Review*,Vol. 139,Issue 1(November 1990),pp. 125 - 196.

② 参见王佐发:《上市公司重整中债权人与中小股东的法律保护》,中国政法大学出版社 2014 年版,第 177 页。

③ 参见许德风:《破产法论——解释与功能比较的视角》,北京大学出版社 2015 年版,第 476 ~ 477 页。

④ 参见许德风:《论公司债权人的体系保护》,载《中国人民大学学报》2017 年第 2 期。

⑤ See Christopher W. Frost,"The Theory,Reality and Pragmatism of Corporate Governance in Bankruptcy Reorganization",*American Bankruptcy Law Journal*,Vol. 72,Issue 1(Winter 1998),p. 110.

质公平理念出发,遵循差异性调整原则。在我国的上市公司治理中,控股股东压制中小股东、侵害中小股东权益是较为严重的问题,在上市公司重整中,中小股东利益保护的问题同样突出。为实现控股股东因公司经营失败进入重整程序应当承担的责任,并使控股股东为重整成功付出应有的代价,保护中小股东和债权人的利益,在重整计划中,控股股东应承受大部分的股权调减,而中小股东的股权调减幅度应当较小。公司法的股权平等原则在公司重整这一特殊情形下得到了修正。[①] 另外,为使中小股东能够现实地制衡控股股东,使控股股东承受大部分股权调减的重整计划能够达成,需要增强中小股东参与重整程序的能力,形成公平、有效的重整控制权配置。具体而言,应当建立与完善中小股东行使知情权、表决权、诉讼权等一系列权利以制衡控股股东的机制。

三、上市公司重整中股东权益调整的基本规则

上市公司重整中的股东权益可以从控制权和利益分配两方面进行解析。股东的重整控制权即为股东参与重整程序,影响重整结果的权利,是股东的程序性权利;股东在重整计划中获得公平的利益分配的权利,是股东的实体性权利。股东通过行使其程序性权利为自己争取重整计划中的实体权益,当股东在重整计划中的实体权益受到侵害,股东可以通过行使程序性权利获取救济。

(一)上市公司重整中股东的控制权分析

在正常状况下,公司股东享有参与公司经营管理的权利,在重整程序中,这些权利受到较大的限制。股东不再是公司的最终控制权人,最终控制权主要由债权人掌握,无论是采用管理人模式还是债务人自行管理模式,掌握经营控制权的管理人或经管债务人主要对债权人负责。进入重整程序后,股东大会虽然存续,但不再是公司的最高权力机关,其绝大部分职权被债权人会议、债权人委员会和法院所取代。股东大会依据的权力规则不再是公司法的规则,而是相对于公司法属于特别法的破产法规则。股东大会只能就管理人和债权人会议职责范

---

① 参见唐旭超:《论上市公司重整中的股东权益》,载《政治与法律》2014年第6期。

围以外的事项进行决策,股东大会的相关决议不能与重整程序相抵触。[①] 重整公司的股东在重整程序中主要享有以下权利:

(1)重整申请权。与在清算、和解程序中不同,在重整程序中债务人股东有权申请债务人重整,各国重整立法都普遍规定了股东的重整申请权。如前所述,清算程序的适用往往导致股东不获分文,而重整成功将使股东权益得到保留甚至增值,因此在重整和清算之间,股东有更大的激励选择重整。股东的重整申请权,既有通过股东大会行使的情况,也有部分股东不通过股东大会行使的情况。

(2)知情权。股东行使知情权能为行使表决权提供重要依据。公司法规定的股东知情权,在重整程序中转变为股东对重整程序的进展情况、重整计划的基本内容等的知情权。尤其是对于重整计划中的股份调减情况、重组方基本情况和经营方案,重整上市公司应当依照证券法律法规履行信息披露义务。

(3)重整计划提出权。各国对于重整计划提出主体有单元主义和多元主义两种做法,单元主义即仅有管理人有权提出重整计划,多元主义即债权人、股东等利益相关人皆可提出重整计划。两种做法中多元主义更加合理,法律若规定多元的重整计划提出主体,则达成的重整计划将更切合重整公司的实际,也更有利于平衡重整各方的利益。股东的重整计划制订权主要通过股东作为出资人组成员参加关系人会议行使。

(4)作为出资人组成员参加关系人会议,参与重整谈判及重整计划表决的权利。

(5)重整监督权,即在发生法定事由时,如债务人缺乏挽救可能性、重整计划不能执行、债务人有损害债权人利益的行为等,股东申请法院采取相应措施的权利。股东不仅可以监督债权人,还可以监督管理人,在管理人有不当行为时,股东有权请求法院将其更换。

(6)诉讼权,即股东在重整程序中有权通过诉讼途径维护自身权益,以及维护所有利益相关人的权益。对于股东代表诉讼而言,股东代表诉讼不以债务人具有诉讼资格为前提,因此无论重整程序中债务人是否丧失诉讼资格,股东代表诉讼都有适用的余地。[②] 对重整计划持异议的股东也可以提起诉讼维护自身权

① 参见张婷:《中国重整程序中的公司治理结构问题研究》,载李曙光、郑志斌主编:《公司重整法律评论》(第1卷),法律出版社2011年版,第196页。

② 参见刘颖:《日本破产重整程序中的股东代表诉讼》,载《政治与法律》2012年第2期。

益。但是,重整程序中,异议股东无权要求公司回购其股份,因为重整程序启动后直到重整计划批准前,债务人企业处于保护期,股东转让股权包括公司回购股东股份的行为均应中止,以保障重整程序顺利进行。①

(二)上市公司重整计划中的股东权益

股东通过行使上述权利参与重整进程,影响重整价值分配的结果,股东的意志也会像债权人及其他利益相关人的意志一样体现在重整计划中。重整计划是当事人意思自治的产物,但重整计划的内容同样要受到法律的规制,这主要体现在法院强制批准重整计划的条件上。法院强制批准重整计划的条件划定了重整计划中当事人利益分配的底线。

在满足法定条件下,即使当事人没能就重整计划达成合意,法院也可以强制批准重整计划,以防止少数有表决权的利益相关人对重整程序形成“钳制”,造成重整僵局。法院强制批准重整计划应遵循的,与股东权益调整有关的重要规则之一是绝对优先权规则(Absolute Priority Rule)。绝对优先权规则是在法院强制批准重整计划中保护无担保债权人和高级权益持有人的规则,即必须在高级请求权人得到足额支付后才能考虑低级请求权人,在高级请求权人得到全额清偿之前,低级请求权人不能获得任何分配。如果高级请求权人未得到全额清偿,低级请求权人却获得了某些分配,此时高级请求权人反对重整计划,法院将受绝对优先权规则约束而不能强制批准重整计划。完整的绝对优先权规则除了以上规则,还有其派生出的另一规则:某一请求权类别组(一般为股权)在获得充分清偿之前,优先顺位高于该组的其他类别组(一般为债权)不能获得超过100%的清偿。破产法上的绝对优先权规则是基于尊重非破产法规范确定的利益分配序列,以保证当事人出于良好的动机适用重整程序的理论依据。我国《公司法》第186条第2款明文规定“公司财产在分别支付清算费用、职工的工资、社会保险费用和法定补偿金,缴纳所欠税款,清偿公司债务后的剩余财产,有限责任公司按照股东的出资比例分配,股份有限公司按照股东持有的股份比例分配”。公司法上债权人在分配顺序上相对于股东的优先地位,在破产法中依然应当得

① 参见王欣新、徐阳光:《上市公司重整法律制度研究》,载《法学杂志》2007年第3期。

到尊重。[①]

关于绝对优先权规则本身的规则属性有两点需要说明：(1)绝对优先权规则不是一个僵硬的财务规则，它仅设定了对重整分配结果的外在限制，只有当重整各方无法合意达成一个重整分配方案时才适用这一财务标准。也就是说，如果是在我国破产法的语境下，绝对优先权规则只对法院强制批准重整计划构成约束，而并不约束法院正常批准重整计划。[②] 重整各方可以自行谈判达成公平的分配方案，高级请求权人可以放弃获得全额清偿以促进重整的成功。在美国大型公众公司的重整实践中存在大量的对绝对优先权规则的市场自发性偏离，即当事人选择违反绝对优先权规则来为股东保留某些权益以促进重整成功。[③] (2)对股东权益的任何限制和保护都不是绝对的，都应当服务于最大化债务人企业价值的目标，绝对优先权规则也不例外。绝对优先权规则可以为新价值例外规则所突破。新价值例外规则，是指当股东提供符合一定要求的新价值时，即使无担保债权人未获得完全清偿，股东也可以获得一定利益，该利益主要是与其提供的新价值相当的重整后公司的一部分股权。

由于绝对优先权规则在实践中的市场自发性偏离以及被新价值例外规则所突破，调整债权人与股东之间的分配关系并不必然要以绝对优先权规则为准。不同于美国破产法规定“绝对优先权规则”，一些国家和地区规定的是较绝对优先权规则更为缓和、更有弹性的“相对优先权规则”。例如，日本《公司更生法》规定“更生计划的批准需要坚持公正且衡平的原则”，“顺位靠前的程序相关人不能比顺位靠后的程序相关人承担更多的不利益结果”，该规定体现的就是相对优先权规则。[④] 相对优先权规则，一方面允许低位阶请求权人基于实质公平在高位阶请求权人未获得全额清偿时获得一定清偿；另一方面对低位阶请求权人获得清偿施加一定限制，低位阶请求权人获得的清偿比例不得高于高位阶请求权人。有学者将其概括为“先前顺位相关人不能比顺位靠后的程序相关人承担更多的

---

① 参见任永青：《绝对优先原则与我国破产法的缺失》，载《河北法学》2011 年第 10 期。

② See Emily Lee, “The Reorganization Process under China’s Corporate Bankruptcy System”, *International Lawyer*, Vol. 45, Issue 4 (Winter 2011), pp. 967 – 969.

③ See Lopucki Lynn M., Whitford William C., “Bargaining over Equity’s Share in the Bankruptcy Reorganization of Large Publicly Held Companies”, *University of Pennsylvania Law Review*, Vol. 139, Issue 1 (November 1990), pp. 125 – 196.

④ 参见[日]山本和彦：《日本倒产处理法入门》，金春等译，法律出版社 2016 年版，第 204 页。

不利后果”。[①] 在相对优先权规则下法官有更多自由裁量权,破产财产价值的最大化也能更充分地实现,重整各方的利益也能得到更好的平衡协调。

法院强制批准重整计划的原则还包括清算价值保障原则与公平对待原则。清算价值保障原则即债权人在重整程序中获得的分配不得低于其在破产清算程序中能够获得的分配,由于股东在破产清算程序中本来不能获得任何分配,这一原则的意义并不体现在股东权益调整上。公平对待原则即重整计划对于同一分配顺位的利益相关人必须同样对待,这里的公平对待应当是实质上的公平对待,而不局限于形式上的平等。比如,如前所述,控股股东和中小股东虽然都是股东,但其实质地位显然不同,重整计划对此二者的利益应当予以差异化调整。

四、我国破产法相关规定的评析与修改建议

基于上述原理与规则,反思我国《企业破产法》的规定,可以揭示我国上市公司重整中有关股东权益调整的诸多问题。就我国《企业破产法》的规定本身来看,许多重要的股东权益调整的规则尚付阙如,或是过于简略,亟待通过司法解释及法律修改予以完善。

(一)关于股东控制权的规定

我国破产重整程序中股东(特别是中小股东)享有的重整控制权不充分,不利于股东权益的保护,也会对重整程序发挥其应有功能产生阻碍。

第一,我国《企业破产法》对股东的重整申请权存在不合理的限制。根据我国《企业破产法》的规定,只有在法院受理破产申请后,宣告债务人破产前,出资额占债务人注册资本1/10以上的出资人才有权申请重整。股东并无独立的重整申请权,而只有后续的重整申请权。仅允许股东在发生破产原因后申请重整,此时重整的最佳时机往往已经丧失,不利于股东运用重整程序进行困境公司拯救。因此立法应当适当放宽限制,允许股东在债务人、债权人都未申请重整的情况下申请重整。[②]

---

① 丁燕、黄涛周:《绝对优先原则的重新审视》,载《东方论坛》2017年第1期。

② 参见王欣新、徐阳光:《破产重整立法若干问题研究》,载《政治与法律》2007年第1期。

第二,我国《企业破产法》在重整计划提出主体上采单元主义,只有债务人或管理人有权提出重整计划,且二者也不能共同制订重整计划。如前所述,制订重整计划的多元主义更有利于重整各方利益的平衡协调,促使公司重整成功,摆脱困境,因此我国立法应当允许债权人、股东、新出资人提出重整计划草案。可以参考美国破产法的规定,若在法定期限内债务人或管理人不能提出重整计划草案,或重整计划草案不能获得债权人的支持,任何利益相关人都有权提出重整计划草案。[①]

第三,出资人的表决权受到不当限制。根据我国《企业破产法》的规定,只有对于"涉及出资人权益调整"的事项,才设立出资人组进行表决。实际上,诸如重组方的引入、公司经营方案等事项与股东权益也有密切联系,在这些事项上股东也应当享有表决权。另外,表决组划分方法也是股东行使表决权维护自身利益的程序工具,表决组的划分只要不违反《企业破产法》第 82 条规定的标准,就应当尊重当事人意思自治。[②] 在出资人组内部,控股股东和中小股东应当再细分为不同表决组,以防止同一表决组内控股股东压制、"绑架"中小股东,维护中小股东的应得利益。

第四,应当规定,在必要时设置股权持有人委员会(Equity Committee)专门代表股东利益。在重整公司的治理结构中,债权人会议是最高权力机关,代表债权人利益,又有债权人委员会作为债权人会议的常设机构。相应地,为更好地保护与协调股东利益,如有必要,应设置股权持有人委员会,以优化重整公司治理结构。如果股东人数众多,案件中的利益关系复杂,没有其他机构能够代表股东主张权益,且破产财团能够承担设置股权持有人委员会的费用,则应当设置股权持有人委员会。[③] 股权持有人委员会应当有权与管理人或经管债务人就日常管理问题进行磋商、参与制订重整方案并就方案的接受或否决向债权人或利益相关人提出建议、请求更换管理人、在特定情况下提出重整方案、为维护股东权益

---

① 参见[美]大卫·G. 爱泼斯坦:《破产及相关法律》(第 6 版),法律出版社 2005 年版,第 430 页。

② 参见邹海林:《法院强制批准重整计划的不确定性》,载《法律适用》2012 年第 11 期。

③ See Thomas Henry Coleman, David E. Woodruff, "Looking out for Shareholders: The Role of the Equity Committee in Chapter 11 Reorganization Cases of Large, Publicly Held Companies", *American Bankruptcy Law Journal*, Vol. 68, Issue 3 (Summer 1994), pp. 295 - 318.

提供其他服务,等等。[①]

(二)关于重整计划中股东权益的规定

我国《企业破产法》缺乏与绝对优先权规则或"相对优先权规则"有类似功能的规定,缺乏对法院强制批准重整计划的重要法律约束。我国《企业破产法》第87条第2款规定了法院强制批准重整计划需要满足的前提条件,其中第1项和第2项体现了绝对优先权规则的内涵,但没有任何一项体现绝对优先权规则下债权人相对于股东、优先股股东相对于普通股股东的优先地位。绝对优先权规则的缺失导致法院强制批准重整计划的权力缺乏法律约束,普通债权人与中小股东在重整谈判中处于相当弱势地位,控股股东与管理人合谋侵害普通债权人与中小股东利益的现象严重。特别是由于绝对优先权规则的缺失,普通债权人成为我国重整实践中普遍被强裁的对象。[②] 不能实现重整价值公平分配,尤其是充分保护债权人的重整程序甚至会沦为逃废债务的工具,失去重整程序的正当价值基础。[③] 有学者认为,无须在破产法中专门规定绝对优先权规则,因为绝对优先权规则是一项公理性且为我国其他法律法规明文规定的权益分配原则。[④] 但笔者认为,鉴于绝对优先权规则对于约束法院强制批准权力的重要意义,以及在我国约束法院强制批准权力的迫切需要,有必要在破产法中全面规定绝对优先权规则的内容。在立法技术的选择上,可以不使用美国的绝对优先权规则与新价值例外规则的模式,而从我国国情出发创造一种相对优先权规则。

另外,我国《企业破产法》第87条第2款第4项规定的"对出资人权益的调整公平、公正"过于含混、笼统,需要更具体的规则对其进行明确。首先,"公平公正"意味着在出资人组通过重整计划草案时,重整计划对出资人组中持反对意见的成员应予公平对待,以及在出资人组未通过重整计划草案时,重整计划对出资

---

① 参见[美]大卫·G.爱泼斯坦等:《美国破产法》,韩长印等译,中国政法大学出版社2003年版,第748~749页。

② 如ST沧化、ST帝贤、ST锦化、ST广夏、ST光明、ST方向、ST创智的普通债权人因清偿率低反对重整计划,但都被法院以"重整清偿率高于清算清偿率"为理由强裁。实际上,"重整清偿率高于清算清偿率"只是债权人参与重整分配应当获得的底线价值,本身并不能说明利益分配的公平。

③ 参见任永青:《绝对优先原则与我国破产法的缺失》,载《河北法学》2011年第10期。

④ 参见邹海林:《法院强制批准重整计划的不确定性》,载《法律适用》2012年第11期。

人组应予公平对待。其次,“公平公正”意味着实质上的公平公正,不同类型的股份采取不同的让渡比例,持股数量不同的股东承受的让渡比例也不同。[①] 因为控股股东和中小股东、普通股股东和特别股股东享有的具体权益,以及承担的具体责任是很不相同的,如果依据表面上的股权比例进行调整,会造成实质上不公平的结果。这需要在出资人组内部进一步划分表决组,将不同类型、不同持股数量的股东划分为不同表决组。最后,“公平公正”还意味着股东权益调整的程序必须公开,依据的信息必须公开,异议股东有权向人民法院提出书面异议以及向上级人民法院申诉。[②]

应当注意的是,法院强制批准重整计划应当遵循的原则和标准只是当事人不能达成合意时,法院进行必要的司法干预的原则和标准,如当事人达成了合意,关系人会议通过了重整计划,法院则不再根据这些标准进行审查,而仅仅审查达成重整计划的程序是否正当,依据的信息是否充分,等等。债权人和股东可能在重整计划中利用各种不同的债务工具来达成利益平衡,其中的损益也不应由法院来判断,因为商业判断不是法院的职能。重整计划草案中利益分配方案的商业基础是不属于法院审查范围之内的。

五、结　　论

上市公司重整中的股东权益调整应当服务于公司重整的效率和公平两大价值目标,应当有助于最大化债务人企业的价值,促进重整成功以及实现重整价值在当事人之间的公平分配。由于重整上市公司仍拥有一定市场资源,包括上市公司的壳资源,重整公司的股份仍有价值,股东权益应当得到保留。股东应掌握一定的重整公司控制权,重整计划也应当对股东作出一定分配。股东大会在重整程序中不再是最高权力机构,其行使职权不得与破产法相抵触,股东主要通过出资人组行使控制权。重整公司的股东享有重整申请权、重整计划制订权、知情权、表决权、监督权、诉讼权等一系列权利。重整计划中的股东权益调整以法院强制批准重整计划的条件为底线,约束法院强制批准重整计划的重要规则包括

① 参见丁燕:《上市公司破产重整计划法律问题研究:理念、规则与实证》,法律出版社2014年版,第88~89页。

② 参见王欣新、宋玉霞:《重整计划强制批准法律问题研究》,载《江汉论坛》2014年第10期。

绝对优先权规则与公平对待原则。我国应当通过司法解释和法律修改,完善重整公司股东控制权及其行使机制的规定,并明确重整计划中有关股东权益调整的规则。

上市公司重整投资人承诺履行及变更有关问题探讨

郝朝晖* 金 恒**

根据公开披露的信息，自2007年6月1日《企业破产法》施行以来，截至本文成稿之日，我国已有50家上市公司先后完成破产重整程序。[①]《企业破产法》施行的10年，亦是上市公司破产重整发展的10年。10年间，上市公司重整案例从最初的几个发展到现在的50家，上市公司重整涉及的相关规则从最初的混沌、困惑状态发展到现在相对清晰、明确并具有可操作性，上市公司重整从业人员从最初的凤毛麟角且毫无经验可言，发展到现在不仅经验丰富、业务精湛且队伍不断壮大。上市公司因债务和(或)经营困境而进入破产重整程序，亟待削减债务、调整主营业务，以化解债务、实现盈利。由于进入重整程序的上市公司或者资金链断裂无法清偿到期债务，或者主营业务丧失盈利能力而已经被实施退市风险警示处理或暂停上市，上市资格能否继续保留存疑。在此背

---

* 北京市金杜律师事务所合伙人。

** 北京市金杜律师事务所上海分所主办律师。

① 本文上市公司特指公开发行股票并在上交所或深交所上市交易的公司，包括股票在上交所或深交所交易且同时在境外证券交易所上市交易的公司，不包括股票仅在境外上市而未同时在境内深交所、上交所上市交易的上市公司。

景下,上市公司重整程序中多需引入重整投资人参与重整,为上市公司提供资金支持或业务支持,以实现上市公司债务削减与业务转型的双重目标。因此,在上市公司重整实践中,重整投资人系一股重要的力量,在上市公司重整程序中发挥了重要的作用,甚至一定程度上决定了上市公司重整程序的走向。而不少案例中,为给各方提供上市公司后续发展的信心,重整投资人会作出各种承诺,以获得各方对其参与上市公司重整的支持,在此背景下,其承诺的履行关系上市公司及股东的利益,一旦其无法履行承诺,将对各方已经预期可以取得利益的实现带来不确定性。但承诺系未来事宜,能否实现本身即具有高度不确定性,若重整投资人因特定原因无法履行承诺,应如何处理;重整投资人变更承诺需要履行何种程序等,现行法均无明定。本文将以此为讨论方向,分析重整投资人承诺履行及变更的有关事宜,以期为司法实践提供有益借鉴,平衡各方利益。

一、上市公司破产重整程序中投资人承诺情况概览

经过笔者梳理,截至本文成稿之日,已经有 50 家上市公司完成重整程序。就该 50 家已经完成重整的上市公司而言,部分上市公司重整程序中即引入重整投资人,并由重整投资人就上市公司后续经营提供方案并作出承诺;部分上市公司未引入重整投资人,依靠自身继续营业;部分上市公司虽未在重整程序中招募重整投资人,但确定重整投资人的条件,为后续重整投资人招募做准备,下文详述之。

(一)上市公司引入重整投资人概况

在上述 50 家已经完成重整的上市公司中,重整投资人引入情况如下:

1. 未涉及重整投资人招募事宜

包括兰宝科技、朝华科技、锌业股份、浙江海纳、中达股份、宝硕股份、华龙集团、贤成矿业、金顶水泥、新太科技、云维股份等在内的 11 家上市公司,未在重整程序中招募重整投资人参与重整,主要依靠自身或现有股东提供支持谋取后续发展。

2. 划定重整投资人招募条件

部分上市公司在重整计划草案“经营方案”中载明上市公司后续将引入重整

投资人、注入优质资产，同时部分上市公司还明确了重整投资人的条件，但未在重整程序中完成招募，亦未在重整计划中确定最终重整投资人，包括天发石油、天颐科技、沧化股份、深中华、科健股份、丹东化纤、长航凤凰、光明家具、山东海东、咸阳偏转、方向光电、创智科技、锦化氯碱、新中基、帝贤股份、华源股份、北生药业、华源发展、川化股份等19家上市公司。如长航凤凰重整计划规定：在完成债务重组并保留一定规模经营性资产的情况下，长航凤凰将恢复持续经营能力。为进一步增强盈利能力，在优化组织结构、盈利模式的同时，未来长航凤凰可根据自身发展的需要，择机引入有实力的重组方，向长航凤凰注入盈利能力优良、符合国家产业政策的优质经营性资产，力争使长航凤凰成为经营稳健、业绩优良的上市公司。光明家具重整计划草案规定：光明家具将引入具有一定实力且符合中国证监会等有关部门要求的投资人作为重组方，进行资产重组。重组方通过定向增发等方式向光明家具注入具有相当盈利能力的优质资产，使光明家具从根本上恢复持续经营能力和盈利能力。

3. 在经营方案中载明重整投资人及重组方案，但不构成重整投资人的承诺

部分上市公司重整计划草案虽然已经明确了重组方及重组方案，但重组方并未作出任何承诺，包括深信泰丰、星美联合2家上市公司。如深信泰丰重整计划规定：为增强深泰集团的持续经营能力，深泰集团拟实施资产重组，通过非公开发行股份购买资产等合法方式，由希格玛公司作为重组方，向深泰集团注入具有相当规模和盈利能力的优质资产，使深泰集团恢复持续经营能力和持续盈利能力，成为业绩优良的上市公司。

4. 重整投资人作出明确承诺

在部分上市公司重整程序中，重整程序中已经明确意向重组方或最终重组方，并由重组方作出承诺，包括盛润股份、银广夏、长岭股份、鑫安科技、中核钛白、金城造纸、九发股份、秦岭水泥、夏新电子、石岘纸业、辽源得亨、北亚实业、宏盛科技、超日太阳、霞客环保、新都酒店、新亿股份、舜天船舶等18家上市公司。如银广夏重整计划草案规定：银广夏已无经营性资产，完全丧失经营能力。挽救银广夏，必须引进新的重组方，注入新的优质资产。本重整计划拟定宁夏宁东铁路股份有限公司及(或)其关联方为银广夏的重组方。资产重组方案和重组方的最终确定将在重整完成后召开股东大会进行审议表决，并经中国证监会批准。重组方将通过定向增发等方式向银广夏注入净资产评估值不低于40亿元人民

币的优质资产,且重大资产重组完成后上市公司连续3个会计年度净利润合计不低于10亿元人民币,使银广夏恢复持续经营能力和盈利能力。霞客环保重整计划草案规定:重整投资人承诺将通过整合现有资产、注入重组资产、调整盈利模式等方式,使霞客环保2015年在扣除非经常性损益后的净利润数值为正,2016年、2017年、2018年在扣除非经常性损益后的净利润数值分别不低于2.4亿元、3亿元、4亿元;若霞客环保2016年、2017年在扣除非经常性损益后的净利润实际数值低于承诺数值,则重整投资人以现金方式补足差值。

(二)承诺类型

就上述重整投资人作出明确承诺的18家上市公司而言,其重整投资人承诺类型主要包括:

1.股份锁定承诺

部分上市公司重整投资人为增加投资者与债权人对其参与重整的认可,避免快进快出的短线投资获利,承诺其通过重整程序获得股份将在一定期间内锁定,包括超日太阳、霞客环保、石岘纸业等3家上市公司。如霞客环保重整计划草案规定:重整投资人及前述其他股份受让人受让的股份,自霞客环保股票根据《深圳证券交易所股票上市规则》等相关规定实际复牌之日起6个月内,不得通过二级市场抛售、协议转让等任何方式卖出。

2.资产质量承诺

该类上市公司重整程序中,重整投资人就拟注入的资产价值或盈利情况作出了承诺,包括长岭股份、中核钛白、九发股份、夏新电子、辽源得亨、北亚实业、宏盛科技等7家上市公司,如长岭股份的重整计划草案规定:在宝鸡市中级人民法院裁定批准本重整计划后,重组方以符合相关法律法规规定以及证券监管部门要求的方式向长岭股份注入不少于7亿元的优良军工类净资产及相关业务,通过重大资产重组使长岭股份恢复持续经营能力。宏盛科技重整计划草案规定:莱茵达控股集团有限公司、张某成承诺莱茵达租赁2012年、2013年实现净利润均不低于2500万元,如未实现上述承诺净利润,莱茵达控股集团有限公司、张某成承诺在宏盛科技公司年报披露后10个工作日内,以现金方式按上述承诺净利润与实现净利润间差额的45%补足给宏盛科技公司。

3. 上市公司后续利润或收益承诺

该类上市公司重整程序中，重整投资人就上市公司重整完成后一定期间的利润或每股收益做出了承诺，包括盛润股份、舜天船舶等2家上市公司，如盛润股份重整计划草案规定：盛润股份重大资产重组实施完成后连续3个会计年度平均每股收益将不低于0.32元。

4. 混合型承诺

该类上市公司重整程序中，重整投资人作出的承诺涵盖上述3项内容之部分或全部，包括银广夏、鑫安科技、金城造纸、秦岭水泥、石岘纸业、超日太阳、霞客环保、新都酒店、新亿股份等9家上市公司。如银广夏的重整投资人即对拟注入的资产价值和上市公司盈利做出了承诺，规定重组方将通过定向增发等方式向银广夏注入净资产评估值不低于40亿元人民币的优质资产，且重大资产重组完成后上市公司连续3个会计年度净利润合计不低于10亿元人民币，使银广夏恢复持续经营能力和盈利能力。如超日太阳重整计划规定：江苏协鑫承诺，在符合法律、法规规定的前提下，重整后通过恢复生产经营、注入优质资产等各类方式，使超日太阳2015年、2016年实现的经审计的归属于母公司所有者的净利润分别不低于6亿元、8亿元。如果实际实现的净利润低于上述承诺净利润的，由江苏协鑫以现金方式就未达到利润预测的部分对超日太阳进行补偿。

5. 现金补偿义务

在上述18家重整投资人作出承诺的上市公司中，霞客环保、超日太阳、新都酒店、新亿股份、舜天船舶等5家上市公司的重组方就有关利润承诺不能完成做出了补偿安排，其中舜天船舶重组方承诺以股份补偿，其余4家上市公司重整投资人承诺以现金补偿。如舜天船舶重大资产重组方案规定：国信集团承诺，本次交易完成后，收益法评估资产2016年度、2017年度、2018年度的净利润数（特指相关年度经审计的扣除非经常性损益后归属于上市公司的净利润，下同）分别不低于165,571.76万元、173,636.34万元、174,835.02万元（以下合称承诺净利润），并同意就实际净利润不足承诺净利润的部分向发行人进行股份补偿，具体安排以双方另行签署的《盈利预测补偿协议》的相关约定为准。超日太阳重整计划草案规定：如果实际实现的净利润低于上述承诺净利润的，由江苏协鑫以现金方式就未达到利润预测的部分对超日太阳进行补偿。

二、上市公司重整投资人承诺性质及违反后应承担的责任

(一)上市公司重整投资人承诺性质

通过分析上述18家重整投资人作出利润承诺的上市公司重整计划可以发现,重整投资人通过参与上市公司重整,获得上市公司股票,成为上市公司股东甚至控股股东。在此情况下,重整投资人在重整程序中的承诺转化为其作为上市公司股东的承诺,则其承诺的履行与上市公司股东承诺履行无异,应当按照承诺内容履行,且非经法定程序,承诺不得变更,否则应当承担相应的法律责任。

(二)上市公司重整投资人不履行承诺所涉责任

如上所述,重整投资人因获得上市公司股票后而成为上市公司股东,则其在重整程序中作出的承诺构成上市公司股东的承诺,其应当按照承诺履行,否则将承担相应的法律责任。对于重整投资人因违反承诺而应该承担的责任,现行法并无体系性规定,实践中亦鲜有案例可资参考,本文尝试分析如下。

1. 被证监会采取监管措施

《上市公司监管指引第4号——上市公司实际控制人、股东、关联方、收购人以及上市公司承诺及履行》(以下简称《上市公司监管指引第4号》)第6条规定:除因相关法律法规、政策变化、自然灾害等承诺相关方自身无法控制的客观原因外,超期未履行承诺或违反承诺的,我会依据《证券期货市场诚信监督管理暂行办法》将相关情况记入诚信档案,并对承诺相关方采取监管谈话、责令公开说明、责令改正、出具警示函、将承诺相关方主要决策者认定为不适当担任上市公司董事、监事、高管人选等监管措施。在承诺履行完毕或替代方案经股东大会批准前,我会将依据《证券期货市场诚信监督管理暂行办法》及相关法规的规定,对承诺相关方提交的行政许可申请,以及其作为上市公司交易对手方的行政许可申请(如上市公司向其购买资产、募集资金等)审慎审核或作出不予许可的决定。

根据上述规定,若重整投资人未经法定程序而未依约履行承诺,则证监会将根据行为性质采取不同的监管措施,追究重整投资人的法律责任。在金城造纸重整案中,重整投资人朱某国因承诺履行逾期,辽宁证监局于2014年8月下发行政监管措施决定书,认为朱某国承诺事项尚未履行完毕,违反了《上市公司监管

指引第4号》的规定。根据《上市公司信息披露管理办法》《证券期货市场监督管理措施实施办法(试行)》等规定,决定对朱某国及其一致行动人予以警示,并按照《上市公司监管指引第4号》的规定尽快解决上述问题。后续,重整投资人朱某国变更承诺履行。

2. 上市公司有权追究其违约责任

在上市公司重整程序中,重整投资人参与重整一般会与管理人、上市公司签署投资协议,约定参与重整具体事宜,若重整投资人承诺内容属于重整投资协议一部分,则重整投资协议系双方合意,重整投资人未经上市公司同意而未依约履行承诺,构成违约,上市公司作为协议一方有权要求重整投资人承担违约责任。

如霞客环保、管理人与重整投资人签署的投资协议第三条"经营方案与利润预测"规定:乙方(重整投资人)承诺霞客环保在2016年、2017年、2018年扣除非经常性损益后的净利润(以下简称扣非后净利润)分别不低于2.4亿元、3亿元、4亿元。若2016年、2017年实现的扣非后净利润低于承诺值,则乙方应以现金补足差额。而第九条违约责任约定:本协议签订后,除不可抗力外,任何一方不履行或不及时、不适当履行本协议项下其应履行的任何义务,或违反其在本协议项下作出的任何陈述、保证或承诺,均构成违约,应按照相关法律规定、本协议约定及《招标公告》、投标文件的规定,承担违约责任。违约方应当赔偿另一方因违约遭受的全部损失。根据前述约定,若重整投资人不按照约定履行承诺,构成违约,上市公司作为协议一方,有权要求重整投资人承担违约责任。

此外,需要分析的是,通常情况下,重整投资协议由上市公司及管理人作为甲方、重整投资人作为乙方共同签署,因此一旦重整投资人违约,则仅从协议主体观之,管理人亦有权要求重整投资人承担违约责任。但我国《企业破产法》第90条规定:自人民法院裁定批准重整计划之日起,在重整计划规定的监督期内,由管理人监督重整计划的执行。该法第91条规定:监督期届满时,管理人应当向人民法院提交监督报告。自监督报告提交之日起,管理人的监督职责终止。换言之,在重整计划执行完毕后,管理人监督职责终止,作为临时性组织的管理人将不复存在,而上市公司重整投资人的承诺,尤其是利润承诺通常涉及上市公司重整程序终结后3年甚至更长时间的利润实现情况,此时管理人因职责终止而不复存在,已经无法再向重整投资人主张违约责任。

3. 上市公司股东有权起诉重整投资人

我国《公司法》第151条第1款规定:董事、高级管理人员有本法第149条规定的情形的,有限责任公司的股东、股份有限公司连续180日以上单独或者合计持有公司1%以上股份的股东,可以书面请求监事会或者不设监事会的有限责任公司的监事向人民法院提起诉讼;监事有本法第149条规定的情形的,前述股东可以书面请求董事会或者不设董事会的有限责任公司的执行董事向人民法院提起诉讼。第3款规定:他人侵犯公司合法权益,给公司造成损失的,本条第1款规定的股东可以依照前两款的规定向人民法院提起诉讼。

在上市公司重整程序中,重整投资人向上市公司作出有关承诺,若未能依约履行承诺,则侵犯公司合法权益,连续180日以上单独或者合计持有上市公司1%以上股份的股东可以要求监事会、董事会或自行提起诉讼,维护上市公司合法权益。

三、上市公司重整投资人变更承诺所涉事宜

(一)重整投资人可以变更承诺

1. 变更的法律依据

《上市公司监管指引第4号》第5条规定:因相关法律法规、政策变化、自然灾害等自身无法控制的客观原因导致承诺无法履行或无法按期履行的,承诺相关方应及时披露相关信息。除因相关法律法规、政策变化、自然灾害等自身无法控制的客观原因外,承诺确已无法履行或者履行承诺不利于维护上市公司权益的,承诺相关方应充分披露原因,并向上市公司或其他投资者提出用新承诺替代原有承诺或者提出豁免履行承诺义务。根据前述规定,重整投资人的承诺可以变更,并基于变更原因是否系自身可以控制而设置不同的变更程序。

有观点认为,证监会《关于上市公司业绩补偿承诺的相关问题与解答》(以下简称《问题与解答》)明确重整投资人不得变更业绩承诺。《问题与解答》规定:上市公司重大资产重组中,重组方的业绩补偿承诺是基于其与上市公司签订的业绩补偿协议作出的,该承诺是重组方案的重要组成部分,因此,重组方应当严格按照业绩补偿协议履行承诺。重组方不得适用《上市公司监管指引第4号》第5条的规定,变更其作出的业绩补偿承诺。

笔者认为，根据《上市公司重大资产重组管理办法》第2条第1款的规定，重大资产重组是指上市公司及其控股或者控制的公司在日常经营活动之外购买、出售资产或者通过其他方式进行资产交易达到规定的比例，导致上市公司的主营业务、资产、收入发生重大变化的资产交易行为。因此，上市公司重大资产重组行为系上市公司与交易对手方的自主协议行为，而上市公司重整程序是案件受理法院依据《企业破产法》启动的司法程序，与上市公司重大资产重组并非同一，故重整投资人非上市公司重大资产重组中的重组方，不应受到《问题与解答》的限制，变更承诺自无不可。

2. 实践案例

在上述18家重整投资人作出明确承诺的上市公司中，经过笔者检索，有3家上市公司重整投资人依法变更其在重整程序中的承诺，具体情况如下：

(1) 秦岭水泥

1) 重整投资人承诺情况

秦岭水泥重整计划草案中经营方之"(四)注入优质资产"规定：冀东水泥承诺将其在陕西省的水泥资产以定向增发的方式注入秦岭水泥，以解决上市公司同业竞争问题，并提高秦岭水泥盈利能力。冀东水泥承诺拟注入资产2010年的净利润不低于2亿元人民币。该事项属上市公司重大资产重组，尚需取得冀东水泥董事会和股东大会、秦岭水泥董事会和股东大会批准，以及中国证监会核准。

2) 承诺履行及变更情况

2010年5月6日公司股票停牌，拟正式启动重大资产重组程序，与冀东水泥商谈制定发行股份购买资产的具体方案。

2010年6月4日公司股票复牌并发布公告称：公司及相关各方就本次重大资产重组事项进行了积极的沟通，但本次重大资产重组方案尚不成熟，根据相关规定，公司股票将于2010年6月7日起复牌。

2012年10月19日公司发布公告称：因启动该重大资产重组事项，公司股票于2010年5月7日起停牌，对拟定向增发资产进行了评估、审计等，制订了具体的发行方案，经与有关部门沟通认为，上市公司目前不宜分拆业务重组注入另一家上市公司或单独申请主板上市，且秦岭水泥重组方案会加大两家上市公司间的同业竞争问题而中止，秦岭水泥公司股票于2010年6月7日起复牌。冀东水泥与相关各方至今尚未寻找到适当的能够解决问题的方案。

2014 年 5 月 30 日公司发布公告称:公司第五届董事会第二十九次会议于 2014 年 4 月 29 日审议通过《关于变更重整计划重组方的议案》。议案主要内容为:根据陕西省铜川市中级人民法院(以下简称铜川中院)于 2009 年 12 月14 日裁定批准的公司《重整计划》,冀东水泥承诺将其在陕西省的水泥资产以定向增发的方式注入本公司,提高本公司盈利能力,解决上市公司同业竞争问题。但因监管政策发生变化及陕西水泥市场的逆转,上述资产注入计划已失去可行性。经请示铜川中院,重组方由冀东水泥变更为中再生时,由本公司与相关部门和当事人协商,并依照《公司法》《证券法》的相关规定,履行批准程序。公司董事会同意由中再生替代冀东水泥向公司注入优质资产。本议案内容涉及关联交易事项,关联董事于某洲、刘某山、龚某林回避表决。

2014 年 7 月 1 日公司发布公告称:公司于 2014 年 6 月 30 日召开 2014 年第一次临时股东大会,会议以现场表决和网络投票相结合的方式,审议通过了《关于同意唐山冀东水泥股份有限公司终止履行向本公司注入资产承诺的议案》。至此,冀东水泥将无须履行其作出的将其在陕西省内水泥资产注入本公司的承诺。公司独立董事、公司监事会就上述议案发表意见,同意冀东水泥终止履行承诺事项。

(2)金城造纸

1)重整投资人承诺情况

朱某国(包括其关联方及一致行动人)自重整计划获得法院批准之日起 12 个月内提出重大资产重组方案,将其合法拥有的矿产行业优质资产或贵公司股东大会认可的其他优质资产,经证券监管机关许可后注入公司,进一步增强和提高公司的持续经营及盈利能力。拟注入资产的评估值不低于 15 亿元人民币且至少包括朱某国持有的恒鑫矿业公司全部股权,并同时符合证券监管机关关于重大资产重组的其他条件及要求。

2)承诺履行及变更情况

2013 年 7 月 24 日公司发布公告称:由于重组相关各项工作预计难以在 2013 年 10 月 14 日之前全部完成,朱某国预计将推迟提出重大资产重组方案。朱某国先生将积极推进重组相关工作,以使其尽快符合重大资产重组条件,预计在 2014 年 4 月 15 日前提出重大资产重组方案。

2014年2月14日公司发布公告称：由于重组相关各项工作预计难以在2014年4月15日之前全部完毕，朱某国先生预计将推迟提出重大资产重组方案。朱某国先生将积极推进重组相关工作，以使其尽快符合重大资产重组条件，预计在2014年12月31日前提出重大资产重组方案。公司将召开临时股东大会（提供网络投票），对该承诺变更事项进行审议。

2014年3月17日公司第七届董事会、监事会第二次会议审议通过了《关于同意朱某国先生延期提出重组方案的议案》。

2014年4月9日公司2014年第一次临时股东大会未能审议通过《关于同意朱某国先生延期提出重组方案的议案》。至此，朱某国的前述承诺已逾期。

2014年8月辽宁证监局下发行政监管措施决定书，认为朱某国承诺事项尚未履行完毕，违反了《上市公司监管指引第4号》的规定。根据《上市公司信息披露管理办法》《证券期货市场监督管理措施实施办法（试行）》等规定，决定对朱某国及其一致行动人予以警示，并按照《上市公司监管指引第4号》的规定尽快解决上述问题。

2014年9月5日公司第七届董事会、监事会第五次会议审议通过了《关于金城造纸股份有限公司相关主体重组承诺变更事项的议案》。决议认为：因恒鑫矿业在短期内不具备资产重组的基本条件，且经预测黄金资产注入上市公司已较难带来预期收益，此承诺属于无法履行承诺或履行承诺将不利于维护上市公司权益，根据《上市公司监管指引第4号》的规定，公司拟召开股东大会豁免朱某国及其一致行动人继续履行上述第5项承诺，并引入新的优质资产后以增强公司持续盈利能力，进一步维护广大股民利益。这将涉及对《金城造纸股份有限公司重整计划》部分内容的修改。

2014年10月9日公司第七届董事会、监事会第六次会议审议通过了《关于公司相关主体重组承诺变更履行的议案》。决议认为：对朱某国（包括其关联方及一致行动人）在《金城造纸股份有限公司重整计划》中的第5项、第6项承诺予以豁免，并以此作为公司本次重大资产重组交易实施的前提条件，该等豁免于公司本次重大资产重组实施完毕后生效。

2015年8月25日公司第七届董事会、监事会第十次会议审议通过了《关于公司相关主体重组承诺变更履行的议案》。决议认为：公司拟实施重大资产出售、资产置换及发行股份购买北京神雾环境能源科技集团股份有限公司（以下简称神雾集团)持有的江苏省冶金设计院有限公司(以下简称江苏院)100%股权并募集配套资金(以下简称本次重组或本次重大资产重组)。对朱某国(包括其关联方及一致行动人)在《金城造纸股份有限公司重整计划》中的第5项、第6项承诺予以豁免,并以此作为公司本次重大资产重组实施的前提条件,该等豁免于公司本次重大资产重组实施完毕后生效。

2015年9月28日公司2015年第一次临时股东大会审议通过《关于公司相关主体重组承诺变更履行的议案》。

2016年8月1日公司收到中国证券监督管理委员会(以下简称中国证监会)《关于核准金城造纸股份有限公司重大资产重组及向北京神雾环境能源科技集团股份有限公司发行股份购买资产的批复》。本次重大资产重组将豁免朱某国及其一致行动人在《金城造纸股份有限公司重整计划》中的第5项、第6项承诺,该等豁免将于本次重大资产重组实施完毕后生效。

(3)霞客环保

1)重整投资人承诺情况

《霞客环保重整计划》之"二、债务人的经营方案"之"(四)承诺净利润数值,不足部分由重整投资人补足"规定:重整投资人承诺将通过整合现有资产、注入重组资产、调整盈利模式等方式,使霞客环保2015年在扣除非经常性损益后的净利润数值为正,2016年、2017年、2018年在扣除非经常性损益后的净利润数值分别不低于2.4亿元、3亿元、4亿元;若霞客环保2016年、2017年在扣除非经常性损益后的净利润实际数值低于承诺数值,则重整投资人以现金方式补足差值。

2)承诺履行及变更情况

2016年12月2日重整投资人向公司提交了《关于延长承诺补偿期限的函》,提出业绩承诺补偿调整方案,即延期补偿方案:重整投资人业绩补偿承诺顺延一年,变更业绩承诺补偿期限,承诺霞客环保2017年、2018年、2019年在扣除非经常性损益后的净利润数值分别不低于2.4亿元、3亿元、4亿元;若霞客环保2017年、2018年在扣除非经常性损益后的净利润实际数值低于承诺数值,则重整投资人以现金方式补足差值。

2016年12月12日霞客环保第五届董事会第二十三次会议审议通过了《关于公司重整投资人延长承诺补偿期限的议案》,董事会同意重整投资人提出的延期补偿方案。霞客环保于2016年12月14日依法披露上述董事会决议,并发布

《关于重整投资人延长承诺承诺补偿期限的公告》,披露重整投资人延长承诺补偿期限的有关事宜。

针对重整投资人变更业绩补偿承诺一事,独立董事审议后同意重整投资人提出的延期补偿方案,并同意将此议案提交股东大会审议。霞客环保于2016年12月14日依法披露上述独立董事意见。

2016年12月12日霞客环保第五届监事会第二十次会议审议通过了《关于公司重整投资人延长承诺补偿期限的议案》,监事会同意重整投资人提出的延期补偿方案。霞客环保于2016年12月14日依法披露上述监事会决议。

2016年12月29日霞客环保召开2016年第四次临时股东大会,采用现场投票和网络投票相结合的表决方式,审议通过了《关于公司重整投资人延长承诺补偿期限的议案》。霞客环保于2016年12月30日依法披露上述股东大会决议。

(二)变更所需程序

针对重整投资人承诺变更事宜,《企业破产法》并未作出规定。如上分析,笔者认为重整投资人因受让上市公司股票而成为上市股东,其在重整程序中的承诺成为上市公司股东承诺,可以准用《上市公司监管指引第4号》的有关规定。但同时考虑到重整投资人的承诺系重整计划草案的一部分,而根据《企业破产法》第86条、第87条的规定,重整计划系经债权人会议表决、法院裁定批准的司法文书,故其变更是否需要经过债权人会议或法院审批,亦值得关注。

1.建议征求法院意见

根据我国《企业破产法》第86条、第87条的规定,重整计划需由关系人组会议(债权人会议与出资人组会议)表决通过后由法院裁定批准(正常批准或强制批准)。但《企业破产法》并未规定重整计划执行过程中变更的程序及条件,理论与实务倾向于根据该法第86条、第87条的规定予以执行。笔者认为,法院作为重整案件审理法院,由其裁定批准重整计划,而重整投资人业绩承诺属于重整计划一部分,如重整投资人拟对业绩承诺履行进行调整,已经构成对法院裁定批准的重整计划的变更,由于上市公司重整计划中一般并不规定重整计划执行过程中计划变更所需程序和条件,故应该参照我国《企业破产法》第86条、第87条的规定,就变更事项交法院批准。

但问题在于,实践中,上市公司重整投资人承诺所涉事项的履行一般在重整程序结束后进行,相应的变更亦发生在重整程序结束后,此时法院已经终结上市公司重整程序,上市公司已经处于正常经营状态,不再隶属于司法程序,此时法院是否愿意再介入上市公司重整投资人的承诺履行事宜,不无疑问。

在金城造纸与秦岭水泥重整投资人变更承诺有关事宜中,变更方案均请示了重整案件受理法院,其中金城造纸董事会就变更资产重组方等相关事宜向锦州中院提交了书面请示,具体请示内容如下:“公司的重组方将由朱某国(包括其关联方及一致行动人)变更为其他方,拟注入资产暂不包括恒鑫矿业;朱某国先生关于矿业资产的转让限制和公司的优先受让权在股东大会表决通过后亦将取消。公司后续可能涉及其他对重整计划尚未完成的部分进行调整。妥否,请批示。”锦州市中级人民法院书面复函:“为了保证公司正常的生产经营及维护广大股民的利益,根据你公司重整计划的执行情况,我院认为,你公司可以变更资产重组方,以及基于此变更事项所产生的重整计划中其他变更或调整事项(包括但不限于已让渡股票的锁定安排及再转让等相关事宜),应由你公司股东大会通过,并依据《中华人民共和国公司法》《中华人民共和国证券法》的相关规定,履行批准程序。”而秦岭水泥重整投资人变更承诺方案亦请示铜川中院,铜川中院同意重组方由冀东水泥变更为中再生时,由公司与相关部门和当事人协商,并依照《公司法》《证券法》的相关规定,履行批准程序。而霞客环保重整投资人变更承诺方案是否请示或获得重整案件审理法院无锡市中级人民法院的同意,因公开信息未披露,无从得知。

2. 无须取得债权人会议同意

重整投资人变更承诺是否需要经债权人会议同意,《企业破产法》并未作出规定。根据我国《企业破产法》第 84 条、第 86 条、第 87 条的规定,重整计划草案应当提交债权人会议和出资人组会议表决,之后再提交法院批准。换言之,涵盖重整投资人承诺的重整计划草案生效需经债权人会议表决。相应地,重整投资人变更承诺属于对重整计划草案的变更,是否应当就变更内容提交债权人会议表决,不无疑问。仅从重整计划草案表决的有关规定看,答案应当是肯定的,但笔者认为,从实践操作看,实则无须再就重整投资人承诺变更方案提交债权人会议表决,理由如下:

(1)根据我国《企业破产法》第 86 条、第 87 条的规定,重整计划生效需要由法院批准,债权人会议表决与否并不影响重整计划草案的效力,关键在于法院是否批准。因此,若重整投资人变更承诺构成对重整计划的变更,并非一定需要再次提交债权人会议表决,因为债权人会议无法决定重整计划草案的终局效力。

(2)如上分析,实践中,上市公司重整案的投资人承诺所涉事项的履行一般在重整程序结束后进行,相应的变更亦发生在重整程序结束后,而债权人会议系存续于债务人重整程序中的临时性组织,随着上市公司重整程序终结而不再存续,此时因重整投资人承诺变更而拟再次召集债权人会议表决,缺乏可操作性。

(3)经笔者分析上述 18 家涉及重整投资人承诺的上市公司重整计划,其承诺内容主要是有关上市公司重整后的经营业绩,是有关上市公司未来事宜,主要关系上市公司股东利益,而就债权人而言,当上市公司按照重整计划清偿债务后,债权人无法分享上市公司重整程序结束后的经营业绩,因此,重整投资人变更承诺,与债权人利益无涉,自无召开债权人会议之必要。

3. 董事会、监事会、股东大会审议通过,独立董事发表意见认可

《上市公司监管指引第 4 号》第 5 条规定:除因相关法律法规、政策变化、自然灾害等自身无法控制的客观原因外,承诺确已无法履行或者履行承诺不利于维护上市公司权益的,承诺相关方应充分披露原因,并向上市公司或其他投资者提出用新承诺替代原有承诺或者提出豁免履行承诺义务。上述变更方案应提交股东大会审议,上市公司应向股东提供网络投票方式,承诺相关方及关联方应回避表决。独立董事、监事会应就承诺相关方提出的变更方案是否合法合规、是否有利于保护上市公司或其他投资者的利益发表意见。变更方案未经股东大会审议通过且承诺到期的,视同超期未履行承诺。

根据上述规定,非因相关法律法规、政策变化、自然灾害等自身无法控制的客观原因导致承诺无法履行或无法按期履行的,承诺方可以向上市公司或其他投资者提出用新承诺替代原有承诺或者提出豁免履行承诺义务,但需要经上市公司董事会、监事会及股东大会同意,且独立董事亦应发表意见。通过分析上述 3 例涉及重整投资人承诺变更的案例,发现其承诺变更程序亦遵照此执行。其中,关于股东大会,需要注意的是:

(1)该表决应当为中小股东提供网络投票,让尽可能多的股东参与决策。

(2)承诺相关方及关联方应回避表决。

(3)关于股东大会通过承诺变更方案的标准:关于股东大会审议重整投资人变更承诺方案所涉事宜通过标准问题,现行监管政策并未规定,但深交所信息披露要点中提及“如原承诺是以特别决议方式审议通过的,本次变更仍应当以特别决议方式审议”。因此,按照深交所的信息披露监管要求,关于变更承诺的股东大会决议方式取决于通过该承诺时股东大会的决议方式。在上市公司破产重整程序中,同时召开出资人组会议与债权人会议,而重整投资人承诺并未置于出资人权益调整方案中提交出资人组以2/3多数的标准表决,而是由债权人会议分组表决,而债权人会议对重整计划草案表决采用“人数过半”与“比例过2/3”的双重标准,即使按照深交所关于信息披露监管政策要求,上市公司重整投资人承诺变更方案亦非必须经过股东大会特别决议通过。因此,笔者认为,除非重整计划明确规定重整投资人变更承诺需经股东大会特别决议通过,上市公司章程明确约定股东变更承诺需经特别决议通过,以及重整投资人承诺作为出资人权益调整方案组成部分并以特别决议通过3种情形外,上市公司股东大会审议重整投资人变更承诺事宜以普通决议通过即可,并非必须以特别决议通过。

四、建　　议

鉴于上市公司重整投资人承诺变更影响各方利益,而有关该事宜的监管规则不明,导致重整投资人承诺变更及豁免等事宜无据可依。为避免因监管政策不明带来的操作实践的不确定性,笔者建议,涉及重整投资人承诺变更事宜,应当注意以下事项:

1. 在重整计划草案中明确重整投资人变更承诺所需履行的程序及决策标准。

2. 在重整计划草案中明确重整投资人不履行承诺所应承担的责任。

3.《上市公司监管指引第4号》规定的程序系强制性规定,不得突破,即使重整计划草案对承诺变更程序与标准有规定,亦不得与前述规定冲突。

4. 若重整投资人拟在重整程序结束后变更承诺,建议取得法院的明示或默示同意。

5. 重整投资人变更承诺履行事宜可能会对上市公司股票及其他证券衍生品种价格造成影响,故上市公司应当将其作为内幕信息处理,各方依法遵守上市公司内幕信息管理制度,维护上市公司股价稳定。

6. 重整投资人在无确切把握的前提下,尽量避免直接利润承诺,以免加剧重整投资人的负担。

英美重整计划外营业出售的经验、争议与启示

谢　博[*]

一、出售式重整与重整计划外出售

出售式重整[①]与传统存续型重整不同，是以挽救债务人所经营的事业为目的，将债务人的优质资产和营业中的有效部分整体打包出售，[②]以实现债务人财产价值最大化，是以“破产不破业”为理念的企业营业拯救模式。重整的一个重要目标是对持续营运价值（going concern value surplus）[③]的保护和实现。存续型重整旨在

* 英国邓迪大学法学院（University of Dundee）讲师。

① 有些学者将出售式重整称为“事业让与型重整”。为突出本文主题，本文中所指的出售均为将债务人企业的主要资产和营业作为整体打包出售的情形。

② 参见徐阳光、叶希希：《论建筑业企业破产重整的特性与模式选择——兼评“分离式处置”模式》，载《法律适用》2016年第3期。

③ 企业拯救制度中一个重要理念是营运价值剩余（going concern value surplus）存在和保护。企业价值不但包含有形资产，无形资产，同时还包括管理经验，雇员技能，客户关系与货源关系，历史名气，地理位置等有价值的资源和事实关系。但这些有价值的资源和事实关系常常因停业清算而无法变现。若能提供机会使困境公司中有价值的财产和营业作为一个有效的营运整体得以存续，便可最大限度地保全这些资源和事实关系的价值，从而获得比破产清算制度中将各构成要素分拆变现更高的价值。See DG Baird and TH Jackson，“Corporate Reorganisation

为债务人纾困,以保留公司法人资格为前提对持续营运价值进行保护;而出售式重整则着眼于对债务人企业最具价值的资产部分的保全和承继,以实现对持续营运价值的保护,从而使债权人利益得以最大化。

在破产法制度相对发达的司法体系如美国和英国,相当比例的企业重整程序都是通过出售式重整完成的。出售式重整之所以比较普遍是因为存续型重整常常伴有很高的时间成本和机会成本。尽管一些困境企业在进入重整程序时可能尚存成功拯救的一线希望,但因重整程序相对复杂,涉及的当事人人数众多,利益冲突严重,及重整过程中的信息不对称等因素,常常使谈判各方对重整方案和公司预期价值的评估存在巨大差异,而程序中不可避免的拖延冗长将导致债务人财产不断贬值、营运价值消失殆尽。在当债务人明显无重建希望时,适时的营业出售可以及时抑制无效率的重整谈判,避免因重整程序耗时长而丧失实现债务人财产价值最大化的最佳时机。

出售式重整的关键是主要资产和主营业务在重整程序中的转让处分。根据转让时间点划分,有两种可能的操作方式:一种是将出售转让纳入重整计划(重整计划中的出售)。这种方式下,出售方案作为重整计划的一部分必须通过重整计划草案的制订、提交、表决和批准等法定程序才能付诸执行。另一种是重整计划外的出售转让,即在进入重整程序后重整计划草案提出之前,由管理人或债务人经许可在重整计划草案被表决和批准之前处分债务人主要财产和营业(重整计划外的出售)。本文主要探讨这种重整计划外的出售模式。

相较于重整计划中的出售,重整计划外的出售因对债务人财产的处分未经债权人的投票表决,理应属特殊情形。然而比较有争议的是,在英国和美国相当比例的重整案件是通过这种重整计划外的出售完成的。在美国,资产出售可以作为美国《破产法》第 11 章重整程序中重整计划的一部分来进行,而越来越常见的做法是通过美国《破产法》第 363(b)条在重整计划外进行。① 在英国,管理人重整程序(Administration Procedure)② 是英国企业拯救法的核心程序,而 25% ~

---

and the Treatment of Diverse Ownership Interests: A Comment of Adequate Protection of Secured Creditors in Bankruptcy", 51 *University of Chicago Law Review* 97, 1984, p. 109. TH Jackson, *The Logic and Limits of Bankruptcy Law*, Harvard University Press, 1986, p. 184.

① See RM Fishman and GE Gouveia, "What's Driving Section 363 Sales after Chrysler and General Motors?" 19 *Norton Journal of Bankruptcy Law and Practice* 351, 2010, p. 352.

② 国内有些学者将"Administration Procedure"翻译为破产管理程序。

29%的适用该程序的重整案件是通过对管理人重整程序“预先包装”来操作的重整计划外出售完成的,即所谓的“预先包装的管理人重整程序”。①

计划外营业出售有其自身价值和优势。其主要优势在于在企业无重建可能且经济价值将大幅贬值的情形下,能灵活把握资产出售的时机和节点,克服重整程序耗时长成本高的制度缺陷,将债务人具有价值的营业和主要财产及时出售与他人以保全和实现企业营运价值,从而使重整制度的作用和优势得到更大的发挥。不可否认,重整计划的表决本身是各方利益博弈的过程,难免耗时长。有些特殊紧急情况下,因满足程序要求而造成不必要的拖延可能不利于实现债务人财产价值的最大化。因此,预留重整计划通过前进行营业出售的操作空间,允许相关主体在特定紧急情况下就主要财产的出售进行协商和必要的安排,可以增强重整程序的灵活性和实际意义。

但相较于重整计划中的出售,重整计划外营业出售因对债务人财产的处分未经债权人的投票表决,对重整程序的传统制度安排产生一定冲击,在具体操作中也存在不少争议。一方面,重整计划外的出售可以避免企业营业在特殊情况下其价值迅速贬损所带来的不利后果,有利于债务人财产价值的保全;另一方面,如果法律防范制度不到位,这种方式也容易造成对重整程序的滥用和对全体债权人利益的恶意损害。首先,由于这种模式下债权人在破产财产出售转让问题上的话语权被剥夺,此模式必须在有明显必要性和紧急性情况下才可被批准。然而对必要性的程度的把握很大程度上依赖于法院或管理人的酌情裁量判断,实践中容易出现标准不一。由于出售转让对象通常是企业的优良资产,一旦被批准,几乎不可避免地会造成债务人存续重整的不能。如果对必要性要求的把握不够严格和明确,则会引起过早出售或低价出售等滥用方式而造成的对债务人及债权人权益的损害。其次,人们通常认为,保证转让价格的公平合理的最有效方式是通过市场机制检验,即在相关市场上公开销售与竞价。但由该模式下出售速度通常过快,导致出售标的很少在相关市场上广泛地进行营销。这让人对计划外出售如何吸引潜在买家投标从而获得最高出售价格产生严重怀疑。

因此,为确保未经利害关系人表决的出售方案实际有利于实现债权人利益

---

① The Insolvency Service, 2012 *Annual Review of Insolvency Practitioner Regulation*(*June* 2013), p. 4.

最大化,对重整计划外出售必要性和实效性的审查便显得尤其重要。本文接下来将重点考察重整计划外出售在英美两个比较具有代表性的司法体系中的操作路径,和两国应对其所带来的挑战和潜在法律风险所提供的防范制度。

二、美国破产法下的重整计划外营业出售——“363(b)出售”

美国《破产法》第363条提供了重整计划外转让处分债务人财产的法律依据。第363(a)条规定了债务人公司正常经营范围内的资产出售。第363(b)条则特别规定了在正常经营范围外的出售。① 对债务人全部或主要财产和营业在重整计划之前打包出售便属于正常经营范围外的类别,但属于例外情况(以下简称“363(b)出售”)。② 这种情况下的出售转让需要先向破产法院申请,并经法院批准,且在资产出售的过程中遵守一定的评估和拍卖程序,以最大限度地保障债权人的利益。备受世界关注的克莱斯勒公司(Chrysler)及美国通用汽车的重整案就是通过第363(b)条进行的出售。我国很多学者也对美国的第363(b)条和相关案例作过详细分析。③ 为突出本文主题,下文拟省去对相关案例细节的探讨,着重解析“363(b)出售”的具体程序要求和司法审查标准。

(一)程序要求

当困境公司在美国《破产法》第11章重整程序中通过“363(b)出售”所有或

---

① 正常经营范围内的资产出售无须通知债权人,也不要求法院的批准,管理人或者债务人可以自行决定是否出售。关于对正常经营范围概念的判断标准,美国《破产法》并没有提供直接的规定,但在判例法中已发展出不同的判断标准。审理海滨股份有限公司诉约翰斯顿(*Waterfront Companies, Inc. v. Johnstony*)一案的法院建议使用“横向的”和“纵向的”标准。

② 法院不排除在特殊紧急状况下为保护破产财产的价值而在重整计划通过之前批准将全部或主要财产和营业转让处分。正如第二巡回法院在审理Lionel公司案时指出的,为实现第11章重整的目的,法律下的相关破产机制不应造成对破产法官的束缚而使其不能根据个案的具体情况适用可能实现债务人财产价值最大化的方式和方法。See *In re Lionel Corp.* 722 F. 2d 1063 (2d Cir. 1983) at 1069.

③ 参见张钦昱:《论破产财产出售的程序规制——以克莱斯勒破产案为例》,载《法学杂志》2013年第2期;徐阳光、何文慧:《出售式重整模式的司法适用问题研究——基于中美典型案例的比较分析》;贺丹:《通用公司重整模式的破产法分析》,载李曙光、郑志斌主编:《公司重整法律评论》(第2卷),法律出版社2012年版;丁燕:《论出售式重整的经济法品格》,载《法学杂志》2016年第6期。

大部分资产和营业时,占有中的债务人模式(Debtor in Possession,DIP)下的经管债务人(或指定的第11章托管人)必须遵守通知[①]和听证会[②]两大法定要求。出售过程可分为4个步骤:第一,由经管债务人或重整托管人向破产法院提交申请,要求破产法院许可拟出售的条款、条件及出售方式和程序。第二,根据美国《破产条例》第2002(a)(2)条的规定,要将拟出售的重要信息[③]和提出异议的期限通知所有利益相关人。该通知必须至少在有关出售前21天发出。但法院有权因特殊紧急情况而缩短通知期限,前提是缩短通知期限不会影响潜在买家的投标。[④] 第三,债权人、债权人委员会或潜在买家有权根据《破产条例》第6004(b)条的规定对出售条款或出售程序提出异议。第四,破产法院在听取并考虑各方意见后,作出许可或拒绝该拟出售申请的决定。若法院许可,经管债务人或托管人则可以按照法院批准的转让条件和出售程序进行出售。买方支付对价,所得价款用于满足债权人的要求。但除了买方按协议承担的任何索赔或其他责任外,公司的其他任何未偿还债务仍债务人,须通过重整计划予以解决。

"363(b)出售"因为不是重整计划的一部分而绕过了美国《破产法》第11章中对相关利害关系人参与和表决权的保障措施,如第1125条的充分信息披露要求和第1129条中对债权人保护方面的规定。相关法律对于"363(b)出售"程序仅有通知和听证两个要求。而值得注意的是,如果通知义务已履行,且相关权利人没有及时请求召开听证会,或在拟出售协议生效前没有足够的时间举行听证会的,法律甚至允许法官在没有举行听证会的情况下批准"363(b)出售"。[⑤] 这种程序上的简化,加之相关法律在破产法院批准或不批准"363(b)出售"的具体审查标准上的沉默,使重整计划外出售的必要性和实效性很大程度上依赖于法院的酌情裁量判断。其中两个关键问题十分考验破产法院对实体要求的把握:第一,如何看待363(b)营业出售协议与重整计划的关系?第二,法院在批准资

---

① 美国《联邦破产规则》第2002(a)条规定:"关于出售资产的交易,通知应当不少于20日,以邮件的方式向所有的利害关系人进行,除非法院基于合理的原因,减少通知的时间或者决定使用另外的方式进行通知。"

② 美国《破产法》第363(b)(1)条规定:"托管人在公布并举行听证之后,可以使用、出售或出租,而非以通常的商业方式对待破产财产。"

③ 通知应当囊括的内容包括:资产公开出售的时间和地点,或任何私下出售的条款和条件。

④ See Fishman and Gouveia, "What's Driving Section 363 Sales after Chrysler and General Motors?", p. 355.

⑤ 美国《破产法》第102(1)(b)条。

产出售的对象、方式时采取什么标准才能确保出售过程的公开、公平和公正，以最大限度地保护债权人的利益？

（二）法院审查中的实体要求

1.“363（b）出售”与重整计划的关系——“秘密禁令”

“363（b）出售”协议在理论上与重整计划有明显区别。“363（b）出售”是对特定部分的财产和营业的处分；重整计划则更为全面，涉及解决债务人整体财务债务状况及破产财产处分和分配的所有相关问题。然而事实上，对申请通过美国《破产法》第363（b）条出售全部或大部分资产的批准与否将不可避免地影响和决定重整计划对其他问题的解决。出售后整个程序的目标一般也主要集中在对如何将出售所得对价在不同债权人之间进行分配的决议。

为防止通过“363（b）出售”协议在事实上取代重整计划功能的做法，美国在判例法中建立了“秘密禁令”（*Sub Rosa* prohibition，以下简称Sub Rosa禁令），①即破产法院在审查许可“363（b）出售”申请时，禁止拟出售协议在事实上左右或规定重整计划的条款，或改变债权人权利的法定顺位。换句话说，拟出售协议不应以任何方式提前决定出售所得在相关权利人之间以什么份额分配，或决定重整计划的制定和表决程序。其中考察的一个关键点是出售所附义务等相关条款是否会违反破产法中绝对优先权原则，即有担保的债权人应先于无担保债权人受偿，债权应先于股权受偿。

然而司法实务中，破产法院在对“363（b）出售”的审查中对于这个禁令原则的适用常常比较宽松，尤其是附义务的营业出售。比如，第五巡回法院在大陆航空公司案（*Continental Air Lines*）②的审判中就曾表明，如果有债权人因拟出售协议会导致其权利的某项特定法律保护被剥夺而对拟出售提出异议，如果法院认为可以找到对该债权人权利的合适救济途径，将不因此影响对出售协议的批

---

① 该禁令原则在 *Pension Benefit Guar. Corp. v. Braniff Airways, Inc.*（*In re Braniff Airways, Inc.*），700 F. 2d 935 at 940（5th Cir. 1983）中是建立的。*Sub Rosa*，拉丁文，直译为在玫瑰花底下，意译为秘密的、隐秘的。

② *Institutional Creditors of Continental Air Lines, Inc. v. Continental Air Lines, Inc.*（*In re Continental Air Lines, Inc.*）780 F. 2d 1223（5th Cir. 1986）.

准。[①] 此外,在克莱斯勒案[②]中,部分有担保债权人指出,“363(b)出售”协议中买家对债务人待履行合同义务的承继将导致某类无担保债权人所得到的清偿率比其他同类或高级别债权人所得到的清偿率更高,这种安排违反法定优先权原则和 *Sub Rosa* 禁令。而第二巡回法院对此质疑的回应是,虽然该附义务条款导致某类债权人得到更高待遇,但只要其他债权人的待遇不低于在不出售情况下可能得到的待遇,且出售所得对价仍按法定顺位进行分配,便不视为违反法定优先权原则。[③] 由此可见,除非出售协议的内容明显越界而在事实上取代了重整计划,*Sub Rosa* 禁令并不会成为法院批准“363(b)出售”的实质障碍。

2.“商业合理性”标准

法院在批准“363(b)出售”时的另一个重要标准是“商业合理性”标准(Sound Business Justification)。该标准最先是由第二巡回法院在审理莱昂内尔(Lionel)案[④]时提出的。第二巡回法院鉴于“363(b)出售”可能产生的吞噬第11章中债权人法定权利保障措施的危险,要求在重整计划之外出售和转让债务人主要资产必须基于“商业合理理由”。是否达到这一标准,破产法官需要考虑一系列因素,包括:出售申请的提出与重整请求提出之间的时间间隔,出售协议对后来重整计划的影响,拟出售所得对价与财产价值评估的对比,资产价值是否会增加或减损等。其中,资产价值的大幅波动(紧急情况下财产价值的减损)是法官对“363(b)出售”的合理性和实效性判断的最重要考量因素。

然而在审判实践中,破产法院对“商业合理性”标准中紧急情况影响财产价值减损这一要素的解读和把握常常引起争议。随着越来越多的困境公司寄望于“363(b)出售”作为时间更快成本更低的解决方案,破产法院在很多案件的审理中对紧急性的要求也出现了日益宽松的趋势。比如克莱斯勒案和通用汽车案中,法院认为363(b)营业出售符合“商业合理性”标准的主要理由是,正常重整程序冗长;及时出售是实现持续营运价值,避免清算而产生债权人受偿率更低的

---

① 780 F.2d 1223 at 1228. See CA Sloane, “The Sub Rosa Plan of Reorganisation: Side-stepping Creditor Protections in Chapter 11”, 16 *Bankruptcy Development Journal* 37, 1999, pp. 49 – 50.

② *Ind. State Police Pension Trust v. Chrysler LLC* (*In re Chrysler LLC*), 405 B. R. 84 (Bankr. S. D. N. Y. 2009), 576 F. 3d 108 (2d Cir. 2009).

③ 405 B. R. 84 at 98 – 99.

④ *Committee of Equity Security Holders v. Lionel Corp.* (*In re Lionel Corp.*) 772 F. 2d 1063 (2d Cir. 1983).

唯一选择;任何对出售转让的实质性拖延将产生进一步重大损失;及政府愿为拟出售提供资助的有效期短。[①] 有学者指出,这两个案件很大程度上打破了对原商业合理性标准中紧急性要素的严格要求。很多人开始担心,如果法院对重整计划外营业出售的审查集中在是否能更节省时间或金钱的考量上,债务人相关方可以通过延迟破产申请的时机便可以满足紧急情况的要求和立即出售的必要性,从而操纵法院对商业合理性标准的适用,造成对"363(b)出售"的滥用。[②]

(三)争议焦点与回应

在这些质疑声中,美国破产法院也在判例中对审查标准不断改进。比如,得克萨斯州南区破产法院在墨西哥湾石油公司案(Gulf Coast Oil)[③]的审查中便对第363(b)条涉及的重整计划之外出售的规定内容被滥用的可能作了回应。为加强审查力度,确保"363(b)出售"的公平合理,史蒂恩法官在其提出的审查框架中加入了几个新的考量因素,其中包括出售计划和过程是否有助于竞争性出价,及拟出售资产是否在相关市场通过市场机制检验而确保获得最好对价。此外,新的审查框架要求法官考察占有中债务人及其代理人的独立性,即与买方之间有无直接或间接利益关系。

然而,这些努力并没有消除人们对法院对"363(b)出售"审查本质上太过宽泛的自由裁量的质疑。在法院没有就一个固定准则达成共识,且美国最高法院也无意向下级法院提供更具体的指导方针时,不同法院在根据案件具体情况考量不同相关因素时,容易对不同因素的重要性的解释存在很大差异。这些质疑也在专门成立的破产法第11章改革委员会于2014年发表的研究报告中得到印证。[④] 报告指出,虽然大多数法院在审查"363(b)出售"时采取一定形式的审核,但这类审查很可能沦为简单看占有中的债务人是否在各具体案件中有一个"好

---

① 405 B. R. at 96 - 98. *In re General Motors Corp.*, 407 B. R. 463(Bankr. S. D. N. Y. 2009). 407 B. R. 463, at 491 - 93.

② See DA Skeel Jr., "Why the Chrysler Deal Would Horrify a New Dealer" Accessed May 30th, 2018. http://www.aei.org/publication/why-the-chrysler-deal-would-horrify-a-new-dealer/; K. Korres, "Bankrupting Bankruptcy: Circum-venting Chapter 11 Protections Through Manipulation of the Business Justification Standard in s. 363 Asset Sales, and a Refined Standard to Safeguard Against Abuse", 63 *Florida Law Review* 959, 2013, p. 971.

③ *In re Gulf Coast Oil Corp.*, 404 B. R. 407(Bankr. S. D. Tex. 2009).

④ 该委员会由美国破产协会(American Bankruptcy Institute, ABI)于2012年成立。

理由"来提出拟出售申请。该报告认为,这种审核标准与对第 11 章重整计划的审核标准十分不同,并低于对法院对重整计划强制裁定时的审核标准。① 此外,"363(b)出售"另一个的需要控制的风险是因资产出售过快而没有充分时间考查其他可能的重整方案。

这种审查标准上的明显差异一定程度上凸显出售式重整过程中对程序效率的追求和债权人法定程序权利的保障之间的冲突和矛盾。鉴于这种过快出售对竞投标和资产评估及债权人异议权的行使可能产生的消极影响,委员会建议进行根本性的改革,应使重整计划内出售和计划外出售两种不同操作方式提供对债权人同等水平的保护。该报告的一个改革建议是,禁止占有中的债务人或托管人在重整申请提出起 60 天内进行任何以出售债务人几乎全部财产和营业为目的的拍卖,或法院在此期间内对此类出售协议的最终认可。② 然而该建议目前仍未被采纳。不少破产执业者认为这样的建议非但只会损害有担保债权人的利益,也无法使无担保债权人获益,因为这样会因程序的拖延而需要大量额外资金来维系债务人的运营。

关于如何处理"363(b)出售"中所凸显出的程序效率和债权人法定程序权利的保障之间的冲突,美国破产法院似乎目前还未找到一个明确答案。而这个冲突的焦点常集中在附义务的"363(b)出售"是否违反法定优先权原则这个问题上。在 2017 年 *In re Jevic Holding Corp.* 案③中,美国联邦最高法院明确捍卫了破产法中法定优先权原则在结构化撤回(structural dismissal)所涉及的清算协议中的重要性。但该判决是否也适用于"363(b)出售"? 2018 年第一巡回上诉法院在对 *In re Old Cold LLC* 案④的审判中给出了否定答案,认为允许买家一定

---

① American Bankruptcy Institute, "Final Report of the ABI Commission to Study the Reform of Chapter 11(2014)" ("the ABI Commission Report") Accessed May 25th, 2018. https://abiworld.app.box.com/s/vvircv5xv83aavl4dp4h, pp. 205 - 206.

② *Final Report of the ABI Commission to Study the Reform of Chapter* 11, section VI. B.

③ *Czyzewski v. Jevic Holding Corp.*, 580 U. S. _(2017)。本案以结构化撤回(structural dismissal)为目的的清算协议为有担保的债权人和无担保债权人提供了不同程度的清偿,但对部分有优先权的劳工权益有没有提供任何受偿。

④ *In re Old Cold LLC*, No. 16 - 9012, 2018 WL 387619(1st Cir. Jan. 12, 2018). 本案中,债务人通过美国《破产法》第 363(b)条拍卖其基本所有财产。舒马赫与斯特宾斯宾馆有限责任企业(Schleicher and Stebbins Hotels LLC, S&S),吸引的两位竞标买家之一,是预选的假马竞价者("stalking horse bidder"),也是债务人的有担保的债权人和大股东。S&S 的竞价胜出,但其买受条件因为无担保债权先于有优先权的管理费用债权提供受偿而受到质疑。

程度上附义务承担无担保债权是“363(b)出售”的优势和重要特色，任何可能限制这种优势的决定将对“363(b)出售”的使用造成不利影响。①

三、英国企业管理人程序中的的计划外出售——预重整

英国目前的企业管理人制度(Administration procedure)是在2002年英国《企业法》对1986年英国《破产法》所作的大幅度改革的基础上形成的，现已成为英国企业拯救法的核心程序。现行的管理人程序的启动方式和条件相对灵活。程序的启动以管理人的正式任命为标志。管理人一旦正式任命，公司事务及财产的控制和管理将从困境企业的管理层移交至管理人手中。与此同时，管理人被赋予了广泛的权力，其中包括出售债务人财产。② 管理人在审查公司的财务和经营状况后，必须于8周内提交一份他所建议的可以实现企业程序法定目标的计划草案。计划草案须经法定权益将受重整计划影响的债权人③投票表决，特殊情况下除外。④ 表决通过需要代表一半以上债权的出席会议的债权人同意。⑤

相较于美国《破产法》，英国《破产法》条文在对选择存续型重整还是出售式重整这个问题上有相对明确的规定。英国《破产法》附表B1第3段为企业管理人程序设立了3个可能的法定目标。⑥ 管理人必须按照这3个目标的先后顺序，并根据自己对债务人的财务状况和重整可能的专业判断，来选择一个适当的目标。虽然管理人制度要求管理人首要考虑挽救困境企业的可能，但该法条同时强调管理人在行使职责的时候要以全体债权人利益为最根本原则，并明确规定，

---

① *In re Old Cold LLC*, No. 16 - 9012, 2018 WL 387619 at 10.

② Para. 59(1) of Sch. B1 to the UK Insolvency Act 1986.

③ 主要是无担保债权人。英国1986年《破产法》第73(1)(a)条B1项要求管理人的重整计划不应影响有担保的债权人的权利，因此，无担保的债权人的权利才会受到影响而予以重整计划的表决权。See R. 2. 40(1) UK Insolvency Rules 1986.

④ Para. 51(2) of Sch. B1 to the UK Insolvency Act 1986. 这种特殊情况包括：管理人认为债务人公司有足够的财产满足所有债权人的请求，或认为债务人将没有任何财产剩余(法定预留份额除外)供无担保债权人分配，或认为该程序下的三个法定目标的前两个目标无法实现。

⑤ R 2. 42(1), (2) UK Insolvency Rules 1986.

⑥ 这三个目标是：(1)拯救公司，使之作为一个营运实体存续，或者(2)使债权人整体上获得的收益比公司清算条件下可能获得的收益更高，或者(3)变现资产以便向一位或者多位担保债权人或者优先债权人分配。

当第一目标,即拯救企业本身,没有合理希望时,或第二目标(学界和实务界通常理解为对主要财产和营业的打包出售)能为困境企业的债权人带来更好的结果(更高的受偿率)时,管理人应该选择第二目标而非力保债务人企业的存续。①

在决定对债务人主要财产和营业出售后,管理人一般情况下应将出售方案作为其重整计划提案的一部分提交有投票权的债权人在债权人会议上进行表决。然而实践中越来越流行的一种做法是在启动管理人程序之前,将困境企业的主要资产和营业的打包出售的决定便已预先作出和安排好。在正式任命管理人之后,该预先安排好的出售转让以最快的速度由任命的管理人执行。这种方式通常被称为预重整(pre-packed administration 或 pre-packs)。因此,英国语境下预重整与我们常说的预重整有些不同,这种操作方式一般是以打包出售债务人所有或主要部分财产和营业为目标。

(一)计划外出售的法律依据

这种预重整的特点是在正式程序启动前(管理人的正式任命),关于财产打包出售的相关安排已几乎不可撤销地预先安排好,并在管理人到任后以最快的速度被执行。② 管理人之所以能够在上任后很短时间内执行预先部署好的出售安排,主要是因为英国管理人程序的设计以管理人为中心并赋予管理人很大的自由裁量权,③法院的参与则非常有限。

关于管理人在一定紧急情况下在债权人会议对重整草案决议前出售债务人主要资产和营业的权力,英国判例法也予以肯定。而且,该权力的行使并不一定要求征得法院的批准。若管理人经过合理的商业判断,认为在债权人会议召开前将公司的整个营业出售转让时使全体债权人利益最大化的最好选择,管理人

---

① Paras. 3(2),3(3)(a) and(b) of Sch. B1 to UK Insolvency Act 1986.

② Frisby, A Preliminary Analysis of Pre-Packaged Administrations, 9.

③ 包括提交重整计划的提交,直接决定这债务人财产这块蛋糕的大小,如何分割,重整如何进行等一系列重大的决策问题。

应该有权这样做，可以在债权人会议之前无须法院的批准出售债务人财产。[①] 英国《破产法》经2002年《企业法》改革后在附表B1第68段也明确表明，管理人在管理债务人事务、营业和财产时，基于比要性或紧急性有权做任何事。[②]

（二）争议焦点

随着近几年预重整在破产实务中的日益流行，对预重整式的计划外出售过程中存在争议和法律隐患的讨论也日渐激烈。虽然英国破产法遵循管理人中心主义，而预重整的整个出售过程在很大程度上削弱了管理人在整个程序中的中心地位。

首先，预重整中，管理人程序正式启动前的谈判和决策是决定整个程序的关键。而在这个阶段，管理人的作用受到其参与程序的时间点的的限制。尽管很多情况下，管理人在被正式任命之前通常会对困境企业的情况进行一定的了解，以便判断是否愿意接受该案件，并能在任命后快速决定程序的具体方案和计划，然而在正式程序未启动前，困境公司原管理层仍在与潜在买家的接洽、磋商和决策中扮演主导角色。[③] 因此可以说，判断是否应该出售和出售时间是否适宜的决策权事实上由困境企业管理层代由管理人实施的。

其次，预重整中，不仅管理人的作用在一定程度上被架空，其中立性也受到质疑。这种质疑主要来自三个方面的综合因素。其一，虽然管理人上任时必须对预先部署好的出售安排是否能实现财产的最高价值进行商业判断，但管理人需要依赖原管理层提供的信息来作出对出售的合理性和实效性的判断。这些信息主要包括：在决定出售转让之前采取了什么措施止损，为拯救公司本身作出了什么努力和措施，效果如何等。然而管理层是否会利用公司内部控制人优势故

---

① 英国《破产法》原第17(2)条（2002年企业法之前的旧条款）规定，重整计划通过前，管理人需要根据法院所给出的任何指示管理债务人公司事务，经营和财产。但在1987年查理·戴维斯案(Charnley Davies)的听证中，万瑟洛(Vinelott)法官表示对第17(2)条应当作宽泛理解。他认为第17(2)条中“根据法院所给出的任何指示”应当理解为“如果法院给出任何指示，应当遵守给出的指示”，且虽然管理人上任后便被认定为司法人员而可以向法院申请与其职能有关的指示，但他不是必须要法院的许可指示才可行事。See Sealy and Milman, *Sealy & Milman's Annotated Guide to the Insolvency Legislation*, pp. 63 – 64.

② Para. 59 of Sch. B1 of Insolvency Act 1986.

③ B Xie, “Comparative Insolvency Law—the Pre-pack Approach in Corporate Rescue”, Edward Elgar Publishing, 2016, p. 78.

意隐瞒或延迟披露某些关键信息,以左右程序中的商业判断,有人对此表示担忧。① 其二,预重整中买家为债务人关联方②的现象相当普遍,③这也进一步加深债权人对出售价格过低的担忧。关联方作为熟悉该公司财务状况的内部人难免有利用自己的信息优势压低出价,或在竞价过程中隐瞒一些关键性信息或故意疏于营销以减少其他竞标的倾向和做法。其三,这种不中立的质疑也与2002年改革赋予债务人企业或其董事选任管理人的权力有关。④ 实证研究表明,在70%的预重整案中,管理人由债务人公司或其董事选任。⑤ 当董事会考虑选任有资质的破产执业人为管理人时,一般会与其提前沟通和交流不同的重整方案。他们当然一般会倾向于选择认同其此前决策且相对容易"合作"的破产执业人为管理人。⑥ 这不免让人担心,在买家为关联方的预重整出售中,原管理层可能滥用此权力而对管理人的商业判断造成不当影响,或使管理人选任后可能怠于行使监督审查权。

最后,这种预重整出售过程的公开性和透明度不高。人们通常认为,通过市场机制检验(在相关市场上公开销售与竞标)是保证转让价格的公平合理的最有效方式。但由于预重整过程中出售速度过快,出售标的很少在相关市场上广泛地进行营销。这让人对预重整操作方式如何吸引潜在买家投标及保障最佳出售价格产生严重怀疑。在判断出售价格是否合理时,管理人常把关注点放在出售

---

① A. Katz and M. Mumford, "Study of Administration Cases" (The Insolvency Service, 2006), p. 51.

② 关联方可能是困境公司的董事,公司的主要股东或与董事或主要债权人或该公司的股东有一定关系的公司。

③ 在英国破产署对预重整的案件统计报告显示,2013年73%的预重整出售给了关联方;而2011年的数据是79%,2010年的数据是72%。The Insolvency Service, *2013 Annual Review of Insolvency Practitioner Regulation*, April 2014, p. 10. The Insolvency Service, *Report on the Operation of Statement of Insolvency Practice* 16, 1 *January to* 31 *December* 2011, p. 11.

④ 若债务人公司有满足相应要求的浮动担保债权人,浮动担保债权人对债务人公司或其董事选任的管理人有否决权。See paras. 14, 22, 25 and 26 of Sch. B1 to IA 1986.

⑤ See P. Walton and C. Umfreville, *Pre-pack Empirical Research: Characteristic and Outcome Analysis of Pre-pack Administration*, p. 17. 而英国公平交易办公室的相关调查表示,其调查的2006年以来的500个管理人程序,75%的案件是由公司董事选任的。See OFT, *The Market for Corporate Insolvency Practitioner—a Market Study* (OFT1245, 2010), para. 4. 5 and footnote 35.

⑥ See B. Xie, "Role of Insolvency Practitioners in the UK Pre-pack Administrations: Challenges and Control", 21 *INSOL International Insolvency Review* 85, 2012, p. 93; V. Finch, "Pre-packaged Administrations: Bargains in the Shadow of Insolvency or Shadowy Bargains", *Journal of Business Law* 568, 2006, p. 584.

方案下债权人可以获得收益与清算方案下可能获得的收益相比较，这种比较方式是否恰当值得进一步思考。清算价值应该是一个最起码的比较标尺，判断出售的实效性应该重点考量与其他可能保护营运价值剩余的可选方案的比较。

（三）应对措施

针对以上操作中的争议和隐患，英国破产署这几年也不断加强把对预重整的规制。由于对正式程序启动前安排好的打包出售协议合理性和实效性的审核几乎完全取决于管理人的商业判断，早在 2009 年，破产联合委员会代表全英七大有许可授权和管理破产执业人执业权力的专业机构（Recognized Professional Bodies，RPBs）发布了专门针对预重整出售的行业操作规范指导——破产实务陈述 16（Statement of Insolvency Practice 16，SIP 16）。SIP 16 提出了管理人在计划外出售债务人几乎全部财产时应做到的几方面注意义务，包括对债权人的信息披露、对主要债权人的意见征求、出售过程的透明度、营销方式和手段、第三方评估等。

鉴于人们对买家为债务人关联方的预重整出售的普遍担忧，英国破产署于 2011 年公布了一份《2011 年破产规则修正案（第 2 号）》草案，并征求各界意见。该修正案的主要目的就是加强立法对涉及关联方的预重整出售程序的规制。其中最引人注目的立法建议是，如果管理人在没有公开营销的情况下欲将债务人大部分资产和营业出售给关联方时，必须留出告知债权人并允许其提出异议或竞标的期限（提案建议为 3 天）。然而，由于各界对该措施的争议比较大，修正案草案并没有进一步进入正式审议程序。在该修正案流产后，英国破产署对预重整规制的重心主要放在了加强和完善破产执业人行业规范和惩罚机制上，以提高操作过程中的透明度和管理人的行使职责时的中立性。

1. 加强程序的透明度

SIP 16 作为专门针对预重整出售的行业操作规范指导在 2009 年首次制定后，于 2013 年和 2015 年经历了两次修改升级。首先，新版 SIP 16 要求管理人在预重整出售执行完后的 7 日内给债权人提供一份详细的解释和出售正当性说明。它要求管理人针对营业出售提供更广泛，更有结构性，分类更细的信息披露。其次，债务人管理层在管理人程序启动前所进行的任何营销必须满足“营销要素”，并且要求管理人获取对所出售资产和营业的第三方评估，或解释无法进行独立评估的原因及出售对价如何满足财产的实际价值的理由。除此之外,破产管理署对管理人对该行业规范指导的遵守也加强监测。如出现不遵守 SIP 16 的情况,由该管理人所属的 RPB 进一步调查和决定是否对该执业人进行行业纪律处分。①

增强程序透明度的另一个措施是引入针对预重整出售的 2014 年格雷厄姆(Graham)报告②中的一个建议——建立一个预重整池(Pre-pack Pool),为与债务人有关联的买家在出售完成前根据自愿原则提供针对该拟出售之合理性的一个专业意见。③ 意见由预重整池的一位专家成员以该买家所提供的材料为依据形成,并将被纳入管理人给债权人的 SIP 16 报告中。值得注意的是,该意见仅是一个是否合理的笼统决定,并不提供其根据和理由,也不接受任何异议申诉。

2. 建立有效的追责制度和惩罚机制

预重整出售凸显了管理人在出售过程中的商业判断和中立性对确保计划外出售的合理性和实效性的重要作用。英国有关部门也因此开始加强和完善对破产执业人行业的监管和对不当行为投诉的处理机制。破产管理署于 2013 年设立一个新的对破产执业人不当行为投诉处理的统一口径。该口径接受投诉对象可以是任何违反破产法规,行业操作规范,及各 RPB 制定的规范和行业行为准则的行为。与此同时,破产管理署发布了《统一制裁指导》以提高对不当行为制裁的透明度和统一性。该指导对不同的不当行为规定了可能的制裁标准,以保障各 RPB 对类似不当行为的处罚结果统一和公平,同时降低受到损害的债权人需求救济的成本。④

---

① 处分方式包括警告或罚款。

② See T. Graham CBE, "Graham Review into Pre-pack Administration: Report to the Rt Vince Cable MP", Accessed February 26th, 2018, https://www.gov.uk/government/publications/graham-review-into-pre-pack-administration.

③ 预重整池专家会出具以下三种意见之一:(1)没发现任何表明拟预重整出售不合理的根据。(2)所提交的证据在有些方面有限,但除此之外没发现任何表明拟预重整出售不合理的根据。(3)欠缺证明拟预重整出售合理的证据。

④ See Xie, "Comparative Insolvency Law-the Pre-pack Approach in Corporate Rescue", pp. 154-169.

四、英美计划外营业出售之经验启示

重整计划外营业出售在美国和英国这两个国家的普遍运用,体现了其破产制度对重整方式和手段多样性和灵活性的认可和接纳。在肯定重整计划外出售在特殊紧急情况下及时实现债务人资产价值最大化的重要性的同时,两国也在不断探索抑制其操作中可能被滥用的危害的防范措施。这种立法理念是值得肯定和借鉴的。

首先,应当明确,债务人企业的存续不应以牺牲全体债权人的利益为代价。当重整无望或重整前景不确定且程序的冗长正导致债务人资产价值急剧贬损时,相关决策人应积极寻求其他途径,以保障实现债务人财产价值最大化。成熟的法律应当考虑为这种情况保留重整计划通过前进行营业出售的一定操作空间,允许管理人在此类紧急情况下可以就主要财产的出售进行协商和必要的安排。然而,由于这种紧急计划外出售绕过重整制度中的债权人表决等法定程序,对其必要性和实效性的审查就成了维护债权人利益的最主要保障。第一,因为没有在出售转让时给予债权人相应的话语权,此种出售模式本应仅适用于特殊"紧急情形":如不立刻实施营业转让,债务人的营业价值和规模就会发生巨大变化等不利后果的紧急情形。第二,在必要性的把握上,英国和美国都出现了弃严趋宽的趋势。这样容易促使越来越多的重整案件寻求通过重整计划外出售来解决,即在重整计划确认之前便将重整所需最重要的资产和营业处分掉。而这种发展趋势可能会使重整程序越来越依赖资产出售和破产前谈判,并因对程序效率的过度追求而威胁对重整程序中关于债权人权益保护的传统法定程序设置。

其次,对重整计划外出售实效性的判断,两国的审查标准中都强调出售方式和程序应尽可能鼓励依托市场价格形成机制来确定出售价格。但由于计划外出售多强调出售的及时性,常常没有足够的时间进行充分的营销来吸引竞价。为减少转让价格确定中的随意性,两国都要求在进行重整计划外营业出售时,管理人或占有中的债务人应当聘请独立的专业评估机构对营业和资产进行价值评估,以防止过快出售造成不合理的低价转让。

无论是英国为保障管理人独立性而建设得越来越严格的行业行为规范和行

业监管,还是美国判例法中对法院审查标准的不断改进。然而这些措施似乎并不足以打消人们对计划外营业出售过度使用甚至被滥用的担忧。一方面,这种计划外出售确实给传统重整制度设计带来冲击,使司法程序从作为促进使债务人和利益相关人谈判并达成妥协的平台,沦为为程序启动前打包出售协议进行验证和背书。另一方面,对计划外营业出售的不当使用容易造成因资产过快出售而没有充分时间考查其他可能的重整方案,而过早为债务人重整不能下判决,导致以重整之名行破产之实,使重整程序流于形式。

最后,对计划外出售的审查主要依赖于法院或管理人的酌情裁量判断。而在主观裁量过程中不同法官或管理人在根据案件具体情况考量时,对不同因素的重要性的理解不尽相同。而这种差异并非完全来自既定标准的不够明确,而很大程度上是重整程序本身的复杂性和过程中不确定性所决定的。重整程序因需兼顾各方面利益,在程序设计上就显得冗长而不够灵活。而这又与破产财产价值对重整谈判的进展及外界和市场的反应的灵敏变动不相匹配。这种不匹配也就使对程序效率的追求和债权人法定程序权利的保障之间的冲突在计划外营业出售中越发凸显。而这种冲突一定程度上也折射出破产法本身更深层次的不同价值目标之间的冲突。因此,对重整计划外营业出售的规制也需要我们对破产法中程序效率、程序公正和实体公正的追求和实现方式进行重新思考。

五、结　　语

允许相关主体在特殊紧急情况下可以就主要财产的出售在重整计划通过前进行协商和必要的安排,这在一定程度上可以体现一国破产制度的灵活性和成熟度。本文结合美国和英国破产法上对重整计划外营业出售的实践运用,分析了此种重整方式的适用条件及存在的问题。首先应当指出,其立法理念值得借鉴。重整作为企业再生制度,不应该局限于僵硬的单一固有模式,而应该鼓励创新,鼓励相关主体对不同的可能方案进行考量和比较,以应对公司在重整期间价值的变动性和谈判交易中的不确定性。然而,当通过营业出售进行重整时,转让对象通常是企业的优良资产,几乎不可避免地会造成债务人存续重整的不能,所以也要防止过早出售或低价出售等滥用方式造成的对债务人及债权人权益的损害。法律防范制度建设的一个重要方面便是法院对重整计划中营业出售的必要性和实效性的裁量判断。如何结合本国国情和本土特色创新性地应对其中挑战和操作中的隐患是理论界和实务界需要共同努力解决的问题。

重整期间劳动法律问题研究

张化平*

在国家倡导“供给侧结构性改革、提升市场主体竞争力、建立社会主义市场主体退出机制”的新形势下，在人民法院立案登记制的司法环境之下，大量的企业破产重整案件正以方兴未艾之势涌入人民法院，利用破产法律程序依法处置“僵尸企业”和审理破产案件，将是各地人民法院的一项重要工作任务，这也使律师破产业务迎来了春天。笔者所在律师事务所先后担任了6家公司破产重整及破产清算案的管理人，在参与破产重整案过程中，笔者有感于《企业破产法》规定的原则性，诸多问题有待探讨，但限于篇幅，笔者在此仅就破产重整案中涉及劳动关系及劳动债权等有关问题，提出自己的见解，以求教于方家。

一、劳动合同的解除、变更及聘用工作人员问题

（一）重整企业职工劳动合同的解除与变更

我国《企业破产法》规定，债务人因不能清偿到期债

* 安徽今昔律师事务所合伙人。

务,债权人或债务人均可向人民法院提出对债务人进行重整。破产重整与破产清算不同,根据《劳动合同法》的相关条款,破产重整并不必然导致与职工劳动关系的终止。而重整一旦被人民法院裁定受理并指定管理人后,管理人必然要根据债务人自身的实际情况,对债务人职工的劳动关系进行调整。

1. 管理人是否能解除未到期职工的劳动合同?其解除程序如何?

尽管重整程序是挽救"病态企业",可以避免大量的职工失业,但在现实中,管理人为减少劳动成本支出,往往需要裁减人员。实务中有人提出疑问:管理人是否有权解除未到期的劳动合同?解除劳动合同是否应遵循相应的法定程序?

笔者认为,企业被裁定破产重整,虽不能必然导致职工劳动关系终止,但管理人有权依据我国《劳动合同法》第 41 条的规定,裁减企业人员,但需提前 30 日向全体职工说明情况,听取职工的意见,并将裁减人员方案向劳动行政部门报告。在重整实务中,管理人还要同时依据《企业破产法》第 73 条的规定,根据破产重整企业是否继续营业的需要,决定具体裁减职工人数,并将职工安置方案报人民法院裁定批准。

由于《劳动合同法》第 41 条有裁减人员数额及裁减程序的限制,笔者在办理重整案件中的做法是:将绝大多数职工留用,裁减少数非必要岗位及人员,而裁减的法律依据是仍然是该条第 4 项"其他因劳动合同订立时所依据的客观经济情况发生重大变化,致使劳动合同无法履行",与职工协商解除劳动合同。

2. 管理人是否有权变更劳动合同的期限,降低职工工资标准?

减人降薪是管理人在重整期间为降低生产经营成本不得不考虑的事情。而如何减人降薪,是否可以减人降薪?《企业破产法》没有对此作出规定,但《劳动合同法》第 35 条规定,用人单位与劳动者协商一致,可以变更劳动合同约定的内容。因此,管理人可利用该条规定,对劳动者的劳动合同期限及工资标准,通过与劳动者签订补充协议形式进行变更,并且约定"管理人可以根据重整事务的进程及乙方的表现,管理人有权提前三十天解除与其劳动关系",这样,管理人不仅回避了《劳动合同法》裁员的相关规定,在摸清重整企业劳动职工现状之后,还可以根据双方签订的补充协议条款,解除与那些可有可无的岗位人员、表现不好的员工之间的劳动关系,达到减员增效的目的。

3. 解除、变更劳动合同的主体是债务人还是管理人?

有观点认为,解除、变更劳动合同的主体是管理人,也即管理人有权以自己的名义[①]与职工签订解除、变更劳动合同的协议。

笔者不同意上述观点,因为解除、变更劳动合同的主体仍然是债务人——重整企业,理由如下:其一,根据我国《企业破产法》第25条的规定,管理人履行的职责虽有"决定债务人的内部管理事务",可以解除及变更劳动合同,但同时其职责还有"代表债务人参加诉讼、仲裁或者其他法律程序",解除及变更与职工的劳动合同实际是代表债务人所为,正如在破产债权确认诉讼等衍生诉讼中,债权人只能将债务人列为被告;其二,在重整中,劳动关系并非必然终止,如果解除、变更劳动合同主体是管理人,而劳动合同不变更仍保留劳动关系的职工的合同主体是债务人,人为制造了混乱;其三,从目前的法律法规来看,管理人并不符合《劳动合同法》第2条所列明的用人单位;其四,企业被裁定破产重整,但企业主体并不消亡,社会保险账户不注销,管理人保留职工仍需按原债务人在社保部门的账户缴纳社会保险费。故此,笔者认为,解除及变更劳动合同的行为虽是管理人作出,但仍需以债务人的名义签署相关解除、变更协议的文书。

(二)管理人聘用工作人员问题

管理人聘用工作人员的法律依据是我国《企业破产法》第28条及第74条。[②]对于管理人聘用工作人员法律关系的性质及相关处理问题,在重整实务中争议最大。有人认为,管理人与聘用人员是劳动关系,应当为其办理社会保险;也有人认为,管理人与聘用人员是劳务关系,无须为聘用人员参保。笔者认为,管理人聘用工作人员究竟是劳动关系还是劳务关系,应根据是聘用原职工还是外部(重整企业之外)人员来作分析。

1. 管理人聘用债务人原有职工

我国《企业破产法》第74条规定:"管理人负责管理财产和营业事务的,可以聘任债务人的经营管理人员负责营业事务。"依据该条规定,管理人可以聘用原企业职工。前已阐述,企业在被裁定破产重整后,原职工劳动关系并非必然终

---

① 实务中如×××有限公司管理人。

② 《企业破产法》第28条规定"管理人经人民法院许可,可以聘用必要的工作人员",第74条规定"管理人负责管理财产和营业事务的,可以聘任债务人的经营管理人员负责营业事务"。

止，职工与破产企业仍具有劳动关系。在破产实务中，管理人一般需要制作《企业职工安置留守方案》，对企业留用岗位、人员、工资待遇等作安排，并将方案报人民法院批准。管理人即使与留守人员签订劳动合同变更协议，管理人也是代表重整企业签订。因此，管理人聘用债务人原有职工，并不意味着管理人与职工具有劳动关系或劳务关系，重整企业与留守职工具有劳动关系，应当为其缴纳社会保险。

2. 管理人聘用重整企业之外人员

我国《企业破产法》第 28 条规定："管理人经人民法院许可，可以聘用必要的工作人员"，该条并没有限定管理人是聘用原职工还是重整企业之外的第三人。但笔者认为，该条中"必要的工作人员"应作限缩解释，主要是指管理人聘用重整企业之外的协助管理人履行辅助工作的会计、评估等专业人员。管理人聘用此类人员，管理人与其之间应为劳务关系，管理人无须为聘用人员办理社会保险，理由如下：

第一，从用工主体上来说，管理人是依据破产法的规定，由人民法院指定的，其本身并不是依法成立的实行独立经济核算的经济单位，不是《劳动合同法》上的合法用工主体。同时，从《企业破产法》第 25 条管理人职责的规定看，管理人也不受重整企业的委托行使权力。

第二，从管理人支付聘用人员费用的表述及清偿顺序来看，《企业破产法》第 41 条第 3 项规定"管理人……聘用工作人员的费用"为破产费用；第 42 条第 4 项规定"为债务人继续营业而应支付的劳动报酬和社会保险费用"为公益债务。第 43 条第 2 款规定"债务人财产不足以清偿所有破产费用和共益债务的，先行清偿破产费用"。管理人聘用的工作人员的"费用"与聘用原职工而支付的"劳动报酬"显然不一样，该"费用"应属于劳务费而不是《劳动法》所调整的工资。

因此，笔者认为，管理人依据《企业破产法》第 28 条聘用工作人员的范围应限定在债务人原职工之外的人员，管理人与其所建立的只是一种临时性的劳务关系，所签订的聘用协议应是劳务协议，管理人无须为该类聘用人员办理社会保险。

二、职工劳动债权问题

(一)劳动债权的范围

目前我国法律还没有“劳动债权”的准确表述和相关定义。[①] 但依据《企业破产法》第48条之规定,职工劳动债权的范围包括工资和医疗、伤残补助、抚恤费用,所欠的应当划入职工个人账户的基本养老保险、基本医疗保险费用,以及法律、行政法规规定应当支付给职工的补偿金。构成职工劳动债权应同时符合以下几个条件:一是必须在破产重整受理前所欠;二是《企业破产法》第48条所规定的可以列入劳动债权范围的债权和没有被明确排除在破产债权之外的职工劳动债权;三是未超过诉讼时效。

1. 工资

即以货币形式直接支付给劳动者的劳动报酬,包括计时工资、计件工资、奖金、津贴和补贴、延长工作时间的工资报酬以及其他特殊情况下支付的工资报酬等。对于普通劳动者的劳动债权,一般依照企业财务账册所记载的拖欠工资额进行计算,对于企业高管的劳动债权,依照我国《企业破产法》第113条第3款规定按照企业职工平均工资进行调整。

2. 医疗、伤残补助、抚恤费用

主要包括医疗费、一次性伤残补助金、一次性工伤医疗补助金、一次性伤残就业补助金、丧葬补助金、供养亲属抚恤金和一次性工亡补助金等。该类劳动债权一般是按照在重整受理前,经人民法院、劳动仲裁委裁决书(调解书)所确定的数额来计算。

3. 应当划入职工个人账户的基本养老保险、基本医疗保险费用

该部分实际上就是参加基本养老保险、基本医疗保险的职工个人应缴的部分。该类劳动债权一般情况下可以在企业账册中会有反映(工资结构表中个人应扣社保费一栏)。

---

① 也称为职工债权,如北京市高级人民法院《企业破产案件审理规程》第154条表述为职工债权,笔者认为不准确,职工债权也包括了职工对破产重整企业享有的其他债权。

4. 法律、行政法规规定应当支付给职工的补偿金

主要包括按照《劳动合同法》规定的解除劳动合同经济补偿金、未签书面合同的双倍赔偿金、加付赔偿金等。

需要注意的是,在人民法院裁定重整受理后(重整期间),管理人单方或协商解除与该职工的劳动关系,对该职工的经济补偿金应如何处理?实务中存在争议。

有观点认为,因该经济补偿金产生于重整受理之日,不符合劳动债权的条件,不应列入职工劳动债权清册,该经济补偿金应属公益债务,由管理人直接从管理人账户中随时支付。笔者认为,这种观点看似有道理,但可能对其他职工造成不公。例如,职工甲、乙均在破产企业工作 10 年,2016 年 8 月 1 日企业被裁定重整,管理人进驻企业当日解除了乙的劳动关系,将应支付给乙的经济补偿金将列入劳动债权;于 8 月 20 日解除了甲的劳动关系,如按甲经济补偿金属公益债务的观点,则管理人需立即支付甲 10 个月工资的经济补偿。前后相差 20 天,甲的劳动债权全部清偿,乙的劳动债权可能不被全部清偿。笔者从公平角度考虑,建议以重整受理日为节点,分段计算其应得经济补偿金,对于受理日前的经济补偿金列入劳动债权,对于之后应支付的经济补偿金列入公益债务,由管理人随时支付。

5. 住房公积金是否为劳动债权?

有人认为,住房公积金不在我国《企业破产法》第 48 条列明的范围,不能认定为劳动债权。笔者认为,从国务院《住房公积金管理条例》第 3 条"职工个人缴存的住房公积金和职工所在单位为职工缴存的住房公积金,属于职工个人所有",第 14 条"新设立的单位应当自设立之日起 30 日内到住房公积金管理中心办理住房公积金缴存登记……为本单位职工办理住房公积金账户设立手续"的规定来看,单位为职工缴存住房公积金也是用人单位的法定义务,司法实务中也普遍认为住房公积金是单位给予职工的一种福利,企业给予职工住房公积金,实际上就是一种变相的工资。同时,笔者始终觉得,对于劳动债权的认定,应当予以宽泛,因为劳动债权是一种具有社会优抚性质的债权,承载着维护社会稳定、保护弱者的社会功能。因此,破产企业拖欠的住房公积金应当认定为劳动债权。

不过,鉴于目前企业为职工办理住房公积金的非强制性和非普遍性,笔者建

议,对于住房公积金的清偿顺位,应参照养老社会保险的处理方式:职工个人缴存部分列入劳动债权作为第一顺位受偿,单位缴存而又拖欠的部分,可参照欠缴统筹的社会保险费,作为第二顺位受偿。

6. 职工的住房补贴、伙食补贴、交通补贴或者车改补贴、通讯补贴能否认定为劳动债权?

根据国家统计局《关于工资总额组成的规定》及《关于工资总额组成的规定若干具体范围的解释》,工资是包括住房补贴、伙食补贴的,但不包括上下班交通补贴。2009 年财政部《关于企业加强职工福利费财务管理的通知》(财企〔2009〕242 号)第 2 条规定:企业为职工提供的交通、住房、通讯待遇,已经实行货币化改革的,按月按标准发放或支付的住房补贴、交通补贴或者车改补贴、通讯补贴,应当纳入职工工资总额。因此,企业拖欠职工的住房补贴、伙食补贴、交通补贴或者车改补贴、通讯补贴,就是拖欠职工的工资,应当列入劳动债权。

7. 在重整受理前产生的职工应报未报销的招待费、差旅费能否认定为劳动债权?

笔者认为,经过企业同意(笔者在审核其发票时,注意该发票是否已经有企业主要领导、财务负责人在重整裁定受理日前签批)的受理前产生的职工应报未报销招待费、差旅费属于劳动债权。因为一方面,该费用产生实际与其岗位工作性质相关(如办公室主任、业务采购员),类似于工资性质;另一方面,如果将其列为普通债权,实际上是对该职工产生不公(普通债权可能不被受偿)。

8. 职工集资款是否为劳动债权?

职工集资款,是指企业因生产经营或者扩大生产需要现金向单位职工借款而形成的负债。职工集资款能否认定为劳动债权、是否具有优先受偿?在破产实务中存在很大争议。

有观点认为,职工集资款本质上为职工工资,属于劳动债权,应按照第一顺位清偿。其理由是:(1)从国家政策来看,从维护职工的切身利益和社会稳定出发,应把职工集资款作为第一顺位清偿,这符合《企业破产法》第 132 条的立法本意;(2)由于 2007 年《企业破产法》对职工集资款未作规定,但最高人民法院《关于审理企业破产案件若干问题的规定》(法释〔2002〕23 号文)第 58 条第 1 款对债务人所欠企业职工集资款明确规定"债务人所欠企业职工集资款,参照企业破产法第 37 条第 2 款第 1 项规定的顺序清偿。①

笔者认为,在 2007 年我国《企业破产法》实行之后,职工集资款不应认定为劳动债权,其理由为:(1)职工集资款本质上属于企业和个人之间的借贷关系,而工资属于劳动法律关系范畴,二者存在很大的区别,职工集资款债权与民间借贷没有本质差别;(2)最高人民法院法释〔2002〕23 号文是对《企业破产法(试行)》的解释,旧法已失效,其司法解释也自然失效;(3)2007 年我国《企业破产法》第 48 条第 2 款、第 82 条第 1 款第 1 项、第 113 条提到的"职工工资",仅指破产人所欠职工的劳动报酬,不包括职工集资款;(4)脱离法律规定强调社会稳定和虚无缥缈的"立法宗旨"将导致无法可依。因此,职工集资款是不能认定为劳动债权,必须按照普通破产债权处理。

(二)高管人员劳动债权的确认与调整

1. 重整阶段是否可以调整高管人员过高的工资?

《企业破产法》第 113 条第 3 款规定,"破产企业的董事、监事和高级管理人员的工资按照该企业职工的平均工资计算"。在破产重整阶段,管理人是否有权依据该条款对高管人员(笔者为行文方便,高管人员包括了董事、监事,下同)工资进行调整?

有观点认为,在重整案件中是不能依据《企业破产法》第 113 条第 3 款对高管人员工资进行调整的。理由是:该条款规定于《企业破产法》第十章"破产清算"章节中,由于尚没有到破产清算阶段,在重整阶段中调整高管人员工资没有法律依据。

笔者认为,在重整案件中,管理人在核算高管人员劳动债权时,有权对其高于职工平均工资的部分予以调整。首先,破产重整与破产清算虽属不同阶段,但两者均统一于破产法,在被法院裁定破产重整案件中的债权申报,与被法院直接裁定破产清算案件中债权申报没有本质区别。② 其次,《企业破产法》旨在全面保护债权人和债务人的合法权益,如果企业在重整中仍给予其高额的工资及经

---

① 参见吴正绵:《新破产法视野下的职工集资款债权性质分析》,载中国清算网:http://www.yunqingsuan.com/news/detail/3634,最后访问日期:2016 年 8 月 10 日。

② 依据《企业破产法》第 44 条、第 46 条及第 48 条的规定,在破产申请受理时对债务人享有劳动报酬的高管人员同样属于劳动债权,在重整阶段仍需要对其进行登记造册并公示。

济补偿,予以优先受偿,则对其他职工、普通债权人必然意味着可供分配的财产减少,其必然导致其他债权人的利益受损。再次,就《企业破产法》的立法本意而言,管理层本身经营不善等原因对于企业造成破产负有一定的责任,有责任就应有担当。最后,依据我国《企业破产法》第 81 条、第 82 条规定,重整计划草案包括债权分类,债权人会议需要分组对各类债权讨论并对重整计划进行表决。如果重整计划未通过,企业转为破产清算,在此时再对高管人员劳动债权调整,势必影响债权总额。因此,在重整期间对高管人员劳动债权不调整而在企业破产清算中调整的做法,在实务中也不具有可操作性。

2. 高管人员的范围

董事、监事在实务中好界定,但高级管理人员究竟指哪些人?《企业破产法》没有规定。但我国《公司法》第 216 条规定,“高级管理人员,是指公司的经理、副经理、财务负责人和公司章程规定的其他人员”。

破产重整实务中,对重整企业公司章程中没有规定的总工程师、总稽核师、总会计师等是不是高级管理人员?

有观点认为,他们是专业技术人员,不属于公司管理人员,给予高工资是企业与其根据市场行情双向选择的。但笔者认为,该类人员是否是高管,能否对其过高工资进行调整,应根据以下标准进行认定:一是从工资数额上来看,其工资标准是否与企业副总等工资标准相当;二是从企业给予福利上来看,其是否与企业副总等享有的福利相当,如配备车辆等;三是从履行的岗位职责来看,他们是否主管企业某一方面的全面工作,是否参加企业召开的高级管理人会议等。笔者就是根据上述标准,在参与办理的重整案件中,将总工程师、总稽核师、总会计师认定为高管人员。

3. 高管人员工资调整的时间点

根据我国《企业破产法》第 44 条的规定,破产债权的时间节点为人民法院裁定受理破产申请之日,劳动债权也不例外。

(1)在破产重整企业普遍拖欠包括高管在内的职工工资的情形下,管理人有权对高管人员截至人民法院裁定破产重整受理日前所有月份的工资,按照企业职工平均工资予以调整,对于平均工资计算的部分作为劳动债权,对高出平均工资计算的部分,告知其按照普通债权进行申报。

(2)在破产重整企业未拖欠包括高管在内的职工工资情形下,因没有工资性质的劳动债权,管理人无须进行调整。

(3)在破产重整企业普遍拖欠职工工资、高管人员却获得高额工资的情形下,根据最高人民法院《关于适用〈中华人民共和国企业破产法〉若干问题的规定(二)》(法释〔2013〕22号)第24条的规定,管理人有权要求高管人员返还自拖欠职工工资之月至重整裁定受理之日的全部工资。对于企业职工平均工资计算的部分按照劳动债权进行登记、清偿;高出部分按照普通债权申报、清偿。

4.经生效法律文书确定的高管劳动债权是否可以调整?

对于破产申请受理之前的经劳动仲裁或法院判决已确定但未支付的高管工资,管理人是否仍可以根据《企业破产法》第113条第3款规定进行调整,破产实务中存在争议。

笔者认为,除了高管利用职权从企业获取的非正常收入和侵占的企业财产外,《企业破产法》按照上述规定调整高管工资的认知前提是,调整前的高管工资属于合法债权。同样,在经过争议解决程序的情形,生效法律文书确认的也是高管的合法债权。这两种情形下的高管工资,在性质上不会有任何区别。因此,从公平的角度来讲,与其他高管一样,生效法律文书确认的高管工资亦应当依据破产法规定进行调整。至于生效法律文书的既判力问题,可以从破产法系包含了执行内容的程序特别法角度加以解释。也就是说,基于破产法的财产分配程序具有终局执行的效果,《企业破产法》第113条对参与破产分配的高管劳动债权范围的特别法律规定,应优先于已生效的高管劳动债权裁判予以适用。在这种情况下,生效法律文书的既判力应受限制。

(三)职工劳动债权的提前清偿

依据《企业破产法》的规定,劳动债权虽然是第一顺位的优先债权,但职工劳动债权与其他人的优先债权、普通债权一样,在企业重整阶段,原则上是不能提前清偿的。劳动债权应当在债权人会议表决通过重整计划、人民法院裁定批准后,按照重整计划中对劳动债权的清偿时间、方式进行清偿。但是,由于破产重整企业在重整受理前,已经普遍拖欠职工的工资达数月,而职工工资往往是普通家庭唯一的收入;在长达9个月的重整期内将更加造成职工生活的困难;企业进入重整后,因涉及债权人、出资人、职工等众多当事人的利益,各方矛盾集中和突出,群体性上访事件不断,维稳工作成为党委政府、法院及管理人的一项重要工作,一旦处理不当,不仅影响社会稳定,很有可能造成重整失败。笔者在办理的全部6个破产重整及破产清算案中,几乎均存在职工上访等事项。

职工劳动债权的提前清偿,不得不成为管理人首先要考虑的问题。最高人民法院《关于正确审理企业破产案件为维护市场经济秩序提供司法保障若干问题的意见》(法发〔2009〕36号),为管理人提供了职工劳动债权提前清偿的法律依据。该意见第5条明确:政府设立维稳基金或鼓励第三方垫款等方式,优先解决破产企业职工的安置问题,政府或第三方就劳动债权的垫款,可以在破产程序中按照职工债权的受偿顺序优先获得清偿。

三、社会保险费问题

(一)现实中的尴尬与法律的缺失

1. 重整阶段不能正常参保的尴尬。我国《社会保险法》第57条第2款规定,"用人单位的社会保险登记事项发生变更或者用人单位依法终止的,应当自变更或者终止之日起三十日内,到社会保险经办机构办理变更或者注销社会保险登记";第60条规定,"用人单位应当自行申报、按时足额缴纳社会保险费,非因不可抗力等法定事由不得缓缴、减免";国务院《社会保险费征缴暂行条例》第9条也作了同样规定。人力资源和社会保障部《社会保险费申报缴纳管理规定》第30条规定,用人单位未按照规定向社会保险经办机构进行缴费申报或者未按照规定缴纳社会保险费的,社会保险行政部门应当依法查处,并加收滞纳金承担罚款等。

由于企业被裁定重整后,重整企业主体尚不注销,依照上述法律规定,重整企业仍然需要为留守职工缴纳社会保险费。但在现实操作中,在拖欠社保费的前提下,管理人是无法为职工续保社会保险。笔者在办理的一起破产重整案就是这样,该企业在裁定重整前已拖欠职工6个月工资及社保部门6个月近60万元的社会保险费。因重整企业经法院批准尚需营业,管理人保留了绝大部分职工。由于该企业拖欠社保费,而社保费是通过地税缴费系统代收,在没有偿还原拖欠的6个月社保费前,管理人缴纳社保费时,系统显示无法缴纳。在此期间,职工有发生工亡的、有女职工生育的,因企业未缴纳社会保险费,职工的工伤待遇、生育待遇也都享受不了。

2. 不能享受社保待遇的尴尬。《企业破产法》第 113 条将所欠的应当划入职工个人账户的基本养老保险、基本医疗保险费用,与欠缴的除前项规定以外的社会保险费用区分,[①]前者是第一顺序清偿,后者是第二顺序受偿。但是,按照我国现行的社会保险政策规定,只缴纳个人账户部分的职工是无法享受养老、医疗等项社会保险待遇的。假设破产企业财产仅能清偿第一顺位债权即劳动债权,拖欠国家统筹部分的社会保险费用无力清偿,那么该破产清算企业职工将不能享受到养老、医疗等项等社会保险待遇,影响了其切身的利益。

3. 在破产清算阶段,因破产企业欠缴社会保险费,社保部门不予办理劳动者的社会保险注销手续,导致劳动者无法及时再就业,无法及时与新用人单位衔接社会保险手续,人为制造了职工安置的障碍,进而引发大量社会矛盾。

(二)破产重整中社会保险费问题的解决思路

社会保险制度是我国为企业职工建立的一项基本社会保障制度,是保障公民的基本生活、维护社会稳定、促进经济发展一项基本国策,社会保险费的缴纳与每个职工的切身利益密切相关,甚至重于职工的工资。笔者在办理的几个破产重整及破产清算案件中,深感社会保险费问题法律与现实的尴尬,也在思考该问题的解决方式:

1. 修改《企业破产法》第 113 条的规定,将破产人欠缴的社会保险费不再区分个人缴纳及单位缴纳部分,统一纳入第一顺序清偿,并且规定,破产财产不足以清偿的,由国家财政对单位缴纳部分予以豁免缴纳。

2. 修改《社会保险法》及国务院《社会保险费征缴暂行条例》的相关规定,增加“企业被人民法院依法裁定重整的,社会保险费自裁定日起中止缴纳,企业被人民法院依法裁定破产清算的,社会保险费自裁定日起停止缴纳”。

3. 改变社保部门僵化的操作方式。允许破产重整企业在拖欠社会保险费的情况下,继续为保留劳动关系的职工缴纳社会保险费,并且不影响职工正常享受的养老、医疗、工伤、生育等社会保险待遇;允许与重整企业解除(终止)劳动关系的职工,继续在新的用人单位续接社会保险,或者享受失业保险待遇。

---

① 应当划入职工个人账户的基本养老保险、基本医疗保险费用即指个人缴纳部分,欠缴的除前项规定以外的社会保险费用即指社会统筹部分。

4. 灵活运用最高人民法院审理破产案件相关政策文件规定,提前清偿拖欠的社会保险费。由管理人参照最高人民法院《关于正确审理企业破产案件为维护市场经济秩序提供司法保障若干问题的意见》(法发〔2009〕36 号)第 5 条的规定,通过政府或第三方垫付的方式,提前支付拖欠的社会保险费,并将该费用纳入职工劳动债权,在破产程序中按照职工债权的受偿顺序优先获得清偿。

重整中债务人借款的清偿

龙登潇*

一、问题的提出

我国《企业破产法》第 69 条规定:“管理人实施下列行为,应当及时报告债权人委员会:……(四)借款。”第 75 条第 2 款规定:“在重整期间,债务人或者管理人为继续营业而借款的,可以为该借款设定担保。”可见我国破产法上允许重整中债务人为继续营业而借款,甚至可为此设定担保,但由此产生的债权应该如何清偿却未明确规定。再有,《企业破产法》第 42 条规定:“人民法院受理破产申请后发生的下列债务,为共益债务:……(四)为债务人继续营业而应支付的劳动报酬和社会保险费用以及由此产生的其他债务。”该法第 43 条规定:“破产费用和共益债务由债务人财产随时清偿。”那么,上述提及的借款债权是作为《企业破产法》第 42 条第 4 项规定的共益债务随时清偿,还是作为普通债权参加破产分配就成为一个关系各方债权人利益的问题。如作为共益债务,将由债务人财产随时清偿,其清偿顺位在普通债权人之前,且随时清偿意味着债务人可用于破产分配的财产

* 国家开发银行海南省分行法律合规处见习业务员。

随之减少,也直接影响普通债权人利益。

对于上述问题,我国司法实践中存在分歧。在广东省东莞市清溪金卧牛实业有限公司(以下简称金卧牛公司)破产重整案中,广东省高级人民法院对金卧牛公司重整中发生的两笔借款债权纠纷即出现了两种截然不同的判决。在金卧牛公司破产重整案中,债务人金卧牛公司为支付拖欠职工的劳动报酬对外产生了两笔借款,一笔来自大债权人广东省深圳市亿商通进出口有限公司(以下简称亿商通公司),另一笔来自金卧牛公司高管卢某禄。两债权人均诉至法院要求将其债权认定为共益债务,广东省高级人民法院先后作出判决。(2014)粤高法民二破终字第2号判决将亿商通公司债权确认为共益债务,(2014)粤高法民二破终字第97号判决将卢某禄债权认定为普通债权。

法无明文规定,加之司法实践的分歧,使之有必要在理论上进行界定并寻找理论依据。笔者认为,重整中债务人为继续经营而产生的借款债权应为共益债务,由债务人财产随时清偿。首先,重整中的债务人可以继续经营,在此期间可以对外借款。其次,共益债务在重整程序中有其存在的合理性。最后,重整中债务人为继续经营产生的借款符合共益债务的目的,即促使重整成功,理应作为共益债务清偿。

二、重整中债务人的营业授权

首先,现代破产法上重整制度以债务人继续经营作为基石,“重整程序开始后,若没有债务人的继续营业以及鼓励债务人继续营业的措施,重整程序便没有优势可言”。[①] 而在破产法从清算主义转向再建主义前,法律并不允许也不指望陷入困境的企业能继续经营,以防止债务人财产进一步损失。在此部分要回答的问题是,破产法为什么允许一个资不抵债的企业重整再生而不是清算出局?其次,即使破产法允许重整后的企业得以继续经营,是否就一定能得出重整中的债务人也得以继续经营的结论?最后,即使法律允许重整中债务人继续经营,债务人为继续经营而对外借款是否和一般交易一样被允许?

① 李永军、王欣新、邹海林:《破产法》,中国政法大学出版社2009年版,第195页。

（一）重整制度的理论依据

重整不同于破产清算，必有其理论依据以证明存在的合理性。对此，学者多有阐述，概括而言，有三种依据：运营价值论、利益与共论和社会政策论。① 其中，运营价值论是根本价值，即当企业在继续营业下的价值高于清算价值时，使其通过重整程序继续营业能给债权人带来更多利益。问题在于为何一个经营不善的企业的继续经营会比清算更有价值。

一方面，从经济效用最大化角度出发。“其一，资产的拍卖并不一定是最有效率的。因为拍卖的有效性隐含的假设条件是买方之间必须是充分竞争的，但是在现实中这往往不能成立。其二，资产的专用性价值和人力资本的专用性价值不能在破产过程中得以体现。”②就像重整制度源于美国19世纪铁路公司的破产，将铁路作为钢铁和木材出售将一无是处，如果不和路网配套使用而单独出售，价值也将大幅下降。资产的组合使用和专用性决定了企业的运营价值大于清算价值。

另一方面，企业资不抵债有时并不是经营者的决策失败，而是外部环境造成的。美国国会在重整制度上有如此认识：“企业经营状况遭逢困境又可能是整体经济环境所造成的影响，此时不应过度苛责遭遇财务困境的企业。”③即对于“善良债务人”，财务困境的出现并不代表着企业丧失了盈利能力，而是外部环境导致，此时帮助困境企业化解财务困境并使其继续盈利能使债权人获得更大的回报。

虽然重整制度有其理论依据，但不意味着每一家陷入困境的企业都符合运营价值大于清算净值的前提。诚如美国学者所言：“第11章仅有在下面的情形中才能发挥其传统作用：存在特定资产，这些资产必须留在某个特定企业，该企业的控制权没有得到很好的分配，以及企业无法进行整体出售。我们的观点是大企业不能满足这个范式，因此第11章无法通过‘挽救’这些企业来获得继续存

① 参见王卫国：《论重整制度》，载《法学研究》1996年第1期。

② 胡利玲：《困境企业拯救的法律机制研究——制度改进的视角》，中国政法大学出版社2009年版，第39页。

③ 参见郑有为、陈濬屏：《从日本〈民事再生法〉的诞生看灿烂辉煌的二十一世纪破产法学》，载《中原财经法学》2003年第6期。转引自胡利玲：《困境企业拯救的法律机制研究——制度改进的视角》，中国政法大学出版社2009年版，第64页。

在的正当性。”[①]这样的论述给出了一个判断运营价值是否大于清算价值的方式。

(二)重整中继续经营的理论依据

重整程序开始后,债务人是否能继续营业,各个国家的破产法有不同规定,而只有债务人继续经营,才有可能对外发生借款。笔者认为,重整中债务人得以继续经营,有实质性和程序性的理由。实质性理由指的是重整中债务人继续经营是重整程序的必要前提。有学者如此表述:“只有通过营业,才能保留企业的营运价值,才能维系各种投资者们的利益与共关系,才能实现社会政策所追求的效率和公平价值。”[②]一方面,运营价值大于清算价值,其关键在于运营,企业只有保持继续经营的状态,才能源源不断地产生更多的经济效益,其资产才能实现比变卖更大的价值,进而实现重整的目标之一——使债权人获得更多的清偿。另一方面,如果不允许重整中债务人继续经营,可能会带来损失。如中止履行先前订立的合同可能会导致违约而产生更多的债务,但继续履行却不会产生违约赔偿,“如果该企业在其客户或雇员中商誉良好,企业运营的暂时中止可能使商誉遭受损害(比如,一家航空公司停运了哪怕是几天时间而使它遍及全国的客户陷入困境),那么这种损失可能就是无法挽回的”。[③] 如此一来,继续经营是重整制度的应有之义。

程序性理由,指的是重整中债务人继续经营是重整程序为提高重整效率的安排。重整程序的启动,要比较债务人的运营价值和清算价值,这不是法律问题,而是一个事实问题。这种事实判断有时容易得出答案,如上述提到的美国19世纪铁路公司破产和事实上存在的“善良的债务人”,一些明显的特征能够充分证明债务人的运营价值,但在绝大多数时候,这种判断是难以得出的。正如学者所言:“事实上在属于清算和属于重整的公司中作有效的区分是非常困难的,不仅大量申请重整的公司最后以清算而告终,而且所有试图重整的努力都付出了高昂的成本。”[④]得出运营价值大于清算价值的方式有两种,第一种是资产评估,

---

① [美]道格拉斯·G.贝尔德、罗伯特·K.拉斯穆森:《重整法的末路》,苏汶琪译,载李曙光、郑志斌主编:《公司重整法律评论》(第4卷),法律出版社2015年版,第42页。

② 王卫国:《论重整企业的营业授权制度》,载《比较法研究》1998年第1期。

③ [美]大卫·G.爱泼斯坦等:《美国破产法》,韩长印等译,中国政法大学出版社2003年版,第173页。

④ 齐明:《破产法学:基本原理与立法规范》,华中科技大学出版社2013年版,第195页。

第二种是当事人合意。资产评估无疑是最客观的方式，但前提是存在一种客观、公平的评估标准且能得出评估结果，而并非所有人都认为存在这么一种评估标准。既然重整的成功是建立在债权人对重整计划的肯定上的，重整的开始也可以是基于债权人对债务人运营价值的肯定，如果债权人从一开始就愿意减免债务帮助债务人，那便不存在利益受损问题。

但无论是资产评估，还是当事人合意，都需要付出一定的成本，美国学者Bebchuk在重整中财产评估上认为："由于重整中企业财产的价值评估不能靠实际的市场拍卖，只能靠当事人谈判进行主观的虚拟的评估。由于当事人求偿权的求偿顺序不同，对评估的倾向也就不同。求偿权优先的当事人倾向于低估财产价值，求偿权劣后的当事人倾向于高估财产价值，而且无论怎样评估财产价值，都有可能得不到所有求偿权人的满意。这既增加了谈判成本，又不利于形成有利于重整结果的激励。"①如此的结果可能就是债务人在向法院申请破产救济时，要花费大量的金钱和时间来证明自身的运营价值，这与重整制度提倡让困境企业尽早进入重整程序的理念是相背离的。于是，如何有效率地确定运营价值成为破产法关注的问题。

破产法实际上采用了一种推定，即推定重整中的债务人运营价值大于清算价值。有学者就指出："目前已经被各国采用的上述方案是一种成本较低的方案。它实际上是把风险—收益评估和契约谈判放在程序中来。继续营业的风险可以根据营业过程中获取的信息来评估。这样就节省了事前预测的调研费用，并且提高了评估结论的可靠性。法律在限制担保权人和其他债权人的权利时，又授予他们一些程序上的权利，包括请求法院制止管理人的某些行为或者撤换管理人，甚至要求终止重整和转入破产清算。"通过推定的方式使债务人继续经营，在经营的过程中根据持续的信息披露来确定债务人的运营价值，如发现债务人的继续经营导致持续的亏损，债权人可以随时向法院申请限制债务人的某些经营行为，甚至将重整转换为清算以维护自身利益。这样的程序设计节约了成本，但需要信息披露和利害关系人的异议权作为保障。关于信息披露问题的作用，由美国破产法协会成立的"第11章改革调研委员会"指出："这种披露也有利于在第11章案件早期，对债务人可行的重整选择进行更为深入的分析"，"委员

① 李曙光、王佐发：《中国破产法实施的法律经济分析》，载《政法论坛》2007年第1期。

会经过权衡后认为,额外及更早地披露有助于财产价值的确定,在特定情况下应当得到确认"。[①] 可见充分的信息披露是能够帮助债权人确定债务人运营价值的。关于异议权,可以推翻法律的推定,防止债权人损失扩大。我国《企业破产法》第78条规定:在重整期间,有下列情形之一的,经管理人或者利害关系人请求,人民法院应当裁定终止重整程序,并宣告债务人破产:(1)债务人的经营状况和财产状况继续恶化,缺乏挽救的可能性;(2)债务人有欺诈、恶意减少债务人财产或者其他显著不利于债权人的行为;(3)由于债务人的行为致使管理人无法执行职务。这种法律推定的方式,在美国破产法上得以贯之,国内学者也予以肯定:"重整程序开始后,债务人的营业不受重整程序的影响,除非债务人的营业有损于债权人的利益,管理人或者自行管理财产的债务人应当继续企业的营业。"[②] 我国《企业破产法》上规定与此不一,是另一问题,得另文论述。

综上所述,对之前提出的问题可以得出一种答案:因为存在一些困境企业的运营价值大于清算价值,所以破产法允许债务人借助重整程序继续经营而非清算出局;而在重整程序启动时,破产法即推定债务人的运营价值大于清算价值,允许债务人在重整中继续经营,推定的理由在于减少事前的财产评估和协商带来的巨大成本,而非在程序启动时就确定了债务人的运营价值。这样也能解释为什么会有债务人从重整转向清算,因为这从一开始就是法律的推定,而推定是可以被推翻的。当然,重整中债务人继续经营也是维持债务人运营价值的必要条件。

(三)重整中债务人对外借款的必要性

重整中债务人得以继续经营以实现运营价值,而盈利来自交易。而问题在于并非所有的交易都能实现盈利,前文的结论是重整中债务人得以继续经营,但却不等于债务人可以从事所有的交易。对外借款最直接的作用是为债务人提供流动资金,维系生产经营,在美国《破产法》上,"债务人申请适用第11章和第12章重整程序的常见理由是他们缺少流动资金,因而不能清偿当前债务。这种情形意味着,如果第11章、第12章的重整条款能够真正为债务人提供避免清算的

---

① 《美国破产法协会美国破产重整制度改革调研报告》,何欢、韩长印译,中国政法大学出版社2016年版,第53页。

② 李永军、王欣新、邹海林:《破产法》,中国政法大学出版社2009年版,第190页。

希望,那么债务人在第11章重整程序中必须能够获得贷款。"①从结果来看,如果债务人的借款最终能促使重整成功,使债权人获得更多的清偿,那么一时的负债便是无可厚非的。美国破产法协会"第11章改革调研委员会"采用的一份调查数据显示,基于对157个大型重整案件的分析:"(i)采取申请后融资的公司有69%进行的是重整,而未采取申请后融资的公司只有52%进行的是重整;(ii)未采取申请后融资的公司38%进行的是清算,而采取申请后融资的公司只有23%进行的是清算;(iii)采取申请后融资的公司有16%最终根据363进行了出售,而未实施申请后融资的公司只有8%进行了363出售。"②可见,重整中债务人的借款对重整的成功起到了积极的作用,债务人可以利用新的资金购买原材料和设备、支付员工的工资以恢复生产经营,甚至是进行再投资以获得盈利,这些都是债务人继续经营不可缺少的启动资金。

综上所述,重整中债务人为继续经营而对外借款有其必要性,债权人能从债务人的这种借款中获得更多的利益。而这种借款债权,应该作为共益债务清偿。

三、共益债务

共益债务,是在破产程序开始后,为全体债权人的共同利益而对第三人所负担的债务。对于普通债权人而言,甚至是担保债权人,其债权清偿顺序虽有先后之分,但在重整程序中均由执行重整计划来统一实现,而共益债务由债务人财产随时清偿,意味着:"不清偿共益债权的,与破产财团债权不同,公益债权人可以申请强制执行。"③在此部分要回答的问题是,共益债务为何得以随时清偿?这个问题的答案也能回答为什么会有共益债务的存在。

(一)共益债务是为了债务人继续经营

前文提到,重整中债务人继续经营是维持债务人运营价值的必要条件,但企

---

① [美]大卫·G.爱波斯坦等:《美国破产法》,韩长印等译,中国政法大学出版社2003年版,第202页。

② 《美国破产法协会美国破产重整制度改革调研报告》,何欢、韩长印译,中国政法大学出版社2016年版,第87~88页。

③ [日]山本和彦:《日本倒产处理法入门》,金春等译,法律出版社2016年版,第143页。

业的经营不是自产自足,交易产生利润的前提是有交易发生。对于一个陷入困境、资不抵债的债务人,破产程序的启动就等于对外确认了自己丧失清偿能力,而在市场交易中几乎不会有人愿意和一个不能清偿债务的人进行交易。共益债务采取随时清偿的方式,有两个理由:首先,破产程序会阻碍交易的产生。“如果不对破产费用和共益债务优先清偿和随时清偿,那么为此付出劳动和金钱的人就会与其他债权人一同参与破产分配。显然,不会有人愿意承担这种风险,或遭受损失。破产程序就不能及时顺利进行,甚至根本无法进行。”①其次,也会阻碍已有交易的继续进行。“对方当事人可以破产程序开始为由行使不安抗辩权或同时履行抗辩权,以避免给自己造成损失。此时,破产管理人要求继续履行时必须给对方当事人利益以充分的保护,将其作为共益债权以区别于一般破产债权。”②总之,即使破产法允许重整中债务人继续经营,没有人愿意与债务人进行交易,重整程序确认债务人丧失清偿能力只能是加速债务人的死亡。这就要求破产法对债务人继续经营而产生的新债权区别对待,赋予新债权得以随时清偿的权利,以保障债务人能继续经营,最终实现重整的目标。

(二)共益债务是为了筛选不适合重整的债务人

破产重整并非来者不拒。因为重整不是一种不计成本的救济方式,成功的重整需要投入大量的资源,而当一个企业资不抵债时,任何因为重整的支出实际上消耗的都是归属于债权人的清算利益,只有重整带来的收益大于债权人对重整的支出时,重整才得继续进行,否则其将失去经济上的正当性。也因此,“破产程序的司法介入需要准确迅速地从所有申请破产重整的公司中筛选出不适合重整的公司并使其尽快清算,否则必然造成司法资源和市场资源的浪费”。③ 而共益债务就是一种筛选方式。

共益债务是为了债务人继续经营而产生的,如果债务人财产已经不足以支付共益债务,也即意味着债务人继续经营产生的收益不足以清偿为此负担的债务,此时债务人的继续经营并不能为债权人带来收益,只能产生更多的债务,债务人的运营价值将遭受质疑。如前文所述,债务人的运营价值在重整程序启动

---

① 李曙光:《破产费用与共益债务》,载《法制日报》2007 年 9 月 23 日,第 11 版。

② 李永军、王欣新、邹海林:《破产法》,中国政法大学出版社 2009 年版,第 163 页。

③ 齐明:《破产法学:基本原理与立法规范》,华中科技大学出版社 2013 年版,第 184 页。

时是由法律推定的，由重整中债务人继续经营的状况来判断的，而且运营价值也非一成不变，随着重整程序的推进带来的更多信息披露以及外部经济环境的改变，债务人运营价值可能会发生改变，而债权人需要一种机制来评估此种改变。共益债务在重整过程中表现出一种开放性，即按需发生，对共益债务的随时清偿就能起到一种“监控”的作用，及时反映出债务人经营的效益，从而帮助债权人实现对债务人运营价值的评估。而如果共益债务与普通债权一样在重整计划被批准后统一进行破产分配，将无法实现这种评估功能。

尽早将不适合重整的债务人筛选出重整程序，能减少债权人花费在失败的重整上的时间投入。“破产程序的成本包括直接成本和间接成本……后者是指那些常被忽略的隐性成本，如破产程序使得生产资料不能及时流通产生的延误成本和破产程序结果的不确定性成本。例如，一项研究表明执行美国《破产法》第 11 章的平均时间超过 17 个月。时间成本又意味着机会成本。因为在旷日持久的破产程序持续时间内管理层不能集中精力于企业的营运，股东和债权人也不可能集中精力进行其他的投资活动。”[①]另外，这也能尽快将不适合的重整转为清算，防止损失的扩大。我国《企业破产法》没有规定债务人财产不足以清偿共益债务时的结果，但学界的认识是应当和不足以清偿管理费用时的结果一致，即法院应裁定将重整转为清算。

需要注意的是，债务人财产不足以支付共益债务，并不一定等于债务人的继续经营不能产生盈利。例如，一些长期的商业计划往往不能在短期内取得收益，此时就要基于更加长远的考虑对债务人运营价值进行评估，共益债务的清偿也许受到限制，在日本破产法上：“该强制执行如果明显妨碍再生债务人重整，且再生债务人有其他可变现财产的，法院可以例外地做出强制执行的中止、撤销命令。”[②]

综上所述，共益债务由债务人财产随时清偿，一方面是为了债务人的继续经营，另一方面是为了筛选不适合重整的债务人。这两点也解释了为什么需要共益债务的存在。

---

① 李曙光、王佐发：《中国破产法实施的法律经济分析》，载《政法论坛》2007 年第 1 期。

② ［日］山本和彦：《日本倒产处理法入门》，金春等译，法律出版社 2016 年版，第 143 页。

四、重整中债务人对外借款的清偿

如前文所述,重整中债务人对外借款有其必要性,此部分要回答的问题是:什么样的借款符合法律对共益债务的要求,可以作为共益债务清偿?这样做又有什么好处?

(一)债务人为继续经营产生的借款

重整中债务人对外借款要作为共益债务清偿,前提是该借款是为了债务人的继续经营。

前文已经论述借款有必要性,但这不等于所有的借款都是有必要的,只有那些用于债务人继续经营的借款才能促使重整的顺利进行,才具有必要性,债权人才会同意由此产生的新债权。如何甄别必要的借款,我国《企业破产法》没有明确规定。但该法第69条规定了管理人对外借款应当及时报告债权人委员会。第68条第3款规定了管理人、债务人的有关人员违反本法规定拒绝接受监督的,债权人委员会有权就监督事项请求人民法院作出决定;人民法院应当在5日内作出决定。或许上述规定可以解释成债权人对债务人对外借款的一种异议权,如债权人认为债务人的借款不是必要的,可以申请由法院决定,由此进行甄别。而本文开始提及的金卧牛公司重整案中借款纠纷的主审法官认为:"为使金卧牛公司在重整中能够有资金维持营业,管理人以支付劳动报酬、水电费用、安保费用和社会保险费用等目的对外借款,因此形成的债务是为了继续营业的需要,是为了全体债权人利益而产生的债务。"① 上述的认定可以为我国司法实践提供指引。

借鉴美国《破产法》,可以得出一些有益的结论。美国《破产法》"第364条(a)中的典型的正常业务贷款与第364条(b)规定的于通知和听证后获法院授权的、典型的非正常业务贷款将获得管理费用优先权的待遇……这些贷款都将优

① 李震东:《重整中的新融资债务属于破产程序中的共益债务》,载《人民司法》2014年第24期。

先于普通债权获得清偿。”[①]其对借款的类型进行了分类，属于“正常业务范围”的借款不需要法院的批准，而“非正常业务范围”的借款需要法院的批准才能实施。“正常业务范围”可以通过下面的标准判断：“如果在非破产情况下，债务人资产的使用、出售或出租是可预期的，那么他们在没有法院的批准情况下也可以进行，同时不需要通知其债权人。另一方面，如果这种使用在非破产情况下也超出了债权人的正常预期，那么债务人必须发出通知，并且要得到法院的批准。”[②]第二个标准即交易规模，“法院将交易规模的大小作为考虑并决定正常业务范围的一个因素无疑是正确的”。[③] 换言之，如果重整中债务人借款的目的和债务人在进入重整前借款的目的具有一致性，并且借款规模没有超出之前借款的规模，是债权人可预期的，那么就可以视为是债务人经营活动的“正常业务范围”。而只有债务人为继续经营产生的借款才能促使重整成功，从而提高债权人的清偿率，如此一来即是为全体债权人的利益，应当作为共益债务清偿。

（二）促进破产融资市场的发展

前面的分析还可以从另一个展开，将重整中发生的新债权当作共益债务是为了避免无人与债务人交易而给予的优惠待遇。而如果债务人并不缺少重整中的融资，即使借款是为了继续经营，为了使普通债权人的利益最大化，也没有必要赋予其共益债务的地位。

“在欧洲大部分国家的法律中，对于破产重整中的新融资通常没有超级优先权。这不仅直接导致在欧洲市场，破产重整程序启动后的融资不像美国那么发达，更主要的是导致更多债务人被破产清算。”[④]而很多国家随后的法律修改都赋予了新融资更优惠的待遇。重整中债务人是缺少新融资的，而在美国破产融资市场上，破产融资市场十分发达。一方面，由于重整后的贷款能够获得优越的清偿地位，解决后顾之忧；另一方面，新的融资能够促使重整成功，贷款人随之也能获得十分可观的利润。而在破产融资市场对重整的重要性方面，“第 11 章改革

---

① ［美］大卫·G. 爱波斯坦等：《美国破产法》，韩长印等译，中国政法大学出版社 2003 年版，第 202 页。

② 同上书，第 176 页。

③ 同上书，第 177 页。

④ 胡利玲：《困境企业拯救的法律机制研究——制度改进的视角》，中国政法大学出版社 2009 年版，第 117 页。

调研委员会”如此阐述:“从整体上来说,组成委员会承认活跃的、竞争性的申请后融资市场存在的必要性,以及其能为困境公司创造的价值。”①而要培育出一个发达的破产融资市场,法律对重整中新融资的认可和鼓励是必不可少的。

综上所述,重整中债务人为继续经营产生的借款,符合共益债务对继续经营的目的,应当作为共益债务清偿,这也有利于破产融资市场的培育。

五、结　　语

本文由两份截然相反的判决所引发的问题出发,首先论证了重整中债务人得以继续经营依据和重整中债务人借款的必要性,证明其都是为了维持债务人的运营价值;其次论证了共益债务的存在是为了使债务人继续经营成为可能;最后论证了重整中债务人为继续经营而产生的借款符合共益债务的目的,应作为共益债务清偿,并且这样的做法有利于培育破产融资市场,为重整的成功提供更多的资源。而这一系列的论证回归本源旨在为我国越来越繁荣的破产法实践提供参考,除去为了充分保护为重整提供资金的债权人的利益,也为陷入困境的债务人提供新思路。

---

① 《美国破产法协会美国破产重整制度改革调研报告》,何欢、韩长印译,中国政法大学出版社2016年版,第89页。

在债权人利益最大化视角下的重整投资人遴选规则研究

——以广西金河矿业股份有限公司重整案为例

袁公章*

对于进入重整程序的债务困境企业，为其招募引入重整投资人是重整得以成功的关键。而当招募到多名意向投资人时，如何公开、公平、公正遴选出最优的重整投资人，是管理人必须面对和妥善解决的问题。本文以广西金河矿业股份有限公司（以下简称金河公司）重整案为例，在债权人利益最大化视角下，对遴选重整投资人的规则进行研究。

一、案例回顾及问题的提出

（一）金河公司基本情况

金河公司是一家由广西壮族自治区、河池市两级政府共同出资的国家出资企业，广西有色金属集团有限公司持股63%、河池市矿业投资开发有限责任公司持股37%，主要业务是有色金属矿采选、冶炼。因2012年发

* 广西智迪尔破产清算有限公司董事长、总经理，南宁市破产事务管理人协会副会长。

生的龙江河镉污染事件,金河公司所属冶化厂被认定为污染源之一,金河公司刚投入巨资建设升级改造的冶炼生产线关闭停产。同时有色金属市场价格持续走低进入行业下行周期,金河公司所属矿山开采成本倒挂,连年巨额亏损,已严重资不抵债。其控股股东广西有色金属集团有限公司于2015年12月23日进入重整程序成为“压死骆驼的最后一根稻草”,金河公司不仅无法再从大股东获得输血,而且金融机构也以大股东破产为由拒绝向金河公司提供融资,导致金河公司资金严重匮乏,经营陷入困境,不能清偿到期债务,旗下原来经营正常的子公司也受牵连导致融资困难,金河公司被迫于2016年3月向法院申请重整,希望通过重整程序挽救企业。笔者团队受邀担任金河公司清算组成员,法院受理重整申请后,指定清算组任重整管理人。

(二)公开征集意向投资人情况

金河公司在向法院申请重整时,尚没有找到意向重整投资人。管理人进场以后,经初步调查发现,金河公司虽然资产负债率高达209%,严重资不抵债,但旗下子公司拥有的三个矿山资源储量可观,且证照基本齐全,有盈利潜利和发展前景,具有挽救的价值,为尽量减少母公司进入破产重整程序对下属子公司经营的不利影响,早日使金河公司重整成功,管理人经法院批准在债权申报期就同步开展公开征集意向重整投资人的工作。为最广泛的征集意向重整投资人,报名条件不设资信门槛,凡是中国境内具有完全民事行为能力的自然人、法人均可以报名。

通过公开征集,有5家单位及个人报名参与重整投资。管理人召集5家意向重整投资人、主要债权人代表召开重整工作沟通协调会,介绍金河公司审计、评估、财产清查初步结果,并讲解如何制作重整投资方案。管理人持续向意向重整投资人提供和更新有关数据和资料,积极配合意向重整投资人开展尽职调查工作,积极为意向重整投资人与主要债权人牵线搭桥洽谈重整有关事宜,督促意向投资人提交初步重整投资方案。

(三)遴选情况及出现的冲突

为从5家报名意向重整投资人中择优选出一家重整投资人,管理人经研究制订遴选规则为:必须在指定期限内交纳5000万元保证金并提交正式重整投资方案,方可进入下一轮磋商。意向重整投资人可以修改原已提交的重整投资方案以提出更优条件,但不得劣于原方案。意向投资人与主要债权人充分磋商、谈判后,在管理人指定日期前提交最终重整投资方案,最终重整投资方案提交后不得再修改;先由债权人委员会评议遴选出一家投资人推荐给管理人,再由管理人成员会议最终选定重整投资人。选定后,由管理人制作重整计划草案提交债权人会议审议并表决。

在遴选活动中,意向重整投资人自行整合成两家联合体,简称为南方联合体、中钜联合体,均按遴选规则交纳了重整保证金并按时提交了最终重整投资方案。经两家联合体同意,两家最终重整投资方案的内容相互公开。最终方案显示,两家的债权清偿方案基本一致:担保债权、职工债权、其他社保费和税款债权均为 100% 清偿;普通债权组均为 30 万元以下部分 100% 清偿,30 万元以上部分按 20% 比例清偿;清偿期限均为 30 日内以现金方式一次性付清。

在债权人委员会的遴选会议上,中钜联合体陈述其方案时提出,鉴于两家的债权清偿方案一致,为便于债权人委员会及管理人对意向投资人的遴选,更为了进一步维护广大债权人的受偿利益,愿给普通债权更高的清偿率,提议给予意向投资人提交进一步优化的方案。南方联合体则表示不同意继续优化方案。债委会经讨论表决作出决议:为了维护债权人更大利益,希望管理人再给两家意向投资人优化方案的机会,建议最终重整投资方案提交时间及评议时间推迟一周,两家同时递交密封的重整方案;若两家方案还是一致,由两家意向投资人现场竞价,届时再进行综合评议。

围绕是否给予意向投资人继续优化方案问题,两家意向投资人意见相反,陷入严重的对立。中钜联合体向法院、债委会委员、管理人发函请求尽快批准继续优化方案,并承诺将普通债权组的清偿率提升至不低于 26%(至少比原 20% 清偿率多支付约 7000 多万元)。南方联合体也向法院、当地政府、管理人发函表示不同意再推迟提交最终方案和评议时间,称如推迟则违背了《重整保证金协议》中要求最终投资方案提交后不得再修改或撤回重整投资方案的条款,也违背了管理人历次所发公函的要求,损害南方联合体的利益,要求取消中钜联合体的重整资格,其保证金不予退还,债委会及管理人应继续按原规则评议选定合格的重整投资方。

其间,多位债权人也来电、来函、来人向法院和管理人表示希望给予意向投资人进一步优化方案的机会,维护债权人最大利益。

(四)问题的提出

面对上述遴选过程中出现的矛盾,管理人和法院陷入两难:一方面,原定遴选规则已明确了最终重整投资方案提交后不得修改,如果给予继续优化方案,就违反了原定规则。另一方面,有一方意向投资人愿意给债权人更高的清偿率,如果不给继续优化方案则显然缺乏合理性。笔者从该案例引发了以下思考:坚持原定遴选规则所体现的程序正义与改变规则给予意向投资人继续优化方案以实现债权人利益最大化的结果正义,两者如何取舍?采用何种遴选规则更能实现债权人利益最大化?

二、债权人利益最大化原则是破产法的"帝王条款"

重整程序中,制定遴选重整投资人的规则是为了实现债权人利益的最大化,如果遴选规则阻碍了债权人利益最大化,那就应当修改它,使之服务于实现债权人利益最大化,机械地坚持原规则没有意义。

(一)债权人利益最大化原则在破产法中的地位

我国《企业破产法》在第 1 条即确立了保护债权人合法权益的立法目的。对债权人合法权益的保护,就是使债务人以其最大的偿还债务能力,最大限度地满足债权人的利益,即债权人利益最大化。债权人利益最大化原则源于宪法的财产权保护条款,民法上的债权属于宪法所保护的财产权。财产权如同自由一样,历来被各国宪法视为基本人权,对财产权的任何剥夺或限制,都必须在宪法所规定的条件下始能为之,否则即构成违宪。① 我国《民法总则》第 3 条郑重重申了私权神圣原则,即民事主体的人身权利、财产权利以及其他合法权益受法律保护,任何组织或者个人不得侵犯。因此债权人利益最大化原则是破产法的"帝王条款",其效力贯穿破产法始终,对破产法的各项制度和规范起统率和指导作用。

---

① 参见刘颖:《论破产法中的债权人最大利益原则》,载《甘肃政法学院学报》2014 年第 2 期。

(二)重整程序中更应强调债权人利益最大化,避免过于追求企业延续经营的结果而忽视及损害债权人利益

企业重整实务中,存在债权人、债务人、投资人、地方政府、职工、社会公众等多方利益的冲突、博弈。就债务人而言,希望最大限度地削减债务减轻负担获得重生,投资人也希望以最低成本获得债务人企业或核心资产,地方政府希望债务人得以延续经营以维护税收、就业、金融环境、社会稳定。因此重整实务操作者往往把企业的再生放在首要目标,利益平衡上倾向于债务人、投资人一方,忽视了对债权人利益的保护,违背债权人利益最大化原则。这体现在:不公开招募意向投资人;设置排他性的报名条件或过短的招募期;采用类似招标的保密方式而不是公开竞价方式遴选投资人,一些案例的重整计划草案甚至连投资人是谁都不披露,债权人无法接触意向投资人进行谈判及参与遴选,债权人只能被动等待既成的重整计划草案提交债权人会议表决,债权人要么接受,要么不接受。由于债权清偿方案未经充分竞争产生,债权人心有不甘,即便投了赞成票,也仍有怨言。由于信息不对称,相对于其他利益主体而言,债权人在重整程序中往往处于劣势,是最容易遭受损害的集体,重整程序被一些债务人当成逃债的合法工具,也成为秃鹫投资者“捡漏”的餐桌,因此重整程序中更要强调债权人利益最大化原则,“我们必须牢记,破产重整是保护而不是损害债权人利益的法律制度”。①

(三)遴选规则与债权人利益发生冲突时的价值取向

坚持以债权人利益最大化原则为导向,在重整投资人遴选工作中遇到的问题就可迎刃而解。例如,在本文案例中,虽然遴选规则规定了最终重整投资方案不得修改,但是有一方意向投资人书面承诺可给予更高的债权清偿率而请求推迟遴选最后期限以继续优化方案,是否给予继续优化方案的问题。相关利益主体,一方是债权将被大幅削减产生巨大损失的广大债权人(金河公司模拟破产清算下普通债权清偿率仅为16.68%,意向投资人给予的清偿率也仅为20%),如果继续优化方案,根据一方意向投资人的承诺,至少可以提高6%的清偿率,减少7000多万元的损失;另一方是希望以最低成本取得金河公司全部股权牟取最大投资收益的意向投资人,在价值取向上,以债权人利益最大化原则为导向,不同

① 王欣新:《破产重整不是损害债权人的制度》,载《经济参考报》2016年10月18日,A8版。

意继续优化方案的一方意向投资人因遵守原规则而产生的依赖利益当然应当让位于债权人的整体利益。重整程序中遴选重整投资人的规则也是为了实现债权人利益最大化,如果遴选规则阻碍了债权人利益最大化,那就应当及时修改它,使之服务于实现债权人利益最大化。

(四)机械地坚持不合适的遴选规则只会带来负面影响

根据重整制度,重整计划草案最终还是要经过债权人会议表决通过,在明知有投资人愿意给出更高债权清偿率并且债权人委员会已经要求推迟遴选给予继续优化方案机会的情况下,管理人如果仍然机械地坚持原规则,从原重整投资方案中选择一家提交债权人会议,那么重整计划草案势必遭到债权人会议否决,法院亦不可能强制批准。届时还需重新征集意向方,白白浪费了宝贵的时间和市场机会,不排除重整失败转入破产清算程序的可能性,还会引起债权人对管理人不允许优化方案不维护债权人利益的质疑,激化矛盾,甚至要求更换管理人或要求管理人赔偿损失等。

三、当多名意向投资人的债权清偿方案类似,有可比性时,引入公开竞价机制比一次性评议方式更能实现债权人利益最大化

关于重整投资人的遴选规则,我国《企业破产法》及相关司法解释、各级人民法院的指导性意见、各破产管理人协会的重整业务指引均少有提及。在重整实务中,大多采用类似招标投标的方式,即意向投资人在管理人指定期限内提交密封的重整方案,重整方案的内容在意向投资人之间相互保密,管理人组织人员对重整方案进行综合评议择优选出重整投资人。评选指标中,债权受偿方案通常不是唯一指标,还会有经营方案、业绩承诺等指标。采用上述遴选方式的理由是:重整制度不仅解决债权受偿问题,还要挽救企业经营,因此经营方案也很重要,而经营方案可行性、投资人的经营管理能力、商业判断能力等因素需要综合评议,而不能公开竞价。

在重整实务中,往往即使重整成功,普通债权的清偿率普遍不高,一项 2014

年4月的调查数据显示，重整的普通债权平均清偿比例为30.02%，[①]这意味着债权人的大部分债权将无法收回而损失，债权人当然更关心投资人给出的债权受偿方案。笔者并不否认经营方案的重要性，但重整程序首先要保护债权人的利益，采用适合的遴选方式实现债权人利益最大化。虽然经营方案具有不可竞价的特点，且当债权受偿方案不相类似时，如一个方案是债转股方式清偿，而另一个方案是现金清偿时，也难以竞价。但当债权受偿方案类似，具有可比性时，如果不经过公开竞价程序，而仍然采用相互保密、不得修改、一次性评议确定的方式，不利于实现债权人利益最大化。

笔者认为，遴选规则中即便不将债权受偿方案作为唯一的遴选指标，也应当设置就债权受偿方案进行公开竞价的环节，公开各方报价并允许意向投资人作出更优于债权受偿的新报价，直至各方均停止加价，根据各方最后报价计算出债权受偿方案指标的分值，再结合经营方案等指标综合评价。

另外在实务中，投资人的经营方案基本是对将来企业发展的规划，难以科学、客观地验证和评判优劣，主观随意性大，如果最终遴选出一位综合评价更优但债权受偿方案更劣的投资人，将违背债权人利益最大化原则，势必引起债权人的质疑和反对，难以获得债权人会议通过。而在债权受偿方案的公开竞价中给出更高报价、愿意付出更多投入的意向投资人，说明其投资重整的意愿更强烈，其资金实力更雄厚，对债务人企业的发展前景和实现再生更有信心，更有压力和动力搞好重整企业的经营管理以收回投资成本获取经营利润，重整计划草案也更易获得债权人会议的通过，市场会作出正确的判断。因此，遴选工作也应更多运用和信赖"市场之手"，在无特殊情况下，可将债权受偿方案作为唯一遴选指标，公开竞价、价高者得，充分保障债权人利益最大化的实现。

四、结　语

笔者将上述研究论证的结论，用于指导金河公司重整案的实践，取得了非常满意的效果。首先在管理人内部统一认识，管理人由清算组担任，其成员除了律

① 参见胡彦宇：《国内破产企业债务清偿率统计研究》，载中国经济网：http://finance.ce.cn/rolling/201404/09/t20140409_2627094.shtml，最后访问日期：2020年1月5日。

师、会计师等具有破产管理人资格的专业中介机构外,更多是当地政府工作人员,对破产重整制度并不熟悉,需要耐心细致的宣传、解释。然后管理人对不同意继续优化方案的一方意向投资人做了大量耐心的说服解释工作,最终取得其理解,同意继续优化方案。针对意向投资人所提债权受偿方案均是按固定清偿比率以现金方式清偿的特点,管理人制定了细致完善的现场公开竞价规则,先报债权人委员会表决通过后再实施,在债权人委员会的见证下组织两家意向投资人就普通债权清偿率及付款期限开展公开竞价,直至两方都放弃继续增价。经5轮现场公开竞价,使超过30万元以上部分的普通债权一次性清偿的清偿率从上次遴选活动的20%大幅提升至36%(提升了80%,债权人可多受偿1.9亿元),还新增加了保本停息分期5年100%清偿的方式供债权人选择,债权人可实现100%受偿。管理人据此制作的重整计划草案在第二次债权人会议上获有财产担保债权组、职工债权组、税款债权组、出资人组的全票通过,以及出席会议普通债权组人数的96.72%、金额的98.58%的高票通过(仅一票反对)。法院批准重整计划后,重整计划得到顺利执行,投资人按期付清了重整款,各项债权如期得到受偿,金河公司的股份让渡手续已经完成,恢复了正常经营,重整取得了圆满成功。

金河公司重整案,是在重整程序中贯彻债权人利益最大化原则的成功实践,当出现意向投资人的债权受偿方案相似,具有竞价条件时,管理人不墨守成规,及时调整遴选规则,引入公开竞价机制,通过市场竞争最大限度发现和提高债务人的重整价值,最大限度满足债权人受偿利益。

企业重整投资者引进的可视化探索

章　菁*

一、问题的提出

企业重整制度,是我国2007年《企业破产法》最为核心的制度之一,其主旨是“在企业无力偿债的情况下,依照法律规定的程序,保护企业继续营业,实现债务调整和企业整理,使之摆脱困境,走向复兴”。① 自2007年《企业破产法》实施以来至2017年的10年间,众多公司通过企业重整制度实现再生。而再生形式中,引进投资者进行重整则是较为普遍的一种。

引进重整投资者进行重整,一般以投资者支付一定的对价从而取得债务人企业具有重整价值的资产为主要方式,讨论较多的如出售式重整等。特别是出售式重整模式下,重整资产实际上为“受压资产”,其实际资产价值与市场上愿意给出的价格存在较大的差异。简言之,重整投资者往往基于通过重整可以以较低的成本取得重整资产而参与重整。该等现象在中小民营企业破产重整过程中尤为常见。

重整成功,除引进投资者外,还需要债权人对投资者

---

* 浙江京衡律师事务所资产管理法律部副主任。

① 王卫国:《破产法精义》,法律出版社2007年版,第8页。

的认可,对重整方案的认可。根据我国《企业破产法》第 84 条的规定,重整计划草案需提交债权人会议表决,且需要满足出席会议的同一表决组的债权人过半数同意重整计划草案,并且其所代表的债权额占该组债权总额的 2/3 以上时,重整计划草案方才通过。然而,实践中,常常出现管理人辛辛苦苦引进重整投资者,但债权人会议却未能通过重整计划草案的情况,导致重整工作陷入僵局。

笔者所在的浙江省就是一个中小民营企业破产重整的大省,而对重整投资者引进过程中进行可视化探索,或许应对该问题一个行之有效的方案。

二、可视化探索的理论基础

(一)信息披露机制的切实要求

笔者认为,重整投资者引进可视化探索的理论基础在于对各方利益的充分保护。我国《企业破产法》第 1 条开宗明义,提出破产法的目标是"规范企业破产程序,公平清理债权债务,保护债权人和债务人的合法权益,维护社会主义市场经济秩序"。其中最为核心的,就是"保护债权人和债务人的利益"。

破产程序中"债权人和债务人的利益"最终体现于破产清算条件下的财产分配方案、重整条件下的重整计划草案以及和解程序中的和解协议。该等方案/草案/协议,均需要由债权人通过表决的方式进行决定。其中,又以重整、和解因涉及债务人存续条件下的债权调整,对债权人的利益影响较大。基于此,各国破产法不约而同地对信息披露提出了要求,创设了信息披露机制。

破产法上的信息披露旨在保障债权人的知情权,达到平衡保护债权人和破产债务人及利益相关者权益的立法目的。这一制度贯穿破产法的各个程序,在重整程序中更为重要。[①] 我国《企业破产法》第 8 条、第 15 条、第 68 条、第 69 条、第 81 条、第 84 条、第 90 条、第 91 条、第 126 条和第 127 条对有关信息披露的内容作了规定。讨论信息披露制度较多的是在重整计划草案表决中的信息披露。[②] 引进投资者进行重整模式下,对相关信息披露的要求可见《企业破产法》第 81 条和第 84 条。该法第 81 条是有关重整计划草案内容的要求,其中,引进投资者相

① 参见王欣新、丁燕:《论破产法上信息披露制度的构建与完善》,载《政治与法律》2012 年第 2 期。

② 参见韩长印:《简论破产重整计划表决的信息披露机制》,载《人民司法》2015 年第 1 期。

关内容一般列入债务人的经营方案中;该法第84条是要求债务人或管理人向债权人会议说明重整计划草案,并回答询问。然而司法实践中,信息披露的机制仅依靠该两条无法发挥其全部的作用。重整计划草案的文书往往篇幅较短,无法说明重整投资者引进的全部内容,债权人会议则时间较短,大会询问容易引发会议秩序混乱,债权人往往仅凭书面材料表决。

就信息披露而言,笔者认为,不能仅以书面的材料或者某次会议的询问为主要的方式,而应当在破产程序的全过程实现信息的公开或者共享。在引进投资者重整的模式中,债权人需要对投资者引进的过程有一个全面的客观的认知,对管理人穷尽方式最终引进了提供更为优质重整方案的投资者的事实有一个理解和确信。如此,债权人方可同意并且认可管理人的工作,认可重整计划草案。

基于此,笔者认为,应当将对债权人的信息披露前置,将重整投资者引进过程可视化,充分保障债权人的知情权,适时引进债权人参与重整,则债权人利益将得到充分保障,债权人会议表决通过重整计划草案的可能性也将大幅提升。

(二)投资者引进工作推进的现实需要

笔者所在的浙江省近年来启动了大量的中小企业破产案件。这些中小企业,并不存在类似于上市公司的壳资源或者极具重整价值的资源,但因其具备某种经营资质许可或者具备持续经营的价值,从而取得了一定的营运价值。运营价值的实现,成为浙江省中小企业重整的普遍状态。重整引进的投资者也是以本地的投资者为主。因此,发挥债权人的力量引进重整方,也成为管理人推进投资者引进工作的主要方式之一。本地的金融机构债权人具备同行业客户基础,可以为管理人提供潜在投资者信息;本地的互保单位则可能是潜在的投资方;供应商及客户,则可能提供上下游并购方的相关信息……通过发挥债权人的积极性,可以极大地弥补管理人对债务人所处行业了解不足的短处,提高重整的效率与价值。

三、可视化的具体探索

近年来,笔者经办了一些重整案件,对投资者引进可视化进行了一些有益的探索。幸而,这些重整案件均成功引进重整方,且重整计划草案获得了绝大部分债权人的认可,实现了重整成功。通过探索,笔者认为投资者引进可视化可以从以下几个方面进行推进。

(一)公开征集投资者

1. 公开征集的必要性

有观点认为,公开征集投资者应当适用于上市公司,中小民营企业并不适用。笔者认为不然。中小民营企业,确实存在重整价值较低,对其有投资意向的投资者较少的情况,但并不代表无法引进重整投资者,不需要征集投资者。相反,笔者认为,中小民营企业进行公开征集投资者非常必要。

一方面,正因为中小民营企业难以引进重整投资者,作为管理人,更应当积极主动发布重整信息,更大范围地扩散重整信息,吸引更多潜在投资方的参与,方可实现企业的重整。如果因为企业重整价值低,而放弃公开征集,则企业实现重整的可能性将微乎其微。另一方面,公开征集也是对企业重整价值的一种检验。笔者常常碰到这种情况,债务人企业资产较少,但负债极高,债权人往往由于对某种资产价值的错误认识对债务人进行信用授予。在该种情况下,如果管理人基于自身判断对债务人资产价值进行否定,将难以说服债权人,反而可能引发债权人对管理人的不信任。反之,如果管理人启动公开征集,将企业重整价值交由市场进行判断,即便最终无法重整成功,债权人也只能接受该结果,并且配合管理人后续的工作。

因此,笔者认为,公开征集投资者非常重要,是可视化的核心方式之一。

2. 公开征集可视化的具体方式

司法实践中,笔者认为可以从以下几个方面来实现公开征集的可视化:

(1)第一次债权人会议提交公开征集投资者方案

笔者认为,第一次债权人会议是整个重整程序中极为关键的一个环节。第一次债权人会议,是管理人向债权人汇报清产核资初步情况的会议,也是决定后续走向的会议。管理人必须审慎对待第一次债权人会议,尽可能地为后续工作的推进埋下伏笔,包括后续的重整工作。

管理人对债务人企业尽职调查后,对企业后续的走向应当有一个预判,包括能否重整以及以何种形式重整。在接待债权人过程中,也应当与债权人进行初步交流沟通,了解债权人的期望。如果管理人综合调查后,认为债务人适合以引进投资者方式进行重整的,可以在第一次债权人会议上提交简要的公开征集投资者方案。

一般而言,对债务人进行重整,提升资产价值,有利于债权人利益最大化,往往能够得到债权人会议的支持。也是基于此,管理人与债权人就引进投资者进行重整进行了第一次对话。

(2)刊登征集投资者公告

如前所述,公开征集投资者非常重要,核心在于"公开"。基于此,笔者建议管理人在开展投资者引进工作时,可以通过刊登征集投资者公告的方式实现"公开",从而达到可视化的目标。

"刊登"征集投资者公告,一般以刊登在本地有影响力的报纸媒体上为常规方式。一是本地的报纸媒体大部分债权人可以简单取得,或者通过扣扣相传获知;二是通过报纸媒体刊登公告较为正式,体现法律的严肃性。公告的内容,一般包括债务人企业基本情况、投资者报名的截止时间、报名要求、管理人的联系方式等。

当然,管理人的工作并非止于公告的见报。在当前信息爆炸的时代,公告的信息很可能会被立即湮没。管理人应当积极与债权人保持互动,包括短信提示债权人招募信息的刊登、欢迎债权人引进投资者等。在笔者最新经办的一个案件中,管理人还开通了微信公众号,也投放了投资者招募的信息,获得了债权人了广泛关注和转发。

(二)重整对价确定可视化

投资者引进可视化贯穿于投资者引进的各个过程中。公告发布后,意向投资者到管理人处报名后,管理人应当将与投资者谈判确定重整对价的过程可视化。基于此,笔者在承办破产案件中,充分借鉴了常规资产处置的拍卖方式和变卖方式,创设了公开竞价机制与公示竞价机制。

1. 意向投资者公开竞价,确定重整对价

公开竞价机制适用于意向投资者较多的情况。该种情形下,管理人难以一对一谈判确定最终的重整投资者和重整对价,参照拍卖模式引进公开竞价机制,将投资者报价过程可视化,重整对价的确定可视化,是笔者经常采用的一种方式。

在笔者经办的浙江中汉卓信控股集团有限公司“1+13”重整案件中,因涉及重整企业较多,重整板块较为分散,管理人最终确定了分块重整的方案。在管理人确定了分块重整的机制后,鉴于单一企业存在多家意向投资者报名的情况,如管理人与各家投资者逐一谈判,沟通确定重整方案,一方面重复工作耗时耗力,另一方面也会拖延整个重整进程;且部分投资者报名后迟迟不肯给出最后报价,普遍存在观望状态,希望底价收购。同时,债权人也无法参与重整谈判过程,可能无法理解最终形成的重整对价。

鉴于此,管理人大胆创新,参照拍卖程序,根据每家企业实际情况,拟定竞买文件,明确重整范围及条件,由各家投资者响应重整条件、缴纳保证金后进行公开竞价,来确定最终的重整价格。管理人在每一宗资产推出竞价公告前,通过资产评估以及前期与意向投资者沟通掌握的情况,形成具体针对每一宗重整资产的竞价方案,提交债权人委员会会议审议讨论。并在每一次公开竞价之前,短信通知债权人公开竞价的时间、地点,邀请债权人参与见证;在每一次公开竞价后,管理人将公开竞价的结果通知债权人,以便债权人及时了解竞价情况。

经由公开竞价,管理人对5宗重整资产分别确定了重整投资者,成功获得重整资产4210万元,使无形资产价值得到极大体现。随后,管理人提交了5家公司重整纳入一个重整计划进行表决的方案,虽然重整普通债权清偿率只有2%,但仍获得债权人会议的高票通过。

2.公示竞价,检验重整报价

公示竞价适用于只有一家意向投资者报名的情况。在该情况下,只有一家投资者报名参与重整,管理人需进行一对一的谈判,此时常常买方占据优势,管理人难以与其达成较高的重整报价,从而充分体现重整资产的价值。在此种情形下,引入公示竞价机制,一方面穷尽重整可能,另一方面可实现投资者引进的可视化。

在笔者经办的浙江海蓝化工集团有限公司重整案件中,截至报名截止日,共有2家意向投资者交纳保证金并给出了重整报价,分别为3100万元和3300万元,其余意向投资者经管理人联系均表示放弃投资。由于两家意向投资者报价偏低,明显低于债权人预期,且低于实物资产评估价值,管理人紧急组织召开债权人委员会会议,明确了对投资者报价的要求,即报价不得低于固定资产的评估价值,意向投资者应在9月30日之前修改重整报价。当日,管理人即向两家意向投资者送达通知文件,并展开谈判。经两轮谈判终于促成其中一家意向投资者将报价提高至4060万元,但另一家意向投资者表示不愿修改报价,要求退出重整退还保证金。即便一家投资者报价提高至4060万元,但仍低于债权人预期。

由此,管理人再次组织召开债权人委员会会议,决定启动公示竞价。在意向投资者签署公示竞价确认协议后,管理人于在当地媒体对4060万元的报价进行了公示,公示期为15天。在公示期间内,又新增了一家意向投资者报名。在有两家意向投资者报名的情况下,管理人启动公开竞价程序。2016年11月4日上午10时,浙江海蓝化工集团有限公司整体项目重整公开招募投资者的现场竞价会在衢州市中级人民法院如期举行,重整报价经过24轮的现场激烈竞争,最终确定为6820万元。在随后召开的债权人会议上,即便普通债权清偿率仅为3%~5%,该重整计划草案也获得了债权人的广泛支持。

当然,以上公开竞价、公示竞价机制并非在每一个破产案件中均可以适用,管理人还需要根据破产企业的实际情况来确定具体的投资者引进方案。

(三)借助债权人委员会机制,保障债权人的参与权

虽然并不是所有破产案件都会成立债权人委员会,但债权人委员会作为债权人会议选举成立的机构,往往代表了广大债权人的核心诉求。因此,在寻求投资者引进可视化的道理上,发挥债权人委员会的作用是不容忽视的一个环节。笔者在承办案件过程中,与债权人委员会长期保持着一种紧密的联系,定期汇报相关工作的进展情况,通过债委会成员的转达,扩散给全体债权人;就有关事项的决策征求债权人委员会的意见,通过征询债委会成员的意见,可以及早洞悉债权人的心态。

在笔者经办的庄吉集团有限公司重整案件中,借助于债权人委员会的机制,成功引进投资者。为引进投资者,管理人前后共召开了5次债权人委员会及扩大会议,与债委会成员商议重整工作推进事宜,并与中国银行温州分行、浙江省浙商资产管理有限公司、中信银行温州分行等各家主要债权人进行多轮多次的沟通,希望借助债权人力量引进战略投资者。为推进庄吉重整,债权人中国银行温州分行联系多家温州本地服装企业询问重组庄吉意向,债权人恒丰银行温州分行也帮助联系温州本地服装龙头企业森马集团希望其参与重组,但均未成功;债权人浙江省浙商资产管理有限公司拟引进私募巨头昆吾九鼎投资管理有限公

司,该投资公司也在管理人协助下对庄吉服饰公司开展尽职调查,但其最终对庄吉服饰公司100%股权估值较低,无法满足债权人预期,因而其放弃收购。

在仅有一家投资者济宁如意投资有限公司报名且报价较低的情况下,管理人召开债委会扩大会议,讨论济宁如意报价。会上,债权人普遍认为该报价不合理,并在会后通过管理人向济宁如意递交告知函。随后,经管理人组织,召开了庄吉集团主要债权人与如意投资代表的沟通会议。会议上,济宁如意代表就债权人关心的定价问题做了说明,各债权人也表达了对济宁如意报价过低的不满。借助于债权人的力量,管理人在随后与意向投资者济宁如意的谈判过程中取得了一定的成果,最终报价1.75亿元。该案重整计划草案,也获得了债权人的广泛支持。

以上为笔者对重整投资者引进工作可视化的一些探索,从细节上可能还有更多可以挖掘的地方。投资者引进可视化,架起了管理人与债权人沟通的桥梁,促使债权人以更加积极主动的姿态参与重整过程,同时也对重整投资者引进工作进行检验,真正实现市场化重整的目标。

重整计划执行阶段相关实务问题探讨

高曼琪*

我国《企业破产法》规定，法院裁定批准重整计划或者重整计划草案并终止重整程序后，就进入了重整计划的执行阶段。重整计划能否得以顺利执行关系到债务人企业能否真正通过重整重获新生。我国现行《企业破产法》关于重整计划执行阶段并未作出详细规定，尚不能完全应对实践中出现的各种问题。本文从破产法实践出发，对实务中出现的相关问题进行探讨，并提出应对思路及相关建议。

一、关于重整计划的执行主体的规定过于绝对化

我国《企业破产法》第89条规定："重整计划由债务人负责执行。人民法院裁定批准重整计划后，已接管财产和营业事务的管理人应当向债务人移交财产和营业事务。"根据该条法律规定，重整计划执行主体是债务人，管理人应当向债务人移交财产和营业事务，并对债务人执行重整计划的情况进行监督。然而在实践中，该条文规

---

* 北京市中咨律师事务所律师。

定却存在一定的弊端。

(一)债务人公司治理结构尚不健全时无法保证执行重整计划

从我国目前公司破产重整实践看,重整计划几乎都包含股权调整的内容,债务人原股东将一部分股权无偿让渡给投资者以获得偿债资金和经营资金。在法院裁定批准重整计划后,投资者才能依据重整计划取得股权、行使股东权利。在实践中,通常管理人为了保证投资者资金的投入,往往在与投资者签订的协议中还会设定达到一定条件后,如投入一定量的资金或提供担保等,投资者方能取得股权。也就是说,从法院裁定批准重整计划到投资者真正能够行使股东权利,还需一定的时间。投资者取得股权后通常需要召开股东会或股东大会重新确定公司治理结构。在尚未召开股东会或股东大会前,债务人的治理结构尚未确定,此时如果依照法律规定只能由债务人执行重整计划,极有可能发生债务人原管理人员怠于履行职责的情况。此外,法律规定管理人应向债务人移交财产和营业事务,在移交对象的内部治理结构暂未确定的情况下,若移交给债务人原有的经营管理人员,极有可能发生债务人的董事、监事、经理等高级管理人员不执行重整计划或作出损害债权人利益行为的情形而导致重整计划执行终止。故在法院裁定批准重整计划后,管理人不宜立即向债务人移交财产和营业事务,应待债务人内部治理结构健全,移交财产和营业事务不会影响债权人及其他相关方利益实现的情况下,再行移交。

(二)重整计划执行主体不应仅限于债务人

我国《企业破产法》第93条规定,债务人不能执行或者不执行重整计划的,人民法院经管理人或者利害关系人请求,应当裁定终止重整计划的执行,并宣告债务人破产。按照该条文规定,只要是债务人不能执行或者不执行重整计划的,利害关系人只能向人民法院请求终止重整计划的执行。通常来讲,如果终止重整计划的执行,债务人企业只能破产清算。如果因为债务人怠于履行重整计划规定的义务,导致重整计划执行终止,对于债权人及投资者来说,都不利于其权利的保护和利益的最大化。在实践中,存在将债务人原股东全部股权让渡给投资者的情形,由于债务人原股东已经不享有任何股东权益,而公司原有经营团队仍由以前的股东大会选任,原经营团队极有可能不配合履行重整计划规定的义务,最终受损失的是债权人及新的投资者。立法虽然给了他们救济的途径,允许其向法院申请终止重整计划的执行,但这未必是最佳途径。如果在立法时能够将重整计划的执行主体扩大到管理人或并投资者,在制订重整计划草案时就可以结合重整计划的内容,选择更为合适的执行主体,会更有利于重整计划的顺利落实,获得多方共赢的局面;或者在债务人董事、监事、高管等高级管理人不执行重整计划,但重整计划本身没有问题,仍具有可执行性时,允许转由管理人或并投资者负责执行重整计划,也能够更好地实现各方利害关系人的权益。①

(三)应完善管理人监督制度

在现行法律规定下,重整计划的执行主体仅限于债务人,那么如何监督债务人落实重整计划的规定对于各方来说都极为重要。我国《企业破产法》第 90 条规定,管理人监督重整计划的执行,在监督期内,债务人应当向管理人报告重整计划执行情况和债务人财务状况。该条仅规定了管理人有监督职责,债务人有报告义务,但是对于管理人应如何行使监督权,并没有详细说明。而且,该条虽然规定了债务人的报告义务,但无法保证其报告的及时性与真实性,极有可能发生债务人已经做出了损害债权人利益的行为,而管理人事后发现已无法弥补而造成重整计划执行失败的情况。尤其是在《企业破产法》规定只能由债务只执行重整计划的情况下,管理人应建立起更为有效的监督制度,以防范可能出现的各种风险。笔者认为,可以从以下几个方面对债务人的执行情况进行监督:

1. 重大事项的事前许可

重整计划的执行主要涉及出资人权益的调整、债务清偿以及恢复营业,在债务人具体落实重整计划的各项规定,尤其是涉及经营方案的落实方面,极易发生对利害关系人利益有较大影响的重大事项。为了保证重整计划在执行过程中的公正性,管理人不仅可以要求债务人及时报告重整计划执行情况和债务人财务状况,还可以设定重大事项事前许可制度,要求债务人在实施重大事项前必须经管理人许可方可实施。例如,涉及债务人股权的变更、重大的资产购置或者处分企业财产的行为、借款、提供担保、放弃权利等,都应当向管理人报告后实施。

---

① 参见王欣新、王斐民:《破产法原理与案例教程》(第 2 版),中国人民大学出版社 2015 年版,第 253 页。

2. 财务方面的管理

在债务人的财务方面,管理人可以采取如下措施进行监督:第一,管理人可以与债务人开设资金共管账户,并要求投资者投入的资金,债务人的收入都进入共管账户统一管理,能够有效防止资金被非法挪用或抽走,避免债务人作出损害相关利害关系人的行为。第二,对债务人企业采用预算管理制度,债务人日常经营费用应制定月度、季度、年度预算;应就债务人日常经营费用以外的资金支出制定单项支出预算,预算报管理人审批后严格执行,并应每月将本月费用结算向管理人进行报告,接受管理人的监督和质询。

3. 印章、重要证照的管理

为了进一步防范债务人做出损害相关利害关系人的行为,管理人在移交财产和营业事务时,可以继续保留对债务人印章和重要证照的管理,印章包括但不限于公章、合同章、财务专用章、法定代表人私章等;重要证照包括但不限于重要实物资产和无形资产权利凭证、法人营业执照、经营资质文件等。在重整计划执行阶段,债务人有需要使用印章或者证照的事项,需报告管理人审批后方可登记使用。

二、重整计划执行期间有关债务人的民事诉讼

(一)尚未审理终结的民事诉讼应由管理人代表债务人参加

我国《企业破产法》第25条第7款规定,管理人代表债务人参加诉讼、仲裁或者其他法律程序。在重整程序中,法律规定管理人接管财产后应当恢复诉讼,并代表债务人参加诉讼,但是往往诉讼案件,尤其是复杂诉讼案件耗时较长,而破产法对提交重整计划草案的时间有明确限制,不可能等到所有诉讼都终结才制作并提交重整计划草案,那么极有可能出现重整程序终止后还存在尚未审理终结的民事诉讼。《企业破产法》规定重整计划的执行主体是债务人,那么对于这种未审理终结的民事诉讼,应当由谁代表参加呢?

笔者认为,仍应由管理人代表参加诉讼。《企业破产法》之所以规定由管理人代表参加诉讼,是因为诉讼结果往往有给付义务,由管理人代表参加诉讼,有利于管理人从全体从债权人的利益出发,避免发生债务人怠于行使权力或作出其他而损害全体债权人利益的行为。故如果在重整计划执行阶段还存在未审理

终结的民事诉讼,为了避免债权人利益受损,推动破产程序的顺利实施,仍应由管理人代表债务人参加诉讼较为合适。

(二)当事人新提起的有关债务人的民事诉讼应按诉讼事实发生时间区别对待

我国《企业破产法》第21条规定,人民法院受理破产申请后,有关债务人的民事诉讼,只能向受理破产申请的人民法院提起。即在破产案件受理后,有关债务人的民事诉讼案件只能由受理破产申请的法院行使管辖权,包括他人对债务人提起的民事诉讼和由债务人对他人提起的民事诉讼。《企业破产法》关于破产衍生诉讼的集中管辖规定,目的在于保障破产事务的协调处理,集中管辖的规定不仅有利于争议处理与破产程序的衔接,统一执法尺度,而且也将有助于推动破产程序的顺利实施,总体上有利于相关利害关系人合法权益的维护。① 那么,对于重整计划执行阶段当事人新提起的有关债务人的民事诉讼,是否应当由管理人代表债务人参加诉讼程序? 又是否应当适用我国《企业破产法》第21条关于集中管辖的规定呢?

笔者认为,应按当事人起诉的事实发生的时间区别对待。如果当事人起诉的事实发生在法院裁定终止重整程序前,那么无论是债务人为原告或被告的案件,即使已经进入了重整计划的执行阶段,都应当由管理人代表诉讼,且由破产受理法院集中管辖。因为当事人起诉的事实若发生于法院裁定终止重整程序前,无论是一般类型的民事诉讼案件还是破产衍生诉讼案件,都有可能影响债务人债权的确定和破产财产的确定,故由管理人代表诉讼,由受理法院集中管辖,将有利于各方合法权益的维护。

但如果当事人起诉的事实发生在法院裁定批准重整计划并终止重整程序后,则不必由管理人代表参加诉讼,在案件管辖上也应按照一般民事诉讼案件的管辖确定。因为在法院裁定批准重整计划后,债务人过去的债权债务已受重整计划的约束,债务人财产的范围及分配方案也已经确定,新发生的纠纷所产生的债权债务归属于重整后的债务人,与重整前债务人的债权债务应作区分。由于

---

① 参见王欣新:《破产企业的债权与财产追索程序》,载《人民法院报》2009年5月15日,第6版。

此时已经与破产程序无关,即使仍处于重整计划的执行阶段,也不必由管理人代表诉讼及破产受理法院的集中管辖。

(三)重整计划执行期间应发生诉讼时效中止的效力

根据我国《企业破产法》第92条第2款的规定,未在重整程序中依法申报债权的债权人,在重整计划执行期间不得行使权利,在重整计划执行完毕后方可按照重整计划规定的同等清偿条件行使权利。有学者认为法律规定上述债权人在重整计划执行期间不得行使权利,只是不允许其行使实际获得清偿分配财产的权利,但是其仍可以及时主张其债权,以保全其权利,故不发生时效的中断。笔者不赞同此观点,笔者认为在重整计划执行期间,诉讼时效应发生中止的效力。

我国《民法通则》第139条规定:"在诉讼时效期间的最后六个月内,因不可抗力或者其他障碍不能行使请求权的,诉讼时效中止。从中止时效的原因消除之日起,诉讼时效期间继续计算。"诉讼时效中止,是指在诉讼时效进行期间,因发生法定事由阻碍权利人行使请求权,诉讼依法暂时停止进行,并在法定事由消失之日起继续进行的情况。通常认为中止事由须为客观情况,那么《企业破产法》规定"不得行使权利"是否属于客观情况呢?笔者认为应属于客观情况。《企业破产法》规定的"不得行使权利"并没有明确行为人不得行使的是什么权利,在这种情况下,应从对"权利"的通常理解来对其进行解释,即应该包括请求权和获得分配的权利。在法律已经明确规定"不得行使权利"的情况下,通常行为人并不能意识到其不行使请求权会导致超过诉讼时效,该情况应当属于"其他导致权利人不能主张权利的客观情形"。

三、重整计划终止执行的法律后果分析

(一)重整计划执行阶段为经营而负担的债务在破产宣告后应作为共益债务

经营方案是重整计划的重要内容,债务人在落实重整计划规定的各项内容时,恢复企业的正常经营是一项重点工作,这也是重整的意义和价值所在。但是一旦企业开始正常运营,参与到经济活动中,就一定会产生新的债权债务关系。如果重整计划执行完毕,债务人将重获新生,轻装上阵,恢复经营过程而负担的

债务也将由重整后的企业承担。但如果因为种种原因致使重整计划执行终止，债务人被法院宣告破产，那么在重整计划执行阶段为经营而负担的债务应当如何处理呢？《企业破产法》对此没有作出明确规定，实务中产生了不同的观点：一种观点认为，该债务也应当向管理人申报，获得确认后计入破产债权，以破产财产进行统一分配；另一种观点认为，该债务应作为共益债务，以破产财产随时清偿。笔者支持后一种观点。

在重整程序内，一般认为债务人为继续营业而产生的债务为共益债务，由债务人财产随时清偿，否则将无人愿意承担风险与重整企业交易，那么极有可能使重整企业客户流失而陷入重整失败的境地。[①] 在重整计划执行阶段，企业的经营更是重中之重，但此时由于重整计划尚未执行完毕，企业能否最终重整成功尚未确定，如果对于这个阶段企业为经营而负担的债务在被宣告破产后不认定为共益债务，那么他人同样也不愿意承担交易风险与债务人进行交易，债务人的恢复经营将无从谈起。如果企业在重整计划执行阶段无法恢复经营，投资人极有可能"壮士断腕"，宁愿承担违约责任也要终止继续投资，将使重整计划执行失败。即使按照重整计划清偿了全部债务，根据重整计划规定执行完毕，企业却有可能因为客户流失，业务锐减而重新陷入危机，那么重整的意义将大打折扣。

（二）债转股的债权不应视为已受领分配

人民法院裁定终止重整计划执行的，债权人在重整计划中作出的债权调整的承诺失去效力。债权人因执行重整计划所受的清偿仍然有效，债权未受清偿的部分作为破产债权。

在实务中越来越多的出现以债转股形式清偿债权的方式，如果重整计划执行终止，以债转股形式清偿的债权是否视为已受领分配呢？笔者认为，应视为尚未受领分配，在重整计划终止执行后，按原有债权性质和金额参与分配。因为企业仍处于重整计划执行阶段，尚未削减全部债务成为一个新生的企业，在这种情况下，债转股的债权人即使已经参与股东会或者行使了其他股东权利，也不应认为已经受领了分配。

---

① 参见许胜峰：《人民法院审理企业破产案件裁判规则解析》，法律出版社2016年版，第311页。

(三)重整计划执行阶段对已过诉讼时效的债权重新确认在破产宣告后不应认定为破产债权

在重整程序中,如果债权人申报债权后,管理人认为超过诉讼时效而对该笔债权不予认定,但是在重整计划执行阶段,债务人又对该笔债权作出承认并承诺还款,发生了诉讼时效的中断的效力,如果重整计划执行终止,债务人被宣告破产,那么该债权是否应当计入破产债权呢?笔者认为,管理人应当对该债权不予认定。

虽然最高人民法院《关于审理民事案件适用诉讼时效制度若干问题的规定》(法释〔2008〕11 号)第 22 条规定,诉讼时效期间届满,当事人一方向对方当事人作出同意履行义务的意思表示或者自愿履行义务后,又以诉讼时效期间届满为由进行抗辩的,人民法院不予支持,即当事人对诉讼时效期间届满的债权表示愿意履行后,又再次具有了给付义务。但是我国《企业破产法》第 1 条规定的立法目的在于公平清理债权债务,即破产程序中的首要价值在于公平,破产法在债务人财产一章规定各种破产无效行为、可撤销行为,都是因为其违反了破产法公平清偿的原则损害了多数债权人的利益。所以,从公平清偿债权债务的角度考虑,如果重整计划执行终止,管理人对在重整计划执行阶段重新确认的已过诉讼时效的债权应不予认定。该等债权因超过诉讼时效在重整程序中未被确认,即使债务人在重整计划执行阶段做出了承诺还款,该债权人在重整计划执行阶段也不能行使权力,而只能在重整计划执行完毕后按照同类债权的清偿比例获得清偿。其实重整计划一旦执行完毕,债务人再去清偿该等债权,清偿所用的是重整后企业的财产,不会损害已经受领分配完毕的债权人的利益。但是,一旦重整计划执行终止,债务人转入破产清算,将用破产财产公平的向全体债权人进行分配。如果对该债权予以确认,将增加破产债权,导致每位债权人的分配额相应的减少,有损其他债权人的利益,有违破产法的公平清偿原则。

四、为重整计划的执行提供的担保

根据《企业破产法》的规定,因债务人不能执行或者不执行重整计划法院裁定终止执行重整计划的,债权人在重整计划中作出的债权调整的承诺失去效力。

债权人因执行重整计划所受的清偿仍然有效,债权未受清偿的部分作为破产债权。为重整计划的执行提供的担保继续有效。通常,管理人在重整程序中引入投资者,并依据投资计划制订重整计划草案时,为了取得债权人的信任和保证重整计划顺利执行,一般都会要求投资者为其投资承诺提供财产担保或者第三人保证,如果重整计划执行终止,由担保人承担担保责任。一般认为,被担保的债权人不得超出重整计划规定的债务清偿的条件和范围,对提供担保的第三人主张担保权益。① 从担保的法律关系看,担保涉及三方面当事人,即担保人、债权人和债务人,债权人与债务人之间的关系通称为主债权债务关系,这是担保关系得以成立和存续的前提条件。担保人与债务人之间是委任关系,即根据债务人与担保人之间的委任合同,受任的担保人有按约提供担保的义务。根据我国《担保法》的相关规定,担保人承担保证责任后,有权向债务人追偿。因此,已经承担保证责任的担保人有权向债务人追偿。单从《担保法》的规定来看,担保人是有权利向债务人追偿的那么如果重整计划执行终止,担保人承担担保责任后,是否能向破产企业追偿呢?笔者认为,需要根据具体的担保协议区分进行研究(为了区分,下文中债务人指担保关系中的债务人,破产企业指破产法中的债务人)。

(一)担保关系中的债务人是破产企业

如果担保人为破产企业提供担保,那么破产企业就是担保关系中的债务人,依照我国《担保法》规定,已经承担担保责任的担保人有权向债务人追偿。有学者认为,如果在破产企业被法院宣告破产之际,担保人即按重整计划规定的受偿额补齐了债权人未受的受偿额,则担保人应取得债权人的地位参加破产企业的破产清算程序,甚至成为唯一的债权人。如果是约定担保人于重整失败后的破产清算破产财产最后分配后,再赔偿债权人的受偿额与重整计划规定的受偿额之间的差额,则担保人就不能以将来求偿权申报债权。因为该担保就是为避免破产企业的全体债权人因重整造成的损失而向全体债权人提供的,如果允许担保人申报债权与全体债权人共同从破产企业的财产中受偿,则会使该担保的提供完全失去意义。②

---

① 参见李永军等:《破产法》(第2版),中国政法大学出版社2017年版,第240页。

② 参见宋全胜:《连带责任与保证制度在破产法中的嬗变》,载王欣新、尹正友主编:《破产法论坛》(第6辑),法律出版社2011年版,第283~301页。

但是,假设破产企业最后分配完毕,担保人承担了保证责任使债权人的受偿额达到重整计划的规定后,又发现了新的财产,是否应向债权人追加分配?如果直接向债权人进行追加分配,这意味着债权人获得的受偿额已经高出重整计划的规定,虽然法律规定“法院裁定终止重整计划执行的,债权人在重整计划中作出的债权调整的承诺失去效力”,债权人在未达到全额清偿的情况下,只要是破产企业的破产财产都应当向债权人进行分配。但是,如果向债权人进行追加分配,分配后债权人的实际受偿额将高于重整计划的规定,相当于让担保人承担了超出其担保责任范围的责任,如果不允许担保人向破产企业追偿,对担保人来说是极不公平的。故笔者认为,应有条件底允许担保人承担担保责任后以求偿权申报债权,但该债权只有在最后分配后发现新的财产需要对债权人进行追加分配这种情形下才能获得受偿,而且在此种情形下,新发现的破产财产应首先用于向担保人偿还其承担的担保责任的求偿权债权,如果偿还后还有剩余财产,再向其他债权人进行分配。

(二)保证关系中的债务人是投资者

重整中一般会引入新的投资者,以投资者投入的资金来偿还债务。管理人为了保障投资者按照约定投入资金,通常会要求投资者提供担保,那么投资者就是担保关系中的债务人。如果投资者中途退出,不履行后续的投资义务,担保人依据保证合同及法律规定应承担担保责任,使债权人达到重整计划规定的清偿条件和范围。在此种担保关系下,如果破产企业财产最后分配完毕,担保人承担了担保责任使债权人的受偿额达到了重整计划的规定,若发现了破产企业新的财产,应直接向债权人进行追加分配。即使追加分配后债权人的受偿额已经超过重整计划的规定,也不应用破产财产向担保人偿还其承担的保证责任。因为合同具有相对性,担保人只能向债务人追偿,对破产企业是不具有求偿权的。如此,对投资者也是一种有力的约束,能够大大降低投资者中途退出的概率,以保障重整计划的顺利执行。

破产重整程序的若干实务问题思考

——以宣城市大唐万安置业有限公司重整案为例

邵 晖* 王 洋**

一、重整计划变更制度概述

(一)重整计划的法律本质

想要厘清重整计划变更的相关问题,就有必要先对重整计划进行剖析。关于重整计划的本质,学界的认识存在较大分歧。有“协议学说”“司法文书学说”“混合行为说”等①多种观点。笔者较认同“协议学说”,即重整计划虽名为计划,实际上是一种多方协议。债务人或管理人制订重整计划草案,以重整计划草案之内容作为“要约”,向债权人会议请求表决,经债权人会议表决通过重整计划之意思表示则为“承诺”,当此意思表示一致,债权人会议有关主体所关于重整计划之“合同行为”即为成立,最后经人民法院裁定批准“协议”正式生效。因此,重整计划是由管理人或债务人制定的,以维持债务人继续营业、谋求债务人复兴为主要目的,以清理债权债务

---

* 深蓝律师事务所高级合伙人,管理委员会主任,深蓝(合肥)律师事务所主任。

** 深蓝(合肥)律师事务所律师。

① 王佐发:《公司重整制度的契约分析》,中国政法大学出版社2013年版,第87页。

关系为重要内容,经法定程序通过的企业拯救协议。我国《企业破产法》确立重整制度,主要是为了克服破产清算与和解制度的不足。重整计划的内容涉及债权债务关系、经营投资关系、税收关系、劳动关系等多重法律关系。重整计划主要包括债务人经营方案、债权调整方案、债权受偿方案、重整计划的执行方案等。总体上看,重整计划的形成既是各种利益关系相互博弈的结果,也是当事人意思自治、司法强制,甚至是行政干预等多种因素综合的结果。

(二)重整计划的特征

重整计划作为特殊性质的协议,主要有以下特征:

1. 属于团体契约的范畴

民商法中的协议主体一般是有限、明确的,而重整计划是一方为不确定的多数方。

2. 协议成立过程中的多数决

民商合同遵循的最基本原则是协议当事人的法律地位平等,一方不得将自己的意志强加于另一方,当事人依法享有自愿订立合同的权利,任何单位和个人不得非法干预。由于重整计划中的协议方为具有利益冲突的多数,所以难以适用必须自愿协商一致的合同订立原则。《企业破产法》第 84 条第 2 款规定:"出席会议的同一表决组的债权人过半数同意重整计划草案,并且其所代表的债权额占该组债权总额的三分之二以上的,即为该组通过重整计划草案。"可见,重整计划的形成过程实际上是采取少数服从多数即多数决原则。在重整计划草案通过情况下,未参与表决或投否定票的意思表示不仅不影响协议的成立,而且要受到协议内容的约束。

3. 内容复杂、法律性质多样

重整计划须经法院裁定批准后方可生效。司法裁定确认只是协议生效的特别要件,并不因此改变重整计划的协议性质。法院裁定确认或不予确认重整计划,究其本质是一种合法性审查的司法程序要求。

虽然重整计划具有协议的外观和法律性质,但毕竟属于破产法语境下的协议,即特别法意义上的协议,应当优先适用破产法而不是合同法,因此不能单纯以合同法来规制重整计划。①

(三)重整计划变更制度的内容

我国《企业破产法》第93条规定:"债务人不能执行或者不执行重整计划的,人民法院经管理人或者利害关系人请求,应当裁定终止重整计划的执行,并宣告债务人破产。"不难看出,我国现行法律对重整计划变更制度没有明文规定,没有在特殊情况下对重整计划进行相应调整的机制。而美国《联邦企业破产法》第1127条规定了两种重整计划变更制度的形式:一种是法院确认计划前修改,重整计划的提出者可以在确认之前任何时间修改此类计划;另一种是法院确认计划之后,基本完成之前,重整计划的提出者或者重组后的债务人均可提出。日本《再生法》对此也有类似规定:如果重整计划在执行过程当中发生了超出原来预计的范围,无法履行下去,由此引发的后果是这个企业还是会进一步破产,②所以在重整计划还没履行完成之前可以对重整计划进行变更。

我国目前只是在《全国法院破产审判工作会议纪要》(以下简称《会议纪要》)第19条中提出:"债务人应严格执行重整计划,但因出现国家政策调整、法律修改变化等特殊情况,导致原重整计划无法执行的,债务人或管理人可以申请变更重整计划一次。"根据上述会议纪要精神,司法实践中只有在出现特殊情况导致重整计划无法执行的前提下才能申请变更重整计划。换言之,如果没有出现特殊情况导致重整计划无法执行,是不可以申请重整计划变更的。笔者认为,重整计划变更制度有广义和狭义、一般与特殊之分。《会议纪要》规定的重整计划变更情形属于狭义、特殊的变更制度,而其他情形下的变更属于广义、一般的变更制度,对此后面将具体分析。

二、重整计划变更的基本原则

重整计划的参与主体包括债务人、全体债权人、出资人、战略投资者、管理人和法院等,如果债务人或主要债权人是有国资背景的大型企业,或企业破产直接

---

① 参见王欣新:《谈重整计划执行中的协助执行》,载《人民法院报》2016年7月13日,第7版。

② 参见余周祺:《重整计划变更制度的性质及原则研究》,载中国清算网:http://www.yunqingsuan.com/news/detail/19721,最后访问日期:2018年10月14日。

带来社会稳定的压力,当地政府或国资管理部门也会参与其中。各主体之间的主要利益诉求不尽相同,有时相互交错。所以在重整计划变更过程中相关各方的权利义务需要通盘考虑,并应严格遵循以下基本原则。

(一)以严格执行重整计划为前提原则

重整计划是经过法院裁定批准后生效的,裁定批准是法院对当事人自治结果的一种司法确认行为,具有法律的权威性和严肃性,任何单位、组织和个人都应严格遵守。我国《企业破产法》规定在重整计划执行过程中,由管理人专门负责监督。在监督期内,债务人应当向管理人报告重整计划执行情况和债务人财务状况。这些都是为了约束债务人在重整计划执行期间的行为,要求其严格执行重整计划。严格执行重整计划,一方面体现的是对法律的尊重;另一方面是由于重整计划的内容大部分是由管理人等专业人员通过对相关数据、资料等进行认真研究,对债务人的陷入破产原因有着深入的分析,重整计划是在综合考虑市场、法律等各方面风险后协调各方利益形成的,其中经营方案是债务人后期经营的蓝图和方针,重整计划形成实属不易。禁止轻易变更重整计划,就是防止债务人因经营、管理不规范出现新的危机,导致破产的前期工作都付诸东流。

(二)利益公平的原则

我国《企业破产法》的基本精神和立法宗旨,就是促进企业经营管理的改善和经济效益的提高,对债权人和债务人的合理利益进行保护,维护市场经济秩序的正常。通过破产程序,债权人的债权请求可得到公正的待遇,避免了在清偿秩序不公平的情况下债权人可能受到的损害。而重整计划的制定和表决的程序设计实际上是对各方利益主体之间的利益进行协调和平衡,给予因计划的制订而使实体权利受到影响的债权人及他利益主体以程序上的保护,体现了重整制度的公平正义价值。所以,变更重整计划不能以牺牲部分群体的利益为代价,必须坚持公平的对待各方利益主体,特别是广大债权人。

(三)最大程度尊重各利益方意思自治原则

意思自治是私法领域中奉行的基本原则,即当事人有权对自己的事务做出安排,其只受来自自己意思的束缚,强调个人自由。我国《企业破产法》是私法,因此,其当然也要遵循意思自治的原则。重整计划不管是从表决的方式、表决规则、表决内容,还是最后的表决权行使结果都体现出意思自治的原则。而重整计划的变更,更要尊重各利益方的意思。对于重整计划的变更方案,若债权人和出资人不同意的,法院就不应该进行强制干预。

三、重整计划变更的条件

(一)出现了不可抗力事由,导致重整计划无法继续执行

协议生效后,若发生不可归责于当事人的且不可预见的事由致使维持协议的基础消失,继续履行合同将导致显失公平的结果,当事人可以请求变更或解除协议。据此,重整计划在执行期间若遇到不可抗力事由如出现国家政策调整、法律修改变化等特殊情况,使重整计划执行丧失了基础或者是根本无法继续执行,如果按照我国《企业破产法》规定,直接宣告债务人破产,无疑对广大债权人、债务人以及其他利益方明显不公平。《会议纪要》规定在具备该条件情况下允许对重整计划进行一次变更,但规定应以债权人会议通过作为必经程序。这样的制度设计既能充分体现公平原则,也最大限度尊重各利益方的意思自治,完全符合破产法的宗旨。但这种变更条件要求较为严格、特殊,属于重整计划特殊和狭义情形下的变更。

这种情况下重整计划变更,根据《会议纪要》的规定,在表决变更的重整计划时,必须要有一个前置程序。首先是要向债权人会议提出变更申请,债权人会议表决通过后,提请人民法院批准;若债权人会议决议不同意或者人民法院不批准变更申请的,人民法院经管理人或者利害关系人请求,应当裁定终止重整计划的执行,并宣告债务人破产。管理人或债务人要在6个月内将变更的重整计划提交债权人会议表决,债权人会议表决通过后,向人民法院申请批准变更后的重整计划,人民法院经审查批准后,执行变更的重整计划。

通过以上程序,可以看出,特殊情况下重整计划的变更是非常烦琐和复杂的。笔者经过归纳认为有以下几个问题值得思考:

1. 为什么在表决前要经过债权人会议表决和人民法院批准这个前置程序?是否有必要?

若只是单纯的提出变更申请,提交债权人会议表决。届时,广大债权人必然

会提出变更的重整计划内容及方案,方案要经过审查。若只提出申请而没有变更方案,债权人很有可能不支持变更申请。而在前置程序中就拿出方案,这就与后面的工作存在重复,浪费资源。笔者认为,组织召开债权人会议有着非常大的工作量,且要消耗大量人力、物力和财力,尽可能地减少债权人会议的次数。若在特殊情况下的变更,就要召开两次债权人会议,必然会引起广大债权人的不满。笔者建议将提交债权人会议表决前置程序变为由债权人委员会决议即可;若没有设立债权人委员会,直接将重整计划的变更方案提交债权人会议进行表决。

2. 前置程序中经过债权人会议表决方式和通过方式?

笔者认为,我国《企业破产法》中除重整计划表决需要经过同一表决组的债权人过半数同意,其所代表的债权额占该组债权总额的2/3以上。其他情况下的表决只需要由出席会议的有表决权的债权人过半数通过,并且其所代表的债权额占无财产担保债权总额的1/2以上即可。所以,这种前置程序的表决方式应该就是一般程序的表决,不用分组表决。

3. 重整计划变更方案若经债权人会议若表决不通过的后果?

重整计划变更方案若经债权人会议若经债权人会议表决不通过,应当由人民法院直接裁定终止重整计划的执行,并宣告债务人破产。不存在再次表决的问题。

(二)虽未出现不可抗力事由,但为了更好地执行重整计划

在重整计划执行期间并没有遇到前述特殊情形导致重整计划无法继续执行,而是在遇到其他情形下,如由于市场环境变化导致按重整计划执行可能会面临更大的风险,致使重整计划确定的原经营方案不得不作相应调整;或重整计划执行期间届满,但重整计划中的部分内容还未执行完毕,需要适当延长重整计划执行期限;或在不影响债权受偿情况下更有效发挥债务人财产效益等情况,对重整计划进行适当变更,也应当是符合破产法立法宗旨的。

笔者最近作为管理人团队主要成员参与一起房地产重整案件的重整计划变更。该案件中,有200多位产权式商铺的购房债权人在重整计划中的债权受偿方式是交付商铺。在重整计划执行过程中,当地房地产市场出现较大变化,重整计划执行方鉴于目前大空间商业经营业态尚未确定和小型实体店不断萎缩现

状，如只是简单的执行重整计划交付约定商铺，该部分商铺将难以开展正常经营活动，还将直接导致剩余待销售商铺（大约占总户数的3/4）无法销售也无法进行统一招商，整个大空间商业地产处置必将陷入僵局，无疑会严重影响重整计划的继续执行，损害广大债权人的利益。为便于有效盘活整个商业资产，执行方在充分征询相关债权人意见和反复论证基础上，提出将重整计划中该类商铺债权人受偿方案变更为退还购房本金的意见。该变更方案草案在先后经过债权人委员会同意和法院初步认可下提交债权人会议表决，并获得顺利通过。该变更方案既解决了重整计划执行中面临的实际问题，而且化解了长期困扰当地的上访信访难题，实现了多方利益主体的共赢。所以笔者认为，在实践中，虽然没有出现《会议纪要》第19条规定的条件，但是如果是有利于增加债务人的资产，有利于广大债权人利益最大化，同时降低重整计划执行中的风险，都应当可以对重整计划进行合理的调整。从这个意义上来讲，这属于重整计划一般和广义情况的变更。

四、重整计划变更的程序性问题

（一）申请变变更重整计划的主体

《会议纪要》规定，申请变更的主体是债务人或管理人，其他主体则不可以申请变更。司法实务中，有观点认为债务人、重整投资人、债权人和管理人都可以对重整计划申请变更。笔者不赞同这种观点。重整计划变更目的是更好地执行重整计划，是为了让广大债权人、债务人和其他利害关系人利益最大化，并非是维护个人或者部分群体的利益。由于债权人内部本身就存在矛盾和冲突，如果不对重整计划变更主体进行限制，就会出现申请变更任意性和随意性，甚至出现恶意申请的情况，最终影响重整计划的执行。只允许债务人或管理人对重整计划申请变更，是因为债务人或管理人对公司的整个经营情况、管理情况和可能存在法律风险都非常清楚，申请变更重整计划是有基础的，能够真正抓住重整执行中遇到问题的症结。由于重整计划是债务人和管理人制作，按照“谁制定，谁变更”原则，无论是在狭义上还是广义上的变更，申请重整计划变更的主体应当只能是债务人或管理人。

(二)重整计划变更表决程序

债权人对重整计划的表决不是采用集体表决的方式,而是采用分组表决的方式,这是我国重整计划表决的一大特色。分组表决,就是按照不同的标准,将债权人分为若干小组,再以小组为单位分别进行表决。根据分组的标准,全世界范围主要分为强制性分组和任意性分组。[①] 根据我国《企业破产法》第 82 条规定:“下列各类债权的债权人参加讨论重整计划草案的债权人会议,依照下列债权分类,分组对重整计划草案进行表决:对债务人的特定财产享有担保权的债权;债务人所欠职工的工资和医疗、伤残补助、抚恤费用;债务人所欠税款;普通债权。人民法院在必要时可以决定在普通债权组中设小额债权组对重整计划草案进行表决。”可见,《企业破产法》采用的是任意分组的方式。任意分组更具有灵活性,更能保证同一组成员拥有实质上相同的权益,更能体现重整程序的公平理念。表决程序采用的是双重表决,即债权人数过半数,债权额超过 2/3。

笔者认为,变更重整计划的表决仍然要采用分组表决方式,但并非所有债权人都需要参加表决。只有因重整计划变更而可能受到影响的债权人才有必要参加表决,那些债权不受影响或者债权受到影响但是债务人或重整计划投资人能够提供足额担保,或债权已经清偿完毕的债权人都不需要参加表决。在统计参与表决的债权人数时应当将上述债权不受影响的债权人从总债权人数中扣除;而在统计参与表决的债权额时,还应要将每位债权人中已经获得清偿的债权额从总债权额中扣除进行统计。

(三)重整计划变更次数的问题

《会议纪要》规定重整计划特殊情况下只能变更一次,这就意味着变更的重整方案在后期执行过程中不管遇到什么情况都是不能再次变更。笔者认为,对于其他情况下的变更,原则上也只能一次。因为重整计划的变更说明重整计划在执行过程中就遇到障碍或问题,这些问题只能通过变更重整计划的方式解决。若重整计划的变更次数不受限制,重整计划的权威性和严肃性就无法确保,重整计划执行方一旦遇到问题就试图通过变更重整计划的方式来解决,可能导致重

---

① 参见宁培晶:《公司重整计划研究》,中国人民大学 2008 年硕士学位论文,第 23 页。

整计划变更制度被滥用。所以重整计划原则上只能变更一次,这也要求管理人和债务人要把握住机会,将重整计划变更的时间、变更的内容以及无法完成变更的后续安排都要经过慎重和全面考量。

(四)重整计划变更的法院强行批准问题

重整计划草案未被表决组一致通过时,如果符合法律规定的一定条件,法院可以裁定批准该项公司重整计划。强行批准制度体现了司法权力对公司重整计划的干预,是重整的一大特色。一定程度的司法干预可以矫正重整计划表决过程中的极端利己主义倾向,最大限度地维护社会公正,体现了效率优先兼顾公平的价值取向。[①]

重整计划的变更在未获债权人会议表决通过情况下法院是否能强行批准,笔者认为不可以。首先,法院的强行批准权作为一种司法强制干预权只有法律有规定时才能适用,即"法无规定即禁止"。《企业破产法》没有对重整计划变更制度作出规定,也没有对法院强行批准重整计划变更方案进行规定,所以法院强行批准没有法律依据。其次,如前文所述,破产重整程序要最大限度地尊重当事人意思自治,尽可能减少司法干预特别是强制性干预。特别是重整计划本身就已经过法院强行批准才生效执行时,如重整计划变更方案还是经人民法院强行批准,那么更明显严重违背了上述原则。

五、结　　语

我国重整制度起步较晚,实践经验相对缺乏,重整工作经常会遇到法律界限模糊、没有参考先例、突破性大等问题。而重整计划变更制度法律尚没有明文规定,司法实务界都在"摸着石头过河"。本文只是对其中一些具体问题进行初步梳理和分析,因时间和经验不足还有待进一步思考,有的地方需要向各方求教。笔者期待我国重整计划变更制度能够尽快颁布相关立法,为广大实务工作者指明方向。

① 参见张丽艳:《重整计划比较分析》,载《法学杂志》2009 年第 4 期。

关联企业合并和解的理论基础和实践探索

朱志亮*　胡晓敏**

关联企业合并破产问题已被理论及实务界所广泛热议,但更多是讨论关联企业合并重整问题,而关联企业合并和解鲜有论及。究其原因,因重整制度兼具保护债权人利益和挽救企业再生的双重价值,关联企业作为在一定范围内具有一定经济实力、市场价值及社会影响的企业联合,往往因联保、互保不当导致资金链断裂,进而引发破产危机,一个企业成员的破产很容易牵一发而动全身,牵累整个企业集团陷入破产境地。在具备挽救价值和重生希望的前提下,首要功能是帮助实现企业复兴的重整制度往往成为企业的首要选择。重整方可通过如企业部分或整体出让、企业的合并或分立、改变经营方向、追加投资、租赁经营等方式帮助企业再生,①而相较于重整措施的多样性,和解制度则比较保守、单调,只能通过减免债务、延缓履行即需要债权人让步的方式以给企业喘息、生存的机会。而且,因为和解制度自身的先天性缺

---

* 江苏省启东市人民法院清算与破产审判庭庭长。

** 江苏省启东市人民法院清算与破产审判庭法官助理。

① 参见杨智玲:《破产和解制度的价值分析——从破产法三大制度比较的视角》,载《湘潮》2009 年第 4 期。

陷广受诟病,更有甚者,因和解制度的法律价值未得到实现、司法操作效果不佳,认为和解制度没有存在的必要。① 笔者认为,和解制度作为破产程序的三大制度之一,制度设计必有其存在的立法价值,不能因为立法的缺陷、司法实践的欠缺就此否定它的存在。另外,由于企业关联形式的复杂多样,理论及实务界亦不再局限于把实质合并原则作为关联企业合并破产的唯一标准和唯一模式,开始探讨在非实质合并下的关联企业的合并破产模式,如未达到法人人格高度混同但在生产、经营、融资方面确有关联的企业的重整规制。② 笔者认为,关联企业和解亦应如此,既要研究符合实质合并原则的关联企业合并和解模式,也要探讨在未构成高度混同的关联企业的整体和解模式。本文以笔者所在法院审理的金双喜实业发展有限公司等6家关联企业合并和解案为切入点,仅探讨构成高度混同的关联企业合并和解的理论基础及程序适用。

一、关联企业合并和解的理论基础

(一)实质合并原则的适用

关联企业合并和解作为关联企业合并破产的手段之一,其依据的理论基础亦是实质合并原则。实质合并是指将已破产之多数关联企业的资产和债务合并计算,并且去除掉关联企业间彼此之债权和担保关系,完成前述"合并"后,即将合并后之破产财团,依债权比例分配予该集团所有债权人,并不细加追究该债权是哪一家从属公司所引起的。③ 适用实质合并原则的前提是关联企业成员之间法人人格高度混同。而认定关联企业法人人格高度混同必须同时满足两个要件,即关联企业严重丧失法人财产独立性和法人意志独立性。

1. 企业严重丧失法人财产独立性的认定

企业财产的独立是法人人格独立的首要条件。依据我国《公司法》第3条第1款的规定,公司以其全部财产对公司债务承担责任。充分表明公司财产独立是公司为民事行为和承担民事责任的前提和保证。如何认定企业财产不独立,主

① 参见邹杨、丁玉海:《破产和解制度的反思:价值、规范与实践的统一》,载《海南大学学报》2013年第6期。

② 参见郁琳:《关联企业破产整体重整的规制》,载《人民司法》2016年第28期。

③ 参见王欣新、周薇:《关联企业的合并破产重整启动研究》,载《政法论坛》2011年第6期。

要有如下判定依据:企业流动资金、货币资产、固定资产等主要经营性财产,在占有、使用、收益、处分等方面难以区分;企业财务账簿、会计凭证难以区分,银行账户混合使用;生产经营场所未作明确区分;债务和收益不作区分。①

2. 企业严重丧失法人意志独立性的认定

公司法人意志不独立是判定公司法人人格混同的第二要件。公司法人意志独立是法人人格独立的根本保证。意志独立是公司享有权利能力和行为能力的基础条件。认定公司法人意志不独立的依据主要有:经营业务相同或紧密联系,关联交易频繁,交易的行为、方式、价格受控制企业支配;相互担保或交叉持股;公司法人代表或实际控制人相同,董事、监事、高管人员交叉兼职,调动频繁;工资、福利待遇统一发放,劳动关系主体不明确;对人事任免、经营管理等重大事项不履行必要的决策程序。

以上因素共同作为公司法人人格混同的判定标准。但是,实务中关联企业的混同现象普遍存在,但未必都达到高度混同,这就需要法院在实际操作中严格把关、慎重决定。一旦错判关联企业法人高度混同进而适用实质合并,很可能造成那些资产较多、信誉较好的关联企业的债权人的利益损害,而这些关联企业只是被动接受控制企业统一控制、管理,其财产完全是自己独立经营所得,并非依靠关联企业一体化经营或从其他关联企业处得到。②

(二)非实质合并下的关联企业合并破产处理设想

不过,法院在审查关联企业合并破产是否符合实质合并原则的同时,亦要具体问题具体分析。因为随着市场经济的高速发展,企业关系也越发复杂多样,对于某些未达到法人人格高度混同甚至法人人格彼此独立,但在生产、经营、融资等方面确有关联的企业适用实质合并则存在障碍。此类企业并非是常见的投资关系或控制从属关系,而是相互独立平等却基于特定经济目的,通过联合经营、组织分工等特定手段形成的企业联合,如姊妹公司。此类企业,一旦其中一个出现破产危机,通常也会影响其他成员的经营和偿债能力,甚至使其他成员也陷入破产困境,若适用重整程序,单独对其进行重整,则无法实现集团整体资产和经

---

① 参见孔维璜:《实质合并规则的理解和运用》,载《人民司法》2016 年第 28 期。

② 参见李佳:《论我国关联企业合并破产的法律规制》,华东政法大学 2014 年法学院硕士学位论文,第 27 页。

营的整合,难以达到重整效果,且单独重整亦会损害债权人公平受偿。在这种情况下,如严格按照法人人格高度混同为标准才能适用实质合并,否则只能单独重整,可能会导致重整计划制订困难,或因彼此衔接不当导致无法有效执行。因此,在保证各关联企业成员法人地位独立性的前提下有必要将其纳入一个重整程序,由同一管理人制订一个整体的重整计划。① 而且在和解程序中,因和解程序具有意思自治的特点,如企业存在上述情况,若征得全体和解债权人同意,亦可将其纳入一个和解程序。

二、关联企业合并和解的必要性分析

和解制度的价值所在是关联企业采取合并和解这一模式的必要性。和解制度与重整制度同属于破产预防程序,只是因其所能采取的手段较为保守、单一,仅靠延期清偿债务、减免债权数额的方式使债务人获得重生的机会,相较于方法激进、多样的重整制度来说,和解使债务人重获新生的概率较小而已。也正因如此,和解制度被定性为一种消极的预防程序,而且,鉴于和解程序适用的局限性,实务中运用和解程序的案例并不多,通过和解对企业成功挽救的案例则更少。但是,和解制度的缺陷不能否认其立法价值。

1. 相较于清算程序来说,有利于提高债务清偿率

企业一旦被宣告破产进入清算模式,只能通过资产变现来偿还债务。但是,破产财产变现在破产案件审理中是一大难题,一般都需经多轮司法拍卖才能成交,有些破产企业财产更是闲置几年才成功脱手。其代价就是费用庞大、耗时长久,在支付了庞大的破产费用和共益债务后,债权人实际获得的清偿已所剩无几。如适用和解程序,当然前提是企业具有继续经营的可能和价值,债权人看似损失了一部分利益,但是却给了债务人一个缓冲期,给予了债务人能走出困境的可能,保留了营运价值,利于实现资产增值,此种模式实际上是提高了债权人的实际受偿率。

2. 相较于重整程序来说,程序简便,成本低

重整制度之所以被大部分人所青睐,主要是重整途径的多样性,如企业部分

---

① 参见王欣新、周薇:《关联企业的合并破产重整启动研究》,载《政法论坛》2011 年第 6 期。

或整体出让、企业的合并或分立、改变经营方向、追加投资、租赁经营等。但是,重整制度也有程序烦琐、成本高等弊端。一项重整计划的制订和通过,需要管理人、法院与多方博弈,如债权人、政府部门、金融机构、投资者等。与各利害关系人都达成一致意见,并不轻而易举。在重整谈判过程中,企业为了获得投资,肯定要允诺投资人一定的优惠;另外,为了得到债权人的理解,肯定要给予消除其疑虑的保障。程序的烦琐必然导致成本的高昂。和解协议的制定和通过只需赢得债权人的认可,与债权人达成一致意见,没有复杂的社会关系需要协调沟通,具有简便灵活、低成本的优势。

三、关联企业合并和解的实践探索

江苏省启东市人民法院审理的金双喜实业发展有限公司等6家关联企业合并和解案系全国首个关联企业合并和解案例,本文将以此案为切入点,探讨关联企业合并和解的程序适用。

金双喜实业发展有限公司(以下简称金双喜实业公司)是江苏省内一家具有一定知名度的企业,拥有数十项发明专利,其产品更是远销海内外,公司生产的高压锅曾被认定为中国驰名品牌。自2014年以来,由于企业盲目扩张,肆意举债,造成资金链断裂而陷入资不抵债的境地。2014年7月5日,经债权人申请法院裁定受理金双喜实业公司破产案,与之相关的南通冠金置业有限公司(以下简称冠金公司)、启东金双喜建筑材料有限公司(以下简称金双喜建筑公司)、南通博金电器有限公司(以下简称博金公司)、南通威廉姆电器有限公司(以下简称威廉姆公司)、启东市钢瓶厂(以下简称钢瓶厂)也相继进入破产程序。①

金双喜实业公司、冠金公司、钢瓶厂法定代表人均为施某,金双喜建材公司、博金公司、威廉姆公司法定代表人分别为施某弟弟、儿子、女儿,且这3家企业实际控制人仍是施某,6家企业为家族式企业,为便于管理人工作和法院审理,在受理6家企业破产案后,法院即指定同一管理人负责6家企业破产工作。

① 参见陈坚:《启东首创国内企业破产合并和解新模式》,载《江苏法制报》2017年2月17日,第2版。

(一)程序启动

审理阶段,施某多次向管理人及法院表示和解意愿,并于 2016 年 12 月 7 日金双喜实业公司等 6 家企业向法院提出合并和解申请,管理人在开展工作中发现 6 家企业存在法人人格高度混同现象亦向法院提出 6 家企业合并和解的意见。

(二)法人人格高度混同的证据认定

在提出合并和解申请后,管理人即向法院提交以下证明金双喜实业公司等 6 家企业法人人格高度混同的证据。

证据一:6 家企业实际控制人均为施某,管理模式为家族式管理。根据 6 家企业的工商登记资料显示,金双喜实业公司、冠金公司、钢瓶厂法定代表人均为施某,金双喜建材公司、博金公司、威廉姆公司法定代表人分别为施某弟弟、儿子、女儿,且该 3 家公司实际控制人为施某。另外,6 家企业的股权结构如下:金双喜实业公司股东为施某及其母亲;冠金公司股东为施某及其妻子;钢瓶厂挂名集体实为施某创办;金双喜建材公司股东为施某弟,个人占股 100%;博金公司股东为施某妻儿;威廉姆公司股东为施某父亲、女儿。

证据二:6 家企业经营范围混同。根据工商登记资料显示,金双喜实业公司经营范围为:机电设备、家用电器、办公用品、低压电器元件、仪器仪表、铝制品、不锈钢制品、日用五金、日用金属制品、金属冲压件、商品混凝土制造、销售;国内商业贸易;酒销售;货物与技术进出口。冠金公司经营范围为物业管理,五金、交电、建筑材料、建筑装饰装潢材料销售,房地产开发、销售。金双喜建材公司经营范围为商品混凝土、建筑材料制造销售,建筑装饰装潢工程施工、园林绿化工程施工。博金公司经营范围为家用电器、机电设备、通信设备、仪表仪器、厨房设备、铝制品制造、销售。威廉姆公司经营范围为生产销售电动工具及配件、低压电器元件、家用电器。钢瓶厂经营范围为金属罐制造,厨房用具、铝制品制造销售。

调查中发现,金双喜实业公司实际通过关联企业和其他企业经营小家电、合作投资房地产项目;冠金公司实际通过关联企业和其他企业合作经营房地产开发项目;博金公司实际通过关联企业经营小家电;威廉姆公司实际通过关联企业经营生产电动工具配件等。以上可充分看出6家企业经营业务存在高度混同。

证据三:经营场所存在混同。根据6家企业工商登记资料,金双喜实业公司、钢瓶厂住所地均位于启东市寅阳工业区;冠金公司、博金公司、威廉姆公司住所地均为启东经济开发区华石工业园。金双喜建材公司住所地为启东市经济开发区和平工业区,但该公司无实际经营场所。6家公司总部设于启东经济开发区华石工业园金双喜大厦内,实际生产场所均位于启东寅阳厂区。以上充分表明6家企业生产经营场所存在高度混同。

证据四:6家企业部分资产无法区分。据管理人调查,6家企业流动资金、货币资产、固定资产相互依赖、相互使用,无法区分。如在清理威廉姆公司、钢瓶厂资产时,其名下无任何土地使用权、房产登记信息,公司实际使用的土地使用权所有人、房产所有权人均为金双喜实业公司。在清理金双喜实业公司机器设备、存货等资产时,同时发现存在钢瓶厂、博金公司的资产,且难以区分。

证据五:6家企业财务存在高度混同。6家企业运营资金管理由财务总监统一实施,法人章由施某统一管理,资金由施某统一调配,6家企业之间资金往来频繁且数额巨大。如金双喜实业公司与其他5家企业都有资金往来,提取资金接近2亿元。

证据六:6家企业间互相担保现象频繁。6家企业借款相互担保,对于贷款资金,企业间又混同使用,根据债权申报显示,存在多个债权人分别在不同企业中既申报主债权,又申报担保债权,导致同一笔债权在两个以上企业重复申报。

证据七:6家企业高管人员交叉兼职。管理人调查中发现,6家企业高管人员交叉兼职现象严重,如金双喜实业公司副总陈某同时兼任6家企业的人事管理工作;金双喜实业公司副总黄某同时兼任6家企业财务总监;金双喜实业公司副总施某弟同时兼任金双喜实业公司和威廉姆电器的生产经营管理。

证据八:劳动关系不明确,职工工资发放、五险一金缴纳存在混同。根据管理人调取的6家企业职工劳动合同书、工资发放表、医疗、养老保险缴纳流水账等资料,同一职工劳动合同的签订、工资的发放、五险一金的缴纳不完全在同一企业进行。如有职工与金双喜实业公司签订劳动合同,但工资由冠金公司发放,养老、医疗保险却由博金公司缴纳。此类情况并非个案。

证据九:人事任免受施某一人控制,6家企业间人事调动不履行必要程序。根据管理人调查,6家企业实际由施某一人控制,人事调配由其统一管理,6家企业间人员流动频繁,且不履行必要程序,如有些不办理停工手续又重新签订劳动合同、不办理劳动关系流动备案、不办理劳务派遣手续或不转移五险一金等。

证据十:6家企业债权存在重复申报现象。管理人在债权审查中发现,6家企业债权申报存在严重的重复申报情况。共有22户债权人重复申报,其中8户债权人重复向3家企业申报,5户债权人重复向4家企业申报,重复申报债权无效额达12亿多元。

(三)通知已知债权人并予以公告

在收到金双喜实业公司等6家企业合并和解申请后,法院即向已知债权人发出征求意见通知并在报纸上予以公告。要求债权人如对6家企业进行合并和解有异议的,在收到通知或公告之日起7日内向法院书面提出,并提供相应证据。后一债权人在规定时间内向法院提出异议。

(四)就合并和解异议组织听证

在收到异议债权人的书面异议后,法院即组织所有利害关系人就金双喜实业公司等6家企业是否符合关联企业合并和解进行听证。听证会由法院组织,6家企业管理人、6家企业实际控制人、债权人会议主席、职工代表、审计机构代表及异议人参与听证。听证会主要就管理人提供的上述证明金双喜实业公司等6家企业法人人格高度混同且损害债权人权益的证据进行质证。法院在充分听取各方意见并经过严格审查后,认为金双喜实业公司等6家企业作为债务人申请合并和解主体适格,6家企业属关联企业,且混同情形显著、广泛、持续存在,6家企业的法人财产独立性及法人意志独立性已严重缺失,可认定关联企业成员之间法人人格高度混同,为平等保护所有债权人公平受偿的权利,据此裁定金双喜实业公司等6家企业合并和解。

(五)召开金双喜实业公司等6家企业合并和解债权人会议

在裁定6家企业合并和解后,由审计、评估机构对6家企业合并后的资产进行重新审计、评估,并作出审计及评估报告。审计结果显示6家企业合并后的资产总额为177,361,770.01元,负债总额为1,168,388,911.75元,资产负债率为660%,属于严重资不抵债,严重缺乏清偿能力。

根据我国《企业破产法》第 96 条第 1 款规定:“人民法院经审查认为和解申请符合本法规定的,应当裁定和解,予以公告,并召集债权人会议讨论和解协议草案。”和解协议草案经管理人与合议庭法官、债权人代表、职工代表、6 家企业实际控制人多次讨论修改并最终定稿。2017 年 2 月 13 日,法院就 6 家企业合并和解协议草案召开债权人会议进行表决。

依据我国《企业破产法》第 97 条规定:“债权人会议通过和解协议的决议,由出席会议的有表决权的债权人过半数同意,并且其所代表的债权额占无财产担保债权总额的三分之二以上。”这里需注意有表决权的主体。我国《企业破产法》第 59 条第 3 款规定,对债务人的特定财产享有担保权的债权人,未放弃优先受偿权利的,对于《企业破产法》第 61 条第 1 款第 7 项、第 10 项规定的事项(通过和解协议、通过破产财产的分配方案)不享有表决权。即有表决权的债权人为对债务人享有无财产担保债权的或虽对债务人财产享有担保权但放弃优先受偿权利的人。

该次会议上,通过合并和解协议的同意债权人数及债权金额均超过法定标准,据此,2017 年 3 月 23 日,法院裁定认可金双喜实业公司等 6 家企业合并和解协议,并终止 6 家企业和解程序。

(六)完善和解协议执行的监督机制

和解协议经债权人会议通过后,法院即组织出席会议的全体债权人选举产生债权人委员会成员,债委会由 7 人组成,分别有债权人会议主席、抵押债权人代表、第二顺序税款债权人代表、第三顺序普通债权人代表及职工代表,充分保证公平、公正,维护所有债权人权益。和解协议经法院裁定批准后,为监督和解协议的有效执行,保护全体债权人的和解权益得以实现,管理人会同合议庭法官、债务人、债委会人员共同讨论制定金双喜等 6 家企业债权人委员会议事规则及监管实施细则。

我国《企业破产法》第 67 ~ 69 条规定了债委会的组成方式、职权等,立法较为简单,且并未区分清算、重整、和解三种模式下的债委会职权。在不突破现有法律规定的前提下,根据该案具体情况,制订出具体完善且可操作性强的 6 家企业债委会议事规则及监管实施细则。细则主要涵盖了 11 项内容,包括:债委会成员组成、成员任期、债委会职责、有关召开债委会会议的具体事项、债委会印章管理、债委会账户监管、债委会财务人员监管、债委会资金监管、6 家企业资产处置、6 家企业自主经营、债委会监管成本等其他事项。笔者在此不一一阐述,仅截取以下重要几点。

1. 债委会职责

债委会履行职责的目的,既要维护全体债权人的和解权益,又要兼顾 6 家企业的经营自主权。基于这一目的,债委会成员有权监督、检查 6 家企业财务状况,有权对 6 家企业法定代表人提出质询;对于 6 家企业法定代表人、董事、高管人员损害公司利益的行为有权要求其尽快纠正;对于其他主体损害 6 家企业合法权益且 6 家企业无法排除妨害的行为,应当协助排除;对于 6 家企业可分配资金,按和解协议及时向各债权人分配;接受 6 家企业和解债权人的咨询,对 6 家企业的经营状况、财产分配情况应向债权人真实披露;支持、维护 6 家企业的正常生产经营,不得干预企业的自主经营权,如人事任免、经营内容、员工报酬等。对于妨害企业正常经营或提出超出和解协议约定的权利的债权人,有权阻止,不听劝阻的有权限制其按和解协议获得的债权分配额,并依法追究其对企业造成的合理损失。

2. 债委会会议

(1)召开时间:会议每半年至少开一次,债委会成员可提议召开临时会议。(2)议事方式:分为现场会议、远程视频会议、电子通信会议(如建立微信群、QQ 群)。表决方式:现场签字表决、书面送签表决、先电子通信确认后补书面签字表决。如超过两日未发表意见的视为同意。(3)表决效力:有债委会成员过半数以上才视通过。(4)会议留存:每次召开债委会应有书面会议记录,对于有表决事项的,需出席会议所有人员签名确认。(5)参会人员:除了债委会成员,必要时 6 家企业法定代表人可列席会议,接受债委会质询,6 家企业法定代表人亦可就债委会决议事项提出质询和建议。(6)对于不履行或不正确履行的债委会成员的惩戒措施:首先,对于无故缺席会议的,如累计 3 次缺席,该成员应主动向债委会辞职;累计 5 次缺席,则债委会成员资格自动无效。其次,在进行议事或表决时,应代表全体债权人的利益和意志,避免受个人或所在利害关系单位私利的影响,做到合法合理有据。如在上述情况中存在不尽职行为,债委会可撤销其成员资格。另外,如有证据证明债委会成员存在利用其成员身份采用明示或暗示方式甚至威胁、干扰企业正常经营的方式从或者希望从企业获取非正常利益的行为,债委会应当撤销其资格。

3. 债委会财务监管

为6家企业设立监管账户,该账户为6家企业生产经营的唯一核心账户。6家企业经营所得全部汇入监管账户,企业所需资金需报债委会财务总监审核方可使用。另外,为方便经营需要,6家企业可在债委会同意下设立周转账户,由6家企业自主使用,该账户资金原则上全部源于监管账户,特殊情形下资金经债委会同意可直接汇入周转账户。对于批准转入周转账户的资金无须再次审核,可直接使用。债委会向6家企业派驻财务总监一名,财务总监接受债委会监督并向其报告。财务总监如发现所需资金为不合理支出报债委会主席核实后有权不予支出。对于合理支出多次故意不予支出的,企业法定代表人可向债委会建议免去其职务,由债委会另聘财务总监。

4. 资金使用

为尽快恢复生产,根据法定代表人申请由监管账户拨款(一般10万元,具体根据实际需要调整)汇入周转账户,在此额度用完后再次申请经财务总监审核后再次拨款。如一次所需资金超出10万元且周转账户不足,由法定代表人提出用款申请,并按拟发生额报债委会审核转入周转账户。对于上述资金的实际用途及去向应事后及时向债委会主席汇报。如该类资金连续两次的实际用途与申请用途不一致时,财务总监应向债委会主席汇报,债委会主席有权对法定代表人进行制止并在该类不当行为得到纠正后方可再次拨付。

四、结　　语

关联企业合并破产顺应了市场经济的发展,亦满足了司法实践的需求。因实务中多是探讨关联企业合并重整,对于关联企业合并和解很少论及,作为具有程序简便、成本低等优势的合并和解模式对于拯救企业再生亦有重要价值。本文浅述了关联企业在符合法人人格高度混同情形下基于实质合并原则探索运用合并和解的程序模式,以期给关联企业合并和解的司法实践提供参考。另外,随着市场经济的发展,企业关联关系亦变得复杂多样,法院如将实质合并规则作为关联企业合并破产的唯一标准,亦为不妥。因此,在遇到未构成法人人格高度混同但在生产、经营、融资等方面确有关联的企业时,有必要探索非实质合并下的和解模式,以期实现企业价值和债权人利益的最大化。

四、债务人财产、破产债权与管理人制度

关于破产案件中公权力债权的实务思考

孙静波[*]　张　进[**]

破产案件中,债权的审核与确认一定程度上决定了案件的审理进程与最终结果。而作为破产债权之一的、涉及公权力部门的债权,除去税款债权和社保债权之外,尚未获得足够的重视,其申报、审核、清偿等环节均缺乏相应的制度设计和明确规定。本文将结合破产案件审理实务,对此类债权进行探讨,以期推动破产案件审理流程的进一步规范。为便于阐述,本文中,此类债权姑且称为"公权力债权"。

一、公权力债权的类型特点

本文讨论的破产案件公权力债权并非平等主体之间形成的债权,而是指债权人为公权力部门,系这些部门在行使职权过程中形成的、应由破产企业偿付的债权。

(一)公权力债权的类型

破产案件中主要涉及以下几类公权力债权:

* 北京市房山区人民法院民二庭副庭长。

** 北京市京师律师事务所合伙人。

1. 税款及其滞纳金

税款即债务人根据相关法律规定应缴纳的税款,是国家和政府存续并有效运作、进而为全体社会公众提供公共服务和公共物品以满足公众需求的重要收入来源,需要依据行政权力和经济权力予以获取。①

欠税滞纳金则是作为纳税主体的债务人在经营过程中欠缴税款而被国家税务管理部门加收的带有惩罚性质的滞纳金,旨在促进经营主体依法及时纳税。

关于税款,现有破产法有明确规定,税款属于优先受偿的破产债权,其受偿顺序仅位于劳动债权之后。

而关于欠税滞纳金,最高人民法院《关于税务机关就破产企业欠缴税款产生的滞纳金提起的债权确认之诉应否受理问题的批复》(法释〔2012〕9 号)明确载明:"税务机关就破产企业欠缴税款产生的滞纳金提起的债权确认之诉,人民法院应依法受理。依照企业破产法、税收征收管理法的有关规定,破产企业在破产案件受理前因欠缴税款产生的滞纳金属于普通破产债权。对于破产案件受理后因欠缴税款产生的滞纳金,人民法院应当依照《最高人民法院关于审理企业破产案件若干问题的规定》第六十一条规定处理。"根据该批复,欠税滞纳金应有别于税款,属于普通破产债权,并无优先受偿的权限。

2. 社保费用及其滞纳金

社保费用是企业应为其职工向劳动社保部门依法缴纳的社会费用,是职工最基本的生存保障,是企业财产因职工提供劳动而增加所付出的对价,旨在保护劳动者的基本生存权利和创造财富的积极性。② 依据破产法相关规定,社保费用亦属于优先受偿的破产债权。

而社保滞纳金则是指用人单位未按时足额缴纳社会保险费时,由社会保险费征收机构责令限期缴纳或者补足,并自欠缴之日起,按日按比例加收的一种罚款。

3. 其他行政性罚款

其他行政性罚款,即由法律授权的国家行政机关依照法定程序强制违反法律规定但尚不足以构成犯罪的企业缴纳一定数额的金钱,是行政处罚的一

① 参见汪厚冬:《公法上不当得利之初探》,载《东方法学》2011 年第 5 期。

② 参见肖泽晟:《论行政强制执行中债权冲突的处理》,载《法商研究》2011 年第 3 期。

种形式。① 包括破产企业依法应缴纳的各种罚款、罚金等费用。

4. 诉讼费

诉讼费,即破产企业在此前的民事诉讼中被生效判决判令应承担的诉讼费。根据现有民诉法及其司法解释的规定,诉讼费由原告预交,裁判文书生效后,法院最终判令由败诉方承担。司法实务中,绝大部分作为债权人的原告胜诉后可能会径直选择在申请强制执行程序中一并主张由作为被执行人的败诉债务人承担该项费用,但仍有部分胜诉的原告选择向法院申请退回该笔预交的费用。此时,本应由败诉债务人承担的诉讼费往往因为无人启动相应的执行程序而逃避了该项给付责任。而一旦该债务人进入破产程序,该笔费用更加无人提及。

5. 刑事案件罚金

刑事案件罚金是财产刑的一种,系刑事案件被告人被法院依法判处向国家缴纳一定数额的金钱以作为对其犯罪行为的一种惩罚。企业也可能成为刑事案件中的被告人,并承担相应的刑事责任,其中就可能包括罚金缴纳责任。

需要注意的是,由于法律规定相对粗疏,在实务中,有别于民事案件的胜诉原告会积极选择启动执行程序实现生效判决确定的债权,刑事案件罚金的对应判决因为缺乏相应的申请执行主体而较少进入实际的执行程序。通常的做法系由刑事审判庭移送执行庭执行或者自行立案执行,而根据审执分离原则,大多数法院会选择将财产刑的案件移送执行庭执行,移送便是罚金执行程序的启动方式。② 但进入破产程序后,该项费用应如何处理,目前并无规定。

(二)公权力债权的特点

破产案件中的公权力债权通常具备以下特点:

一是债权人系公权力机关。即有别于其他破产债权,公权力债权的权利主体通常为代表国家行使相关征管权力或裁判权力的行政管理部门或司法裁判部门而非普通的公民或企业等私法主体。如税务部门、社保部门、法院等,其代表的实际上是国家的意志,故债权人与债务人之间存在本质上的不平等。

---

① 资料来源:http://baike.baidu.com/link? url = 2nVu_CD1CplpEaX5H0fqacpPQQksIL6n1ASryTpDSL8CjVQSYSCEpTw1vZdsY,最后访问日期:2017 年 5 月 13 日。

② 参见洪峰春、郭杨辉:《谈谈罚金刑如何执行》,载中国法院网:https://www.chinacourt.org/artide/detail/2009/10/id/379528.shtml,最后访问日期:2017 年 5 月 13 日。

二是依法律法规或裁判形成。私法领域的破产债权是债务人和债权人均作为平等民事主体在民事交往中形成的债权。而公权力债权或者是根据相关法律法规的规定形成,如企业应依法缴纳的税款;或者依据法院生效裁判文书形成,如判令该企业承担的诉讼费,体现的是国家的意志,是债务人对国家所欠付的债务,并不包括公权力部门在民事法律活动中对债务人获得的债权。即此类债权通常不是基于商品交换关系产生,而是具有特定的公益性或社会政策目的,具有特定的社会使命。①

三是与私法债权受同等保护。公权力债权虽然有别于私法领域内的债权,但基于债权的同质性,以及在权利义务内容和类别上的诸多共通性,其也应受到法律的同等保护,其实现同样可以遵循私法债权实现的一般法理,包括可以通过强制执行程序实现债权,②同样地,也可以通过破产程序与私法债权一并获得集中清偿。

二、公权力债权的个性问题

不同类型的公权力债权在破产程序中面临着不同的问题。

(一)税款及其滞纳金

破产程序系通过统一集中清偿全盘解决债务人的对外债务问题,在此过程中,债权人可能与债务人达成和解;也可能因为确实资不抵债,部分债务无法实际偿付;还可能有部分债权人在破产重整案件中放弃了部分债权。而依据现行法律规定,减免的债务应当缴纳企业所得税,因为从税法的角度来看,减免的债务意味着债务人实际上获益了,故需为此缴纳相应税款。如果不缴纳,将可能导致相关税务注销手续最终无法完成。这种计税方式给本就因资不抵债陷入破产困境的债务人造成了更多的额外负担,在重整案件中更是对出资参与重整的战略投资人形成一种实质上的不公平。是否合理,应予理性思考。

---

① 参见左平良:《关于特种债权之物权担保的否定性思考——兼论特种债权的优先效力》,载《云梦学刊》2006年第27期。

② 参见肖建国:《论财产刑执行的理论基础——基于民法和民事诉讼法的分析》,载《法学家》2007年第2期。

对此,应首先明确一个前提:就是该企业已经进入了破产程序。如果该企业仍在正常经营,那么其被减免的债务可以考虑适用相关税务征收管理交税;但如果经法院在破产程序中查明该企业确实资不抵债,同时其此前所欠缴的税款也已经如数清偿,此时不应再以其部分债务被减免为由继续要求其纳税。

(二)社保费用及其滞纳金

关于社保费用及其滞纳金,目前实务中需要进一步明确的是以下三个问题:

1. 社保费用及其滞纳金的计算截止时间。

这个问题实质指向的是债务人与其职工之间的劳动合同最终的终止时间应如何确定。劳动合同法对此与破产法可能存在不同的理解。

根据我国现行《劳动法》的规定,除双方达成解约合意或职工主动提出解除要求之外,企业被宣告破产时劳动合同方才终止。但在司法实务中,法院裁定受理破产申请至最终裁定宣告企业破产之间存在一个时间差。因为根据现行破产法的规定,法院对于破产案件的受理适用的是类似于立案登记制的立法理念,即只要申请人提供的证据能够证明债务人确实存在到期未能偿还债务的情形,基本就符合了受理条件,至于该债务人究竟能否清偿到期债务,则是需要在破产程序启动后,在该程序中进一步予以查明、确定的事实。在此过程中,如果债务人及其实际控制人配合法院及管理人的工作尚且可以大体确保破产程序的顺畅进行,可对于债务人及其实际控制人消极懈怠、拒不配合或者存在企业存续但实际控制人失联等情形下,可能在法院受理破产申请后,连债务人向管理人交接这一环节都难以完成,至于后续的核查资产、财务审计等工作更是举步维艰,进而直接导致法院在缺乏足够事实的基础上难以简单地作出该企业确实资不抵债的判断,也无法径直裁定宣告该企业破产。那么在这种情形下,仅因为法院暂时无法宣告破产,该债务人与其职工的劳动合同就可能无法实质上予以解除,相关的社保费用及其滞纳金都将继续滚动计算。这种结果其实无论是对债务人抑或是对其他债权人都是一种不公平,因为债务人在实际上已无法正常经营的情况下仍要背负日益增重的债务负担,该债务人的其他债权人则因为破产程序集中清偿的制度设置而进一步降低最终受偿比例。

2. 由谁决定破产企业的劳动合同解除时间?

司法实务中,社保部门通常并不认可管理人的身份,尤其是在债务人拒不交接或因客观原因无法完成交接工作的情况下,破产企业所签劳动合同的解除工作迟迟无法启动。

对此,建议完善现有法律规定,进一步明确管理人在破产案件中的地位及权限,尤其是要确保相关行政管理部门完全认可、接受管理人的这一地位及权限,避免管理人在办理相关破产事务时始终处于“名不副实”的尴尬地位,同时进一步明确在法院裁定受理破产申请并指定管理人后,管理人根据交接情况以及对债务人现有经营状况的了解,对是否应予解除劳动合同形成基础判断,而后由管理人代表债务人管理层作出是否解除劳动合同、解除多少份劳动合同的决定,并向对应的职工及相关劳动保障部门、社保部门发出该决定。相关行政管理部门收到该决定后,应终止相关社保费用及其滞纳金的计算。当然,因为这属于劳动合同未到期且双方未达成解约协议的情况下企业单方作出的解除决定,债务人仍应依法为此承担给付赔偿金等责任,相应的赔偿费用应纳入破产债权中一并清偿。

之所以将破产债务人与其职工所签劳动合同的解除与否交由管理人决定,也与破产法赋予管理人的职权相吻合。如我国《企业破产法》第18条即规定管理人有权决定债务人未履行完毕合同解除抑或继续履行,该法第25条则明确了管理人对破产企业具有决定破产企业是否继续经营、如何开支、财产处分等职责,这实际上是授权管理人代替破产企业原有经营管理层对该企业的一切运营事务进行处理,其中自然也应该包括是否解除与职工的劳动合同。

3.社保费用及其滞纳金在破产案件中的清偿顺序应如何确定?

现实生活中,社保费用及其滞纳金都是同时滚动计算的。社保部门通过内部电子系统计算社保费用及其滞纳金,虽然在每月形成的相关表格中这两项费用的金额是可以区分开的,但当企业在实际办理缴费手续时,社保部门点击生成键后,系统直接生成最终的应缴纳金额同时包含社保费用及其滞纳金。两类费用此时无法相互区分,企业需一并交纳两项费用,不存在先缴社保费用后缴滞纳金一说,只能选择缴纳的时间段,即选择先缴纳特定经营期间内的社保费用及滞纳金,剩余未缴费用待有资金后再行缴纳。同时,即使劳动合同解除后,社保费用的计算时间终止,但对应的滞纳金仍继续滚动计算,直至企业完全补足。而如果企业未能足额缴纳社保费用及其滞纳金,相关职工虽然仍可在其他用人单位继续缴纳社保,但因上一阶段的社保费用及滞纳金未补足,将来该职工仍然无法享受退休待遇及医疗保险等待遇。

对此,如果企业正常经营,上述安排倒无可厚非;但一旦企业进入破产程序,是否还应如此操作,需要慎思。毕竟,不同债权的清偿顺序在破产案件中往往决定了其最终清偿比例,这种顺序的确定其实也体现了破产法对不同债权的保障力度。以清偿保障程度区分不同种类债权,可便于破产法对不同债权作出不同反应,这与破产法的集中、公平偿债功能相吻合。① 具体就这个问题而言,社保费用是企业为其职工向国家缴纳的保障费用,最终是要惠及职工身上,具有明显的个体属性,现行《企业破产法》也已明确将其列为优先受偿债权;而社保滞纳金则是国家对企业迟延缴纳社保费用作出的处罚,与职工并无直接关联,就其性质而言更类似于一种行政罚款,应纳入公权力债权的范畴,在无法律明文规定的情况下,不应在破产程序中享有与社保费用同等优先受偿的权限。故建议规定,在企业进入破产程序后,根据查明的事实,在债务人确实资不抵债的情况下,应用企业现有资产先行偿付社保费用,同时相应的滞纳金由社保部门进行一定减免,如果无法减免,也应将其受偿顺位后移。

(三)诉讼费和刑事案件罚金

在对方当事人未提出强制执行的前提下,这两类债权应由案件承办法院向败诉的被告或刑事案件被告人收取或追缴。有观点可能会认为,这两类费用都是由法院收取的,如果债务人已进入破产程序,这两类费用是否就不必再缴纳了。司法实务中,也几乎没有破产案件承办法院处理过这两类债权。

但是需要注意的是,这两类债权并未非法院为自身权益收取,而是法院代表国家意志实施的一种行为。其中,诉讼费最终是要纳入国家税收,而税收是普惠于民的,否认该项债权,是对社会公共权益的忽视;刑事案件罚金则体现了国家对债务人实施违法犯罪行为处以的惩罚,放弃该项债权,则有损于法律的权威,也不足以对其他潜在犯罪分子形成威慑。故上述两项债权均应由债务人面对和承担,无论其是否进入破产程序。

落实到具体操作层面,可考虑进一步明确规定上述两类费用在企业尚未进

---

① 参见王艳华:《破产案件去提醒事件的解决途径——债权分类的思考》,载《法律适用》2010年第10期。

行破产程序时由案件承办法院向当事人收取,并启动相应的执行程序,即可以参照刑事追缴程序,由相应审判庭以法院名义将裁判文书通过执行庭转至立案庭,完成申请执行立案手续,再由执行庭完成强制执行工作。如作为案件败诉被告或刑事被告人的债务人已进入破产程序,此时,可由原相关案件承办法院作为债权人向破产案件承办法院申报破产债权;如案件承办法院与破产法院恰好重合,则可由原案件审判庭直接向破产管理人移交裁判文书等相关材料进行申报。

三、公权力债权的共性问题

公权力债权同时也存在一些共性的问题。

(一)公权力债权的申报

企业正常经营中,公权力债权可由相应部门通过行使行政手段强制执行或依法申请法院强制执行。① 但在企业进入破产程序后如何处理此类债权,现行《企业破产法》及其司法解释并未予以明确规定。司法实务中,也极少有相关公权力部门主动向破产案件承办法院申报债权。而如前所述,公权力债权也是破产债权的一种,也应受到破产法的保护和规范。如果仅因为债务人进入破产程序就减免此类债权,将对国家利益和社会公共利益造成损害。只有在法律有明确规定的情况下才能免除债务人的此类债务,否则不应借由行政权或司法权任意舍弃,②破产程序也不例外。明确了公权力债权可参与破产清偿,那么其应如何参与破产程序呢?

1. 公权力债权人亦应主动申报

实务中,部分公权力部门并未及时主动申报,甚至认为法院或管理人应该主动给其清偿。这一观点缺乏法律依据,也与破产法规定相悖,虽然其是国家机关,代表国家意志,甚至其受偿顺位是优先受偿,但是在破产程序中,应与其他私债权人处于平等的法律地位,公平集中受偿,也才符合破产法的制度设置本意。

对此,笔者认为,既然此类债权与私法债权同样受到法律的保护,那么也应

---

① 参见肖泽晟:《论行政强制执行中债权冲突的处理》,载《法商研究》2011 年第 3 期。

② 参见肖建国:《论财产刑执行的理论基础——基于民法和民事诉讼法的分析》,载《法学家》2007 年第 2 期。

同样履行法律规定的清偿程序。即公权力债权不应依其债权主体的特殊性就享有超脱地位,也应该依法向管理人申报债权,否则不应纳入破产程序中与其他债权一并接受清偿,并且在此后的破产流程中均与其他债权一样全程受到破产法的调整。

当然,鉴于破产案件的特殊性,法院在裁定受理破产申请并指定管理人之后,应由法院或管理人向相关税务部门发出通知,告知其主动申报债权及逾期不申报的法律后果。

2. 公权力债权的申报主体

公权力债权的申报主体应为有义务追收各类债权的对应公权力部门。如税款及其滞纳金的债权人应为税务征管部门;社保滞纳金的债权人应为劳动社保部门;诉讼费及刑事案件罚金的债权人应为承办相关案件的一审法院;其他行政罚金的债权人则为相应的行政管理部门。在法院受理破产案件后,上述部门应中止正在进行的行政强制程序或司法强制执行程序,并向管理人申报债权。

3. 公权力债权的申报材料

破产法关于私法领域内债权人如何申报债权是有明确规定的,但对于公权力债权如何申报并无相应规定。实务中,部分公权力部门认为,其是基于法律法规规定、以特定事实为基础、通过行使国家职权确定的债权,由于该债权的特殊属性,因此无须在申报时提供任何证据予以佐证,其陈述的数额就是结论,故拒不提交任何的依据。对此,笔者持不同观点。诚然,此类债权系相应的公权力部门代表国家意志向破产企业进行主张,其天然具有公权力的一些属性,但不能因此直接肯定其数额和准确性,因为在无相关证据佐证的情况下,无法绝对排除这些部门申报的公权力债权不存在任何瑕疵或错误。同时,基于法律平等原则,此类债权在接受破产法保护的同时,也应和私法债权一样遵循相应的申报、审核规则,否则是对其他债权人的不公平。故公权力债权的申报主体仍应负担一定的举证责任,至少应提供基础的计算依据,如生效法律文书、退还案款通知书、计税依据、纳税凭证等。

4. 公权力债权的审查认定

在相关公权力部门申报债权之后,管理人也应根据破产法及相关部门法的规定予以审查,并编制债权表,而后提交债权人会议核查,各方当事人对该债权无异议的,由法院最终裁定确认。

(二)公权力债权的存疑处理

破产案件中,各方当事人均可以对自己或他人申报的私法领域的债权是否存在、债权数额以及是否应予偿还等提出异议,并请求管理人予以更正,在管理人未予更正的情况下,还可就此提起破产债权确认之诉予以最终解决。而公权力债权的确认将涉及民事审判权和行政职权的交叉问题。因为私法领域内的债权如在破产程序中被提出质疑,相关当事人可通过提起破产债权确认之诉予以解决,此时诉讼双方均为民事主体;而公权力债权的形成与公权力的行使密不可分,而一旦破产案件当事人对此类债权提出异议时,如何在破产程序这样一个纯粹的民事非诉程序中予以应对呢?对此,需要根据不同债权的形成过程予以区别处理。

一是税款及其滞纳金的确认。现实生活中,不能绝对排除税务部门申报的税款及滞纳金债权超出破产企业实际依法应缴纳的金额,故如有当事人在破产程序中对此类债权提出异议,申报该债权的税务部门应对此提交相应的证据材料,释明相应的计算方式等。

二是社保及其滞纳金的确认。此类债权的处理方式与税款债权一致。

三是诉讼费及刑事案件罚金的确认。此类债权系由生效判决确定,故如破产案件当事人对此提出异议,应通过相应的审判监督程序予以解决。如上述生效判决经该程序被撤销后,相应的诉讼费及刑事案件罚金债权也随之无效。除此之外,该债权依然有效。

四是其他行政罚款的确认。此类行政罚款通常都是由行政机关依据行政职权予以审核确认的。而行政管理部门在作出相关行政处罚决定时,通常会一并告知行政相对人如对该决定不服可在限期内提起行政诉讼或行政复议。故可参照破产派生诉讼,如破产案件立案后,管理人或作为行政相对人的债务人对相关部门作出的行政罚款决定不服,且异议期尚未届满,可尽快通过行使复议权或提起行政诉讼寻求解决;一旦上述处罚决定生效,或者经复议或行政诉讼被确认合法有效后,与之对应的行政罚款可作为公权力债权由作出该处罚决定的行政部门作为债权人进行申报。

(三)公权力债权的破产清偿

在债务人正常经营的情况下,其资产有可能同时清偿私法领域内的债权以及公权力债权,但一旦该企业进入破产程序,往往意味着该企业已资不抵债,只能用有限的破产财产同时清偿全部债权。那么在这个“分蛋糕”的过程中,清偿顺序和清偿比例就成了每个债权主体最关注的问题。

破产程序是集中偿债程序,而特定债权的优先受偿明显是对全部债权平等接受统一清偿原则的突破。故在确定债权受偿顺位时应慎之又慎,尤其是对天然带有公权力属性的破产债权。对此,应遵循以下两个原则:

一是合法原则。即在有法律明确规定的情况下,根据现有法律法规司法解释的规定确定不同性质债权的受偿顺位。我国《企业破产法》第 113 条明确规定:“破产财产在优先清偿破产费用和共益债务后,依照下列顺序清偿:(一)破产人所欠职工的工资和医疗、伤残补助、抚恤费用,所欠的应当划入职工个人账户的基本养老保险、基本医疗保险费用,以及法律、行政法规规定应当支付给职工的补偿金;(二)破产人欠缴的除前项规定以外的社会保险费用和破产人所欠税款;(三)普通破产债权。破产财产不足以清偿同一顺序的清偿要求的,按照比例分配。”根据上述规定,公权力债权中能优先受偿的有税款债权和社保债权,其余公权力债权在没有法律特别规定的情况下,其清偿顺序不应受到特别优待。

二是私法债权优先原则。即在法律规定相对粗疏的情况下,应允许私法债权优先于公权力债权获得清偿,同时,不同类别的公权力债权之间则应作为同一顺位的破产债权按比例受偿。这样设置更符合法律上的正当性和实践中的正义性,因为公权力债权多具有惩罚性和无偿性,而私法债权多具有补偿性和对价性,两类权利主体承受清偿不能的能力也存在差异,[①]能否获得清偿以及实际受偿比例可能会对私法债权权利主体的生存、生产、经营等产生更重要的影响,同时,让有限的财产优先承担民事更是一种效益最大化的资源配置方式。[②]

但是需要注意的是,相对于部分劣后债权,公权力债权的清偿顺位仍应相对置前,如经法院查明的出资不实股东对破产企业享有的债权等。因为此类劣后债权的权利人通常在债务人经营过程中存在违背诚信义务等行为,且相对于其他债权人更了解企业的实际经营状况,更具备预测和规避债务风险的能力,甚至可能对债务人最终陷入破产困境负有一定的责任,故在破产程序中将其持有的

---

① 参见肖建国:《论财产刑执行的理论基础——基于民法和民事诉讼法的分析》,载《法学家》2007 年第 2 期。

② 参见肖泽晟:《论行政强制执行中债权冲突的处理》,载《法商研究》2011 年第 3 期。

债权置于公权力债权之后受偿,以兼顾个体权益与社会公共利益的均衡保护以及实质公平。

此外,还有一类情形,如债务人在进入破产程序前一定期限内,其资产因涉嫌违法经营等原因被相关行政管理部门没收时,在启动破产程序后,这些资产应如何处理?可否作为全体债权人集中分配的破产财产?我国现行《企业破产法》第19条规定:"人民法院受理破产申请后,有关债务人财产的保全措施应当解除,执行程序应当中止。"对此。笔者认为,可参照破产法的该条规定,在法院受理破产案件后,尚未实际没收的财产,相关行政管理部门根据法院出具的受理裁定中止没收程序;对于法院受理破产案件之前六个月内,已由行政管理部门没收但尚未实际处分的、原属于破产企业的资产,经管理人核实其价值尚未大额贬损后,仍由行政管理部门交由管理人,纳入破产财产中进行集中分配,以增加破产清偿率。

破产企业环境侵权债权人利益保护机制的司法策略

——基于优先受偿顺位及责任主体的考量

李乐敏[*]　傅梦露[**]

一、问题的提出

我国现行法律法规业已规定企业在存续期间应对其生产经营过程中造成的环境污染承担相应的责任，包括民事、行政及刑事责任。我国《侵权责任法》《环境保护法》等相关法条及司法解释亦规定了企业作为环境侵权人所需承担的责任。然而，上述规定皆仅限于企业在正常存续过程中所应承担的环境侵权责任，却对企业破产的情况下，企业如何承担环境侵权法律责任，尤其是环境侵权债权能否作为特殊债权得以优先保护，破产主体资格注销后又如何维护环境债权人的利益等问题皆未涉及，我国《企业破产法》也未作规定，存在立法空白。

因环境污染引起尤其是严重污染事故所导致的环境侵权债权，其数额往往十分巨大，受害面较广，且涉及公共利益，企业在承担环境侵权责任的时候甚至会陷入破

* 浙江振邦律师事务所主任。

** 浙江振邦律师事务所实习律师。

产境地。然而,一旦企业进入破产清算程序,若将环境侵权之债作为普通债权进行处理,往往导致环境侵权之债落空,环境侵权责任根本无法实现,不利于环境债权人权益的保护,甚至可能引发某些公司通过破产来逃避其本应承担的环境责任。同时基于破产环境侵权债权具有的公益性、广泛性和长期性的特性,[①]确认环境债权的公益性属性并对环境债权人的利益加以特别保护,有助于债权人之间利益的平衡,且有助于企业环境责任的落实。

关于环境侵权债权人利益的保护,本文择取了其中较为突出的两个问题予以探讨,望通过笔者的一点思考,对环境侵权债权人利益的保护进行有益的探索。本文探讨的两个争议问题为:一是环境侵权之债的债权人是否可以在债务公司破产程序中享有特殊优先权地位?二是公司经破产程序后,已被注销公司主体的情况下,环境损害的结果才显现出来,此时应如何维护债权的利益?

二、环境侵权债权的深化解读——兼论与相关规则的界分

(一)环境侵权债权的概念

我国《侵权责任法》第65条规定:“因污染环境造成损害的,污染者应当承担侵权责任”。通说认为,环境侵权责任,即“污染者违反法律规定的义务,以作为或不作为的方式,污染生活、生态环境,造成损害,依法不问过错,应当承担损害赔偿等法律责任的特殊侵权责任。”[②]环境侵权之债,从文义上来看,可简单理解为因破产主体需承担的环境侵权责任所引发的债权。

我国《企业破产法》未对环境侵权债权作特别规定,美国《破产法》则规定了两类破产程序中的债权:“第一类是支付请求权,不论该权利是否确定、到期或合法,是否经过裁判或清算,是否存在争议或担保,是衡平法上的抑或普通法上的权利;第二类是对违法行为要求合理补偿的权利,只要违法行为导致支付请求权的产生,无论该权利是否确定或到期、经过裁判、存在争议或担保”。[③] 笔者认为,该范围过于宽泛且并不具备实际操作意义。尽管该定义的目的在于不遗漏任何

① 参见李丹萍:《论破产公司环境侵权债权的优先受偿性》,载《中南林业科技大学学报》(社会科学版)2013年第1期。

② 同上。

③ 张钦昱:《企业破产中环境债权之保护》,载《政治与法律》2016年第2期。

一个可能成立的债权,有利于让更多的债权人得以参与破产程序,但并不是所有的债权最终均能受偿,只有被法院最终确认的债权,管理人才会确认债权人申报的债权。在破产情境之下,侵权之债不同于合同之债,其因果关系、归责原则皆较为复杂,因而必须经诉讼确认,无论是环境公益诉讼确定的环境侵权责任,抑或是环境私益诉讼确定的环境侵权责任,笔者认为,皆应当作为环境侵权债权,受害人即为破产企业的债权人。因而实质上对于受害人来说,其可以申报的环境侵权债权的具体内容包括人身损害赔偿、财产损害赔偿、精神损害赔偿以及惩罚性赔偿等。此外,考虑到破产企业与被侵权人之间的和解协议中约定了损害赔偿金,极有可能存在损害其他债权人权益的情况,因而笔者认为,只有判决书确定的侵权之债可以在破产程序中申报并可以经管理人确认后作为破产债权,和解协议或者调解书上约定的损害赔偿则不可作为破产债权。

(二)破产企业环境侵权之债的特殊属性

与其他破产债权相比,环境侵权之债具显著特性。第一,环境债权具有公益性,环境资源本身具有公益性质,为全人类所有的资源,具有不可替代性及不可再生性,且环境债权的受害人通常为众多不知情的公众,受害范围较广,因而确认环境侵权之债的特殊性实质上是公共利益的需求。第二,受害主体的特殊性,环境侵权债权人地位相对较弱,环境侵权主体则多为大型企业或公司,因而两者在社会地位上具有不对等性,往往存在企业大肆破坏、利用环境资源攫取利润,而环境损害的后果则由分散的被侵权人买单的情况。第三,环境侵权责任的因果关系具有复杂性,要受害人去证明企业的污染行为与损害结果之间具有因果关系往往是比较困难的。第四,环境损害结果具有长期性、累积性和潜伏性,[①]各种污染物质进入环境以后,相互之间往往会发生复杂的物理、化学反应,这使环境侵权的损害结果要在多种因素的作用之后才变得明显。[②] 因而其损害结果具有相当的潜伏期,往往在短时间内无法显现和被受害人察觉,一经发现,损害结果又通常比较严重且在短时期内难以消除。

---

① 参见吴大平、陈俊海:《论环境侵权之债在企业破产时的优先受偿》,载《山东审判》2015 年第 3 期。

② 同上。

三、破产环境侵权债权法律救济的现状与适用困境

(一)作为普通债权的环境侵权之债

对于破产清偿顺位的问题,我国《企业破产法》第113条规定,“破产财产在优先清偿破产费用和共益债务后,依照下列顺序清偿:(一)破产人所欠职工的工资和医疗、伤残补助、抚恤费用,所欠的应当划入职工个人账户的基本养老保险、基本医疗保险费用,以及法律、行政法规规定应当支付给职工的补偿金;(二)破产人欠缴的除前项规定以外的社会保险费用和破产人所欠税款;(三)普通破产债权。破产财产不足以清偿同一顺序的清偿要求的,按照比例分配。”可见,我国的《企业破产法》对环境侵权之债与一般侵权之债态度相同,在破产顺位中被定位为普通债权,不具优先受偿的权利。综观世界各国破产立法规定,除澳大利亚等少数国家将部分侵权之债赋予优先受偿顺位,[①]大多国家仍然将侵权之债作为一般债权平等受偿而不赋予优先权。

(二)破产法中债权人之间的利益平衡考量

破产制度是一种涉及多方当事人的特殊的执行程序[②],在破产清算或破产重整过程中,最重要的是各方主体利益的考量,优先权制度的设计实质上也是我国《企业破产法》对各方利益的取舍与平衡。是否给予环境侵权债权优先权地位,既要衡量环境侵权债权人与破产企业债务人之间的关系,亦要考虑环境侵权债权人与其他债权人之间的利益平衡;既要考虑环境侵权债权在破产债权中优先受偿顺位的可能性与可行性,又要审慎对待,若过多地赋予环境侵权债权以优先地位,当环境侵权债权人数量众多,数额特别巨大时,无疑对其他债权人的受偿会产生较大影响,甚至可能导致普通债权人无法得到清偿,也不符合破产法利益平衡的立法本意。

---

① 参见康文龙:《企业破产程序中侵权之债受偿优先权法律问题研究》,南昌大学2013年硕士学位论文,第18页。

② 参见李丹萍:《论破产公司环境侵权债权的优先受偿性》,载《中南林业科技大学学报》(社会科学版)2013年第1期。

(三)环境侵权债权的社会化承担方式分析

环境侵权债权是否应为优先债权的另一个考量因素,是环境侵权债权是否可以通过其他社会化的责任承担方式予以实现,[①]而不必再单一地向破产企业请求承担环境侵权责任。环境侵权债权最常见的社会化承担方式,包括环境责任保险以及环境保护基金。从美国等发达国家来看,环境责任保险以及环境保护基金制度设立,可以分散公司的经营风险,也对环境清理和保护责任做出了有益尝试,将成为环境侵权责任社会化承担的主要途径。[②]

尽管如此,但目前在我国,专门的环境保护基金未曾建立,环境侵权责任保险也并非强制保险。[③]《海洋环境保护法》《内河交通安全管理条例》等虽规定了海上或内河运输的污染等强制责任险,却也为其开了例外之口:可以通过财务担保替代强制责任险。[④] 因而,环境损害的强制责任保险不具有普遍性,且强制程度较低,不能作为实现环境侵权责任社会化的手段,或者说单纯依靠环境强制险无法保护环境侵权债权人的利益。

四、环境侵权之债在破产债权清偿顺位之重构

(一)赋予环境侵权之债优先受偿顺位

破产法应当将环境侵权债权区分于普通债权,进行特殊对待和处理。上文已经述及环境侵权之债的特性,包括环境债权公益性、受害主体的特殊性、因果关系的复杂性及环境损害结果具有的长期性、累积性和潜伏性特征。因而破产程序中的环境侵权债权不同于一般债权,我国《企业破产法》也应对环境侵权之债做出特别规定,赋予环境侵权之债以优先受偿权。

另外,并非所有的环境侵权债权都应该不加区分地得以优先受偿。从国外

---

① 参见李丹萍:《论破产公司环境侵权债权的优先受偿性》,载《中南林业科技大学学报》(社会科学版)2013 年第 1 期。

② 参见兰国红:《破产公司的环境侵权责任——中美法律比较研究》,对外经济贸易大学 2006 年硕士学位论文,第 31 ~ 32 页。

③ 同上。

④ 参见李丹萍:《论破产公司环境侵权债权的优先受偿性》,载《中南林业科技大学学报》(社会科学版)2013 年第 1 期。

的立法来看,美国破产法对破产公司的环境债权清偿顺序没有直接作出规定,[①]而法院在具体破产案件一般也不直接讨论环境债权是否有优先受偿性,而往往是综合考虑各种因素,间接赋予破产环境债权优先性,比如,在破产案件申请后产生的环境侵权之债,则有可能作为破产管理费用获得优先清偿。又如,澳大利亚在进行破产清算时,公司财产的清偿顺位是:第一,担保债权;第二,破产管理费用;第三,法定优先限额内的劳动债权以及人身损害赔偿;第四,无担保债权。[②]这一做法实际将环境侵权之债的损害赔偿结果加以区分,涉及人身损害赔偿的可以作为优先债权得以清偿,而财产损害赔偿则仍作为普通债权清偿。

(二)环境侵权之债在破产程序中的清偿顺位分析

依据我国相关法律法规,环境侵权损害赔偿的范围主要有人身损害赔偿、财产损害赔偿和精神损害赔偿与惩罚性赔偿3种类型。笔者认为,澳大利亚的经验值得借鉴,并非所有的侵权损害赔偿都应当赋予优先权,应当对这3种侵权损害赔偿的类型进行区分对待。

1. 人身损害赔偿受偿优先权

人身损害赔偿应当赋予优先受偿地位,这在学界已经是普遍认同的观点。[③]其内在逻辑及理由如下:第一,人身伤害的损害相较于财产损害,程度更加严重,损害更大,受害人极有可能需要从破产企业获得医疗费用及后续治疗费用,因而无论从利益平衡的角度考量还是从修复损害的迫切性考虑,人身伤害都应当比一般的财产损害获得更优先受偿的地位。第二,从人道主义的角度来看,也应当赋予人身损害赔偿以优先权,破产法之所以赋予职工债权以优先权地位,也与职工债权所包含的人身依附特性息息相关。第三,在人身损害赔偿与财产损失赔偿之间优先保障人身损害赔偿也更有利于社会公益。[④]

笔者赞同将人身损害赔偿赋予受偿优先权的观点。企业因资不抵债而进入破产程序中,意味着债务人已经不能完全清偿债务,而只能清偿部分债权人或清

---

① 参见兰国红:《破产公司的环境侵权责任——中美法律比较研究》,对外经济贸易大学2006年硕士学位论文,第9页。

② 参见康文龙:《企业破产程序中侵权之债受偿优先权法律问题研究》,南昌大学2013年硕士学位论文,第18页。

③ 同上。

④ 同上书,第8页。

偿债权人的部分债务。优先权制度的设计首要考虑的是各方主体利益的平衡，对于环境侵权债权中的人身损害债权的特殊保护，是基于保护相对弱势群体和社会公益的考量。

2. 财产损害赔偿应作为普通债权

关于财产损害赔偿是否应该赋予受偿优先权问题，学界存在分歧。赞成的观点认为，按照债的形成是否以合意为基础来区分，债可以分为合意之债与非合意之债。[①] 在债务人因资不抵债而破产时，如果将合意之债以及非合意之债放在同一顺位清偿有失公平，因非合意之债相较合意之债具有不可预测性和强制性，而合意之债为债权人与债务人之间自愿达成的合意，将合意之债以及非合意之债不区分顺位不利于侵权债权人利益的维护。持反对意见者认为，合同之债与侵权之债呈日渐交融趋势，仅以债的合意与否来区分合同债权人与侵权债权人的清偿顺位有失公正。

笔者支持后者观点，从损害结果来看，合同之债的债权人遭受的仅为财产损失，而环境侵权之债，上文中已经阐述了将人身损害赔偿及财产损害赔偿加以区分，因而环境债权人在人身损害赔偿部分获得了优先受偿的权利，剩下的财产损害赔偿部分也仅为财产损失。因而从结果来看，两者并无区分。且合意之债和非合意之债的区分并没有将破产优先权制度中公共利益等因素考虑在内，因而笔者仍然认为，将环境侵权债权与合同之债应在同一顺位之内加以清偿。

3. 精神损害赔偿与惩罚性赔偿应作普通债权

大陆法系精神损害赔偿制度源于古罗马，而惩罚性赔偿制度则源于英美法系国家，是与补偿性赔偿制度相对应的赔偿制度。两者在功能上各有侧重又互有交叉。精神损害赔偿的制度设计目的是弥补受害人的内心创伤及精神损害，而惩罚性赔偿则适用于在补偿性损害赔偿不能完全弥补损失或者不能完全惩罚侵害人的情况。笔者的观点是，精神损害赔偿和惩罚性赔偿应作为普通债权。

精神损害赔偿和惩罚性赔偿的立法目的更多地在于补偿超过当事人受损程度的利益，以及更大程度地惩治加害人。一方面，这与破产法应当考虑的维护特

---

① 参见康文龙：《企业破产程序中侵权之债受偿优先权法律问题研究》，南昌大学2013年硕士学位论文，第9页。

定群体的合法权益以及平衡各主体之间的利益的立法主旨相悖;另一方面,这两种损害赔偿所认定的赔偿金往往数额较大,如赋予其优先受偿的地位,无疑会造成其他债权人的利益不平衡,甚至导致普通债权人完全不能得到清偿。

五、明确环境侵权之债责任主体范围

因环境侵权的损害结果具有较长的潜伏期,其损害后果极有可能在公司破产后才逐渐显现出来,然而此时破产公司已终结破产程序,独立主体资格注销后不再存续,在某种程度上与自然人死亡具有相同的法律后果。此时,谁应当作为诉讼的被告,谁应当承担责任环境侵权责任,环境侵权债权人的权益又如何维护?

(一)延长破产企业环境民事责任主体资格

根据“污染者负担原则”,谁污染、谁承担,谁侵权、谁赔偿,责任主体直接指向原破产公司,然而此时破产公司已注销,独立主体资格不再存续,那么是否可以在“名义上”延长公司的存续时间以解决潜在的法律问题呢?

在欧美各国立法中,为了保护公司债权人的利益,对于这些责任的承担往往采用延长侵权主体,即破产公司的存续时间作为问题解决的办法。譬如,美国特拉华州《公司法》第278条规定:企业解散之后将不能继续经营,但企业的实体还将继续存在3年,以应对在此期间产生的诉讼纠纷。① 该做法使破产程序结束后公司在法律上仍存续一段时间,尽管实际上公司已不再经营,其直接目的是应付破产公司作为被告的诉讼案件。

此时产生的相应问题是:第一,破产程序终结后公司的负责人是谁?谁有权利及负有义务作为被告应诉?第二,应诉产生的费用如何承担?第三,面对或有债务,是否需要预留偿债资金,预留多少合适?笔者认为,上述问题实质上是无解的或者说并不产生实际意义。企业因资不抵债而破产,在既有债权人利益都得不到维护的情况下,当然没有其他可供执行的财产,即使已注销的破产企业代

---

① 参见朱晓燕:《构建我国破产企业环境责任制度研究》,中国法制出版社2013年版,第111页。

表应诉确立了环境侵权债权,该债权也因没有被执行人或破产清算程序已经终结而无法获偿,因而在法律上延长主体资格存续时间实质上并无意义,反而带来已注销公司的负责人确定及诉讼费用承担主体确定的连锁烦恼,笔者认为得不偿失。

(二)公司法人人格否认

根据美国的《超级基金法》,因环境侵权中"污染者负担"的原则,公司作为污染者破产解散后,作为相关人的股东极有可能因为《超级基金法》第107条的规定,作为污染设备的所有人或曾经的所有人或者经营者,而成为直接的"污染者"。[①] 而相关人若是需要抗辩,则只有三个理由:一是废弃物的排放以及由此造成的损害均是第三人所为;二是不可抗力;三是战争行为。股东本身即为公司的所有人,并且在大多情况下皆为公司经营者,故在美国法下,除三个抗辩理由之外,股东应当承担环境清理责任。[②]《超级基金法》对于公司独立人格、股东有限责任制度无疑是一个极大的冲击,其将环境责任主体的范围扩大到与损害结果有关系的各个主体,一定程度上打破了股东有限责任的限制。

我国《公司法》亦明确规定了股东的有限责任,但也在该法第20条规定"公司股东应当遵守法律、行政法规和公司章程,依法行使股东权利,不得滥用股东权利损害公司或者其他股东的利益;不得滥用公司法人独立地位和股东有限责任损害公司债权人的利益。公司股东滥用股东权利给公司或者其他股东造成损失的,应当依法承担赔偿责任。公司股东滥用公司法人独立地位和股东有限责任,逃避债务,严重损害公司债权人利益的,应当对公司债务承担连带责任。"该条首次确立了公司法人人格否认制度,在股东滥用公司独立人格及股东有限责任的情况下,可以要求股东承担连带责任。但是,如何协调法人独立人格与环境侵权债权人利益,是立法需要考量的问题。若是一味强调股东的环境侵权责任,则与我国公司法的立法本意相悖。

笔者认为,美国《超级基金法》的规定虽然有一定借鉴意义,但是我国与美国国情不同,我国离建立较为完善的环保基金制度仍有一段距离,且环境强制责任

---

① 参见陈丽:《论股东潜在民事责任的承担》,浙江师范大学2012年硕士学位论文,第22页。
② 同上。

保险制度未完全建立,故而在揭开公司面纱,让股东承担环境侵权责任时应持谨慎态度。笔者认为,尽管环境侵权责任为无过错责任,但无过错方仅限于破产公司主体,若要股东承担潜在的环境侵权责任,则需要股东本身存在过错。如果存在破产公司的股东操纵、控制公司等情形的,则可以运用揭开公司面纱制度,追究股东的环境责任。另外,打破有限责任制度对股东的保护,要求股东对潜在民事责任承担无限责任,并不意味着所有股东均会成为责任主体,尤其是上市公司的中小股东,往往由于持股比例较少而被排斥在公司决策层之外,只有少数控制股东和持有较大比例股份的大股东对公司有操纵权。因此,要求小股东承担连带责任是不公平的,需要在个案中确定股东是否存在过错,视其过错决定股东是够需要环境侵权承担责任及承担责任的比例。

(三)设立环境侵权责任保障制度

笔者认为,让破产企业承担环境侵权责任,只是环境侵权债权实现的一种途径。在实践中,因破产企业已经资不抵债;且环境侵权债权往往数额较大,人数众多,因而仅仅通过破产财产分配债权,债权人势必得不到完全清偿,环境侵权债权人的利益也终将落空。笔者认为,环境侵权债权的实现,最终依赖于环境侵权责任的社会化承担,其趋势应当是依靠环境责任强制保险和环境保护基金来解决。通过环境责任保险,可以利用保险公司来分散破产公司的债务压力,更好地维护环境侵权债权人的利益。当出现破产企业已然注销或者无法确定环境侵权责任人时,可以通过环境责任保险以及环境保护基金等形式将环境损害风险降到最低。然而,由于受到我国经济发展水平、环境保护意识、保险公司的规模与实力等因素的制约,我国尚未全面建立实质意义上的环境责任保险制度,也没有建立专门的环境保护基金。至于环境强制责任保险制度以及环境保护基金本身的设立与运行亦涉及十分复杂的问题,因本文篇幅有限,笔者在此仅呼吁我国尽早、尽快设立环境侵权责任保障制度,对其涉及具体问题不作论述。

综上所述,笔者认为,在企业破产的情况下,维护环境侵权债权人的权益应当考虑环境侵权债权优先受偿顺位及责任承担主体问题。我国的《企业破产法》应当给予环境侵权之债的人身损害赔偿债权以优先权地位,可以考虑与职工债权作为同一顺位得以受偿。此外,如果公司破产解散后才发现环境侵权损害结果,理论上仍应当由原公司承担环境责任,实践中在原股东滥用公司法人地位时,也可追究原股东的连带责任。譬如,股东对破产公司存在控制和操纵行为导致环境侵权损害的,可以揭开公司面纱。依据美国的《超级基金法》,环境侵权债权人也可以追究包括设备所有人、设备管理人、危险废弃物供应商、运输商、出借人等主体的责任。但笔者认为,让这些“潜在责任主体”完全承担连带责任有违公平合理的原则,可以视过错要求其承担责任,具体过错须法官在审理个案中裁量。当然,维护环境侵权债权人的权益,首要任务是确立环境责任保险及环境保护基金。

六、结　　语

随着我国破产企业的增加和环境污染的日益严重,人们开始意识到在破产程序将环境侵权债权纳入优先受偿范围的必要性和重要性。但是完全确立环境侵权债权优先权的设想值得商榷。破产优先权的立法本意是维护实质正义,若一味向社会弱势阶层或代表社会公共利益的群体倾斜分配资源,未免矫枉过正。为促使包括社会环境在内的全社会根本利益和长远利益的共同提升,解决破产程序中环境债权清偿的其中一种可行方法是将人身损害赔偿与财产损害赔偿加以区分,分别作为不同顺位加以清偿。此外,公司主体经破产程序终结注销后,亦是实践一大难题,笔者希望通过自己的一点思考,对破产情形下,环境侵权债权人利益的维护作出有益探索。

公司临近破产期间董事的特殊注意义务

李亚茹*

一、公司临近破产期间的界定

“临近破产期间”，是《联合国破产法立法指南》（以下简称《立法指南》）中的用语，“意在描述公司财务稳定性日益恶化以致破产近在眼前（公司总体上将无力支付其到期债务）或不可避免的一段时期。”①明确临近破产期间的界限是规定董事在此期间特殊注意义务的基础和前提。对于被赋予特殊注意义务的董事而言，明确了临近破产期间的界限，一方面，可为其提供一个明确的时间参照点，以方便其决定自己的经营方式，选择更符合法律规定的履行义务的方式；另一方面，便于法院事后对董事行为的审查。如果没有确定的对董事课以特殊义务的时间点，就没有充分的依据对董事是否违反义务的行为进行判定。但是，因为公司财务情况、经营情况以及市场变化的复杂性，明确一个公司临近破产期间的具体时间点十分困难。

目前，虽然各国并没有形成关于临近破产期间的明

---

* 中国政法大学民商经济法学院民商法学硕士研究生。

① 联合国国际贸易法委员会：《联合国破产法立法指南——第四部分：临近破产期间董事的义务》，2013 年，第二章第 8 段。

确立法,但是一些国家在法律中设计了相关的制度以约束董事在公司进入破产程序前的经营管理行为。这些制度意在通过禁止董事的不正当行为或者赋予董事特定义务的方式来保护债权人的利益,这些制度中对董事特殊义务的产生时间点的界定标准,对临近破产期间的界定具有一定的指导意义。

(一)英国、美国的界定标准

英国通过赋予董事禁止欺诈交易以及不当交易义务来限制董事的行为,主要规定在1986年英国《破产法》第213条、第214条中。根据该法规定,禁止董事欺诈交易及不当交易的起始时间是董事知道或者应当推断出公司无望避免破产清算时。① 2001年的英国公司法重述中,英国公司法重述领导小组建议董事对公司债权人承担个人责任的起始时间应当是:"董事在以善意的理性人的判断,知道或者应当知道公司将会进入破产清算,进入破产清算能够降低风险。"②根据英国的相关判例法,公司如果符合资产负债表的破产条件,则法院无疑会认定公司进入破产,但是对董事赋予英国《破产法》第214条中的禁止不当交易义务则需要满足现金流量的要求,即公司的现金流不能在合理期限内清偿其到期债务,不能满足日常经营所需或者公司的经营进入一种不正常的动荡中。③

在美国,1991年里昂信贷银行案(Credit Lyonnais)提出的董事对债权人的受托义务理论认为:第一,在公司濒临破产时,董事对债权人也负有受托义务;第二,公司破产时,董事对包括股东和债权人在内的公司全体负有受托义务。④ 该

---

① 1986年英国《破产法》第213条规定:如果在清算过程中发现公司已经实施的业务经营带有欺诈公司债权人或其他人的意图或处于某种欺骗的目的,法院可以命令知情方以法院认为能适当地弥补公司资产的方式经营业务。法院还有权指令公司对欺诈交易行为主体的债务清偿延至公司其他所有债务和利息均已支付完毕以后。第214条规定:如果公司董事或者前董事在知道或者应该推断出公司业已无望避免破产清算时,未能采取其本应采取的措施以减少公司可能对债权人造成的损失,则法院可以判令该董事赔付公司因此损失之财产。

② Paul Davis, Directors' Creditor-Regarding Duties in Respect of Trading Decisions Taken in the Vicinity of Insolvency. European Business Organization Law Review, 2006, p. 317, doi: 10.1017/S1566752906003016.

③ [2004]2 BCLC 110. Rod Gunner Organization Ltd., Re. in this case, the respondent directors continued to incur liabilities after they knew, or ought to have known, that an insolvent liquidation was likely. Therefore they were liable to account to the liquidator under the Insolvency Act 1986, s. 214(1).

④ Credit Lyonnais Bank Nederland, N. V. V. Pathe Communications Corp., 1991 WL 277613, 1155 (Del. Ch. Dec. 30, 1991). 关于此案详情请参见李飞:《英美法上董事对公司债权人的义务》,载《私法研究》2011年第1期。

案对美国的司法实践产生了重大影响。但是,可以说目前"还没有哪家法院就如何界定临近破产期间表明自己的观点",[①]但在董事注意义务的对象扩张至债权人的司法实践中仍有一些判例对临近破产期间的界定作了尝试性的判定。有实践观点认为,公司出现以下三类事实时,董事应当对公司债权人承担注意义务:一是公司出现了停止清偿的事实;二是公司董事会决议的交易行为将导致公司破产或接近破产;三是董事会充分认识到破产即将到来。也有实践表明,公司只要满足了"资产负债表"与"现金流量"这两项标准中任一项,董事所负担的注意义务的权利主体范围从理论上说就应当延展至包括公司债权人在内。[②]

(二)德国、日本的界定标准

德国、日本采用在进入破产程序前的一定时间或者公司满足一定条件时课以董事不一样的义务——破产申请义务来规制董事的经营管理行为。

德国《有限责任公司法》及《股份公司法》中将该时间确定为无支付能力或者公司财产不足以清偿债务后3周内。根据德国法的规定,在德国,只要公司符合"现金流量表"或"资产负债表"的任一个条件,都可以判定公司临近破产。

日本赋予董事破产申请义务的时间是公司不能清偿债务时。[③] 日本《破产法》第2条第11款规定:"本法所称'支付不能',指的是债务人因欠缺支付能力,在债务已届清偿期的情况下,处于持续的债务未清偿状态。"无法清偿部分债务的,或者一时周转不灵的不构成不能清偿。当债务人停止清偿时,则可以推定其不能清偿。在日本,最为普遍的停止清偿的表现是6个月内在票据交换所两次未能兑换票据。[④] 这种情况下,债务人需接受银行交易停止处分。在日本,票据交易往往是经营必不可少的手段,交易停止意味着宣告了经济上的死刑。因此,一般认为债务人会为了兑现票据而竭尽全力,如果出现了不能兑现的事实,只能视为债务人自动的放弃声明即停止清偿。可见,在日本,公司出现不能清偿的事实时可推定为其进入临近破产期间。

---

① 韩长印:《破产界限之于破产程序的法律意义》,载《华东政法学院学报》2006年第6期。

② 同上。

③ 《日本民法典》第70条规定:法人至不能清偿债务时,法院因理事或债权人的请求或依其职权,实行破产宣告。于前款情形,理事应即请求破产宣告。

④ 参见[日]山本和彦:《日本倒产处理法入门》,金春等译,法律出版社2016年版,第51页。

综上所述,英美的判定标准延续了其经验主义特征,以董事感知到公司处于临近破产期间为准。在个案中,也依赖于法官的智识判断。而以德国为代表的大陆法系,则采用以破产原因为出发点的方式确定,德国要求符合“现金流量表”或者“资产负债表”的任一标准即可,日本则以现金流量为界定标准。

(三)本文的界定标准

笔者认为,应当以破产原因产生之时作为临近破产期间的界定标准,因此,临近破产期间的界定的关键就在于如何确定破产原因的形成时间。破产原因在每个国家的规定不同,总体来说,各国会根据自己不同的要求在“现金流量表”以及“资产负债表”两种判定标准下选择适合本国的破产原因。而无论选择什么样的标准,破产原因形成之时都是一个相对模糊的时间,正如有学者所言,“判断破产原因发生的时点可能是徒劳无益的”。[①] 因此,本文认为应当在法律中确定破产原因形成的确定原则,并且罗列相应的表现形式以及判断标准,然后将公司是否已进入临近破产期间的判定交由司法实践中法官进行自由裁量。一方面,由于破产原因的复杂性致使破产原因形成之时的表现形式也具有多样性,简单直接的把临近破产期间规定在一个确定的时间点上是一件不可能的事,也会降低立法的准确性;另一方面,临近破产始于破产原因发生之时,与破产原因并不完全等同,应当作进一步的明确和细化才有助于法院的判定。

破产原因形成之时的具体表现应当包括:(1)公司持续处于不能清偿到期债务的状态或者有多个债权人的到期债务无法清偿。该条件要求:第一,公司是持续处于不能清偿的状态,暂时性的周转不灵不应当作为破产原因的认定理由;第二,不能清偿是一种客观状态,而不是债务人主观不予清偿;第三,多个债权人的到期债权应当是其主要债务,数额特别小的不在此列。(2)资产不足以清偿全部债务。这种界定方式依赖于会计上对法人的资产状况与负债情况的对比。公司选择的会计标准、公司资产的估值甚至公司的经营方式都可能影响公司的资产负债表,因此,这一标准具有很多不确定因素。法院在对公司的资产负债表进行判定时,应当严格把握并与市场因素相结合。(3)明显缺乏清偿能力。公司出现以下情况时可以推定其明显缺乏清偿能力:债务人向债权人明确表示无力清偿

---

① 张学文:《公司破产边缘董事不当激励的法律规制》,载《现代法学》2012年第6期。

债务;债务人已解散,但未依法进行清算;债务人的法定代表人下落不明,且无其他人员负责财产管理与债务清偿;债务人在不清偿债务的情况下转移、隐匿财产或以其他方式非法处置财产;债务人经强制执行措施后仍不能清偿债务;债务人长期亏损、资不抵债,扭亏无望。

二、公司临近破产期间董事注意义务对象的扩张

在公司临近破产期间,公司的经济状况发生了重大的改变。公司的发展也具有很强的不确定性,很可能会自此一蹶不振,进入破产清算程序,也可能因为董事、高管等管理层的正确决策而起死回生。因此,此时董事的经营决策必须更加迅速、谨慎。与此同时,在公司出现破产原因后,公司股东与债权人之间的利益平衡被打破,公司剩余资产为零甚至负数,合同法无法为债权人提供有利的帮助,股东在有限责任的保护下,不对公司债务承担连带责任,双方之间就公司的剩余利益产生相反的需求。因此,董事的注意义务对象应当由公司扩张到债权人,并且应当承担除在公司正常经营期间的勤奋、谨慎以及技能义务之外的其他特殊注意义务。

(一)董事注意义务对象扩张至债权人的法理基础

董事注意义务扩张至债权人符合公平正义的要求。思想家罗尔斯在《正义论》中说:“正义是社会制度的首要价值,某些法律和制度,不管它们如何有效率和有条理,只要它们不正义,就必须加以改造和废除。”①而“正义乃是使每个人获得其应得的东西的永恒不变的意志。”②公平正义作为指导法律制定的基本原则和指导价值,应当体现在所有的法律制度的设计中。在公司正常经营期间,债权人与公司之间是合同关系,债权人与股东之间不存在利益冲突,而董事作为公司的信托代理人不对债权人承担注意义务,这样的制度设计并无不当。但是,当公司处于临近破产期间,这样的设计无疑与法理相悖,不能有效维护法律的公平正义。

① 司马俊莲:《公平正义:和谐社会的基本法治理念》,载《行政与法》2007年第8期。
② 何延军:《公平正义的社会主义法治理念价值解读》,载《法学杂志》2007年第4期。

1. 有限责任制度在临近破产期间会造成对债权人的不公平。有限责任制度作为公司理论最基础的制度，具有先进性，但是其弊端也显而易见。这种制度极易成为公司股东利用公司逃避商业风险、攫取不正当利益的工具，尤其是在公司临近破产期间。股东因为有限责任的保护也无须对公司债务承担连带责任，这对债权人来说是很不公平的。

2. 公司的经营模式在临近破产期间会加深对债权人的不公平。根据利益与风险相对等、权利与责任相对等的原则，面临更大风险、承担更大责任的主体应当拥有更多的利益，享有更多权利。然而，在临近破产期间，一方面，作为债务人的公司具有信息优势；另一方面，因为没有进入法律程序，破产债务人的财产仍由债务人掌握，其拥有广泛的处分权，得为一切处分财产的行为。这种现实情况无疑加重了对债权人的不公平。

因此，如果没有相应的制度对临近破产期间公司以及其控制者的行为进行约束，保护债权人的利益，是违反法律的公平正义的要求的。董事作为公司主要的经营决策者，在临近破产期间承担公司的主要投资、经营以及管理职责，将董事的注意义务对象扩张至债权人，改变董事只对公司负责的传统，设计对债权人有利的制度符合法学的公平正义原则。

（二）董事注意义务对象扩张至债权人的经济学理论基础

根据经济学理论，“公司是市场中一组不完备要素使用权交易的合约，要素所有者投入要素追求的是要素增值，并将增值在所有者之间进行分配”。① 公司作为一个参与市场经营的主体，商业风险的承担者，其经营过程中的不确定性导致企业不可能总是产生固定的收益和增值。相反，企业在运作的过程中会承担很多不确定风险，承受市场变化带来的损失，因此，至少需要有一个参与者承担企业的这些不确定风险，并据此获得企业的不确定收益。经济学理论中将这种获得不确定收益的权利称为“剩余索取权”。“剩余索取权”的产生，使公司的控制权分离为“特定控制权”和“剩余索取权”，“对不特定事项作出决议的权利即‘剩余控制权’”。② 控制权是指“为排他性利用企业资产、特别是利用企业资产

---

① 全小峰、蒋军锋：《剩余控制权、剩余索取权与公司绩效》，载《商业经济与管理》2007 年第 2 期。

② 傅绍文：《公司治理中的剩余控制权研究》，浙江大学 2004 年博士学位论文，第 65 页。

从事投资和市场运营的决策权,在公司中特指对于公司经营活动中的重要事项和主要活动的决策权。"[①]在公司正常经营时,股东作为公司的出资人,以自己的出资额承担公司经营的不确定风险,获得公司的"剩余索取权",进而拥有公司的"剩余控制权"。因此,剩余控制权一般由控股权衍生而来,在经营过程中,基于代理信托关系,股东将剩余控制权权转移给了董事。当公司处于临近破产期间时,因为公司经营状况的恶化,公司的不确定风险实际上已经全部或者大部分转移到了债权人身上。因此,根据"剩余控制权理论",债权人应当获得公司的剩余控制权,此时,董事即使掌握着公司的经营决策权利也应当是作为债权人的信托代理人,所以董事的义务对象应当扩张至债权人。

按照"风险偏好理论",在临近破产期间公司股东与债权人对于经营过程中的不确定风险持完全相反的态度。一方面,股东为了险中求胜,更倾向于高风险、高回报的投资,而债权人为了保证自身债权的清偿比例,希望公司平稳经营,保护公司财产的完整;另一方面,股东希望能够延长临近破产期间,不希望公司过早进入破产程序,以争取更多的时间利益,而公司大部分的无担保债权人则希望债务人能够更快进入破产程序以降低他们的时间成本。董事对谁承担义务直接决定了董事履行义务的具体方式,进而影响公司的运作方式。因此,将公司临近破产期间董事的注意义务对象扩张至债权人,符合"剩余控制权理论"与"风险偏好理论",有利于更好地保护债权人的利益。

三、公司临近破产期间董事的特殊注意义务内容

在公司临近破产期间,董事的注意义务对象扩张至债权人,其义务内容也会发生改变。在临近破产期间,公司尚有通过积极行为获得重生的机会,如果"一刀切"地限制董事的经营决策权可能会引发董事的不作为。因此,对董事特殊注意义务内容的设计主要应实现公司自治与保护公司债权人利益的平衡,基于以上考虑,董事的特殊注意义务内容应当包括防止公司财产减损义务与破产申请义务。

---

① 刘少波:《控制权收益悖论与超控制权收益》,载《经济研究》2009 年第 8 期。

(一)防止公司财产减损义务

防止公司财产减损义务,是指公司董事在公司临近破产期间所承担的保护公司资产完整性,或曰保证公司资产不因自身的经营管理行为而发生减损的义务。如果董事在公司临近破产期间经过综合判断,认为公司具有起死回生的可能,并且公司能够在现有管理层的经营管理下避免进入破产程序,则公司董事可以继续控制公司的经营管理。这样的制度设计是为了顺从市场规律,给公司一定的自治空间。但是,因为公司已经临近破产,公司董事在经营过程中也承担着对公司债权人的注意义务,因此,公司董事在作出涉及投资、经营以及贷款等方面的决策时,必须以不损害债权人利益为前提。防止公司财产减损义务就是为了限制董事恶意攫取公司利益,以损害债权人权益或者高风险投机为方法延长公司寿命的行为。概言之,防止公司财产减损义务的内容应当包括:(1)不得欺诈债权人或者以故意隐瞒公司现状的方式误导债权人,如以损害债权人的方式获得资金帮助或延长公司寿命;(2)当无法保证债务到期时对债权的清偿时,不得举借新的债务;(3)不得有得以破产撤销权主张撤销的行为;(4)当发现公司股东、监事或者其他董事有以上行为时应当用尽所有办法予以阻止,必要时可以向法院申请破产或者提起诉讼。

1. 国外立法例的比较

(1)英国《破产法》中的禁止欺诈性交易和不当交易的义务。英国 1986 年《破产法》第 213 条和第 214 条联合构成了英国的禁止欺诈交易和不当交易制度。

该法第 213 条是关于欺诈交易的规定,该条规定:“如果在清算过程中发现公司已经实施的业务经营带有欺诈公司债权人或其他人的意图或出于某种欺骗的目的,法院可以命令知情方以法院认为能适当地弥补公司资产的方式经营业务。法院还有权指令公司对欺诈交易行为主体的债务清偿延至公司其他所有债务和利息均已支付完毕以后。”根据规定,欺诈交易要求董事有不诚实行为,有通过业务进行欺诈的意图。威廉 · C. 里奇上诉案(Re William C Leitch)①的判决显示欺诈意图体现在董事在公司继续经营并持续负债时明知没有合理预期偿还

① [1932]2 Ch 71. William C Leitch Bros Ltd. ,Re(No.1),Chancery Division,08 April 1932.

债权人的债务。上诉法院在国王诉格兰瑟姆案(R v. Grantham)[①]中则指出,判断董事是否构成欺诈交易需要确定董事是否认为公司能够在进一步的举债到期或即将到期时予以清偿。如果他们认识到公司没有这种能力,那么董事就犯有欺诈交易罪,即使他们希望最终能够偿付所有的债务。因此,这就要求董事应当积极参与公司的经营管理。然而,一方面,董事的欺诈具有主观性,难以判断;另一方面,研究表明,"在大量的交易中,公司董事等经理人的行为更多是处于'自欺'的状态,盲目相信交易会成功,尽管已经意识到了如果不成功会给债权人带来多大的伤害,但是他们往往无视这种可能性。"[②]源于以上因素,在英国这方面的案例十分少见。科克委员会认为没有必要继续规定法院应当在排除了合理怀疑的基础上确定了不诚实以后,才能苛以民事责任,建议对于董事的交易行为应适用不合理行为的审查,并建议建立"不当交易"制度。

该法第214条是关于不当交易的规定,该条规定,"如果公司董事或者前董事在知道或者应该推断出公司业已无望避免破产清算时,未能采取其本应采取的措施以减少公司可能对债权人造成的损失,则法院可以判令该董事赔付公司因此损失之财产。"[③]不当交易制度要求董事在公司临近破产期间将防止公司财产减损、禁止不当交易作为其基本的义务内容,并且明确董事如违反该义务给债权人造成损害应当承担赔偿责任。董事的行为满足以下要素时则构成不当交易:第一,公司无望避免破产清算,董事已经意识到或者应当意识到该情况。这要求董事必须严格勤勉关注公司的经营,随时更新公司的会计信息,并且能够根据相应的账务信息准确判断出公司的财务状况。在布莱恩·D.皮尔逊上诉案[④]中,公司的两个董事是夫妻,妻子也是公司的秘书,并不积极参与公司的经营决策,她按照其丈夫和公司专业顾问的意见签署文件。法院最终认定其因为不关注公司的经营而承担英国《破产法》第214条所规定的责任。第二,董事作出决议不符合商事判断规则,在布莱恩·D.皮尔逊上诉案中,董事拒绝面对事实,一再忽略诸如获得预期收入将发生的费用等负面影响,没有进行合理的咨询,作出

---

① [1984] QB 675. R. v Grantham(Paul Reginald),Court of Appeal(Criminal Division),23 March 1984.

② See Paul Davis,*An Introduction to Company Law*,Oxford University Press,2002,p.95.

③ 英国1986年《破产法》第214条。

④ [2000] 1 BCLC 275. Re Brain D Pierson.

了不合理的决策,构成不当交易。在伦敦大陆保险公司上诉案(Re Continental Assurance Co. of London Plc)[①]的判决中,对于财务总监提供的数据,只要其他董事不是以毫不质疑和盲目的方式接受,而是在他们认为需要的限度内进行了研究和探索,依赖这些数据就是合理的。因此,在英国的司法实践中,判定董事是否符合商事判断规则可以结合很多方面的标准进行自由裁量。例如,当董事自身的知识、技能,经验不足时是否合理地咨询了专家的意见,对于有关数据是否进行了合理的审查等。第三,行为的后果使债务人的经营状况的恶化,包括负债的持续发生或资产的流失。但是在英国,关于第 214 条的判例仍然很少,主要是因为法院在审理案件时必须明确以下问题:董事是否已经意识到了破产清算不可避免;如果董事已经意识到,具体意识到的时间点是什么时候,也就是临近破产期间的起始时间的确定问题。这要求法院在审理的过程中获得足够的信息,并且能够充分地利用这些信息并得出相应的结论,同时也要求向法院提起诉讼的清算人有充足的证据能够识别出董事应当知道公司破产清算不可避免的具体日期。英国的欺诈交易以及不当交易制度适用于包括影子董事在内的广义董事,赋予了董事在公司临近破产期间公司一定的自治性,给予其继续经营公司的选择权,同时对其经营行为进行了严格的限制,并且将董事的义务对象扩张至债权人。

英国《破产法》这两条规定的出发点都是严格要求董事在公司临近破产期间的经营行为,明确公司董事不但不能以牺牲债权人利益为代价延长公司寿命,而且还需以减少债权人损失作为自己履行义务的要求。

(2)美国判例法中的加深破产责任。美国判例法中发展出的加深破产责任和英国的做法有相通之处,根据美国的判例法,董事、高管在公司临近破产期间恶意拖延进入破产程序的时间,导致债权人损失加重,需要承担赔偿责任。在布卢尔诉丹克案(Bloor v. Dansker)中,面临破产的公司董事故意欺骗债权人,使债权人错误估计了公司的运营情况,从而增加了借贷金额。在该案中,董事声称自己的行为是为了公司的发展,法院认定董事的行为拖延了公司进入破产程序的时间,应当对债权人承担赔偿责任。[②] 在洛格机械订约公司案(Logue Mecbanical

---

① [2001] 1 BPIR 733.

② See Jacob E Mitrani, "Deepening Insolvency in Consumer Bankruptcy: A New Twist on a Once-Forgotten Theory", *American Bankruptcy Institute Journal* (Jan. 2010), p. 89.

Contrscting Corp)中,公司在提出破产重整以后没有停止其营业行为,在长期没有业务的情况下,仍然以工资、租金等方式向董事们支付大量款项,导致公司资产不断减少。法院认为公司并没有重组的希望,以一般人的标准来看,公司的继续经营只会减少公司财产,董事的行为违反了对公司以及债权人的义务,因而命令他们赔偿公司资产减少的金额。[①] 美国的加深破产责任提出以损害债权人利益为代价一味延长公司寿命并不为法院所支持。临近破产期间的公司面临严重的债务危机,董事不顾公司经营现状让公司继续运营,在一定程度上是对公司现有资产的消耗,对债权人造成了损害。有学者主张,董事应当对这种损害承担独立的侵权责任。[②] 因此,在美国,董事在公司临近破产期间通过欺诈或隐瞒负债情况获得更多的债权投资,或者利用自己对公司的控制权乘机掠取公司的剩余财产,使公司状况进一步恶化的行为都受到判例法的约束。

(3)澳大利亚《公司法》中的防止破产交易义务。澳大利亚在立法中为董事设定了防止破产交易义务,并规定了配套的自愿托管程序对董事在公司临近破产期间的义务作了细致的规定。澳大利亚《公司法》第588G条详细地规定了董事防止破财产交易义务的5个要素:第一,适用于包括事实董事以及影子董事在内的广义上的董事;第二,在交易发生时,公司必须是已经处于破产状态,或者由于该交易而陷入破产;第三,由于董事防止破产交易义务是在1993年6月23日规定的,因此,根据法不溯及既往的原则,交易必须是发生在此之后;第四,在交易发生时,有合理基础可以怀疑公司已经破产或者由于该交易将会破产;第五,在交易发生时,董事事实上知道第四个要素中的合理基础,或者一个合理之人在类似的情况下将会知道那些合理基础。[③] 如果以上5个要素全部符合,而董事没有防止交易,那么董事就违反了防止破产交易义务,法院可以命令违反义务的董事赔偿公司,然后公司偿还无担保债权人由于公司破产交易而遭受的损失。第二个要素要求公司已经破产或者将要破产,澳大利亚公司破产的标准为现金流

---

① (1989)106 Banker. 436.

② Official Comm. of Unsecured Creditors v. Credit Suisse First Boston(In re Exide Techs. ,Inc.), 299 B. R. 732.

③ Queensland Bacon Pty Ltd. v. Rees(1966)115 CLR 266,303. 转引自黄辉:《澳大利亚董事义务制度研究》,载《商事法论集》2007年第2期。

标准,[①]在考虑公司是否破产时,需要考虑公司的整体财务状况和资金周转能力。第四个要素,需要董事有合理基础怀疑公司已经被破产或者即将会破产,这里的怀疑不仅仅是一种胡乱的猜想,而是一种切实的感觉和见解,但又没有充分的证据。[②] 第五个要素要求董事知道第四个要素中的合理基础,该基础作为一个客观的标准,需要是事实上存在的,有合理依据的。同时澳大利亚《公司法》第588条规定了董事防止破产交易义务的一些抗辩理由,第一,董事具有合理的理由去预计在交易时公司具有偿还能力;第二,如果董事合理地信赖其他人提供的认为公司具有偿付能力的信息;第三,在交易发生之时,该董事因为生病或者其他的正当原因而没有参加公司的管理决策。作为与防止破产交易相辅助的规定,澳大利亚《公司法》第5.3A部分还规定了自愿托管程序。如果董事认为公司已经破产或者可能将要破产,可以通过决议任命一位外部托管人,由这个外部托管人接手公司事务,通过整顿公司来挽救公司。自愿托管程序作为防止破产交易义务的补充制度或曰后备制度的一种设计,与防止破产交易义务相互辅助发挥作用。因此,在澳大利益的董事义务体系内,在公司临近破产期间董事可以选择自行经营,并承担防止破产交易的义务,也可以选择将公司交给更加专业、权威的第三方经营管理。自愿托管程序作为提出破产申请的另一种选择,具有一定的合理性和灵活性。但是这种制度的确立对国家整体的破产市场具有较高的要求,有关于破产执业者的规则制度,董事选择第三方机构的标准,法院的干预机制等都需要予以明确。

2. 防止公司财产减损义务的确定要素

根据以上对于英国、美国以及澳大利亚关于规范董事在公司临近破产期间的经营决策行为的规定,笔者认为,构建防止公司财产减损义务需要明确以下两个问题:(1)临近破产期间的确定。笔者认为,董事承担防止公司财产减损义务的起始时间点应当是一个客观的时间,并主张采用推定董事已知的方式要求董事履行义务。一旦公司的客观情况已经符合临近破产期间的要件,则推定董事已知该事实,不以董事主观知晓公司已处于临近破产作为衡量其承担防止公司

---

① 澳大利亚《公司法》第95A条规定:如果公司能够在其债务到期时偿还所有债务,公司就是具有偿付能力,否则就视为破产。

② Queensland Bacon Pty Ltd. v. Rees(1966)115 CLR 266,303. 转引自黄辉:《澳大利亚董事义务制度研究》,载《商事法论集》2007年第2期。

财产减损义务的标准。英国的欺诈交易以及不当交易制度之所以无法发挥应有的作用就是因为无法判断董事的主观恶意以及是否知晓公司无法避免破产清算的事实。而我们认为董事的任职要件之一就是应当拥有相应的知识、才能以及经验。董事不能以自己不了解公司的财务状况、经营现状以及自己缺乏相应的财会知识和管理技能为抗辩理由,主张自己不承担相应的责任。一旦公司客观上符合临近破产期间的条件,就应当推定董事对此已经知晓,除非董事能够作出相反的证明。(2)防止公司财产减损义务的主观构成要件。笔者认为,对于董事防止公司财产减损义务的主观过错应当采用推定过错的方式确定。作为董事在临近破产期间的承担的一项特殊的注意义务,法律中应当明确董事履行该义务的具体方式,只要董事的行为不符合法律规定,则推定董事存在过错,除非董事能够证明其行为存在合理的基础。

(二)破产申请义务

破产申请义务,是指在公司临近破产期间,董事经过职业判断后认为公司再无重生可能时,应当向法院提出破产申请的义务。破产申请义务要求董事通过积极的作为,向法院提出破产申请,使无自救可能的公司尽快进入破产程序,缩短公司临近破产期间,减少公司财产损失。

在临近破产期间,公司的财产状况变动剧烈,在没有有效的拯救措施时,每浪费一天,公司的财产就会减少一分,对债权人利益的损害就会加大一分。而由于信息不对称、担保债权人抵制申请破产、未担保债权人恶性竞争等问题的存在,债权人申请破产动力不足,从而使临近破产期间无限延长无法及时进入破产程序。为董事设定破产申请义务能够使董事缩短临近破产期间这一特殊、复杂的时期,尽快进入破产程序,减少债权人的时间风险。尽早进入破产程序,使公司的控制权从股东转移到债权人,保证债权人能够按照自己的意愿处置公司财产,无疑在最大程度上保护了债权人的利益。另外,像德国一样要求董事在特定的时间内申请破产在操作性上具有一定的优势,其规定简洁、操作容易,容易真正发挥作用,解决英美国家制度在适用过程中的困难。

1. 破产申请义务域外立法例的比较研究

破产申请义务的规定主要体现在大陆法系的国家中,以德国、日本为代表。

(1)德国法律中的破产申请义务。德国在多部法律中规定了董事的破产申请义务,[①]根据规定,德国法律中破产申请义务的内容包括:第一,董事的破产申请义务的发生时间点是在法人支付不能或者债务超期时,义务履行的最迟时间为该时间点后3周。根据德国的规定,只要满足"资产负债表"或者"现金流量表"标准中的一个就将赋予董事破产申请的义务,因此在时间上对董事的权利作了最严格的限制。第二,德国的破产申请义务不要求以董事的主观过错为要件,只规定了几项免责事由。第三,对于违反破产申请义务的董事,德国破产法也设置了最为严格的责任机制,不仅有民事责任甚至规定了刑事责任。这多源于德国在以往的司法实践中发现公司董事多受股东控制,迟延破产现象严重。德国《破产法》第92条将因为董事迟延申请破产导致对债权人产生的损害称为共同损害或者比率减少损害或者财团减少损害。[②] 根据该法第92条的规定,德国《破产法》以公司丧失清偿能力的时间为临界点对债权人的债权进行了分类,以确定董事的民事赔偿数额。对于在丧失清偿能力之前的债权(旧债权),董事所承担的责任仅限于恢复公司财团的范围,而对于在丧失清偿能力之后的债权(新债权),则董事应当就债权人的所有损失承担赔偿责任。原因在于,对于旧债权人而言,其受到的损失就是因为董事的迟延申请所导致的清偿比例的下降范围,而对于新债权人而言,其受到损失不是因为破产财团的缩减,而是因为在董事有过错的前提下导致其与没有清偿能力的公司发生了交易。这样规定产生的法律效果就是,对于旧债权,破产法只保证其在公司丧失清偿能力时的清偿比率,而对于因董事过错所致的新债权,破产法则要求董事承担相应的责任,保证100%的清偿。在德国,董事违反破产申请义务构成德国《民法典》第823条第2款的因"违反保护性法律"而产生的侵权行为,[③]对于因自身迟延申请破产给债权人带

---

① 德国《破产法》第15a条规定:法人支付不能或债务超期时,代表机关成员或者清算人,有责任立即提出破产申请,至迟在丧失清偿能力或资不抵债起3周内,提出破产申请。违反上述申请义务,未提出、未正确提出或未及时提出破产申请,则处以3年以下徒刑或罚金。因为过失没有提出破产申请的,处以1年以下徒刑或罚金。德国《民法典》第43条第2款规定:在资不抵债或者负债累累的情况下,董事会应立即申请开始破产程序。申请迟延时,因过失对此应负责的董事会各成员,对于债权人因此而受到的损害负有赔偿责任;他们作为连带债务人负其责任。德国《有限责任公司法》及《股份公司法》都规定:在公司支付不能时,执行董事(有限责任公司)或董事会(股份公司)应无过失迟延地、至迟在无支付能力后3周内申请开始破产程序,且公司财产不足以清偿债务时也应准用之。

② 德国《破产法》第92条规定:第三人使破产财团减少,从而导致债权人只能获得更低的分配比率,因此使债权人受到损失,会产生损害赔偿请求权。

③ 参见许德风:《破产法论:解释与功能比较的视角》,北京大学出版社2015年版,第116页。

来的损失很可能承担无限责任。同时,德国的规定需要严格确定丧失清偿能力的时间点,以保证赔偿金额的准确计算。

(2)日本法律中的破产申请义务。根据申请破产的主体不同,日本法律将破产程序作了不同的分类,其中债务人自己申请破产的称为自己破产,公司董事等高级管理人申请破产叫准自己破产。在股份公司中,董事会通过决议后,由董事长向法院提交破产程序申请的是自己破产,而由部分董事(即使是全部董事)向法院提出破产申请的是准自己破产。根据日本的法律规定,破产申请义务董事的基本职权内容,①2005年日本《公司法》第429条第1款规定:“公司负责人等就执行其职务有恶意或者重大过失时,公司负责人等承担赔偿由此给第三人造成损害的责任。”②对此,日本现在的通说观点认为董事对公司债权人的赔偿责任是一种特别的法定责任。③ 如果董事在这个过程之中故意损害债权人利益,存在对第三人的一般侵权行为,那么也构成与一般侵权行为的竞合,此时,第三人可以择其一为基础进行诉讼,以更有效地维护自身利益。④

2. 破产申请义务的确定要素

相较于防止公司财产减损义务而言,破产申请义务是一种强制董事推动公司走出临近破产期间进入破产程序的制度。其优势在于,一方面,强化了对董事职责的要求和对其不当行为的控制;另一方面,便于法院时候对董事行为的判定,可操作性强,具有定分止争的良好效果。但是,作为一种规范市场主体退出机制的法律制度,我国《企业破产法》的立法宗旨不仅是使债务人按照破产程序顺利退出市场,还应当包括使市场主体能够扭转其经营现状,尽可能地继续生存,恢复市场活力。而“一刀切”要求所有临近破产的公司进入破产程序,无疑扼杀了一些有希望重生的公司,在制度设计上存在不合理。例如,德国的规定引发

---

① 日本《民法典》第70条规定:法人至不能清偿其债务时,法院因理事或债权人的请求或依其职权,实行破产宣告。于前款情形,理事应即请求破产宣告。《公司法》第478条第1款规定:除章程有特殊规定或股东大会决议另行选任外,下列人员为清算股份公司的清算人:董事;章程规定者;由股东大会决议选任者。

② 日本《公司法》第429条第1款规定:公司负责人等就执行其职务有恶意或者重大过失时,公司负责人等承担赔偿由此给第三人造成损害的责任。第653条规定:清算人就执行其职务有恶意或重大过失时,该清算人连带承担赔偿由此给第三人造成损害的责任。

③ 参见[日]前田庸:《公司法入门》,王作全译,北京大学出版社2012年版,第343~346页。

④ 参见陈景善:《论董事对第三人责任的认定与适用中的问题点——以日本法规定为中心》,载《比较法研究》2013年第5期。

了一些学者的反对,他们认为德国过早的规定董事必须申请公司破产并不是合适的规定,这样的义务会导致公司太早进入破产程序,从而事实上降低的公司自救的几率。[①] 确实,并不是每一个公司都适合尽快地进入破产程序,尤其在市场经济发展迅速,金融环境瞬息万变的大环境下,一些具有核心技术的企业或者创新型企业因为一些外部因素经营困难,但经过董事的合理经营,或者获得外部资金支持后,他们仍有重生的可能。此时,如果强制董事申请破产,一方面,不利于公司自救和市场经济的发展;另一方面,盲目进入破产程序很可能导致债权人不能获得完整清偿,也损害了债权人的权益。因此,在设定董事破产申请义务时必须明确以下要素:(1)破产申请义务的发生时间:破产申请义务产生于公司临近破产期间,一旦公司出现破产原因,则董事可以选择向法院提出破产申请;当公司已无避免破产的可能时,董事应当向法院提出破产申请。(2)董事违反破产申请义务是否需要主观过失:根据上述比较法研究可以发现,德国董事的迟延申请责任不要求董事有主观恶意,而日本要求董事有恶意和重大过失。因为公司董事可以选择继续经营公司也可以选择向法院申请破产,所以,只要董事证明公司有继续存活的可能就可以认定董事不向法院申请破产具有合理的理由。因此,对于破产申请义务要求董事具有主观恶意,即明知或者应当知道公司已没有避免破产的可能,或者明知公司无法在现在的管理中起死回生而执意延长公司寿命。

四、结　　论

在临近破产期间,由于公司实际经济状态与公司法律状态所存在的差别,导致董事处于股东利益、债权人利益以及自我利益的夹缝之中。同时,因为其职权以及信息优势,董事实际上掌控着公司的发展,对利益相关的各方都有重要影响。公司作为自治主体的存在,应当赋予董事对公司事务的自治权,但是在公司临近破产期间,法律还必须保护债权人的利益,因此必须对公司董事的行为作出一定的限制。第一,作为合格的董事,应当推断董事作为一个理性人能够在必要

---

① Paul Davis,"Directors' Creditor-Regarding Duties in Respect of Trading Decisions Taken in the Vicinity of Insolvency",*European Business Organization Law Review* 7,2006,pp. 301 – 337.

的时间内认识到公司出现破产原因、处于临近破产期间的事实,因此董事不能以自己对公司已处于临近破产期间不知情作为履行义务不当的抗辩事由。第二,董事在知悉公司处于临近破产期间后应当根据公司的不同情况作出不同的经营判断,将公司债权人作为其注意义务的对象。在认识到公司破产不可避免的情形下,董事应不迟延地向法院提出破产申请,不履行或者迟延履行都应当承担相应的责任;如经过职业判断,董事认为公司仍有恢复正常经营的可能时,可以选择自己继续经营,此时就必须承担防止公司财产减损义务,严格限制自身的不当经营行为,同时监督公司其他主体的经营行为。否则应当承当相应的赔偿责任。第三,董事对公司债权人的民事赔偿范围应根据董事违反义务的情况有不同的规定,同时为了保护市场的公共利益,对于严重违反注意义务或者存在主观恶意及重大过失的董事,应当限制其一定年限的董事资格。

房地产公司破产案件中名为买卖实为借贷债权的处理

尤铁梅* 刘 龙**

一、问题的提出

近年来,房地产公司因为资金链断裂引发公司破产逐步走入司法领域,但因为房地产公司破产不同于一般的公司破产,其涉及被拆迁人、房屋消费者、建设工程法定优先权等诸多利益纠纷,凸显了房地产破产公司中的利益纠葛,极易引发信访事件,成为影响社会的不可控因素。

从当前的司法实践来看,房地产破产公司之所以引发资金链断裂,其主要的原因在于房地产市场相对低迷,公司融资困难,很多公司被迫选择高息民间借贷"饮鸩止渴",造成恶性循环,从而不可避免的走上不归路。因此,就某种程度而言,民间借贷的不当发展,是造成房地产公司破产的一个因素之一。正如有法官指出:"在法律夹缝中挣扎发展的民间借贷,不仅未随着公法规制而消逝或蜷缩,反而在法律的灰色地带发展出一系列新形式新路径,言说着资本的逐利性和市场的旺盛需求,彰显了资本

* 淮安市淮阴区人民法院党组书记、院长。

** 淮安市淮阴区人民法院审委会委员、审判管理办公室主任。

的生命力”。①

房地产公司签订的名为买卖实为借贷合同,就是民间借贷资本在法律夹缝中的“创新”,其就是在出借人与房地产公司签订借贷协议的同时,双方再签订房屋买卖协议,并在房屋买卖协议中约定回购条款,如房地产履行了借款清偿义务,便可以将房屋回购,有学者将之称为买卖型担保。上述买卖合同大抵可以分为三类:第一种是只签订房屋买卖合同,没有履行其他手续;第二种是签订房屋买卖合同,同时将该房屋办理了预告登记;第三种是签订房屋买卖合同的同时,将房屋进行了登记交付。

对于破产公司中名为买卖实为借贷合同应当如何处理,目前理论与审判实践中均争议颇大,该问题的恰当处理,涉及房地产破产公司的债权清偿顺序、公司破产资产的处理等,对于债权人和破产公司而言,其重要意义不言而喻。因此,确有认真探讨之必要。

二、涉案法律规定和相关案例观点的梳理

目前,对于破产公司中“名为买卖实为借贷合同”的情况如何定性,债权人能否行使取回权或者别除权,甚至是破产抵消权,管理人能否行使合同解除权,以及已设定预告登记或者交付房屋该如何处理等问题争议颇大,其主要涉及对我国最高人民法院《关于审理民间借贷案件适用法律若干问题的规定》(以下简称《民间借贷司法解释》)第24条、我国物权法的预告登记制度以及破产法中管理人合同解除权等问题的理解的差异。因此,为明晰上述问题,笔者先尝试对我国上述制度和案例观点进行梳理。

(一)《民间借贷司法解释》第24条的正确理解与适用

《民间借贷司法解释》第24条的出台可谓一石激起千层浪。赞成让与担保学说的学者认为找到了法律依据,反对让与担保的学者认为该条款并不能得出立法支持让与担保的观点,也有学者提出了后让与担保、代物清偿预约说等观点。该条款应当如何理解与适用,在审判实践中更是莫衷一是,笔者认为,准确

① 陈然:《担保型买卖合同的法律效力评判》,载《法制与社会》2016年第2期。

理解《民间借贷司法解释》第 24 条,有助于正确处理房地产破产公司中名为买卖实为借贷合同。

我国《民间借贷司法解释》第 24 条规定:“当事人以签订买卖合同作为民间借贷合同的担保,借款到期后借款人不能还款,出借人请求履行买卖合同的,人民法院应当按照民间借贷法律关系审理,并向当事人释明变更诉讼请求。当事人拒绝变更的,人民法院裁定驳回起诉。按照民间借贷法律关系审理作出的判决生效后,借款人不履行生效判决确定的金钱债务,出借人可以申请拍卖买卖合同标的物,以偿还债务。就拍卖所得的价款和应偿还借款本息之间的差额,借款人或者出借人有权主张返还或补偿。”

有观点认为,该条为我国设定了让与担保制度。但从该条文的字面理解和实践执行来看,该制度的规定着实让人费解。虽然,民间借贷司法解释者从物权法定缓和主义、让与担保制度价值等论证担保制度规定的合理性,利用信托行为解决了担保型买卖非双方通谋虚伪意思表示而导致合同无效等问题。但无论是该司法解释本身的规定还是规定的理解与适用都有难以让人理解之处。

笔者认为,该条款不能认定为设定了典型的让与担保制度。让与担保,是指债务人或者第三人为担保债务人的债务,将担保标的物的所有权等权利移转于担保权人,而使担保权人在不超过担保之目的范围内,于债务清偿后,担保标的物应返还于债务人或者第三人,债务不履行时,担保权人得就该标的物优先受偿的非典型担保物权。[①] 作为一种非典型担保物权,让与担保制度因违反物权法的“流质契约”和物权法定原则一直未能得到法律认可。虽然笔者也认为,随着社会的法定,物权法定原则应该缓和,法律应当尊重市场商主体的创造行为。但《民间借贷司法解释》第 24 条的规定并非真正的让与担保制度。理由在于:一方面,让与担保制度强调物权的让与,是利用物权所有权的让与来担保债权的实现,是物权行为而非签订买卖合同的债权行为。如只是债权行为,债务人有可能在同一标的上设定诸多担保,那如何确定债权的清偿顺序呢?另一方面,《民间借贷司法解释》第 24 条第 2 款的规定是赋予胜诉债权人对买卖标的物清算的权力。笔者认为,当事人胜诉后,对债务人申请执行即可达到与该条款相同的目的,此条款并未明确赋予债权人对清算标的物具有优先受偿权,其实践价值并不

① 参见谢在全:《民法物权论》,中国政法大学出版社 2000 年版,第 1100 页。

大,反而令人心生疑惑。

因此,笔者认为,《民间借贷司法解释》第24条的规定因并未创设新的担保物权,其所创新的担保形式,也不宜认定为让与担保,而仅是具有债法效力的担保方式。且根据条款本身的理解,其应当是清算型担保方式,即签订买卖合同后,动产已经交付,不动产已经登记,债权人已经实际占有买卖合同标的物的,应当对标的物进行清算,从而避免"流质契约"的弊端。正如《民间借贷司法解释》的解释者所言:"尽管让与担保与流质契约有着本质区别,但流质契约条款可能发生的不当后果,同样也应当是让与担保制度所竭力回避的。"①

(二)预告登记破产保护效力的解读

预告登记,是为了保全关于不动产物权的请求权而将此权利进行的登记。预告登记的本质是限制现时登记的权利人处分其权利,保障请求权人实现其目的。一般而言,预告登记具有保全效力、顺位保证作用和破产保护效力。② 关于我国预告登记是否具有破产保护效力,目前理论界和审判实务界存有争议。但主流的观点认为,我国预告登记是借鉴德国的预告登记制度,因此,应当参考德国赋予预告登记破产保护效力的做法。

但笔者认为,我国现行法的规定和解释并不当然赋予预告登记制度以破产保护效力。主要理由在于:我国《物权法》第20条规定:"当事人签订房屋买卖或其他不动产物权的协议,为保障将来现实物权,按照约定可以向登记机构申请预告登记。预告登记后,未经预告登记的权利人同意,处分该不动产的,不发生物权效力。预告登记后,债权消灭或者自能够进行不动产登记之日起三个月内未申请登记的,预告登记失效。"由于我国物权法和破产法缺乏衔接,无论是《物权法》还是《企业破产法》中均未规定预告登记具有破产保护效力。最高人民法院物权法研究小组对本条解释为:"预告登记后,未经预告登记的权利人同意,处分该不动产的,不发生物权效力。这就赋予了纳入预告登记的请求权以物权效力,具有了排斥后来的物权变动的效力,形成了对现实登记权利人处分权的限制,充

---

① 杜万华主编:《最高人民法院民间借贷司法解释理解与适用》,人民法院出版社2015年版,第432页。

② 参见孙宪忠:《中国物权法总论》,法律出版社2003年版,第231~235页。

分保障了预告登记权利人的合法权利”。[①] 然而,这与破产保护效力并不同。

一般而言,预告登记的破产保护功能,是在相对人陷入破产时,使其担保的请求权依然能在法律上得到履行。[②] 这在预告登记制度的起源地德国应当是可行的,但在我国未必可行。

1. 我国不同于德国的物权制度。我国虽然区分物权行为与债权行为,但在物权变动理论上,仍然采取的是债权意思主义加登记,而没有采取德国法的物权独立主义。因此,预告登记制度并非独立的物权行为,只是赋予相应的债权请求权以物权效力,并非必然导致物权产生。

2. 我国的土地制度与德国土地制度有着根本的不同。由于我国土地制度的国有性质,不动产所有人只能取得建设土地使用权。因此,德国的预告登记内容为土地所有权,且房屋为现房,即使房地产公司破产,也不应影响预告登记的土地所有权发生相应的物权变动。而我国只能是房屋所有权,且无论是现房还是期房均可登记。在房地产破产公司中,存在大量“烂尾楼”情形,被预告登记的房屋有可能是现房,也有可能是期房,甚至还有可能是“空中楼阁”,根本不具备交付的现实条件。

因此,笔者认为,对于所谓的预告登记的破产保护效力,在缺乏合理性和可行性的论证前提下,不应由司法贸然赋予预告登记破产保护效力。但同时我国立法规定,预告登记权利人可以对抗破产管理人处分预告登记标的物的行为。因此,司法应当尊重立法规定,在承认预告登记债权具有物权请求权效力的前提下,根据预告登记房屋的具体状态——现房、期房或“空中楼阁”,作出不同的处理。

(三)担保型买卖合同效力相关案例的观点梳理

审判实践中,名为买卖实为借贷的合同并不鲜见,处理的方式却不统一,导致同案不同判的现象发生,影响人民法院司法判决的公信力。其中,最高人民法院发布的两个案例处理方式也不尽相同,引发了争议。有观点认为最高人民法院发布的第72号指导性案例认可了买卖让与担保,也有观点认为其是债的履行

---

① 最高人民法院物权法研究小组编著:《中华人民共和国物权法条文理解与适用》,人民法院出版社2007年版,第105页。

② 参见庄加园:《预告登记的破产保护效力》,载《民商法学研究》2014年第6期。

方式变更。因此,有必要对最高人民法院公布的朱某芳等案及最高人民法院发布的第72号指导性案例进行梳理。

2014年《最高人民法院公报》刊登了朱某芳案,[①]该案可谓一波三折,最终最高人民法院支持了原告的诉请,认定买卖合同有效。该案的判决也引发了诸多质疑。随后刊登于《民事审判指导与参考》的(2013)民提字第135号案件中,转而认定名为买卖实为借贷中的买卖合同因违反物权法禁止流押的规定而无效。《民间借贷司法解释》第24条规定的出台,似乎预示了最高人民法院虽然否定双方买卖合同关系,但认可了买卖合同效力。《民间借贷案件司法解释》第24条第2款中对买卖合同标的物进行清算程序,也对朱某芳案中直接判决履行买卖合同裁判思路的否定。从上述最高人民法院发布的案例可以看出,最高人民法院对于名为买卖实为借贷中买卖合同的效力认定仍然摇摆不定。

2016年12月28日,最高人民法院审判委员会讨论通过了汤某等诉新疆鄂尔多斯彦海房地产开发有限公司商品房买卖合同纠纷案,有观点认为,该案的发布证明了最高人民法院认可担保型买卖合同的效力。但笔者对上述观点难以苟同。本案的核心与担保型买卖合同有本质的不同。本案是借款合同双方当事人经协商一致,终止借款合同关系,建立商品房买卖合同,将借款利息及本金转化为已付购房款并经对账清算,可以认定为有效。此时的商品房买卖合同,与担保型买卖合同已有本质的区别,从本质上来讲,其应当为代物清偿。代物清偿,指的是债务关系的当事人就债务人以不同的给付替代原来负担的债务达成了合意,并且债务人提供了该给付,而债权人也加以接受的事实。[②] 因而,不能根据本案推导出最高人民法院认可担保型买卖合同有效。

三、房地产公司破产中名为买卖实为借贷债权的处理路径

根据以上相关法律规定与案例的梳理,结合破产法的相关规定,笔者将对审

---

① 《朱某某与山西嘉和泰房地产开发有限公司商品房买卖合同纠纷案》,载《最高人民法院公报》2014年第12期。

② 参见张金海:《论民间借贷场合担保性买卖合同的性质及其法律后果》,载《判解研究》2015年第4辑。

判实践中签订名为买卖实为借贷合同的债权人的主张进行回应。

(一)名为买卖实为借贷合同的债权人能否对买卖房屋行使取回权

破产法上的取回权分为一般取回权与特别取回权。一般取回权,是指管理人接管的债务人财产中有属于他人财产时,该财产的权利人享有的不依破产程序取回其财产的权利。[①] 我国《企业破产法》第38条规定:“人民法院受理破产申请后,债务人占有的不属于债务人的财产,该财产的权利人可以通过管理人取回。但是,本法另有规定的除外。”

在审判实践中名为买卖实为借贷合同的债权人认为,其已经与破产公司签订了房屋买卖合同,虽然没有办理产权变更登记,但是双方签订买卖合同是事实,也已经按照买卖合同的约定支付了相应的购房款。因此,债权人可以按照双方约定取回买卖合同中约定的标的物。但笔者认为,上述观点并不能成立。理由在于:

首先,名为买卖实为借贷的买受人并不享有物权。一般而言,因名为买卖实为借贷合同的债权人并非实际购房人,其签订买卖合同只是为了担保其借款合同中债权的实现,所以其不会办理产权变更登记,也没有取得物权。而破产取回权的基础权利主要是物权,特别是所有权。因此,债权人并不对买卖房屋享有取回权。

其次,一般取回权的行使通常只限于取回原物,所以取回标的物的存在是行使权利的前提。如在破产案件受理前,原物已被债务人卖出或灭失,权利人的取回权即告消灭,只能以物价即直接损失额作为破产债权要求清偿,但法律允许行使的代偿取回权除外。[②] 而在房地产破产案件中签订的名为买卖实为借贷合同,绝大多数情形,涉案房屋还未建成,房屋只具备销售条件,并不具备交付条件。甚至有的房屋还是“空中楼阁”,所谓取回权根本无法行使。

最后,名为买卖实为借贷的债权人主张取回权的前提存有争议。名为买卖实为借贷的债权人主张取回权的前提是买卖合同合法有效。但笔者认为,在房地产破产公司中,债权人实际目的是出借资金,签订的商品房买卖只是为了担保

---

① 参见王欣新:《破产法》(第3版),中国人民大学出版社2011年版,第145页。

② 同上书,第146页。

债权的实现,并非当事人的真实意思表示,且也未将买卖合同的标的物登记交付,并非让与担保,买卖合同是当事人虚伪的意思表示,应该无效。我国《民法通则》第 58 条和《民法总则》第 146 条均规定,行为人与相对人以虚假的意思表示实施的民事法律行为无效。

(二)名为买卖实为借贷合同的债权人能否对买卖房屋享有别除权

在破产法理论上通常认为,别除权是指债权人因其债权设有物权担保或享有法定特别优先权,而在破产法中就债务人特定财产享有的优先受偿权利。[①] 审判实践中,对于名为买卖实为借贷合同的债权人是否享有别除权争议颇大。认为此类债权人应享有别除权的理由主要在于,《民间借贷司法解释》第 24 条已经认可了让与担保,且此类债权人中部分债权人已经就买卖合同标的办理了预告登记,因而应当认定其享有别除权。

但正如笔者上述论述,我国《民间借贷司法解释》第 24 条虽然解释为让与担保,但其与传统意义上的让与担保并非吻合,其仅是具有债法效力的担保方式,而且这种担保方式事实上仅在于赋予债权人“可以申请拍卖合同标的物”。另外,我国的预告登记制度也并未明确赋予破产保护效力,司法应当对预告登记的效力保持克制原则,并不宜贸然赋予此类债权具有优先受偿的效力。

当然,有学者提出应当从保护购房者利益出发,将不动产预告登记之效力拓展至破产程序中,购房人仍可继续推进本登记,实际上是对购房人债权给赋予了优先受偿的待遇。[②] 但笔者认为,此种情况下的预告登记的效力扩张意义不大,最高人民法院 2002 年《关于建设工程价款优先受偿权问题的批复》第 1 条、第 2 条和 2015 年《关于人民法院办理执行异议和复议案件若干问题的规定》已经可以有效保护真正购房者的期待利益,并保证真正购房者的利益不致遭受损失。

因此,笔者认为,名为买卖实为借贷合同并非物权性担保,我国预告登记也无明确的破产保护效力。但是,我国预告登记的债权物权请求权效力也应当得到尊重,为了尽快恢复期房的重建工作,推进债务人资产处置,审判实践中,在此类债权人已经办理了预告登记,且预告登记的房屋已经是现房或者期房的情形

---

① 参见王欣新:《破产法》(第 3 版),中国人民大学出版社 2011 年版,第 291 页。

② 参见陈政:《和谐人居梦背景下预告登记效力的拓展思考》,载《河北法学》2016 年第 11 期。

下,可以赋予预告登记权人在预告登记所指向的相应现房或者期房变价所得范围内优先受偿。

(三)管理人对名为买卖实为借贷合同的解除权

破产管理人的合同解除权,是指在破产程序开始后,法律赋予破产管理人对于债权人与债务人在程序开始前签订的,双方均未履行或者均未履行完毕的双务合同,按照破产财产利益最大化的标准行使的是否解除的权利。①

认定管理人对于名为买卖实为借贷合同是否享有解除权,笔者认为,其关键仍在于对于名为买卖实为借贷合同的理解问题。有观点认为,买卖型担保中的买卖合同,"名为买卖,实为借款担保关系",本质上是对借款合同的担保。买受人需要支付的购房款实际是借贷合同中的借款,该买卖合同中并无买受人的义务,不属于双务合同,这也与担保合同是单务合同相印证。因此,买卖合同并非属于我国破产法规定的双方当事人均未履行完毕的合同,管理人不能行使解除权。②

笔者认为,上述观点在理论上是符合逻辑推理的,但与审判实践并不吻合。在房地产破产审判实践中,签订名为买卖实为借贷合同的债权人基于对自己债权的最大维护,其深知如果认可自己的债权性质为借贷,而买卖合同只是提供债权担保,那么其债权得到清偿的比例将变成未知数。此时,此类债权人转而否认借贷的事实,认定双方是履行买卖合同,且购房款已经交付。因此,笔者认为,对于此类债权,应当坚持《民间借贷司法解释》第 24 条第 1 款的观点,按照民间借贷的性质来认定。债权人交付的款项显然应当是借款,而非购房款,因而双方签订的房屋买卖合同并未履行,或者并未完全履行,管理人有权解除此种合同。这对于提高资产处置效率,提高普通债权人的受偿比例均有积极意义,因而管理人当然有权根据《企业破产法》规定的解除权与合同相对人解除此类合同。

(四)名为买卖实为借贷合同债权人的破产抵销权

破产法上的抵销权,是指债权人在破产申请受理前对债务人即破产人负有

---

① 参见李永军:《论破产管理人合同解除权的限制》,载《中国政法大学学报》2012 年第 6 期。

② 参见徐阳光、袁一格:《买卖型担保的法律定性与破产法检视》,载《法律适用》2016 年第 10 期。

债务的,无论是否已到清偿期限,标的是否相同,均可在破产财产最终分配确定前向管理人主张抵销的权利。① 是否允许名为买卖实为借贷合同债权人行使破产抵销权,就破产抵销法律效果而言,其实质是借款人的债权和其负有的购房款因相互抵销而终止,借款合同和房屋买卖合同均有效且得到履行,管理人向债权人交付房屋。

有学者认为,破产抵销本来就有担保之功效,为平衡债权人与破产债务人之间的利益,并无担保意图的债权人尚能根据抵销权享有担保功能,仅签订买卖合同的债权人本就具有担保意图,也应当能够行使抵销权而得到担保。② 但笔者认为上述观点不能成立。原因在于:一方面,破产抵销权成立的前提是债权人破产申请受理前对债务人即破产人负有债务,而因此类购房买卖合同的签订并非当事人的意思表示,当事人并无购房的真实意思,买卖合同只是担保的意思表示,因而在破产受理前直至破产受理后,债权人一直对债务人享有债权,不能因双方签订买卖合同的表象就认定债权人对破产债务人承担购房款债务。另一方面,虽然破产抵销权有担保功效,但此类合同中的买卖合同只有债权担保之功效,并无物权担保效力。除非债权人与债务人完成了本登记或者办理预告登记,可以赋予债权人一定的担保效力,否则不应认定债权有担保,据此也不能类推出债权人享有破产抵销权。另外,在审判实践中,由于破产房地产公司资金链断裂等原因,债权人与破产债务人签订的商品房买卖合同的单价都偏低,甚至远低于合同签订时的市场价格,因而如果放任这种抵销权的行使,对其他债权人而言也是极为不公平的。

四、房地产破产公司中名为买卖实为借贷合同的处理及意义

综上所述,房地产破产公司中名为买卖实为借贷合同的处理是极为复杂的,其妥善处理对于顺利推进房地产破产公司整体进展意义重大。因此,要坚持具体情况具体分析。就其整体思路而言,应当赋予管理人根据《企业破产法》的规

① 参见王欣新:《破产法》(第3版),中国人民大学出版社2011年版,第156页。

② 参见徐阳光、袁一格:《买卖型担保的法律定性与破产法检视》,载《法律适用》2016年第10期。

定行使合同解除权,并否认此类债权人在破产清算过程中行使破产抵销权,这并不会"误伤"真正的购房消费者。如管理人不行使合同解除权的,其可以根据名为买卖实为借贷合同的具体签订及履行情况而定,具体为:

1. 如债权人与破产房地产公司签订商品房买卖后,又办理了房屋登记手续,完成了物权交付的,可成立让与担保,虽其是对物权法定原则的突破,但在物权法定缓和主义和诚实信用原则下,均可承认让与担保的效力。在债务人未能还清债务前,可承认让与担保效力,认可债权人对让与担保物具有优先受偿的效力。

2. 如债权人与破产房地产公司签订商品房买卖后,仅办理了预告登记,未办理房屋变更登记手续,虽然预告登记并无破产保护效力,但立法毕竟赋予了预告登记债权以物权请求权效力。因此,为有效处置资产,特别是加快"烂尾楼"复建工作,可赋予预告登记权人在登记所指向的范围内享有优先受偿权。

3. 如债权人仅与破产房地产公司签订商品房买卖,并未办理登记变更手续和预告登记,笔者认为此类债权人并不能依据《民间借贷司法解释》第 24 条的规定,要求对买卖标的物享有优先受偿权。

笔者认为,坚持以上处理路径,对于保证破产债权的平等性清偿,保证真正优先权利人优先受偿权的实现和破产房地产公司尽快复工建设等均具有重要意义。

首先,此种处理方式有利于保证债权的公平受偿。房地产破产公司中签订名为买卖实为借贷合同的债权人均非真正购房人,其债权实质是民间借贷。在民间借贷普遍高息的情形下,双方签订的购房买卖合同中的购房单价一般均远低于市场价。破产作为一种概况性清偿的方式,理应保持同类债权同等对待。因此,对于此类债权不应赋予取回权。但鉴于我国立法中对让与担保制度和预告登记债权物权请求权的认可,可适当赋予其有限受偿权。这样,在保证尊重立法和司法解释的情况下,尽可能保证债权平等受偿。

其次,此种处理方式有利于破产房地产公司尽快复工建设。破产房地产公司在破产过程中,往往伴随着大量"烂尾楼"亟待复工建设。在复建过程中,面临的首要问题即破产资产的处置问题。如果不能有效解决"烂尾楼"上物权及优先受偿权的问题,破产资产的处置将面临难题。此种处理方式,否定了名为买卖实为借贷合同向破产债务人主张物权的可能性,同时在尊重预告登记等现行立法的规定下,有条件的赋予债权人一定的优先受偿权,有利于破产房地产公司尽快复工建设。

最后,此种处理方式有利于妥善解决各种优先受偿权的债权清偿问题。房地产公司中的优先债权的清偿,涉及真正抵押权人的利益、建筑施工单位尤其是农民工工资问题,以及真正购房人的权益问题。如果擅自赋予名为买卖实为借贷合同债权人对所涉房屋享有优先权,有可能导致真正抵押权人,建筑施工单位,甚至是真正购房人的权益受损。

五、结　语

房地产破产公司中名为买卖实为借贷合同的处理方式关乎债权的公平受偿,关系破产公司的复工建设,然而其中涉及的法律关系却错综复杂,困扰着房地产破产公司工作的顺利推进。就目前法律规定而言,赋予管理人根据破产法的规定行使合同解除权,否认此类债权人在破产清算过程中行使破产抵销权、物权取回权,并根据债权人的不同情况赋予管理人根据目前物权的不同情况具体处理是较为妥善的解决方式。

破产程序中的担保问题研究

钱为民[*]　吴正绵[**]

自我国《企业破产法》实施以来，全国各级法院已经受理了数万起企业破产案件。由于我国中小企业“融资难、融资贵”和互保现象大量存在的普遍状况，几乎每个破产案件都存在担保债权问题。由于各个法院和管理人做法不尽相同，如果不从理论上统一意见并在实务上统一操作方法，将有违《企业破产法》的公平原则，客观上也损害了债权人的合法权益，更有损法律的尊严。

一、问题的缘起——一个值得细细品味的案例

浙江天听纸业有限公司（以下简称天听公司）、浙江班班纸业有限公司（以下简称班班纸业公司）、浙江荣昌纸业有限公司（以下简称荣昌公司）和浙江天听亚伦纸业有限公司（以下简称天听亚伦公司）均系自然人赵某控制下的企业，自2008年以来委托东方国际集团上海荣恒国际贸易有限公司（以下简称荣恒贸易公司）代理进口废纸业务及国内购货业务。2009年3月10日，荣恒贸

* 台州市中级人民法院民二庭副庭长。

** 国浩律师（杭州）事务所专职律师。

易公司与天听公司、天听亚伦公司、荣昌公司、班班纸业公司签订一份还款协议,协议载明荣昌公司欠荣恒贸易公司2,066,587.28元人民币,天听公司欠荣恒贸易公司4,670,750元人民币,天听亚伦公司欠荣恒贸易公司22,739,838.66元,所有欠款均由各方承担连带保证责任,担保期间自应付款之日起两年。① 该协议同时约定天听公司、天听亚伦公司、荣昌公司、班班纸业公司协议签订之日起至2009年12月,每个月需要归还50万元人民币至4,477,175.94元人民币不等。

2009年6月25日,经浙江省龙游县人民法院裁定,天听亚伦公司、荣昌公司进入重整程序。同年9月1日,经浙江省浦江县人民法院裁定,天听公司进入重整程序。同年7月20日,荣恒贸易公司向天听亚伦公司申报债权30,094,696.69元人民币,其中原始债权21,739,838.66元人民币,孳息债权1,264,933.43元人民币,或有债权7,089,924.60元人民币。同日,荣恒贸易公司向荣昌公司申报债权30,094,696.69元人民币,其中原始债权2,066,587.28元人民币,孳息债权108,151.40元人民币,或有债权27,919,958.01元人民币。同年11月4日,荣恒贸易公司向天听公司申报债权30,094,696.69元人民币,其中原始债权28,477,175.94元人民币,孳息债权1,617,520.75元人民币。

之后,荣恒贸易公司向上海市第一中级人民法院起诉,要求班班纸业公司对28,477,175.94元人民币承担连带保证责任,并偿付以该款为本金自2009年5月26日起至实际支付之日止按银行同期贷款利率计算的利息损失。

二、主债务人破产的情况下,如何处理担保人的担保债务

(一)担保人的保证范围

我国《企业破产法》第46条第2款规定,“附利息的债权自破产申请受理时起停止计息。”该法第124条同时规定,“破产人的保证人和其他连带债务人,在破产程序终结后,对债权人依照破产清算程序未受清偿的债权,依法继续承担清偿责任。”未进入破产程序的担保人能否享受到《企业破产法》第46条第2款的停息保护及如何理解担保人的担保范围,实务中存在不同做法:

---

① 参见上海市高级人民法院(2010)沪高民二(商)终字第60号民事判决书和上海市第一中级人民法院(2009)沪一中民四(商)初字第22号民事判决书,该案十分复杂,同时涉及破产撤销权等复杂情况,由于篇幅所限,在此仅引用与本文论述问题有关的内容。

第一种做法,上海市第一中级人民法院在上述案件中认为“根据法律规定,附利息的债权自破产申请受理时起停止计息。因此,本案主债务的利息依法应计算至三主债务人的破产申请受理时止,班班纸业公司作为担保人,其应承担的担保范围应以主债务人的债务为限,故班班纸业公司对此的抗辩意见成立,应予采纳”。①

第二种做法,最高人民法院在乐山电力股份有限公司与中国外贸金融租赁有限公司保证合同纠纷一案中认为,“对于乐山电力公司关于一审法院判决其在乐电天威公司破产清算后仍承担保证责任,并承担从2014年12月17日起至付清之日止的违约金,以及乐山电力公司向乐电天威公司追偿违约金的追偿时间截止至2014年12月17日止属于适用法律错误的主张,没有法律依据,本院不予支持”。② 最高人民法院在审查(2018)最高法民申6063号偃师中岳耐火材料有限公司与浦发银行洛阳分行、上海嵩声贸易有限公司等保证合同纠纷案件中也坚持了该观点。

(二)理论分析

我国《物权法》第172条第1款规定,“设立担保物权,应当依照本法和其他法律的规定订立担保合同。担保合同是主债权债务合同的从合同。主债权债务合同无效,担保合同无效,但法律另有规定的除外。”我国《担保法》第5条规定,“担保合同是主合同的从合同,主合同无效,担保合同无效。担保合同另有约定的,按照约定。”从民法理论上看,以上法条均属于担保债权从属性的规定,目前很多学者和实务部门以该理由坚持担保人无须承担破产案件受理日之后的利息。从我国《企业破产法》第46条第2款来看,主债务人的债务金额可能会因为破产法的停息规定而少于原合同约定的金额,但是笔者认为破产程序中,担保人的担保范围不应受到主债务人停止计息的影响:

1. 从属性原则不应当成为破产程序中担保人停息的理由

根据担保债权从属性原则,担保债务的范围以主债务的范围为限,因此主债

① 参见中国裁判文书网公布的上海市第一中级人民法院(2009)沪一中民四(商)初字第22号民事判决书。

② 参见中国裁判文书网公布的最高人民法院(2016)京民终45号民事判决书,类似判决还包括山东省高级人民法院做出的(2015)鲁商终字第105号民事判决书。

务如果减免,担保债务同样应当予以减免。但我国《企业破产法》第92条和第101条在重整程序和和解程序中分别规定,债权人对债务人的保证人和其他连带债务人所享有的权利,不受重整协议和和解协议的影响。既然《企业破产法》已经有明文规定担保从属性例外的情况,再以担保从属性原则要求对将担保人的利息也计算至破产案件受理日的理由不能成立。

2. 从担保制度的目的本身出发,应当优先保护债权人利益

我国《担保法》第1条就开宗明义地规定,该法制定的目的是"保障债权的实现",因此担保制度的设立是对债权人获得足额清偿的一种保障。如果主债务人不能清偿,担保人应当积极担保该债务获得清偿。担保制度的终极目标应当是使债权人的利益不在任何情况下受到损失,在担保人利益和债权人利益发生冲突的情况下,应当从"保障债权的实现"角度出发优先保障债权人利益。因此,在主债务人破产的情况下,债权人有权向担保人收取破产案件受理之后的利息。

3. 从破产停息保护制度的设立目的出发,担保人也不该享受破产停息保护

由于破产程序涉及多个债权人,每笔债权一般无法获得全部清偿,孳息计算的时点必须予以明确以便计算出具体的债权金额。"附利息的债权如果在破产程序开始后仍处于计息状态,则它们的数额在程序期间处于变动状态。"[①]如果不及时停息,那么每次分配之前,需要对破产债权再次进行计算,不仅增加了工作量,而且会使原有生效的破产债权裁定书或判决书出现反复的情况,既损害了司法文书的权威,也违反了破产程序的公平和效率原则。因此,"为了破产程序的顺利进行,有必要在债权人申报债权时确定债权的具体数额"。[②] 而对于担保制度而言,由于不像破产程序中涉及众多债权人的情况,因此不需要停止计息以便裁定确认具体债权。

4. 向担保人收取破产案件受理日后的利息,不违反担保人提供担保时的真实意思表示

在担保合同设立时,担保人已经预见担保的范围包括了本金、利息、违约金和其他孳息,如果主债务人不及时归还,担保人可能需要承担主债权人收到全部款项之前的所有本金和孳息。因此,担保人承担破产案件受理日之后的利息,不

---

① 王卫国:《破产法精义》,法律出版社2007年版,第135页

② 本书编写组:《〈中华人民共和国企业破产法〉释义及实用指南》,中国民主法制出版社2012年版,第133页。

违反担保人订立合同时的真实意思表示，该担保条款应当予以尊重和认可。如果担保条款约定在主债务人破产的情况下，担保人承担担保责任的范围以主债务人的债权为限或者担保的利息也计算至破产案件受理日，则担保人无须承担破产案件受理日之后的利息。

（三）结论

综上所述，在主债务人破产的情况下，除非担保合同另有约定，担保人仍然要承担法院受理主债务人破产案件之后的利息，直至该债权清偿完毕。由于对于主债务人而言，破产案件受理日之后的利息不属于破产债权，因此担保人清偿之后，不能再向主债务人行使追偿权，担保人只能自行承担相关法律责任。

三、破产程序进行中债权人与担保人诉讼案件的处理

（一）实践中的不同做法

实践中，部分债权人会在主债务人进入破产程序且破产程序尚未终结前，直接起诉保证人要求承担保证责任。对于该类案件的处理，实务中存在不同做法：

1. 该案中止审理，待破产程序终结后继续进行。如最高人民法院在审理鹤壁市经济发展建设投资公司与中国信达资产管理公司郑州办事处保证合同纠纷一案中认为，“但因债务人鹤壁市建筑陶瓷厂破产案件尚未终结，债权人在破产程序中能否受偿，以及受偿的数额还无法确定；担保人鹤壁市经济发展建设投资公司应当承担担保责任的范围也不能确定。因此，本案应当中止审理，待破产案件终结后再进行处理”。[①]

2. 该案正常审理，但是判令在破产程序终结后担保人才需要承担担保责任。如本文开头提到的二审法院上海市高级人民法院在荣恒贸易公司诉天听公司、班班纸业公司等案件所作出的（2010）沪高民二（商）终字第60号民事判决书中认为，“被上诉人作为债权人在申报债权、参加破产程序的同时，又提起本案诉

① 王波：《债务人被宣告破产而破产程序尚未终结、债权人在申报债权的同时又向担保人主张权利的，案件应当中止审理——鹤壁市经济发展建设投资公司与中国信达资产管理公司郑州办事处保证合同纠纷上诉案》，载最高人民法院民事审判第二庭主编：《民商事审判指导》（2005年第1辑），人民法院出版社2005年版，第152页。

讼,要求作为连带共同保证人的上诉人承担保证责任并无不当。由于破产程序尚未终结,被上诉人从主债务人处获得清偿的部分尚未确定,为避免双重受偿等情况的出现,本院确认上诉人应在天听公司、天听亚伦公司、荣昌公司破产程序终结后,对被上诉人未受清偿的部分承担还款责任。"

3. 按照正常案件予以处理,判令担保人立即承担担保责任。如笔者办理的民生银行杭州分行诉郦某忠、郦某媚、陈某芬和无锡大资源环保制品有限公司(破产企业)等自然人保证合同纠纷案件中,一审法院也判令保证人在判决生效之日起一个月内归还本息,并承担至给付之日止的利息①。

(二)理论分析

笔者认为,在破产程序进行过程中,债权人有权直接起诉担保人要求承担担保责任,而且该案件无须中止审理:

1. 正如最高人民法院在宁夏荣恒房地产集团有限责任公司与中国信达资产管理股份有限公司宁夏回族自治区分公司保证合同纠纷一案②中所述,一审适用我国《企业破产法》第20条规定并无不当。该条第1款规定"人民法院受理破产申请后,已经开始而尚未终结的有关债务人的民事诉讼或者仲裁应当中止",但第2款同时规定"在管理人接管债务人的财产后,该诉讼或者仲裁继续进行"。举重以明轻,此条仅针对破产债务人或以破产债务人及担保人一并提起的诉讼,在破产程序开始后应当中止,但"在管理人接管债务人的财产后,该诉讼或者仲裁继续进行",说明法律并未禁止在破产程序中或破产程序终结前向连带保证人单独提起的诉讼。

2. 最高人民法院《关于适用〈中华人民共和国担保法〉若干问题的解释》(法释〔2000〕44号,以下简称《担保法司法解释》)第44条规定,"保证期间,人民法院受理债务人破产案件的,债权人既可以向人民法院申报债权,也可以向保证人主张权利。债权人申报债权后在破产程序中未受清偿的部分,保证人仍应当承担保证责任。债权人要求保证人承担保证责任的,应当在破产程序终结后六个月内提出。"根据该规定,主债务人破产的情况下,债权人对于是否申报债权具有

① 参见(2013)台玉商初字第1711号民事判决书。

② 参见最高人民法院(2013)民二终字第117号民事判决书。

选择权。主张要求破产程序终结后保证人才能要求担保人承担保证责任的理由无非就是从避免双重清偿[①]或者超额清偿的角度出发,但是如果债权人选择不申报破产债权,则不存在双重清偿或超额清偿的问题。即使债权人申报债权,如果债权人同意将所有债权转让给担保人或者同意在破产债权中扣除担保人所支付的清偿款,[②]该问题也可以得到有效避免。一概认定债权人只有在破产程序终结后方可要求担保人承担保证责任,不符合立法的目的,也侵犯了债权人的权利。

3. 依照现有规定,在主债务人破产的情况下,债权人可以选择暂时不申报债权而直接起诉承担连带担保责任的担保人要求承担担保责任,由于该做法不违反我国《企业破产法》和《担保法司法解释》,法院一般会直接判决担保人承担担保责任。在判决生效后,如果破产财产尚未分配完毕,债权人此时可以再向管理人申报破产债权,进而通过破产程序获得清偿。由于生效法律文书具有拘束力,管理人也无权否认债权人申报的债权,[③]实际上仍然无法避免债权人获得双重清偿的后果。考虑到破产程序动辄持续一年以上,该情况发生的可能性大大增加,实务部门必须对此引起重视。尤其是连带债务人享受不到破产企业破产案件受理日开始的停息保护制度,连带债务人也具有主动还款的动机。因此今后有必要规定,债权人申报对主债务人破产债权前,生效法律文书已经判令担保人承担担保责任的,债权人申请对该法律文书执行时,该执行案件必须中止执行,并且在破产程序终结前不得继续执行,担保人也无须承担该段时间的迟延履行利息。担保人自愿履行的,该清偿债务行为有效,但优先清偿破产债权部分的款项。[④]

4. 根据最高人民法院对《关于担保期间债权人向保证人主张权利的方式及程序问题的请示》的答复(〔2002〕民二他字第32号),“根据《最高人民法院关于

---

① 参见最高人民法院(2013)民二终字第117号宁夏荣恒房地产集团有限责任公司与中国信达资产管理股份有限公司宁夏回族自治区分公司保证合同纠纷一案民事判决书。

② 但是破产债权中扣除担保人清偿金额得意实施的前提是担保人清偿后可以及时告知管理人,否则就算担保人还款,管理人也会由于不知道还款事实而无法扣减该部分金额。

③ 只不过依照《企业破产法》第56条的规定,如果债权人未在法定期间内申报债权,债权人要审查和确认补充申报债权的费用而已,并不影响债权人获得清偿的实体权利。

④ 依据最高人民法院《关于适用〈中华人民共和国合同法〉若干问题的解释(二)》(法释〔2009〕5号)第21条的规定,债务人除主债务之外还应当支付利息和费用,当其给付不足以清偿全部债务时,并且当事人没有约定的,人民法院应当按照下列顺序抵充:(1)实现债权的有关费用;(2)利息;(3)主债务。但考虑到根据现有规定,在破产案件终结前,破产企业的连带债务人无须承担担保责任,因此笔者认为应当优先清偿先到期的破产债权部分金额。

适用若干问题的解释》第 44 条第 1 款的规定,在上述情况下,债权人可以向人民法院申报债权,也可以向保证人主张权利。因此,对于债权人申报了债权,同时又起诉保证人的保证纠纷案件,人民法院应当受理。在具体审理并认定保证人应承担保证责任的金额时,如需等待破产程序结束的,可依照《中华人民共和国民事诉讼法》第 136 条第 1 款第 5 项的规定,裁定中止诉讼。人民法院径行判决保证人承担保证责任,应当在判决中明确应扣除债权人在债务人破产程序中可以分得的部分。"

(三)结论

在主债务人进入破产程序时,债权人在破产程序终结前起诉担保人的,应当按照如下原则进行处理:

1. 在债权人同时申报债权的情况下,法院必须判决在破产程序终结后担保人方需就破产程序未受清偿部分承担担保责任。但由于最终债权人通过破产程序获得清偿的金额不确定,因此该判决书的主文是否具有明确可执行性以及诉讼费负担问题如何确定,仍值得进一步研究。

如果债权人同意将申报的债权转让给担保人,由于不存在重复清偿或超额清偿的情况,债权人可随时要求担保人清偿债务。同时,作为担保人一旦承担保证责任,也必须在第一时间将清偿情况告知管理人,以避免重复清偿或超额清偿的情况。

2. 在债权人未申报破产债权的情况下,法院可判令担保人立即承担担保责任。① 但为了避免超额清偿的情况出现,如果债权人取得生效法律文书之后同时申报破产债权的,执行程序必须中止,待破产程序终结后债权人方可要求担保人承担担保责任,而且担保人无须承担破产案件受理日至破产程序终结期间的迟延履行利息。

3. 根据最高人民法院关于对云南省高级人民法院就《关于适用〈中华人民共和国担保法〉若干问题的解释》第四十四条请示的答复》(〔2003〕民二他字第 49 号),《担保法司法解释》"第四十四条第二款规定的债权人应在破产程序终结后

① 该情况下,为避免债权人未申报债权的情况下,担保人申报债权后将破产财产分配款转移而逃避债务,债权人可申请法院将保全该债权。

六个月内要求保证人承担保证责任的规定，仅适用于债务人在破产程序开始时保证期间尚未届满，而在债权人申报债权参加清偿破产财产程序期间保证期间届满的情形。”因此，如果法院受理破产案件之前，保证期间已经届满的，债权人在破产程序终结之后6个月内仍然无权要求保证人承担责任。

4. 破产程序终结前，债权人无法请求保证人承担保证责任情况下，如果破产程序终结之后6个月内债权人未要求保证人承担保证责任的，保证人的保证期间届满，保证责任解除。即使在破产程序终结后6个月内，合同约定的保证期间尚未届满，债权人仍要在破产程序终结后6个月内要求保证人承担保证责任。例如，保证合同约定，保证期间为主债权届满之日起满2年，法院受理主债务人破产案件的时间为2017年1月1日，受理时主债权尚未到期，法院出具终结破产程序裁定书的时间为2018年1月1日。依据我国《企业破产法》第46条第1款的规定，主债权视为到期，虽然依据合同约定债权人必须在2018年12月31日之前要求保证人承担保证责任，但债权人仍然要根据破产程序终结之日起6个月内（2018年6月30日之前）要求保证人承担保证责任。

5. 破产程序终结前，债权人无法请求保证人承担保证责任情况下，担保人自愿履行债务时优先清偿破产债权部分的款项，如有多余的才用于清偿破产案件受理日之后的孳息。

四、其他问题

（一）法院裁定确认债权后连带债务人承担担保责任时的处理

在多次分配破产财产时，如果最后一次分配前，连带债务人清偿了部分债务的，管理人是否要调整法院裁定确认的债权金额并在重新计算后进行分配，实务中有不同的做法，理论中对此也未有深入的研究。有观点认为，法院破产债权裁定书也属于法律文书，经过裁定之后应当具有既判力，不能随意更改。但笔者认为，由于在法院裁定确认债权之后债权人已经自其他地方获得清偿，正如民事判决之后债权人获得清偿一样，执行时债务人也可以提出抗辩扣除该部分金额，该种做法不违反既判力原则。同时，笔者认为有必要区分连带债务人的性质和清偿的具体情况进行分析：

1. 在破产企业为担保人的情况下，主债务人自行清偿债务的，依据担保债权从属性原则,必须扣除主债务人清偿的金额,重新认定参与分配的债权额。

2. 在破产企业为主债务人的情况下,担保人自愿清偿部分债权的,只要债权人未获得超额清偿的,就不应该予以扣减。如在某公司重整案件中,法院裁定通过的重整计划规定普通破产债权共分两期清偿,比例分别为5%和20%,法院裁定确认A公司债权额为100万元人民币。在A公司领取首期清偿款后,担保人B公司向A公司归还50万元人民币,由于债权人获得清偿的金额未超过100万元人民币,因此在第二期分配时不应当扣减债权人自B公司受领的50万元清偿款。实际上,在破产程序终结后,公司应当承担的担保责任为75万元人民币,目前B公司提前归还该笔款项,实际上属于B公司与A公司之间的内部关系,与破产企业无关。如果要求将担保人清偿的金额予以扣除,那么管理人又要以清偿金额债权确认B公司破产债权,[①]B公司受领清偿款之后再将清偿款归还给A公司,该种做法人为地拖延了破产程序的进程,有违破产法的效率原则。如果债权人在破产程序获得的清偿金额加上从担保人处获得清偿的金额超过债权额的,此时主债权消灭,根据担保债权从属性原则,管理人可以将债权确认给担保人。综上所述,在主债务人破产的情况下,除非债权人已经获得超额清偿,否则管理人无权将担保人的清偿款自破产债权中扣除。[②]

3. 在破产企业为担保人的情况下,其他担保人清偿部分债务的,在债权人未获得全额清偿的情况下,实际上该担保人归还的金额不超过其对于债权人应当承担的金额,担保人提前归还该部分款项,实际上属于该担保人与债权人之间的个人关系,管理人在清偿时不应当修改法院裁定确认债权的金额。

(二)担保人破产时,主债务人还款责任的处理

笔者认为,主债务人未破产而担保人破产时,主债务人不受破产程序限制,

---

① 笔者认为,该种情况下,属于A公司破产债权清偿时的执行问题,不需要B公司重新申报债权,也无须法院裁定确认,否则会出现实质上为一笔债权,但是出现两次裁定的情况。

② 《企业破产法》第51条第1款规定:“债务人的保证人或者其他连带债务人已经代替债务人清偿债务的,以其对债务人的求偿权申报债权。”笔者认为,该条文不包括法院裁定之后保证人或者其他连带债务人付款的情况。如果此时保证人或连带债务人支付部分付款,管理人将该部分债权确认给担保人,并扣减债权人对应的债权额,此时可能会出现债权人为了取得担保人的该部分清偿款,起诉担保人。如果担保人同意扣减该部分清偿款,则债权人又获得部分清偿,然后又享有该部分清偿对应的债权,进而出现无限循环的情况。

应当承担随时还款的责任：

1. 破产企业之所以承担责任，原因在于为主债务人提供担保。我国《企业破产法》第 124 条中的“连带债务人”应该不包括主债务人，否则会出现如果担保人不破产，主债务人需要立刻还款，但是在担保人破产的情况下，主债务人在担保人破产终结之前，不需要承担还款责任，但是需要继续承担破产案件受理日之后利息的怪事。该种结果，无论按照何种解释，都不属于立法者和司法解释制定者的真实意图。《担保法司法解释》第 44 条第 2 款的规定与《企业破产法》不同，“债权人要求保证人承担保证责任的，应当在破产程序终结后六个月内提出”，根据反向解释的法律解释方法，债权人要求主债务人承担责任，不受破产程序的制约，可以依照原协议约定的时间要求主债务人承担责任。

2. 我国《企业破产法》第 46 条第 1 款规定，“未到期的债权，在破产申请受理时视为到期”。根据该规定，在主债务尚未到期的情况下，如果担保人破产的，对于担保人而言，该债务视为到期。但从实际情况来看，该债务毕竟尚未到履行期，笔者认为应当依照法律约定和合同约定扣除受理日至到期日之间的利息。如原合同存在利率约定的，确认债权时需要按照该约定利率扣除破产案件受理日至约定到期日的利息，如不存在利息约定的可以扣除依照人民银行同期贷款利率计算的利息以确认其债权。考虑到主债务毕竟尚未到期，到期后主债务人可能履行债务，建议先由管理人在主债务到期前先行提存该清偿款，并由管理人提前要求主债务人归还破产企业代偿的该款项。① 如果主债务人向破产企业归还该代偿款项，那么管理人可以将该款项清偿给债权人。如果经过主债务人提供替代担保，债权人同意免除破产企业债务的，则管理人将该部分清偿款重新交由其他债权人进行分配。

---

① 按照《担保法》第 31 条、《物权法》第 176 条等有关法律规定，担保人只有在实际承担担保责任之后才可以行使追偿权，但笔者认为，在破产案件中，管理人只要预留该款项，就可以确保破产企业可以承担法律责任。在主债务尚未到期的情况下，管理人将该部分清偿款予以提留而不直接分配，并未损害债权人利益。为了避免管理人先向债权人清偿债权，再向破产企业追偿带来的不必要麻烦，建议可以先由管理人和主债务人沟通，让主债务人和债权人沟通替代破产企业担保或其他有关措施，进而减少清偿和追偿带来的不必要麻烦。

五、结　语

从《企业破产法》的规定和担保法的价值取向来考虑,除非破产企业的连带债务人与债权人另有约定,破产企业的连带债务人不应当适用我国《企业破产法》第46条第2款的停息保护制度,破产企业的连带债务人对于法院受理破产案件之后的利息仍然应当承担责任。根据现有规定,如果债权人已经申报破产债权,在破产程序终结前,债权人不能要求破产企业的连带债务人[①]承担责任,但是在债权人采取将债权转让给破产企业的连带债务人等避免超额清偿方式的情况下,债权人可在破产程序期间要求破产企业的连带债务人承担责任。同时,债权人必须在破产企业破产程序终结之日起6个月内要求破产企业的连带债务人承担责任。

① 此处的“连带债务人”不包含主债务人。

破产债权确认之诉起诉期限问题思考

夏旭丽[*]　高舒卉[**]

在破产案件中，债权的申报确认是保障债权人能够获得公平清偿的重要制度。而债务人、债权人与管理人对于债权是否存在、债权数额及是否应予以偿还等问题时常会发生争议，即对管理人核查的债权有异议，产生破产债权确认之诉。但是，对于破产债权确认之诉的起诉期限法律缺乏明确规定，在司法实践操作中，各法院对破产债权确认的异议起诉期限因认识与理解的不同而作出不同的认定。这在一定程度上，影响了破产案件的审判效率和社会效果，同时也不利于保障广大债权人、债务人利益。针对这一问题，笔者作了如下分析。

一、我国现有法律对债权申报及审查规定

我国《企业破产法》第14条规定，人民法院应当自裁定受理破产申请之日起25日内将申请人、被申请人、受理申请的时间、申报债权的期限、地点和注意事项、管理人的名称或者姓名及其处理事务的地址等事项通知已知债权人，并予以公告。该法第48条规定："债权人应当在

[*] 浙江省温州市瓯海区人民法院民二庭庭长。

[**] 浙江省温州市瓯海区人民法院书记员。

人民法院确定的债权申报期限内向管理人申报债权”。上述规定要求债权人须在法院规定的期限内申报债权,债权人未在规定的期限内申报债权的,根据《企业破产法》第56条规定,可以在破产财产最后分配前补充申报;但此前已进行的分配不再对其补充分配,而该法第92条第2款规定,债权人未依照本法规定申报债权的,重整计划执行期间不得行使权利,在重整计划执行完毕后,可以按照重整计划规定的同类债权的清偿条件行使权利。可见,债权人未在规定期限内申报债权应承担相应的不利后果或丧失一定的权利。

我国《企业破产法》第44条规定:“人民法院受理破产申请时对债务人享有债权的债权人,依法本法规定的程序行使权利”。第57条规定:“管理人收到债权申报材料后,应当登记造册,对申报的债权进行审查,并编制债权表。债权表和债权申报材料由管理人保存,供利害关系人查阅”。第58条第1款规定:“依照本法第五十七条规定编制的债权表,应当提交第一次债权人会议核查”。该法第58条第3款规定:“债务人、债权人对债权表记载的债权有异议的,可以向受理破产申请的人民法院提起诉讼”。如果债权人在债权申报期内申报了债权,但是管理人收到债权申报材料后基于各种原因,对申报的债权在债权表中不予确认;或管理人对债权人申报的债权在登记的债权表中予以确认,但是,在第一次债权人会议上核查债权表时,债权人会议对其债权的登记不予确认的。另外,债务人、债权人均可以行使异议权,即可以向受理破产申请的人民法院提起诉讼,要求确认其对债务人享有或不享有合法有效的债权及债权额。但我国《企业破产法》对债务人、债权人对债权表记载的债权有异议的,可以向人民法院提起诉讼的期限未作出规定,导致人民法院在受理债权人、债务人提起异议之诉时难以适从,也给债权人、债务人提起破产债权诉讼留下了任意性、无限制性的空间,给破产案件的审理埋下了隐患。

二、目前审查债权人的异议债权做法

在实际司法实践操作中,受理破产案件的人民法院往往会告知债权人对管理人审核编制的债权表有异议的,在一定期限内向管理人提出,并提供相关材料,或者向法院提起诉讼。同时法院也会要求管理人告知债务人、债权人其享有的提起债权确认之诉的权利,故管理人在编制的债权表中会特别注明或提示如债权人、债务人对编制的债权表有异议的应在第一次债权人会议核查后一定期限内向人民法院提起诉讼,抑或是直接规定异议之诉的起诉期间,逾期未提出异议或者有异议未向人民法院提起诉讼的,管理人将申请人民法院依法对债权表编制的债权予以裁定确认。另外,在第一次债权人会议之后,管理人向债权人发送不予确认通知书,通知书注明对债权人债权金额不予确认的理由,告知若债权人对管理人审查确认的债权有异议,可在一定期限内向人民法院提起诉讼,逾期视为对管理人审核确认的结果无异议等。还有一种特殊情况,告知对管理人审核编制制的债权表有异议的,可以向受理破产申请的人民法院提起诉讼,但却没有明确具体时间。

此时,有明确异议期限的,有异议的债权人大部分能在规定的期限内提起诉讼,但也有极少数债权人未能在规定期限提起诉讼。那么,管理人抑或法院对债权人异议期间作出的规定,是否有法律效力?当债权人在超过规定期间向法院提起诉讼时,法院应不应该受理?针对以上几个问题各地法院做法不一。这就引发了关于对不在规定的期限内提起异议之诉的诉讼权利问题之争。而在法学界也存在两种观点:一种观点认为应该受理并进行审查确认;另一种观点认为应该不予受理或驳回起诉。主要是基于对债权人提起债权审查异议之诉的性质认定。

三、债权人提起债权异议之诉性质

对于债权人未在管理人规定的异议期限内提起诉讼,是否产生相应的法律后果,存在两种不同的观点:一种观点认为债权人提起债权审查异议之诉是给付之诉;另一种观点认为是确认之诉。

一种观点认为是给付之诉的理由是:债权人提起诉讼的主要目的是请求法院确认其债权,从而在破产程序中获得破产债务人的给付清偿。从最终目的来看应当属于给付之诉,从最终结果来看债权人也确实是通过起诉才能获得财产清偿。如果将该债权争议诉讼认定为给付之诉,那么在法理上我们可以将债权人行使的权利定位于请求权,即债权人行使请求破产企业为特定给付义务的权利。

在我国民法中为请求权规定了普遍的诉讼时效,《民法通则》第 135 条规定:“向人民法院请求保护民事权利的诉讼时效期限为二年,法律另有规定的除外。”

这表明我国民事诉讼的一般诉讼时效为2年，而当权利人在法定的时效期间内不行使权利，当时效期间届满时，权利人的权利并没有消失，只是丧失了胜诉权，此时权利人再行使请求权人民法院就不再保护。但值得注意的是诉讼时效届满后，义务人虽可以拒绝履行其义务，但是权利人的请求权本身并没有消失，当事人超过诉讼时效后起诉的，人民法院应当受理。受理后，如另一方当事人提出诉讼时效抗辩且查明没有中止、中断、延长的事由的，判决驳回其诉讼请求，但若另一方没有提出抗辩，法院不得依照职权主动适用诉讼时效，应受理支持其诉求，这也就是我国法院司法实践的一般做法。

就破产案件来说，破产法中对债权异议之诉并没有规定其异议期间，如果管理人自行确定，就会出现不同案件管理人确定的异议时间有所不同，而且会出现不同法院就相同的案件确定的期限也会有所不同，这种做法没有法律依据，或许会导致法院审理案件失去统一标准，有损司法的公正性。关于在债权人不按法院规定的期间行使权利的情形下，法院是否应当受理的问题，根据我国民法关于诉讼时效的规定，在时效期间会因为出现一定的法定事由，致使时效期间发生中止、中断的事由，如不可抗力等，在时效过后，权利人的权利也没有消失，仍可继续起诉，法院应当受理。按照此条规定，在破产程序中，异议期限过后债权人提起诉讼的，法院是应当受理的，一方面，法院规定债权人在一定期限内起诉的做法没有法律依据，根据我国《企业破产法》第58条第2款债权人对破产管理人拟定的债权表有异议的起诉期限没有明确规定；另一方面，我国《企业破产法》第119条规定："破产财产分配时，对于诉讼或者仲裁未决的债权，管理人应当将其分配提存。自破产程序终结之日起2年仍不能受领分配的，人民法院分配给其他债权人。"管理人提存分配的标准是在分配破产财产时进入诉讼的债权，根据我国《企业破产法》第115条和第116条的规定，财产分配方案在债权人会议上通过之后，管理人将其提请法院裁定认可才可执行。那么破产财产分配的期间即从法院裁定确认分配方案之日起，所以应当确保债权人在财产分配之前的利益，可以确定即使异议期已过，只要法院还未认可分配方案，债权人的异议之诉都应该被受理。故对于债权人在超过管理人规定的异议期限提起诉讼，法院仍应予以受理并进行审理确认。

另一种观点，认为是确认之诉的理由是：在破产程序开始之前，债权是以个别清偿的方式得以实现，每一个债权人都公平的享有获得清偿的权利，可以提出给付之诉。此时的诉讼中确认债权是作为给付的前提而存在的,获得给付才是诉讼的直接目的,所以此时的债权争议诉讼具有双重属性,既有确认之诉的性质也有给付之诉的性质。但是债权人的诉讼请求是给付,当双重属性无法分离时,确认的属性被给付的属性吸收,确认之诉不会单独进行,而债权争议诉讼的性质自然是给付之诉。但在债务人进入了破产程序时,虽然债权人提起破产争议诉讼的最终目的没有改变,但是在破产程序启动后,依据《企业破产法》的规定,债权人无权再提出个别给付的诉讼请求,此时的债权属于集体清偿的范畴,当破产争议诉讼提起时就只具有确认的一种属性,就只能是确认之诉。破产程序本身就是债权实现程序即给付程序,所以在破产这个集体的给付程序启动后,债权的个别清偿给付程序就必须中止,否则二者必然出现冲突的情况。①

我国《企业破产法》第 16 条、第 19 条特别规定,破产程序启动后,债务人的个别清偿无效,债权人的个别执行中止。最高人民法院《关于适用〈中华人民共和国企业破产法〉若干问题的规定(二)》第 22 条也规定:"破产申请受理前,债权人就债务人财产向人民法院提起本规定第二十一条第一款所列诉讼,人民法院已经做出生效民事判决书或者调解书但尚未执行完毕的,破产申请受理后,相关执行行为应当依据企业破产法第十九条的规定中止,债权人应当依法向管理人申报相关债权,不能再提出单独给付请求。"在破产程序中,债权人要实现债权的给付,只需申报债权并使债权得到确认就可以通过破产分配实现。在这种情况下,债权的争议就只涉及确认问题,不再涉及给付问题,破产程序统一完成给付,所以破产债权争议诉讼的性质只能是确认之诉。

债权人在通过提起债权确认之诉表达异议时,其诉讼的权利属性可以这样分析。我国《民法通则》所规定的诉讼时效仅适用于请求权,而确认债权请求权实质上是指债权人向法院提出的要求确认债权存续有效的权利。就权利特征而言,请求确认债权有效的权利行使,不需要债务人的同意或者给付,通过债权人单方主张后由法院确认即可实现。此种权利特征与撤销权尤为类似,其在性质上当属形成权无疑,故不受诉讼时效制度的限制,而应适用除斥期间制度的规定。

---

① 参见王欣新:《破产债权争议诉讼的性质与收费标准》,载《人民法院报》2014 年 7 月 16 日,第 7 版。

除斥期间,是指法律规定某种权利预定存续的期间,债权人在此期间不行使权利,预定期间届满,该债权即告消失。除斥期间一般是不变期间,不因任何事由而中止、中断或者延长。这就意味着作为形成权的债权确认之诉必须制定一个合理的诉讼期间,期间过后的异议之诉法院不应受理,故对于债权人未在管理人规定的异议期限内提起的诉讼,应不予受理或驳回起诉。

笔者同意第二种观点,如果允许债权人、债务人在破产程序进行中的任何时候均可以提出破产债权确认之诉,那么就会使争议债权在起诉之前的很长一段时间内处于一种不确定的状态,会直接影响债权人表决权的行使和破产程序的稳定有序性,诉讼的过分拖延还会浪费司法资源以及损害经济利益。认为破产债权争议诉讼的性质是给付之诉的观点,其关键在于没有深刻认识到破产程序本身的性质,它是一个具有优先性和排他性的给付程序,启动后会吸收其他给付程序并且优先适用,并且排除债权人个别给付程序的提起和进行。所以债权争议诉讼只需要也只能解决债权的确认问题,只能定义为确认之诉,给付之诉交由破产程序完成。如果将债权争议诉讼认定为给付之诉,适用诉讼时效的一般规定,则会使争议债权长时间处于不确定状态,直接影响债权人表决权的行使和破产程序的稳定性,甚至诉讼过分拖延超过破产程序终结之日起 2 年,还会失去其法律和经济意义。因此,建立一种快速解决债权争议的机制十分重要。

四、建议规定破产债权异议之诉期限

我国《企业破产法》未明确规定当债权人、债务人对第一次债权人会议核查的债权编制表有异议时向人民法院提起诉讼的期限。近年来,破产案件大幅增多,且涉及的债权人众多,若债务人、债权人在行使这一权利时产生随意性、无期限性,即对债权人或债权人对债权确认的异议没有时间限制,允许其在破产程序进行中的任何时候均可以提起债权争议诉讼,则会使争议债权长时间处于不确定状态,直接影响债权人表决权的行使和破产程序的稳定性。如果法院对诉讼期间不加以限制或者限制不合理,必然会给破产处理工作带来诸多麻烦和无序,进而妨害破产案件顺利进行,而且会出现无期限审理破产案件的状态等。

很多法院正是基于各种因素考虑,针对破产法没有规定期限的问题,提出需要明确破产债权确认诉讼期限的解释意见,即为债权确认有异议的债务人或债权人提出破产债权确认诉讼规定了一定的合理期限,甚至法院要求在管理人编制的债权表中注明债务人、债权人对债权确认有异议的可在一定期限内向人民法院提起诉讼,这一期间经过债权人会议核查、讨论,亦属于债权人会议决议的内容之一,对全体债权人都产生绝对的约束力。笔者认为,作为审理破产案件的人民法院应当严格债权确认诉讼期间的规定,超出这一规定期间起诉的债权人的诉求,人民法院应不予受理,以提高破案审理效率,确保破产案件审理顺利进行。笔者所在法院的做法是,在债权人会议上明确债权人对管理人审核的债权有异议,应在15日内向管理人提出,管理人经再一次审核,认为异议成立的,经过一定程序后,予以确认;若异议不成立的,管理人对债权人申报的债权金额不予确认的,向债权人发放债权不予确认通知书,并给予15日的异议期限,逾期起诉视为无异议。规定15日的起诉期间,其参考的法律根据在于《破产债权法》第64条第2款,该条款规定债权人反对债权人会议决议的,可以在15日内向法院请求行使撤销权,撤销该决议。由于此规定是针对债权人与债权人会议之间的关系,而不是债权人与破产管理人之间的关系,并且此条规定的是请求撤销,而不是起诉,所以亦存在争议。

如果债权确认异议之诉的诉讼期间过长或者过短,必然会侵犯债权人的合法权利。那么究竟多长的诉讼期间是合法并且合理的呢?债权确认诉讼期间怎样才能做到合理呢?我国《企业破产法》第45条规定:“人民法院受理破产申请后,应当确定债权人申报债权的期限。债权人申报期限自人民法院发布受理破产申请公告之日起计算,最短不得少于三十日,最长不得超过三个月。”此时法院确定的这个申报期限也就是债权人权利受法律保护的期间,依据我国民法中规定的救济权利不应该有大于原权利的法律保护范围的规定,再结合国内外立法例,许多学者法官提出,可以规定债权人、债务人应当在债权人会议核查债权结束后1个月至3个月内提起破产债权确认诉讼,否则视为接受核查意见,逾期即不再受理,从而加速有争议债权的确认,使破产案件审理有序稳步推进。

针对上述问题笔者做出了推论,根据最高人民法院《关于适用〈中华人民共和国企业破产法〉若干问题的规定(二)》第42条规定:“管理人收到债权人提出的主张债权抵消的通知后,经审查无异议的,抵消自管理人收到通知之日起生效。管理人对抵消主张有异议的,应当在约定的异议期限内或者自收到主张债务抵消的通知之日起三个月内向人民法院提起诉讼。无正当理由逾期提起的,人民法院不予支持。人民法院判决驳回管理人提起的抵消无效诉讼请求的，该抵消自管理人收到主张债务抵消的通知之日起生效。”此条规定的是管理人的异议期间为约定的异议期限或者自收到主张债务抵消的通知之日起 3 个月内，并且无正当理由逾期提起的，人民法院不予支持。笔者认为，该条关于破产债权抵销效力的规定也属于破产债权确定的范围，尽管是针对管理人的异议所作的规定，但是从主体上来说，管理人和债权人作为破产案件中的双方，享有平等的法律地位和诉讼权利。从客体上来说，该条中提到的管理人破产债权抵销之诉的客体是破产债权，债权人债权确认之诉的客体也是破产债权，主体与客体是一致的。所以该条对管理人规定的异议期限可以类推适用于债权人对债权表记载的债权的异议，不同的是起算起点应确定为第一次债权人会议结束之日，或是收到管理人不予确认通知书之日，也就是债权人知道其债权不被确认之日起开始计算。也就是说，债务人、债权人对债权表记载的债权有异议的，可以自其知道债权不被确认之日起 3 个月内向受理破产申请的人民法院提起诉讼；无正当理由逾期提起诉讼的，人民法院不予支持。同时，为督促审理破产案件的法院及时审结案件，建议对于适用简化程序审理的破产案件，异议之诉的异议期限可以再减少，如最少为 15 日。从而加速有争议债权的诉讼，提高司法资源利用效率。

企业破产清算中临时确定债权额制度之完善

黄中梓[*]　方海峰[**]

临时确定债权额是一项法定制度，它不仅可以提高破产效率、解决程序公正问题，而且也是保障实体公正的制度。我国《企业破产法》第59条第2款规定："债权尚未确定的债权人，除人民法院能够为其行使表决权而临时确定债权额的外，不得行使表决权。"可见债权尚未确定的债权人，原则上不得行使表决权。但是人民法院为特殊债权人能够行使表决权而临时确定债权额的，则不受此限制，债权尚未确定的债权人可以按临时确定债权额行使表决权。

在企业破产清算程序中，哪些尚未确定的债权可以申请临时确定债权额；如何启动临时确定债权额的程序；人民法院临时确定债权额的原则和标准又是什么；债权人如何通过临时确定的债权额行使表决权；债权人根据临时确定的债权额行使表决权而通过的会议决议法律效力如何；不服准予或不准临时确定债权额决定如何进行权利救济；未依法行使临时确定债权额程序有何法律责任等问题尚无相关法律规定，需要厘清并予以完善。本

---

* 安徽天贵律师事务所主任。

** 安徽天贵律师事务所合伙人。

文根据笔者办理企业破产案件的实践,就人民法院在企业破产清算程序中临时确定债权额涉及的相关制度进行简要探析。

一、如何启动临时确定债权额的程序

临时确定债权应当首先是申报的债权,确定临时债权额应当是人民法院的职权,启动审查临时确定债权额应当有管理人报告、债权人申请、人民法院依职权决定三种方式,无论何种方式均通过人民法院依法确定。

(一)临时确定债权额应当是依法申报的债权

我国《企业破产法》第59条第2款规定:“债权尚未确定的债权人,除人民法院能够为其行使表决权而临时确定债权额的外,不得行使表决权。”也就是说,尚未确定的债权可以申请临时确定债权额。何为“尚未确定的债权”?笔者认为,该债权必须是依法申报的债权。《企业破产法》第59条第1款规定,“依法申报债权的债权人为债权人会议的成员,有权参加债权人会议,享有表决权。”这里“依法申报”应当是按照《企业破产法》所规定的程序以及相关实体法的规定所申报的债权。对依法申报的债权,管理人审查后认为不能成立的债权,或者管理人尚未进行实质审查未作出审查结论的债权、管理人未作审查的诉讼、仲裁未决的案件以及债权人会议核查债权期间存在异议的债权均应当认定为“尚未确定的债权”。

(二)对管理人未确认的债权启动

管理人未确认的债权大致又可分为管理人尚未进行审查的债权、部分不成立的债权、审查认为不能成立的债权三类。

1.对管理人尚未审查的债权,这里指某些破产案件债权债务关系繁杂,在第一次债权人会议之前管理人暂无法进行全部审核而暂未审核的申报债权。另外,对已经诉讼、仲裁的案件管理人不作审查,等待诉讼、仲裁结果的债权,对这两类债权,管理人应事先做好安排,虽不能进行实质审查,但在会议之前做好形式审查。根据我国《企业破产法》第23条的规定,管理人就临时确定债权额问题需要向人民法院报告意见,由人民法院审查决定是否临时确定债权额。

2. 对于管理人审查认为不能成立的债权,包括部分不成立的债权,管理人也应当再向人民法院报告,可以表明对此不临时确定债权额意见,同时管理人应及时通知债权申报人,告知债权人有权向人民法院申请确定临时债权额。

(三)对债权人会议核查有异议的债权启动

债权人会议核查债权时,债务人、债权人对债权表记载有异议的,可以向受理破产申请的人民法院提起诉讼,包括管理人已经审查认定的债权和未认定债权。但可以提起该诉讼的期间是参照《企业破产法》规定的撤销会议决议的申请期限 15 日,还是依据诉讼时效规则,相关法律也未作明确规定,司法实践中也掌握不一。另外,债权人会议并不是仅核查债权,还要审议其他议题。因此,当债务人、债权人对债权表记载的债权提出异议时,不能等异议完全解决后再进行下一个议题,此时就需要对异议债权申请人民法院临时确定债权额。管理人可以向人民法院报告临时确定债权额;申报上述债权的债权人也可申请人民法院临时确定债权额。

(四)人民法院依职权方式启动

根据我国《企业破产法》第 48 条、第 57 条规定,管理人接受债权人申报债权并进行审查;管理人由人民法院指定并向人民法院报告工作;对管理人应当及时向人民法院报告审查的结果,接受指导和监督。笔者认为,人民法院不主动依职权临时确定债权额应当为原则,主动依职权临时确定债权额应当为例外。

二、人民法院临时确定债权额的原则

因缺少具体的法律规定,在司法实践中对临时确定债权额的方式方法、原则标准等各个破产案件中掌握的也各不相同。笔者认为,人民法院在临时确定债权额时至少需要遵循以下四个原则。

(一)及时确定原则

根据我国《企业破产法》第 62 条规定,第一次债权人会议自债权申报期限届满之日起 15 日内召开。对于债权债务关系比较繁杂的破产案件来说,管理人可能难以在第一次债权人会议之前做好全面细致的债权审查工作。为保证债权人会议的顺利进行,便于债权人行使表决权,人民法院必须及时确定临时债权额。另外,在债权人会议核查债权过程中,债权人或债务人可能会对债权表记载的部分债权提出异议。实践中还有对全部债权提出异议的情形,在此情形下,必须保证会议的顺利召开和各项议题的继续审议,而不是等待异议全部处置后再继续会议进程,这就需要人民法院及时临时确定债权额。

(二)实质审查原则

临时确定债权额的目的是保证债权人能够临时行使表决权,及时审议表决各项会议议题,保证债权人会议的顺利召开和破产清算工作的有序进行。因此,对基于临时确定的债权额而行使的临时表决权应赋予其法律效力。这样,对临时确定的债权额的审查就显得十分重要,该项审查不是简单的形式审查。不仅要审查债权申报人所提交的主体资格证明材料与原件是否一致,提交的证明其债权债务关系和数额的证明材料如合同、原始凭证、人民法院的生效法律文书等原件是否真实准确,与其所申报的债权是否具有关联性等,还要对申报的债权是否予以确认、可确认的数额、性质、有无担保、是否是连带债权、是否享有优先权等进行实质审查。

(三)公开征求债权人意见原则

虽然临时确定债权额由人民法院依法确定,但该债权额的确定直接影响其他广大债权人的利益。因此,这种临时债权额的确定必须是公开、公正的,人民法院应当公开征求和听取其他债权人的意见,以便能够全面审查申报的债权和正确临时确定债权额。

(四)标准统一原则

一般情况下,管理人会对债权审核制定一定的标准,甚至会对不同种类的债权制定不同的审查标准。笔者认为,人民法院在临时确定债权额时,也应统一标准。这个标准可以参照管理人审核同类债权的标准,也可另行制定标准,如对于管理人尚未审核的债权、管理人审核后不予确认的债权只以申报的债权本金临时确定债权额;对已经管理人审核认可、但债权人会议核查提出异议的债权以管理人审核的债权额临时确定债权额等。总之,统一审查标准的目的是快速、公平地确定临时表决权。

三、临时确定的债权额表决权行使规制

为了实现临时确定的债权额的立法目的,体现公平正义,对如何使用人民法院临时确定的债权额形成的表决权,应当确定原则及责任加以规范。

(一)临时确定的债权额表决权行使原则

1. 整体统一使用原则

债权人对会议的表决事项一般都有"赞成、反对、弃权"3个基本的表决选项。每个临时债权额所对应的临时表决权应统一行使,即只能在上述3个选项中作出一个意思表示,而不能将债权额拆分行使,将其中一部分投赞成票,而将另外一部分投反对或弃权票。

另外,如某一债权人申报的债权,部分债权额已确定,部分债权额尚未确定,对尚未确定的债权额人民法院临时确定债权额后,该临时确定的债权额在会议表决时不得单独使用,必须与已经确定的债权额整体统一使用。

2. 一次性使用原则

临时确定的债权额是为了债权人临时行使表决权,而临时确定的债权额因为需要进一步审核确认,随时可能发生变动。因此,临时确定的债权额只能在当次会议中使用,如进行下一次会议时债权额仍未确定,应当根据具体情况另行申请人民法院再次临时确定债权额。

(二)临时确定债权额表决权行使要求

是否临时确定债权额直接决定债权人有无表决权,直接影响广大债权人的根本利益。因此,临时确定债权额权利规制显得尤为重要,对此笔者提出以下建议。

1. 对于应由管理人报告提出的临时确定债权额,管理人应当及时向人民法院提出;如因管理人怠于履行职责给债权人造成损失,应依法承担相应的赔偿责任。

2. 对于应当由债权人自己提出申请的临时确定债权额,如债权申报人未在通知期限内申请确认临时债权额,视为放弃权利,不得在此后主张因其未参加表决该会议决议违法或无效,也不得因此主张管理人承担过错责任等。对于管理人未认定的申报债权,经申请临时确定债权额也未获批准的,而其后通过诉讼依法确认了申报的债权之情形,因为该申报债权虽未经管理人认可,但依法经过了临时确定债权额的审查程序,管理人履行勤勉尽责义务。债权人以管理人未依法确认其债权而导致其丧失了表决权,甚至有关利益遭受损失为由要求管理人承担赔偿不能支持。

3. 临时确定债权额毕竟是一个临时确认程序,并非最终确认,在利益的驱使下,不排除某些债务人或利益团体利用这一程序申报不实债务,人为干扰破产清算程序依法进行,甚至会给其他债权人造成利益损害。因此,笔者认为有必要设置临时确实债权额的申请担保、过错赔偿机制。这样一方面有利于遏制不实申报债权的情形发生;另一方面在出现不实申报时能够弥补给其他债权人造成的损失。

四、根据临时确定的债权额行使表决权通过的会议决议法律效力

我国《企业破产法》第 64 条规定:“债权人会议的决议,由出席会议的有表决权的债权人过半数通过,并且其所代表的债权额占无财产担保债权总额的二分之一以上。”这就是平常所说的“双过半”原则。临时确定的债权额最终要通过管理人审核、债权人会议核查、人民法院裁定确认,或者是人民法院依法判决确认债权额。因此,临时确定的债权额与最终依法确认的债权额相比,可能会出现完全不成立、完全成立和部分成立三种情形。除完全成立外,其余两种情形将直接影响到同意通过会议决议的人数和代表的债权总额的比例,如果该比例突破了“双过半”的底线,则直接影响该会议决议的法律效力。因此,依据临时确定的债权额所作出的表决事项就处于一种“风雨飘摇”的状态中。在本节中笔者将分别不同情况进行探讨。

1. 如果除去依据临时确定的债权额而行使的临时表决权票,同意通过会议决议票已达到“双过半”的底线,则此种情形下,无论临时确定的债权额最终确定

为多少,均不影响会议决议的效力。因此,该会议决议的效力应予确定,管理人可以直接执行,或依法申请人民法院裁定确认后执行。

2. 虽然除去临时表决权票,同意通过会议决议票不能达到"双过半"的底线,但会后临时确定的债权额最终确定后,该最终确定的债权额加上之前已确定债权额能够达到"双过半"的底线,则会议决议效力即为确定,管理人可以直接执行,或依法申请人民法院裁定确认后执行。

3. 会后临时确定的债权额全部最终确定后,该最终确定的债权额加上之前已确定债权额不能达到"双过半"的底线,此种情况下,之前通过的会议决议效力如何认定?笔者认为,该会议决议的效力应予以确认,但在特殊情形下该会议决议可予以调整。《企业破产法》设置临时确定债权额的制度目的就是保障债权尚未确定的债权人也能及时行使表决权,公平参与决策,平等维护全体债权人的合法权益,推动破产清算工作有序、顺利进行,提高破产程序的效率;尚未确定的债权已经人民法院根据实质审查原则、统一审查标准原则、公开征求意见原则等进行了依法审查,基本排除了不能认定的债权。笔者认为,在债权人会议上对临时确定债权额行使表决权无异议形成的针对事务性表决决议,根据契约自由、风险共担及一次性使用规则,即使出现事后不能"双过半"的情形,也应确认债权人会议的决议效力。上述事项如不确定临时债权额,原则上不存在事后争议问题。从公平与效率的角度来看,如果允许破产程序的完全逆转,司法实践中管理人、人民法院均将慎用甚至不用临时确定债权额制度,使其虚设,同时破产程序将长期原地转圈,无法前行,整个破产清算工作将无法开展,损害债权人利益。当然,在特殊情形下债权人会议的决议应予以调整。如在清算程序中,依据临时确定的债权额行使表决权通过了财产分配方案,该临时确定的债权额应分得的财产份额应予以保留,待争议债权最终确定后根据确认情况决定如何发放。对于有争议债权可以按照双方主张较高的数额予以保留,如果最终确认的数额少于保留数额,则多保留的数额按照分配方案确定的原则在其他债权人之间进行分配。但在通过分配方案时,有争议债权的表决权仍然按照法院确认的数额行使表决权。

4. 极端情况下的处理途径。我国《企业破产法》第 65 条规定,"本法第六十一条第一款第八项、第九项所列事项,经债权人会议表决未通过的,由人民法院裁定。本法第六十一条第一款第十项所列事项,经债权人会议二次表决仍未通过的,由人民法院裁定。”根据上述规定,人民法院对未通过的债务人财产的管理方案、破产财产的变价方案以及破产财产的分配方案有强裁的权利。因此,当出现有些破产清算案件债权债务关系十分复杂,人民法院并不能对所有未确定的债权都临时确定债权额,虽然通过了会议决议,但债权人之间的分歧还是非常大,而上述方案又必须立即实施等情形时,笔者认为,管理人可以通过申请人民法院依法强裁的程序来确认方案,而无论临时确定的债权额最终如何确定、会议决议的效力如何。人民法院临时确定债权额保障了债权人及时行使表决权,它更关系破产程序能否依法、顺利、有效进行,关系能否真正平等保护各债权人的合法权益、程序及实体公平正义等重大问题,司法解释可以及时对临时确定债权额作出程序和实体方面的细化规定,推进临时确定债权额制度不断完善。

破产清算程序债权人会议决议问题研究

王　晗*

我国《企业破产法》规定了债权人会议的职权,并对债权人会议决议的通过比例作了规定,即"债权人会议的决议,由出席会议的有表决权的债权人过半数通过,并且其所代表的债权额占无财产担保债权总额的二分之一以上"。但是司法实践中,哪些事项需要表决,相应事项表决权人的范围如何界定,人数比例计算上以有表决权且出席会议者为基数,而所代表债权额计算比例上其基数应怎样确定等,都存在不同的理解,并且在司法实践中的做法也有很大的差异。有的债权人会议上对表决结果统计出来的债权额占比超过了100%,这样的统计结果与是否过半的判断已经完全偏离。对此,一方面,需要厘清对相关问题的认识;另一方面,在以后修改法律时,对于其中的不合理之处也有待完善。

一、债权人会议决议事项的设计

根据大多数国家破产法的规定,债权人会议的职权大致如下:(1)选任和撤换监督机构;(2)讨论和通过对

* 扬州市中级人民法院民二庭法官。

债务人财产的管理、变价和分配方案;(3)审查债权;(4)讨论和通过与债务人的和解协议;(5)法律规定的如接受管理人执行职务报告、对不称职管理人请求撤换等其他职权。① 我国《企业破产法》第61条规定了债权人会议行使的职权,除了重整计划、和解协议的审议,以破产清算为视角,其职权包括:核查债权;申请人民法院更换管理人,审查管理人的费用和报酬;监督管理人;选任和更换债权人委员会成员;决定继续或者停止债务人的营业;通过债务人财产的管理方案;通过破产财产的变价方案;通过破产财产的分配方案等。

(一)债权人会议职权中的非多数决事项

债权人会议职权的行使,有些可以通过会议决议形式,有些则不应通过决议的方式来行使。其中核查债权,并非多数决事项,异议债权应通过破产债权确认诉讼的方式解决,债权人会议对债权的核查,应当仅限于对管理人编制的债权表中记载的债权进行调查、核实。实践中,应当先由管理人对债权表中记载的债权进行具体说明,然后由债权人会议对债权表中记载的债权进行询问、讨论,并发表有无异议的意见。②

(二)部分债权人会议职权不宜设计为决议事项

除核查债权外,债权人会议其他职权的行使,都不排斥列入决议事项。但实践中,在债权人会议上将过多的事项设计为决议事项,并不具有现实可操作性。针对这一问题,日本法作出了改变,已经将破产管理人的解雇、监察委员的设置、营业的停止和继续、对管理人行为的许可等,这些过去债权人会议的决议事项,改为归属于法院的许可事项。日本有学者认为,债权人会议存在形同虚设的现象,债权人出席第一次债权人会议,只是针对破产原因和财产管理的方针,听取破产人和管理人的说明而已,这些完全可以用其他的信息获取方式来代替,大多数债权人并不关心破产程序的进程,他们只关心尽可能获得高额分配。③ 在我国也大体类似,债权人会议,特别是大型债权人会议,讨论程序缺失、质询权被限制、决策空洞化等方面的表现使债权人会议的议事决议功能近乎失灵。因此,债

① 参见李永军:《破产法——理论与规范研究》,中国政法大学出版社2013年版,第143页。

② 参见吴庆宝、王建平主编:《破产案件裁判标准规范》,人民法院出版社2009年版,第223页。

③ 参见[日]山本和彦:《日本倒产处理法入门》,金春等译,法律出版社2016年版,第58页。

权人会议职权行使的相关事项并不宜过多的设计为决议事项。

实践中,申请人民法院更换管理人,审查管理人的费用和报酬,监督管理人,决定继续或者停止债务人的营业等事项,并不适合设计为债权人会议的决议事项。

第一,对于管理人更换事项,在有债权人对现管理人的工作不满,提出更换管理人的建议,并可能有其他债权人附议时,法院应当对此进行慎重的审查和考量,综合考虑现管理人产生的方式是否合理,现管理人是否适合此项管理工作,如果更换该如何选择新管理人产生的方式,更换会产生哪些后果,债权人提出建议的缘由是否合理等,作出抉择。这一事项,并非债权人一个决议就能够简单解决,而且即便未通过决议,如果部分债权人提出更换管理人的要求正当合理,法院也应当对该部分债权人的意见予以充分考虑。而监督管理人,包括审查管理人费用等相关职权的行使,情况亦大致相同。比如,管理人费用的支出是否为履行职务所必须,价格是否过高,支出是否合理合法,作为债权人都有监督的权利,每一个债权人,特别是那些了解相关专业知识的债权人,他们提出的具体异议,法院都应当重视,作为监督管理人工作的一个重要窗口和路径。但这类职权实践中难以设计为债权人会议决议事项,而且,法院在监管管理人工作方面也承担着重要的责任,也不应该把相关事项仅理解为债权人会议决议事项而推诿自身应当承担的责任。

第二,对于审查管理人报酬,实践中,管理人大多倾向于在第一次债权人会议前,申请法院确定,确定数额的方式常常是按照最高院规定的最高比例,或稍作折扣,提出报酬方案,提交债权人会议表决通过,而此时管理人的工作量、工作成果等都尚未显示出来,对于空洞的比例,债权人往往也难以提出反对意见,一般情况下决议都会通过,而一旦此后管理人工作不力,对于管理人报酬,债权人甚至法院都会被已经通过的报酬决议所绑架。因此,对于管理人报酬的审查,也应当是动态的,多数国家和地区都采取了事先确定标准、事中观察调整、事后确定数额的做法,类似于财政支出中预算、调整、决算程序。[①] 而这一程序,通过第一次债权人会议决议事项,难以解决,因此,对于审查确定管理人报酬,法院仍然应当承担起责任,该事项也应当设计为债权人监督乃至管理人协会监督之下的

---

① 参见吴庆宝、王建平主编:《破产案件裁判标准规范》,人民法院出版社2009年版,第78页。

法院许可事项。

第三,对于决定继续或者停止债务人营业事项,我国《企业破产法》规定,在第一次债权人会议召开之前,决定继续或者停止债务人的营业,是管理人的职责,此后,决定继续或者停止债务人的营业,是债权人会议的职权。但实践中,一个进入破产清算程序的企业,通常其营业已因自身的原因而终止,营业能否继续,实质上取决于市场,而无法取决于债权人意向。因此,该事项的决策应当交给管理人或管理人通过专家论证等方式提出意见,接受债权人质询,而最终由法院决定是否许可。将此事项设计为债权人会议决议事项,缺乏现实可行性。

(三)破产清算案件中债权人会议决议事项的一般性设计

将选任和更换债权人委员会成员、通过债务人财产的管理方案、通过破产财产的变价方案、通过破产财产的分配方案等职权,列入债权人会议决议事项,具有现实可行性和必要性。其中选任和更换债权人委员会成员,包括委托债权人委员会行使相关职权事项的明确,以及破产财产分配方案的审议,在债权人会议为债权人法定议事机构且会议法定召开的立法模式下,[①]都应当是债权人会议审议表决的事项。而债务人财产管理方案、破产财产变价方案,除债权人会议委托债权人委员会审查决议的情形外,[②]也应当设计为债权人会议的决议事项。而其他如能否采取通信、网络投票等非现场方式进行议事表决,也应是第一次债权人会议上的决议事项。综上所述,破产清算案件中,债权人会议的决议事项一般包括:(1)选任债权人委员会,授予债权人委员会职权范围方案;(2)债务人财产管理方案、宣告破产后破产财产变价方案;(3)第一次债权人会议后,债权人委员会

---

① 德国、日本、英国、美国等既设立债权人会议又设立债权人委员会,意大利不设债权人会议,只设立部分债权人组成的债权人委员会,法国从律师、会计师、审计师等专业人士中选定债权人代表。参见王卫国、朱晓娟等编著:《破产法原理、规则、案例》,清华大学出版社2006年版,第41页。日本现行《破产法》中已规定债权人会议召开具有任意性,破产管理人可申请书面形式的会计计算报告书,以取代债权人会议。参见[日]山本和彦:《日本倒产处理法入门》,金春等译,法律出版社2016年版,第58页。

② 债务人财产管理方案、破产财产变价方案的审议,能否委托债权人委员会行使职权,存有不同的意见,有观点认为,这部分职权,根据其职权属性,不应当允许授权给债权人委员会行使。参见最高人民法院民事审判第二庭编:《企业改制、破产与重整案件审判指导》,法律出版社2015年版,第225页。但笔者认为,司法实践中应当进一步发挥债权人委员会的作用,在保障所有债权人知情权、建议权的前提下,将债务人财产管理方案、破产财产变价方案的审议授权给议事功能更强的债权人委员会,应当得到允许。对此问题,本文中不再展开论述。

职权以外重大事项通过通信、网络投票等非现场方式进行议事表决的方案；(4)破产财产分配方案。

二、决议事项所对应表决权人的确定

债权人会议的决议事项，普通破产债权的债权人均享有表决权不存异议，那么其他债权人何种情形有权投票表决，依据法律规定，别除权人对破产财产分配方案没有表决权，对其他事项是否都需要表决，除此之外，劳动债权的债权人、税收债权人是否享有表决权，对于这些问题，在审判实践中存在不同的做法，笔者认为，也有研究的必要性。需要说明的是，以下分析，未对行使别除权不能受偿部分、债权尚未确定债权人的表决权进一步展开，前者与普通债权人的表决权已无异，后者通过是否赋予临时表决权的方式解决。

（一）决议事项与表决权人应存在利益关联，利益无关联情形下别除权人不参与表决

我国《企业破产法》规定，对债务人的特定财产享有担保权的债权人，未放弃优先受偿权利的，除和解协议外，对破产财产分配方案不享有表决权。这项规定是因为别除权人在其权利行使方面的特点而决定的。以全部破产财产为受偿基础的破产债权为普通破产债权，而以特定破产财产为受偿基础的破产债权为特别破产债权，即别除权，普通破产债权的行使遵循集体受偿、平等受偿原则，而别除权的行使则不受这一原则的限制，实行个别受偿、优先受偿的原则。① 既然是个别清偿、优先清偿，则其清偿不纳入破产财产分配方案，故别除权人对该决议事项无表决权。除法定无权表决的事项外，对于其他如选任债权人委员会、债务人财产管理方案、破产财产变价方案等事项，笔者认为别除权人也并非都享有表决权。但是，司法实践中对于别除权人权利行使的过度限制，使别除权人作为受偿基础的特定破产财产的管理、变价及其优先受偿收到制约，相应特定财产的管理、变价，大多与其他财产进行捆绑式处理，此时，相关事项的决议，基本上都与别除权人具有了利益关联。在此情形下，除了破产财产分配方案之外的其他事

---

① 参见徐晓：《论破产别除权的行使》，载《当代法学》2008 年第 4 期。

项,别除权人都享有表决权。但是,对于破产清算程序中担保物权行使的过度限制现象值得反思。破产清算程序限制担保物权行使有两个目标:一是尽可能实现破产财产价值最大化;二是为管理人进行财产状况调查和作出是否具有挽救价值的判断提供一定的时间和空间。这两个目标的追求都应当避免过度伤害担保物权人的权益。① 如果别除权人的个别、优先受偿得以通过管理人与别除权人之间的个别征询意见的方式得到权利的保护和实现,那么,其他的破产财产的管理、变价方案等决议事项,就不一律与别除权人具有利益关联,此时,对于诸如此类的决议事项,也就无须赋予别除权人以表决权。在对于某一决议事项的表决权人的确定上,具有利益关联是界定表决权人的基本标准。

需要指出的是,从另一方面考虑,如果利益关联的情形,会造成因利害关系而不能公正地行使表决权,这样的债权人其表决权应予剥夺。例如,作为破产人的财产或营业的受让人就此营业的转让表决时,该债权人就不应享有表决权。②

(二)劳动债权人不宜参加表决、税收债权人表决权无须限制

我国《企业破产法》规定,劳动债权无须申报,而由管理人主动调查,债权人会议应当有债务人的职工和工会代表参加,对有关事项发表意见。可见,劳动债权人并不全部被通知参加债权人会议。据此,让劳动债权人参与决议事项的表决,缺乏相应的程序基础。而且,劳动债权在破产清算时可以优先受偿,在破产清算的法定程序之外,各地政府也对破产程序中劳动债权的保护予以了相当的重视,并就个案会提供一些垫资等保障措施,决议事项表决权对于职工而言并无过多的利益影响。再者,由于职工人数众多,可能构成对债权人会议决议的实质性否决权,反而不利于破产程序顺利进行,影响其他债权人的利益。有学者认为,应当通过劳动债权表决权代理征集制度的设计,赋予劳动债权人以表决权,③但笔者认为,从全球视野来看,其他国家对破产企业劳动债权的保护,其发展方向应当是通过工会组织、基金设置及相关的保险配套去解决劳动债权问题,劳动

---

① 参见徐阳光:《破产法视野中的担保物权问题研究》,载《中国人民大学学报》2017年第2期。

② 参见[日]伊藤真:《破产法新版》,刘荣军、鲍荣振译,转引自李永军:《破产法——理论与规范研究》,中国政法大学出版社2013年版,第150页。

③ 参见沈建峰:《论劳动债权人的债权人会议参与权》,载《中国劳动关系学院学报》2009年第2期。

债权表决权代理征集制度的设计尚无必要性。综上所述,劳动债权人应不宜参加债权人会议的表决。

在笔者看来,对于税收债权,仍然属于需要申报的债权,其债权审查、核查等程序与其他申报债权无异,破产企业欠缴税款中,在破产案件受理前因欠缴税款产生的滞纳金属于普通破产债权。法律对于税收债权的债权人参加债权人会议、行使表决权并无限制性规定。既然如此,虽然税收债权其清偿顺序优先于其他普通债权,但剥夺其表决权并无依据。从其他国家的一些立法来看,税收优先权也有取消的趋势。因此,对于税收债权人的参会表决权无须作出限制。

三、决议通过比例的立法完善

在决议事项、表决权人确定后,需要研究的就是决议通过的比例问题。决议形成有两种不同的立法例,即单一标准和双重标准,我国采用了双重标准,既有人数要求,也有债权额的要求。暂不考虑和解协议、重整计划对决议形成的特殊要求,我国《企业破产法》第 64 条规定了"双过半"的决议通过方式,其中参会表决权人过半数通过的人数比例计算上分歧不大,①但债权额占比如何计算存在不同的理解,法条本身在立法技术上也存有瑕疵。

(一)债权额占比统计分子分母应当统一考量

表决权人的确定,前文已述,在别除权人参与表决的事项上,如果按现行法律规定将无财产担保债权总额作为统计分母,则分子的计算上,有财产担保债权额也不应纳入统计。司法实践中,有管理人认为既然别除权人有权参与表决,其代表的债权额即应纳入分子计算,该观点虽有合理性,但在现行法律规定将无财产担保债权总额作为统计分母的情况下,这样的计算结果,债权额占比通常就超过了 100%,且经常会出现 100% 的情况,这样的统计结果与是否过半的判断已经完全偏离。因此,分子分母的统一考量应为原则性的规定。此时,别除权人的表决权只能在人数比例上予以体现。

① 可能存在的分歧是,同一债权人,拥有多笔债权,且多笔债权可能其债权性质也存在不同。在人数统计上,能否将其列为多个债权人,笔者的观点是否定的。

此外,现行法框架下,赞成票表决权人所代表的债权额占“无财产担保债权总额的二分之一以上”,此处应理解为全部无财产担保债权的总额,而不能理解为参会的债权人其无财产担保债权总额。司法实践中有管理人倾向于作后一种理解,其论据之一是日本法的规定,其动因是更有利于表决的通过,但这样的理解不仅突破了现行法的文义,而且在少数债权人参会情况下,以这样的理解促成表决的通过也缺乏代表性,且有可能落入被少数债权人操纵表决结果之嫌。在表决未通过情形下,法律授予了法院依法裁定的权利,同时也保障债权人的救济权,此种情况下,不应突破法条文义作上述解释。

司法实践中,有别除权人既存在有财产担保债权,又存在无财产担保债权,有财产担保债权其特定财产的价值有低于相关债权额的情形。对此,区分统计、按评估值暂计无法通过别除权受偿的普通债权表决额的计算方式,切实可行。

(二)有表决权债权总额而非无财产担保债权总额应作为债权额占比统计分母

如果别除权人不参加表决的事项,表决基数标准为“无财产担保债权总额的二分之一以上”无可争议,但在别除权人参加表决的事项上,别除权人所代表的债权额不计入表决基数,应该是立法上的一个缺陷。有学者指出,出现这一问题,一方面,是由于受原破产法的影响,忽视对别除权人的保护;另一方面,是由于别除权债权的数额往往较大,在债权人会议表决时会在债权额方面起到重要甚至决定性作用,可能损害无担保债权人的权益,为寻求表决权上的平衡,所以不给其在债权额上的表决权。其在指出上述观点不能够成立时认为,首先,这样的处理与立法赋予别除权人在与其利益相关事项上得以有完全表决权的本意相悖;其次,在立法以双项标准判断同一事项时,出现当事人只在一个方面有表决权,而在另一方面无表决权的权利不统一的规定,违背立法一般规律;最后,别除权债权的数额虽然较大,但其人数往往较少,所以在两项表决权标准的行使上本可能形成自然的平衡与制约,根本无须进行违反法律基本规则的干预。[①] 笔者认同这样的观点,如果别除权人权利的实现通过个别征询意见程序进行,与其无利益关联事项,无须赋予别除权人以表决权,而既然是与其利益关联的事项,别除

① 参见王欣新:《破产别除权理论与实务研究》,载《政法论坛》2007 年第 1 期。

权人参与了表决,就不应无视其所代表的债权额。因此,在将来《企业破产法》进行修订时,其第 64 条的规定可相应地修正为:债权人会议的决议,由出席会议的有表决权的债权人过半数通过,并且其所代表的债权额占有表决权的债权总额的 1/2 以上。债权人会议的决议,对在该表决事项上有表决权的债权人具有约束力。

破产程序中融资租赁合同的处理

——以承租人破产为例

曾　丽*

融资租赁合同自被引入我国之日起就伴随争议，学界围绕如何将这一源于英美法的制度融入我国法律体系，展开了关于融资租赁合同的本质及其配套法律制度的讨论。① 从研究热度中可窥见融资租赁合同对传统合同体系带来的冲击。融资租赁合同所具有的特殊性使我国合同法对其采取了特殊态度，将其视为一种特殊的有名合同，区别于一般租赁合同和买卖合同。融资租赁合同所具有的特殊性是否也应在破产法中被特殊对待，特别是在承租人破产的情形下，即是本文研究的重点。

一、融资租赁合同的范畴及其担保属性

（一）融资租赁合同范畴的比较法考察

1. 我国法上的融资租赁合同

我国《合同法》将融资租赁合同视为一种特殊的有

* 中国政法大学民商经济法学院民商法学硕士研究生。

① 笔者在中国知网以“融资租赁”为关键词进行检索，共有23,321条结果，本文主题涵盖融资租赁合同的本质、融资租赁的税收制度、融资租赁市场与行业统计分析等。

名合同，在该法第237条对其进行了定义，“融资租赁合同是出租人根据承租人对出卖人、租赁物的选择，向出卖人购买租赁物，提供给承租人使用，承租人支付租金的合同”。只要符合该条定义的所述要件，即可被认定为融资租赁合同。最高人民法院《关于审理融资租赁合同纠纷案件适用法律问题的解释》（以下简称《融资租赁合同解释》）第1条对我国融资租赁合同的范畴作了进一步限定，明确人民法院审理融资租赁合同纠纷时应当按照《合同法》第237条对合同性质进行认定：“对名为融资租赁合同，但实际不构成融资租赁法律关系的，人民法院应按照其实际构成的法律关系处理”。《融资租赁合同解释》第1条排除的是仅有资金空转的“融资租赁合同”，两个典型的被排除的情形是：仅有资金借贷，而无租赁物的占有、使用；虽有租赁物但租赁物价值与租金构成并无直接关联或差异，合同中约定的租金体现的不是租赁物的购买价值与出租人的成本利润，而是承租人占用资金的利息成本。[①]

2. 美国法上的融资租赁合同

美国法上对融资租赁的完整界定散见于美国《统一商法典》第1A~203条、第2A~103条及诸多判例。第2A~103条主要强调的是融资租赁中出租人、承租人、供货人的三方结构。更为关键的是第1A~203条，它区分了实质上的动产担保与融资租赁，当一项交易符合下述条件之一时，就不是融资租赁，而是动产担保：(1)租赁期限长于或持平于租赁物的剩余经济使用时间；(2)承租人必然会为了租赁物的剩余经济使用时间续借租赁物；(3)承租人拥有续借租赁物的选择权，该选择权不需要或仅需要象征性支付对价；(4)承租人拥有成为租赁物所有权人的选择权，该选择权不需要或仅需要象征性支付对价。第1A~203条在实践中得到贯彻和丰富，法院认定一项交易是担保交易而非租约时考虑的关键因素有二点：(1)合同约定的租赁费用等于或者大于租赁物的剩余经济价值；(2)承租人是否能够完全获得租赁物的经济使用价值。[②]

3. 德国法上的融资租赁合同

德国法上的融资租赁规则与我国、美国又有不同。德国成文法上并无融资

---

① 参见张先明：《为融资租赁业健康发展提供有力司法保障——最高人民法院民二庭负责人就〈最高人民法院关于审理融资租赁合同纠纷案件适用法律问题的解释〉答记者问》，载《人民法院报》2014年2月28日，第2版。

② See In re ES2 SPORTS& LEISURE, LLC, Debtor, 519 B. R. 476 (Bkrtcy. M. D. N. C. 2014).

租赁的特殊规则,但通过判例和协议创立起一套不同于现有法律的针对融资租赁的规则。① 司法判例在不同时期对融资租赁采取了不同的态度,逐步明确融资租赁合同是一种特殊的租赁合同类型,并强调了其区别于普通租赁合同的特征,将融物功能视为融资租赁合同的首要特征,注重其租赁本质。② 乍看之下,德国法上融资租赁规则与我国有相似之处,都将融资租赁视为一种特殊的租赁合同。但德国法上对融资租赁概念的界定与我国有所不同,强调了承租人并非为获得租赁物的所有权,而是为了取得租赁物的使用权而支付租金。③ 这也与德国司法判例强调融资租赁的租赁本质契合。

(二)融资租赁合同的担保属性

对比美国、德国,我国法上所称融资租赁合同范围更为宽泛。如一项融资租赁交易中,约定的租金等于或大于租赁物的经济价值且承租人在租赁期满时仅支付象征性对价即可获得租赁物所有权,此项交易在美国将被界定为担保交易,而在我国则仍被视为融资租赁合同。易言之,从性质上区分,在美国法上真正的融资租赁是一项租约,而排除了担保交易的性质;但我国法上所称融资租赁合同则不仅指一种特殊的租赁合同,还囊括了具有担保性质的融资租赁交易,而后者是我国融资租赁市场中更为常见的交易类型,也是本文研究的融资租赁合同类型。

融资租赁被认为具有担保交易性质的关键:一是融资租赁合同中承租人支付的租金不仅包括使用租赁物的对价还囊括了租赁物本身价值;二是承租人享有在租赁物的剩余经济使用时间内续租或在租赁期满支付象征性对价获得租赁物所有权的选择权,即承租人可在租赁物的整个剩余经济使用时间内占有、使用租赁物或成为租赁物的所有权人。在融资租赁合同存续期间内,出租人所享有的仅是法律名义上的所有权,而实质上的所有权权能却由承租人行使。一旦承

---

① See Friedrich Graf von Welstphalen, Leasing in Export Transaction, In The Law of International Trade Finance, Edited by Norbert Horn (Kluwer Law & Taxation, Deventer, 1988), pp. 333 – 334;转引自程卫东:《国际融资租赁法律问题研究》,法律出版社 2002 年版,第 61 页。

② 参见胡晓媛:《中德融资租赁法律制度比较研究》,中国法制出版社 2011 年版,第 23 ~ 26 页。

③ See Vgl. Beckmann, Finanzierungsleasing, S. 1, Rn. 1; Frensch, in: Prütting/Wegen/Weinreich, BGB, 2008, S. 868, Rn. 2; BGHZ 128, 255, 262. 转引自胡晓媛:《中德融资租赁合同法律制度比较研究》,中国法制出版社 2011 年版,第 3 页。

租人按期支付完所有租金,即可选择仅支付象征性对价而成为租赁物名副其实的所有权人。如此观之,承租人在租赁期内支付的租金有如租赁物的购买对价,通过支付租金,承租人逐渐累积租赁物的所有权权益,趋近于成为租赁物的真正所有权人;而一旦承租人违约,逾期支付或拒付租金,则将承担丧失不可获得租赁物所有权权益以及最终成为租赁物所有权人的风险。此乃融资租赁担保性的具体体现。正如学者所言,融资租赁的担保性应看作将"承租人在支付部分租金或价款后取得的部分所有权权益用作担保"。[①] 理解融资租赁担保性的这一路径依赖于将租金视为购买租赁物的对价,与融资租赁合同本质的"买卖合同观"类似。[②]

融资租赁本质认定的另一主要理论观点是"借款或借贷合同观":出租人转让租赁物使用权的主要是为了能够实现自己为承租人提供的融资服务。[③] 出租人的目的不在于回复其所有权,而在于融资收益;承租人因无力直接负担租赁物的购买对价,转而向出租人融资,再以租赁方式占有、使用租赁物,通过支付租金偿付本金与利息。承租人对租赁物的占有实际上是对出租人资金的占有。此时,租赁物的所有权归属于出租人而其并无最终保留租赁物所有权的意愿,一旦承租人偿付本金与利息,即可支付象征性对价获得租赁物所有权,完成承租人最初的融资目的。出租人获得租赁物所有权,一是融资租赁关系产生的起点;二是担保租金债权("借款或借贷合同观"下此租金的实质是承租人向出租人的借款)的实现——承租人的根本经济目的在于获得租赁物所有权,按期偿付租金是获得租赁物所有权的前提条件;出租人也并无回复其所有权的意愿。"借款或借贷合同观"下仍可总结出融资租赁的担保性。

---

① 邸天利:《非典型担保共性解析》,载《政法论坛》2011 年第 1 期。

② 买卖合同观将融资租赁合同视为一种通过在租赁期间支付租金的方式支付购买价格的特殊买卖合同,主要理论依据是融资租赁合同中承租人享有和买卖合同中买受人同等的地位,承担同样的标的物毁损、灭失的风险。参见 Fikentscher, Wolf/Heinemann, Andreas: Schudrecht, 2006, Rn. 1071。转引自胡晓媛:《中德融资租赁法律制度比较研究》,中国法制出版社 2011 年版,第 27 页。

③ See Borggräfe, Joachim: Die Zwangsvollstreckung in bewegliches Leasinggut-Finanzierungsleasing als Kreditgeschäft, 1976, S. 72; Lienhard, Ernst; Finanzirungs-Leasing als Bankgeschäft, 1976, S. 76. 转引自胡晓媛:《中德融资租赁法律制度比较研究》,中国法制出版社 2011 年版,第 27 页。

二、破产程序中的融资租赁合同的特殊性

融资租赁合同在我国合同法中的特殊地位不必言说。虽关于融资租赁的本质尚有争论,但合同法已将其视为一类特殊的有名合同,规定于我国《合同法》第十四章,区别于第十三章的租赁合同。上文对融资租赁本质的讨论也对其担保性进行剖析,其间对融资租赁合同中出租人与承租人独特的经济地位有所思考。融资租赁合同所具有的这些特性是否足以使破产法为其留出独特一席仍待讨论。融资租赁合同在破产法领域中的研究价值主要在于当事人进入破产程序后合同仍未履行完毕的情形中,此时的合同状态通常为承租人占有、使用租赁物,但尚未支付完约定租金。

我国《合同法》将融资租赁视为一类合同,破产法自然不能颠覆这一本质认定。依照我国现行《企业破产法》第 18 条,管理人对破产申请受理前成立而债务人和对方当事人均未履行完毕的合同有权决定解除或继续履行。符合上述条件的融资租赁合同在破产程序中理应适用第 18 条处理,由管理人决定解除或继续履行。在我国司法实践中,有法院认为,承租人尚未支付完租金的融资租赁合同不属于待履行合同,理由是出租人仅履行交付租赁物的积极义务即可使合同目的实现,应视为出租人之义务已履行完毕。① 此观点忽视了出租人消极义务的重要性:出租人仅履行交付租赁物的积极义务并不能确保合同目的实现,如一旦出租人交付租赁物后进行妨碍承租人使用租赁物的活动,则承租人并不能实现占有、使用租赁物的目的,即租赁合同目的未能实现。故而,依照我国现行《企业破产法》,在破产程序中对出租人已交付租赁物但承租人尚未支付完租金的融资租赁合同应当适用待履行合同规则进行处理。此做法的合理性须进一步分析。

(一)出租人在融资租赁合同中的担保权益

前文已分析融资租赁合同具有担保性,体现在出租人享有的租赁物所有权具有担保租金债权实现的作用,"担保物"是承租人在支付部分租金或价款后实

① 中信富通融资租赁有限公司与江苏隆亨纸业有限公司等融资租赁合同纠纷上诉案,(2015)津高民二终字第 0070 号。

质取得的部分所有权权益。出租人在融资租赁合同中对此“担保物”享有实质上的担保权益。但此“担保”与担保债权人的“担保”有所不同:第一,起担保作用的是物的所有权,而非物本身;第二,物的所有权归属于债权人而非债务人。故而学界也将融资租赁合同与所有权保留买卖等一并称作“非典型担保”。在日本,学术与实务界通说承认融资租赁合同等非典型担保的法律地位,在破产法中将其视为非典型担保的债权,参照适用担保权的相关规则。[①] 出租人在融资租赁合同中享有的担保权益至少足以构成破产法对其予以特殊关注的理由,但具体如何处理各国有所不同。日本《破产法》上的做法给我们的启发是,对我国破产法上将融资租赁合同视为待履行合同统一处理的方式应当予以反思。就出租人担保权益而言,在管理人选择继续履行融资租赁合同的情形下观察时,可以更为明晰地发现出租人权益所受损害。

进入破产程序后,如管理人选择继续履行合同,须继续按照合同约定给付租金;如未按期给付租金的,依照我国《企业破产法》第42条,由此产生的债务为共益债务,可在破产费用之后优先受偿。此时出租人的债权虽具有了优先效力,但仍不及担保债权人的地位。

以我国《企业破产法》第75条为例,在重整期间,担保债权人在担保物有损或有价值明显减少可能,足以危害其担保权时,可向法院请求恢复行使担保权。出租人的担保权益虽在于租赁物的所有权权益,但在租赁物有损或价值明显减少时,租赁物的所有权价值也必定减少,此时出租人的担保权益也必然受损。如承租人重整失败进入清算程序,因融资租赁合同的租金额通常大于一般租赁,即使出租人的租金债权被纳入共益债务,清偿率也不会太高。此时,融资租赁合同也被解除,出租人取回的租赁物已经受损,价值明显减少,弥补出租人损失的可能性不大。

因承租人破产致使租金债权不能完全受偿的情形在一般租赁合同中也十分常见,不同的是,一般租赁合同的租金是承租人使用租赁物的对价,而融资租赁合同中的租金还由租赁物本身价值构成。易言之,一般租赁合同的出租人并不期待在一次租赁中就收回租赁物成本,其拥有租赁物所有权的目的之一是反复出租以获益。融资租赁合同则不同,出租人的主要目的之一在于通过融资获益,

---

① 参见[日]山本和彦:《日本倒产处理法入门》,金春等译,法律出版社2016年版,第75页。

因此其并无回复租赁物所有权的意愿;相反,因出租人并非专业的租赁公司,加之租赁物受承租人指示购买,租赁需求十分特定,回复租赁物的所有权对出租人而言反而是负担。

(二)承租人对租赁物的衡平利益

融资租赁合同中起担保作用的是承租人支付租金后取得的部分所有权权益的转移。反面观之,承租人通过支付租金而实质上逐渐取得租赁物的所有权权益。在租赁物所有权取得的博弈中,承租人与出租人的利益有如砝码:承租人支付的租金越多,实质上获得的所有权权益越多,天秤就向承租人倾斜得越多;出租人如要回复其所有权,在经济实质上,必然应当补偿承租人前期支付的价款,重新获得所有权权益以平衡天秤。其中,承租人通过支付租金而实质上获得的所有权权益,笔者称为承租人对租赁物的衡平利益。德国民法上,融资租赁中的出租人是租赁物法律上的所有权人,但在特定融资租赁交易①中,承租人为租赁物的经济所有权人。② "经济所有权"的概念在2008年也被引入国民经济核算体系(System of National Accounts,SNA),SNA采用的准则是:哪一个单位承担产品(或者资产)的经济风险或收益,哪一个单位就拥有产品(或资产)的经济所有权。③ 依此准则,融资租赁合同中,租赁物风险由承租人负担,承租人应当为租赁物的经济所有权人。

我国并未借鉴德国与SNA的做法,将承租人视为租赁物的经济所有权人,甚至在特定情形下由承租人享有租赁物所有权。破产法上无差别地以待履行合同规则处理融资租赁合同,显然也未关注承租人的衡平利益。在管理人选择解除合同时,承租人衡平利益受损最为明显和严重。此时,承租人通过破产前支付

---

① 德国通过判例明确了何种情形下承租人为租赁物的所有权人:租赁物的正常使用期限(按照国家规定的正常使用期限来计算)明显大于租赁期限,且承租人在租赁期结束后享有延长租赁期限的权利和购买选择权;承租人选择延长租赁期限或购买租赁物时,其应当只根据市场的实际价格支付一定的租金或购买价;租赁物的正常使用期限和租赁期限相同,可以不考虑承租人是否享有选择权,租赁物划归承租人所有;租赁物是特别为承租人所定做的,在租赁期结束后,租赁物只对承租人具有经济使用价值,在这种情况下,不考虑租赁物正常使用期限与租赁期限的关系,租赁物直接视为承租人所有。参见胡晓媛:《中德融资租赁法律制度比较研究》,中国法制出版社2011年版,第11页。

② 参见项平:《德国融资租赁的会计与计量》,载《经济师》2007年第6期。

③ 参见许宪春等:《按经济所有权原则记录国际贸易对国民账户的影响——SNA的修订与中国国民经济核算体系》,载《统计研究》2012年第9期。

的租金已实际获得租赁物的部分所有权权益,但合同解除,出租人无须进行补偿即可取回租赁物,承租人的衡平利益湮灭;另外,出租人已取回租赁物,但还可按因合同解除所受损害申报债权,对承租人不公。此时,承租人已确定不能成为租赁物的所有权人,但所负担的债务价值中仍囊括了租赁物本身价值。

综上所述,一方面,出租人所享有的担保权益与承租人的衡平利益是融资租赁合同区别于一般租赁合同的两个关键,也是破产法应当对其采取特殊规则的两个重要理由;另一方面,在我国现行破产法下,以待履行合同规则处理破产程序中的融资租赁合同将同时损害出租人与承租人的利益,如此做法值得反思与调整。

三、破产司法实践中的融资租赁合同

截至本文成稿时,在北大法宝司法案例检索系统中,案由为"融资租赁合同纠纷"的案件共33,652件,以"破产""管理人"为关键词在"融资租赁合同纠纷"中检索,共有103个案例;"与破产有关纠纷"共16,586件,以"融资租赁"为关键词再次检索,共有30个案例。另外,笔者以同样的方式在"无讼案例"中检索,补充了北大法宝中未收录案例1个。通过阅读研究,笔者最终在134个案例中,筛选39个案例为本文实证研究的分析样本。①

从实证研究的结果来看,部分法院业已意识到融资租赁合同的特殊性并试图对之做特殊处理,但从法理角度来看,这些特殊处理方式都与现行破产法及其他相关法律规范存在冲突;而严格按照待履行合同处理的案件中,从当事人意见和判决结果分析都存在一定程度的不公。法院在审理破产程序中的融资租赁案件时采取的不同做法也反映出我国企业破产司法实践在这一问题上的摇摆不定。

(一)法院就是否承认管理人选择权态度不一

在39个案例中有8个明确涉及管理人的选择权问题。其中有4个案例法院

---

① 案例筛选标准为:(1)参照前文美国法上区分担保交易与融资租赁交易的标准及德国法上确定承租人为经济所有权人的标准,将不符合上述标准的案例排除;(2)排除与本文研究主题不相关或信息不明确的案例。

适用了我国《企业破产法》第18条第1款"管理人自破产申请受理之日起二个月内未通知对方当事人,或者自收到对方当事人催告之日起三十日内未答复的,视为解除合同"之规定,以确定合同解除的时间。① 笔者据此推断此上述法院承认承租人管理人对待履行融资租赁合同的选择权。在裕融租赁有限公司诉吴江市菀缝金属压铸有限公司一般取回权纠纷案②中,出租人在起诉前曾向承租人的管理人发函申请继续履行合同,但被拒绝,法院据此认定案涉融资租赁合同解除,亦可判断出法院承认了管理人的选择权。上述5个案例中,法院均未给出适用我国《企业破产法》第18条的理由。但在否认管理人选择权的3个案件中,法院给出的理由则不尽相同(见表1)。

表1 否认管理人选择权的案例及法院理由

案件名称	否认管理人选择权之理由
江苏日出化工有限公司等与江苏金融租赁有限公司融资租赁合同纠纷上诉案③(以下简称"日出化工案")	第一,当事人关于承租人逾期未付租金出租人有权解除合同的约定优先于破产法的效力; 第二,原告(出租人)在管理人行使选择权之前提起了诉讼
中信富通融资租赁有限公司与江苏隆亨纸业有限公司等融资租赁合同纠纷上诉案④(以下简称"中信富通案")	第一,出租人只须履行交付租赁物的积极义务即可使融资租赁合同的目实现,因而出租人已交付租赁物但承租人尚未支付完租金的融资租赁合同不属于待履行合同; 第二,出租人已在先提起了诉讼; 第三,不支持管理人行使选择权有利于平衡债权人利益
甲公司与乙公司融资租赁合同纠纷案⑤(以下简称"甲乙公司案")	融资租赁合同中约定承租人逾期支付租金,出租人享有合同解除权,此约定具有优先效力

① 4个案例为:银国际租赁有限公司与苏州凹凸彩印厂、汝某霞等融资租赁合同纠纷,(2016)苏0509民初2244号;仲信国际租赁有限公司与泗洪光发彩印包装有限公司融资租赁合同纠纷,(2013)宿中商终字第0212号;衢州威盛精密电子科技有限公司与恒信金融租赁有限公司融资租赁合同纠纷上诉案,(2013)沪二中民六(商)终字第S169号;仲利国际租赁有限公司等诉宁波意仕达电子有限公司公司破产债权确认、取回权纠纷案(2016)浙0282民初字第4613号。

② 案号:(2014)吴江商初字第02027号。

③ 案号:(2012)宁商终字第680号。

④ 案号:(2015)津高民二终字第0070号。

⑤ 案号:(2012)黄浦民五(商)初字第S6205号。

笔者认为,上述3个法院给出的理由均不具有说服力。首先,以约定优先于法定原则排除适用我国《企业破产法》第18条违背了破产法的理念。排除管理人选择权适用的情形只在于,破产程序之外合同依其性质不可进行债权债务的整体转让或者合同依其性质不可解除,此时如要赋予管理人选择权则必须立法论证,证明破产程序所要实现的目标比另一目标重要,①如劳动合同、特许经营合同等特殊类型的合同。我国破产法并未对融资租赁合同做出特殊安排,则在破产程序中处理融资租赁合同自然应当适用待履行合同规则,承认管理人的选择权。"日出化工案"中法院给出的第二个理由"原告(出租人)在管理人行使选择权之前提起了诉讼"同样于法无据。"中信富通案"中法院试图通过论证案涉融资租赁合同非为待履行合同而否认管理人选择权的努力在笔者看来同样是失败的,理由在本文"破产程序中融资租赁合同的特殊性"部分中有所论述。

(二)出租人债权范围不一

在承租人违约或破产时,通过调整出租人债权范围是平衡出租人与承租人利益的有效方式。《融资租赁合同解释》已经率先踏出有益一步,在第22条第2款规定了因承租人逾期未付租金等情形解除合同时,出租人的损失赔偿范围为承租人全部未付租金及其他费用与收回租赁物价值的差额,如合同约定租赁期间届满后租赁物归出租人所有,损失赔偿范围还应包括融资租赁合同到期后租赁物的残值。前文已论述了融资租赁合同中承租人对租赁物享有的衡平利益,如承租人破产后,出租人依照合同约定既可全额申报租金债权又可取回租赁物,则是对承租人利益的双重损害。而《融资租赁合同解释》将合同解除情形下,出租人的损失赔偿范围限于承租人全部未付租金及其他费用与收回租赁物价值的差额则平衡了承租人与出租人的利益。但在承租人破产且融资租赁合同解除时,从案例研究结果看,法院认定出租人债权范围并无统一标准,各地法院做法不一。

从图1来看,确认出租人债权范围包括全部未付租金的案例有17个,近案

① 参见王欣新、余艳萍:《论破产程序中待履行合同的处理方式及法律效果》,载《法学杂志》2010年第6期。

例样本的一半,法院如此认定的一大理由,是案涉融资租赁合同中约定了承租人违约时应当支付合同项下的全部租金及其他费用。将出租人债权范围扩张至包含全部未付租金与名义货价的9个案例,与出租人债权范围为全部未付租金的案例的唯一区别是,这些案例的出租人的诉讼请求内容包括了名义货价。法院在认定出租人债权包括合同解除前全部租金或到期未付租金时均未给出具体理由。在"到期未付租金"的5个案例中,有2个案例的债权范围增加了合同解除后至承租人返还租赁物前的租赁物占有使用费,但法院并未说明理由。①

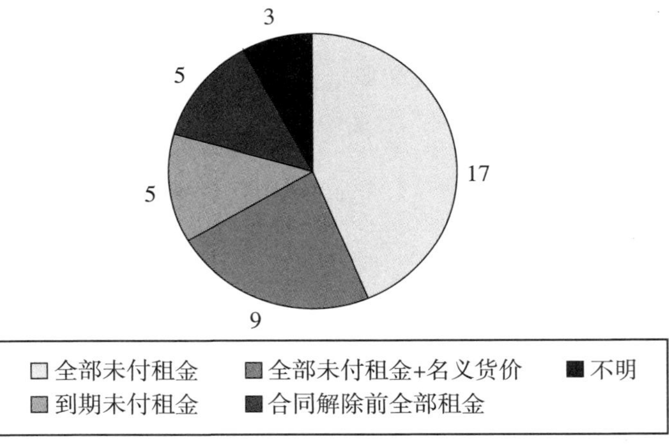

图1 出租人债权范围(单位:个)

上述统计结果反映出的司法实践混乱尚不是此处要讨论的主要问题。结合租赁物所有权认定的案件统计结果,笔者发现,部分法院并未遵循《融资租赁合同解释》第22条的理念,在确认租赁物归出租人所有后,并未在出租人债权范围中扣除租赁物残值。全部39个案例中,可明确有18个案例认定出租人享有租赁物所有权,剩余21个案例因案件信息不全无法明晰法院在租赁物所有权归属上的态度。而在18个确认租赁物归属于出租人的案件中,有6个仍将出租人的债权范围认定为包括全部未付租金或全部未租金与名义货价;仅有2个案例,法院在全部未付租金的基础上扣除了租赁物残值(见图2)。

① 2个案例为:仲利国际租赁有限公司与象山南方水产食品有限公司、宁波陆晟食品加工有限公司等融资租赁合同纠纷案,(2015)甬象商初字第740号;仲利国际租赁有限公司等诉浙江建环机械有限公司等融资租赁合同纠纷案,(2015)甬东商初字第74号。

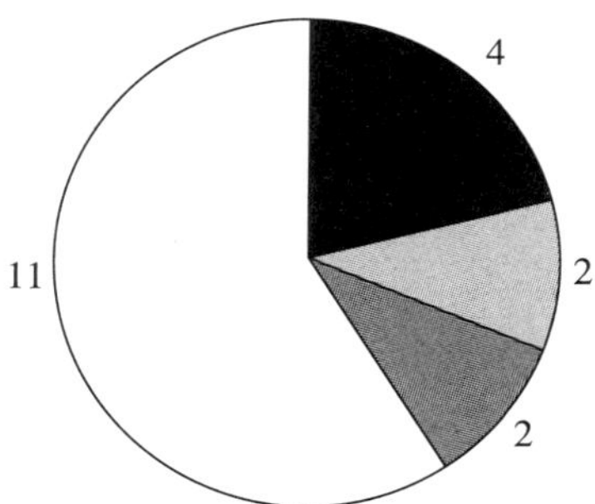

■ 确认出租人债权范围为全部未付租金
▨ 确认出租人债权范围为全部未付租金扣除租赁物残值
▩ 确认出租人债权范围为全部未付租金加名义货价
□ 其他

图2　已确认出租人所有权案例中出租人债权范围(单位:个)

正如前文论述,承租人支付的租金中实质上包含了租赁物所有权权益转让价款,认定租赁物所有权归属于出租人后又将出租人债权范围认定为包括全部未付租金(或加名义货价)意味着承租人将为不可能取得的所有权权益负担债务,有如在买卖合同中要求买受人负担一项为不可能取得的标的物所有权支付转让价款的义务,显失公平。

从反面来看,融资租赁合同中约定了承租人支付完全部租金及名义货价后,即可取得租赁物所有权,且名义货价并无实质经济意义。破产程序中,认定出租人债权范围包括全部未付租金(及名义货价)后,仍将租赁物所有权归属于出租人同样不合理。在山东惠民鲁洁纺织有限责任公司管理人等诉上海电气租赁有限公司等取回权纠纷案①(以下简称"惠民鲁洁案")中承租人管理人主张出租人已向其申报债权,债权范围包括全部未付租金,应视为承租人已经偿还了欠付出租人的所有租金和其他费用,租赁物的所有权应当归属于承租人。此项主张并未得到法院支持。笔者认为,"惠民鲁洁案"中承租人管理人的观点是可取的。已申报债权并得到管理人确认即代表承租人已确定地为支付全部租金承担义务,虽然出租人不一定能得到完全偿付,但作为融资租赁的出租人,同样需要承担如其他业务商人一般的商业风险,承租人破产的风险即是其中之一。

---

① 案号(2014)滨中商终字第400号。

(三)出租人作为租赁物所有权人对租赁物变卖价款享有“优先受偿权”

本文实证研究的另一个有趣的结果是,有4个案例①的出租人在主张享有租赁物所有权后,又诉请对租赁物变卖价款优先受偿,甚而在欧力士(亚洲)有限公司诉登富国际有限公司等融资租赁合同纠纷案(以下简称“欧力士案”)中,出租人提出租赁物变卖价款超出其债权部分由承租人管理人处理。除远东国际租赁有限公司诉天津市君晟机电传动工程有限公司等公司融资租赁合同纠纷案中出租人撤诉外,其他3个案例中出租人的此类主张都得到了法院的支持。这样的诉讼请求与判决结果,从民法理论看十分吊诡:物的所有权人对物的变卖价款自然拥有所有权,“优先受偿权”根本无存在必要。最普遍的主张对物的变卖价款有优先受偿权的是担保权人。笔者大胆猜想,出租人提出该项诉讼请求的动机就在于认识到融资租赁合同的担保性。特别是“欧力士案”中,出租人提出对租赁物变卖价款优先受偿,超出部分由承租人管理人处理,从形式上来看,此项主张的内容雷同于担保债权人的优先受偿权。虽然出租人在享有租赁物所有权的同时主张对租赁物变卖价款的优先受偿权十分诡异,但出租人可对租赁物变卖价款优先受偿也是融资租赁合同担保性的题中之义。此类案件的出现不得不引起对于我国融资租赁立法的反思。

四、借道《融资租赁合同解释》完善破产程序中融资租赁合同处理规则

理论上对融资租赁合同的剖析,解构了融资租赁合同的担保性:一方面表现为出租人的担保权益;另一方面也隐含了承租人对租赁物的衡平利益。无论从我国破产法现行规则还是破产司法实践来看,调整破产程序中的融资租赁合同处理规则已是刻不容缓。然而我国《合同法》《物权法》等对融资租赁合同和非

---

① 4个案例为:山东惠民鲁洁纺织有限责任公司管理人等诉上海电气租赁有限公司等取回权纠纷案,(2014)滨中商终字第400号;远东国际租赁有限公司诉天津市君晟机电传动工程有限公司等公司融资租赁合同纠纷案,(2014)浦民六(商)初字第15309号;欧力士(亚洲)有限公司诉登富国际有限公司等融资租赁合同纠纷案,(2011)东三法民四初字第97号;××××租赁有限公司诉浙江××××有限公司等融资租赁合同纠纷案,(2012)浦民六(商)初字第5710号。

典型担保的态度是破产法改革无法绕开的大山。在《合同法》等基础民法规范已将融资租赁合同认定为特殊有名合同且未明文承认其担保性的前提下，平衡破产程序中融资租赁合同当事人的利益是问题的关键。结合我国立法与司法环境，笔者认为，借道《融资租赁合同解释》不失为一项可取办法。

《融资租赁合同解释》第 22 条第 2 款规定出租人因承租人逾期支付租金等原因解除合同的，出租人的损失赔偿范围为承租人全部未付租金及其他费用与收回租赁物价值的差额；如合同约定租赁期间届满后租赁物归出租人所有的，损失赔偿范围还应包括融资租赁合同到期后租赁物的残值。此项规定的目的在于补偿承租人对租赁物的衡平利益，法院在审理破产程序中的融资租赁合同案件时，可依此规定确认出租人债权范围。出租人的担保权益可依《融资租赁合同解释》第 9 条得到一定程度的保障，依照该条规定出租人授权承租人将租赁物抵押给出租人并在登记机关依法办理了抵押权登记，则第三人不得依据《物权法》第 106 条取得租赁物的所有权或其他物权。严格来看，《融资租赁合同解释》第 9 条的此项规定同样违背民法理念，即使增加“授权承租人”一项条件，出租人仍是将自有物抵押给自己，不符合抵押权的基本规则。再者，该解释第 9 条并未明确在“出租人授权承租人将租赁物抵押给出租人”的情形下，出租人可就租赁物变卖价款优先受偿，而仅赋予其对抗第三人的效力；而此类“违法”的抵押更不可能依照《物权法》或《担保法》使出租人获得优先受偿效力，要达到这一目的须法官在适用该条时作出合理解释，同时也仰赖于最高人民法院典型案例的指导。但可以明确是，《融资租赁合同解释》已显示出最高人民法院赞同融资租赁合同本质具有担保交易性质的倾向。

因应于破产制度语境的待履行合同之规则完善

——基于与普通合同履行价值诉求相殊的视角分析

郑学仲*

破产重整程序中的待履行合同在整个破产法体系中十分重要,是关系债务人企业拯救和债权人清偿利益的重要事宜,各国破产法均建立了待履行合同的处理规则。在破产程序中,待履行合同具有特殊性,对于债务人而言,其既是潜在的债务,又是潜在的债权;其关联的利益主体不仅包括破产程序中的债务人和债权人,还涉及待履行合同的合同相对方。因此,我们需要对待履行合同在破产程序中的特殊处理规则进行研究和完善。

一、待履行合同的概念

"待履行合同"这一称谓在破产法中为国际上大多数国家所应用,最早见于美国《破产法》中的"Executory Contract",在法国其被称为"有效合同",在德国的提法是"未履行(或者未完全履行)的双务合同"。在破产法

* 真璞商务咨询(上海)有限公司首席高级企业风险管理师。

中,“待履行合同”顾名思义,为合同双方当事人对合同义务没有履行或者没有履行结束的合同。①

我国《企业破产法》(以下简称《破产法》)中对待履行合同也做了相关界定,具体体现在《破产法》第18条第1款中,管理人有权在法院受理破产申请之后决定那些成立于破产受理之前而双方当事人均未履行完毕的合同是继续履行还是予以解除。由此可知我国破产法中待履行合同是指那些“成立于破产申请受理之前且破产债务人和对方当事人均未履行完毕的合同”,根据这一界定,我们可以看出在我国成为“待履行合同”需要具备以下几个要件:

第一,时间上,待履行合同在破产申请受理之前就已经成立。如果合同成立于破产过程中,表明债务人虽然已经陷入商业信用困境,但相对方仍然对其有信赖利益,加之根据平等自愿原则,既然管理人基于对破产财产有益的考虑而订立合同,即表明管理人愿意履行该合同,也就不存在涉及管理人对于合同是继续履行还是解除的选择问题。

第二,类型上,待履行合同是双务合同。双务合同是指合同双方当事人相互负有给付义务的合同,即合同中任何一方当事人履行合同旨在获得对方的相对应的给付。如果是单务合同,那么由合同衍生出的权利义务关系简单明确,在该合同中管理人会丧失多种选择的可能性,其选择权也就形同虚设,只有当待履行合同是双务合同时,才存在管理人选择继续履行或解除合同的可能。

第三,状态上,待履行合同中双方当事人的合同义务均未履行完毕。在破产程序中,未履行完毕的双务合同有三种形态:第一种,破产债务人完全履行合同义务而合同相对方未完全履行的,该双务合同以债权的形式成为破产财产,管理人不存在可选择履行或解除的可能性,为了破产财产的扩大,会请求对方当事人继续履行;第二种,破产债务人未完全履行而合同相对方完全履行的,合同相对方以其对待给付请求权申报破产债权和参与破产清偿;第三种,破产债务人和合同相对方均未完全履行的合同。

在破产债务人或者合同相对方中无论哪一方的合同义务履行完毕之后,破产管理人都会丧失解除合同的权利。对于有一方履行完毕的合同类型,不再属于待履行合同的调整范围,破产法上的待履行合同只包括双方当事人均没有履

① 参见张成伟:《论破产重整程序中的待履行合同》,山东大学2016年硕士学位论文,第2页。

行或者均没有履行完毕的情形。

二、待履行合同在破产法语境中的特殊性

“待履行合同”是作为破产法语境之下的概念,是双务合同的一方当事人因资不抵债或者丧失清偿能力而进入破产程序中的一种特殊合同。待履行合同处分规则不同于我国《合同法》上对合同的处理规则,因为待履行合同处分规则本身就是以减少对破产财产构成负累的合同为价值要求,这与合同法的调整双方当事人之间的利益平衡价值相区分。

两者的不同首先表现在处分规则的层面。合同法规定,任何一方当事人不履行合同或者履行合同不符合约定时,其相对方有根据自己实际情况要求违约方继续履行或者在合同没有履行必要时解除合同的权利,这是立法对双方利益的平衡。在破产法中,为了使破产财产价值最大化,管理人有权决定待履行合同是继续履行还是予以解除。此时管理人选择解除合同也并不需要合同相对方存在根本违约或者不可抗力等原因。另外,两者的区别还表现在破产法对合同法原则的限制上。诚实信用原则,作为民法中的“帝王规则”,是合同法的一个极为重要的原则。其在合同法中尤其是在合同的履行阶段要求我们要讲信用、守诺言、不欺诈,全面履行自己的义务;在维护自己利益的同时,不得有损合同相对方的利益。但是在破产程序中,尤其是在管理人为了减少破产财产负担而拒绝履行合同时,合同相对方只能通过申报债权的方式来获得自己的赔偿,与合同法中的诚实信用原则不同。

可以说,在破产程序中所面临的问题具有较强的特殊性。破产程序涉及的多方利益冲突如果解决不好极易产生社会问题,这决定了它不适合全部由民事主体自己解决而需要法律调节和干预,也不能一味由合同法调整,①在破产法中建立区别于合同法的待履行合同处理规则非常有必要。

(一)有利于保证多方利益平衡

企业破产涉及多方利益,牵一发而动全身,破产法不能单纯着眼于单个合同

① 参见丁文联:《破产程序中的政策目标与利益平衡》,法律出版社2008年版,第38页。

主体之间的利益协调关系，而应着眼于破产程序所涉及的所有利益主体之间的利益权衡，包括债权人、债务人、投资者、合同相对方，甚至职工等其他利益主体。而合同法规则的设计立足于保护非违约的合同相对方利益，此时法律对利益的权衡也仅限于特定当事人之间的利益关系。

（二）有利于扩大破产财产价值

对于一个合同，在破产管理人经过多方衡量确信继续履行能够增加破产财产价值的情况下，决定继续履行该合同能够发挥其对破产企业营业恢复的积极作用。但是如果按照合同法规则，相对人在债务人明显丧失清偿能力、资不抵债的情形下仍然要求合同相对人按合同约定履行义务，此时该合同的继续履行对破产财产的保值增值是否有利并不确定，如果该合同的履行会进一步增加破产财产的负担、减少破产财产，那么继续履行合同无疑不利于对债权人利益的保护。

三、现行待履行合同制度的不足之处

（一）缺失待履行合同单方选择权的行使标准

在破产重整程序中，管理人作为实际的执行人，拥有重要权利。破产法赋予破产管理人单方选择权的立法目的就在于提高破产效率。管理人的权利是把“双刃剑”，尽管我国对待履行合同的处理规则有整体的规范，但是管理人选择权的行使是管理人基于对利益权衡的判断作出的，具有较大的自由裁量空间，管理人选择权的行使关系破产程序中各方参与人的利益，以及破产企业的生死存亡。因此，要求对管理人进行必要的监督，以期督促权利正常运转。若不对管理人的选择权进行限制，极有可能导致管理人肆意行使选择权，造成管理不当或者管理不力。若不明确管理人单方选择权的行使标准，很可能因管理人权利的滥用造成破产财产价值的下降，损害债务人以及全体债权人的利益，甚至可能影响企业的消亡。

（二）待履行合同的转让制度存在缺位

我国《破产法》中关于待履行合同的处理方式明确规定的有两种：“继续履

行”与“解除合同”。然而在司法实践中,越来越多的案例表明,仅运用这两种方式来解决实际问题是远远不够的。在一些情况下,如强行适用这两种方式,会造成破产财产价值得不到最优处理。在待履行合同的处理方式中,美国破产法详尽规定了“转让”待履行合同的处理方式,将“转让合同”纳入待履行合同的处理方式之中。在合同一方破产时,破产管理人可以将其想继续履行却迫于现状无法继续履行的合同转让给第三人。同时为预防第三人也不能履行合同的风险,可以要求第三人提供担保,这样就避免了给合同相对方造成二次伤害。规定合同的转让制度,对债务人而言,可以将破产财产迅速变现,提高破产效率,为重整计划的通过打下基础;对债权人而言,获得了第三人的担保,实现合同订立的目的,互利共赢。

(三)对解除合同的法律效果规定模糊

我国《合同法》第 97 条规定合同解除的法律效果,包括未履行的终止履行;已履行的,恢复原状;当事人有权请求赔偿损失。我国《破产法》中对破产程序启动前已经履行的法律效果并未进行明确规定,对解除合同造成的损害赔偿请求权申报债权虽有规定,但是对于损害赔偿的计算标准规定模糊,这给司法实践中对此类合同的处理带来很大不便。所以,明确合同解除后的法律效果,也是对当前《破产法》进行完善的任务之一。

(四)对待履行合同的特殊规定欠缺

合同作为交易的手段,现实社会中存在各种各样的交易方式,与此相应的合同的类型也多种多样。不同类型的合同可能具有不同的特征、成立和生效要件、法律效果等,明确各种不同类型合同的特殊规定,便于有的放矢,促进制度体系的科学化。相对应破产程序中待履行合同分为一般待履行合同和特殊待履行合同,一般待履行合同是受待履行合同一般规则调整的合同,而特殊待履行合同由于其本身在构成要件、法律特征上的特殊性,其不适用待履行合同的一般规则调整。换句话说,若使用一般规则调整特殊的待履行合同极有可能会带来双方利益的不公平,要想实现对其适当的处理,必须建立一套规范的、符合其特殊性的适用规则,但是我国《破产法》中仅对一般待履行合同作了规定,对特殊的待履行合同处理规则却规定甚少。由此给破产程序中该类合同的处理带来了极大的不便,因为缺乏具体的处理标准而产生的各种争议不仅会降低程序的进行效率,还对双方当事人的利益维护带来不利。因此,我国的《破产法》规定中,应当尽快设立对特殊待履行合同的处理规则,这样才能更好地实现程序的规范化。

四、待履行合同制度的完善之策

(一)要明确待履行合同单方选择权的行使标准

选择权的行使直接关系合同能否继续存续,而选择权的行使掌握在管理人手中,虽然受《破产法》处理待履行合同原则的整体规制,但管理人的职业能力仍然影响很大。《破产法》仅对管理人行使合同选择权有规定,对于具体如何行使,依何标准作出选择,却并无描述,对选择权规定并不细致。这使我国对待履行合同单方决定权限制不足,同时也表明我国并没有很好地实现破产财产最大化原则。

美国《破产法》上规定破产托管人根据法庭的正式批准,可以选择继续履行或拒绝履行待履行合同。但是法院批准的标准如何,破产法中没有任何规定,美国司法实践中审查对待履行合同的拒绝或者履行,主要依据"商业判断"的标准。这也是目前美国司法实践中所广泛应用的标准,商业判断标准的主动权在于管理人,法院并不对管理人的处理进行实质性的判断,而是只需要管理人向法院证明其对待履行合同的处理权衡了所有的因素。① 日本《破产法》在规定管理人的处理职责时,对拒绝履行和继续履行的处理有不同的设计。管理人对待履行合同的处理不同,其权力亦不同。管理人选择继续履行的,应当经过法院或者监察委员会的许可;管理人选择解除合同的,不需要法院的许可即发生效力。此种立法例体现了破产法倾向于对管理人选择继续履行和拒绝履行进行区别对待,因管理人选择继续履行时,债务人因此承担的债务为共益债务,由债务人财产随时予以清偿;而管理人选择拒绝履行时,合同相对方因此而享有的损害赔偿请求权为一般债权。②

笔者认为,可以借鉴美国、日本的经验,建立相应的判断标准和制约机制。

① 参见王卫国:《论重整企业的营业权》,载《比较法研究》1998 年第 1 期。

② 参见[日]石川明:《日本破产法》,何勤华、周桂秋译,中国法制出版社 2000 年版,第 59 页。

事关破产企业的营业,管理人对待履行合同所作的决定不是法律裁判问题而是商业经营问题。特别是要将“商业判断”规则确立为管理人判断的行为标准,一方面,能使管理人作出决策行为时更加有章可循,减少争议,提高破产程序中各方利益主体对决策的信任度;另一方面,也使利害关系人在破产程序中能够更好地进行监督。

1. 坚持充分商业判断的原则。商业判断标准是以是否有利于破产财产利益最大化为标准。如果管理人作出的是一个善意的、合理的商业判断,并且明显对破产财产有利,那么就应当明确支持破产管理人的选择。该标准站在全体债权人和债务人的立场上,这是破产财产保值增值原则的体现。

2. 坚持破产财产最大化的原则。如果管理人作出的是一个善意的、合理的商业判断,并且明显对破产财产有利,那么就应当支持破产管理人的选择。之所以支持管理人的这种单方选择权,主要目的正是使管理人能够摆脱那些对破产财产构成负担的合同,而继续履行那些对扩大破产财产有利的合同。破产财产最大化,即保全破产财产,并尽可能地使其增值,不仅有利于债权人受偿,同时也有利于债务人复苏。待履行合同选择权的目的是使管理人有能力保全或扩大破产财产,在行使待履行合同选择权时,必须以破产财产最大化为基本原则。

3. 坚持选择权行使的效率原则。管理人应及时地决定继续履行、转让或解除待履行合同。之所以以此限制破产管理人选择权的行使,因为选择权是破产法赋予管理人单方面的权利,管理人行使选择权的结果可能引起合同关系的重大变化,如果管理人长期不行使选择权,对合同存续与否作出决定,必然会使合同关系处于不确定状态,以致对方当事人陷于无所适从的境地,反而可能拖延破产程序。因此,管理人选择权的行使必须以及时性原则相约束,方不违待履行合同规则设计之初衷。

(二)增设待履行合同的转让制度

引入待履行合同的转让规则为破产中合同的处理提供更多选择,使管理人能够择优做出最适合破产进程的选择,其制度的建立应当为破产法所鼓励。在我国待履行合同处分规则中,可以参照美国等国家的待履行合同转让相关规定,在破产程序中设立合同转让的相关规则。

1. 要明确“转让”制度的重要性。转让合同能够实现合同双方继续履行合同的愿望,多样化破产财产的处理方式,缩短破产财产变现时间,提高破产程序的效率,债权债务双方实现共赢。

2. 要明确管理人转让待履行合同无须经过债权人同意。转让合同毕竟不同于继续履行,转让合同意味着非破产方不得不与其预期之外的民事主体受制于同一合同关系中。较之管理人选择继续履行合同的决定,合同转让对非破产方的影响显然大得多。如是观之,合同法上合同转让制度中设置的合同相对方的同意要件似有必要,如果管理人转让合同时需以非破产方的同意为要件,那么无疑将有利于保护非破产方。只是在破产法如此设置的同时便必然会降低破产财产最大化的可能性。非破产方的同意要件可能会从根本上束缚管理人对合同转让权的行使。因此,如果存在有利于保护非破产方,又不会影响破产程序效率的转让要件的设计,那么非破产方的同意要件便应该被抛弃。美国《破产法》持类似的态度,美国《破产法》实践认为"大多数法律限制合同转让,是为了保护非转让方的利益,使其免于受到因为受让人履行或对受让人履行这一实质性改变的损害。而破产法上违约救济和为将来履行提供足够担保的要求取代了破产法以外的法律允许合同转让的条件。"①原因在于,破产法不仅要保护非转让方的利益,更重要的是要保护破产人以及债权人整体的利益。

3. 要明确待履行合同转让权的限制。明确有继续履行障碍、合同性质以及法律规定不得转让的合同是有转让权限制的。此处仅指根据合同性质不得转让的双务合同,该类合同多以信任为订立基础,合同义务往往与合同当事人个人技能或其他个人特征紧密相连。美国破产法学界经常将此类合同统称为"个人服务合同","特定的个人服务合同根据有关合同法的普通法是不可转让的。很容易理解为什么要对待履行合同的转让进行限制,因为合同的转让将改变合同的当事人。"②具言之,当委托合同的受托人、雇佣合同的受雇方、承揽合同的承揽方以及其他个人服务合同中的提供服务方为破产方时,管理人的合同转让权将受到限制,其转让上述合同必须经过非破产方的同意,否则无权选择转让。

---

① Daniel J. Bussel & Edward A. Friedler, "The Limits on Assuming and Assigning Executory Contract", *American Bankruptcy Law Journal* 74, 2000, p. 336.

② [美]大卫·G. 爱泼斯坦等:《美国破产法》,韩长印等译,中国政法大学出版社2003年版,第259页。

(三)待履行合同的解除后果问题

1.待履行合同的解除溯及力问题

关于待履行合同的解除效力是否有溯及力问题,我国大部分学者都依据合同法的一般原理,认为待履行合同的解除与合同法规定的解除情形相同,应肯定其溯及力。“根据合同法的一般原理,解除合同使双方恢复到缔约前的状态,最直接的法律后果应是恢复原状。若双方当事人均未履行完毕合同义务时,清算组可以选择解除合同,此时对方当事人具有要求恢复原状的权利。如果破产人接受的对价给付仍存在于破产财产中,对方当事人得请求清算组返还;如果该对价给付已不存在于破产财产中,对方当事人的该项请求权应当作为共益,财产随时拨付。”①

笔者认为,待履行合同规则的功能在于最大化破产财产,以有利于破产企业复苏,或者保护全体债权人的利益。待履行合同解除效力的设计属于该规则内容中不可分割的一部分,故应以此功能作为解除效力的设计宗旨。若承认待履行合同解除的追溯力,侧重于非破产方利益的保护,则与该宗旨相悖。若否认待履行合同解除的追溯力,虽然将使非破产方利益存在部分牺牲,但并不会显失公平。因为不履约风险是任何合同本身所固有的风险,即便是在合同解除权有追溯力的前提下,守约方向对方的给付也经常因毁损、消耗或被第三人善意取得而无法恢复原状,守约方物权请求权最终沦为债权请求权。而这种风险是每个守约方在签订合同时可以且应该预见的。因此,倘若破产法否定待履行合同解除权的溯及力,仅赋予非破产方债权请求权,由于此种情况属于守约方可预见的风险范围内,故要非破产方接受这种否定解除权溯及力的破产法立法选择,也并非强人所难。与肯定待履行合同解除追溯力的观点相比,否定待履行合同解除的追溯力更有利于实现法律关系中的和谐局面,当然,更重要的是其也更有利于破产法宗旨的实现。

2.非破产方损害赔偿请求权的范围

关于非破产方损害赔偿请求权,无论是因破产程序开始前破产方违约所致,还是源于法律对破产方解除合同后果的直接规定,法律对其范围均未作出明确

---

① 孙应征主编:《破产法法律原理与实证解析》,人民法院出版社2004年版,第105页。

规定。我国破产法学界对待履行合同解除时非破产方损害赔偿范围的确定由窄到宽目前主要有三种观点,本文将其分别简称为"不予赔偿说"、"实际损害赔偿说"以及"可得利益赔偿说"。

持"不予赔偿说"的学者认为,破产程序开始之后,因管理人决定不履行合同所产生的损害赔偿,不得为破产债权,非破产方不得以之为破产债权而对债务人行使权利,应认为其系除斥债权。我国台湾地区"破产法"上所谓的"除斥债权",是指因特定原因被排斥于破产程序之外,不能作为破产债权而从破产财产中受偿的债权。①

持"实际损害赔偿说"的学者认为,因合同解除受到的损害,非破产方有权请求赔偿,但只能为实际发生的损害。之所以将其范围限制为实际损害,是因为在债务人被宣告破产的情形下,法律特别规定管理人有解除债务人未履行的合同之权利,目的就是要减轻债务人的负担;与此相适应,若允许合同解除的另一方当事人主张包括利益损失在内的所有损害,就可能违背破产法立法的宗旨。②

持"可得利益赔偿说"的学者认为,因合同解除受到的损害,非破产方有权请求赔偿,该损害赔偿范围不仅包括实际损害,而且包括了可得利益,即在破产程序中,管理人解除待履行合同的损害赔偿范围应当赔偿债务不履行所致的损害,履行利益损失也应当赔偿。同时,持此观点的学者还主张,由于为准备履行合同而做的支出(信赖利益)是其获得履行利益的前提,二者不可兼得。合同相对人难以证明自己的履行利益损失时可主张赔偿信赖利益损失(通常少于前者),但信赖利益损失大于履行利益损失的,管理人可主张以履行利益损失为限。③

"实际损害赔偿说""不予赔偿说"极力缩小非破产方损害赔偿请求权范围的目的均在于减轻破产企业的负担,以增加破产债权人受偿额或帮助破产企业重整。其中,"不予赔偿说"将损害赔偿请求权范围甚至归零,否定损害赔偿请求权为破产债权的观点与各国立法实践相悖,与学界理论通说相左,过于极端的认识却未给出充足的理由,令人难以接受。破产情形毕竟不同于不可抗力,资不抵债情形的发生从某种程度上说是债务人的过错,管理人的合同解除权从某种程

---

① 参见陈计男:《破产法论》,台北,三民书局1993年版,第129页。

② 参见郑远民:《破产法律制度比较研究》,湖南大学出版社2002年版,第76~77页。

③ 参见王欣新、余艳萍:《论管理人对待履行合同的选择权》,载新浪博客网:http://blog.sina.com.cn/s/blog_ab8c1596010113xa.html,最后访问日期:2017年4月18日。

度上说也是法律赋予债务人的特权,债务人对因其过错、特权而给合同相对方造成的损害却不必承担任何赔偿责任,于情不容,于理不通。

与“不予赔偿说”不同的是,“实际损害赔偿说”倒是给出了二点理由:一是减轻债务人的负担;二是可得利益难于计算。但该观点的理由也不成立。因为所有破产债权实际上都是债务人的负担,但显然不能仅以减轻负担为由而予以否认。可得利益“难于计算”不等于“无法计算”,只是表明了举证层面的难度,不应因此否定可得利益的可受偿性。

其实,关于非破产方损害赔偿请求权范围,与我国持上述观点的学者不同,国外学者担心的不是其范围过大,反而是其范围过小,不利于债权人利益保护。“拒绝的结果往往是受损失方得到的赔偿远远小于全部损失,而这将使破产托管人容易拒绝本可以创造价值而应该选择承担的合同。”①范围过窄的损害赔偿请求权甚至可能导致债务人恶意违约,大量的违约不仅源于破产本身,还源于合同一方当事人破产,相对方的违约赔偿请求权不能得到足额的实现这一对债务人有益的现实。笔者遂赞同“可得利益赔偿说”中将可得利益纳入非破产方损害赔偿请求权范围的观点。管理人解除待履行合同后,非破产方为准备订立及履行合同所付出的代价可能存在,而管理人解除合同本身也是一种合法的“违约”,即便行使的是法定解除权,对非破产方而言,也是一种失信行为,非破产方通过合同履行而可以得到的利益可能是确定的。因此,本文认为,管理人选择解除待履行合同的场合,信赖利益与可得利益往往可以并存,在不发生重复填补的前提下,非破产方损害赔偿请求权的范围可以同时包括实际损害、可得利益。

(四)完善待履行合同的具体规定

破产法对待履行合同的处理规则几乎没有规定。在处理待履行合同时,很难针对不同类型的合同采取与之相适应的处理方式,给司法实践造成极大困扰,严重影响到我国的破产法律规范化的进程。因此,对性质不同的待履行合同,必须要有相应的规则与之相适应。在引入待履行合同适用规则过程中,要明确各类合同的不同性质,做到有针对性地对不同性质的合同采用不同的方式,用司法

① Jesse M. Fried, "Executory Contracts and Performance Decisions in Bankruptcy", *Duke Law Journal* 46, 1996, p. 517.

解释弥补立法的不足,并发挥其他法律的补充作用。

对性质不同的合同必要时可进行系统分类。要分清重整程序中的待履行合同属于一般待履行合同还是属于特殊待履行合同,是属于特殊待履行合同中的专利许可合同还是租赁合同等等,尽可能细致地对待履行合同的处理作出明确规定。

1. 破产案件中的委托合同

委托合同,又称委任合同,是指委托人和受托人约定,由受托人为委托人办理委托事务,委托人支付约定报酬或不支付报酬的合同。其特征有:委托合同是典型的劳务合同;受托人以委托人的费用办理委托事务;委托合同具有人身性质,以当事人之间相互信任为前提。

因为双方当事人之间的特殊信赖,破产程序的开始将动摇这类合同关系继续存在的法律基础,委托合同存在目的是避免这些合同的继续存在给债务人带来额外的损失,减少和避免管理人进行选择的费用和成本,建议立法上可以明确规定“委托合同因破产程序开始而消灭”更为妥当。

2. 破产案件中的租赁合同

如果是承租人破产,对于已经交付使用租赁物的租赁合同,只有管理人享有选择权;对于尚未交付使用的租赁物的租赁合同,因为此种情形下承租人对租赁物并无事实上的依赖性或者说依赖性还很小,因此应赋予出租人和管理人双方享有终止权。而因为解约而产生的损害赔偿应该作为破产债权,因为该损害赔偿属于因信赖利益所受到的损害。

在出租人破产之场合,涉及一个管理人的合同解除权与承租人“买卖不破租赁”权利之间的冲突如何处理的问题,颇值得思量。对此有人认为破产企业的房屋建筑物作为破产财产被拍卖或者变卖后所有权会发生变动,但根据“买卖不破租赁”的原则,该所有权的变动不影响租赁合同的效力,故在破产宣告后管理人或法院不能主动解除该房屋租赁合同,承租人有权选择继续履行合同或选择解除合同以申报债权。也有人认为,根据我国《破产法》第 18 条的规定,《破产法》将解除合同的权利赋予了管理人,并且该条款中并未规定房屋租赁合同可以例外而不予适用,因此管理人完全有权决定是否解除房屋租赁合同。笔者同意第二种观点,并且认为,管理人解除合同,承租人可就解除合同造成的损害赔偿额作为破产债权进行申报,同时该房屋变卖时承租人可以享有优先购买权。因为,如果允许原租赁合同继续存在,考虑“买卖不破租赁”,将会极大地影响购买者的心理,继而会影响破产财产变现速度和破产程序的顺利进行,不仅不利于破产财产利益最大化和最终分配的数量和比例,还不利于维护破产企业职工的合法权益,以及社会稳定。合同法是普通法的一般法,破产法是特别法。在普通法和特别法在同一法律部门内部且在法律规定的事项为同类时适用特别法优于普通法的规则。

3. 涉及公共利益的合同

《破产法》通过待履行合同规则在全体债权人利益与合同相对方利益中选择了前者。由于破产财产利益与全体债权人利益有正相关关系,《破产法》通过待履行合同规则在破产财产利益与合同相对方利益中也选择了前者。然而,若谈及公共利益,那么全体债权人利益也好、破产人利益也罢,都不得不理所当然地为公共利益让路,因为公共秩序的稳定,是所有社会关系得以有序运转的前提。因此,当合同的存续为保护公共利益所必需时,管理人无权解除合同。即涉及公共利益的合同往往应为解除受限的待履行合同。比如,待履行合同是对社会公众提供基本服务或生活必需品,此时待履行合同中含有公共利益,管理人无权拒绝履行。

如寿险合同,我国《保险法》规定:“经营有人寿保险业务的保险公司被依法撤销或者被依法宣告破产的,其持有的人寿保险合同及责任准备金,必须转让给其他经营有人寿保险业务的保险公司;不能同其他保险公司达成转让协议的,由国务院保险监督管理机构指定经营有人寿保险业务的保险公司接受转让。”据此,即使人寿保险合同在破产程序中构成待履行合同,管理人也无权解除合同。其原因在于,人寿保险保期长,保费大,结构中含有储蓄因素,既是一种长期性的储蓄保险业务,又是一种社会保障制度的补充。由于投保人众多,保险公司一旦破产,波及面甚广,往往危及社会稳定。因此,从公共利益出发,应该肯定《保险法》这一规定是破产法上待履行合同规则的特别规定,管理人合同解除权据此应予以否定。

五、结　语

破产程序中,待履行合同具有特殊性,其关联的利益主体不仅包括破产程序中的债务人和债权人,还涉及待履行合同的合同相对方,在制度设计时不仅要考虑合同相对方的利益平衡,还要考虑债权人利益保护,以及债务人经营能力的恢复。基于这种特殊而又多元的制度诉求特点,本文就待履行合同的选择权行使标准、合同权利义务转让、合同解除后果、特殊合同的限制等方面,进行了理论分析和制度完善的探讨。笔者希望能够明确选择权行使标准,制约管理人的选择行为,促进破产财产最大化;建立待履行合同的可转让制度,增加合同利益的增值方式和路径,但同时要明确与普通合同转让的区别,不需要经过相对方的同意为转让前提;对于合同解除的后果,认为否定待履行合同解除的追溯力,更有利于各方利益有效平衡,解除后相对方可以主张可得利益损失赔偿;针对实践中各类特殊类型的合同,如委托合同、租赁合同、涉及公共利益的合同等,结合合同特点,提出了相应的特殊制度设计的建议。

破产程序中未履行合同的解除效力

方　帅*

破产程序开始前业已成立，但尚未履行或履行完毕的合同，称为破产程序中"未履行合同"或尚"未履行完毕合同"，也有称为"待履行合同"。合同的解除的法律效果是免除当事人继续履行合同的义务，使当事人取得对已履行部分的返还请求权。按照我国《合同法》关于法定解除的规定，在一方当事人拒绝履行合同时，仅非违约方享有解除权。而我国《企业破产法》对上述规则设置例外，赋予破产管理人因破产而解除合同的权利。未履行合同的解除是个系统性问题，不仅涉及解除的效力，还涉及破产管理选择权的行使、解除主体以及解除的限制。本文在此仅探讨未履行合同解除的效力，主要是三个问题：首先探讨破产中未履行合同的解除效力是否有溯及力问题，这是前提；其次着重讨论非破产方的损害赔偿请求权；最后是违约金请求权问题。

一、解除未履行合同不具有溯及力

关于未履行合同的解除效力是否有溯及力问题，我

---

* 浙江省衢州市中级人民法院办公室副主任。

国大部分学者都依据《合同法》的一般原理,认为未履行合同的解除与合同法规定的解除情形相同,应肯定其溯及力。"根据《合同法》的一般原理,解除合同使双方恢复到缔约前的状态,最直接的法律后果应是恢复原状。若双方当事人均未履行完毕合同义务时,清算组可以选择解除合同,此时对方当事人具有要求恢复原状的权利。如果破产人接受的对价给付仍存在于破产财产中,对方当事人得请求清算组返还如果该对价给付已不存在于破产财产中,对方当事人的该项请求权应当作为共益债权行使,得请求于破产财产中随时拨付,否则,对方享有同时履行抗辩权,即在清算组因解除合同而使得双方发生双方返还的效力,清算组相对方主张返还时,对方得对其行使同时履行抗辩权。"①然而,不考虑破产程序的特殊性,一味强调合同解除的追溯性,使破产企业承担物权性的返还义务,不利于破产企业摆脱负担,实现更生。同时,破产法上未履行合同解除权的追溯力也很有可能沦为破产企业与个别债权人串通以规避破产无效行为制度与撤销权制度的工具。

于是,又有学者提出使未履行合同的解除效力具有可选择性的观点。该观点主张,为照顾和保护非违约方的合法权益,并为破产财产的利益考虑,可确定这样一个模式合同解除原则上产生恢复原状的效力,但相对人得针对是否恢复原状作出选择,法律对一些特殊的双务合同的解除效力另作限制的除外,如继续性合同。② 原因在于,继续性合同援引我国《合同法》第97条来处理非常不合适,因为"面对从性质上来讲对已经履行的部分不可能恢复原状的合同,当初设计最好的是让这一类合同从决定解除之时向后无效,过去履行的让它有效,非常爽快、非常方便判断。"③因此,对于继续性合同以外的大多数未履行合同,都可以依据合同法一般原理,当事人可以放弃所有物返还请求权,而主张不当得利返还请求权。较之绝对肯定未履行合同解除追溯力的观点,该观点倾向于非破产方的保护可谓有过之,而无不及。有碍破产企业复苏以及滋生恶意串通,规避法律现象的弊端在此观点中仍然存在。未履行合同规则的功能在于最大化破产财产,以有利于破产企业复苏,或者保护全体债权人的利益。未履行合同解除效力的设计属于该规则内容中不可分割的一部分,故应以此功能作为解除效力的设计

① 孙应征主编:《破产法法律原理与实证解析》,人民法院出版社2004年版,第105页。

② 参见韩长印:《破产宣告对未履行合同的效力初探》,载《法商研究》1997年第3期。

③ 梁慧星:《合同法的成功与不足》,载《中外法学》2000年第1期。

宗旨。若承认未履行合同解除的追溯力,侧重于非破产方利益的保护,则与该宗旨相悖离了。若否认未履行合同解除的追溯力,虽然将使非破产方利益存在部分牺牲,但并不会显失公平。因为不履约风险是任何合同本身所固有的风险,即便是在合同解除权有追溯力的前提下,守约方所为给付也经常因毁损、消耗或被第三人善意取得而无法恢复原状,守约方物权请求权最终沦为债权请求权。而这种风险是每个守约方在签订合同时可以且应该预见的。

因此,倘若破产法否定未履行合同解除权的溯及力,仅赋予非破产方债权请求权,由于此种情况属于守约方可预见的风险范围内,故要非破产方接受这种否定解除权溯及力的破产法立法选择,也并非强人所难。可见,与肯定未履行合同解除追溯力的观点相比,否定未履行合同解除的追溯力更有利于实现法律关系中的和谐局面,当然,更重要的是其也更有利于破产法宗旨的实现。因此,破产管理人选择消灭未履行合同的权利为"合同解除权",该权利的行使不具有追溯力,未履行合同自破产管理人行使解除权之日起消灭。

二、非破产方的损害赔偿请求权

"终止合同被认为是债务人的一种违约行为,因此合同的另一方有权根据普通合同法的规定寻求损害赔偿。破产法没有对这种违约后果作具体规定,而是完全将其留给合同法处理。"①这是针对美国《破产法》未履行合同规则的一段论述,实际上,这不仅仅是美国《破产法》存在的问题,各个国家的破产法对因破产管理人选择解除合同而导致的非破产方损害赔偿请求权的规定都有些吝惜笔墨,将其交由合同法处理。然而,未履行合同规则的非破产方损害赔偿请求权却有诸多需要破产法特别规定之处。

(一)非破产方损害赔偿请求权的基础

损害赔偿请求权的基础,即损害赔偿发生的原因。"破产法是以责任承担或权利实现为目的的规则集合,责任或权利的基础只能在非破产法规范中寻找,破

① 潘琪:《美国破产法》,法律出版社1999年版,第184页。

产法不应当、事实上也不可能自行创设。”①民法体系中“损害赔偿之发生原因，分成违反契约、侵权行为及法律之特定规定三种。”②具言之，损害赔偿请求权的基础或者是违约责任，或者是侵权责任，也可能是法律特别规定。由于破产管理人行使选择权，解除合同而致的非破产方损害赔偿请求权与侵权行为无干，故侵权责任不是未履行合同规则中非破产方损害赔偿请求权的基础，这不足为辩。然而，违约责任与法律特别规定，二者之中何为非破产方损害赔偿请求权的基础？

合同解除与损害赔偿可以并存。合同法上法定的合同解除大多基于违约，在合同解除之前，违约方的违约责任已经存在，基于违约责任的损害赔偿请求权属于救济权，合同的解除只会导致作为合同权利的原权利消灭，并不会必然导致救济权的消灭。事实上，在法律关系中，很多救济权正是由于原权利受到损害甚至丧失而产生的。将此结论用于分析未履行合同解除后非破产方损害赔偿请求权，便可得结论由于破产方违约行为而导致非破产方损害赔偿请求权的基础是违约责任。然而，破产法上赋予非破产方的损害赔偿请求权并非皆缘自破产方的违约行为。事实上，破产方的违约行为仅可能发生在破产程序开始之前，因为自破产程序开始之后至破产管理人选择解除合同这段期限内，基于未履行合同规则，合同的中止履行实际上是被法律所认可的，并非违约。破产管理人选择解除合同之后，合同义务的不履行是合同解除的效果之一，亦非违约。故只有在破产程序开始之前，破产方对已届履行期限的合同义务存在未履行或者未完全履行情形时，方为违约，非破产方享有的与之相应的损害赔偿请求权的基础方为违约责任。可见，非破产方的这部分损害赔偿请求权无论破产管理人最终是否选择解除合同，在破产程序开始之前，其已存在。

但除此之外，尤其是破产方合同履行期尚未届至的情况下，非破产方享有的损害赔偿请求权则难说基于违约行为。我国《企业破产法》规定“管理人或者债务人依照本法规定解除合同的，对方当事人因合同解除所产生的损害赔偿请求权申报债权。”条文中言明“对方当事人”的损害赔偿请求权缘于“合同解除”，而未履行合同规则中破产管理人的解除权是破产法直接赋予的。从世界范围来

① 许德风：《破产法基本原则再认识》，载《法学》2009 年第 8 期。

② 曾世雄：《损害赔偿原理》，中国政法大学出版社 2001 年版，第 14 页。

看,规定有未履行合同规则的破产法大多明文赋予了非破产方损害赔偿请求权。如法国破产法的立法者就认为,破产程序毕竟不构成不可抗力事件,不宜同因不可抗力而解除合同那般免除债务人不履行合同的责任。合同之所以不履行,处于停止付款状态的债务人其本身的困难处境即可视为合同项下的过失。[①] “企业经营管理不善是过错,至于是故意还是过失,是难以简单区分的。不可抗力,是指人力所无法抗拒的强制力,是指某些自然现象或者社会现象引起的无法抵抗的力量。企业破产并非这种情况,而是由于经营管理者的经营管理不善造成,因此,破产不能成为不可抗力的条件,破产人不能因此而免除合同约定或法律规定的违约金责任。”[②]既然我国《企业破产法》已作出特别规定,那么“因合同解除所产生的损害赔偿请求权”的基础当为法律的特别规定。

因此,非破产方的损害赔偿请求权基础分为两种:一是因破产程序开始之前破产方的违约行为,非破产方所享有的损害赔偿请求权基础为违约责任;二是破产程序开始之后,合同经破产管理人解除,非破产方所享有的损害赔偿请求权基础为法律的特别规定。此区分恰与否定未履行合同解除追溯力的观点相一致,由于未履行合同的解除并无追溯力,所以,因合同解除所产生的损害赔偿请求权只可能依据法律的直接规定,发生于合同解除之后,而在破产程序开始之前,因破产方未履行或未完全履行到期合同义务所导致的非破产方的损害赔偿请求权实际上与合同解除无关,其基础在于破产方的违约责任。

(二)非破产方损害赔偿请求权的性质

非破产方因未得到破产方在破产程序开始之前即应履行的对待给付而享有的损害赔偿请求权,在破产程序开始之前基于破产方的违约行为已经产生。由此看来,这部分损害赔偿请求权的性质当为破产债权,我国现行立法未将其列入共益债权的做法,并无不当。在否定未履行合同解除之溯及力的观点之下论及非破产方因合同解除所享有的损害赔偿请求权的性质,则仅需讨论在破产管理人解除合同后,非破产方所享有的损害赔偿请求权。

我国《企业破产法(试行)》(已废止)规定,“清算组决定解除合同,另一方当

① 参见沈达明、郑淑君编著:《比较破产法初论》,对外贸易教育出版社1993年版,第261页。

② 朱国华:《试论破产清算程序中的合同补救》,载《贵州社会科学》1987年第5期。

事人因合同解除受到损害的,其损害赔偿作为破产债权。”《破产法适用意见》规定,“清算组决定解除合同,另一方当事人因合同解除受到损害而发生的损害赔偿争议,由人民法院裁定解决。裁定书所确定的赔偿数额应列入破产债权。”《企业破产法》继续规定,“管理人或者债务人依照本法规定解除合同的,对方当事人以因合同解除所产生的损害赔偿请求权申报债权。”从我国《企业破产法》的规定看,我国法律承认因清算组解除合同给对方当事人造成损害的,该损害赔偿请求权作为破产债权。其实,在破产法的理论上,大多数学者也认为,因清算组解除合同而产生的赔偿请求权应作为破产债权。①

确定为破产债权,使非破产方与其他破产债权人平等受偿,至少有三方面积极意义。一是更有利于破产管理人以实现破产财产最大化为目的,充分行使其选择权。“本来的话,损害赔偿请求权也是因管财人的行为才产生的权利,所以不难考虑把它作为财团债权。尽管如此,立法者之所以把它作为破产债权,是为了使破产法易于行使解除权而赋予管财人以特别的权能。假使把损害赔偿请求权作为财团债权的话,作为管财人,在担心负担之余,难以行使解除权。”②二是更符合破产法的平等原则。破产程序的最大特征是强调各个债权的平等受偿,将非破产方因合同解除享有的损害赔偿请求权性质确定为破产债权的合理性即在于它是破产法平等受偿原则的重要组成部分。三是可以避免未履行合同当事人双方恶意串通,损害其他债权人利益。试想若将非破产方因合同解除享有的损害赔偿请求权性质确定为共益债权,熟悉此规则的非破产方在破产程序开始之前,在满足法定解除权行使条件的情况下与其相对方恶意串通,有意不解除合同,而待破产申请被法院受理后,经破产管理人之手解除合同,如此这般,非破产方本应平等受偿的损害赔偿请求权,经破产管理人之手,便可上升为共益债权而得优先受偿。

综上所述,非破产方损害赔偿请求权的性质均为破产债权,但原因有所不同。其中,在破产程序开始之前,就非破产方因未得到破产方应履行的对待给付而享有的损害赔偿请求权而言,其性质为破产债权,是缘于破产程序开始之前破产方的违约行为而非破产方因合同解除享有的损害赔偿请求权性质为破产债

---

① 参见王卫国、朱晓娟:《破产法原理·规划·案例》,清华大学出版社2006年版,第81页。

② [日]伊藤真:《破产法》,刘荣、鲍荣振译,中国社会科学出版社1995年版,第148页。

权,则缘于法律的直接规定。

(三)非破产方损害赔偿请求权的范围

关于非破产方损害赔偿请求权,无论是因破产程序开始前破产方违约所致,还是源于法律对破产方解除合同后果的直接规定,法律对其范围均未言明。就破产程序开始前破产方违约行为所致的损害赔偿请求权范围而言,破产法的空白并无大碍,由于其产生原因、时间均与破产事实无关,本无须破产法的介入,直接依据合同法规定确定其范围即可。我国《合同法》规定:“当事人一方不履行合同义务或者履行合同义务不符合约定,给对方造成损失的,损失赔偿额应当相当于因违约所造成的损失,包括合同履行后可以获得的利益,但不得超过违反合同一方订立合同时预见到或者应当预见到的因违反合同可能造成的损失。”

据此,破产程序开始前破产方违约行为所致的损害赔偿请求权范围包括非破产方的实际损失及可得利益。由于未履行合同规则中合同解除的不可追溯性,且破产程序开始之前后产生的非破产方损害赔偿请求权基础有所不同,在破产程序开始之后,基于破产法特别规定而产生的非破产方损害赔偿请求权的范围若仍依据合同法对违约行为所致损害赔偿请求权的规定确定,难免牵强。固然,在违约损害赔偿请求权之外,我国《合同法》第 97 条确认了合同解除所致的损害赔偿请求权,但该条文仍然不宜直接适用于非破产方因未履行合同合同解除享有的损害赔偿请求权。因为我国《合同法》第 97 条本身对合同解除损害赔偿范围并无具体规定,虽规定当事人可以请求损害赔偿,却没有指出是对何种利益的损害赔偿,语焉不详。因此,有关非破产方损害赔偿请求权范围的讨论,其必要性主要体现于在破产程序开始之后,因破产管理人解除合同所致的非破产方损害赔偿请求权。

我国破产法学界对未履行合同解除时非破产方损害赔偿范围的确定由窄到宽目前主要有三种观点。第一种观点认为,破产程序开始之后,因破产管理人决定不履行合同所产生的损害赔偿,不得为破产债权,非破产方不得以之为破产债权而对破产财团行使权利,应认为其系除斥债权。最高人民法院《关于审理企业破产案件若干问题的规定》第 61 条规定的若干债权即与此相当。第二种观点认为,因合同解除受到的损害,非破产方有权请求赔偿,但只能为实际发生的损害。之所以将其范围限制为实际损害,是因为在债务人被宣告破产的情形下,法律特别规定破产管理人有解除破产人未履行的合同之权利,目的就是要减轻破产人的负担与此相适应,若允许合同解除的另一方当事人主张包括利益损失在内的所有损害,就可能违背破产法立法的宗旨。[①] 第三种观点认为,因合同解除受到的损害,非破产方有权请求赔偿,该损害赔偿范围不仅包括实际损害,而且包括了可得利益,即在破产程序中,破产管理人解除未履行合同的损害赔偿范围应当赔偿债务不履行所致的损害,履行利益损失也应当赔偿。同时,持此观点的学者还主张,由于为准备履行合同而做的支出信赖利益是其获得履行利益的前提,二者不可兼得。合同相对人难以证明自己的履行利益损失时可主张赔偿信赖利益损失通常少于前者,但信赖利益损失大于履行利益损失的,管理人可主张以履行利益损失为限。

第一种观点将损害赔偿请求权范围甚至归零,否定损害赔偿请求权为破产债权的观点与各国立法实践相悖,与学界理论通说相左,过于极端的认识却未给出充足的理由,令人难以接受。破产情形毕竟不同于不可抗力,资不抵债情形的发生从某种程度上说是破产方的过错,破产管理人的合同解除权从某种程度上说也是法律赋予破产方的特权,破产方对因其过错、特权而给合同相对方造成的损害却不必承担任何赔偿责任,于情不容,于理不通。

第二种观点虽有其合理之处,但所有破产债权实际上都是破产企业的负担,但显然不能仅以"减轻破产人的负担"为由而予以否认。破产法在支持破产企业重生的同时,最主要、最重要,也是始终如一的目标还是公平保护所有债权人的利益。而为了减轻破产人的负担,却仅仅否认非破产方的可得利益赔偿请求权,既有失公平,也不利于保护非破产方的利益,如此做法恰恰违背了破产法的立法目标。可得利益"难于计算"不等于"无法计算",只是表明了举证层面的难度,不应因此否定可得利益的可受偿性。实践中操作起来其实也不困难,因为可得利益是否能够得到人民法院支持,只与原告举证能力相关,即只有非破产方可以举证的可得利益才能够得到人民法院支持。《合同法》未将损害赔偿范围与当事人举证能力相混淆,而果断地在该法第 113 条中将可得利益纳入损害赔偿范围。在《合同法》已确定可得利益可受偿性的情况下,学者还以可得利益难以计算为由使其止步于《企业破产法》,其理由则略显苍白了。

---

① 参见郑远民:《破产法律制度比较研究》,湖南大学出版社 2002 年版,第 76 ~ 77 页。

笔者赞同第三种观点中“将可得利益纳入非破产方损害赔偿请求权范围”的观点,但其信赖利益与可得利益不可兼得的观点不敢苟同。破产管理人解除未履行合同后,非破产方为准备订立及履行合同所付出的代价可能存在,而破产管理人解除合同本身也是一种合法的“违约”,即便行使的是法定解除权,对非破产方而言,也是一种失信行为,非破产方通过合同履行而可以得到的利益也是可确定的。因此,笔者认为,破产管理人选择解除未履行合同的场合,信赖利益与可得利益往往可以并存。换言之,在不发生重复填补的前提下,非破产方损害赔偿请求权的范围可以同时包括实际损害、可得利益以及信赖利益。当然,若未履行合同双方当事人在合同中对合同解除损害赔偿范围作有约定,问题则简单很多,可直接依据合同约定确定损害赔偿额。但为了避免双方当事人通过事先设置较高的损害赔偿额来制约破产管理人对合同的选择,对约定损害赔偿额的认定仍应坚持损害赔偿的补偿性,即超过非破产方实际损害、可得利益以及信赖利益之外的损害赔偿额度,法院应不予支持。

三、非破产方的违约金请求权

破产管理人选择解除合同,即意味着破产方单方拒绝继续履行合同义务,该事实往往满足了合同本身早已载有的违约金条款,非破产方就此享有违约金请求权。但违约金请求权能否作为破产债权在破产程序中受偿,理论界则有两种观点,即“完全否定说”与“部分否定说”。持“完全否定说”的学者认为,因破产程序开始之后的不履行而产生的违约金,不得为破产债权,对方当事人自不得以之为破产债权而对破产财团行使其权利,应认为其系除斥债权。而持“部分否定说”的学者则将补偿性违约金与惩罚性违约金区别看待。“如果违约金被认为是惩罚性的,那么破产人被宣告破产的情形下,仍要向对方当事人支付违约金,则等于把支付违约金的负担转嫁到破产债权人的身上,也等于惩罚了破产债权人。所以这不应当列入破产债权但如果该违约金是补偿性的,则不在此限。”就补偿性违约金而言,仅得以补偿实际损害部分的违约金数额作为破产债权额。当违约金不足以补偿实际发生的损害时,可以违约金全额以及未能补偿的实际损害赔偿额,作为破产债权额。破产管理人或债务人决定解除合同,另一方当事人因合同解除所受到的损害,请求赔偿的数额发生争议的,由宣告企业破产的人民法院裁定解决。[①] 显然,持该观点的学者多对非破产方损害赔偿请求权的范围持“实际损害赔偿说”。

“部分否定说”过于着眼理论,虽看似逻辑缜密,却在追求缜密的同时忽视了破产程序的效率价值。按照缜密的“部分否定说”,非破产方违约金请求权能否得到支持,要先判断违约金性质,若为补偿性,则需计算出非破产方损害赔偿请求权的总计额度,再与违约金数额做以比较。如果违约金数额小于损害赔偿请求额,则以违约金全额以及未能补偿的损害赔偿额作为破产债权额;如果违约金数额大于损害赔偿请求额,则以损害赔偿请求权作为破产债权。可见,无论补偿性违约金是否申报破产债权,非破产方申报破产债权总额均为其损害赔偿请求权额。既然如此,考虑补偿性违约金作为破产债权的可能性只会在得到相同结果的情况下,徒增破产债权认定程序的烦琐。因此,本文索性将补偿性违约金也排除于破产债权之外,即赞同“完全否定说”,认为因破产管理人解除合同所致的违约金请求权不得为破产债权。因此,笔者较为欣赏《关于审理企业破产案件若干问题的规定》第 55 条对此简单明了的规定,即“违约金不作为破产债权”。同理,非破产方亦不能基于定金罚则申报破产债权,我国《企业破产法(草案)》第 120 条曾规定管理人解除合同的,对方当事人已给付定金的,以定金额为限的返还请求权或对方当事人请求损害赔偿的权利作为破产债权。[②] 这种以“定金额为限的返还请求权”作为与损害赔偿请求权并列的或然选择的规定,实为蛇足,与否定补偿性违约金作为破产债权的道理相同,定金额返还请求权亦可为损害赔偿请求权所涵盖。

---

① 参见郑远民:《破产法律制度比较研究》,湖南大学出版社 2002 年版,第 76 ~ 77 页。

② 参见程春华:《破产救济研究》,法律出版社 2006 年版,第 312 页。

从不动产租赁合同的解除看破产法基本原则的司法适用

项延永*

通常认为,法律原则是众多法律规则之基础或本源的综合性、稳定性的原理和准则。它是法的精神的集中体现,在司法适用上具有解释法律和填补法律漏洞的功能。部门法的基本原则,一直以来有法律上和学理上的分类。前者是部门法中明确作出规定的基本原则,而后者是部门法没有作出明确规定,学理界经过总结后公认的原则。比如,我国 1979 年《刑法》没有基本原则的规定,但在学理界确认了几个公认的基本原则。这些公认的基本原则在司法适用中,同样具有解释法律和填补法律漏洞的功能。而我国《企业破产法》在形式上缺乏基本原则的条款规定,这给我国破产审判实践的开展造成一定困难。破产审判实践出现的一些争议,破产法中没有具体的规则,或者适用规则可能会产生不公正后果的,只能借助于学理上的基本原则进行填补和解释。这在破产法审判中是非常有必要的。本文以笔者经办的一起破产重整案件作为分析问题的线索,对破产法基本原则的司法适用谈一些粗浅的看法。

* 浙江省玉环市人民法院副院长。

一、基于探讨的一起典型案例

2014 年 7 月某酒店向法院申请破产重整。该酒店于 2012 年 12 月试营业,次年4 月正式营业。酒店主要的资产为产权独立的 A、B 两幢大楼(各 27 层),共 10 万平方米,市场价约 9 亿元。酒店债务共 17 亿元,涉及债权人人数 300 人,其中欠某一银行抵押债权近 5 亿元(以 A、B 两幢大楼为抵押物,2013 年 11 月订立抵押借款合同),上述债务主要是用于大楼建造和装修,以及支付高额的民间借贷利息(债务人的法定代表人因此而涉嫌非法集资罪被逮捕)。2012 年 10 月李某与酒店订立租赁合同,李某承租酒店 B 幢大楼,租赁期限为 20 年,租金共 6000 万元,租赁物交接后立即付清全部租金。租赁合同成立后不久,李某付清全部租金,并于 2013 年 7 月开始经营 B 幢楼(A 幢楼,由债务人经营酒店)。另外,李某与酒店多次发生借款的债权债务关系,据不完全统计,自 2012 年 7 月开始至 2013 年 12 月,李某分 42 次借给酒店的款项达 9000 万元。酒店向上述银行借得款项后用来偿还李某借款的达 1 亿元左右,至法院受理破产重整时,酒店已经基本上还清李某的借款本息,其中 7000 万元系法院受理破产前 6 个月内清偿,管理人已经提起个别清偿撤销诉讼,并经法院判决生效。2014 年 9 月 11 日管理人向李某发送了解除合同通知书,要求解除房屋租赁合同。李某收到解除通知后,于同年 9 月 28 日提出书面异议,认为自己已经足额履行租金义务,根据我国《企业破产法》第 18 条规定,管理人不得提出解除合同,其要求继续履行合同。同时,李某根据管理人的提议,向管理人提出合同解除后的损害赔偿债权的申报。李某明确表明,如果合同解除后的损害赔偿满足其要求的,其同意解除合同,否则不同意解除。后来,李某与管理人就合同解除后的赔偿问题多次进行协商未果。李某主张的损害赔偿债权金额为 2 亿元,其中共益债权为 1.1 亿元,普通债权 9000 万元,而管理人同意的金额为 1 亿元,其中共益债权 8500 万元,普通债权 1500 万元,并向李某发送了债权确认单,李某不同意。为此,李某于 2017 年 2 月向法院提起诉讼,基于租赁合同没有解除的情况下,要求法院确认李某对酒店的债权为零。管理人认为,本案具有特殊性,如不解除租赁合同,本案重整根本无法进行,请求法院驳回李某的诉讼请求。

法院认为,本案原、被告的争议焦点在于,原告、被告双方的租赁合同是否依法解除?根据我国《企业破产法》第18条规定,人民法院受理破产申请后,管理人对破产申请受理前成立的而债务人和对方当事人均未履行完毕的合同有权决定解除或者继续履行,并通知对方当事人。本案的租赁合同在破产申请受理前成立,李某作为承租方也已经履行了租赁合同的主给付义务。但此并不意味着绝对禁止管理人解除该合同。法律应当允许管理人根据案件的特殊情况以及我国企业破产法的基本原则等提出解除合同,以公平保护各债权人的合法权益。法院认为,原、被告双方的租赁合同应当解除,故驳回原告李某的诉讼请求。判决后,李某未提出上诉,并与管理人达成了合同解除后的损害赔偿协议。

本案依照我国《企业破产法》第18条的规则规定,管理人无权提出解除合同。正如有学者提出的那样,"在破产程序中,原则上应当尊重合同法等非破产法给予租赁合同的特殊保护,限制管理人对未到期租赁合同的选择履行权,尤其是对出租人的解除权加以限制。当出租人破产时,对管理人的合同解除权加以限制,严格限定解除合同的条件以防其滥用解除权损害合同相对人的利益。如果承租人选择继续履行未到期租赁合同,管理人应对其租赁权给予尊重,并且在变价出售租赁物时适用买卖不破租赁的规则和优先购买权的规定。"①但是法院作出上述判决的理由就在于适用破产法的基本原则。法院并不回避我国《企业破产法》第18条的规定,而是提出本案不能适用该规则,因为本案具有特殊性,如适用该规则就会产生非常不正义的后果。所以,该案涉及破产法的基本原则在破产实践中如何适用问题。

二、我国企业破产法基本原则的简单梳理

众所周知,我国企业破产法缺乏基本原则的规定。故在学界对于破产法基本原则的认知,并未统一。有学者认为,尊重非破产法规范、破产债权平等、债权人自治与集体清偿原则是贯穿破产法始终的基本原则。② 又有学者认为,我国企业破产法的基本原则为:债权人利益至上原则、破产程序司法独立原则、破产有限免责原则、破产债权的最低清偿原则。持这种观点的学者又认为,债权人利益

---

① 王欣新、乔博娟:《论破产程序中未到期不动产租赁合同的处理方式》,载《法学杂志》2015年第3期。

② 参见许德风:《破产法基本原则再认识》,载《法学》2009年第8期。

至上原则,包含了债权人公平受偿、破产债权保障、债权人自治三个方面。[①] 有学者认为,破产法的基本原则为债权人公平受偿原则、破产债权保障原则、破产与拯救相结合原则、破产救济原则、破产程序保障原则、破产的司法干预原则、破产豁免原则。[②]

笔者认为,部门法的基本原则应当贯穿于该部门法始终,以体现该法的基本价值,集中反映该法目的和方针,对该法项下的各项制度和规则起着统率和指导作用,同时要与法律适用总的基本原则予以区分,以体现部门法的个性特征。故破产法的基本原则,也应当具这样的功能和条件。破产程序司法独立原则,是所有法律适用的原则,故不适宜作为破产部门法的基本原则;破产有限免责原则、破产债权的最低清偿原则,仅仅是破产财产分配中具体规则,难当贯穿破产法始终的大任,故也不适宜作为基本原则。所以,笔者认为,我国企业破产法的基本原则应当为:尊重非破产法规范、债权人利益至上、集体清偿原则。

(一)尊重非破产法规范

破产法总体上来说是程序法,是执行程序的特别法。这从我国《企业破产法》第4条规定,"破产案件审理程序,本法没有规定的,适用民事诉讼法的有关规定"中得到印证。但在破产程序过程中,许多问题的争议离不开其他法律规范。因为法院在处理案件时,程序法往往"徒法不足以自行",必须以实体法作为支撑。最为典型的是,破产债权的确认必须依赖实体法,法院不可能依破产法对破产债权进行确认。这一原则就要求法院在处理破产案件时,破产法没有具体规定的,应当遵循其他法律规范的规定。遵循这一基本原则的理由在于这些其他法律规范是各个商事主体进行市场竞争的基本规则,如果允许进入破产事实可以让债务人或破产人脱离这些规则,无疑是颠覆商事主体进行市场竞争的基础,会诱使更多的企业不当地利用破产,这显然为法律所不许。正如美国学者托马斯·H.杰克逊所言,破产法是以责任承担或权利实现为目的的规则集合,责任或权利的基础只能在非破产法规范中寻找,破产法不应当、事实上也不可能自行

---

① 参见李丰辰:《浅谈我国新破产法及其基本原则》,载《法制与社会》2014年第3期。

② 参见齐树洁:《破产法研究》,厦门大学出版社2005年版,第62~97页。因此著作在我国2006年《企业破产法》颁布前出版,故本文未作具体检讨。

创设。[①] 这一原则贯穿破产法始终,无论是哪个环节均要遵循这一原则。法院在处理破产案件时,涉及其他法律,尤其是实体法规范方面,破产法没有特别规定的,应当予以遵守。比如,破产债权数额及其性质认定,必须遵循的实体性规范。担保物权是否成立?保证合同是否成立?民间借贷债权利息的认定等,均按照实体法的规范进行认定。所以,这一原则应当成为破产法的基本原则。需要特别指出的是,一般来说,部门法的基本原则会在具体规则中得到体现,而我国《企业破产法》中没有体现这一基本原则的具体规则,它是属于法院处理破产案件适用法律时应当遵守的原则,是显而易见的基本准则,正如民事诉讼法没有规定人民法院裁判案件时,应当适用实体法是一样的道理。

(二)债权人利益至上原则

符合破产条件的企业,如1990年诺贝尔经济学奖获得者米勒的领奖致辞所说:"严格按照金融学原理,在企业无力还债时,应当认为企业股东已经丧失了对企业的权益,从而其所有者资格也失去了存在的基础,取而代之,企业的债权人应成为新的企业控制人。这样的安排既符合公司制度原理,又更具效率,因为相比较而言,债权人比股东有更大动力选择最有助于实现企业价值的破产解决方案。"[②]同时,破产程序本质上属于执行程序规范,其目的在于确保所有债权人的利益之平等和均衡。所以,破产程序中债权人利益至上原则应当得到尊重。债权人利益至上原则,并不表明法院处理企业破产案件完全考虑债权人的利益,而对债务人利益、社会利益全然不顾。我国《企业破产法》第1条规定的破产法目的是,"为规范企业破产程序,公平清理债权债务,保护债权人和债务人的合法权益,维护社会主义市场经济",显然也并非单纯的保护债权人的利益。债权人利益至上原则实际上包含了破产债权平等、破产债权保障、债权人自治三个方面。

1. 破产债权平等原则。破产债权平等原则被认为是破产法的"起始规则"或"任何破产法都必须遵守的最高准则"。[③] 破产债权平等原则并非指所有的债权

---

① See Thomas H. Jackson, "Bankruptcy, Non-Bankruptcy Entitlements, and the Creditors' Bargain", 91 *Yale L. J.* 857, 1982. 转引自许德风:《破产法基本原则再认识》,载《法学》2009年第8期。

② See Merton H. Miller, "Leverage", 46 *The Journal of Finance* 479, 1991, p. 484. 转引自李丰辰:《浅谈我国新破产法及其基本原则》,载《法制与社会》2014年第3期。

③ 许德风:《破产法基本原则再认识》,载《法学》2009年第8期。

均平等，而是同类破产债权平等地行使、享受权利，承担义务。其主要包括三方面内容：一是排除单个债权人谋求个别强制执行的权利，强调同类债权人的受偿比例应相同。我国《企业破产法》第16条禁止债务人在破产受理后清偿个别债权的规定，第19条禁止个别债权人在破产受理后单独申请强制执行的规定，第113条第1款第3项、第2款关于普通债权平等、按比例受偿的规定，均体现了债权平等原则。二是破产债权平等原则并不意味着所有破产债权都应当受到平等对待，实际上平等的本意就在于"相同的相同对待，不同的不同对待"。三是破产债权平等原则不得通过合同加以排除。①

2. 破产债权保障原则。破产债权保障有三层含义：一是合法的债权应当得到管理人的确认。管理人应当依法履行职责确认破产债权。二是在破产程序中，债权人的破产债权是作为一个整体保护。在破产程序进程中，破产法时刻保障破产债权为己任，管理人之成立，债权人会议制度之安排，法院对破产程序的干预等无不围绕着保障破产债权的目的而存在。三是在破产程序中法院、管理人应当着力保护全体债权的债权利益。尤其是强制批准破产重整计划草案时，应当以债权人利益至上作为评判标准，对此我国《企业破产法》第87条第2款有明确规定。

3. 债权人自治原则。债权人自治原则是指债权人通过债权人会议对破产程序中的相关问题进行讨论和决定，以维护债权人的利益。正如上文米勒提出的一样，企业符合破产条件的情况下，在投资者责任有限的背景下，企业的全部财产将用来清偿债务，故债权人往往比股东更会关注这个企业的存亡及经营状况。债权人自治原则基于"权利人是自己权利最好守护者的假定"，即债权人对破产程序进程、管理人的选任、重大事项的决定、破产债权确认与决定破产财产的变价、分配等享有决策的权利。我国《企业破产法》第112条规定，变价出售破产财产应当通过拍卖进行。但是，债权人会议另有决议的除外。这完全体现了债权人自治原则。该原则表明，企业破产法具体规则中没有作禁止性规定的，只要大部分的债权人有共同要求，法院应当尊重多数债权人的意见。我国《企业破产法》规定债务人或管理人应当自人民法院裁定债务人重整之日起6个月内向人民法院和债权人会议提交重整计划草案，有正当理由的，人民法院可以裁定延期

① 许德风：《破产法基本原则再认识》，载《法学》2009年第8期。

3 个月。债务人或管理人未按期提出重整计划草案的,人民法院应当裁定终止重整程序,并宣告债务人破产。在破产实践中,大部分的破产案件在法院裁定债务人重整之日起 9 个月内难以提交重整计划草案。但是,由于企业重整成功有利于提升企业的价值,提高普通债权的清偿率是显而易见的,故实践中,债权人往往不同意法院裁定宣告债务人破产清算,同意管理或债务人延期提交重整计划草案。这样的情况下,只要法院处理债务人破产重整期间并不扩大损害的,根据债权人自治原则,法院应当同意准许债权人的意见。

(三)集体清偿原则

当债务人无法以其财产偿还全部债务时,必须保证其诚信地以现有财产公平地对待每一个债权人。这就需要债务人与全体债权人达成清理债权债务的集体协议。如果法律不加干预,这种集体协议很难实现。即使有可能实现,债务人与每个债权人逐一谈判的成本也会非常高昂。为了解决上述问题,破产法贯彻集体清偿原则,通过在程序中限制债权人个别地行使权利以及债务人私自处分财产,保证债务人公平地清偿每一个债权,从而实现债权人整体利益的最大化。此原则使破产程序能够最大限度地调和利益相关人之间的利益冲突,保障社会经济秩序的稳定。① 所以,为了保护债务人财产的整体价值和债权人的整体受偿,对债权人的自力救济和强制执行权以及债务人优先清偿个别债权人的行为加以限制。② 前者如我国破产法中的破产中止制度,我国《企业破产法》第 19 条规定了执行程序中止,第 20 条规定了诉讼中止制度。后者如我国《企业破产法》第31 条、第 32 条规定的破产撤销制度,允许通过破产撤销的方式取回破产财产。

集体清偿原则更深一层次的含义在于每个债权人均在债权人这一整体中行使权利,遵守少数服从多数的原则。比如,关于重整计划草案通过,我国《企业破产法》的规定是出席会议的同一表决组的债权人过半数同意,并且代表的债权额占该组债权总额的 2/3 以上。并且,重整程序中的重整计划在某组债权人通不过的,而其他债权人组已经通过的情况下,法院可以裁定强行批准重整计划草案。

---

① 参见刘颖:《论破产法中的债权人最大利益原则——兼析〈企业破产法〉第 87 条第 2 款》,载《甘肃政法学院学报》2014 年第 2 期。

② 参见许德风:《破产法基本原则再认识》,载《法学》2009 年第 8 期。

三、破产法基本原则的适用方法

法律原则的适用总是与法律规则发生联系,因为法律规则适用是法律适用的基本准则。破产法基本原则的适用也同破产法规则发生联系,换言之,只有当破产法具体规则适用中产生问题时,才会考虑法律原则的适用,此问题可归结于规则的缺漏即法律漏洞的存在,或规则的不正义。概言之,此就是法律原则与规则存在冲突,法律漏洞可以称为“空白规则”;个案中适用规则产生不正义的,可称为“不良规则”。需要注意的是,如果规则与原则的冲突属于异位阶的冲突,则可以“上位规范优先下位规范”的原则加以解决,如属于同位阶的冲突,则可以“新法优于旧法”或“特别法优于普通法”的原则加以解决。

(一)破产法律漏洞背景下基本原则的适用

制定法规范的高度概括性往往难以涵盖丰富复杂的生活事实,即使最为完备的法律体系,也会存在漏洞。这就是法律漏洞,简要地说,“关于某一个法律问题,法律依其内在目的及规范计划,应有所规定,而未设规定”。① 这种情形下,法官就要基于立法者的立场进行裁判,即有可能会存在所谓的“法官造法”问题。不可否认的是,法官不能因为有法律漏洞而拒绝裁判,法官不得拒绝裁判是司法的基本准则。所以,法官必须要“造”出法律进行裁判,这是法官的职责所在。但是,法官不得滥用自由裁量权任意造法,而是根据部门法的基本原则进行“造法”裁判。“法律人的任务就是设法弥补漏洞。法律补漏的方法很多,比如引入更多的法源,采用限制或扩充解释、价值衡量,法律论证等,但是在很多常规案件中,法律原则发挥着重要作用。法律原则因其只是对事物或行为一般性规定,因而其应用没有附带太多的条件。”②通过法律原则补充法律漏洞,往往存在两个阶段:一是基于法官的经验与直觉经过对可能预测的裁判结果进行法益衡量并权衡利弊得失,得出案件的裁判结果。二是基于通过原则的解释,将裁判结果进行合理、合法化的论证。③ 即必须符合能将其中的价值判断加以正当化的规范性要求。

① 王泽鉴:《民法总则》,中国政法大学出版社2001年版,第63页。
② 陈金钊:《作为方法的法律原则》,载《苏州大学学报》(哲学社会科学版)2004年第6期。
③ 参见李传先:《法律原则的适用方式及方法》,载《前沿》2009年第1期。

我国《企业破产法》对债权人会议的方式没有作出明确的规定。在破产实践中,债权人第一次会议,债权人比较关注都愿意参加会议,而对于第二次、第三次债权人会议,很多债权人会向管理人提出要求以函寄的方式进行表决。即管理人将要表决的重大事项书面函寄给债权人,由债权人对该重大事项进行书面答复。这种函寄的表决方式,只要多数债权人同意的,根据债权人自治的基本原则,就应当得到准许。笔者审理的一起破产清算案件中,管理人对主要破产财产的变价方案要召开债权人会议,由于临近春节,"春运繁忙",债委会决定要求管理人以函寄的方式表决该事项。这种债权人会议的方式,得到了绝大部分债权人的同意,最后管理人以函寄的方式进行表决,解决债权人旅途奔波这一难题。我国《企业破产法》第 84 条第 3 款规定,债务人或者管理人应当向债权人会议就重整计划草案作出说明,并回答询问。这一规定看起来,债权人会议对破产重整计划草案的表决似乎不能采取函寄方式。而实际上,法院只要经得债委会同意,可以采取函寄与开会相结合的方式。笔者在处理一起破产重整案件时,管理人提交的重整计划草案函寄给全体债权人,同时也确定召开债权人会议的时间和地点,债权人可以选择不参加债权人会议,通过书面表决的方式进行;债权人也可以参加债权人会议,听取管理人对重整计划草案的说明,并询问管理人。这种灵活的方式,得到绝大部分债权人同意。后来,债权人会议开会时,1/3 债权人到场,2/3 的债权人通过书面进行表决。

(二)适用法律规则可能产生不正义的情形

立法者立法时,大多考虑通常情形,而往往未虑及特例。特殊情形的存在如适用法律规则可能会产生非常不正义的结果。比如,最为典型的是美国的"帕尔默案",帕尔默为继承遗产而杀死被继承人的祖父,此情形下,按美国的法律规则帕尔默仍享有继承权,但显然会产生非常不正义的结果,明显违反了"任何人不能从自身的非法行为中获取利益"这一法律原则。这种情形属于法律规则与原则发生冲突。基于法的安定性要求,法官裁判案件,一般情况应适用规则,而原则的优先适用则需要具备较为严格的条件。适用主要的方式就应该是通过原则为规则创制一种例外。当然,在规则与原则冲突的情形下,判断主体也并不能随意地通过原则为规则创制例外,质言之,通过原则为规则创制必须满足特殊的要求。法官须承担例外情形下的论证义务。① 当越过法律规则适用法律原则,其方式为:一是剖析个案的特殊性。指出法律规则仅适用一般性情形,而法官在处理的个案却有特殊性,如适用法律规则会产生不正义的结果。二是法官的充分论证。这是适用法律原则关键点,尤其是强调裁判文书说理的今天,充分论证具有非常积极的意义。这实际是法官向当事人表明,适用法律规则会产生不正义,而适用法律原则能产生正义的结果。

适用破产法的法律规则可能产生不正义的结果在我国破产实践中经常遇到。比如,我国《企业破产法》第 32 条规定,"人民法院受理破产申请前六个月内,债务人有本法第二条第一款规定的情形,仍对个别债权人进行清偿的,管理人有权请求人民法院予以撤销。但是,个别清偿使债务人财产受益的除外。"按此规定,除个别清偿使债务人财产受益外,只要发生破产受理前 6 个月的个别清偿,管理人均可以行使撤销权。但在破产实践中会出现下列两种特殊情形:一是法院破产受理前 6 个月内设立债务,又在破产前 6 个月内清偿的;二是破产受理前 6 个月内清偿债务后,债权人与债务人在破产受理前 6 个月内又重新设立了债务。② 这在银行债权中非常普遍。因为银行债权期限一般是 6 个月或 1 年,期限届满后债务人清偿债务,债务人清偿后,银行又重新贷款给债务人。上述两种情形管理人能否行使撤销权呢?如果严格适用我国《企业破产法》第 32 条规定,管理人也可以行使撤销权。可这样的结果显然是不正义的。如果把债务人的财产视为"公共池塘"的话,集体清偿原则要求这个"公共池塘"的鱼不能人为地被他人掠夺,从而影响全体债权人的利益。而上述两种情形,根据集体清偿原则,"公共池塘"中的鱼没有被人为地减损,对债权人的利益不构成损害,不属于债务人偏颇清偿以损害其他债权人的利益,故管理人不能行使个别清偿撤销权。

---

① 参见林来梵、张卓明:《论法律原则的司法适用——从规范性法学方法论角度的一个分析》,载《中国法学》2006 年第 2 期。

② 这种个别清偿,有些法官以使债务人的财产受益为由,判决不支持管理人的诉讼请求。

四、从不动产租赁合同的解除看破产法基本原则的司法适用

(一)法律规则适用产生的不正义结果

本案是管理人在破产程序中对未到期合同提出的合同解除。其法律规则是我国《企业破产法》第18条规定:"人民法院受理破产申请后,管理人对破产申请受理前成立而债务人和对方当事人均未履行完毕的合同有权决定解除或者继续履行,并通知对方当事人。"这是一条待履行合同管理人有解除权的规则。待履行合同,是指在破产程序开始前成立,债务人和对方当事人对合同给付义务均未履行完毕的合同。① 根据对这一条文的相反解释,如果破产受理前成立而对方当事人已经履行完毕的合同,管理人无权决定解除。这一解释应当没有任何的问题。所以,从法律原则适用的层面分析,本案应当适用《企业破产法》第18条规定,判决租赁合同不能解除,20年的租赁合同应当予以维持。但是,其结果是,不但企业重整的可能性几乎为零,因重整投资方不可能接受租赁期限到2033年5月的资产,而且其他普通债权人的债权得不到清偿,因受买卖不破租赁规则的限制,20年租金一次性付清的房产,其变现的能力极其微弱,谁也不会去花巨额资金去购买16年以后才能够使用的房地产。债务人A幢大楼的变价仅能满足抵押权人,而其他普通债权人的债权几乎全军覆灭。在债务人有财产的情况下,这种处理方式显然是不合理的,违反了破产债权保障的基本原则。

(二)通过原则为规则创制例外

为规则创制例外的目的就是揭示本案的特殊性,这是适用原则的前提条件。如无例外,法官应当适用法律规则。这是法律适用的基本要求。本案特殊性在于:(1)其他债权人人数众多,债权数额大;(2)债务人主要资产是租赁合同的标的物,租赁标的物不变现,其他普通债权人的债权得不到保护;(3)租赁合同内容的特殊性,其存在较大的商业风险。20年的租赁期限,且6000万元的租金一次

① 参见王欣新、乔博娟:《论破产程序中未到期不动产租赁合同的处理方式》,载《法学杂志》2015年第3期。

性付清，这种经营方式最大的风险就在于一旦出租人出现债务危机，承租人李某因20年的租赁期限而高枕无忧，而债务人的其他债权人将面临很大的债务风险，因买卖不破租赁规则而仍维持租赁效力，租赁物的变现能力极其微弱；(4)承租人李某对债务人的负债情况应为明知。李某在租赁合同订立前多次借钱给债务人，其对债务人对外大量举债用于酒店建设应为明知。所以，上述特殊性表明李某与债务人订立租赁合同时就让被告人的其他债权人陷入巨大的债务风险中，而李某对此风险又是明知的。换言之，这份租赁合同对债务人的其他债权人，尤其是债权成立早于租赁合同成立的债权人而言，是极其不公平的。所以，适用《企业破产法》第18条规定，判决管理人不能解除合同，将不利于保护其他所有的债权人利益。

（三）法官的充分论证

法律规则存在的情况下，法官适用法律原则作出相反的判决，必须进行充分的论证。"在一般情况下，规则可以对案件做出确定的论断，从这个意义上说，规则是一个历史性的存在，但规则也可通过原则而制造一个例外，这时就要求对这种例外负担论证义务，这就如要偏离判决先例一般。"①这个充分论证当然包括对案件特殊性和适用法律规则会产生不正义结果的预判。更为重要的是要引入法律原则的适用。这一案件涉及破产法基本原则的破产债权平等原则和破产债权保障原则的适用。

从破产债权平等原则来看。李某与其他债权人均为债权人地位。本案租赁合同是否解除明显存在李某与其他债权人的利益冲突。如果租赁合同不解除，绝大部分的其他债权人的利益要到16年后才能得到保护，债权人与债务人之间的债务纠纷长期搁置，或者仅能得到几乎为零的清偿，而李某却能得到完全的保护。如果解除租赁合同，其他债权人的利益能够得到一定程度的保护，并且及时化解债务人与其他债权人的债务纠纷。当然，法院同时也指出，一味追求破产价值的最大化，损害李某一个人的利益从而成就多数人的利益，也是不正义的。李某因合同解除而产生的损害赔偿之债权，必须进行合法合理的确定，以不损害李某的合法权益为限。租赁期限未到期的租金返还、装修物价值的确认等，通过共

---

① 林来梵、张卓明：《论法律原则的司法适用——从规范性法学方法论角度的一个分析》，载《中国法学》2006年第2期。

益债务、取回权的路径赋予李某以优先债权,从而使李某因租赁合同解除而造成的损失得以足额的弥补。

从破产债权的保障来看,本案租赁合同不解除,其企业难以实现重整。因为李某承租 B 幢大楼期限维持到 16 年后,重整投资方的重整如涵盖两幢大楼,其在 16 年内仅可经营 A 幢楼,用两幢大楼的资金,仅经营一幢大楼显然不划算,重整方参与投资重整的可能几乎没有。如果重整投资方仅重整 A 楼,该重整资金仅能清偿抵押债权,其他普通债权人绝不会同意此重整计划草案。所以,本案租赁合同是否解除是债务人破产重整是否成功的关键所在。而企业破产重整一个重要目的是避免企业进入破产清算程序后,普通债权受偿率降低。所以,解除租赁合同显然有助于破产债权的保障。

涉国有土地上非商品房项目风险防化路径探究

孔　政[*]　唐慧农[**]　祝继萍[***]

房地产业融资度高、综合性强，是带动社会经济发展的强劲动力，也与居民生产生活息息相关。近年来，房价不断攀升，部分企业将科研、办公、工业等非商品房项目比照商品房、单身公寓或商铺建造并分割“销售”，购买者或为规避调控政策或为低房价诱惑，购买或长期租赁此类房屋，但因无法取得房屋所有权证等权属证书，客观上引发许多诉讼纠纷。实务中，部分非商品房项目因资金链断裂而导致项目“烂尾”，项目公司破产，从而进一步暴露出了购买者与项目开发公司之间的矛盾纠纷。本文选取杭州市余杭人民法院（以下简称余杭法院）审理的两件涉国有土地上非商品房项目破产案件为样本，探讨在破产程序中购买者的权益保障问题，提出要彻底消除国有土地上非商品房项目分割转让给购买者、社会经济秩序所带来的创伤，既依赖于问题爆发后的司法处置，更依赖于问题出现前的立法规制和行政监管。

* 杭州市余杭区人民法院常务副院长。

** 杭州市余杭区人民法院民二庭庭长。

*** 杭州市余杭区人民法院民三庭（破产审判庭）法官助理。

一、国有土地上非商品房项目之概况

(一)基本概念及特点

根据《城市用地分类与规划建设用地标准》,按照房屋性质的不同,城市建设用地可以分为居住用地、公共服务用地(办公、科研等)、商业用地、工业用地等类型。若同一宗包含两种或两种以上不同用途的土地,则被称为综合用地。不同类型的土地在规划用途、土地出让金、土地使用年限等方面存在很大差别。国有土地上非商品房,也被称为非住宅项目,是指在居住用地之外的商业、工业、公共服务等国有土地上合法建造的房屋。此类房屋主要具有以下特点:一是享受诸多优惠政策,受让土地的价格低于商品房项目;二是通常只能以幢或层为单位登记,而不能以套(间、单元)等为单位登记;三是根据相关政策,项目应当严格按照规划用途组织设计、开发建设及使用,土地出让合同中未明确约定可分割转让(销售)、办证或未经相关批准的,不得分割转让(销售),也不得采取以租代售等方式销售,不得超过国家规定的租赁期限进行出租。

(二)违规租售的成因分析

根据相关法律规定,房地产开发销售应具备"五证",[①]但部分建设开发公司在非法利益的驱使下,在规划、建设、广告、销售等诸多环节存在违法违规行为,如在未取得《建设工程规划许可证》《建筑工程施工许可证》的情况下施工建设;擅自改变土地性质,将非商品房项目按照住宅或酒店式公寓性质进行包装,对外进行小面积分割租售;广告宣传中采用带有公寓、家园等含有住宅性质的名称,暗示该项目具有居住功能等。

近年来,此类现象屡禁不止的原因是多方面的:一是法律法规的滞后性,目前我国房地产行业的法律法规体系已初步形成,但包括《土地管理法》《城乡规划法》《建筑法》在内的相关法律法规颁布时间较早,滞后于房地产行业的迅猛发展,无法涵盖房地产审判实践中遇到的新情况、新问题,对许多市场行为缺乏相应的指引规范作用;二是行政监管的不到位,土地的出让、规划,房产的建设、销

---

① 所谓"五证",即《国有土地使用证》《建设用地规划许可证》《建设工程规划许可证》《建设工程施工许可证》《商品房销售(预售)许可证》。

售等各个环节都应有相应的行政监管,严禁分割转让或分割转让受限的商业、办公用地被住宅化、商铺化建设并销售,但实践中国土、规划、建设、房管、城管、消防、工商等部门在相应环节存在监管缺位问题;三是司法导向的不明朗,目前主流的司法裁判观点是从未违反法律法规效力性强制性规定和鼓励交易的角度认定非商品房分割转让合同有效,这让许多购买或租赁此类房产的业主(以下简称购买者或"业主"债权人,区别于消费者购房户)乃至整个市场误认为合同既然有效,则可办理相应的过户手续;四是市场各方的利益驱使,在房价非理性上涨,调控政策"十年九调"的大背景下,建设开发公司意图通过非商品房项目分割销售快速回笼资金,获得高额回报,而购买者多数为刚性需求,低价是最大的诱惑,当然也有少数投资者为规避调控政策而购买。

(三)项目风险

建设开发公司以低成本获得非商品房项目用地,开发建设后再通过分割转让可获得高额利润,购买者以更低的价格实现了与购买商品房无异的目的,其住房需求得以满足,似乎是个"双赢"的局面,但背后隐含极大风险。对购买者而言,其所面临的办证风险、处置变现风险、维权风险和政策风险却不容小觑。由于土地和相关政策限制,购买者无法单独办理产权证,无法取得房屋所有权,后续的房产处置变现将受限;由于无法办理过户登记,该类房屋被建设开发公司抵押或"一屋二卖"的风险无法避免;若出现房屋质量问题、公共设施维护问题,购买者将无法按照商品房的相关规定进行维权;此外,住宅用电、用水标准和教育资源配置对购买者而言亦无法正常享受。对项目建设开发公司而言,我国实行土地用途管制制度,擅自改变土地用途、变更规划条件、无证施工建设,将面临补缴土地出让金、警告、罚款、土地使用权被无偿收回、违章建筑被拆除,以及没收非法所得等风险。此外,因无法按约交房、违反土地出让合同的约定,项目建设开发公司还需承担相应的违约责任。

二、涉国有土地上非商品房项目之破产案件及特点

(一)项目危机——破产

近年来,余杭区发现多起违规转让(销售)或以租代售项目,如中友公司开发

的乔司商城项目,土地用途为商业用地,出让合同约定该地块须整体经营,土地、房产不得分割转让、销售,但中友公司采用预租模式对外分割租赁,涉及租赁户2700余户;亿丰公司开发的上亿广场项目,土地用途为商业(市场)居住混合用地,出让合同约定允许项目进度达到预售条件后将市场部分的30%分割出让并预售,剩余70%的市场部分在该市场开业后5年内不得分割转让,但实际上违规租售情况普遍,另有现代食品市场项目、八方城项目、农业经济总部大厦、西溪派商务办公中心项目等类似项目。上述国有土地上非商品房项目的违规租售行为,不可避免引发购买者与建设开发公司之间的诉讼纠纷,过去我们多从诉讼案件角度探讨相应法律风险,然而,当企业进入破产程序,矛盾与冲突集中爆发,项目危机的化解更为棘手。2014年以来,余杭法院已受理两件涉国有土地上非商品房项目的企业破产案件。

1. 子鑫公司破产清算案

杭州子鑫投资管理有限公司于2007年4月成立,公司注册资本1150万美元。其于2008年3月拍得余政(2008)08号地块的土地使用权,并取得该宗地的商业金融用地规划许可证,该地块立项名称为农业经济总部大厦,规划是由一幢五星级酒店及周边三幢四层商业裙楼组成的建筑群,用地面积47.71亩,总建筑面积91,000余平方米。出让合同对分割转让未作约定。2009年2月,杭州子鑫投资管理有限公司更名为杭州子鑫房地产开发有限公司(以下简称子鑫公司)。项目启动后,子鑫公司在未取得房产开发等级资质的情况下从事房地产经营活动,违规销售所谓的商铺、酒店式公寓等,涉及880余名购买者。另外,子鑫公司于2011年10月资金链断裂,工程建设停滞,项目仅主体完工,外墙、内部装潢及市政管网等工程处于未建或未完工状态。2014年8月14日,余杭法院裁定受理子鑫公司破产清算案,并于2016年11月14日裁定宣告子鑫公司破产。

2. 豪立公司破产清算案

杭州豪立实业有限公司(以下简称豪立公司)于2009年11月注册成立,注册资本1.3亿元。其于2009年11月受让位于余杭区五常街道文一村、五常村宗地(南地块),宗地用途为综合(总部办公大楼及研发中心)用地;于2010年3月受让位于五常创意产业园的编号为挂出(2010)20号宗地(北地块),宗地用途为商业办公用地。合同约定地块上商业建筑面积不得大于地上总建筑面积的10%,但对分割转让条件未作限制。豪立公司名下的西溪派商务办公中心项目就是在上述南北地块上施工建设,项目在开发过程中存在"以租代售"情形,涉及600多户承租户。另外,豪立公司进入破产程序前,南地块的1号楼至5号楼主体结构已完工,北地块的6号楼至10号楼完成20%地上一二层建筑结构。2015年2月25日余杭法院裁定受理豪立公司破产清算案,并于2015年9月10日裁定宣告豪立公司破产。2016年11月23日豪立公司名下的西溪派商务办公中心项目通过淘宝网拍卖平台以5.79亿元拍卖成交,溢价1100万元。

(二)涉非商品房项目的破产案件审理难点

分析余杭法院已受理的两起涉非商品房项目的破产案件,主要存在以下审理难点。

一是群体性特征明显,维稳压力大。此类项目进入破产程序后,所涉合同被管理人通知解除,庞大的"业主"债权人往往会"抱团取暖",合力增加维权筹码。"业主"债权人的诉求通常分为两类:一类为坚持要房,既不诉讼也不申报债权,多采用上访、闹访等形式"维权",矛盾尖锐且易激化,对抗性强;另一类则是主张债权的优先性,其向管理人申报债权,但认为其债权优先于建设工程价款和抵押债权而受偿,此类债权人通常会与管理人先行协商,协商不成的也会采用非理性方式争取利益。上述矛盾纠纷的处理难度极大,许多"业主"债权人希望通过向政府、法院、管理人施压以转嫁市场风险,尤其是在"法不责众"的传统思想影响下,极易引发群体性事件。

二是破产财产处置难度大,周期长。破产实践中,当非商品房项目遭遇"烂尾",处置方式主要有两种:一种是通过引入战略投资者完成项目的复工续建,另一种是将在建工程项目整体出售,无论是何种处置方式,难度都较大。一是项目本身存在用地及销售不规范等历史遗留问题,项目负债规模大、牵涉债权人人数众多,资产处置面临来自"业主"债权人、抵押权人、建设工程承包人等多方压力;二是资产体量大,以子鑫公司、豪立公司为例,子鑫公司的资产体量逾2亿元,豪立公司的资产体量更是近6亿元,且难以分割,这让许多投资者望而却步;三是税费负担重,目前立法并未将破产企业与正常企业作区分纳税,处置破产财产,管理人与买受人仍需向税务机关申报纳税,这也降低了许多意向投资者的购买意愿;四是后期盈利增长点难以预计,在经济形势低迷,尤其是地产项目下行的背景下,此类大型项目的发展前景多不被看好。

三是法律关系错综复杂。子鑫公司、豪立公司涉诉案件类型复杂多样,主要有房屋买卖合同纠纷、租赁合同纠纷、商品房预售合同纠纷、买卖合同纠纷、建设工程施工合同纠纷、追索劳动报酬纠纷、民间借贷纠纷等,大量的诉讼案件折射出交织于项目之上复杂的法律问题,主要包括在项目开发赢利前景看空后建设开发公司改变用地性质及规划,偷工减料施工、延迟施工甚至停工;为尽快回笼资金,对非住宅项目进行分割,在未取得预售许可证的情况下对外转让或租赁;银行贷款收紧后,企业过度依赖民间资本,高额的融资成本加速了企业资金链断裂,许多民间借贷纠纷通过"以房抵债"形式转化为房屋买卖合同纠纷;违规项目的背后不讲诚信、漠视法律的企业经营者存在挪用资金、非法集资等刑事犯罪;此外,还有公司股东与股东之间的矛盾纠纷,公司与关联公司之间的人财物混同情形等。

三、破产案件中"业主"债权人的债权处理问题

涉国有土地上非商品房项目的企业破产案件的审理核心问题为因违规租售而签订的大量合同的处理问题、"业主"债权人的债权认定问题及"业主"债权人的权益保障问题。

(一)合同类型

通过对子鑫公司、豪立公司破产清算案中租售合同的梳理,主要存在以下四种合同类型:一是房屋转让合同类型,合同约定了商品房买卖合同应具备的全部必要条款,建设开发公司承诺于某一特定日期取得房产初始登记的房屋所有权证且具备过户条件,由于建设开发公司清楚项目存在"先天不足",故采用此类型合同的较少。二是预约转让合同类型,合同约定了商品房买卖合同应具备的全部必要条款,双方约定在建设开发公司取得房产初始登记的房屋所有权证并具备过户条件时办理过户手续,购买者可选择一次性付款或分期付款。三是预约转让,转让不成视为租赁合同类型,与第二类合同相比,此类合同增加了如因建设开发公司原因不具备分割条件时,购买者已支付房款作为房屋租赁款。四是租赁合同类型,合同约定较长租赁期限(通常为20年以上或租20年送20年),部分租赁合同中约定达到一定租赁期限可办理过户登记,购买者可通过一次性付款、分期付款、贷款付款三种形式支付租赁款。

(二)破产程序前的诉讼案件情况

非商品房项目违规租售行为往往会引发大量诉讼纠纷,如中友公司涉诉案件127件,其中110件为合同纠纷,多主张要求解除商铺有偿使用合同,返还已付价款并赔偿相应利息损失;子鑫公司进入破产程序前涉诉案件111件,其中82件为商品房买卖合同纠纷;豪立公司进入破产程序前涉诉案件23件,其中15件为房屋租赁合同纠纷。以子鑫公司、豪立公司为例,梳理其进入破产程序前的购买者的主要诉请主张如表1所示。

表1　购买者主要诉请主张统计

<table>
<tr><td>企业名称</td><td>案由</td><td>诉请主张</td></tr>
<tr><td rowspan="5">子鑫公司</td><td rowspan="3">商品房买卖合同纠纷</td><td>解除认购协议书(部分案件中为商铺买卖合同),返还已付款项、支付利息损失</td></tr>
<tr><td>确认房屋认购协议无效、返还认购款、支付利息损失、赔偿一倍购房款</td></tr>
<tr><td>支付违约金</td></tr>
<tr><td>房屋租赁合同纠纷</td><td>解除租赁合同、返还已付租金、支付违约金</td></tr>
<tr><td>商品房预售合同纠纷</td><td>确认《认购协议书》无效、返还购房款、赔偿经济损失</td></tr>
<tr><td rowspan="2">豪立公司</td><td rowspan="2">房屋租赁合同纠纷</td><td>返还已付租金、支付违约金</td></tr>
<tr><td>解除租赁协议、返还已付租金、支付违约金</td></tr>
</table>

在企业进入破产程序前,少数购买者仅主张要求企业支付违约金,绝大多数购买者的诉请为要求解除相关合同,返还相应价款并赔偿一定损失。对于购买者以企业无法在约定期限内交付房屋或办理房屋权属过户登记,合同目的无法实现为由要求解除合同并支付违约金的,法院予以支持;部分购买者主张合同无效,但因合同并未违反法律、行政法规的效力性强制性规定,亦不存在其他法定无效情形,故认定合同有效;购买者依据最高人民法院《关于审理商品房买卖合同纠纷案件适用法律若干问题的解释》的规定提出赔偿一倍购房款的诉讼请求,因所涉项目为非商品房项目,相应主张缺乏法律依据,法院不予支持。

值得一提的是,在子鑫、豪立公司进入破产程序前通过诉讼途径解除相应合同的仅占此类合同总数的1/10左右,大量的合同亟待进入破产程序后处理。

(三)破产程序中的合同处理

无论是豪立公司的西溪派商务办公中心项目还是子鑫公司的农业总部经济大厦项目,尽管对外签订合同类型不同,本质上均为国有土地上非商品房项目的分割转让行为,在破产程序中管理人通常会区分不同情形主张合同解除。一是根据《企业破产法》第18条的规定,对破产申请受理前成立且双方均未履行完毕的合同,管理人自破产申请受理之日起2个月内未通知对方当事人,或者自收到对方当事人催告之日起30日内未答复的,视为解除合同,故在两起破产案件中,购买者未付清价款的租售合同依法解除。二是对于购买者已履行全部付款义务而债务人企业未完全履行的合同,合同是否具有继续履行的可能,管理人需结合合同目的、债务人企业的履约能力、履约成本等因素综合考虑,鉴于法律法规政策不允许此类项目分割转让且项目本身处于"烂尾"状态,故管理人依据《合同法》第110条的规定,以合同法律上或事实上不能履行而解除合同。

(四)合同解除后存在的问题

实践中,购买者在管理人通知合同解除后往往拒绝申报债权,要求债务人企业交付房屋并办理过户登记手续,认为其作为租赁户或购房者,拥有的是物权而非债权,应比照消费者购房户保障其权益。

1. 关于购买者享有的是物权还是债权问题。从内容上来看,许多合同约定购买的是房产的使用权,而非所有权;从形式上来看,许多合同明确约定为预租或租赁,存在少数以商品房买卖合同为蓝本而签订的合同,因房产客观上无法分割办证,而我国《物权法》采取不动产登记主义,购买者在支付房款但未办理不动产权属登记的情况下,其对债务人企业享有的是债权请求权而非物权。

2. 关于购买者的身份认定问题。就法律而言,购买者很难比照消费者购房户享有优先权,两者在权益保障方面存在差异性,消费者购房户优先权的权利源于最高人民法院《关于建设工程价款优先受偿权问题的批复》(2002年),该批复明确"消费者交付购买商品房的全部或者大部分款项后,承包人就该商品房享有工程价款优先权不得对抗买受人"。其中"商品房""消费者"两个关键词应当严格把握,尽管对许多购买者而言是首套房产且为生活所需,但显然商品房与非商品房无法等同,且购买者多采用"以租代售"形式购买房产,该类房产的分割转让又为法律法规所限制,其"消费者"身份很难认定。

3. 关于购买者的权益保障问题。租售合同解除后,购买者享有返还请求权和损害赔偿请求权,在破产程序中,购买者的上述两种请求权属于破产债权,可依法向管理人申报债权,但此类债权并不具有优先性,只能按照普通债权处理。如前所述,此类项目的购买者多数为刚性购房需求,亦是弱势群体,如果按照普通债权处理,清偿率很低,其"生存权"难以保障,极易引发重大社会问题,故应在我国《企业破产法》及相关法律法规的框架内,权衡利弊、关注事件处理的社会整体利益和社会导向,妥善化解矛盾纠纷。

(五)债权收购方案

如前所述,豪立公司采用以租代售形式对外分割转让,共有 600 余户租赁户债权人,子鑫公司"业主"债权人数高达 800 余户。根据法律规定,上述债权在破产财产分配中仅作为普通债权受偿,此类群体的群访闹访现象突出,维稳形势严峻。为妥善化解矛盾纠纷,两起案件均采用债权收购方式,即由破产企业的股东或经各方协调的案外第三人对现存具有真实购房或租房意向且合法的"购房合同"以购买者所支付的全部资金或所支付资金的 80% 进行收购,但不包括基于以房抵债、让与担保等非真实购房原因而形成的债权。截至 2017 年 4 月 30 日,已收购子鑫公司"业主"债权人 870 余户,已收购豪立公司租赁户债权人 560 余户。债权收购方案是最直接有效的化解涉稳问题的方法,同时通过集中收购的方法,"压缩"了债权人规模,减少"业主"债权人占总申报债权人数的比例,有助于债权人会议中各表决事项的通过,从而推动破产程序的顺利进行。但债权收购方案具有局限性:其一,这不是一种市场化的纠纷化解矛盾,带有一定行政色彩,不具有普适性;其二,此方案模糊了应该为非商品房项目违法转让行为埋单的真正主体,一定程度上会带来负面导向作用,无法引导市场正视此类行为的后果。

四、涉国有土地上非商品房项目之防化路径

破产程序是化解涉国有土地上非商品房项目危机的最后手段,仅依赖破产程序并不能从源头上避免矛盾纠纷的发生,建议从立法、行政、司法三个层面来防范化解国有土地上非商品房项目分割转让所带来的矛盾纠纷与危机。

(一)完善法律法规,加大惩戒力度

目前立法未对国有土地上非商品房项目分割转让行为作出专门的规定,各地多通过规章、规范性文件等形式规范非商品项目的开发建设及转让行为,如杭州市建委、市规划局发布《关于进一步规范商业办公等非住宅类项目规划设计与管理的实施意见》,南京市规划局、国土资源局、住房保障与房产局联合出台的《关于加强商业办公等非住宅类建筑项目管理的通知》,成都市规划管理局发布的《关于进一步加强商业、办公类建设项目管理的通知》等。从目前各地政策来看,对非商品房项目分割转让行为的政策收紧导向越发明显,为避免政策执行与法律规定之间的脱节与冲突,同时为更好指引市场行为,建议立法明确违法用地、违法分割转让者的法律责任及追责主体,将惩戒措施落到实处。此外,还有两种制度值得我们反思:一是商品房预售制度;二是建设工程项目公司负责制度。这两种制度在理论和实践中都存在较大争议,有待立法的进一步完善,囿于篇幅,此处不再展开论述。

(二)政府职能到位,加强行政监管

当下要治理和杜绝国有土地上非商品房项目分割转让的乱象,最有效的手段是各相关部门加强监管,加大行政执法力度。首先,要明确监管职责。规划部门严格按照相关标准明确用地性质和建筑用途,并核实;国土部门在土地招拍挂文件、土地出让合同中明确项目是否允许分割转让(销售)以及相应法律责任等,对擅自转让房地产开发项目、违法转让土地行为予以查处;住建部门负责对项目设计单位、施工图审查机构、施工单位和监理单位的监督检查,及时查处擅自修改设计方案和不按规定进行施工图审查、不按经批准施工图施工、不按规定监理等违法行为;房管部门对规定不允许分割办证的项目,一律不得给予分割办证;城管部门依法查处未按照建设工程规划许可证的规定进行建设的行为;消防部门对违规设置燃气管道的非住宅项目,按照消防法律法规予以处罚;工商部门对未取得营业执照擅自从事房地产开发行为、违法广告宣传行为进行查处。其次,建立全程监管体系,规范招商协议、土地出让合同,项目开发建设过程中加强信息收集、跟踪,对违法违规行为加大惩戒力度。再次,项目的用地用途、能否预售及分割转让等情况要通过多元渠道向社会公开,完善并公开土地用途信息的公

司开登记及告知制度，对于建设项目用地的用途及相应的限制性条件、禁止分割销售的条件均应公开、透明，使利益相关当事人可以明确预知行为后果，减少交易欺诈。[①] 最后，完善预警机制，相关职能部门、招商主体、属地镇街之间应加强信息共享互通，发现违法行为要及时查处并督促整改，法院在案件审理过程中发现因项目违规租售而引发诉讼的，应及时通报相关部门，避免类似纠纷蔓延。

（三）规范破产程序，加强司法引导

1. 规范破产审理。在实体上，无论是非商品房项目分割转让合同的效力认定问题，还是破产程序中“业主”债权的性质认定问题等，均需要统一裁判尺度和处置思路，避免同案不同认定而激化矛盾；在程序上，向“业主”债权人发送解除合同通知书时要做好解释说明工作，并向各债权人告知后续权利，释明合同解除后可向管理人补充申报债权，如果对解除行为不服的，可依法向法院起诉。

2. 灵活处置破产财产。关于此类项目的资产处置方式主要有两种探索：一是通过引入战略投资者，完成项目复工续建，投资者接盘后，可收购“业主”债权，也可继续履行客观上能够继续履行的租售合同；二是通过第三方收购“业主”债权，再通过司法拍卖途径处置破产财产，具体采用何种方式要结合项目实际、清产核资和债权债务情况等灵活确定，同时争取政府的政策支持。

3. 构建联动化解机制。针对此类牵涉面广、债权人人数众多、矛盾对立突出的破产案件，考虑到处理结果关系经济发展和社会稳定，法院可灵活运用破产预登记制度，提前介入纠纷的化解处置工作；要从保护全体债权人合法权益，维护房地产市场交易秩序的角度出发，加强与政府相关部门的沟通协调，尤其是在维稳和破产财产处置工作方面，借助政府的力量，在法律法规的框架内平衡各方利益，妥善化解矛盾。

---

① 参见杭州中院课题组：《关于国有土地上非商品房分割转让纠纷案件的调研报告》，载中华人民共和国最高人民法院民事审判第一庭编：《民事审判指导与参考》（2014 年第 1 集 · 总第 17 集），法律出版社 2014 年版，第 238 页。

破产管理人执业状况的调研报告*

卢燎峰** 李 斌*** 赵 婷**** 傅忠彬*****
汪红妖****** 丁 兴******* 陆之悦********

一、引 言

(一) 调研背景

当今世界可谓是一个经济全球化的大型综合体,同时也是一个高度复杂的风险社会。无论企业抑或自然人,在商事交易过程中均或将面临不可预见的各种风险。

---

* 本调研报告系杭州市律师协会企业重整与清算专业委员会受浙江省高级人民法院委托,对杭州市辖区内的34家管理人律师事务所执业状况调研的阶段性成果。

** 浙江天册律师事务所合伙人、争议解决部主任,杭州市律师协会破产委员会主任,杭州市破产管理人协会副会长。

*** 浙江智仁律师事务所合伙人,杭州市律师协会企业重整与清算专业委员会副主任。

**** 上海锦天城律师事务所杭州分所合伙人,杭州市律师协会企业重整与清算专业委员会副主任。

***** 浙江六和律师事务所合伙人,杭州市律师协会企业重整与清算专业委员会副主任。

****** 浙江杭天信律师事务所合伙人,杭州市律师协会企业重整与清算专业委员会副主任。

******* 浙江天册律师事务所合伙人,杭州市律师协会企业重整与清算专业委员会秘书长。

******** 浙江天册律师事务所律师,杭州市律师协会企业重整与清算专业委员会副秘书长。

就企业而言,它既可能通过经营企业积累财富、贡献社会,也可能经营惨淡、成为“僵尸企业”。中国作为一个个体间关联度极高的亚洲文化社会,任一个体的变化均足以引发“蝴蝶效应”,尤其作为用工、交易、税收极为频繁的企业而言,其细微的变化便可引起当地社会、经济秩序的一定程度变化。

随着我国法律制度的不断完善,立法逐渐从单一的设定考量转化为动态、发展的视角思考。随着经济体的不断发展和变化,企业破产法不仅在我国,在世界范围内也已经成为十分重要的法律制度,并逐渐成为判断一个国家经济形式和法治水平高低的重要标准之一。同时,企业破产法的制定与普遍实施是一国市场经济体制基本确立的重要标志,因此企业破产法的立法宗旨是否符合市场经济规律,也是一国经济体制能够融入世界贸易体系的重要条件。如果说公司法以及其他企业组织法着力于为企业的发展以及自身的完善提供制度支撑和外部支持,那么企业破产法则是实现另外一个意义上的自由:淘汰那些无法盈利且浪费社会资源的不良企业,使社会、经济资源转向能够最大化使用的主体之中,实现市场经济中“优胜劣汰”的根本理念,以优化社会自然资源和人力资源的配置。

因此,在世界各国的企业破产法中,如何实现上述目标就成为必然的问题,此时破产管理人制度应运而生。在我国,破产管理人是人民法院依法受理破产申请同时,所指定的全面接管债务人即破产企业并负责债务人财产保管、清理、估价和分配,具有独立地位的专业中介机构。可以说,随着法律制度的不断健全,现实社会需求的不断加大,对管理人的要求也越来越高。因此,对管理人履职情况及执业状况进行一定的考量、调研、分析尤为重要。

我国2006年8月颁布的《企业破产法》在总体上规定了破产管理人制度,并以我国具体国情为基础,以我国的司法经验为依据,创设了具有中国特色又与时代接轨的破产管理人制度,成为我国破产管理人制度市场化和专业化的重要标志。同时,为便于一些实务操作问题,最高人民法院也根据授权制定了《关于审理企业破产案件指定管理人的规定》《关于审理企业破产案件确定管理人报酬的规定》等相关司法解释。

通过上述法律规定,破产管理人已经在制度层面上较为完善,但实务中的实施情况又如何呢,这点问题不仅困扰着理论研究者,同样令实务工作者十分关注。正如美国大法官霍姆斯所说:“法律的生命不在于逻辑,而在于经验”。运行良好的管理人制度无疑为困难中行进的危机企业提供了最为有利的扶助和保障。而囿于破产企业实际情况,管理人在依法履行职责时也面临债务人拒不配合、债权人不予理解、管理人自行垫付费用无法收回、管理人报酬过低、受到人身威胁或伤害等难题。鉴于此,本课题组对实践中的突出问题——管理人的履职情况进行调研。本着从实践中来,到实践中去的研究方向,注目于实践的运行状态,借此进一步了解各破产管理人最为迫切和普遍存在的意见和需求,促进管理人制度的良性发展。

(二)调研问卷的设置考量

此次调查旨在通过对杭州地区的省级管理人律师事务所发放调查问卷的方式,获取较为客观和真实的数据,对目前管理人执业情况进行具体分析,发现疑难问题所在。

调查问卷共分为六大部分。(1)管理人机构的基本情况:意在了解管理人所在律师事务所的基本情况,如事务所规模、业务领域、年度创收等;(2)破产团队建设基本情况:由粗到细,涵盖对管理人团队组成及内部建设制度等;(3)管理人指定情况:旨在调查管理人对目前随机选任方式优缺点的看法与建议;(4)管理人履职情况:着重调研目前各管理人正在履责的相关破产案件工作成果与进展以及在履职中遇到的问题;(5)管理人报酬情况:对管理人报酬收取的情况、收取报酬时所遇到的问题及建议与回馈进行调研;(6)管理人对行业的意见与建议:共计107项选择题及若干开放式问答,通过开放性问答的方式,获取各管理人对破产行业发展、问题存在所提供的建议和解决方式,为我们提出对策提供了可靠的参考信息。

(三)调研概况

本次调研问卷由本课题组起草、经由杭州市律师协会向各成员律所统一发送,进行匿名填写。其中,浙江省人民法院破产案件管理人名册中杭州市中级人民法院辖区内的34家管理人律师事务所发送率为100%,最终收回26份填答完整的问卷,回收率为76.5%,并对具有代表性的管理人律所团队进行了访谈。在收回的问卷中,受访管理人填写认真完整,对于开放式题目更是给出了自己真实的感受与想法,具有较高的可信度及代表性。

二、管理人执业状况实证调研

为实现本次调研的根本目标,课题组围绕管理人团队建设基本情况、选任情况、履职情况、报酬情况四部分展开。

(一)管理人团队建设基本情况

1. 管理人律所概况

如图1~4所示,在受访律所中,80.77%属于浙江省高级人民法院在册管理人,其中73.08%的律所具有专门破产团队,并已逐渐形成团队化运作的方式。在团队内部建设中,着重培养会计、涉外、投融资、劳动人事等专项人才。与以往"万金油"式的管理人模式不同,专项人才更有助于快速、熟练地处置破产案件中的相应问题,较易于获得债务人、债权人的一致认可。而破产团队的负责人69.23%由事务所分管副主任或合伙人担任,84.62%的负责人年龄在40岁以上,在这其中近半负责人具有20年以上的执业年限、具有丰富的执业经验,有利于带领团队卓有成效地展开管理人工作。

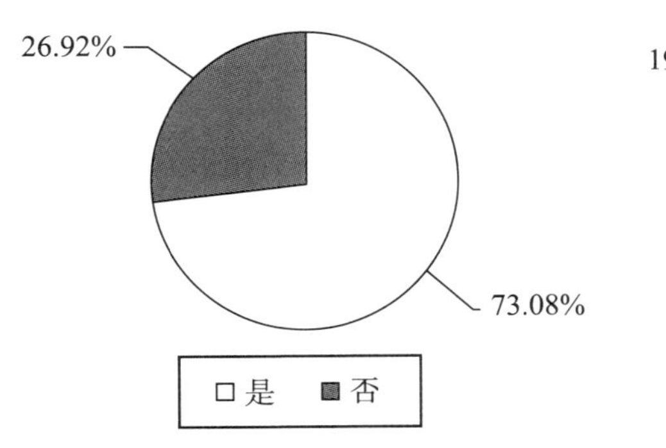

图1 是否已建立专门破产团队

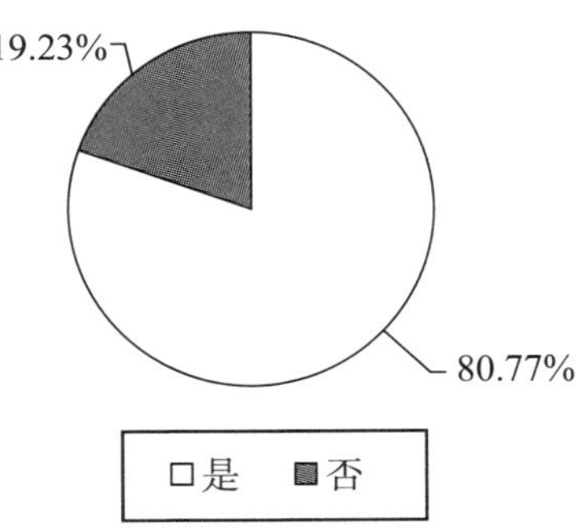

图2 是否属于浙江省高级人民法院在册管理人

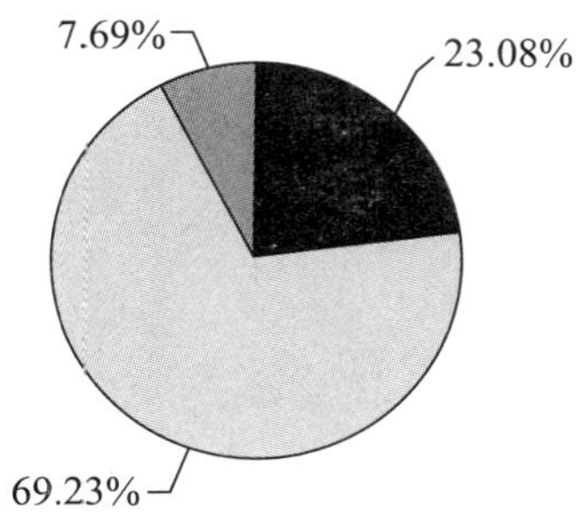

图 3　破产团队的负责人担任情况

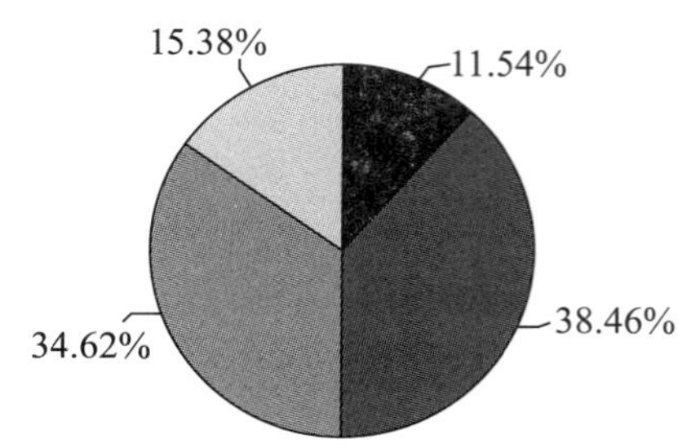

图 4　破产团队负责人基本情况

2. 破产团队人员组成及稳定性

由图 5 可知，受访管理人中，38.46% 团队的人员数为 6～10 人，19.23% 的团队人数为 11～15 人，23.08% 的团队人数为 16～20 人，11.54% 团队的人数高达 21 人以上，仅 7.69% 的团队人数在 5 人以下。反映出杭州市破产团队人数较为充足，为团队的分工合作奠定了稳定的组织基础。如图 6 所示，38.46% 的团队标示每年均有少数成员流失，究其原因，主要是由于部分律师或认为在团队里缺少发挥空间，或认为待遇低于预期，或不看好破产业务后期发展前景所致。另有 26.92% 的受访者认为破产业务要求长期驻点、出差、破产项目投入精力过大，严重影响其他业务的开拓和发展，以及破产管理人报酬收取时间严重滞后、报酬金额远低于预期亦为团队成员流失的诱因之一（见图 7）。

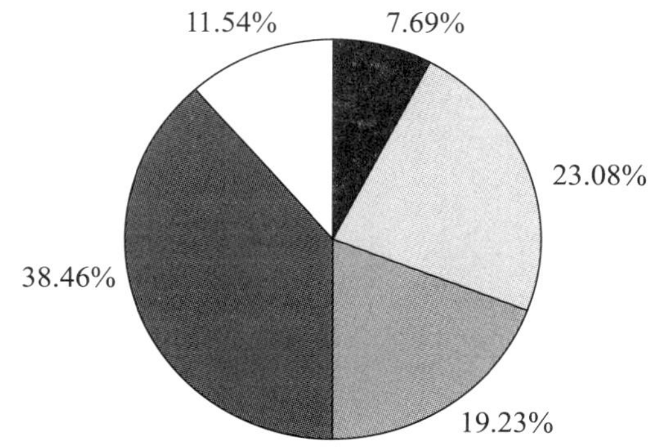

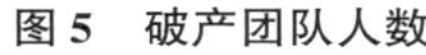

图 5 破产团队人数

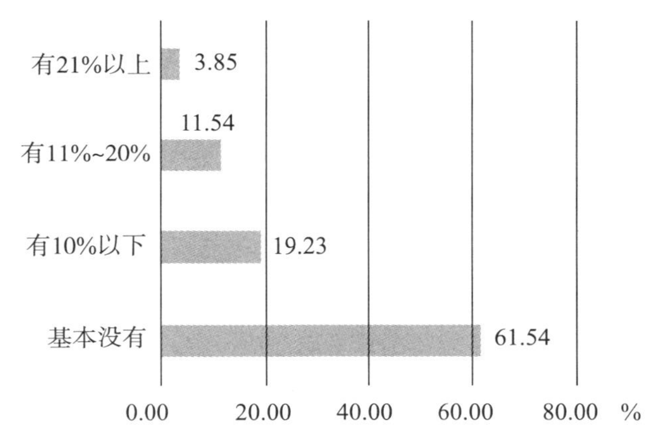

图 6 每年流出团队的人员

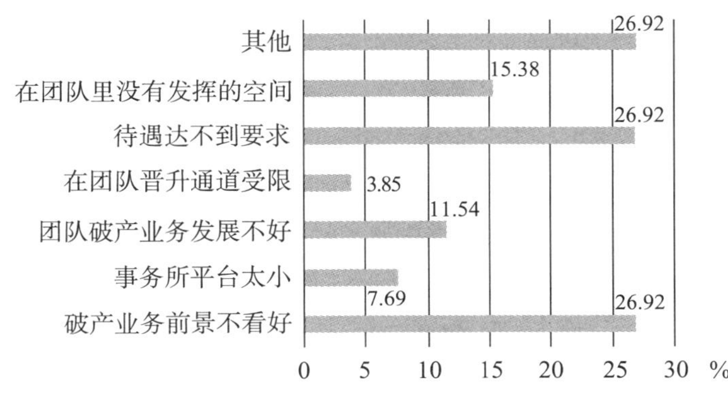

图 7 人员流出团队的原因

3. 破产团队业务构成

如图 8 所示,受访管理人团队绝大多数已建立管理人业务培训制度(76.94%)、管理人工作底稿和档案管理制度(80.77%)、管理人业务操作流程制度(73.07%),近一半的破产团队已建立管理人消极资格审查和报告制度(50%)、报酬分配与风险承担制度(46.15%)。如图 9 所示在内部管理制度方面,88.46% 的团队已建立团队组成及分工负责制度,80.77% 的团队已建立学习培训制度,50% 建立了薪资待遇制度,但仅 38.46% 的团队已就破产团队拥有内部人事行政制度,大部分仍依托于律师事务所的整体管理。

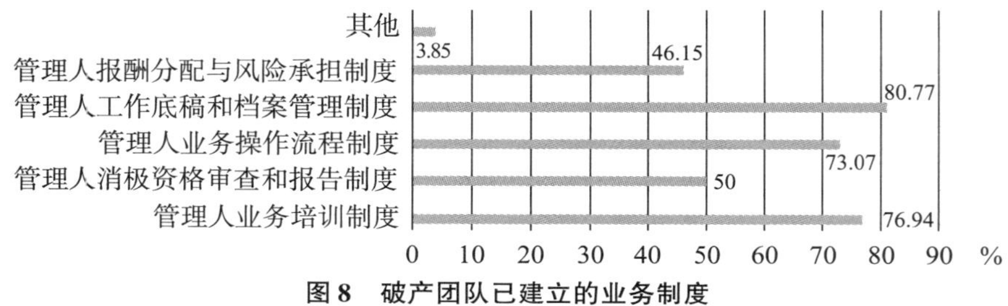

图 8 破产团队已建立的业务制度

综上所述,杭州市辖区内的破产团队业务制度已基本建立并在逐步完善过程中,部分成熟团队建立了可操作性的流程,对提高团队运行质量与效率、提升管理人履职能力起到了积极作用。但同时,囿于律师事务所整体管理的制度与沿袭性所限,仅有小部分管理人团队已建立了内部管理制度,存在较大提升空间。

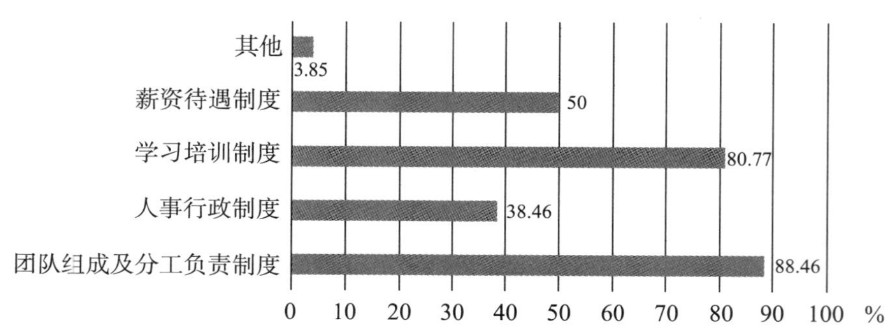

图 9 破产团队已建立的内部管理制度

（二）管理人选任情况

1. 管理人对随机方式产生管理人评价

根据法律和司法解释的规定，管理人的选任分为直接指定和随机产生两种方式，实践中人民法院极少采用直接指定管理人的方式。如图 10 所示，61.54% 的破产团队认为，随机方式无法产生合适的管理人；42.31% 认为，有时入选主体未必期待办理该案；42.31% 的认为，此种方法可体现公平原则、有助于债权人和债务人的接受和理解；另有 11.54% 的破产团队认为，随机指定看似公平，但并不一定产生合适的管理人。如难度较大的破产案件需要有经验的管理人，随机方式难以保证得以如愿产生有经验的管理人。在破产业务尚未发展成熟时，可采用相对公平的随机方式；一旦业务成熟，建议优先考虑效率原则、选择最为合适的管理人，以最大程序保障债权人利益、实现《企业破产法》的立法目的。

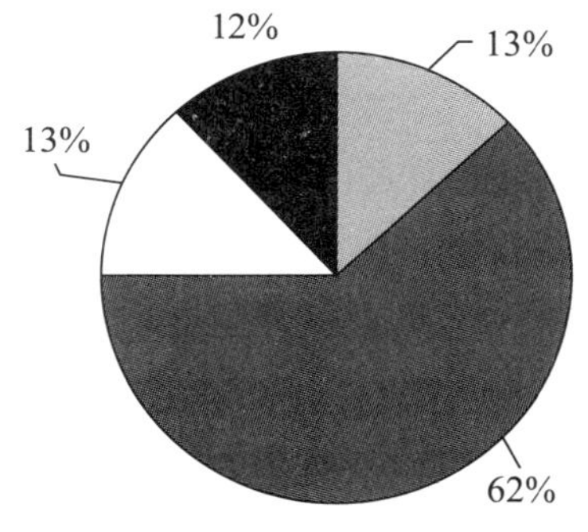

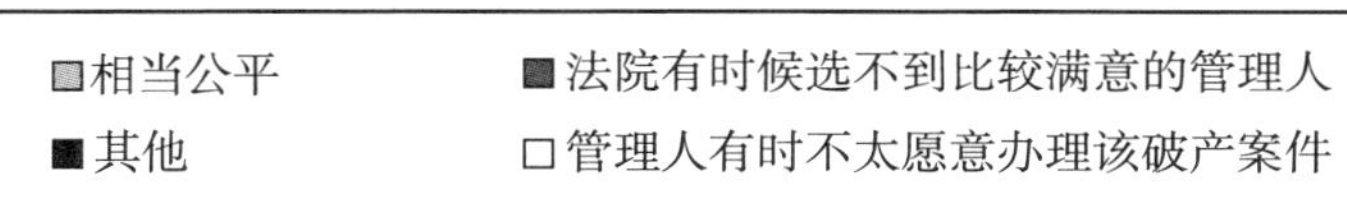

图 10　对随机方式产生管理人的总体认识

虽然管理人对随机方式或多或少地持有保留意见，但一旦入选为管理人，仍表示将秉持积极、勤勉的认真态度对待。但由于随机产生的不确定性，23.08% 的破产管理人表示由于事先缺少相应准备而有些忐忑，也有 26.92% 的管理人表示非常满意，认为一旦入选则意味着拥有更多地实战机会提升业务能力，亦可为维护当地经济、社会的稳定尽一份力量。同时，7.96% 管理人认为随机指定管理人的案件质量较差，难以保证管理人报酬，进而影响人力、物力的安排与进入。可见，随机方式产生管理人后，无论案件质量如何，绝大多数管理人均表示将积极应对、保质高效地完成;而在主动性方面则喜忧参半,部分管理人庆幸通过摇号选中,部分则限于精力不济而感慨无奈(见图 11)。

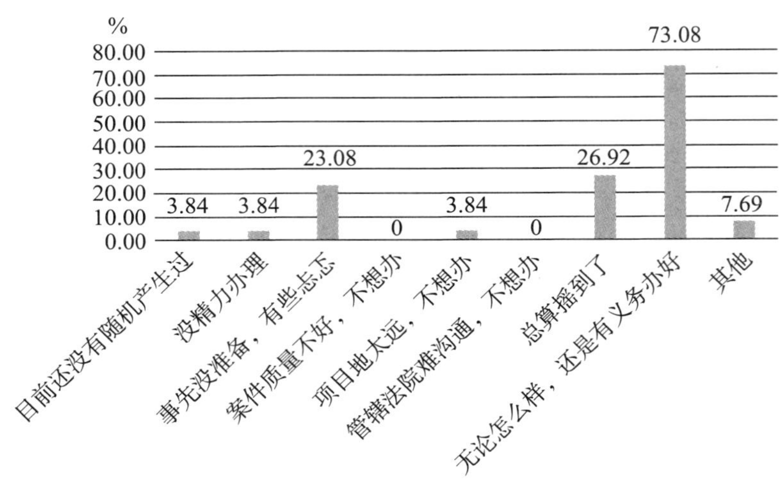

图 11　随机方式产生管理人的应对

2. 管理人对“731 规则”的评价与建议

“731 规则”即在 7 家管理人中通过竞争的方式选出评分前三的中介机构,再从中通过摇号方式随机产生最终管理人。如图 12 所示,50% 的管理人认为该规则总体来说较为公平。34.62% 的管理人认为能降低破产费用。26.92% 的管理人认为能提高管理人执业水平。15.38% 的管理人有其他评价,如认为联合竞标无助于提升管理人履职效率,为提高评分而临时组建的竞标团队或将造成后期职责、权利义务的冲突与推诿。同时提出如下改善性建议:(1)以压缩管理人报酬的形式降低破产费用无助于管理人队伍培养;(2)建议进一步明细化管理日评价标准;(3)建议进一步明确案件适用标准,一旦符合标准便应当采取“731 规则”、无除外情况。

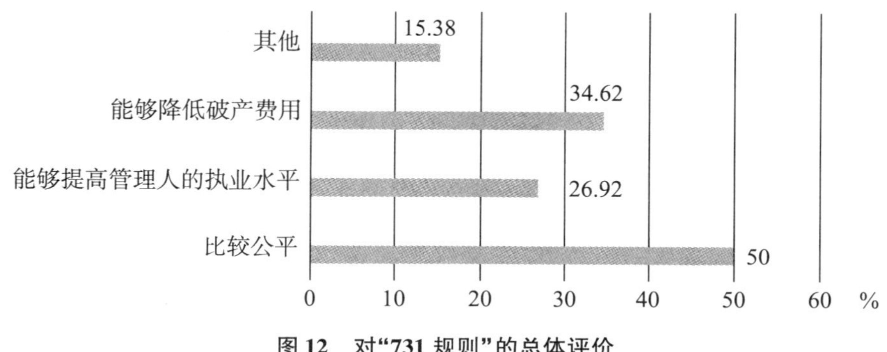

图 12 对“731 规则”的总体评价

可见，管理人一致认为“731 规则”可较好地体现公平、公正原则，但对于联合竞标管理人则普遍提出了保留意见，如 61.53% 的管理人认为，需要改善“省级库的会计所成了香饽饽”这一现象，并扩大省级库管理人队伍、吸纳有能力的管理人团队入库；53.84% 的管理人认为律所与律所之间的合作有时效率低下；34.61% 的管理人认为产生管理人的时间漫长、影响管理人进场后的节点控制（见图 13）。

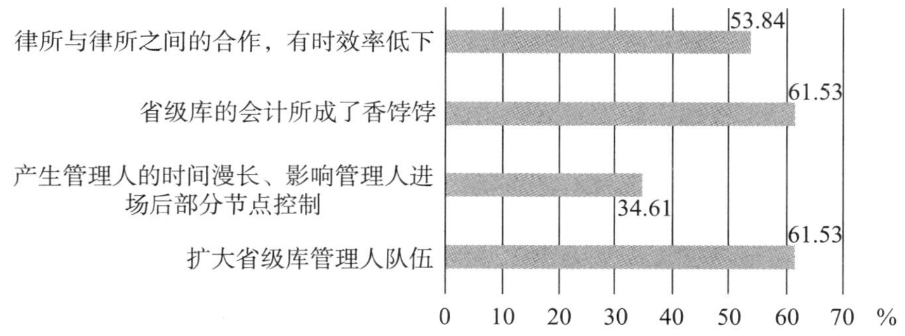

图 13 对“731 规则”的改善性建议

综上可知，受访管理人普遍认同随机方式相较于指定形式更为公平，并可一定程度降低由此产生的破产费用；并使部分缺少实战经验的管理人有机会据此从事破产业务、提升执业水平。但问题同样接踵而至：在“731 规则”最后的 3 选 1 随机抽取过程中，如最终入选 3 家均为实力强劲、经验丰富的候选管理人，则随机方式在维护公平的同时亦可避免所谓“暗箱操作”；但如因报名情况不理想导致候选管理人素质参差不齐时，随机方式将撇除实力强弱的竞争性考量，甚至存在一定比例实力弱、无经验，甚至是“新手”管理人最终当选。对于管理人而言，有实践磨炼的机会当然是好事,但对破产企业及债权人而言却未必,特别是破产重整类案件,对管理人全局把控能力、谈判能力、风险防控能力、诉讼、财务等综合能力的要求极高。一旦“新手”入选,或将导致“事败人成”,乃至本极有希望重整成功的潜力股企业最终不得不清算收场的局面。据此,部分管理人建议在“731 规则”的基础上,按资产规模对破产案件进行分类,符合标准的案件统一由省高院参照“731 规则”进行竞聘;部分案件中管理人前期已经介入并开展实质性工作、获得各方认可的,建议在竞聘时予以优先考虑。

(三)管理人履职情况

1. 妥善解决职工问题情况

根据图 14 ~ 15 可知,已经妥善安置员工 100 人以下的破产团队占比 46.15%,妥善安置 100 ~ 2000 人的团队随着安置人数的上升而逐渐降低,有 11.53% 的管理人成功安置 2001 人以上的职工。对于职工债权的解决情况,61.53% 破产团队表示已妥善解决职工债权 500 万元以下,已解决职工债权 501 万 ~ 1000 万元、1001 万 ~ 2000 万元和 50,001 万元以上的各占 7.69%,仅 3.84% 管理人已经解决职工债权 2001 万 ~ 5000 万元。

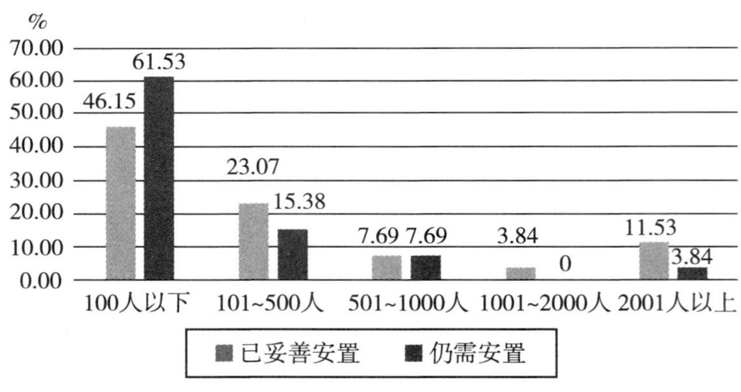

图 14 办理破产案件中妥善安置员工情况

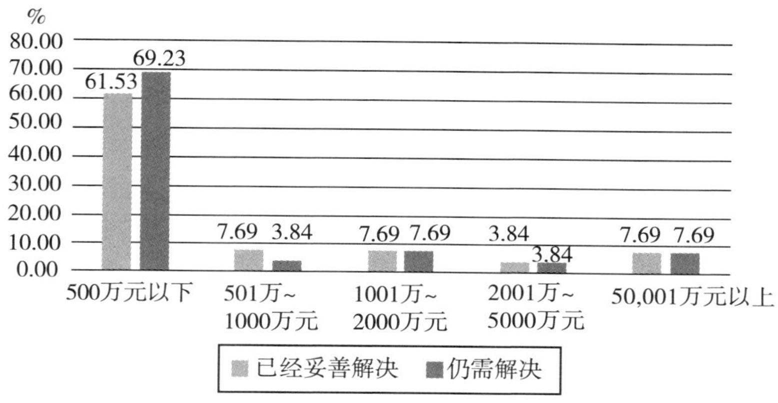

图 15　解决职工债权情况

对于当地政府而言，企业尤其是制造类大型企业的职工安置问题与当地社会和谐、稳定直接正相关。在课题组调研中发现，大多数破产企业在产业急剧扩张期，或多或少地有“内部银行”“职工集资”等现象存在。当企业盈利情况较好时，内部银行可为职工创造额外收益或福利；而一旦企业陷入困境，该部分职工债权因无优先权，往往陷入被动之中。随着内部银行存在时间的长短，职工陆陆续续投入的资金不断增加，甚至将毕生积蓄出借企业，为管理人履职埋下了极大的稳定隐患。据调研，在管理人的不断努力下，安置员工数量正在不断下降，相应职工债权亦正逐步、有序清偿，这其中离不开当地政府的有力支持和人民法院的正确领导。

2. 解决涉房地产债权债务情况

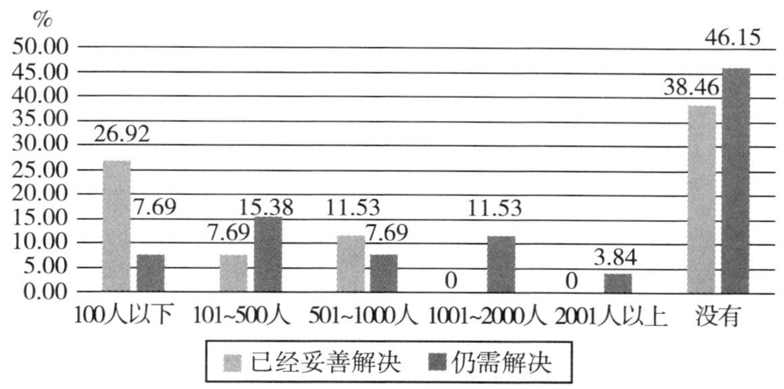

图 16　妥善解决购房户债权人数情况

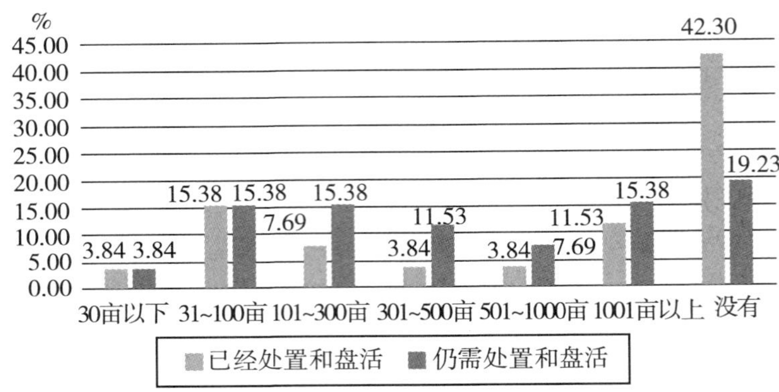

图 17　处置和盘活土地情况

随着我国经济增速的放缓,曾经爆发式扩张的房地产业趋于平稳。尤其是高位入市、囤地惜售的房地产企业已无力再创高利,甚至盈利无法覆盖银行贷款从而“被杠杆”,进入货币空转的假性循环。这其中,已购房未作证的购房屋不幸成为最大的受害人,产权证一日不到手,潜在风险便无时不刻存在。如一房二卖、重复抵押、购房户无法办理贷款融资等。调查显示,46.15%的破产管理人仍需解决购房户问题,但同时有38.46%的受访团队表示从未办理过涉房类案件(见图18)。

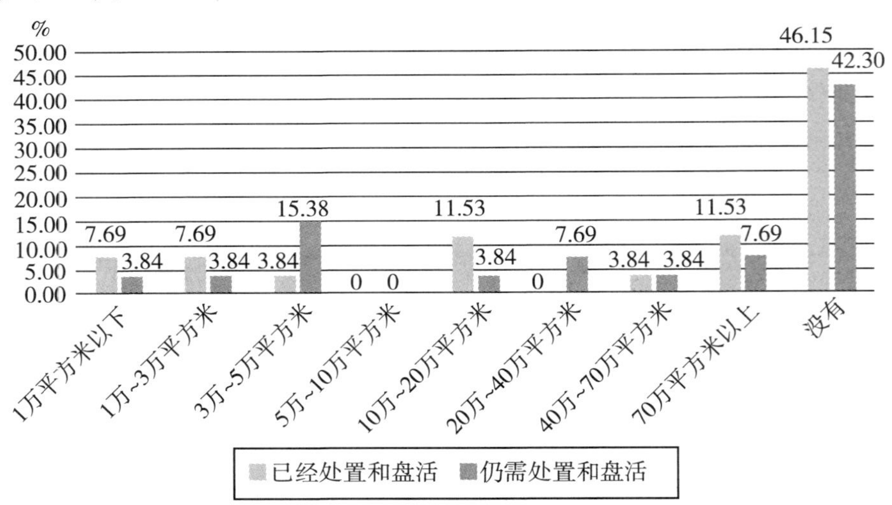

图 18　处置和盘活厂房情况

如图19所示,对于待处置和盘活的土地和厂房,高达42.3%的受访管理人律所表示至今未曾处置和盘活过土地、厂房。和盘活处置厂房情况相类似，46.15%的破产团队至今未解决过房地产库存问题。但同时，受访管理人均表示囿于目前市场大环境和潜在投资者资金实力所限，土地处置和盘活的情况进展较为艰难，期待政府可出台相应的税收或规划等扶助性政策，助力破产企业盘活有效资产，进而提升各债权人的清偿率。

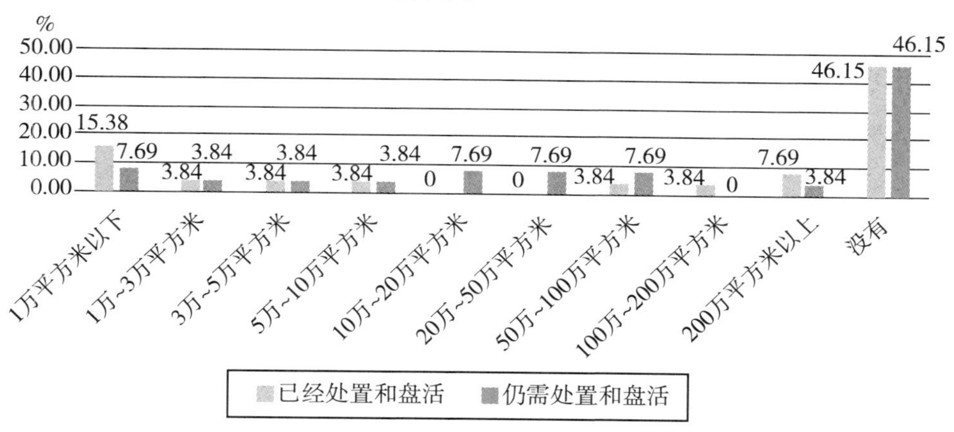

图 19　处置和盘活房地产库存的情况

3. 化解金融不良债权情况

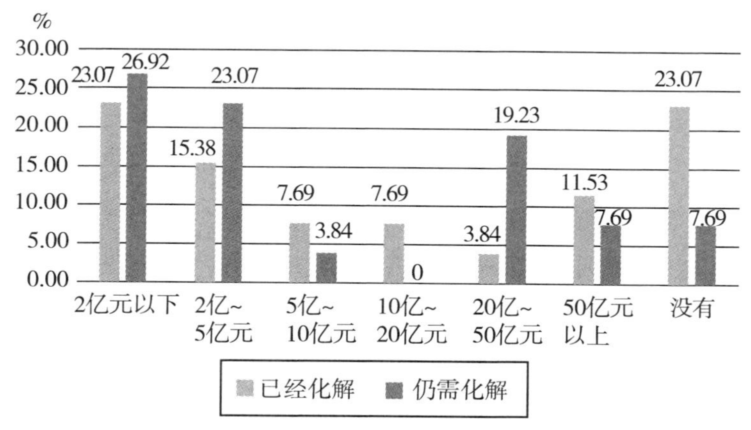

图 20　化解金融不良债权情况

近年来，金融债权占破产企业的比重正逐年加大，且绝大多数金融债权或已设定抵押，或有若干关联企业提供担保，一旦出险，涉及面极广。从 2008 年起至今，因互保而陷入困境乃至最终关闭的企业不在少数。部分地方政府为美化经济指数,曾禁止符合标准的企业进入破产序列,从而形成一大批“僵尸企业”。金融债权人囿于年末考核压力,亦纷纷将债权转让至信达、长城、东方等资产管理公司名下。根据普华永道统计显示,截至2015年年底,18家上市银行的不良贷款率达到9482.8亿元,同比飙升48.61%;平均不良贷款率由2014年的1.22%上升至1.65%;其中注销后转让3861亿元不良贷款,较2014年增加67%。在调查过程中,仅7.69%的团队破产企业中不存在金融债权,平均金融债权的存量在2亿~5亿元。就实践而言,如可妥善解决金融债权尤其是优先金融债权的清偿问题,不仅有助于金融行业快速回笼资金,其释放的溢出资金对普通债权人亦是极大的利好消息。在目前政府鼓励金融债权转股权的政策条件下,如何引导银行成为直接持股者、或实行投贷联动、转变经营思路十分考验管理人的把控能力。

4.管理人在履职过程中所遇阻碍

破产企业往往历经多年方进入司法程序,债权人因长期得不到清偿或破产企业曾许下高额清偿率使得债权人放大对司法破产的期望值。而现实是,除却优先债权外,可供普通债权分配的财产往往所剩无几。据统计,普通债权清偿率仅为5%~20%,远低于债权人的期望值。对此,债权人尤其是民间债权人和职工债权人选择向管理人施加压力。如图21、图22所示,57.69%的管理人曾受到包括直接人身威胁在内的各种阻力,其中53.85%来自破产企业的债权人,26.92%为企业员工,11.54%源于债务企业原有股东和高管。因管理人并无强制力,面对源于各方面的压力时,管理人尤其是团队负责人的危机处置能力和经验尤为重要。

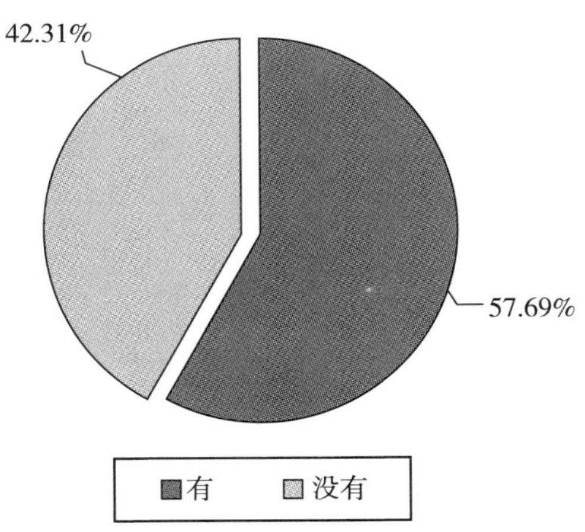

图21 在履职过程中有无受到人身威胁

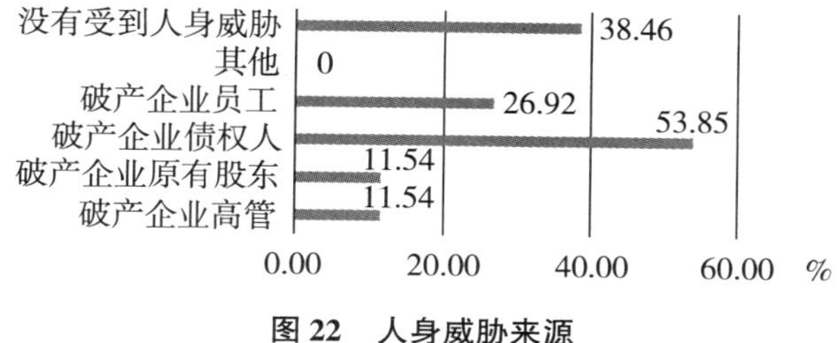

图22　人身威胁来源

(四)管理人支出及报酬情况

1. 管理人垫资情况

就实践而言,企业从陷入困境到真正进入破产程序往往存在一定时间差。曾有企业主悲痛地说,自己办企业已逾20年,企业就像自家的孩子,看着孩子一点一点地长大,最后实在无法挽救落到破产的境地,内心不能说是不凄凉的。这一类的企业在最终破产前往往采取多种手段自救,其中便包括变卖资产、融资租赁、借贷抵押等,导致管理人在接管破产财产时,债务企业可处分的财产情况往往不乐观甚至无财产可处分。如图23所示,破产企业资产抵押率高达92.31%,不能抵押的财产一般价值不高、难以处分的情况占84.62%,账上基本无资金的情况为80.77%。在少数情况下(38.46%),账上有少量资金,但是数额有限且需经人民法院批准方可动用。而管理人入场后,小到公告费、邮寄费、文印费,大到留守人员工资、财产报关费、诉讼费等往往需要管理人先行垫付(见图24)。这一现象直接关乎管理人的入场积极性和资金、人力的安排力度。

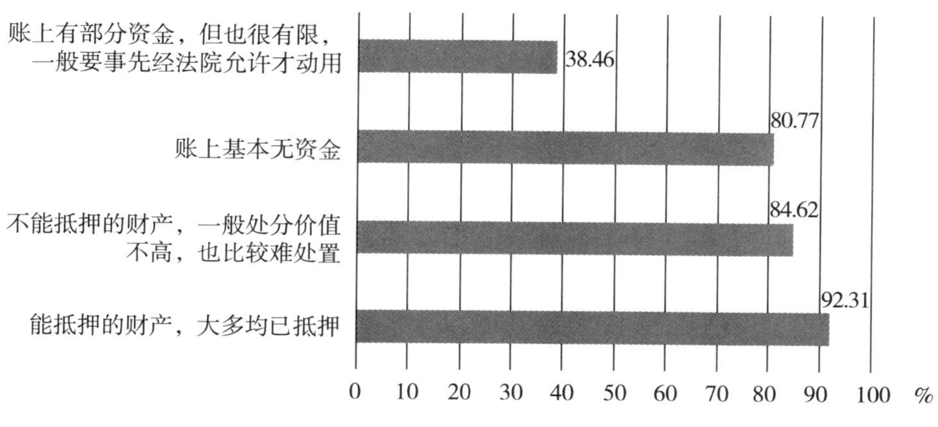

图23　债务企业可处分财产情况

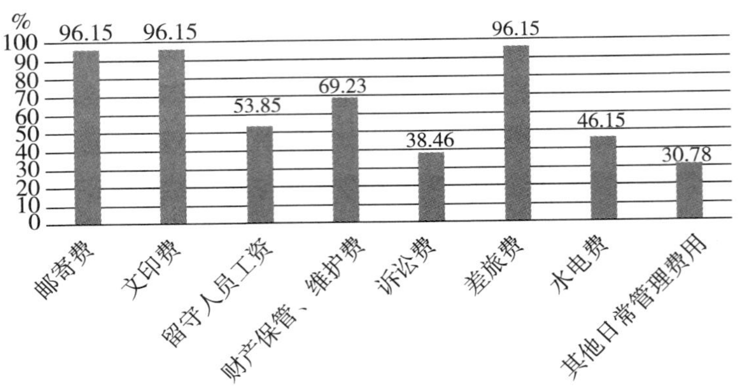

图 24 管理人垫付费用情况

2. 管理人薪酬情况

通过调研我们了解到,破产案件中管理人报酬的计收方式呈多元化方式,76.92% 管理人在结案时收取报酬,但是破产案件结案时间较长,这意味着成本收回及报酬收取的时间成本高;69.23% 破产案件要求候选管理人在竞聘时即按邀请函的要求承诺予以一定幅度的减免;42.31% 的案件中人民法院在最终核准管理人报酬时,选择在最高人民法院核准基础上进行扣减;而人民法院在最高人民法院的上限基础上予以大幅度扣减和法院考虑到清偿率较低而要求管理人主动降低报酬的两种情况发生较少,比重均为 26.92%;以债权人问题尚未完全解决等理由而未及时核准或要求管理人放弃部分报酬用于清偿债权的情况发生率分别为15.38% 和 19.23%;仅 11.54% 的情况下,法院会按照最高人民法院的上限予以核准(见图 25)。

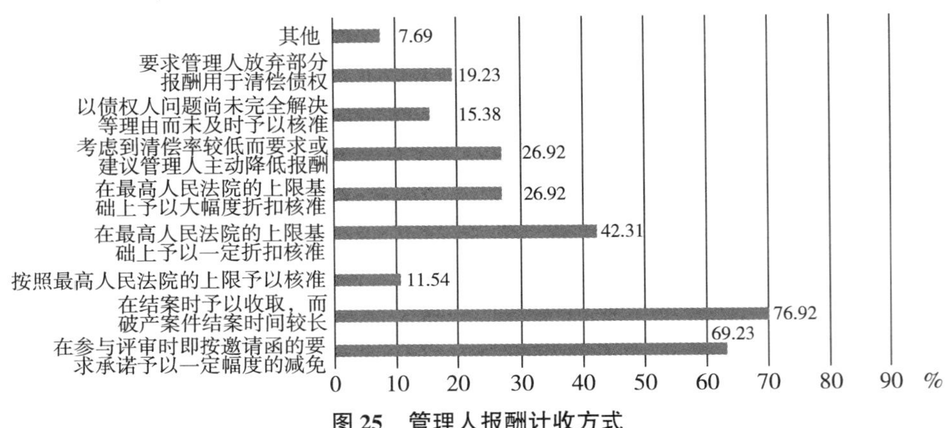

图 25 管理人报酬计收方式

即在绝大多数情况下,管理人是在破产项目全部结束后方能收取报酬,并且法院在管理人报酬方面具有裁量权限,在大多数情况下,由于管辖法院在核准中一再要求降低报酬,管理人实际所收取的报酬远低于债权人会议所审议通过的金额,一定程度上挫伤管理人的工作积极性。如一旦面临“无产可破”的清算案件,管理人费用更将遥遥无期。

目前,社会上存在一种误解,认为只要债务企业体量庞大,管理人的报酬情况必定可观。但这其中需要入驻数十名,甚至更多资深律师专项承办该案。就律师行业的平均收入而言,人员的大幅增加意味着最终收取的管理人费用远无法覆盖独立律师的平均薪资。如图 26 ~ 28 所示,在受访管理人团队中,61.54% 的管理人团队表示仅 2015 年度为支付团队律师费用的成本即在 100 万元左右;同时,65.38% 的破产团队却并未在当年度收取到任何报酬,平均报酬收取时间间隔长达 2 ~ 3 年。破产团队之间成本投入与报酬收入差距大、回收成本与收取报酬成本高、收益率远低于行业其他团队。

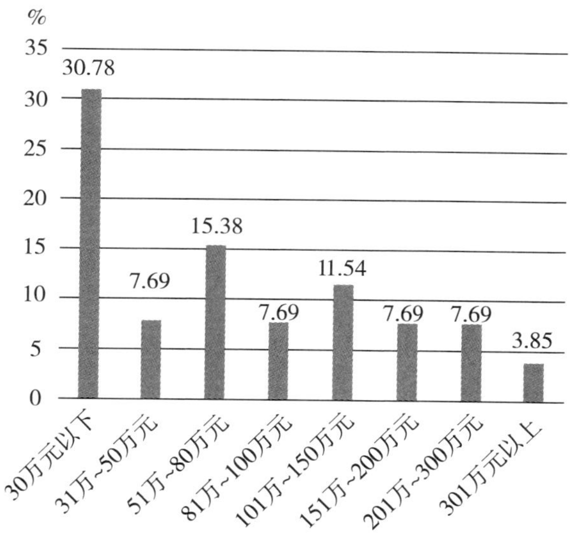

图 26　破产团队 2015 年度成本

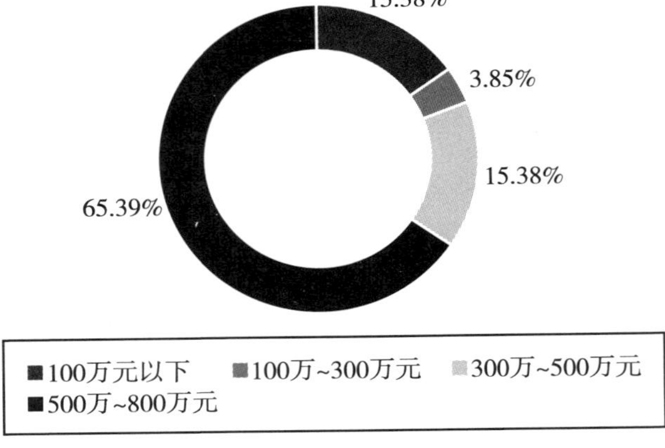

图 27　破产团队 2015 年度的管理人报酬

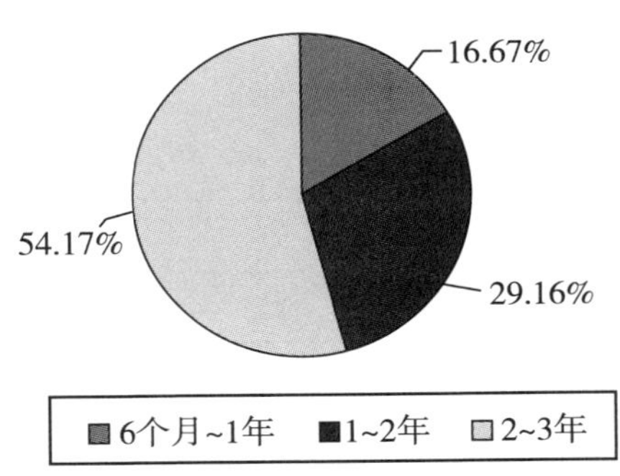

图 28　管理人入场至报酬收取时间间隔

(五)综述

本次调研显示,管理人在履职中工作面涉及广,一般在履职过程中,除保管维护债务人财产、厘清各方债权人法律关系外,还需解决安置职工、解决职工债权、购房户债权,处置和盘活土地、厂房、房地产库存,化解银行不良债权和妥善解决税款债权等一系列问题,这对于管理人的执业能力和过往处置经验而言是极大的挑战与考验。尤其在破产重整过程中,管理人能力的高下直接关系重整案件的成败。特别是对于细分行业中的领头企业,如能通过有效手段、结合管理人丰富的执业经验统一债权人观念、引入战略投资者、重塑企业架构,部分破产企业还是有望"起死回生"甚至借此撇除负荷、成为行业领军人的。而如成为新手管理人的“试验田”，则不仅将消磨债务企业的潜力，甚至或将间接降低债务清偿率、损害债权人利益。“731 规则”能较好地体现公平、透明的任选过程，但能否推选出最为合适的管理人则或多或少地有些“听天由命”了。因此，大部分管理人建议设立分级制度，对疑难、复杂案件的管理人遴选提出更有针对性的要求。

除法律与商业挑战外，管理人在履职过程中曾受到多重阻力，其中最为明显的即是人身威胁。由于破产企业对外产生大量债务、长期处于亏损状态，导致债权人普遍存在不满甚至敌对情绪，加上法制意识淡薄，在无法获得足额清偿时，便认为通过“闹”可以解决问题。据受访团队的反映，一些债权人采用不道德的方式，如将携带传染病的人员带至管理人办公产所，进行语言暴力、贴大字报，聚众闹事、打砸办公室，长时间电话和短信骚扰管理人，甚至在管理人住所进行恐吓、威胁等。这不仅给工作的正常进行造成了阻碍，也危及管理人及其家人的人身安全并产成极大精神压力。在与闹事者协商不成的情况下，一般这些问题的解决主要依靠政府部门作出相应处置。因此，绝大多数管理人认为涉及重大维稳问题的破产案件，将维稳重担完全压在法院或管理人身上或无法实现目的，需要政府提供相应有力保障与政策支持。

在承办破产案件过程中，管理人普遍认为承办强度大、案情复杂。且破产费用前期垫付压力大、破产报酬相对较低、成本效益率低，投入的时间、精力和成本较大，导致难以推进、迟迟无法结案。部分管理人反应目前市场行情尤其是房地产市场波动较大，导致资产大幅贬值、难以有效处置，国家层面虽对债转股陆续出台了各项鼓励政策，但金融债权人仍普遍持谨慎态度，且决策过程复杂、时间漫长，一定程度上延缓了重整类案件的各项节点。

对于未来破产管理人行业的发展，受访律所持积极、乐观的态度，认为随着经济形势的波动，产业结构调整，不适应社会经济发展的企业终将面临淘汰，加之民间借贷担保等企业自身经营不规范等原因，未来将有更多不良债务企业进入破产程序，破产案件将不断增多、竞争日趋激烈，这对管理人行业来说既是机遇又是挑战。随着市场对管理人的要求和期望不断提高，更将考验各管理人团队的综合素质与处置能力。破产管理人将是一个长期发展的行业，未来管理人行业势必走向专业化，只有不断提升自身能力、规范操作流程、学习经验，才能适应将来管理人行业的激烈竞争。同时，亦希望政府、法院能更加重视企业依法破产的必要性,提供相应帮助与指导。

对于行业发展的意见与建议,受访管理人:(1)因《企业破产法》规定太过笼统,管理人行业中存在操作流程、规范不统一的现象。尽管最高人民法院出台了破产案件的相关文书样式,但仍无法覆盖破产过程中的所有文书,导致管理人文书五花八门,不利于实现司法的统一性。建议对管理人操作的流程进行规范,或由行业内的优秀管理人进行主导培训。(2)建立管理人准入制度,规定管理人律师或会计师准入条件,成立固定的管理人团队。(3)管理人在处理事务时,如债权审核、衍生诉讼、资产审查等,需要政府、法院、公安的协助,建议建立相对应的对接机制,如成立管理人自治协会,定期开展政府、法院、管理人三方会谈,加强与法院及政府部门之间有效沟通等。(4)自治组织的学习制度,由于破产业务涉及面广、工作量大,与普通个案既有相通性又有差别,管理人应当定期学习,以应对工作的复杂性。(5)破产企业的税务处理、工商处理等在实践中各地政府部门操作各有不同,建议就税务(滞纳金的处理)、工商(股权变更登记,企业注销登记)、公积金等问题形成统一操作机制或办理指引。(6)建立筛选机制,在吸纳业务能力强的新管理人入库的同时,如原库选管理人不合格的,建议作出相应措施;(7)从实践看,联合管理人机制对有效提高破产效率并非全部适用,建议考察联合主体曾合办破产案件的情况再行判断,以避免为提高分数而临时"拉郎配"。

三、我国破产管理人制度的历史发展及履职定位变化

在20世纪50年代,最高人民法院曾以答复意见的形式对无力偿债的私营企业做出过规定。但社会主义改造完成后,私营企业或被取缔,或以公私合营形式收归国有,国家对企业实行统收统支,破产制度也随之"破产"。1986年,一幅著名的新闻照片——《倒闭后的滋味》格外引人注目,照片的主人公也一夜之间闻名全国,他叫石永介,曾任沈阳市防爆器械厂厂长。8月3日,沈阳市政府召开新闻发布会,正式宣布沈阳市防爆器械厂破产倒闭。新华社随即刊登新闻《新中国成立后第一家正式宣布破产倒闭企业》,一时引起国内外极大关注。当时有外媒报道称:"沈阳市实行企业破产规定,这是共和国成立以来破天荒的做法,它朝着打破'大锅饭'迈进了新的一步";"中国沈阳,一项重大的实验";"中国东北沈阳城发生了'地震','超过八级的改革地震'"。沈阳防爆厂的破产被视为推动《企

业破产法》颁布的直接诱因之一，但无论是沈阳防爆厂的破产，抑或1986年12月我国《企业破产法(试行)》中的规定，企业破产的直接参与者或者说管理者仍为当地政府，直至2006年8月27日第十届全国人民代表大会常务委员会第二十三次会议审议通过《企业破产法》，方才引进专业中介机构作为破产企业的管理人，并形成法律制度。可见，作为新生事物的破产管理人制度在我国无论是接受度、法律地位，抑或履职保障、服务对象都存在模糊地带或者说针锋相对的不同意见。考察管理人制度在我国的建立和发展或许对如何更好地进行履职保障有一定助益。

我国古代是一个以自给自足为特征的小农经济封建社会，商品交易并不发达、长期处于落后状态。无论是农业经济基础抑或"君天下"的封建思想统治，都与古罗马时期民事法律和诉讼程序的发达情况不同，"破产"在古中国时期尚无发展的空间和土壤。鸦片战争后，商品交易日渐频繁，工业企业一时间如雨后春笋一般兴起，加上"中学为体，西学为用"的政策，清政府曾于1906年颁行《破产律》，由当时著名的立法大臣沈家本、伍廷芳编纂。但是，该主要针对商人而设，其规定："商人遇有破产事项，应赴地方官及商会呈报，待查明后进行破产宣告。宣告破产后应选举专门人员负责清理有关事务，并召开债主会议，商议清偿办法。"这种负责清理破产事务的专门人员被视为破产管理人的雏形。

辛亥革命后，中华民国立法院民法委员会以德国、日本《破产法》为蓝本，于1935年起草了中华民国《破产法》，其内容基本沿袭了德国、日本两国破产法的整体框架，并于同年10月1日公布实施。相较于《破产律》，该部《破产法》对破产管理人作出了包括选任、撤换、权利义务、报酬、监督等在内更为详细的规定。但囿于彼时中国动荡不安的内政外交情况，《破产法》并未落地运行。

中华人民共和国成立后，废除了中华民国颁布的所有法律，《破产法》旋即消失。由于当时处于特殊的历史时期，国民经济进入计划经济的轨道，"破产"被视为不可能也不需要的发展选项之一。直到1979年改革开放时期，出于经济发展和社会进步的需要，国家提出建立有计划的市场经济体制。在此社会化的初步竞争过程中，一些手捧"大锅饭、铁饭碗"的集体企业毫无危机感，依旧混日子、靠组织，逐渐无法适应市场的需求，成为当地沉重的包袱。以沈阳为例，根据沈阳冶金、轻工、化工等11个工业局的测算，仅1984年上半年，就有43家集体企业亏损严重。在全国范围内，有778家企业发生亏损，其中444家历年亏损总额超过盈利总额,49 家的历年盈亏相抵后的净亏损额更是早已超过其固定资产的净值。为化解这一局面,时任沈阳市市长的李长春提出一个大胆的设想:“好的企业可以给予鼓励,那么坏的企业呢?在那以前,从来没听说过企业破产,那么,类似于资本主义国家实行的企业破产的做法,在中国是否可行?”经过调研论证、六易其稿,1985 年 2 月 9 日,沈阳市政府会议通过《沈阳市关于城市集体所有制工业企业破产倒闭处理试行规定》(以下简称《破产倒闭规定》)。据此,沈阳市工商行政管理局于 1985 年 8 月 3 日向沈阳市防爆器械厂、沈阳市五金铸造厂、沈阳市农机三厂这 3 家资不抵债、长期亏损的企业发出《破产警戒通告》。根据《破产倒闭规定》,这 3 家企业获得了为期一年的整顿和自救期限。如到期复苏,则撤销其警戒通告;反之,将以破产倒闭进行处置。一年后,《破产倒闭规定》的刺激性效应显然起到了作用,沈阳市五金铸造厂和沈阳市农机三厂通过全厂职工的生产自救成功摘掉了“黄牌”,而先天不足、后天营养不良的沈阳市防爆器械厂,则成了中华人民共和国第一家破产企业。1986 年 8 月 3 日沈阳市工商行政管理局再次召开新闻发布会,公布《企业破产通告第一号》:“根据《沈阳市关于城镇集体工业企业破产倒闭处理试行规定》(以下简称《破产倒闭规定》),沈阳市防爆器械厂于 1985 年 8 月 3 日被正式宣告破产警告,进行整顿拯救,限期一年。但是一年来虽然企业做了各方面的努力,终因种种原因没能扭转困境,所欠债务无力偿还,严重资不抵债。现决定沈阳市防爆器械厂从即日其破产倒闭,收缴营业执照,取消银行账号。有关企业善后事宜,由‘沈阳市防爆器械厂破产监督管理委员会’依照沈政发(1985)24 号文件精神全权处理。”短短 200 余字的通告,开启了中国企业破产司法实践的先河。1986 年国务院企业破产法起草小组、辽宁省社会科学院、沈阳市政府联合召开“企业破产倒闭理论与实践研讨会”,但“姓资姓社”的政治压力导致与会专家对沈阳市政府《破产倒闭规定》存在极大争议。在争论声中,第六届全国人民代表大会第十六次、第十七次会议经两轮审议,并未通过《企业破产法》,但这已无法阻挡历史前进的洪流。1986 年 11 月 29 日广东省第六届人大常委会率先通过《深圳经济特区涉外公司破产条例》,规定中外合资公司、中外合作公司、外资公司和中外股份有限公司均可申请宣告破产。争论一直持续到第六届全国人大第十八次会议,终于以 101 票同意、2 票反对、9 票弃权通过了《企业破产法(试行)》,并规定自全民所有制工业企业法实施满 3 个月之日起试行,其基础和蓝本,正是沈阳市防爆器械厂破产案。1986 年《企业破产法(试行)》确立了以破产企业主管机关和行政机关的指派人员为主体的清算组制度,该清算组制度在事实上承担起各国破产法中破产管理人的责任,也可以说是具有中国时代特色的破产管理人制度。

随着企业法人制度的逐步确立和完善,为满足经济发展的现实需要,使全民所有制企业以外的其他法人企业的破产有法可依、弥补破产法适用范围过窄的不足,1991 年修改的《民事诉讼法》也首次对"企业法人破产还债程序"进行了专章规定;国务院更先后发布《关于在若干城市试行国有企业破产问题的补充通知》《关于在若干城市试行国有企业兼并破产和职工再就业有关问题的补充通知》等一系列配套的行政规章和其他规范性文件。上述法律法规中虽仍使用 1986 年《企业破产法》中"清算组"的概念,将其称为"清算组织"。但从"清算"的概念中,我们可以看出,其在破产程序中的主要作用是对破产企业的行政性管理,具有浓厚的计划经济的特征,其与今天的"破产管理人"的内涵与外延仍有一定距离。

改革开放的 20 年,是我国社会经济形势发生重大变化的 20 年,也是我国法律制度发展取得重大进步的 20 年。在这种新形势下,原有的破产行政性管理体制和人员配备已无法适应我国经济发展和破产实践发展的需要。随着市场经济体制发展和企业经营的需要,要求建立专业破产管理人队伍的呼声越来越高。在这样的背景下,2006 年 8 月 27 日经第十届全国人民代表大会常务委员会第二十三次会议审议通过《企业破产法》,首次引入国际通行的破产管理人制度,标志着我国破产专门管理人制度的正式建立,并专章规定了管理人的产生方式及履职监督等,如该法第 25 条规定管理人履职范围包括:"(一)接管债务人的财产、印章和账簿、文书等资料;(二)调查债务人财产状况,制作财产状况报告;(三)决定债务人的内部管理事务;(四)决定债务人的日常开支和其他必要开支;(五)在第一次债权人会议召开之前,决定继续或者停止债务人的营业;(六)管理和处分债务人的财产;(七)代表债务人参加诉讼、仲裁或者其他法律程序;(八)提议召开债权人会议;(九)人民法院认为管理人应当履行的其他职责。"但近年来管理人的选任与调换权应归属于人民法院抑或债权人会议,出现了不同的声音,尤其在管理人履职能力弱导致破产程序迟迟无法推进的情况下,债权人强烈要求更换管理人,但囿于种种原因未被许可而使债权人对管理人的监督权流于形式。

四、当前管理人履职难点研读

(一)难点一:管理人的选任问题

破产案件的起始即在于破产管理人的选任,一个破产案件办理的质量高低很大程度上取决于管理人的管理水平。实践中,整个破产程序也主要是以破产管理人为中心推进的,甚至有学者指出:"一部完善的破产法也就是一部破产管理人行为法或破产管理人法。对破产管理人的制度设计是否科学合理,直接决定了破产程序能否公正高效地运行。"①因此,要考察管理人实践中的履职难点,首要的一点便在于对管理人的选任。而反观当下的司法实践,我国破产管理人制度在实施过程中之所以面临如此多的问题,既与整个社会大环境有关,在一定程度上也存在制度设计方面的原因。破产管理人的选任涉及选任主体、选任方式、变更等方面。从立法层面上来看,《企业破产法》虽然在大体上构建了管理人的选任制度,但仍过于简单及原则,实践中操作起来略显不足。

1. 选任主体

从选任主体来看,我国《企业破产法》采用的是法院指定管理人的立法模式。根据《企业破产法》第22条"管理人由人民法院指定"的规定,管理人的选任在人民法院的指导下,可引导破产程序的有序启动。但实践中,囿于债务企业情况的复杂多变,债权人、债务人的意愿并非完全与人民法院考量一致,出现重复劳动、意见不受认可等问题。

如部分债务企业或债权人在进入破产程序前已聘请专门中介机构对债务企业进行了尽职调查等一系列前期工作。特别是在重整程序中,管理人能否受到意向重整人的认可、双方沟通是否顺畅很大程度上决定着企业能否最终重整成功。以破产程序启动后管理人对债务企业财产状况、债权债务情况核查意见为例,若重整人不认可管理人对债务企业的核查意见,认为债务企业的发展前景及重整资金监管方案与其自聘的中介机构不一致。甚至认为管理人在代表债务人参加诉讼、仲裁或者其他法律程序中应诉能力低下导致债务企业资产不断减损,将直接影响重整人的意愿及资金注入量。

---

① 高志宏:《困境与出路:我国破产管理人制度的现实考察》,载《法治研究》2010年第8期。

我国《企业破产法》第 22 条规定："管理人由人民法院指定。债权人会议认为管理人不能依法、公正执行职务或者有其他不能胜任职务情形的，可以申请人民法院予以更换。"意味着债权人会议对管理人履职情况的监督仅限于向人民法院申请更换，并无最终决定权。法院如驳回债权人会议的这一更换申请，债权人便失去了维护自己权利的其他途径。在债权人人数众多的情况下，更难以达成一致意见、提出有效的更换申请。这与该法中债权人会议有权直接决定继续或停止债务人营业、通过或否决重整计划、和解协议、债务人财产管理方案、破产财产的变价方案和分配方案等有极大差距。债权人会议的自治并非完全的自治，直接导致部分管理人以"服务政治"为直接导向，至于债权人是否满意、重整人是否认可则退而居其次。

2. 选任方式

根据最高人民法院《关于审理企业破产案件指定管理人的规定》（以下简称《指定管理人的规定》）的规定，管理人的指定有三种方式，即随机指定、竞争指定和推荐指定。人民法院一般按照管理人名册所列名单采取轮候、抽签、摇号等随机方式公开指定管理人。这种随机的指定方式确实有助于解决选任环节的公平问题，但针对实践中的复杂情况，随机的选任方式也呈现出了诸多不适应之处。对于出现的这些特殊问题，由必要设定一些配套措施方可解决。但在解决问题之前，对问题的厘清来说十分重要。据调研反馈，随机的选任方式产生了以下几点问题。

第一，破产个案对管理人能力的实际要求不同，很可能出现管理人无法胜任的问题。我国 1986 年《企业破产法（试行）》对破产案件采取的是以政府官员为主导的清算组模式，并不存在公平指定的需求，故在 2006 年《企业破产法》颁布前，实际上能够参与破产案件管理工作的社会中介机构并不多。而在新法颁布之后，有学者经过调研后指出："已经编入管理人名册的中介机构在人员力量和专业水平方面差距也很大，其中一部分甚至未接触过破产案件，缺乏实务经验"。[①] 而部分破产案件又极具特殊性，"新手管理人"极易导致案件的办理质量过低，无法顺利完成各项业务。根据本课题组的调研结果，随机方式产生管理人在大部分情况下（61.54%）都选不到较为满意的管理人，可见一斑。

---

① 王欣新：《论破产管理人制度完善的若干问题》，载《法治研究》2010 年第 9 期。

第二,难以支付破产费用的破产企业难以指定管理人,指定后管理人履职意愿低下。《指定管理人的规定》第 21 条、第 22 条对商业银行、证券公司、保险公司等金融机构等在全国范围有重大影响的破产案件进行了专条规定。实践中,该类案件的管理人也确实将获取较一般破产案件更为客观的管理人报酬、更有安排资深管理人入驻、参与案件的空间。但对于随机方式产生管理人的破产案件,经常是一些“无产可破”的企业。尽管我国《企业破产法》第 43 条第 4 款“债务人财产不足以清偿破产费用的,管理人应当提请人民法院终结破产程序。人民法院应当自收到请求之日起十五日内裁定终结破产程序,并予以公告”规定了在债务企业的财产不足以清偿破产费用时,管理人可以提请法院终结破产程序。但仍需在管理人被指定,并查明该企业资产情况后,管理人仍需付出相当大的人力和物力,却难以得到补偿。学界曾提出设立“管理人保障基金”的方式为管理人提供基础保障,但资金的来源、设立方、管理方等仍无定论,基金设立也仅停留在理论研讨层面。

第三,“731 模式”难以满足重整案件对管理人的特殊需求。重整案件不同于清算,其不仅要解决债务人的债务问题,而且还需要考虑其资产重组、资本运作、改善经营管理等多方面复杂的问题。对于这类特殊的案件,仅依靠随机方式指定管理人,存在管理人履职能力不匹配,不受到重整人、债权人等各方认可,甚至导致重整目的无法实现等一系列问题。

(二)难点二:管理人报酬问题

根据上文调研结果进行总结,可以看出管理人履职的难点之一在于管理人的报酬较低,与自身所付出的努力并不相称。为使管理人的工作得以顺利开展,适当的报酬十分重要,这不仅关系破产案件的质量,也与管理人办理破产案件的积极性息息相关。因此,管理人报酬如何确定就成为一个必须解决的现实问题,而现实中的司法实践凸显的问题则进一步反映了解决管理人报酬保障问题的紧迫性。

现行法律、司法解释对管理人报酬的规定见诸《企业破产法》与相关司法解释——《关于审理企业破产案件确定管理人报酬的规定》(以下简称《确定管理人报酬的规定》)。根据我国现行法律的规定,管理人的报酬由人民法院确定。法院对破产管理人的报酬问题作出了决定之后,债权人会议可以对破产管理人的报酬提出异议;法院针对债权人所提出的不同意见进行审查,如果其理由和请求符合客观具体实际,且并未违反相关的法律法规和规章的,法院可以按照管理人和债权人会议之间的协商结果对管理人的报酬进行调整。可见,管理人的报酬主要是在一定的范围标准内,并结合管理人与债权人的意见加以确定。而这一范围标准,从《确定管理人报酬的规定》来看,主要是以债务人最终清偿的财产价值为基础,按比例确定破产管理人的报酬。同时,根据该解释第 9 条"人民法院确定或者调整管理人报酬方案时,应当考虑以下因素:(一)破产案件的复杂性;(二)管理人的勤勉程度;(三)管理人为重整、和解工作做出的实际贡献;(四)管理人承担的风险和责任;(五)债务人住所地居民可支配收入及物价水平;(六)其他影响管理人报酬的情况"的规定,人民法院决定或调整管理人报酬方案时,参考破产案件的复杂性以及管理人的能力等因素。这样的规则既规定了制度上的共性,又兼顾了实践中的特性,对管理人来说是一种很好的激励措施。

然而,由于司法实践中的情况复杂,破产企业的需求较大,上述制度设计也开始显示出其不足之处,并逐渐与实践操作产生一定脱节,使管理人的投入与产出不成比例,影响破产程序的有效推进。具体而言,法律确定的标准过低、法条规定难以量化与破产企业的法律需求较大使管理人的报酬成为现实中的难点。

其一,从调研的结果来看,大部分受访管理人认为实践中管理人的报酬过低。实践中也确实存在这样的案例,如嘉兴市第一个实行破产管理人的案例——嘉兴十八里服饰有限公司破产一案,该案的管理人入驻后全力开展了近一年半的工作,最后按最高人民法院规定收取的报酬,只有区区 1200 元。① 这样的投入、产出比是任何一个破产管理人都难以承受的,长此以往,偏低的报酬不仅会极大地挫伤管理人的工作积极性、让优秀的管理人对了解不深的破产案件望而却步,也与公平分配的社会分配原则不符。或许,有人会说,企业已行将关闭,管理人应当拿出社会责任感来,而不是在意报酬的多少。此话不假,律师管理人作为法律共同体的一员,有责任也有义务为社会提供相应义务性法律服务。但这并不意味着管理人"必须"无偿的、志愿性的或公益性的承办所有破产类案

① 参见徐得均、刘成雄:《管理人几个实务问题的思考》,载凤凰网财经:http://finance.ifeng.com/stock/roll/20091113/1461625.shtml,最后访问日期:2016 年 4 月 11 日。

件,毕竟对于管理人而言,律师作为一项职业,在实现法治理想的同时,生计问题也是每一个管理人不得不考虑和正视的问题。

其二,现行法律与司法解释虽然在量化的报酬范围规定中增加了许多考量因素,但这些考量因素相对较为原则性、难以被数据化,目前也尚无具体规定对这些因素的内涵作出明确解释。现实中,极易出现债权人与管理人各执一词,而法院虽居中裁判,但难免对现实情况缺乏了解,从而出现"闹得凶被支持"的司法窘境。再者,法院的作用主要在于司法判断,是一种被动性的权力。而将报酬的确定权赋予法院,实际上让人民法院承受本不该承担的压力,甚至出现权力垄断、扩张乃至异化的误读。

其三,破产企业法律需求过大,管理人被动承担大量接诸多标的额巨大、案情复杂的诉讼案件和非诉讼事务,而这些标的额巨大的案件收益又存在不可预期性。限于经费考量,仅少数管理人有能力派出合伙人或资深律师出庭应诉。这不仅影响债务企业的债权追偿和债务确定情况,更难以保证管理人的工作质量和积极性。

(三)难点三:管理人的执业风险问题

根据我国《企业破产法》第 25 条之规定,[①]管理人进驻破产企业后,履行法律规定的九项职责,囊括了从内部管理事务到企业财产的处分等诸多职权。从法条的规定上来看,虽然法律赋予管理人的职权比较充分,但实践中,管理人却是一个"高危"群体,稍有不慎,就可能出现许多执业风险。破产管理事务与其他非诉业务不同,其融法律事务和非法律事务于一体,其中的关系错综复杂。在管理破产企业的过程中,不仅要与法院、债权人、债务人沟通,还要与债务人职工、出资人以及其他利害方协商。在这一过程中,缺少强制执行力的管理人仅限于通过自身执业技能、谈判能力、现场把控经验等"协商解决",当不理性的债权人冲击、威胁管理人时,本应代为掌管破产企业的管理人恰恰成为最为弱势的群体和

① 《企业破产法》第 25 条规定:管理人履行下列职责:(1)接管债务人的财产、印章和账簿、文书等资料;(2)调查债务人财产状况,制作财产状况报告;(3)决定债务人的内部管理事务;(4)决定债务人的日常开支和其他必要开支;(5)在第一次债权人会议召开之前,决定继续或者停止债务人的营业;(6)管理和处分债务人的财产;(7)代表债务人参加诉讼、仲裁或者其他法律程序;(8)提议召开债权人会议;(9)人民法院认为管理人应当履行的其他职责。本法对管理人的职责另有规定的,适用其规定。

"靶子"。其既不可能与债权人一样撒泼打横,更不可能如某些债务人空许诺言;少部分行政职能部门亦"怕惹事上身",不愿参与其中。强制力的缺乏意味着权威性的减损,一旦管理人缺乏危机处置经验,不仅将影响后续工作的有效开展,严重者甚至将引发群体性矛盾。由此,管理人在担任企业破产管理人时将遭遇一系列风险,而破产业务不可不谓是一个"烫手山芋"。具体风险如下所述:

1. 商业风险

根据《企业破产法》的规定,管理人的主要职责是保管和清理破产财产。如需继续经营的,则需监督债务企业的各项经营事务。债权人对其勤勉忠实义务的履行适当与否,很大程度是从企业财产的管理问题上加以考虑。从这一角度来看,管理人其与一般的商业主体无异,都要面对商业领域不可预知的风险。而在律师事务所担任管理人的案件中,大部分管理人往往只擅长于法律事务,对企业日常运作却无从了解,这进一步加剧了管理人的风险,是一个难以克服的障碍。另外,实践中对于一些经营状况良好的企业,管理人往往会决定让企业继续自主运营,这种方式或许是一个保证企业正常运营的有效举措。但是,在这种情况之下,管理人的监督又很难面面俱到,稍有不慎就可能导致企业财产流失。于是,管理人为这种失职情形承担了不利的后果,而对债务人却没有任何惩戒措施。这种风险的不合理分配与责任的不合理转移让管理人的履职前景不明,司法至今亦尚未出台相应指导性意见。

2. 人身风险

我国经济经历了爆发性增长后,在增长潮中盲目扩张的劳动密集型、资源密集型企业因体量过大或主业不突出等原因无法支持其进行经济软着陆。该类企业往往涉及大量债权人、职工,建筑企业更会涉及已购房却无法交付或无法确权的购房户等群体性问题。

在破产管理实践中,由于破产企业大部分长期处于亏损状态,职工工资经常无法及时发放,普遍存在对立情绪,甚至认为要解决问题必须靠"闹"。因此,在全国的破产管理工作中,破产管理人遭遇职工债权人围攻的事件屡屡发生。另外,特别是建筑行业的公司,由于承包的工程较多,每个工程又聘用了大量农民工,一旦企业进入破产程序,农民工问题就十分突出,易对社会稳定造成影响。若出现群体性事件,又没有政府机关的协助,管理人就会陷入十分被动的境地,难以开展正常的破产管理事务。

(四)难点四:破产法律规定操作性略有欠缺

司法实践是问题的原生地,调研显示,管理人时常会发现许多在法律上不成问题的情形在实践中却会经常发生。而在这些问题出现的情况下,由于没有成文法直接作为依据,管理人就很难进行实际操作,使管理人工作难以推进。法律规定的不完善在财产解封问题、股权变更问题以及财税支持问题上可见一斑。

1. 财产解封问题

依据我国《企业破产法》第19条之规定,人民法院受理破产申请后,有关债务人财产的保全措施应当解除,执行程序应当中止。但是实务操作中,诸多因素的制约导致了解封工作难以推进,也反映了制度设计上的局限性。实践中存在的问题有以下三点:

第一,银行遵循"谁查封,谁解封"的原则,这为管理人依法解封、中止工作带来了极大的困难。在联系法院的过程中,解封出现了许多困难,由于案件积压,大部分法院因缺少人员配备而无法及时解除对破产财产的查封措施。如执行法院不作出解封裁定,银行无法仅依据管理人的告知或申请进行解除保全措施。没有其他途径可供选择的情况下,管理人只能不断联系法院进行,这一情况导致了管理人工作效率的下降与工作进程的滞缓。

第二,难以协调省外法院协助解封。在破产企业中,经常会存在多个银行账户被冻结的情形。而若存在外省法院的查封,便进一步加剧了跨省协调工作的难度。而大部分债务人、债权人并不熟悉司法流程,认为财产解封只要管理人申请当天甚至即时便可完成,如无法实现便责怪管理人、人民法院履职不利、设置障碍。

第三,我国各级查封法院并未实现联网。调研过程中,受访管理人指出履职时遇到的情况经常是,刚解封一个银行账户,可能就会有许多省外其他法院进行查封。而在不知该企业已经破产的情况下,仍有许多法院启动执行程序、进行查封。这种情况让管理人的工作难度进一步加剧,使管理人和人民法院都作出了不必要的重复劳动,也使账户的解封工作无法推进。

实践中,也有法院对该问题进行专题调研后发现,当前,在解除对重整公司财产保全措施工作中遇到的主要障碍如下:(1)设定了保全措施的其他法院拒绝或拖延解除保全措施;(2)由行政机关采取的保全措施难以解除;(3)一些其他法院或机关在企业进入重整程序后仍对债务人的财产采取保全措施。[①] 可见,实际操作中的解封问题十分突出,这也关系破产企业在重整中能否有效掌控、利用其财产进行偿债和资产运作。

2. 股权变更问题

在破产尤其是破产重整案件中,如果允许债务企业股东在重整期间恣意转让股权,将会导致债务人股权结构处于不稳定状态、影响企业整体估值,使本来处于困境的债务人财务更加困难。此外,如果允许债务人的董事、监事、高级管理人员转让其股权,则亦将放大其通过各种手段来逃避责任的可能性,因此破产期间对股东的股权转让进行限制极有必要。

根据我国《企业破产法》第 77 条第 2 款“在重整期间,债务人的董事、监事、高级管理人员不得向第三人转让其持有的债务人的股权。但是,经人民法院同意的除外”的规定,禁止董事、监事和高管转让股权有利于维护债务人股票价格的稳定,同时也对公司的重整进程十分有利。但值得注意的是,法律在这里并没有达到十分完善的程度。换言之,法律并没有对所有的持股人转让股票进行限制。也就是说,持股人在不具备上述身份的情况下,可以对其持有的股票进行转让。虽然排除了董、监、高转让股权的权利,但小股东的股权转让同样会对公司资产造成不利影响。因此,股权转让问题也是值得关注的一个重点问题。

3. 财税支持问题

破产重整,作为一种帮助企业复兴的制度,其目标主要有二点:一方面,通过调整债权、债务关系,消除企业破产的原因,从而实现挽救企业的目标;另一方面,运用多种相关的重整措施,最大限度地保持企业的现有资产价值,使债权人得到较破产清算更多的清偿,从而实现清偿债务的目标。在这一过程中,为实现重整而采用的许多措施时常会产生相应的纳税义务。因此,为保证破产企业重整程序的顺利进行,有必要在税收方面对进入重整程序的债务人企业采取一定的激励和照顾措施,如给予企业税收优惠,减轻其应履行的纳税义务,助力企业

① 参见厦门市中级人民法院民二庭、厦门市海沧区人民法院课题组:《破产重整案件审判实务问题调研报告》,载《东南司法评论》2011 年第 1 期。

重整,从而实现税收分配收入、宏观调控和保障稳定的功能,等等。①

然而,考察我国现行的税收法律法规及有关政策,却发现税收优惠法律制度尚未形成统一立法,其主要内容分布于《税收征管法》以及各种规范性法律文件中,且法律规定不完善、政策性文件过剩的局面。② 通过梳理现行的税收优惠政策,可以很明显地看出,国家税务部门已经意识到对破产企业给予税收优惠政策的必要性,并且有针对性地制定了相应的管理办法。这确实在一定程度上减轻了企业的纳税负担,有利于这些企业最终重整成功、走出困境。然而,现有制度仍然存在诸多问题,亟待改进。

其一,现有税收优惠政策的受惠主体范围有限,受惠程度普遍较低。一般来看,现行的税收优惠政策普遍形成于国有企业改制、重组的过程中,尽管随后逐步推开,适用于其他类型企业,但其受惠程度并不高。这样的区别对待无疑影响了现行优惠政策的实施效果,也令众多需要财税支持的破产企业得不到政策优惠而无奈止步不前。

其二,现行财税政策效力级别过低,并不规范。考查上文所述的税收优惠政策可以看出,现行的财税政策大多采用是通知、批复等文件形式,虽数量众多,但却没有得到法律法规层面的认可,尚未形成稳定、系统的税收优惠政策体系。这一点在很大程度上影响了财税优惠政策的实施效果。

(五)难点五:律师的执业特点与管理人的要求相冲突

从律师在破产案件中的执业情况来看,律师的执业特点与管理人的要求之间出现了诸多不切合之处。这一点,对于有过破产案件实务经验的律师来说并不陌生,而且经常会成为破产案件实践中律师的执业难点之一。可以说,这种问题的出现会带来债权人、债务人对管理人的不满,甚至抵触情绪。而律师的执业特点又决定了这一问题在破产案件过程中一直如影随形。

从律师的职业特点来看,律师是一个自主性十分强的职业,其日常业务并不

---

① 参见乔博娟:《企业破产重整税收优惠政策研析》,载《税务研究》2014 年第 3 期。

② 相关的文件包括:《关于企业事业单位改制重组契税政策的通知》(财税〔2012〕4 号)、《关于企业重组业务企业 所得税处理若干问题的通知》(财税〔2009〕59 号)、企业重组业务企业所得税管理办法》(国家税务总局公告 2010 年第 4 号)、《关于企业清算业务企业所得税处理若干问题的通知》(财税〔2009〕60 号)、关于纳税人资产重组有关增值税问题的公告》(国家税务总局公告 2011 年第 13 号)和《关于纳税人资产重组有关营业税问题的公告》(国家税务总局公告 2011 年第 51 号)。

是十分固定的,而往往采取一种十分灵活、机动性较强的执业方式。由于律师的职业具有自由职业的特征,所以律师需要通过获得相应的报酬以保障自己生活的安定性,这也是保障其自主性的前提。① 而反观管理人的执业属性,其必须要形成一种独立的团队,并长期"驻扎"破产企业。考虑管理人的种种破产事务,从一开始的解封财产,到债权人会议,再到债权分配,无一不是需要管理人长期驻守破产企业、了解破产企业情况,方可作出正确决策。换句话说,管理人的工作大多是事务性的工作,而律师的机动性决定了律师难以长期驻守。因此,实践中经常会出现以律师为代表的管理人与债务人之间产生矛盾的情况。

五、管理人履职保障建议

在调研过程中,管理人虽坦述在履职过程中面临的各项困难,也回顾了自身执业过程中亟待提升的相应能力。总体来看,无论是已处置资产情况、妥善安置职工数量、化解金融不良债权金额均呈现良好发展势头。但同时,我们也注意到,57.69%的受访管理人在履职过程中曾面临债权人、员工、原股东甚至是企业高管的直接人身威胁;80.77%的破产企业无任何流动资金可供支配;92.31%的破产财产已设定抵押,需管理人自行垫付各项费用但报酬无法按最高人民法院的《确定管理人报酬的规定》中的上限标准予以收取。极少部分管理人即便最终按该比例收取报酬,往往也横跨整个破产期间、通常需要2~3年,导致破产团队在整个律师事务所的收入比例极为列后、进一步影响综合能力强的律师转型至其他业务,使大量破产案件由仅承办过一两件破产案件,甚至"新手管理人"带着上岗学习的窘境摸索前进,使本就危机重重的破产企业更雪上加霜。

无论对于债务企业、债权人抑或管辖人民法院、政府而言,都希望能由成熟的管理人操盘、引导破产程序的有序开展,甚至出现如顺达塑胶案通过管理人高

① 参见许身健:《论律师职业的属性》,载《刑事司法论坛》2009年第1期。

效、高质的重整力度,实现3个月内清算转重整的经典案例。① 据此,提升管理人履职质量、增强优质管理人履职积极性、降低管理人履职风险、保障债权人会议监督职责等如可形成合力,将极大推动我省司法破产程序的依法前进。结合调研成果,我们初步提出以下几点建议,权作抛砖引玉之谈。

(一)根据破产企业类型,逐级遴选管理人

在调研过程中,受访管理人普遍认为"731规则"可较好地体现公平性,但目前执行的联合竞标模式未必可实现"强强联合"的最初目的,反而使具有省级管理人资格的律师事务所或会计师事务所成为"香饽饽",中标后难以和本地团队有效融合。同时,当竞选管理人中最终入选前三的候选人存在一家或两家"新手管理人",则将极大增加破产企业的后续各项风险,毕竟对于债务企业而言,通过破产程序清偿债权人、获得重生的机会仅此一次,都不愿意自己成为"新手试验田"。从调研情况来看,通过竞争方式产生管理人的评审委员会通常由人民法院的司法鉴定处、审判业务庭和监察室相关人员组成,债权人、重整人、债务人无任何发表意见的机会,只能被动等待最终结果。

调研过程中,部分管理人提出在"731规则"的基础上,适当地根据破产企业的不同情况采取不同遴选方式。如仅为破产清算的,可采取摇号方式产生,以凸显其公平性,但对管理人的报酬应给予一定保障。对管理人要求较高的破产重整类案件,可考虑较普通案件设立更为严谨的门槛(如此前团队重整成功案例等),并适当增加潜在投资人及债权人在遴选过程中发表意见甚至参与决策的机会,以提高与管理人之间的前期融合度。鉴于目前"案多人少"的实际情况,大量

---

① 杭州顺达塑胶有限公司是一家拥有近十年塑胶管业生产经营经验的传统生产型企业,其塑胶产品在业内具有较高的知名度;同时,顺达塑胶也是一家福利型企业,其一线生产岗位259位员工中,残疾职工达102人。2013年7月,因互保引发的资金链断裂,顺达塑胶由临安市人民法院裁定受理其破产清算申请,并指定浙江天册律师事务所为破产管理人。管理人入场后,迅速接管企业并聘请中介机构进行审计评估,结合企业实际情况,管理人提出《企业重整及资产处置方案》,其主要内容包括:"授权管理人在债委会的监督下进行企业重整和资产处置;对企业整体资产以股权方式进行重整或拍卖处置;将顺达塑胶的整体资产、负债以及职工安置义务以不可分割的资产包形式,通过公开招拍挂或在债权人中进行竞价的方式进行拍卖"。经人民法院及管理人对上述方案进行详细释明后,该方案获得了债权人大会97%表决权的高票通过。经公开招商,由两家同业企业组成联合体,愿意以承债式方式受让企业全部债权债务,并承担—调整企业经营方式、维持企业持续经营、安置职工等义务。顺达塑胶案从人民法院受理破产申请到重整成功,前后耗时仅3个月,管理人在依法前提下的快速推进,高效工作,并充分发挥了债权人的能动性。

企业在等待进入破产程序过程中曾自主或由债权人组织开展预重整，并聘请中介机构入驻进行尽职调查、辅导企业进行预重整的各项事务，甚至可能已就重整几大关键事项初步达成一致。在此种情况下，建议对前期入驻中介机构进行考量，包括是否符合管理人要求、执业情况等，如符合《指定管理人的规定》且得到大部分（如2/3以上）债权人认可的，可考虑由其继续履职，避免重新选取管理人重复劳动且短期内无法取得各方面的认可。

另一种可供讨论的情况是，少部分破产企业在进入程序前，已有意向重整投资人，其希望通过破产程序固定目标企业的债权债务后再行接盘。在此种情况下，是否给予其参与遴选管理人的机会？如给予，如何避免"意向重整人"仅是破产企业的"托"、参与遴选后即行退场的情况？如不给予，如"意向重整人"对管理人的工作不予认可，是否可给予其一定发表意见的机会和途径？对此，可借鉴前文所提到的域外经验，从由法院主导选任渐渐转向由债权人会议主导，并辅之以临时破产管理人制度。

具体而言，由第一次债权人会议选任管理人；若债权人会议意见分歧而无法选任出合格的管理人，则由法院与占多数债权额的债权人协商后选任出管理人。若协商无法达成一致，则应按照现行相关规定，由法院径行指定管理人。而对于债权人会议所选任的管理人，法院从程序性要件与实质性要件两个方面加以审核，也即债权人会议选任程序的合法性，以及有无《企业破产法》规定的不得担任管理人的情形。在审核通过后，如无法定理由，应予以确认。此外，针对在第一次债权人会议选任出破产管理人之前的期间，则应由法院参照现行管理人选任制度，选任临时管理人。在任选管理人阶段即有意向重整人的，可要求其支付一定比例意向金后，与债权人代表共同列席评审委员会，给予其发表意见的机会。进入破产程序后出现意向重整人，且其对管理人工作不予认可的，其可向管理人账户支付一定比例意向金后，向债权人会议提交更换管理人议案，由债权人会议或债权人委员会审议表决。

结合调研过程中管理人就选任程序的反馈看，普遍认为在"731规则"的基础上细化管理人遴选程度有以下优势：

1. 将选任主导权由法院转移至债权人会议，将法院从"主导"地位变为"居间裁判"地位，不仅可加强司法权威性、避免"暗箱操作"的误读，更可有效监督债权人会议的各项议程。

2. 破产程序的目的在于使债权人和债务人之间债权债务关系得到公平、高效的解决,其负有保护债权人利益的基本功能。因此,破产管理人的职责在于最大程度维护债权人的合法权益。那么,对于主要代表自身利益的破产管理人选任,由具有切身利益、对于破产企业具体状况与债权债务关系相对而言具有更加清晰认识的债权人会议来主导,更具有根据个案情况及特殊性,选任出合格管理人的动力与能力,更能选任出能够切实维护广大债权人利益的管理人。也可借此将法院从事务性工作中腾出精力专注于破产程序的司法监督。

3. 与此同时,在破产程序特别是重整程序中,存在众多的利益主体,包括债务人、职工甚至是社会公众,公权力对管理人选任事务的适度介入和监督,可以保证破产管理人能平衡这些利益主体的利益。①

(二)设立管理人薪酬基金,保障基础报酬

事实上,管理人报酬问题的实质,与上文管理人选任制度问题的症结在深层上是一致的,即在破产程序中债权人会议的能动性与权利边界。从法律经济学的角度来看,这是一个政府与市场关系的命题。管理人的薪酬究竟如何才是合理的,事实上是一个付出与收入是否对等的问题。从国外实践来看,让无形的市场之手进行自主选择或最为体现效率与公平的基本原则。

作为破产案件的直接利害关系人,债权人会议更有能动性去参与、监督、考量管理人薪酬与其履职积极性的比例,更可最大保障债权人的权益。2011 年浙江省物价局、浙江省司法厅曾发布《关于制定律师服务收费标准的通知》,规定律师服务收费由基础收费与风险收费构成。鉴于管理人报酬少则无法收取,多则时间跨度达 2 ~ 3 年,建议可参考上述《关于制定律师服务收费标准的通知》,在管理人入场且成功召开第一次债权人会议后,由债权人会议审议是否向管理人支付前期基础费用,便于管理人按计划开展工作。对于破产程序结束后的第二期费用部分,则可通过债权人委员会与管理人协商的方式实现、并将协商成果交人民法院审议。

马克思曾指出:“经济基础决定上层建筑”。相较由人民法院直接核定管理

---

① 参见叶甲生、高峰:《中国破产管理人选任制度的完善》,载《安庆师范学院学报》(社会科学版)2011 年第 3 期。

人报酬的方式,由债权人委员会根据管理人工作表现与其协商的方式,或可更好地体现经济学中的帕累托效率(Pareto Efficiency)原则。帕累托效率是博弈论中的重要概念,并且在经济学、工程学和社会科学中有着广泛的应用。帕累托最优是指资源分配的一种理想状态,假定固有的一群人和可分配的资源,从一种分配状态到另一种状态的变化中,在没有使任何人境况变坏的前提下,使至少一个人变得更好,这就是帕累托改进或称帕累托最优化,被称为公平与效率的"理想王国"。

在破产程序中,在无意外的情况下,破产财产的范围是固定的,在债权核定后,相对而言债权人可获得的清偿率是可计算的。据统计,92.31%的破产财产已设定抵押,未抵押财产通常价值不高、难以处置。在这种情况下,在不降低抵押债权清偿率的情况下,普通债权的清偿率几乎所剩无几。但我们同时注意到,对于对外有大额应收账款的破产企业尤其是生产型、建设型债务企业而言,如通过管理人的努力,或可通过有效的诉讼、非诉讼手段进一步扩大破产财产的资产价值或范围,则可达到不使优先债权人受损的前提下,即可实现提高普通债权清偿率的"帕累托最优效率"。

通常意义上理解的破产财产类似一个蛋糕,当一部分债权人获得的蛋糕变大时势必意味着另一部分债权人份额的缩减,由此极易引发双方冲突与矛盾,但如可通过管理人努力实现"共赢",则可极大地避免上述风险。但以课题组目前在承办的某大型建筑企业破产项目为例,账面大量应收债权存在账龄较长、证据材料欠缺、负责人不明等种种困难,部分为与建设工程所在地人民政府签订的建设移交(Build Transfer,BT)项目,清收工作极为考验管理人的各项能力。一旦管理人出现畏难情绪或诉讼策略失当的情况,则财产追索的机会可以说稍纵即逝。反过来说,在没有经费保障的情况下,管理人作为中介机构的"人合组织",也难以召集资深、高效的律师组成管理人团队。

相较人民法院而言,债权人及债权人委员会是与管理人接触最为频繁的主体,第一线了解管理人的各项履职情况;管理人履职情况的好坏直接关系期清偿的比例和时间成本,可以说债权人是管理人最终服务的对象。而债权人会议上述寻求其所认为合理报酬的过程,就是一个在市场上与各参与主体博弈、信息交流,进而形成合理价格的市场机制。毕竟,人民法院并不是这个市场中的参与者,只是扮演着监督者的角色,故而更宜由参与者主动行使选择权和定价商议权。此外,就法理而言企业进入破产程序后,其财产就应当归全体债权人所有。破产管理人是为全体债权人的利益服务、为全体债权人代为管理资产。那么,由债权人会议来决定其报酬更具合理性。

而法院之所以不适合直接介入,除了上述的不符合市场效率的原因外,更因为容易产生对法院权力滥用的质疑。尽管司法解释对管理人报酬的幅度有比较严格的限定,并赋予债权人委员会听取报酬方案、提出异议等权利,但听取方案、提出异议与真切地参与定价还留有不小的距离。

综上所述,管理人报酬制度改善上,可考虑借鉴美国、加拿大、瑞典和英国等国实行的"债权人确认模式"。在这种模式下,管理人由债权人会议选出,报酬也由其确定。

(三)设立府院对接机制,有效引入托管方对债务企业进行专项经营

在调研过程中,管理人普遍提出维稳问题是影响管理人有效履职的棘手问题。调研显示,与债权人沟通(80.77%)、与辖区政府及法院衔接(69.23%),维稳问题(50%)是目前管理人在履职过程中面临的主要问题,另有19.23%管理人反映政府为维稳需要,要求管理人行走于"灰色地带",致使管理人面临履职不严或赔偿诉讼等风险,但囿于破产案件的成功与否很大程度上依靠当地政府的支持与协助,管理人只得选择服从相关部门的安排(见图29)。

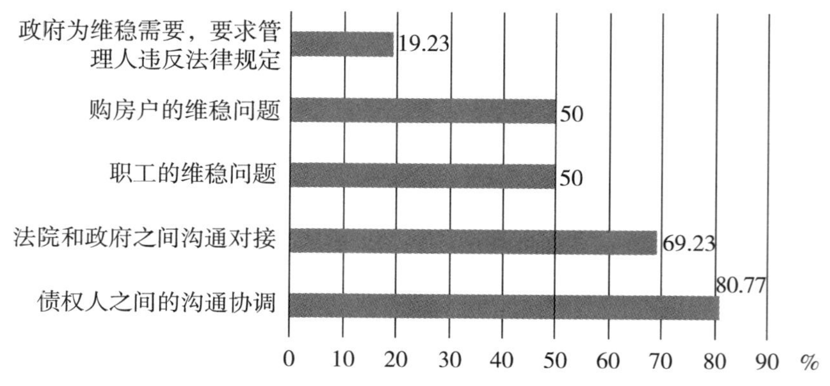

图29 在办理破产案件中面临的主要问题

鉴于破产案件的复杂性与地域性,人民法院作为中立的审判机构,无论人力、物力,都无力承担当地社会的维稳重任。少数地方政府存在"一旦进入破产

程序,摊子就撂给法院和管理人”的偏差认识。从破产管理人制度建立至今的实践充分显示,府院无缝对接、三方合力协作的破产案件往往有快速处置、有序分配,甚至不乏如前述“顺达塑胶案”清算转重整并在3个月内处置完毕的优秀案例。而政府部门如仅袖手旁观,人民法院、管理人不得不在履行法定职责的同时,分出精力承担部分行政管理职责,且人民法院和管理人的弱强制力乃至无强制力又进一步降低了管理人和人民法院的司法威信,成为一个不良循环,特别是涉及民生等群体性问题的破产案件,亟须法院、政府、管理人共同协力,妥善解决。

对于上述调研过程中所呈现的管理人履职障碍,结合受访团队的意见和建议(见图30),或可从以下三方面予以进一步完善。

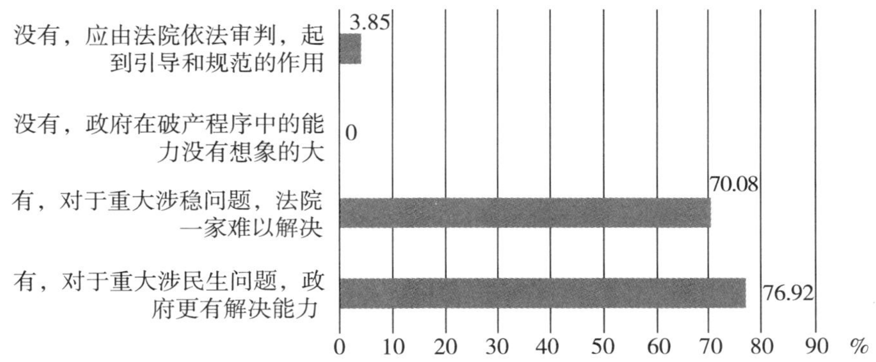

图30　对于重大涉稳案件,对于建立府院对接是否有必要

第一,建立府院对接机制。自2014年以来,舟山、厦门、温州、衢州等地逐步设立了府院对接机制。如浙江省衢州市即在2015年建立府院联席会议机制,合力推动企业破产重组工作。并由政府每月召开企业破产重组盘活工作会议邀请法院参与,法院不定期向市政府报送《企业破产重组盘活工作专报》。仅2015年度衢州市两级法院便审结18件破产案件,共化解银行不良资产6.18亿元,盘活工业土地498.8亩,工业厂房16万平方米。①

第二,建立健全的破产管理人执业风险保险机制。执业责任保险,是指被保险人由于自身提供的服务存在不当行为,致使被保险人在保险期内遭遇赔偿请求,投保人或被保险人根据保险合同的规定通知保险人,由保险人根据保险合同

① 参见余建华等:《探索破产审判机制 服务经济转型升级》,载《人民法院报》2016年2月5日,第4版。

有关条款的规定补偿被保险人由于赔偿请求而带来的损失的一种保险制度。在降低管理人履职风险的同时,亦可在风险发生时对债权人或破产企业及时赔付。

第三,制定针对管理人的商业风险归责原则。正如上文所述,当由对相关破产企业商事运作不够熟悉的律师事务所等担任管理人时,其失职所造成的风险如何分配负担,是一个值得关注之处。鉴于管理人自身专业性限制以及社会分工需要的考虑,应区分管理人对于失职之性质以及其所具有的决策重要性。简言之,如管理人在该项导致公司损失的商事运作决策过程中具有主导性的地位,或是该项决策属于管理人专业范围内之事务(例如,因律师事务所对某项法律事务判断失误而造成损失),那么,管理人自应负有赔偿责任;而在其他情况下,管理人只需负有专业范围内的忠实和勤勉义务即可。但是,上述建议也是只针对发生损失后如何确定责任分配而提出的原则。若希望从根本上对上述损失进行规制防范,则需要明确管理人的职责边界。例如,对于有重整希望、状况较为良好的企业,其日常商事决策运作可以交由企业原管理层或是其他具有相应专业能力者。管理人所需负责的,乃是以从专业角度出发,防止企业财产进一步损失,而不负有进一步判断前述商事决策是否合理之责(例如,律师事务所仅负有审查该决策在法律上是否会使企业财产进一步损失之义务)。这是符合专业化分工要求的。但是,这种制度也必然会面临管理人难以全面监督破产公司的情况,因此,在有条件的情况下,可由管理人聘任专业的企业管理人负责日常商事决策事宜。这样,方能在最大程度上保护破产企业的财产价值。从实践成果看来,由稳健的同业经营者带资进场、托管经营,并与管理人约定月度或季度盈利目标,管理人及债权人会议履行监督职责。该模式有利于破产企业恢复元气,成功案例显示托管方最终成为破产重整人,将破产企业并入其主业中快速实现破产重整的目的,债权人亦可极大减少清偿的时间成本。

(四)优化程序性规定,为实现破产目的提供司法便利

1. 加快破产财产解封流程

在调研过程中,受访管理人尤其是破产重整案的管理人集中反映进入破产程序后,各级管辖法院的解封程序烦琐、跨地之间缺少调配导致破产程序过半仍未能解封。一方面,招致债权人、债务人的责难;另一方面,也极不利于企业恢复经营,甚至导致资产的不断贬损。

就此，我们建议人民法院可根据企业的不同特点，启动相应程序，对重整、和解类的破产案件，可根据债务企业实际情况，优先处理重整、和解程序中的财产解封工作，尽早恢复企业生产经营、尽可能减少债权人损失，为挽救危困企业创造良好法律环境。

2. 对持股股东转让股权严格审查，保护债权人利益

在股权变更问题中，难点有：一是不具有董事、监事和高管身份的大股东的股权转让问题；二是不具有董事、监事和高管身份的小股东的股权转让问题。对于前者，笔者认为，应当将其纳入规制范围，限制其股权转让。理由在于：我国企业大股东即使不具有上述身份，其实际上常作为企业的日常实际控制人而存在，影响力甚至不亚于具有上述身份者，若不对其股权转让加以限制，则将对企业股票价格稳定、公司重整等造成不利影响。而对于后者，单一小股东的转让行为似乎并不会对企业造成多大影响，但问题在于，一旦众多小股东集体选择转移股权，那么其对股价稳定影响则不可忽视。故而，有必要对破产企业小股东的股权转让加以一定限制，例如，限制转让时间、数额等，减缓其转让的“剧烈程度”，将转让行为的时间延长，数额分散，以期尽可能减小影响。

3. 对破产重整企业给予一定财税支持，推动重整程序的成功

公共需求是税收的基石，征税的多少最终体现在为公众提供公共产品多寡。站在公共产品的提供和消费角度看，纳税人和国家都成为平等的权利义务主体，当纳税人处于极度危难之中，国家有义务实施救助。但我们注意到，我国《企业破产法》虽然规定税收债权人可以通过表决通过破产重整计划草案方式减免税收债权，但包括《税收征管法》在内的其他法律、行政法规对如何在破产案件中减免税收债权尚无明确规定，使通过表决方式减免税收债权的规定实际上成为空中楼阁，征收机关和管理人对《税收征管法》与《企业破产法》规定不一致时如何适用各执一词。在破产案件中，如何低成本地处置大宗固定资产成为管理人在架构方案时需要考虑的关键问题之一。对此，建议对破产企业的税收债权可否减免、如可减免则具体的行政程序等予以明确；对于破产重整类企业，可参照招商引资项目扩大受惠主体、提高受惠程度，消除重整人的后续顾虑、共同推进重整程序的有序前进。

基于管理人视角的破产程序中审计与评估业务热点问题实务研究

许胜锋[*]　张　生[**]

在破产程序中，管理人经人民法院指定，依法履行接管债务人、调查债务人财产状况、管理和处分债务人财产等职责。在履职过程中，为了保证破产程序的公平、公正，管理人一般会视情况聘请审计、评估机构对债务人进行专项审计、资产评估。但在具体实践中，就审计、评估机构的选任方式、费用收取、审计和评估方法等问题目前尚没有形成统一标准，一定程度上影响了审计、评估工作的效果，不能充分实现管理人的委托目的。本文从管理人的视角，对破产程序中审计与评估业务的热点问题进行分析探讨。

一、破产程序中的审计业务

（一）破产程序中实施审计的意义

我国《企业破产法》并未规定破产程序中必须实施审计，实务中，有的破产案件进行了审计，有的案件并未

* 北京市中伦（深圳）律师事务所合伙人，中国人民大学破产法研究中心研究员。

** 北京市中伦（深圳）律师事务所非权益合伙人。

审计,那么破产案件中是否要审计,审计的意义和目的为何,审计的结论如何使用,这是每一个破产管理人接管破产企业时都必须要面对的问题。

破产程序基础性的和核心性的工作,是清查破产企业在开展经济活动期间所形成的真实的资产和负债状况,会计资料记载和反映了企业运行期间的经济活动,因此,会计资料是管理人开展此项工作的核心依据。然而对于破产企业而言,其所编制的会计报表并不一定能够真实反映其资产负债状况,其原因主要包括两方面:一方面,破产企业故意隐瞒、掩饰其相关经济活动;另一方面,破产企业对会计准则的错误适用而导致报表信息失真。此外,破产企业最后一次编制会计报表的时间与法院裁定受理破产申请的时间总是存在时间差,此时间差短则数月,长则数年,破产企业编制的会计报表,不能反映破产申请受理日的资产负债状况。

作为担任管理人的主体的律师事务所囿于专业限制,无法对所接管的会计资料进行会计分析,无法对报表数据失真情况进行修正。面对此种问题,管理人可考虑的选择包括:其一,由破产企业的原财务人员对会计报表进行调账。不过,原财务人员在专业上能否胜任,以及其能否排除利益干扰客观中立地开展工作,存在不确定性。鉴于会计报表对破产工作的重要性,在笔者承办的破产案件中,原则上不允许破产企业自行调账,或者不认可破产申请受理后其调账的结论。其二,聘请审计机构进行审计。作为独立承担责任的社会中介组织,审计机构的专业性、客观性和中立性具有较为充分的保障,其对破产企业资产负债状况的审计结论,能够最大限度地反映破产企业的真实经济活动。

(二)破产程序中审计结论的使用

审计机构对破产企业的资产负债情况进行审计作出审计报告(或冠以其他名称的审计结论)后,如何使用审计结论,取决于委托审计者。对于破产管理人而言,审计报告对破产程序的作用主要体现在如下方面:

1. 为管理人的财产调查工作提供线索和基础信息

管理人接管破产企业后,可以通过公开和法定的渠道调查破产企业财产情况,比如,破产企业名下的房产、土地、车辆、证券资产、银行存款等。但是此种通过相关管理部门调查的措施仅限于依法需要登记的资产,对于无须登记的被其他主体占有使用的机器设备、其他动产等资产,破产企业的对外投资,由其他主体代持的资产等,无法通过上述措施进行调查。而审计机构基于管理人所接收的会计资料,能够揭示此类财产的状况,从而为管理人对债务人的财产调查工作提供线索。

2. 为管理人的债权审查工作提供依据

管理人的债权审查工作,是在综合分析债权人的债权申报资料和债务人的财务会计资料的基础上进行的,债权人的申报材料,不足以反映其真实的债权情况。对于债务余额,亦即债权人的债权金额的确定,通常是以审计机构所出具的清查数据为准的。如果债权人提交了新的证据证明审计机构的清查数据有误,严谨的处理方案是,由审计机构对新的证据材料进行审计,并作出是否调整清查数据的结论。

3. 为法院宣告债务人破产提供参考依据

在破产申请阶段或者破产申请受理后,破产企业应向法院提交财务会计资料。但是如前所述,破产企业的会计报表的编制日期与破产申请受理日存在时间差,其不能反映破产申请受理日的资产负债状况,而法院宣告债务人破产,恰恰需要破产申请受理日的资产负债数据。

4. 为债务人的财产处置和追收工作提供参考

会计报表之资产科目下的资产,并不一定具有变现能力,如预付账款,可能是由于合同相对方未开具发票而挂账形成,本身不属于法律意义上可追收的资产。原则上,对于会计报表中所列的资产,管理人均应当出具相应的处置方案,可追收的进行追收,可处置的进行处置;对于无变现能力的会计报表上的资产,则可根据审计机构的审计结论在向债权人会议或债权人委员会报告后不予追收处置。

5. 为重整程序中预计债权的处置提供参考

重整程序本身不消灭重整企业的债权债务关系,在重整程序中未申报的债权,重整计划执行完毕后,仍可向重整企业主张权利。因此,对于会计报表中有记载的但未在重整程序中申报的债权(称为预计债权),通常会在重整计划草案中予以安排,并为其预留相应的分配款。此类预计债权无法通过债权申报程序浮出水面,只能通过会计报表予以呈现,如果金额较大的债权未记载在会计报表上而债权人在重整计划执行完毕后又向重整企业主张权利,将会造成较大的利益损失并可能引发相关民事责任的承担问题。一份研究充分的审计报告能够充分挖掘其账面未记载的负债,并将此类风险降至最低。

(三)破产程序中审计的内容

破产程序中审计的核心内容是破产申请受理日时破产企业的资产负债情况,在此大框架之下,可以根据破产企业的实际情况,约定其他的审计内容,如注册资本和实收资本情况、大额资金往来情况、关联交易情况、劳动债权情况等。需要特别提示的是,根据最高人民法院《关于适用〈中华人民共和国企业破产法〉若干问题的规定(二)》第9条的规定,对于《企业破产法》第31条和第32条所规定的可撤销行为,管理人因过错未依法行使撤销权导致债务人财产不当减损的,管理人应承担相应赔偿责任。因此,建议管理人将是否存在《企业破产法》规定的可撤销行为明确约定为审计事项。当然,对于可撤销行为的判断,涉及对法律条文的理解和适用,可能需要律师与会计师协同完成。

以破产申请受理日为基准日进行审计,是目前的主流观点,也有观点认为应以法院指定管理人的时间或者管理人接管债务人的时间作为审计基准日,以清晰界定管理人的职责范围,避免在破产申请受理日至管理人接管债务人期间,债务人资产负债的变动给管理人带来风险。笔者认为,此种观点有其合理之处,但不必更改审计时点,如此期间资产负债确有变动的或者管理人提出明确要求的,将其作为期后事项予以披露即可。

目前实务中还存在一种类型的审计,是对破产期间的经济活动进行审计。此种审计实际上是针对管理人的经济责任审计,属于对管理人的监督措施。此种审计在目的及作用等方面与上文所述之审计存在本质不同。

二、破产程序中的资产评估业务

(一)破产程序中实施评估的意义

根据《企业破产法》规定,破产清算程序中,破产财产原则上应当通过拍卖的方式处置。因此,可以说资产评估是破产清算程序中资产处置的必要性前置程序,其为资产拍卖中的起拍价提供了有重要意义的参考。比如,根据最高人民法院《关于人民法院网络司法拍卖若干问题的规定》,起拍价由人民法院参照评估价确定,起拍价不得低于评估价或者市价的70%。

关于重整,实务中一般存在两种类型:一种是以保留企业资产的营运价值为目的的重整;另一种是以保留企业的壳价值为目的的重整。在后一种重整模式下,企业的资产一般通过拍卖的方式剥离掉,在此过程中,评估的意义和作用与破产清算程序无差异。前一种模式是主流的重整模式,在该模式下,评估工作相较破产清算程序更为复杂,其结论也更易产生争议。根据《企业破产法》规定,在重整计划草案中,普通债权所获得的清偿比例,不低于其在重整计划草案被提请批准时依照破产清算程序所能获得的清偿比例,因此,在重整中需要对重整企业的资产在清算假设条件下的价值进行评估。清算假设条件下的评估值,对普通债权的实际清偿率、重组方所支付的重组对价以及出资人让渡及所能保留的股权份额等重整中的重大利益,都具有重要的影响。因此,通常所说之重整系利益各方相互博弈的程序,在一定程度上也可以说是利益各方在清算假设条件下的评估值的基础上所进行的博弈。

当然,清算评估值并不能视为是决定各方博弈结果的决定性因素。在重整企业的资产具有良好的变现能力、潜在的意向购买者众多的情况下,通过公开的竞争程序,可以使最终的成交价趋近于资产的实际市场价值。然而,情况并非总是如此,因各种原因,总是有一些重整企业,其潜在的意向购买者寥寥,竞价机制失去效力。在此种情况下,如果清算评估值低于其真实市场价值,而且重整计划草案规定的成交价等于或略高于清算评估值,则债权人利益将会受损,意向购买者将因之而获得额外利益。如果清算评估值高于其真实市场价值,则可能无法吸引到重组方,从而导致重整程序失败转入破产清算程序。

出现以上情况的原因,主要在于重整程序中一般并不实际处置资产,重整程序中的清算评估值,实际上是一种评估结论或者是会计计算的结果,无法通过市场机制检验清算评估值与资产实际价值的符合或背离程度。与此同时,清算评估值对于重整程序又具有重大的利益影响,因此,相较于破产清算程序,重整程序中的评估结论,包括评估范围、评估方法等,更易受到质疑。

在以保留企业资产的营运价值为目的的重整中,实务中还经常对资产的持续经营状态下的价值进行评估。最为理想的状态,是第三方以不低于持续经营价值的价格取得所对应的资产,然而这缺乏明确的法律依据,实务中也难以得到贯彻执行。《企业破产法》仅规定普通债权人在重整中所获得的清偿率不能低于清算假设条件下的清偿率,对于清算评估值与持续经营评估值之间的差额,理论上债权人与债务人股东均有权分享,[①]甚至作为重组方的第三方也能够提出充分的理由主张该部分利益。因此,最终的结果取决于债权人、债务人股东及重组方的博弈。

另外,偿债能力分析是重整计划草案的必要内容。偿债能力分析,是基于重整企业的资产在清算假设条件下的评估值,在优先清偿破产费用、共益债务、有财产担保债权、职工债权、税款债权等债权后,对普通债权的清偿率进行分析计算。重整程序中普通债权的清偿率,不得低于偿债能力分析中普通债权的清偿率。在深圳的重整实务中,偿债能力分析报告是由评估机构出具的。

(二)破产程序中评估的基准日

对于破产清算程序而言,评估的目的十分明确,即服务于资产拍卖工作。根据中评协颁布的《资产评估准则——评估报告》的规定,通常,只有当评估基准日与经济行为实现日相距不超过1年时,才可以使用评估报告。因此,在破产清算程序中,评估基准日的确定,只要使得拍卖工作不超过评估报告的有效期即可。

重整程序中,根据《企业破产法》的规定,清算评估值应当是重整计划草案被提请批准时的估值。之所以不以重整申请受理日作为估值确定的日期,是因为根据《企业破产法》规定,重整申请受理后至重整程序终结前债务人取得的财产,亦为债务人财产,该部分财产亦为偿债资产,其权益应归属全体债权人。由于重整期间允许继续营业,因此,重整期间债务人财产持续发生变化便成为常态。鉴于以上情况,以重整申请受理日的财产进行评估,便无多少意义,纳入评估范围的财产,应尽可能反映重整期间债务人财产的变动情况。然而,以重整计划草案被提请批准时的财产进行评估,实际上也是不现实的,因为重整计划草案提交法院和债权人会议后,一般不会再作变动。因此,以接近于重整计划草案提交日的财产状况进行评估可能更加科学。当然,如果在重整计划草案提交后至被提请

---

① 根据绝对优先权规则,只有对重整计划持反对意见的某一类债权人进行全额清偿或等值的全额分配后,所有优先次序在这类债权之后的债权人或股东,才可以根据重整计划获得一定的金额清偿或以某种价值形式的权益分配,而在绝对优先权规则起源地的美国,债务人股东是劣后于普通债权人的次级权益请求权人。也就是说,清算评估值与持续经营评估值之间的差额,应首先由普通债权人分享,只有在普通债权人获得全额受偿后,有剩余的才能分配给债务人股东。但是无论在中国还是在美国,未绝对遵守绝对优先权规则均是一种普遍的现象,此种现象也得了基于实用主义的合理化论证。

批准期间,债务人财产状况发生了重大变动,笔者认为,仍有必要对重整计划草案进行修正。

实践中,评估基准日的确定主要有两种方法:一种是以法院裁定受理重整日为评估基准日;另一种是以距提交重整计划草案较近的时点为评估基准日。这两种方法实际上并没有本质区别。如果重整期间债务人财产状况发生变动,应首先由审计机构将其作为期后事项予以披露,上述两种方法均应当根据审计机构披露的事项体现出财产的变动情况,其区别可能仅在于计算方法上的不同。在第一种方法下,先行评估截至重整申请受理日时的所有资产,然后再对重整期间所变动的资产进行评估并予以披露;在第二种方法下,则直接对变动后的资产进行评估。另外,鉴于评估报告的有效期一般为 1 年,而重整计划草案的提交及表决日期一般不超过 1 年,因此,在第一种方法下,一般也不存在期限问题。

三、破产程序中的审计与评估业务共性问题

(一)审计与评估机构的选任与更换

破产程序中的审计与评估,是以破产法为导向的,其与其他类型的审计与评估业务存在差异,比如,对破产程序中可撤销行为的审计,即为破产程序中的专属业务。能否选任合适的审计与评估机构,对破产程序的推进具有重要影响。

关于破产程序中的审计机构、评估机构的选定方式,《企业破产法》及相关法律没有明确规定。在破产实践中,一般存在两种选任方式:一是管理人申请人民法院摇珠选定。例如,《深圳市中级人民法院破产案件管理人规范》第 32 条规定,“管理人对债务人财产进行审计、评估、拍卖应当申请本院以摇号方式确定中介机构,深圳市内的不动产应当委托深圳市土地房产交易中心拍卖。”二是在人民法院监督下,管理人以竞争方式向社会公开择优遴选中介机构。

以上两种方式各有利弊。由人民法院摇珠选定审计、评估机构的方式,借鉴了人民法院在司法程序中的审计、评估机构选定方法,具有便捷性,并确保了审计、评估机构遴选过程的公开、透明。但同时,这种方式未区分破产程序对审计、评估的职责能力要求,可能导致审计、评估机构无法适任的情况。管理人以竞争方式向社会公开遴选审计与评估机构,一定程度上避免了上述问题,但囿于遴选信息公开渠道有限,在实践中,除部分重大破产案件外,参与一般破产案件遴选

的审计、评估机构寥寥无几,导致管理人难以选聘到有丰富破产程序工作经验的审计、评估机构开展工作。

通过正常程序选任的审计与评估机构,如无正当理由应禁止更换。笔者认为,从审慎的角度出发,存在以下情况时应允许更换:第一,审计或评估机构明确表示拒绝接受委托的;第二,审计或评估机构与本案有利益冲突的;第三,审计或评估机构不具备相关的资质的;第四,有证据证明审计或评估机构不能胜任本案工作的。在前三种情况下,管理人可在报告法院后即予更换,在第四种情况下,为了避免可能出现的潜在风险,笔者认为宜将其作为重大事项报告债权人会议或债权人委员会,由其通过表决决定。

(二)审计与评估机构的委托主体

无论通过何种方式选任审计与评估机构,其委托主体均应为管理人。因此,审计与评估机构应与管理人签订相关业务约定书,其工作对管理人负责,其工作成果如何使用亦由管理人决定。

重整程序中,在债务人自行管理财产和营业事务的模式下,依据《企业破产法》规定,法律规定的管理人的职权由债务人行使。但实际上有些职权并不宜由债务人行使,例如,资产调查、债权审查等,因此,实务中采取债务人自行管理模式的,法院通常会重新划分管理人和债务人的职责权限,以保证重整工作的客观效果。笔者认为,债务人作为重整程序的利益相关者,其有动力干涉和影响正常的审计与评估工作,而管理人作为独立的中介机构,由其委托审计与评估,更能保证审计与评估工作的客观性与公正性。因此,在债务人自行管理模式下,亦宜由管理人委托审计与评估机构,并由管理人负责实施具体的审计与评估工作。

(三)审计与评估费用

1.审计与评估费用的确定方式

破产程序中,确定审计与评估费用的方式主要有两种:一种是按照主管部门、物价部门的规定执行;另一种是采取包干的形式确定固定的费用。前者主要适用于法院通过摇珠确定审计与评估机构的情形,后者主要适用于通过竞争方式确定审计与评估机构的情形。

根据财政部《关于进一步落实〈会计师事务所服务收费管理办法〉的通知》

(财会〔2011〕18 号),会计师事务所的收费办法由各地财政部门会同价格主管部门制定。以广东地区为例,根据广东省物价局《关于会计师事务所服务收费有关问题的通知》,会计师事务所服务收费实行政府指导价和市场调节价。其中,我国《注册会计师法》第 14 条第 1 款规定的审计业务实行政府指导价,其他会计咨询、会计服务等其他服务的收费实行市场调节价。具体而言,财务报表审计以被审单位资产总额与销售收入孰高分档累进计费,标的额从 50 万元以下至 10 亿元以上共分 9 档;合并、分立、清算审计按年度财务报表审计标准 150% 计收,再将分年度收费额累加计算。评估费用与此情况类似,在广东地区,广东省物价局《关于资产评估收费有关问题的通知》也明确了具体的收费标准。

上述方式的优势在于费用确定的依据清晰、明确,避免了破产程序中管理人应尽量避免的商业谈判的过程。然而,无论是审计还是评估费用,均缺乏针对破产程序的细化的收费标准,因此,在执行相关行政部门的规定的过程中,难免会产生争议。实务中针对相关具体问题已形成了一些探索性的解决方案,比如,在深圳地区,普遍采用评估值与变现值孰低原则确定评估费用,以督促评估机构能够客观地实施评估。不过仍有一些问题尚需进一步的研究与沟通,比如,对于破产企业对外投资的评估,评估机构主张按照被投资企业的评估值进行收费,然而破产企业可能对其投资份额有限,从而导致出现处置该笔对外投资所获取的收益尚不足清偿评估费用的情况。实务中就曾出现过评估机构对破产企业 1% 的对外投资进行评估并按照对外投资企业全部股权价值计费的情况。

包干的形式,是指通过招标方式确定审计与评估机构的过程中,要求审计与评估机构提供具体和确定的报价,并在其报价基础上最终确定其费用的方式。与上一种方式不同,包干的形式所确定的费用具体、明确,避免了后续因费用所可能产生的争议。不过,审计与评估机构在提供报价时,通常并不能够获取破产企业完整和具体的信息,包括其资产负债状况及其结构、具体的审计与评估的内容和要求等,从而导致出现审计与评估工作的难度和工作量与其工作报酬不相匹配的情况。不过整体而言,竞标已是目前经济社会中一种比较成熟的经济活动,其所蕴含的市场化机制为其提供了充分的合理性支持。

2. 审计与评估费用的支付方式

审计与评估费用的支付方式,主要包括分期支付和最后一次性支付。中介机构在开展正常业务时,倾向于选择分期支付的方式,以保证能够在不同的工作阶段收取到相应的费用,维护自身合法权益。然而,破产案件有其特殊性,实务中较为普遍的情况是,进入破产程序的企业现金流已枯竭或接近枯竭,管理人未接管到资金或仅接管到微量资金;而一些中介机构仍拘泥于惯性思维,坚持主张分期支付的方式,并且主张在支付了首期费用后才开始开展工作。

关于审计与评估费用的支付方式,在现行破产法框架下尚属于商业谈判的范畴,如果经过管理人的沟通与法院的指导,合同双方仍无法达成一致的,法院尚难以通过司法文书的形式,强制性地确定支付方式。目前可采取的解决方案主要是,由管理人向法院提交报告,请求更换审计与评估机构。但更换审计与评估机构势必影响破产工作的整体进度,而且也会影响审计与评估机构选聘工作的严肃性。

(四)审计与评估业务的质量监督

在实践中,审计与评估机构在审计和评估工作中,时有存在怠于履行审计、评估职责的情况,实践中就曾出现审计机构直接把破产企业的财务记录未经调整计入审计报告,而破产企业的资产情况、债权债务情况、大宗资金的流向也缺乏盘点和核实的情况,严重影响了审计报告的真实性。

对于审计与评估质量的监督,除了管理人应积极履行监督职责外,还应当充分发挥债权人的监督作用。第一,要保障债权人的知情权,使债权人能够顺畅地获取审计与评估报告的内容;第二,应当确立审计、评估机构列席债权人会议的制度,由审计、评估机构向债权人会议报告审计、评估情况,并回答债权人的询问。第三,建立审计、评估报告排除制度。可以借鉴最高人民法院《关于民事诉讼证据的若干规定》中关于司法鉴定的相关规定,存在以下情况的,可以排除适用审计与评估报告,并由管理人重新委托进行审计与评估:(1)审计与评估机构不具备相关业务资质的;(2)审计与评估程序严重违法的;(3)审计与评估结论明显依据不足的。对于有缺陷的审计与评估报告,可以通过补充审计与评估等方法解决的,不再另行审计与评估。

试论财务会计理论在破产程序中的运用

陈克征*

破产程序是为了公平清理债权债务，保护债务人和债务人的合法权益。为了实现破产程序的目标，需要大量地使用财务会计信息。那么，破产程序中的财务会计信息提供者需要提供怎样的财务会计信息，才能使财务会计信息在破产程序中变得更为有用？财务会计理论的研究成果，可以指引破产程序中的财务信息提供者提供充分的、高质量的会计信息，以便破产程序中的法院、管理人、债务人、债权人以及重整战略投资人等相关各方作出符合自身利益最大化的决定，从而推进破产程序的有序进行。

一、有关会计信息质量的财务会计理论

（一）信息不对称理论

信息不对称理论，是指在市场经济活动中，商业交易中有一些人掌握的信息比较充分，在交易中往往处于比较有利的地位，而有一些人掌握的信息比较贫乏，在交易中则往往处于比较不利的地位。信息不对称给市场经济

* 香港中文大学专业会计硕士（EMPAcc），温州天原会计师事务所总经理。

造成的负面影响主要有逆向选择和道德风险。

逆向选择是信息不对称的一种类型,是因为交易参与者或潜在参与者中的一方或多方相对于其他参与者来说具有信息优势。① 这种信息不对称造成的不利后果是没有信息优势的一方,担心信息的可靠性,决策变得格外谨慎,从而影响他们作出合理的决策。逆向选择的一个典型例子是旧车市场,出售旧车的车主比旧车购买者掌握着更多的关于旧车的车况信息,而旧车购买者因担心买到的旧车并不值钱,总是出更低的价格。这就造成了好车不进入旧车市场,进入旧车市场的都是差车。

道德风险是信息不对称的另一种类型,是因为交易参与者或潜在参与者中的一方或多方在整个交易的履行过程中能够观察到他们的行动,而其他参与方却不行。② 保险市场往往被用来解释道德风险的存在,比如,保险公司推出一项保险内容为你能否取得中国人民大学法学硕士学位的保险产品,那么优秀的学生不会去购买保险,而完成学业困难的学生会积极地购买保险(这是逆向选择),而购买保险后,更加不努力学习,并把不努力学习的原因归结到其他原因,等待着去领取保险金。显然,这种学位保险产品将得不到推广。破产程序中的债务人转移资产后申请破产保护,有点类似于参加学位保险,债务人肯定不会将转移资产告诉债权人,而债权人不能观察到债务人有没有转移资产的行动。

财务会计理论对信息不对称的研究,以增加财务会计信息的披露、对财务会计信息的生产进行管制(制定会计准则)的办法来提高会计信息质量,解决信息不对称的问题。财务会计信息质量的基本标准是会计信息的相关性、可靠性。

(二)相关性与可靠性

相关性与可靠性是财务会计的基本原则,也是财务会计理论研究的基本问题。财务会计的相关性原则要求企业提供的财务会计信息应当与信息使用者的经济决策需要相关,有助于信息使用者对企业的过去、现在或未来的情况作出评价或预测。③ 根据财务会计相关性原则,企业提供会计信息时,要充分考虑信息

---

① 参见[加]威廉·R.斯科特:《财务会计理论》,陈汉文等译,机械工业出版社2006年版,第5页。

② 同上。

③ 参见中国注册会计师协会编:《会计》,中国财政经济出版社2016年版,第8页。

使用者的决策模型和信息需求,适度使用公允价值,[①]例如,对交易性金融资产、投资性房地产采用公允价值核算,提高财务会计信息的预测价值,进而提升会计信息与决策的相关性。财务会计的可靠性原则要求企业应当以实际交易或事项为依据进行确认、计量和报告,如实反映,保证会计信息真实可靠、内容完整。[②]可靠性要求财务会计信息应当中立的、无偏的、可验证的、不会被人为操纵的信息。可靠性原则要求以历史成本为基础,历史成本又称原始成本或实际成本,是指以取得资产时实际发生的成本作为资产的入账价值。历史成本相对于公允价值来说,相对可靠,不容易被人为操纵。

然而,在实践操作中,财务会计信息的相关性与可靠性往往难以二者兼顾。当我们追求会计信息的相关性时,倾向于过多地使用公允价值来计量,但是,公允价值受市场影响,容易被人为操纵,从而使会计信息变得不那么可靠;而当我们追求可靠性时,倾向于使用历史成本原则,但是,历史成本与现实的价值往往已经完全背离,这又让会计信息变得与决策的需要不那么相关。因此,相关性与可靠性相权衡所得到的会计信息是对信息使用者最有用的信息。此外,最有用的会计信息还得考虑信息使用者的决策模型以及使用会计信息的偏好。

(三)决策有用性的信息观、计量观

财务会计信息是有用的,大量的根据证券市场实证研究证明了财务会计信息的决策有用性。但是,关于如何衡量财务会计信息的有用性,却有两种不同的观点。这就是决策有用性的信息观、计量观。

决策有用性的信息观认为,以历史成本为基础编制的财务报告,是对信息使用者有用的信息,有助于信息使用者作出正确的决策。因此,该观点认为以历史成本进行计量也不会影响会计信息的作用,提高会计信息的有用性的唯一途径在于充分披露,而不拘泥于何种形式的披露。比如说,你只要披露,你拥有一套北京北二环某小区的100平方米的房子,2000年购买的价格为100万元。信息观认为,你提供的信息对于决策是有用的,因为信息使用者都是理性的、老练的,他们可以通过上述已经充分披露的信息得出结论:你拥有价值1000万元的房

① 公允价值,是指熟悉市场情况的买卖双方在公平交易的条件下和自愿的情况下所确定的价格,或无关联的双方在公平交易的条件下一项资产可以被买卖或者一项负债可以被清偿的成交价格。

② 参见中国注册会计师协会编:《会计》,中国财政经济出版社2016年版,第8页。

产。把信息的有用性等同于信息含量,被称为决策有用性的信息观。①

决策有用性的计量观反映了另一种编制财务报告的方式。在该方式下,在信息合理可靠的前提下,财务会计人员应负责将公允价值融入财务报告中。计量观认可了财务会计人员在帮助投资者预测公司内在价值时应承担的义务。②该观点认为财务会计信息使用者并不是那么老练,需要专业财务会计人员的协助,而以历史成本原则披露的信息并不是最有用的信息。在不完全放弃历史成本原则的前提下,大量使用公允价值计量,能够增加财务会计信息的有用性。从计量观角度看,在上述例子中,你要直接披露你拥有一套北京北二环某小区的100 平方米的房子,现价 1000 万元。因为刚刚有相同价格的成交的记录,该价格是相对可靠的。

综上所述,财务会计理论的研究,指出了信息不对称可能产生的不利影响。为了解决信息不对称带来的逆向选择、道德风险的不利后果,要求财务会计提供的信息必须是相关的、可靠的。然而,在实践操作中,财务会计信息的相关性与可靠性往往难以二者兼顾。决策有用性理论的信息观、计量观,则体现了财务会计信息使用者在权衡相关性与可靠性时的不同观点。不同观点的存在,增加了为信息使用者提供真正有用的财务会计信息的难度,正所谓“众口难调”。

二、破产程序中与财务会计理论相关的难题

破产程序涉及法官、债务人、债权人以及战略投资人等相关各方的决策,更要权衡债务人、债权人以及战略投资人的经济利益,以达到各方经济利益的最佳配置结果。在这个过程中,信息不对称同样存在,破产程序中存在的一些难题也与此息息相关。结合实践经验,笔者经研究认为破产程序中出现的受理难、重整计划表决难、战略投资人决策难、不良资产处置难等难题,均在一定程度上与财务信息的相关性和可靠性有关,均可以从上述财务信息理论的角度予以解释。在此基础上,我们就可以理解,财务会计信息的质量以及对财务会计信息提供方法的选择,对破产程序的有效进行产生着重大的影响。

① 参见[加]威廉·R.斯科特:《财务会计理论》,陈汉文、夏文贤、陈靖等译,机械工业出版社 2006 年版,第 79 页。

② 同上书,第 100 页。

(一)破产案件受理中的难题

在债务人提出破产申请的情况下,根据《企业破产法》第2条之规定,债务人必须证明“资不抵债”。法官为了防范债务人转移资产、逃避债务而恶意破产的道德风险,对债务人提供的财务报告的审查变得更为谨慎,通常法官会要求债务提供多年的审计报告以及资产评估报告。但是大量地以历史成本原则为基础的审计报告难以判断是否“资不抵债”,即使辅之以评估报告也不易判断是否资不抵债,因为评估的方法有多种,例如,市场法、成本法和收益法,不同的评估方法或者不同的评估师得出的评估结果很可能完全不同。在资不抵债并不十分明显时,判断就更为困难。

在债权人申请破产的情况下,虽然债权人只要证明债务人不能清偿到期债务就可以提出破产申请,但是法官仍要避免在债务人因临时的流动性危机而造成不能及时清偿债务的情况下,让债务人进入破产程序。这就仍然需要法院审查债务人的财务状况。

由于存在信息不对称,加上法官对信息的偏好不同,在破产案件受理中,法官难以判断债务人提供的财务会计信息是否与破产申请相关、数据是否可靠,导致法官在决定是否裁定债务人进入破产程序时感到非常困难,从而变得更为谨慎。在实务中,由笔者担任管理人的某集团公司因债权人申请破产清算而进入破产清算程序的案件中,债务人在案件受理前两年就已经申请破产清算,但法院一直未予立案,其主要原因是债务人提供的财务信息不完整,从财务会计理论的角度看,该债务人提供的财务会计信息对于破产案件的受理不具有相关性和可靠性。

可见,破产申请、受理过程中提供的财务会计信息是否相关和可靠、能否充分披露以减少信息不对称所造成的不利的影响,将会直接影响破产案件的受理。

(二)重整计划草案表决中的难题

在破产重整程序中,债权人需要对管理人或者债务人制作的重整计划草案进行表决。债权人的表决过程,实际上是决策的过程。破产重整管理人或者债务人提交表决的重整计划草案需要对破产清算程序下的清偿比率进行测算,并尽可能地披露与重整相关的、可靠的所有信息,以论证重整计划的可行性。对于债权人来说,其掌握的与重整计划草案相关的信息始终不如重整计划草案制订方,存在信息不对称。另外,对于重整计划草案所披露的信息是否是与重整相关的、可靠的信息,债权人和重整计划草案制定方存在不同的看法,因为有的债权人偏好于决策有用性的信息观,而有的债权人会偏好于决策有用观的计量观。债权人往往是众多的,而重整计划草案只能是一份。

由于存在上述情况,使破产重整程序的表决变得非常困难。我们从"江西赛维案"重整表决后的债权人提出的质疑以及管理人的回复中,可以看出债权人与管理人对财务会计信息的不同理解。"债权银行人士表示,此次估值采用的是固定资产重置价值法,与破产清算采用的评估方法一样。但重整程序不同于普通的破产清算,因此在资产估值上应该结合企业实际盈利情况、现金流等企业真实经营情况来综合考虑。赛维生产经营已经有一定起色,大幅度降低资产评估价格的结果只能是损害广大债权人的利益。"①从债权人提出的质疑看,他们认为资产评估的方法应当采用收益法而不应当采用成本法,因此债权人认为重整计划草案提供的信息是不相关的、不可靠的。从他们的质疑可以看出,债权人更偏好决策有用性的计量观。对此,管理人答复,"根据光伏行业目前的新建投资情况……债权银行认为的评估方法与评估机构使用的评估方法并不一致,不存在评估方法不当,资产估值过低的问题。"②从管理人的上述回复可以看出,管理人认为其制订的重整计划草案所提供的信息是相关的、可靠的,相对于债权人来说,管理人更偏好决策有用性的信息观。对信息的相关性和可靠性理解的冲突,最终导致重整计划草案被否决。

可见,上述财务会计理论解释了重整计划草案在表决中面临的困难。重整计划草案表决过程中,由于存在信息不对称、利益相关方对于财务会计信息的偏好的不同,重整计划草案获得表决通过变得相当困难。

(三)战略投资人决策中的难题

战略投资人参与重整的过程是债权人、债务人企业、原有出资人及战略投资者之间的利益权衡和利益博弈的过程。战略投资人依据对债权人进行的法务

---

① 《江西赛维路在何方?中国最大企业破产重整案再遭多家银行反对》,载澎湃新闻网:http://www.thepaper.cn/newsDetail_forward_1530589,最后访问日期:2017 年 5 月 15 日。

② 同上。

的、财务的尽职调查,借助法院、管理人了解债务人的债务情况、资产状况以及经营情况,并测算重整后企业的经营状况和债务清偿能力。在此基础上,战略投资人提出重整方案,管理人根据投资方案制订重整计划草案并提交债权人会议表决。

债权人、管理人提供的大量与重整决策相关的、可靠的财务会计信息,有助于战略投资人的重整决策。管理人既要防范战略投资人因信息不对称而作出逆向选择,影响债权人的债权清偿率,也要避免战略投资人因缺乏足够的相关的、可靠的财务会计信息而作出错误的投资决策,最终导致重整失败。

由于信息的复杂性,战略投资人在破产重整决策中,需要更为充足的与重整相关的、可靠的财务会计信息的支持。相比对经营正常的企业的投资决策,对破产重整企业的投资决策要求战略投资人对信息的处理更加老练,信息的相关性和可靠性程度更加重要。因而,寻找破产重整的战略投资人变得更加困难。

(四)债权人对不良资产的转让处置中的难题

不良资产的转让处置,特别是商业银行不良资产的转让处置,是《企业破产法》实施的一项配套措施。不良资产的转让处置,有利于债权的及时清理和破产程序的顺利推进。债权人进行不良资产处置时,由于各方所拥有的信息量不同,存在信息不对称,可能会导致逆向选择的发生。这类似于"旧车市场",拥有信息相对较少的不良资产购买方,出于掌握信息处于劣势的担忧,给出任何想要购买的不良资产较低的估价。逆向选择主要发生在商业银行分支行向不良资产的处理机构出售不良资产的环节中,解决此问题可采用要求出售不良资产的商业银行分支行尽量以标准化的形式公开待出售不良资产的信息。①

在破产程序中,债权人对不良债权处置进行定价的信息来源主要是债务人的财务状况和管理人的调查资料。然而,破产案件相当复杂,破产财产的变现处置存在重大的不确定性,债权人难以获得相关的、可靠的财务会计信息,这导致了债权人转让债权时定价的困难。另外,不良债权的受让方对该债权可获得的清偿比率更难以作出合理的、准确的判断,估价更为困难和谨慎。不良资产处置

---

① 参见杨帆:《对我国中小商业银行不良资产处理问题的思考》,西南财经大学2001年硕士学位论文,第2页。

行业的高回报正是源于对于资产本身的高识别性和价值的高波动性,这对于购买不良资产包的人的自身能力提出了极高的要求。①

提供与债权清偿率相关的、可靠的财务会计信息,消除信息不对称的不利影响,提升不良债权交易市场的有效性,有助于破产程序的有序推进。但是,破产程序管理人制作的债务人的财产报告、破产债权清偿率的测算等财务会计信息,并不一定能够满足债权人处置债权的需要,即债权人并不认为这些财务信息与其处置债权相关的、可靠的,因此,债权人的债权转让处置并不那么简单。

综上所述,破产程序中所遇到的诸多难题与提供财务会计信息的质量关系密切。财务会计信息提供者若能采用更加科学合理的工具和方法提供高质量的财务会计信息,可以在很大程度上解决或减少破产程序所遇到的上述难题。

三、如何利用财务会计理论解决破产程序中的难题

要解决破产程序中与财务会计理论相关的以上难题,就要有效地运用财务会计理论,采用科学合理的财务会计工具和方法。其中,审计和资产评估以及充分的沟通尤为重要。

(一)审计的重要性

由于破产程序的特殊性,破产审计与正常经营状态下的企业财务审计有明显的不同。但是为了核查债务人的财务状况和经营情况,为债权人、重整战略投资人提供高质量的财务会计信息,审计在破产程序中是必要的。

1. 债务人的财务状况审计

在破产案件的受理、案件受理后管理人对债务人的财产接管以及债权申报和审核过程中,都离不开使用财务状况的审计报告资料。对债务人的财务资料进行审计,除了核实债务人的资产、债务以及所有者权益之外,还要重点关注债务人账面资产、账面债务与管理人接管的资产、接受申报的债务的差异。这些差异可能隐藏着债务人转移资产的证据和线索,会计师对差异的产生原因的分析,

① 参见《银行不良资产处置潜规则》,载搜狐财经网:http://business.sohu.com/20160803/n462477637.shtml,最后访问日期:2017年5月15日。

可以为法院受理破产案件提供部分依据,也为破产案件受理后的管理人提供追查资产的方向和线索,为管理人清查资产工作和审核债权工作带来便利。在债权人会议上,高质量的财务状况审计资料,可以为债权人提供相关的、可靠的财务会计信息,为债权人作出的所有关于破产案件的决策提供判断依据。

2. 债务人的经营情况审计

对债务人的经营情况进行审计,在破产案件中似乎不那么重要,因为债务人已经破产,以往发生的经营情况与破产案件的处理不怎么相关。但是,一方面,债权人往往希望了解债务人进入破产的原因,或者案件进入重整程序后,潜在的战略投资人需要了解债务人的经营情况,以便于作出投资决策;另一方面,在会计师对经营情况进行审计的过程中,结合对债务人的财务状况的审计,可以发现《企业破产法》规定的可撤销或者无效事项,为管理人是否决定提起撤销诉讼提供判断依据。

在笔者担任某纸业公司的破产清算管理人的案件中,对债务人的财务状况进行了审计。审计发现债务人存在 9000 万元的债务没有在账册上反映,同时,有 2000 万元的资产也没在账册上反映,债务人财产近 7000 万元无法说明去向。根据审计结果,债务人股东将个人资产 5000 多万元并入到债务人资产中,用于清偿债权。另外,在审计中发现债务人存在 2000 多万元的偏袒性清偿,据此管理人提起了撤销诉讼。审计的结果,为债权人提供了与破产案件相关的、可靠的会计信息,顺利地解决了涉及 200 多件民间债权人的涉众事件,债权清偿比率达到了 60% 以上,保护了债权人的利益。

破产案件中对债务人进行的审计,为债权人、法院提供了与破产案件相关的、可靠的财务会计信息,有利于减轻信息不对称带来的不良影响,促进了破产案件的顺利推进。

(二)资产评估的重要性

提供破产程序的相关性、可靠性的财务信息,仅凭审计仍然不足。为了提高财务会计信息的质量,还需要对债务人的资产进行评估。

资产评估的基本方法有三种:市场法、成本法、收益法。

市场法,是利用市场上同样或类似资产的近期交易价格,经过直接比较或类比分析以估测资产价值的各种评估技术方法的总称。市场法需要在公开的交易市场中寻找参照物,参照类似资产的交易价格进行合理调整后得出被评估资产的价值。这种评估方法最直接、最容易让人接受,评估的结果与破产案件中的管理人编制的财产状况报告、资产变现参考价格的确定、重整清偿率的测算最为相关、可靠。

成本法,是指首先估测被评估资产的重置成本,然后估测被评估资产业已存在的各种贬损因素,并将其从重置成本中予以扣除而得到被评估资产价值的各种评估方法的总称。相对于市场法来说,依据成本法提出的评估结果与破产案件的相关性相对较差,因为一项资产的价值高低不是看建造该项资产的成本,而是看该项资产可以产生多少经济效益。因此,笔者认为,在破产案件中,成本法可以作为市场法的补充,对无法取得市场参照物资产的采用的评估方法。该种方法在破产案件中,其评估的结果与破产案件的相关性不如市场法。

收益法,是通过估测被评估资产未来预期收益的现值来判断资产价值的各种评估方法的总称。该种评估方法的前提是被评估的资产可持续地产生经济效益,根据该项资产未来的现金流量进行评估,而未来的预期收益受到很多因素的影响,评估的结果会因评估师风险偏好的不同而不同。因此,在破产案件中,以收益法评估所得出的结论,与破产案件的相关性、可靠性最差。但是,该评估方法与重整案件中的战略投资人的投资决策最为相关。

评估的目的是取得与破产案件相关的、可靠的信息,并与审计结果合并使用,为法官、债权人、重整案件的战略投资人提供相关的、可靠的财务会计信息,消除信息不对称所带来的不利影响。因此,在破产案件中应当结合实际情况选择适当的评估方法。在上文提到的"江西赛维案"中,债权人与管理人对于评估方法的选择有不同观点,笔者认为,最适当的评估方法应当是市场法,用该评估方法得出的结论用于破产清偿率的测算与案件最为相关、可靠,债权人认为以收益法评估得出的结果来测算破产清偿率是与案件不相关的,但可以作为战略投资人的投资决策,或者可以作为管理人与战略投资人权衡重整价格的参考,最终的重整价格可能会落在市场法与收益法两种评估方法得出的评估价值之间。

(三)充分沟通的重要性

为了消除信息不对称的影响,审计与评估的结合使用,使破产案件的财务会计信息更加相关、可靠。但是,由于存在决策有用性的信息观、计量观,管理人、债务人还要与法院、债权人以及重整案件的战略投资人进行充分的沟通。管理人制作的财务状况报告以及专业机构出具的审计报告、评估报告等会计信息,对于普通的会计信息使用者来说,专业性强。通过债权人会议以及其他方式的沟通,帮助会计信息使用者的理解,有利于会计信息使用者合理采用相关数据作出合理的决策,减少不必要的冲突。

充分的沟通有助于破产案件的相关方加深对管理人、债务人提供的财务会计信息的理解,提升财务会计信息的质量,消除破产案件的利益相关方的不必要的冲突,促进破产案件的及时处理。

四、结　　论

破产程序中需要财务会计人员提供大量财务信息,财务会计信息质量的判断标准是相关性与可靠性。高质量的财务会计信息,有助于解决信息不对称,满足有不同信息偏好的信息使用者的需要。运用财务会计信息质量有关的财务会计理论,可以解释破产案件中出现的受理难、重整计划表决难、战略投资人决策难、不良资产处置难等难题。而审计与评估为提升财务会计信息的相关性、可靠性提供了帮助,采取科学合理的审计和评估方法才能为破产案件相关各方提供真正对决策有用的财务会计信息。但仅依赖审计与评估等财会分析手段仍然不足以解决问题,充分的沟通有助于消除破产案件相关各方对同一财务会计信息的不同理解。

破产案件管理人回避问题研究

——兼论“与本案有利害关系”的认定

陈唤忠[*]

最高人民法院《关于审理企业破产案件指定破产管理人的规定》伴随我国《企业破产法》的实施已近10年，虽然律师事务所、会计师事务所等社会中介机构担任破产管理人在破产审理过程中发挥了不可替代的重要作用，但法院指定管理人的选任回避和履职回避问题一直存在争议，理论界与司法实务界均认为需要厘清这些社会机构在担任破产管理人时是否存在与“本案有利害关系”。但目前对此问题的研究尚少。笔者结合自身办案实践遇到的问题加以梳理并分析总结，力争对今后完善该制度有所助益。

一、争　　论

破产管理人的回避问题包括选任回避和履职回避两个方面，学者将破产管理人的回避问题称为破产管理人“消极资格”限制问题，仅有最高人民法院《关于审理企业破产案件指定破产管理人的规定》（以下简称《指定管

* 重庆市江津区人民法院副院长。

理人规定》)第25条规定中出现过管理人"回避"的表述。2007年6月1日实施的《企业破产法》第24条规定了管理人回避的四种情形,唯有第三种情形即与本案有利害关系在实务中争论最大。对此在《企业破产法》实施的同时,最高人民法院制定的第40条《指定管理人规定》里就用5条规定对管理人"与本案有利害关系"进行了界定和处理。但司法实务者对此仍难以把握。域外对此制度亦有设计,美国《破产法》第101条第13项通过列举和概括的方式规定了利害关系的范围,对管理人回避范围较宽;墨西哥甚至将自然人担任管理人期间与本案存在同居关系、密友关系或公开的敌人纳入利害关系范围;有的国家还将审理法官的近亲属包括在利害关系范围内。① 为解决实务问题,最高人民法院结合《企业破产法》在《指定管理人规定》第23条、第24条中对管理人与本案有利害关系的范围以列举式和概括式进行了明确规定(见表1、表2)。

表1 《指定管理人规定》第23条规定

列举式	(一)与债务人、债权人有未了结的债权债务关系
	(二)在人民法院受理破产申请前三年内,曾为债务人提供相对固定的中介服务
	(三)现在是或者在人民法院受理破产申请前三年内曾经是债务人、债权人的控股股东或者实际控制人
	(四)现在担任或者在人民法院受理破产申请前三年内曾经担任债务人、债权人的财务顾问、法律顾问
概括式	(五)人民法院认为可能影响其忠实履行破产管理人职责的其他情形

表2 《指定管理人规定》第24条规定

列举式	(一)具有本规定第二十三条规定情形
	(二)现在担任或者在人民法院受理破产申请前三年内曾经担任债务人、债权人的董事、监事、高级破产管理人员
	(三)与债权人或者债务人的控股股东、董事、监事、高级破产管理人员存在夫妻、直系血亲、三代以内旁系血亲或者近姻亲关系
概括式	(四)人民法院认为可能影响其公正履行破产管理人职责的其他情形

结合笔者办案实践中调研发现,主要争议集中反映在以下三个方面:

---

① 参见王欣新:《破产管理人指定中"与本案有利害关系"的认定》,载《人民法院报》2014年4月9日,第7版。

（一）破产管理人回避条文的理解争议

有实务者认为，《指定管理人规定》第 25 条明确规定，在进入指定破产管理人程序，人民法院认为社会中介机构与本案有利害关系的，不应指定该社会中介机构为本案破产管理人。据此，管理人无论在选任阶段，还是履职阶段，一经发现存在与本案利害关系情形之一的，均应回避。有学者认为，指定管理人的立法精神是为了更大范围地让社会机构广泛参与，最大化实现破产法公正与效率之目的，《指定管理人规定》第 25 条过于拘束，应当修改完善。有的理论与实务者认为，《指定管理人规定》第 25 条所指仅为管理人选任阶段，并未包含管理人履职阶段，应当区别对待，对管理人履职阶段，更换管理人不适用此规定。

（二）破产管理人回避的程序争议

1.《指定管理人规定》未赋予申请人和管理人复议权。《指定管理人规定》第 25 条并未规定社会中介机构因客观原因没有发现与本案有利害关系情形时，当法院认为与本案有利害关系，作出不得担任本案管理人决定后，可否允许社会机构参与选任管理人的复议权。《指定管理人规定》第 31 条、第 32 条规定，管理人收到债权人会议向人民法院提出更换管理人申请通知，在 2 日内作出书面说明后，人民法院认为申请理由不成立，10 日内作出驳回申请决定；申请理由成立的，作出更换管理人决定。也就是说，《指定管理人规定》只明确了管理人的异议说明权。如果对决定不服的，不允许异议人复议，且可否申诉法律并未规定。实务中常发生债权人、债务人或管理人对是否更换管理人决定不服，要求进行复议或申诉，但因无规定，法院对此问题需反复解释说明。

2. 债权人未经债权人会议表决同意向人民法院申请人更换破产管理人，受理破产法院是否需书面作出不予更换决定。实践中，有的认为，不需再作书面决定，理由是人民法院已经作出指定管理人生效裁定，《指定管理人规定》第 33 条只是明确了依职权更换管理人书面决定，不予更换决定只需口头向申请人释明即可。理由是受理法院既然作出指定管理人裁定在前并已生效，再作不予更换裁定显得前后矛盾，不够严谨。有的则认为，破产程序分为阶段性，破产受理之初指定管理人属于选任程序，是否更换破产管理人属于履职程序，因程序阶段不同，影响管理人忠实履职的情形将不断变化，因此不予更换管理人决定同样可参照更换决定规定作出书面裁定,二者并不矛盾。

(三)破产管理人回避问题的实质争议

此争议主要有四种观点:第一种观点认为,应当参照《民事诉讼法》第 44 条关于法官审理民事案件的回避制度禁止性规定和社会中介机构人员从业诚信原则认定,即管理人在履职中凡具有《指定管理人规定》第 23 条、第 24 条列举情形的,就存在影响管理人忠实履行职务之“可能”,应当认定与本案有利害关系,据此不得选任为管理人,或者必须更换管理人。第二种观点认为,管理人在履职中虽然存在司法解释的列举情形,但“可能”影响管理人忠实履行职务的存在与否、程度大小需要审理法官进行实质性的审查判断来决定是否更换管理人。第三种观点认为,应以禁止性和授权性裁量分类型判断。《指定管理人规定》第 23 条、第 24 条列举情形包括职务关系、身份关系、经济关系、业务关系。身份关系、职务关系属于禁止性规定范围,无论选任阶段,或者履职阶段均不得担任管理人;经济关系、业务关系属于法官授权性自由裁量范围,需要实质性审查判断是否“可能”影响管理人忠实履行职务后,决定是否更换管理人。第四种观点认为,即使司法解释《指定管理人规定》的列举情形,对管理人忠实履行职务存在一定程度的影响,但只要对本案全体债权人有利,并未造成实际损害,且债权人会议不同意申请更换,法院无须依职权启动更换管理人,这属于对管理人业绩评价处理范畴。

二、厘　　清

针对上述争议,从破产管理人回避规定文义理解,就《指定管理人规定》篇章体例看,指定管理人章节第 25 条与管理人更换章节第 33 条相比较,前者是“不应”指定管理人,后者是“可以”更换管理人,可见二者在处理管理人与本案有利害关系上有所区别,把握宽严尺度明显不同。对于管理人回避的程序争议,涉及复议权、书面裁定不予更换管理人等问题是可以从制度设计上加以完善解决。而管理人回避问题的核心最终在于回避的实质争议问题,即管理人是否存在与本案有利害关系审查判断问题。通常认为,人民法院指定选任管理人与更换管理人对“与本案有利害关系”的判断标准在《指定管理人规定》里的理解是一致的,尽管理论与实务中对“与本案有利害关系”认识与理解存在一定的困惑与争议,但不乏理论与实务学者中仍在积极探究解决,总体倾向上述实质争议的第三种、第四种观点,即应以禁止性和授权性裁量分类型判断管理人回避的实质争议问题。

早在2007年5月,最高人民法院在《关于审理企业破产案件指定破产管理人的规定的理解与适用》中对更换破产管理人解读表明了持审慎观点。[①] 2014年王欣新教授对指定管理人中与“本案有利害关系”的认定一文进行了比较详细的阐述,表明了认定“本案有利害关系”按禁止性与授权性裁量两种标准认定。2017年5月王欣新教授在《破产管理人指定中的消极资格限制解析》一文里,再次阐明:对“利害关系”主要是从经济关系、业务关系、身份关系方面界定的,实质性的判断标准是否存在可能影响公正、忠实履行破产管理人职责的情形。[②] 由此,笔者结合具体实务中的体会,认为启动选任或更换管理人程序后,人民法院对管理人与本案是否存在“利害关系”的认定,需要把握以下认识判断的基本原则,或者在实务中需要注意从立法和司法解释制定背景、价值取向等方面去理解判断。

(一)厘清破产管理人回避制度设计与法官回避制度设计的区别

破产管理人回避和法官回避目的都是保证司法公正与廉洁,但各自主体身份不同带来地位作用不同,价值取向不同导致制度设计要求不同。

1. 主体身份不同

管理人的主体身份有职权说、法人代表说、财团说,破产管理人经人民法院指定,由独立于债权人、债务人之外的第三方清算组、社会中介机构或自然人担任,具有社会性特征;法官是经过国家权利机关任命而产生,代表国家行使审判权,具有人民性特征。因此,从某种角度上讲,法官选任制度比管理人的选任制度严格,法官的选任资格比管理人的选任资格要求高,法官回避比管理人回避更严。

2. 地位作用不同

《企业破产法》对管理人制度的设计,体现了管理人作为贯穿于破产程序始

① 参见高民尚:《关于审理企业破产案件指定破产管理人的规定的理解与适用》,载《人民司法》2007年第5期。

② 参见王欣新:《破产管理人指定中的消极资格限制解析》,载中国破产发论坛网:www. bbls. org. cn,最后访问日期:2017年5月10日。

终的专门机构,在保持独立性的基础上依法履行职责的法律地位,具有专业性和社会性特征。据此普遍认为,在管理人职责履行与法院的关系上,法院在破产程序中居于主导地位,负责掌控破产程序的进程并对相关事项做出裁决,管理人则依法独立对债务人财产和营业行使全面的管理权并负具体责任。[①] 其法律地位目前在理论界没有统一定论,管理人在破产清算程序中,专家倾向于处于破产财团代表地位。[②] 在破产重整、和解程序中,笔者倾向于处于债权人和债务人代理地位。其地位在不同的破产清算、重整、和解程序中发挥不同的作用,或者说管理人的法律地位不能完全等同于公权地位,管理人多数处于私权地位,其回避制度设计不应过于苛刻。法官则在破产审理活动中居于主导地位,一经发现与债权人、债务人存在利害关系情形的,应当及时回避,保证破产程序的正当性和司法廉洁。由此决定了管理人的选任与更换规定和法官回避规定要求必然不同。

3. 价值取向不同

由于各自所处立场不同,管理人从私利角度,要求管理人必须紧密代表、代理债权人或债务人进行诉讼,决定合同是否继续履行、追收对外债权,实现债权人、债务人利益最大化。当管理人与本案存在利害关系,管理人又能够实现债权人债务人利益保护,或者管理人存在利益关系,但不足以损害债权人、债务人利益时,从利益平衡原则,破产法立法精神和司法解释的原意不是为了管理人的回避导致债权人、债务人利益的扩大化损害。即使管理人存在违法行为,也不是破产法主要解决目的,是其他法律规制解决的事。而法官回避的价值追求在于如果法官在审理案件中,与当事人存在利害关系,势必触犯司法核心价值观的公权基础,当然必须回避。

4. 制度设计不同

在管理人选任与更换上,更换管理人规定是“可以”,法官回避规定是“应当”,二者在严格程度上有区分。从管理人更换与否的法院内审程序上,没有严格限制,一般由合议庭决定,重大、疑难、复杂更换事项提交审判委员会决定。法官回避在《民事诉讼法》第46条上有严格规定,院长担任审判长需要回避,由审判委员会决定;审判人员需要回避的,由院长决定;书记员、翻译人员、鉴定人员、

---

① 参见郁琳:《破产程序中管理人职责履行的强化与监督完善——以管理人的法律地位和制度架构为视角》,载中国破产发论坛网:www.bbls.org.cn,最后访问日期:2017年5月10日。

② 参见王欣新:《破产法》,中国人民大学出版社2011年版,第65页。

勘验人员需要回避的,由审判长决定。因此,实践中将更换破产管理人规定与法官回避规定等同适用实为不妥。

(二)正确理解禁止性规定的范围界定

理论界认为,存在利益冲突关系的身份关系属于破产管理人任职禁止性规定,如《指定管理人规定》第23条、第24条所指任职关系、亲属关情形的,属于禁止性规定,人民法院无裁量权,应当更换。

实践中,除《指定管理人规定》列举任职关系和亲属关系情形外,《指定管理人规定》以概括式规定破产管理人可能影响其公正履行管理人职责的其他情形的认定问题,随着社会的发展变化,应当作适当地扩张性理解。即任职关系包括担不限于破产管理人现在或在人民法院受理破产申请前三年内曾经担任债权人、债务人控股股东、实际控制人、董事、监事、高级管理人员。应当将破产管理人现在是债务人继续营业的垫资方、重整投资者的控股股东、实际控制人、董事、监事、高级管理人员纳入任职禁止性规定范围。亲属关系仅限于法律意义按近亲属范围规定是不够的,对破产管理人与债权人、债务人、债务人继续营业的垫资方、重整投资者存在同居关系、密友(闺密)关系、上下级直接领导与被领导关系等可能影响管理人忠实履行职务情形的,亦应纳入禁止性规定范围。至于同学关系、同事关系是否纳入禁止性规定范围还需探究,例如,关系度不紧密的同学关系、同事关系不应纳入禁止性规定范围内(见图1、图2)。

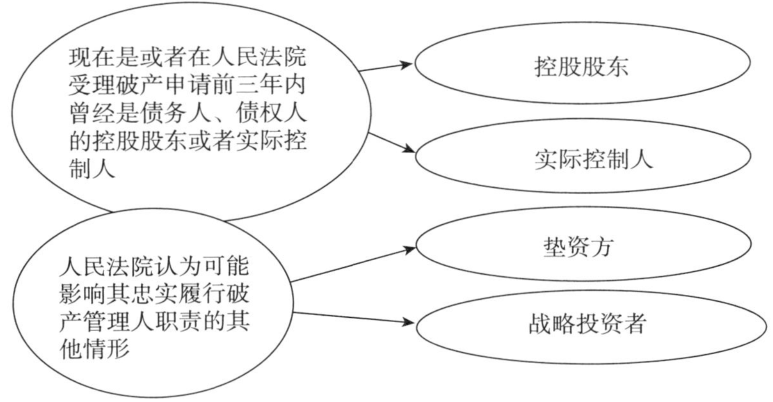

图1 《指定管理人规定》第23条任职关系

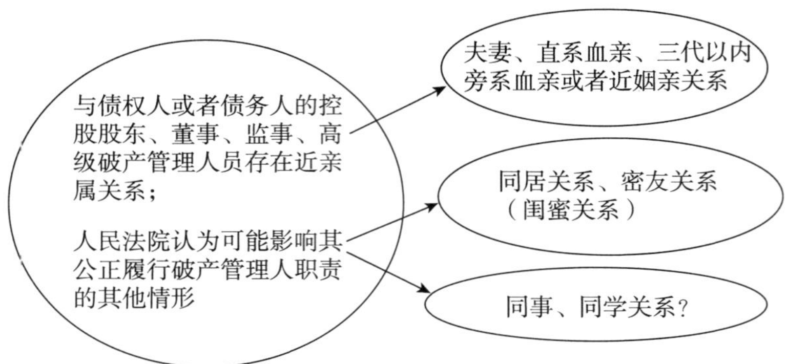

图 2 《指定管理人规定》第 24 条亲属关系

(三)授权性裁量范围界定标准

通常认为,排除破产管理人"与本案有利害关系"禁止性规定范围以外的均为人民法院授权性裁量审查范围。

1. 裁量原则

破产管理人因存在业务关系、经济关系产生的行为是否必然导致与债权人利益冲突或债权人损害结果的发生。可能影响忠实履行管理人职责的业务关系、经济关系是否实质性损害全体债权人利益,是否有利于破产案件审理的顺利推进。

2. 裁量范围

裁量范围为存在业务关系、经济关系的情形。如《指定管理人规定》第 23 条第 2 项、第 4 项,第 24 条第 1 项列举方式的情形,其中:律师事务所及其派出人员在人民法院受理破产案件 3 年内曾经与债务人代理诉讼案件,审计、会计师事务所在人民法院受理破产案件 3 年内曾经为债权人、债务人进行经济和财务代理服务;律师事务所、会计师事务所在人民法院受理破产案件 3 年内曾经为债权人、债务人提供相对固定的法律顾问、财务顾问。即使现在仍然提供上述法律、经济、财务代理或者专业咨询服务,但与本案并未构成实质性利益冲突情形的,没有损害全体债权人利益,应当认定律师事务所、审计会计师事务所及派出人员与本案不存在利害关系情形,不予更换破产管理人(见图 3、图 4)。

未了结的债权、债务关系

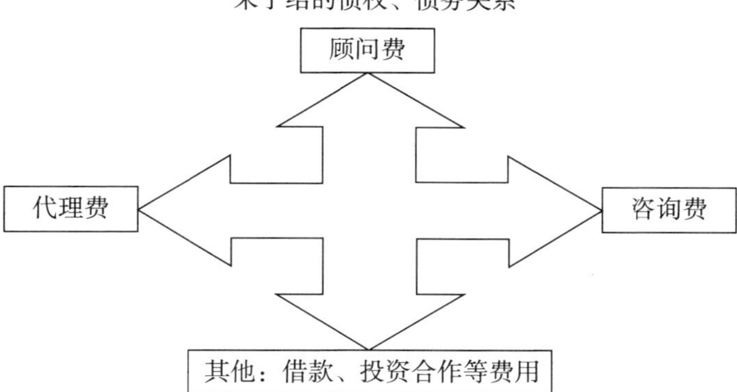

图3　破产管理人与债权人、债务人等经济关系

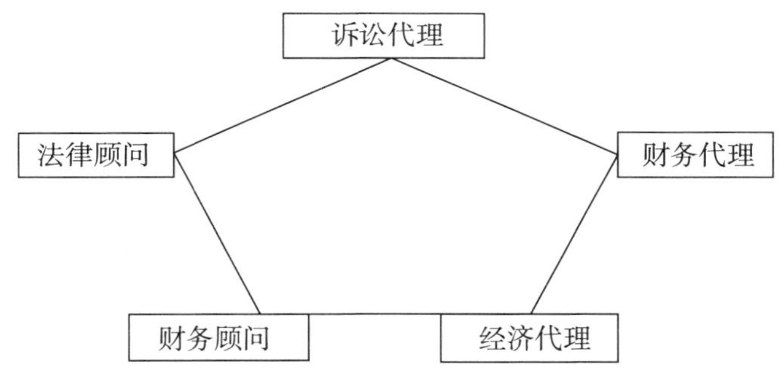

图4　破产管理人与债权人、债务人等业务关系

3. 破产管理人知道与本案有利害关系情形而隐瞒真相的回避认定

《指定管理人规定》第25条规定：“在进入指定管理程序后，社会中介机构或者个人发现与本案有利害关系的，应当主动申请回避并向人民法院书面说明情况。人民法院认为社会中介机构或者个人与本案有利害关系的，不应指定该社会中介机构或者个人为本案破产管理人。”按一般按文义解释该规定属于禁止性条款，人民法院选任指定管理人后，在管理人履行职务过程中，一经发现无论是职务亲属关系，还是经济业务关系应当对担任破产管理人的资格直接予以排除，直接依职权更换破产管理人。实践中管理人往往以“不知道”为由提出异议，法院是否需要进行实质审查判断。

笔者认为，鉴于破产受理审查为形式审查，当债权人申请债务人破产时，客观上存在申请人对债权债务知情程度的局限性，法院在选任破产管理人程序中对债权人、债务人公开披露的信息并不完整，若管理人以此提出“不主动申请回避”的抗辩理由,仍需授权法官实质进行审查判断。“知道”是主观故意,主观故意还分直接故意和间接故意。直接故意是当管理人知道与债权人、债务人存在利害关系,主观上希望这种关系造成对债权人或债务人损害结果的发生,无论最后结果是否发生,此情形都属于禁止性规定,法院应当作出不得担任管理人的决定。间接故意是当管理人知道与债权人、债务人存在利害关系,主观上虽放任这种关系造成对债权人或债务人损害结果的发生,虽然没有造成损失结果发生,但是直接侵害了管理人执业诚信原则,同样法院亦应作出不得担任破产管理人的决定。需要提醒注意的是,实务中管理人没有提出回避申请,法院在选任阶段客观原因没有及时作出不得担任管理人的决定,该管理人在履行职责期间,并没有对全体债权人造成实质性损害结果的发生,如果法官决定更换管理人,反而对破产财产保全及破产程序顺利进行造成不利影响。笔者认为此情形更换管理人欠妥,应当属于法院对管理人动态管理的业绩考核评价范畴。

(四)预重整中介机构为破产管理人与本案是否存在利害关系的认识问题

在当前破产实务中,人民法院受理破产申请前,债权人、债务人、重整投资者聘请的律师事务所、会计师事务所等社会中介机构或者个人参与破产重整前的经济、法律、财务事务。笔者同意王新欣教授观点,对不得指定该机构担任管理人的看法是不妥的,倾向该机构或者个人可以由人民法院直接指定为破产申请受理后破产管理人。当然前提是该机构提供的预先服务是公正公开、忠实诚信的,如果出现上述影响管理人忠实履行职责情形,引起利害冲突发生,人民法院应当根据债权人会议申请或者依职权及时更换。

(五)正确把握启动更换管理人程序审慎原则问题

指定选任管理人与更换管理人在破产审理中是一个程序问题,但二者有区别,审理程序存在先后之分,在对待“与本案有利害关系”判断上后者应更加严格与审慎,虽然《指定管理人规定》第 22 条赋予了债权人会议和法院职权两种模式启动更换管理人权利,但更换与否同指定管理人一样,决定权最终在法院。对此最高人民法院认为:“破产管理人是在法院受理破产案件的同时即被指定管理人管理破产财产的,在债权人会议召开之前,管理人进行了大量工作,许多工作不可逆,此时随意更换破产管理人,会对破产财产保全及破产程序审理进行造成不利影响。故债权人会议不能随意行使异议权，必须要经过债权人会议的合法程序表决，且应当提出具体的更换理由。”[①]由此，人民法院依职权更换破产管理人更应该审慎行使，应当比指定管理人阶段判断“与本案有利害关系”更加审慎，不能等同适用法官回避程序。

三、规　　制

（一）从立法层面，完善破产管理人管理主体

我国《企业破产法》第22条第1款规定，破产管理人由人民法院指定（选任）和更换，意味着立法机关已考虑域外国家制度设计，并结合中国国情。十年来的司法实践证明该规定是正确的。但指定主体与管理主体应当分离，监督指导职责代替管理职能，谁指定谁管理的传统习惯思维定式应当纠正。目前将管理人的管理职能交由人民法院行使，破产管理人的资质等级、教育培训、业绩考核、报酬标准等是否由司法机关制定值得思考。人民法院是国家的审判机关，法官代表法院依法公正独立行使破产审判权只能对个案涉及破产管理人回避等问题进行审查判断，不能充当参与审判的社会中介机构的管理者。一则精力无力顾及，面对庞大的破产管理人队伍和日益繁重的审判任务，交由最高人民法院和地方各级人民法院审判庭和破产审理法官办理，事实上是难以胜任，而在各级人民法院设立专门的管理机构亦不符合司法体制改革制度设计要求。二则可以借鉴域外成功的管理制度。如美国在联邦政府设有破产管理人事务局，英国在政府设有专门的破产管理人机构有助于破产管理人能力提升。成立类似英国破产管理署这样的行政主管机构也多有呼吁，从长远来看，确应加以考虑。[②] 三则本国实践经验可以参照。浙江温州等地区建立管理人行业协会对提升管理人能力效果较好，应考虑推动成立全国性的破产管理人行业协会。我国的律师事务所、会计师事务所等社会中介机构在参与诉讼中都有专门的行业主管机关成功管理经验。如律师事务所及律师由政府司法行政机关管理，管理制度由其制定，对案件

① 高民尚：《关于审理企业破产案件指定破产管理人的规定的理解与适用》，载《人民司法·应用》2007年第5期。

② 参见殷华整理：《中英破产法治理念和制度之异同——最高人民法院民二庭纪念破产法实施十周年专题座谈会概要》，载《人民司法·应用》2017年第22期。

诉讼费缴纳办法由国务院制定。为科学设计破产管理人回避制度,笔者建议在《企业破产法》第三章“破产管理人”中增加单设建立破产管理人管理机构和行业组织条款,明确管理机构和行业组织的法律身份地位、职能职责。

(二)从司法层面,尽快完善指定管理人司法解释

《指定管理人规定》伴随《企业破产法》颁布10年来,律师、会计事务所担任破产管理人在推进《企业破产法》实施中发挥了重要作用。当前,律师事务所、审计师会计师事务所作为管理人参与破产审理已成为主流,但广泛覆盖本地区乃至全国范围,且专业能力强的大型律师事务所、审计师会计师事务所及律师、会计师参与破产案件管理人工作,客观上不可避免与债权人债务人在破产受理前与之存在经济、业务往来关系。

一是《指定管理人规定》中选任或更换管理人关于“与本案有利害关系”的列举条款和概括性条款规定的适应性亦需要司法解释予明确,禁止性规定和授权性规定裁量的内涵与外延需要不断地拓展。如管理人与债权人债务人3年内存在诉讼代理、法律顾问关系是否回避的审查判断规则需要明确;社会机构或个人从事破产前的重整事务与本案是否存在利害关系,能否指定为本案破产管理人需要补充完善。对预重整、债务人自行管理的成长性需求与发展前景,建立预重整中由债务人自行聘请中介机构并在重整程序中获得继任的管理人指定实质前移等新模式,改变对前期(债务人进入破产程序前)提供预重整咨询指导服务的中介机构属于有利害关系者、在破产程序中不得指定为管理人的错误认识应当予以纠正。①

二是面对社会经济组织不断变化,最高人民法院作为司法解释机关应当结合全国各级人民法院审理破产案件遇到的各种实务问题,适时更新、补充注入司法解释新的内容。例如,在判定破产管理人与债权人、债务人是否存在与利害关系时,应当考虑债务人继续营业的垫资方、破产重整中的战略投资方、破产管理人委托的审计、评估机构、关联机构等社会组织,存在同居关系、密友(闺蜜)关系等个人。

三是司法解释应当赋予利害关系人对指定、更换管理人的复议权。经过十

---

① 参见王欣新:《管理人制度的发展与创新》,载中国破产发论坛网:www.bbls.org.cn,最后访问日期:2017年5月10日。

年的司法实践,赋予破产管理人和债权人会议复议权确有必要。理由是在起草制定《指定管理人规定》时就有争议,考虑担心程序设计过于复杂,影响破产程序效率,《指定管理人规定》出台后虽然最终没有赋予管理人和债权人复议权。但笔者认为,只要复议不影响管理人和债权人会议正当行使权利,赋予其复议权并不影响破产程序效率,毕竟管理人履职忠实与否,直接关乎人民法院公正审理破产案件的结果,公平与效率不能兼顾时,公平应当优先。

(三)从破产审理工作机制层面,各级法院应当切实制定完善指定管理人的具体办法

1. 在指定选任破产管理人程序时,对报名参与选任的破产管理人应当公开透明,规范细化债权人、债务人的信息披露内容和程序。如债权人申请破产的案件,客观上债权人本身对债务人的债权债务知情程度受限,应当加重参与选任管理人的主动报告是否回避责任。

2. 细化破产管理人主动报告是否回避流程。针对破产管理人公开随机抽签摇号选任、竞争性选任、直接指定方式,对管理人是否回避的期限、事由、审查、审批予以规范统一。特别是通过摇号方式和因关联企业破产等特殊案件直接指定管理人的,需要更加注意管理人回避问题的实质审查,否则将造成管理人在履职期更换的难度,甚至阻却。

3. 在监督指导管理人依法履职过程中,应当加强管理人的分级管理,实施对破产管理人的动态管理,制定和完善管理人业绩考工作机制,统一规范考评标准,对管理人在履职中存在“与本案有利害关系”情形,但不足以影响其忠实履行职务确需更换的,应当根据主观过错大小、造成影响程度轻重等综合因素,结合我国《企业破产法》第130条、①最高人民法院《关于审理企业破产案件确定破产管理人报酬的规定》第9条规定,②运用罚款、调减报酬、降低破产管理人等级等处罚手段,以达到规制破产管理人勤勉尽职,忠实履行义务目的。

---

① 《企业破产法》第130条规定:破产管理人未依照本法规定勤勉尽责,忠实执行职务的,人民法院可以依法处以罚款;给债权人、债务人或者第三人造成损失的,依法承担赔偿责任。

② 最高人民法院《关于审理企业破产案件确定破产管理人报酬的规定》第9条规定:人民法院确定或者调整破产管理人报酬方案时,应当考虑以下因素:(1)破产案件的复杂性;(2)破产管理人的勤勉程度;(3)破产管理人为重整、和解工作做出的实际贡献;(4)破产管理人承担的风险和责任;(5)债务人住所地居民可支配收入及物价水平;(6)其他影响破产管理人报酬的情况。

理想到现实:诉讼转破产制度的设计思考与司法实践

朱志亮*

长期以来,“执行难”和破产案件受理难问题,一直影响法院公信力提升。江苏省启东市人民法院(以下简称启东法院)为破解此难题,于2013年开始在省内首先进行执行案件移送破产审查(以下简称“执转破”)的尝试,逐步建立了相应的制度。然债权人的一句“你们为什么倒不能执行了,没东西可分了才受理破产?”,触发了启东法院对“执转破”制度的反思,并寻求新的突破。2014年下半年,启东法院在总结之前“执转破”经验基础之上,提出建立诉讼案件移送破产(以下简称“诉转破”)审查的制度构想,力求弥补“执转破”制度之不足,满足人民群众对司法的合理要求,节省司法资源,及时防控社会风险,防止出现“执转破”“空转”现象的发生。2014年12月最高人民法院正式确定该院开展以“诉转破”为试点课题的破产审判方式改革。

一、“诉转破”制度设置的正当性和必要性

诉讼案件移送破产审查,是指民事诉讼的当事人在

* 江苏省启东市人民法院清算与破产审判庭庭长。

立、审、执各阶段均可授权法院或申请法院在当事企业符合破产条件时,将诉讼案件移送破产审查。

(一)"诉转破"制度的正当性

首先,开展"诉转破"具有法理基础。虽然破产程序中包含有类似债权人会议决议,重整、和解方案的制定等众多非讼因素,但破产程序与民事诉讼程序都属于民事纠纷解决程序;以传统的破产清算为主导的破产程序,债务人无法正常清偿债务时,破产程序的性质亦属于一种"总括性执行程序";①我国《企业破产法》第4条规定"破产案件审理程序,本法没有规定的,适用民事诉讼法的有关规定"。

其次,维护社会信用和交易安全是建立"诉转破"制度的现实基础。当企业财产不足以清偿企业全部债务时,通过破产程序与诉讼程序的衔接,可以防止债务人通过个别诉讼或个别执行行为逃避债务,有利于维护社会交易安全,维护社会信用,从而促进市场经济良性、健康发展。

最后,减少当事人诉讼成本和节约司法资源是建立"诉转破"制度客观需要。当企业出现破产原因时,若不及时进入破产程序,不但增加当事人的诉累,也额外增加不必要的诉讼费用支出。同时,使一批本可直接通过破产程序解决的案件进入诉讼程序,甚至进入执行程序,若至执行不能后,才通过执破衔接机制进入破产程序,势必会浪费有限的司法资源。

(二)"诉转破"制度的必要性

"诉转破"有助于提升破产程序启动的效率,减少当事人的累诉,节约有限的司法成本。此项内容确有开展试点工作的必要性,理由如下:

1. 司法实践中存在权利主体缺乏申请破产的利益驱动、破产程序启动难的现状,在现有法律框架下创新性地摸索破产程序启动方式乃当务之急。

2. 在尚未成为被执行人前企业已经停产,企业主跑路,债权人围堵企业哄抢物资,大量诉讼案件涌入法院的事情已非个案,在企业已明显符合破产受理条件的情形下,仍坚持等到执行程序再解决转破产程序问题,显然会贻误战机,无法

① 韩长印、郑金玉:《民事诉讼程序之于破产程序案件适用》,载《法学研究》2007年第2期。

及时防控社会风险。

3. 防止债务蔓延,损害债权人利益,有利于挽救企业。部分不良企业主在企业经营不善难以扭转的情形下,可能通过转移企业资产、大量恶意举债等行为损害公众利益,将该企业尽早纳入破产程序,可有效防止上述行为的发生,若等到执行程序再处理,可能会导致企业债务链的进一步蔓延,维稳成本大幅增加。也有利于挽救企业,提高重整、和解的成功率。

二、“诉转破”制度的司法实践

以启东法院受理的南通灵敦运动品有限公司“诉转破”案件为例(见表1)。

表1 南通灵敦运动品有限公司“诉转破”案件情况

出现危机时间	受理破产时间	“跑路”前诉讼案件数(件)	“跑路”至受理破产期间起诉案件数(件)	债权人总数(位)	已进入执行的案件数(件)	衍生诉讼案件数(件)	执转破法院工作量(件)	诉转破法院工作量(件)	节省当事人诉讼费(万元)
2015年12月10日	2015年12月18日	16	19	41	0	3	审41+执41+衍3+破1=86	破1+衍3=4	38

2015年12月10日,一直正常从事外贸经营的灵敦公司老板突然“跑路”。次日,政府门口即围满了讨薪的工人,法院立案大厅里挤满了争先恐后要求保全的供应商。

面对突发情况,启东法院民二庭及时启动“诉转破”程序,将审理程序中的一起以该公司为被告的合同案件移送破产审查,并依职权查封了公司所有资产,确保后续汇入账户的300余万元外汇用于清偿职工债权等。减轻了政府的维稳压力,及时防控社会风险,防止企业财产不当流失,减少诉讼和执行案件,节省当事人诉讼费用,有效地减少当事人的累诉,取得比“执转破”更好的效果。

2015年、2016年,启东法院依“诉转破”程序受理破产案件为18件。其中,11件由执行程序转入,化解执行积案458件;7件由审理程序转入,化解审理案件168件,执行积案82件。

从启东法院两年的实践可以看出:

一是破产案件受案量明显增加。启东法院仅依“诉转破”程序受理破产案件就相当于试点前3年的受案量,有效解决了破产案件启动难问题。

二是为有效防控社会风险创造了有利条件。“诉转破”工作的开展解决了部分“僵尸企业”进入破产程序通道不畅问题,使部分案件进入破产程序的时间前移,阻止了企业债务链的进一步蔓延,防止了债务人隐藏转移财产、债权人围堵企业哄抢物资等现象的出现,提前发现了社会不稳定因素,为防控社会风险创造了有利条件。

三是节省了司法资源。以上表为例,该公司总债权人人数为41位,如果到执行阶段再按“执转破”移送破产,法院将需要处理的案件数量为86件(审理案件41件+执行案件41件+衍生诉讼案件3件+破产案件1件),当事人将为此花去38万余元的诉讼费用,且费时费力;而采取“诉转破”程序处理,已经起诉的16件正在审理的诉讼案件均撤回起诉后,与其他未起诉的债权人一起向管理人申报债权,已经进入执行程序的案件无须再执行,法院需要处理的案件数量仅为4件(破产案件1件+衍生诉讼案件3件)。破产案件时间节点的前移,不但能化解一批执行案件,也能化解一批正在审理的诉讼案件,既节省司法资源,也减轻当事人的诉累。

四是解决了法院内部衔接工作不顺的问题。该院各部门特别是执行部门、立案庭、破产审判庭理顺了“诉转破”中各自的职责分工,明确了程序衔接各节点的工作任务,建立完善了“诉转破”法院内部衔接配合机制,解决了法院内部“诉转破”衔接工作不顺畅问题。

2015年8月启东法院发布了《关于诉讼程序与破产程序相衔接的若干意见(试行)》。2016年4月启东法院针对试点工作中遇到的新情况、新问题对该意见进行了修改。

修改后的意见对“诉转破”的指导思想、基本原则、工作机制、适用主体、适用条件等进行了明确,并对移送破产审查应当具备的实质要件、程序要件以及破产审查后受理或不予受理、驳回申请的程序衔接等进行了具体规定。同时,创设性的提出破产预申请、破产预审查,并明确了具体做法,有利于将具备破产受理条件的审、执案件及时纳入破产程序。并明确案件移送过程中各相关部门的职责问题,有效解决衔接不畅的问题。

三、“诉转破”制度的程序构建

(一)拓展破产启动形式

摆脱“绝对破产申请主义”思想的束缚,在现有法律框架下探索诉讼程序移送破产程序的方式,规定了破产预申请、破产申请和“职权移送”三种“诉转破”形式。

破产预申请指债权人在立案时明确授权法院,在发现被告或被执行人符合破产受理条件时,将预申请移送破产审查,以确定审理或执行程序是否移送破产程序的书面请求。立案庭在受理以企业法人等组织为被告或被执行人的案件过程中,应通过内网信息平台查询其涉诉信息,当发现一定时期内案件的数量或标的额达到规定的情形时,向立案申请人释明企业无法履行到期债务可依法申请其破产的相关法律规定,并引导其填写破产预申请表,当条件成就时,授权审理或执行部门将案件转入破产审查。

破产预申请的主要目的为提前引导当事人对企业市场化退出机制的全面正确认知,有助于当事人积极主动了解破产法律制度,消除对债务人破产的疑虑,为以后引导其提出破产申请创造有利条件。

破产申请指审理或执行部门在审理或执行过程中发现债务人符合破产受理条件的情形,而债权人又未提出破产预申请的,应及时进行释明,引导债权人提出破产清算申请。当承办法官发现债务人可能具备破产原因时,应及时引导债权人提出破产申请。审理阶段,重点关注两类案件:一类是被告企业主突然失联后工厂停产、大量纠纷涌入的案件;另一类是被告企业已有多起作为被执行人的案件正在执行中,且执行到位部分财产,原告却无法参与分配的案件。执行阶段重点关注 4 类案件:一是有 10 件以上的被执行案件的;二是企业停产,企业主下落不明的;三是长期拖欠职工工资,造成过群体性纠纷的;四是经财产调查,除抵押财产外,企业无可供执行的财产的。

“职权移送”指被执行人财产不足以清偿多个债权且符合一定条件,当事人经释明未提出破产申请的,执行部门可以移送破产审查。规定职权移送仅适用于以下三种情形:(1)被执行人的财产不足以清偿多个执行债权,申请执行人无先后受偿顺序;(2)被执行人可供执行的财产在优先清偿已采取执行措施的申请人的债权后仍有剩余,其他申请执行人无先后受偿顺序;(3)被执行人的关联企业已进入破产程序,被执行人应合并破产。

在某些特殊的执行案件中,当事人基于自身利益的考量不同意案件转入破产程序,申请主义无法解决该类执行案件移送破产程序的问题。正如经济的平稳发展既需要市场的自发调节,也需要公权力的宏观调控一样,在我国面临供给侧结构改革,调结构、去产能的任务重,亟须通过破产程序清理"僵尸企业"的特殊背景下,应在坚持申请主义为主的前提下,适度引入职权主义破产启动方式,以明示列举的方式,对人民法院可依职权启动破产程序的情形予以规定。在前两种情形下,申请执行人为了将未取得执行依据的债权人排除在外,提高自己的受偿率,不会同意企业进入破产程序。而此两种情形下"执转破"不会涉及已经采取查封措施的债权人利益平衡问题,为公平清理债权债务,应依职权将案件移送破产程序。第三种情形,当前很多关联企业间存在人格混同、资产混同等情形,涉及合并破产的问题。受偿率低的关联企业进入破产程序后,受偿率高的关联企业的债权人不会同意企业进入破产程序,这时应依职权将该关联企业移送破产程序合并破产,以实现实质公平。

(二)设立预审查制度

审理或执行过程中发现债务人可能符合破产受理条件的,应制作预审查报告,于7日内经所在部门负责人同意后报由立、审、执各部门负责人组成的诉破衔接领导小组办公室预审查,经预审查认为符合破产受理条件的,通知审理或执行部门启动移送破产程序工作。

成立诉破衔接领导小组办公室对执行或审理案件是否需要进入破产程序进行预审查,既是为了平衡执行部门和破产审判部门的利益,防止执行部门滥移送案件和破产审判部门不受理案件,也是为了对案件把关号脉,对危困企业进行甄别处理。经诉破衔接领导小组办公室预审查后,根据债务人的不同情况采取相应措施:(1)对具备破产原因且挽救无望的债务人,应及时将其转入破产程序;(2)对具备破产原因但市场前景良好的债务人,应发挥破产重整和破产和解程序的作用,促进企业债务重组,化解企业债务危机;(3)对符合产业政策仍具市场前景,尚不具备破产原因的危困企业,通过"庭外指导",引导其自行重组重整;(4)对不具备破产原因的债务人,继续审理或执行。

(三)规范诉破衔接程序

规定审理或执行案件移送破产程序的,应将案件材料移送至立案庭,由立案庭对移送的材料进行初步审查,立相应案号后移交破产审判庭审查。对于移送的案件,若立案庭或破产审判庭认为需要补充或更正材料的,应书面告知破产申请人或移送部门,破产申请人或移送部门应于7日(注:最高人民法院《关于执行案件移送破产审查若干问题的指导意见》规定的时间为10日)内补齐相关材料。移送案件经裁定不予受理或受理后裁定驳回申请的,执行部门在收到退回的案件材料后应恢复对该被执行人的执行。

破产审判庭裁定受理破产申请的,应于5日内将受理破产申请的裁定书送达给原移送部门。执行部门应于收到受理破产申请的裁定书后7日内完成4项工作:一是应将有关被执行人的执行案件的债权受偿情况或财产分配情况书面告知破产案件的审判庭。在执行过程中,债务人的部分财产可能已被执行,部分债权人的债权已全部或部分受偿,受理破产的法院(部门)难以查明,需要执行法院(部门)提供相关数据,便于债权确认时将已受偿债权剔除。二是根据破产审判庭的要求及时解除相关执行措施。根据最高人民法院《关于适用〈中华人民共和国民事诉讼法〉的解释》第515条的规定,被执行人住所地人民法院裁定受理破产案件的,执行法院应当解除对被执行人财产的保全措施。但实践中应注意解除保全措施的时机,在接到受理破产案件人民法院(部门)要求解除的通知后再解除较为适当,否则可能会给债务人转移资产创造机会。三是将查控的尚未执行或者尚未执行完毕的被执行人的财产移交破产审判庭。在裁定受理破产申请后,债务人的财产依法应由管理人接管,但在当前管理人的地位尚未得到社会大众认可的情况下,执行部门在向管理人移交财产时存有疑虑,特别是在管理人印章尚未刻制的时候,执行部门为规避风险,更不愿向管理人移交财产。现阶段,为利于工作开展,应规定由执行部门向破产审判庭移交财产,再由后者向管理人移交。四是通知有关申请执行人依法在破产程序中申报债权。根据《企业破产法》的规定,人民法院应当自裁定受理破产申请之日起25日内通知已知债权人,“执转破”的案件,申请执行人应属已知债权人,因执行部门对申请执行人的信息掌握更多,情况更为熟悉,由其通知更为方便合理且不会遗漏申请执行人。

(四)畅通"诉转破"移送流程

为确保"诉转破"移送流程畅通,有必要建立起四项工作机制。一是信息共享机制,立、审、执各部门对"诉转破"试点中的相关信息定期互相通报;二是联合释明机制,案件承办人进行"诉转破"释明后,若当事人仍存有疑虑,由破产庭会同承办人共同做好法律解释工作;三是定期会商机制,各部门定期召开会议,共同总结和探讨试点改革的经验和问题,协调统筹案件处理,研究制订工作方案;四是案件材料移送机制,案件进入破产程序后,审理或执行部门须将在卷的涉及企业信息的各类材料,一次性移交破产审理部门(见图1)。

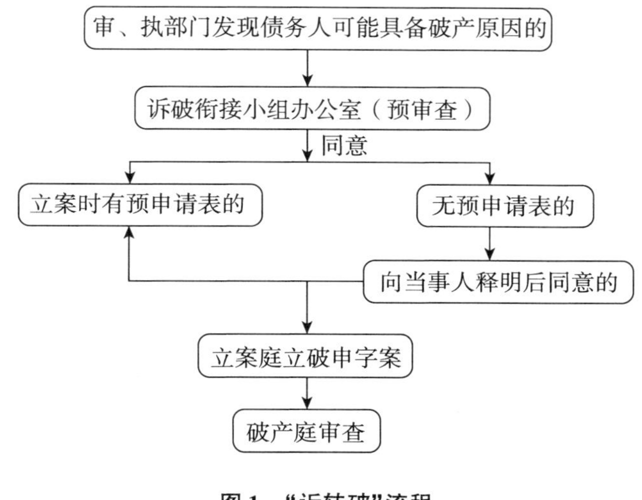

图1 "诉转破"流程

四、结　语

创设"诉转破"制度,有利于节省司法资源,及时防控社会风险,减轻当事人的诉累,使破产审判在供给侧改革中发挥更大的作用。经过两年多的运行实践,建立了相对规范的诉破衔接机制。随着法院内部对破产审判的了解,以及破产文化的逐渐形成,有必要:(1)适时对"诉转破"移送流程进行改进或重构,由各部门负责人决定"诉转破"的启动,由立案庭对立案受理破产案件进行审查,由破产庭负责审理,诉破衔接领导小组只起协调和监督作用,不具体参与移送流程。

(2)完善法院内部“诉转破”的监督机制。制定相应的应对措施,防止“抢先执行”“以破代执”“拒不移送”等情况的发生。鉴于该试点法院层级的原因,“诉转破”的工作未涉及不同法院间移送破产审查的问题。

五、论坛全程文字实录与已发表论文清单

第八届中国破产法论坛暨《企业破产法》实施10周年纪念研讨会文字实录

2017年6月3日至4日，第八届中国破产法论坛暨《企业破产法》实施10周年纪念研讨会在北京召开，本届论坛由中国人民大学法学院、中国国际贸易促进委员会法律事务部、中国人民大学破产法研究中心、北京市破产法学会共同主办，主题为“企业破产法的回顾与展望”，时任最高人民法院审判委员会副部级专职委员杜万华在开幕式作重要讲话。中国破产法论坛组委会主任、中国人民大学破产法研究中心主任、北京市破产法学会会长王欣新教授，中国人民大学法学院党委书记兼副院长林嘉教授，中国国际贸易促进委员会法律事务部副部长刘超，时任北京市法学会党组书记韩耕先后在开幕式致辞。最高人民法院民二庭庭长贺小荣、浙江省高级人民法院副院长徐建新、中国人民大学法学院教授王欣新、中国政法大学教授王卫国等嘉宾作主题演讲，来自全国各地的850余位专家学者，围绕《企业破产法》实施10周年之总结与展望、重整制度、债务人财产与破产债权制度、智慧法院背景下的财产处置及其涉税问题等议题进行了一天半的深入研讨，议程包括开幕式、大会主题演讲、分论坛研讨、开放式交流、优秀论文颁奖、闭幕式等重要环节。

以下是本次论坛的文字实录，由中国人民大学破产法研究中心博士研究生范志勇、陈科林和硕士研究生李奇负责整理,未经发言人逐一审定,如有错误纰漏之处,皆是秘书处整理不当所致,特此说明并致谢。

开 幕 式

时间:2017 年 6 月 3 日上午(8:30 ~ 9:20)

地点:友谊宾馆—友谊宫—聚英厅

主持人:徐阳光(中国人民大学法学院教授、博士研究生导师,中国人民大学破产法研究中心副主任,北京市破产法学会副会长兼秘书长)

嘉宾致辞

中国破产法论坛组委会主任王欣新教授致开幕词(见本辑《破产法论坛》第一部分“第八届中国破产法论坛开幕致辞”)

中国人民大学法学院党委书记兼副院长林嘉教授开幕式致辞(见本辑《破产法论坛》第一部分“第八届中国破产法论坛开幕致辞”)

中国国际贸易促进委员会法律事务部副部长刘超开幕式致辞(见本辑《破产法论坛》第一部分“第八届中国破产法论坛开幕致辞”)

北京市法学会党组书记韩耕开幕式致辞(见本辑《破产法论坛》第一部分“第八届中国破产法论坛开幕致辞”)

主旨演讲

时任最高人民法院审判委员会副部级专职委员杜万华作主旨演讲,主题为“深入推进破产法律实施　积极补齐市场机制短板”(见本辑《破产法论坛》第二部分“第八届中国破产法论坛主题演讲”)

大会主题发言

时间:2017 年 6 月 3 日上午(9:30 ~ 10:30)

地点:友谊宫—聚英厅

主持人:刘兰芳(原北京市高级人民法院民二庭庭长、北京市破产法学会副会长)

嘉宾演讲

贺小荣(最高人民法院民二庭庭长):供给侧结构性改革背景下破产审判的重点问题及未来走向(见本辑《破产法论坛》第二部分“第八届中国破产法论坛主题演讲”)

王欣新(中国人民大学破产法研究中心主任、教授,北京市破产法学会会长):论破产法市场化实施的社会配套法律制度建设(见本辑《破产法论坛》第二部分“第八届中国破产法论坛主题演讲”)

王卫国(中国政法大学教授、中国银行法学研究会会长):法庭外重组在破产法体系中的地位(见本辑《破产法论坛》第二部分“第八届中国破产法论坛主题演讲”)

徐建新(浙江省高级人民法院党组成员、副院长):秉持浙江精神,深化推进企业破产审判工作(见本辑《破产法论坛》第二部分“第八届中国破产法论坛主题演讲”)

时间:2017 年 6 月 3 日上午(10:40~12:30)

地点:友谊宫—聚英厅

主持人:李永军(中国政法大学民商经济法学院副院长、北京市破产法学会副会长)

刘平(山东省法学会企业破产与重组研究会会长)

嘉宾演讲

张建康(山西省高级人民法院破产审判庭庭长):

各位嘉宾,各位同仁,在《企业破产法》实施十周年的时候,我们欢聚在这里。3 年前我参加过一次论坛,给我留下了非常深刻的印象,破产法论坛是一个观点碰撞、灵感激发的平台,是一个经验交流、智慧分享的平台。今天我将介绍山西的破产实践情况。

山西在这 10 年间受理破产案件的数量并不大,共 700 余件。关键是山西在近 3 年的破产审判实践中有了一些探索,有了一些经验,特别是处理了两件在全国影响非常大的破产案件:一是联盛能源等 32 家关联企业合并重整;二是山西海鑫钢铁集团破产重整案件。联盛破产案件确认债权额 580 亿元,涉及职工 1.6 万人;海鑫钢铁破产案件最后确定的债权额是 234 亿元,涉及职工 7000 人,这两个破产案件涉及债权额超过800亿元,职工2.3万人,案件处理效果都比较好,得到最高人民法院周强院长的肯定。

我们山西法院在破产审判方面主要进行了两个方面的探索:一是组建破产案件审判庭,及时制定相应规则。从省高级人民法院开始组建破产审判庭,中级人民法院成立了两个破产审判庭,其中一个正在筹建中,此外,所有中级人民法院都有破产案件专门的合议庭。处理破产案件的专家、法官是“全省法院一盘棋”,在审理联盛破产案件时,从3个中级人民法院抽调法官组成的合议庭,也制定了一些规范性原则。二是在重大案件审理过程中,我们以重大案件为抓手促进审判。这两年我们以上述两大破产案件为抓手,实实在在地推动了山西的破产审判工作。海鑫公司重整成功后,去年已经恢复生产,而且产生了比较好的经济效益和社会效益,今年更加看好。

我们在审理破产案件实践中,有以下几点感想和启示:第一,大型企业破产重整案件的审理必须依靠党委和政府的支持。在破产案件的审理中,政府在其中的地位与作用非同一般。我们一般采用的方式是司法主导、政府配合,充分发挥市场在资源配置中的决定性作用。我们一方面担心政府干预,但另一方面在实际审理过程中又非常期待政府能够介入,在有政府介入的案件中,破产企业一般都能得到成功地处置。我个人认为,如果仅局限于微观的视角,法院在破产审理过程中发挥的作用是处置资产,但从宏观角度来看,这更是一种以市场为主导的,政府与法院共同参与的社会资源的再分配、再调整。所以,在这个定位上,作为法官,如果能把政府调动纳入破产案件的处置中,将极大地提升处置的成功率。第二,山西是一个煤炭资源大省,在经济下行状态下,煤炭市场持续低迷,企业破产案件肯定会层出不穷,而且山西省很多企业的体量都非常大,上述两家破产企业债权已达800亿元,还有几个超过百亿的企业也出现了非常严重的困难,这是一个非常有吸引力的市场。尽管山西的经济相对落后,但是在经济升级换代、去产能的大背景下,山西是一个非常好的投资点,也是中介机构大展才能的地方。最后,预祝破产法论坛越办越好!谢谢大家!

夏正芳(江苏省高级人民法院民二庭庭长):

大家好,我简单汇报一下江苏破产审判的10年回顾。我们把这10年分成前后两个阶段进行分析,总结出以下几个特点:一是收案数量的变化,前5年全省法院破产数量低位运行,平均每年一两百件上下。到2013年出现上升的势头,

2015年增幅较大,全省新收案件491件,同比增幅84.95%,2016年有837件破产案件。这个变化既与经济步入新常态有关,也与破产制度的功能价值被市场主体所认知有关,当然,更与从事破产法研究与实务的各界人士的呼吁和推动密切关联。二是收案数量的增加必然加大结案的压力。10年来,我们审结的破产案件近3000件,破产案件确实普遍存在审理周期长的状况。三是由债权人提出破产申请的案件数量越来越多。经对比,前五年债权人与债务人提出破产申请的比例是36.5%和63.5%,但是近五年这个比例发生了转变,这也说明债权人通过破产程序来保护自身权利的意识在增强。四是债务人企业呈现新的特点。前5年涉及的债务人企业主要是纺织、钢铁、煤炭等行业,后五年,房地产企业增多,并且个别金融企业也进入了破产程序,民企和中小企业占比提升,大型企业也占有一定的比例。五是破产挽救功能得到发挥。前五年审结的破产案件中,以重整、和解方式结案的寥寥无几。而近5年发生了单一破产清算向多元化的破产程序样态转变,重整与和解程序被更多企业接受,破产保护和挽救的功能得到逐步彰显,清算式重整、重整式清算在实践中也都得到应用。

江苏法院一直努力提升破产审判的品质。就内部而言,一是破解受理难问题,虽然要求全省破解各类受理难的门槛,做到不缺位,也不越位,但是在受理上我们还是有一些困惑。二是法官是否要考虑清偿不能的显著性、持续性特点而谨慎受理,给一些只是因暂时的市场影响而陷入困境的企业以自救的机会呢?因为一旦受理破产申请,将不可避免地加剧企业的困境。但是,也有观点认为,等一等、拖一拖,也会给不诚信的债务人转移责任财产的机会。三是建立破产审判的审限内控机制。我们区分不同案件,设置不同的审限要求,逾期未结的,要向上一级法院报告情况,对长期未结案件也要定期通报。四是积极推进管理人选任管理市场化机制改革。无锡市中级人民法院、南京市中级人民法院在这方面都有一些成功的经验,比如,分级管理、报酬界定以及离任审计等做法被多地法院所借鉴。2016年9月,我们率先探索以市场化为指引的管理人选任方式试点改革,打破名册和地域限制,放开准入门槛,实现管理人市场的充分竞争。目前已经有越来越多的地方法院要求加入试点,在试点改革中,各法院也探索出了不同的做法,丰富了试点的内容。五是加强破产审判的队伍建设。在最高人民法院推行专业化试点之后,截至目前已经有5家中级人民法院设立了专门庭,10余家基层人民法院成立了专门的业务庭。另外,我们积极推动院长、庭长参与破产案件的审理,提高内外协调的有效性。从外部而言主要有四个方面:一是坚决贯彻府院联动机制;二是做好执破衔接工作;三是加大破产审判的宣传;四是推进经验交流与理论的总结。

回顾破产审判的10年,有成功,也有不足和教训。经验主要有以下几点:一是尊重权利主体的意愿;二是坚持规范运行;三是坚持市场化导向;四是积极争取外部的支持。我们对这四点感触尤深,除了来自当地党委、政府部门的支持配合以外,我们特别感谢最高人民法院的指导和兄弟法院的支持与配合。以我们去年审结的舜天船舶案为例,这是全国同步实施破产重整和重大资产重组的上市公司破产案件,就重整案件受理审查以及启动与证监会的会商机制而言,我们两次报请最高人民法院,并受到最高人民法院的高度重视,安排专人负责协调、指导,这对于我们高效、快速完成各事项起到了十分重要的作用。最终,这个案件被评为去年的全国法院十大民事行政案件。

“他山之石,可以攻玉”。下一步我们将在学习借鉴各地法院成功做法与经验的基础上,重点做好府院联动机制、管理人选任机制改革和专业化队伍建设等八个方面的工作。

丁海湖[广东省高级人民法院破产审判庭(执行裁判庭)庭长]:

在最高人民法院的大力支持下,广东的破产审判工作做了一些有意义的探索。《企业破产法》实施10年以来,广东三级人民法院坚持市场化、专业化、规范化、法治化的指导思想,围绕“启动难、效率低、保障弱”三大问题开展了一系列工作,取得了一定的效果,基本上实现了破产审判由粗放型、政策导向型向精细型、市场导向型的转变。我们打造了多个在全国有一定影响的案例和事例,如具有国际认可度的广东国投破产案、全国首个经综合治理行政处置方式进入破产程序的证券公司破产案(大鹏证券破产案)、全国首先结案的证券公司破产案(南方证券案)、广州成立了全国第一家自治性的管理人组织——广州破产管理人协会。

目前,广东法院基本上建立了统一的破产援助资金制度、管理人制度、破产案件快速审理机制,率先在破产审判程序当中引入了执行查控系统。广东破产案件受理数量的占比和广东经济占全国经济总量的比例是相一致的,广东经济总量占全国的1/8到1/7,破产案件数量也是这个数字。广东法院在10年间受理了3000多件破产案件,审结2900多件,审结了一批具有重大影响力的案件,多个案件被最高人民法院评为人民法院十大典型案例,或者是推进供给侧结构性改革企业破产重整及清算十大典型案例,或者是保护非公有制经济的十大案例。

广东破产审判过程中最突出的特点是上市公司、证券公司比较多,成功审结了深泰、盛润、创智、科健、深中华、新都酒店等一大批上市公司或者是与上市公司相关联企业的重整案件,取得了良好的效果,得到最高人民法院的好评。在广东国投破产案中,广东法院首创"一拖三"审理模式,最高人民法院曾经评价:"广东国投破产案作为第一例中国法院关于破产裁定在域外得到承认的案件,堪称人民法院企业破产审判工作在维护金融安全方面的典范"。美国的《华尔街日报》发文认为:"标志着中国法治从此进入了新纪元"。

在机制建设方面,我们重点解决了以下几个方面的问题:第一,解决破产案件启动难问题。广东省高级人民法院专门发文,加强对破产启动的指导,对破产案件的立案受理作出比较详细的规定,并明确指出"不能因费用不到位而拒绝受理"。第二,在管辖方面,我们创造了四种管辖模式。第三,在执转破方面,我们专门出台了指导意见。截至2017年5月底,全省已经受理执行转破产案件8600宗。深圳市中级人民法院的做法得到了周强院长、杜万华专委的专门批示。今年,广东省高级人民法院党组提出要通过"执转破"解决3万件执行案件。第四,繁简分流机制,解决破产案件效率低的问题。广东法院用时一年以下就能审结的破产案件占62.18%,6个月审结的案件能达到30%左右。因此,快速审理机制在破产案件中是大有作为的。第五,在管理人制度上,各级法院相继出台《破产管理人工作规范》《破产管理人质效管理暂行办法》,广州和深圳在这方面取得了丰富经验。第六,在破产费用保障机制上,广东省高级人民法院和省财政厅研究建立专门的破产费用保障机制,今年6月,第一笔资金2000万元已经到位。第七,关于执行措施在破产领域的运用方面,我们积极与执行局协商,经院党组同意,破产案件可以完全适用执行的查控中心"点对点","总对总"的问题我们正在向最高人民法院汇报,争取在尽最短时间内解决问题。

广东法院在破产审判中存在三个方面问题:一是府院联动不足,需要进一步向浙江学习。二是广东破产审判工作发展不平衡。现在较为突出的是珠三角地区的9个法院,其他法院工作积极性不高,整体发展不平衡。三是广东法院的绩效考核问题没有得到全省性地解决,争取在今年年底之前能够出台广东省法官审理破产案件的绩效考核制度,充分调动法官的积极性。

蒋太仁(广西壮族自治区高级人民法院民二庭庭长):

大家好!这是我第五次到这个地方参加破产法论坛,我汇报的题目是"破产审判——小地方也能有大作为"。广西破产审判工作经历了由小到大、由少到多、由粗放到规范再到精品的发展过程,总体呈现"五小五大五发展"之特点,具体来说:

一、麻雀虽小,但五脏俱全

广西与浙江、广东、上海等经济发达地区在经济体量上无法相比,表现出五大"小问题":(1)广西经济体量不大,与全国发达地区相比,2016年,广西GDP总额18,245.07亿元,排名全国第17名。(2)审判力量不足是客观存在的现象,也不能在短时间内解决,全区仅两个中级人民法院和一个县人民法院建立破产审判庭,其他法院都是由民庭负责,审理过破产案件法官不到员额法官5%。(3)广西的破产管理人审判队伍力量参差不齐,全区仅有36个管理人做过破产案件管理人,其他在册和不在册管理人队伍不是没做过破产案件,或就是根本没有专业人才储备。(4)广西一年的破产案件大致保持在100~120件,破产案件数量仍然很少。(5)破产基金零零散散分布不同法院和地区,缺乏统一布局和标准,难以担当破产审判的经济支持。

二、积少成多,彰显大作为

第一,经济体量不大,但船小好掉头。我们重组企业成功的希望大。如北申药业案38天重组成功,股票从4元上涨至32元。广西有色集团关联企业破产案件,设及40多亿元债权子公司金河矿业股份有限公司破产重整案件仅6个月完成重组并重新投入运营。

第二,审判力量不足,但可以团队作战。成立破产审判庭后,集中优势审判力量,形成一个破产团队,发挥集体智慧做精品案件。目前已有案件中,我们崇左市宁明法院将全市执行移送破产集中管辖后,整体实现了出售式重整,清偿债务比例从分开拍卖不足10%以下提高到65%,广西会及时总结相关经验,加强对破产案件的审判指导,力争让有希望的困境企业通过"救治"重新焕发生机,更好地保护债权人的合法权益。

第三,管理人队伍不强,但可以通过引进管理人来解决。管理人队伍不强时,可以通过引进、联合等方式解决管理人队伍不足的问题。广西下个月开始进行管理人队伍改革,将首推个人的管理人团队,有些特别的案件,可以采取指令为主、摇号为辅的方式确定管理人,强化管理人的责任感和紧迫感,促进管理人制度的价值和功能的有效发挥。

第四,案件数量不多,但可以做精品。好的精品破产案件就是正确地理解和执行破产法的重要结果,也是破解法律难题,取得法律效果、社会效果统一的结果,通过举一反三,以点带面的精品案件示范,加大全区法院破产审理法律统一适用力度,保证审理的一盘棋。

第五,破产基金少,但可以发展壮大。通过一万元、十万元、百万元,逐步建立一个庞大的破产基金。

三、积跬步,可以成就破产审判事业的中国梦

第一,通过"一人一事一案一单位一县区"的宣传,让破产理念深入人心、民心和党心,其中党心很重要,有各地党委政府大力支持,我们破产审判就有强大后备资源。第二,通过"一院一庭一人"的专业化团队建设,逐步建立有专业、有激情、有担当、愿干事的审判管理队伍,以适宜不断增多案件数量和难度系数,确保各类破产案件及时高效审理好。第三,通过"一所一室一团队"的建设、呵护和支持,逐步建立一支懂管理、懂经济、懂协调、懂金融、懂融资的审判管理队伍,协助人民法院和破产企业通过破产清算清收财产、清偿债务,通过破产重整拯救企业,通过安置职工确保社会和谐稳定。第四,通过一万元、十万元、百万元之积累,逐步建立形成一个适宜经济发展要求,支持破产审判、跨国资民企、律师、法院的复合型破产审判基金,为破产审判特别是执行移送破产等工作提供强大经济支持。第五,通过一件、十件、百件案件的积累,让人民法院探索出一套医治生病企业,重整困难企业,祛除"僵尸企业",使供给侧改革方针落实到具体审判工作中,聚全区之力,共同构筑和实现广西破产审判事业的中国梦。

俞巍(上海市高级人民法院民二庭副庭长):

上海法院破产审判的基本情况。第一,案件数量总体来说比较平稳,并不是很多,10年间破产案件受理数量峰值在2012年。2017年1~5月已经受理50个案件,可以预想今年肯定要突破10年内最高峰。审结数量相对来说比较平稳,但也发现一个问题,最近3年案件审结数量跟收案数相比并不是很理想。如果按照全国数据,基本上结案和收案比是60%左右,从上海法院最近两三年情况来看,同期结案率可能有所下降。"案多人少"是其中突出的矛盾,但同时也反映出其他普通商事案件数量增长更快,而破产案件的审理难度也在增加,这是值得关

注的一个问题。上海法院案件数量不多,但也担负着一些比较重大的破产案件审理工作,比如,几个证券公司的破产案件,几家央企的破产案件,特别是近年我们正在审理的中国华源集团破产案,华源集团母公司也进入了破产清算阶段,这个案件审理难度比较大,因为案件涉及的区域比较大、子公司比较多、清收难度不小。第二,积极探索受理一些新类型的案件。上海法院较早受理了执行转破产的案件,当年邹碧华副院长在长宁区人民法院时曾经探索通过一个破产案件一次性解决400多个执行案件。同时,上海法院也受理了实质合并破产案件,还有一些其他新类型的破产案件。第三,服务改革,依法支持落后的过剩产能退出市场。因为上海国有企业比较多,市属国企专门制定了大概300多家企业要计划进入破产程序的名单,但需要按照市场化、法治化的方式处理,下一步,"僵尸企业"的退出同样是我们面临的一个重点工作。

上海法院推进破产法律实施的主要工作。一是着力破解受理难问题,受理难也是我们一直很关注的问题。二是妥善处理职工安置和维稳工作。三是健全破产管理人的工作机制,我们制定了三个办法和一个指引,同时对管理人名册进行探索,把管理人分为一级管理人和普通管理人。四是大力推进破产案件的信息化建设,上海法院在全国率先于高级人民法院官网上开通破产信息平台,有关审判司法公开、诉讼服务以及审判管理方面的功能都可以通过破产信息平台实现。五是单列破产审判的管理机制,这10年来,上海法院在《企业破产法》出台以及每一个司法解释、司法文件发布的重要节点上,都召开了全市破产审判会议进行贯彻落实。2017年上海法院召开了执行转破产和破产案件集中管辖的动员推进会,对相关工作进行了部署。六是立足审判本职,延伸破产审判功能。七是加强破产审判的调研指导,提升专业审判能力。

上海法院破产审判方式改革的重点工作。一是设立专门的破产审判庭,正式启动破产案件集中管辖。目前,上海市第三中级人民法院和上海铁路运输法院都设立了破产审判庭,这两个法院是跨行政区划的法院,不同于其他地域的地方法院。从今年5月1日开始,上海有4个区的破产案件已经集中调整到上海铁路运输法院管辖,全市重大破产案件集中调整到上海第三中级人民法院管辖。二是制定"执转破"工作实施方案和规范指引。根据最高人民法院"执转破"工作会议精神和指导意见精神,上海法院已经制定和出台了"执转破"实施方案以及规范指引。三是全面推动构建保障破产审判工作的整体性、常态化新机制。

近期,我们正在和设想开展以下几项重点工作:(1)建好用好"执转破"工作信息平台,"执转破"案件是目前面临的一个比较重大的破产审判任务,在今后的破产平台上,"执转破"应该作为一个项目纳入进去。借此机会对最高人民法院破产重整信息平台的建设提两点建议:一是提供平台的数据接口;二是开通短信提示功能,可以把已经开通的"12368"短信平台和破产重整信息平台结合起来。(2)要进一步改革破产审判绩效和法院办案绩效评价体系,根据破产案件类型、负债规模、参与主体数量、文书数量、协调事项等各项指标建立一个比较科学的、符合破产审判特点的绩效考评或评价体系。(3)继续完善管理人工作,推动建立管理人自治组织。(4)强化债权人利益保护,支持管理人依法履职。上海法院基本上平均审理期间大概在210多天,在常规案件达到3000多件情况下,时间确实比较长,有些案件确实需要快速简易审理机制,但是同时也要处理好快速简易和规范审核的问题。(5)多管齐下,落实破产保障经费问题。

上海法院在破产审判中发现的主要问题。一是现行法上尚未明确重整程序中出资人组的表决程序。二是重整计划的强批裁决权行使合法性标准和可接受标准之间还存在很大的落差。三是在重整程序当中对于某些特定的债权人若提供一些特殊的保护,如担保、承诺等,如果不将其纳入重整计划是否合规?是否可行?四是法律规定的重整期限相对比较紧,实践中,由于破产管理人的指定及其他程序衔接不够及时,往往会造成因重整期限不够而最后功亏一篑,这需要进一步研究解决。

文建秀(中信银行总行法律保全部总经理助理):

在《企业破产法》实施10周年之际,作为债权人的代表,我们首先要感谢与破产法实施相关的同仁们,感谢各位法官、各位管理人、各位专家学者的辛勤付出。经过十年的洗礼,《企业破产法》确实给社会带来了巨大的变化,功劳显著,但同时我们也切实感觉到实践中存在很多问题需要去商讨。

根据银监会刚刚公布的数据,全国银行业贷款规模是86万亿元,其中不良贷款规模是1.58万亿元,关注类贷款一季度末是3.42万亿元。换言之,我们需要解决的问题贷款大概是5万亿元。我们在企业破产处置过程中有两个身份,一是债权人身份;二是破产撤销权行使过程中被执行人的身份。基于实践经验,我想提出三个小建议。

第一,建议研究一下由债权人主导的破产重整制度规则。刚才各位老师提到庭外重组和庭内重整,实际上,今天大量的不良资产处置是在庭外解决的,积累了很多经验。要让一个企业浴火重生,就不仅是简单地处理债权债务关系,还有其他方方面面的问题需要解决。想要救活一家垂死的企业,需要我们调动非常庞大的社会资源,如资金的运作、资本的运作、对战略投资者、资金投资者及行业投资者等各类投资者的选择等,而在资源的选择上,债权人实际上更为适合,尤其是经营机构。在破产重整过程中,现在是以管理人的思路为主,债权人发表看法和参与制定重整方案的机会非常少。从社会运行规则来看,最好还是能将资源配置好。可能有人会担心债权人会不会为了维护自身的利益而伤害其他当事人利益,但实际上企业进入破产阶段,所有当事人都是一荣俱荣、一损俱损,没有谁能独善其身,如果能把规则制定好,还是有很大发挥空间的。

第二,希望能进一步扩大破产法的适用范围。现在困境企业处置方式可以分为庭外重组和庭内重整,庭外重组最大的障碍是无法可依。有没有可能把庭内重整和庭外重组结合起来,把破产法的适用往前延伸一下,这对于解决社会性问题非常有价值。

第三,建议大家能够共同研究对破产撤销权细分类的规则制定的问题。破产撤销权的设立本来是为了打击恶意逃废债行为,但现在也具有了一定的负面作用。在破产处置过程中,我们会面临一个最典型的问题,是到期索债还是赋予其重生机会?这个时候我们最大的顾虑是《企业破产法》第 31 条的规定,法院会不会据此把一些贷款续贷撤销掉呢?虽然我们的初衷是想给企业机会实现重生,但最后自身也陷进去了。借此,我们建议研究撤销权细分类规则,哪些是恶意逃废债,哪些是善意的救助,有没有可能进行区分。现在有一些企业利用撤销权进行逃废债,比如,做好资产转移,然后设定期限,通过各种流程跨越撤销权的期限,我们应当如何破局?希望我们共同来研究这个问题。

债转股是去年中央提出的一个方向。现在债转股集中在钢铁、煤炭、航运、机械和有色金属等这些产能过剩但又属于国家战略性的行业中,各家银行都有做。从债转股实践来看,去年我在会上曾经提出最担心的是市场退出机制,我们经过不到一年的探索,摸索出一些退出方式。比如,资本市场股份转让方式退出,可以通过企业回购方式退出,也可以通过基金持有份额将来择机转让方式退出,我们设计出了若干个交易模式和整体大的运作模式。因为现在银行业对债转股非常重视,所以有专门的研究报告。在研究债转股的过程中,我个人有一个特别强烈的感觉，现在债转股的操作模式对破产重整程序有非常重要的借鉴意义，因为破产重整和债转股都是要借助新的社会资源重新让企业恢复正常运转。因此，我希望大家可以关注一下，看看是否能把这些方式结合起来。

许胜锋（北京市中伦律师事务所合伙人、深圳市企业破产法学会副会长）：

管理人是破产程序的重要参与主体，其素质、能力和敬业程度直接决定了企业破产工作的质效。作为改革开放的试验田和前沿阵地，深圳在1992年就设立了全国第一个专职从事破产审判的业务庭并开始培育清算人队伍。时至今日，深圳地区的管理人制度也经历了数次变革与创新。

关于管理人的指定。深圳在管理人指定方面共经历了四次变革：第一阶段是1994年深圳出台了《深圳经济特区企业破产条例》，规定法院在破产宣告15日内成立清算组。实务中，清算组由律师和会计师组成，由法院根据案件的难易程度选定合适的专业人员。第二阶段是新破产法实施前，深圳市中级人民法院建立了清算人名册，并制订了《破产案件清算人选定办法》，清算组由法院在清算人名册中摇珠选定。第三阶段是《企业破产法》实施后，深圳市中级人民法院于2007年率先制订《破产案件管理人指定办法》，明确律师事务所等四类主体可担任管理人，并于2008年率先编制管理人名册。一般案件，根据《企业破产法》规定由法院随机指定，重大案件在本地名册内进行竞争选任。第四阶段是从2013年开始，深圳市中级人民法院将机构管理人分为一级、二级、三级，并采取个案考核和年度考核相结合的方式对管理人进行考核和调整。

从目前运行情况来看，分级管理、动态考核要求：一是能够按照案件难易程度和机构的规模能力选任合适的管理人，同时也提高了选任管理人的科学性和办案效率；二是通过管理人分级以及相应选任程序，提高选任的公正性；三是对考核指标进行量化，细化考核条目，可以客观评价管理人工作效果并指导管理人在日常工作中做到规范化、正规化。

关于深圳市中级人民法院推出的管理人分级管理制度，笔者有以下几点反思：第一，分级管理制度能否在全国推行？笔者认为，分级管理制度的实施应当满足以下几个条件：一是当地市场经济发展比较活跃，有一定的破产案件数量作为支撑；二是要有相对固定的破产审判专业人员；三是已形成相对专业、成熟的管理人队伍。当前，可在条件成熟的地区推行分级管理制度，再逐步向全国范围推广。第二，分级管理是否排斥推荐选任和竞争选任？最高人民法院关于指定管理人的司法解释中规定经过行政清理、清算的金融机构破产案件,金融监管机构可以推荐管理人。笔者认为,未来在这方面应该有更灵活、市场化的适用空间。另外,对于本地管理人因条件限制无法胜任的案件,也应当为跨地域竞争选任留有空间。第三,如何保持分级管理制度的生命力?笔者认为分级管理制度一定要跟动态考核制度结合在一起,避免形成管理人阶层和利益的固化,使管理人内部也有良性竞争和合理流动。

关于管理人的职责。在重整实务中,管理人履职过程中较为突出的问题包括:第一,在债务人自行管理模式下,管理人具体职责应该包括哪些?《企业破产法》规定,管理人在债务人自行管理模式下只履行监督职责。在深圳司法实践中,一是细化了管理人的监督职责;二是对与生产经营无关且不涉及商业利益判断的重整事务性工作,也交由管理人负责,这样有利于保证重整程序的公信力,也有利于债权人更加信任和支持重整工作。第二,管理人应如何行使营业事务管理和监督职责?在管理人管理模式下,管理人可聘请债务人高管人员进行日常营业事务管理。但是实务中经常碰到债务人经营管理人员缺位的情况,在这种情况下能否探索由第三方托管或聘请专业机构管理?该问题值得探讨,实务中已有成功案例。管理人需要在有效行使监督权与不影响债务人生产经营、避免债务人在自行管理期间实施个别清偿、转移财产等损害债权人利益的行为之间寻求效率最大化。第三,在管理人管理模式下,重组方应如何遴选?在实务中,重组方的引进往往是企业重整能否成功的关键。在债务人自行管理模式下,原则上由债务人自行寻找重组方。在管理人管理模式下,由谁选定重组方,管理人还是债权人会议?遴选重组方的程序和规则如何确定?重组方在选定后能否变更以及如何变更?这些问题,需通过完善遴选重组方的程序和规则来解决。第四,在重整计划执行阶段管理人行使哪些职责?根据现行法律规定,重整计划执行阶段管理人职责仅为监督债务人执行重整计划。但在实务中,在债务人经营管理层缺位的情况下,重组方接手企业前,重整计划执行过程中如偿债资金的划转、债务人财产限制措施的解除、股权过户等诸多事务,都需由管理人积极履职。综上所述,在未来的破产法修订和管理人司法解释制定中,应对重整程序中管理人的职责予以规定,并对债务人自行管理模式和管理人管理模式中管理人的具体职责进行细化。

关于管理人的报酬。深圳地区的实践主要体现在以下三个方面:一是2014

年施行深圳市中级人民法院《管理人报酬确定和支取管理办法》,规定深圳市中级人民法院可在最高人民法院规定比例内上浮相关案件的管理人报酬,上浮比例最高为30%,鼓励管理人办出精品案例。二是推行管理人报酬分期支付和预付制度。深圳市中级人民法院规定,管理人的报酬应当根据破产案件实际情况分期支付。在第一次债权人会议召开之后管理人可向法院申请预支不超过20%的报酬。分期支付和预付制度缓解了管理人团队的经营压力,调动了管理人的积极性。三是2013年通过出台《管理人援助资金管理和使用办法》,率先制定管理人援助资金制度。援助资金由财政拨款和提取的管理人报酬组成,援助资金申请、审批、拨付的流程严谨规范,实践效果良好。综上所述,建议在未来对管理人报酬制度进行改革时,提升管理人报酬标准,加大力度推行管理人报酬分期支付制度,建立管理人报酬预付制度。同时,在法律层面建立破产案件管理人报酬的最低补贴和援助资金制度。

嘉宾评议

韩长印(上海交通大学凯原法学院凯原特聘教授、上海市法学会破产法研究会会长、中国人民大学破产法研究中心副主任):

非常荣幸有机会参加会议的评议环节。说是评议,其实不敢。因为七位发言人对他们所在岗位或单位的工作总结不是用几句话能够评得了的,如果从学者角度评论,至少会忽略这些工作所产生的政治效果和社会效果,即便从法律效果上评议,也可能会有失偏颇。评价一个审判工作,包括管理人工作,可能有很多不同的方法,如有没有专业机构,有没有专业的团队人员配置,有没有一套专业化的裁判思维、裁判规则、裁判规范,有没有形成一些经典的可以经得起历史推敲的案例、法官和管理人在大环境下有没有一套自己的自律规范或职业规范等,这些都是评价时可能要顾及的因素。因此,我没有资格和胆量做这个评议,我只想借这个机会,谈自己几点感受,求教于各位。

第一,破产法究竟有哪些功能?从小的方面来说,破产是一个在信用交易情况下或市场经济条件下化解债权债务的一种方式,即在信用危机出现之后的一种法律纠纷的化解方式,或者是信用纠纷的一种司法裁判的替代方式。从大的方面来说,破产是一种供给侧结构性改革、"僵尸企业"出清、优胜劣汰的市场主体退出机制,等等。从法律视角上,破产法只是债权债务纠纷解决的一种方式,而不是全部。破产程序应该是一种成本很高、程序非常复杂、耗时费资的一种程序,或者说是一种高大上的程序,我们应该允许破产程序之外的其他债权债务纠纷解决机制的存在。破产法在自身的制度设计上应该有一套比较成熟激励机制。如果制度完备了,参与其中的债权人、债务人就会得到一定的制度激励,该来的来,不来的也不勉强,这可能是我们在10年之后对待破产案件受理时的一种思维。破产程序应该是高效、节约、便捷的,而不是因成本太高而不便于当事人援用的程序。破产程序除了要辅助个案当事人对于制度的诉求之外,还要对市场经济中不诚信行为,尤其是诈欺行为形成杜绝、防范、阻止的效果。破产程序应该创造合理的风险分配功能。比如,企业破产后,个案中税收的损失是否由国家来承担,税收债权是不是优先权,如果让国家承担这个风险,那么明年会减少预算吗?如果不能减少预算,开支已经很大,会不会开辟新的税种或者增加税率,将损失转嫁给全体纳税人?合理的风险分散机制应该对国家经济有效率的发展形成辅助或促进、配合的作用。

第二,破产法的实施或制度的完善,哪些人责无旁贷?当一个国家经济上行的时候,是不是一定要有很多破产案件?也未必,有多少破产案件都是正常的。破产法的实施和完善,哪些人应该参与其中且责无旁贷?我们应该形成一个共识,破产制度不是法院一家的事情。中国破产法论坛不能只有法院来参与,还要有立法机关、行政机关。既然不是法院一家的事情,当一个国家在立法权、司法权、行政权有合理划分时,我们该不该分清哪些是立法机关该做的事情?10年之后,该不该重新检视法律的欠缺或者利弊得失?比如,在立法层面上是否要考虑大家都已经形成共识的金融机构破产、自然人破产,未雨绸缪。如果需要在行政机关设一个破产事务协调局或处理局,这也是立法机关的任务。如果刑法上不规定破产诈欺罪,而破产法需要对诈欺行为或不诚信行为进行识别,那么是否要通过立法机关修改破产法设定破产诈欺罪?法院在破产法实施上给自己施加太多的压力。在法院对待破产案件的态度上,司法本身有一种谦抑性或消极性,即便是需要府院联动,政府也应该主动找法院,府院联动机制并不是指法院找政府构建一个沟通机制。法院能否分清哪些是司法事务,哪些是行政事务?比如,在中级人民法院和基层人民法院可以设立不同的业务庭,但是很多地方可能是因为编制的问题而不能设立,拖了半年甚至10个月以上,在人大会上法院反而不能对政府参上一本,在机构和人员不能到位的情况下,当然会影响破产案件的审判。现在已经建立了几个巡回法庭,在美国巡回法庭最早是为了防止跨州转移财产或者欺诈行为。我国设立巡回法庭后,在破产审判工作上能不能跟进和衔接?比如,解决不同行政区域的关联企业实质合并破产的问题,这是法院应该做的一项工作。在管理人制度上,我们应该意识到法律颁布之后并不是万事大吉,法律制度需要交给一些人具体运作、具体实施。这里面有制度成本,那么大量的非法院事务交给管理人之后,管理人要垫付费用吗?这些费用是由国家财政承担,还是从管理人报酬中提留一部分来承担?申请人在申请破产时是不是就应该交受理费?还是说干脆由检察院介入无产可破的案件?如果国家认识不到这些事情,就会让地方浪费很多资源去尝试各种各样的模式。我们要思考是否要在国家范围内建立统一的规则或统一的机构来化解这样的问题。

第三,破产从业人应该有一种什么样的情怀?破事不易,我们与一些破产管理人接触时,发现他们在成功处理了一些案件之后会感觉到很自豪或者很快乐、很幸福,因为这些事情有价值、有意义,他们的产出是乐观的,尤其是对债权人和债务人都有好处。破产案件的处理跟其他案件不一样,破产审判需要集所有法律部门的支持,如果我们认识到破产法是以信用为交易基础的市场经济所必不可少的制度时,那么我们为什么要回避它呢?"破人们"的报酬不高,法官还要考核绩效,我们在面对不同地区、不同历史时期的一些复杂案件时,都要竭尽全力、忠实勤勉、无怨无悔、不离不弃、绞尽脑汁地使它变得更好。

最后,我向在座的各位破产法官、律师、会计师、清算师、拍卖师、注册师以及所有的破产法同仁们致敬。

第一分论坛:破产法实施十年之总结与展望

主题:破产法实施十年之总结与展望

时间:2017年6月3日(13:30~18:00)

地点:友谊宫—聚英厅

第一单元　　主持人:王富博(最高人民法院民二庭审判长)

杨春华(暨南大学法学院教授)主题发言

郑伟华(时任北京市第一中级人民法院清算与破产审判庭庭长,现北京破产法庭庭长):我的演讲题目是"关于构建完善破产审判机制的探讨"。(更多的发言内容,参见北京市第一中级人民法院清算与破产审判庭:《关于建立破产案件专业审判庭及构建相应审判机制的调研报告》,载吴在存主编:《破产审判的专业化与规范化——北京破产法庭的探索与实践》,法律出版社2019年版)

方飞潮(温州市中级人民法院民六庭庭长):我的演讲题目是"2013 - 2016年度温州法院企业破产审判报告"。(更多的发言内容,参见温州市中级人民法院课题组:《温州两级人民法院企业破产审判报告(2013 - 2016年)》,载徐阳光主编:《中国破产审判的司法进路与裁判思维》,法律出版社2018年版)

王静(时任南京市中级人民法院清算与破产审判庭负责人,现南京市中级人民法院清算与破产庭庭长):我的演讲题目是"'僵尸企业'破产处置的司法路径探索——基于南京法院10年破产实践的思考"。第一,破产案件的受理和审理的情况和整个社会经济的发展形势是保持高度一致的。从行业分布上来看,近年来,破产企业主要集中在船舶、轻纺、机械化工等,还有与环境污染、低产能相关的企业,这些企业的淘汰与国家经济政策调整是密切相关的,船舶、轻纺等行业的淘汰更是与国际经济环境联系在一起。案件分布情况也与各个区的经济发展情况相一致。第二,在实践探索方面,一是要注重"僵尸企业"破产的早期防治;二是对企业重整价值的判断形成一个具体的标准。其中,重整的经济价值和社会价值是需要衡量的,有时我们更加看重社会价值;三是加强破产审理的配套和保障,一方面,加强对管理人的管理和评价;另一方面,在审判机构专业化的同时,加强审判队伍的专业化,并形成科学的绩效考核制度。

周焕然(广州市中级人民法院清算与破产审判庭庭长):我的演讲题目是"广州中院搭建绿色通道 助力'僵企'出清"。为应对越来越多的破产案件,广州市中级人民法院要搭建一条具有广州特色的"僵尸企业"破产审理绿色通道,以保证"僵尸企业"破产案件能够快速的审结。我们总的设想包括以下三个方面:一是规范入口秩序,入口重点审查是否符合破产案件的受理条件、管理人工作是否得力、破产经费是否充足、有没有历史遗留问题等。二是畅通车辆行使通道,即缩短审理周期、集中受理、统一公告、简化审批流程,此外,减少外部障碍对清算的影响,构建府院联动机制。三是完善出口设施,包括对无法实现快速审理的破产企业转换为普通程序,而对顺利审理的企业则协调相关部门办理税务注销和工商注销。

程顺增(衢州市中级人民法院破产审判庭庭长):我的演讲题目是"破产审判与'僵尸企业'处置的实践探索与思考"。衢州市中级人民法院破产审判工作主要有以下几个特点:第一,着重适用执行转破产程序以及破产重整程序,并引导金融机构申请破产;第二,创新适用简易审程序,出台《关于破产案件简易审操作规程》;第三,政府托底保值效果较好,建立工业用地的蓄水池机制,避免新投资者税负过重的问题;第四,重整案件的效果初显,衢州两级法院对具有发展前景、有救治希望的企业尽可能进行重整,取得不俗的成果;第五,信访维稳和利益平衡效果好。衢州法院破产审判的做法:一是依靠党委政府的支持,搭建府院联动平台。其中,衢州两级法院推动市政府出台了《推进企业并购重组的若干意见》及实施细则,解决工业资产处置土地增值税过高的问题。二是完善机制,出台《破产案件审判管理意见》,建立重要节点的报送制度,主要是为了解决债权人、债务人还有其他利益方长期以来认为破产审理非常拖沓的问题。三是凝聚合力,促进"僵尸企业"推陈出新。在破产专项基金方面,衢州两级政府设立了将近700万元的基金。

自由讨论

蒋先锋(时任江苏省常熟市人民法院民四庭审判员,现江苏省常熟市人民法院民四庭副庭长):大家在实践中有没有赋予职工债权人在债权人会议表决事项当中的表决权?根据法律规定,依法申报债权的债权人是债权人会议的成员,职工债权人在会议中只有表达意见的权利,并没有赋予其表决权,在表决的时候,要不要把职工债权人算在分子或者分母上。对此,实践中不同的法院有不同的做法,比如,苏州市工业园区人民法院没有将职工债权人计算在内,而常熟区人民法院则将其计算在内。对此从理论上和实践上各位有什么建议和见解?

方飞潮:因为温州的中小微民营企业很多,这个问题不是很突出,但是也有。在债权人会议表决时,我们没有考虑职工,因为职工人数太多了,如果把职工人数计算在内,按照法律规定过半数通过的话,那完全就是职工作决定。职工债权本身无须申报债权,由管理人审查之后,列出清单公示即可。召开债权人会议时,我们一般通知职工代表到场,其他职工就不通知了。我们在计算无财产担保债权时,也没有把职工债权计算在内。

蒋先锋:在重整程序中是有职工债权人组的,职工债权人组是有表决权的吧?

方飞潮:法律明确规定在重整程序中是有职工债权组的。

蒋先锋:我们法院的做法是由职工推选出一名职工代表,让他代表所有职工参加会议,赋予他表决权,职工代表的一票就代表所有的职工,我们不请所有职工参加会议,职工债权人整体作为一票,而不是每个职工都有一票。

杨春华(暨南大学法学院教授):在诉讼法角度上,规定了诉讼代表人制度。超过10人以上的诉讼都要推选出代表人,而不是所有涉诉主体都来应诉。相应地,职工也可以通过推选职工代表,职工代表以代表人的身份进行投票,效果及于所有职工。理论上是这样,法律的规定也是这样,你们的做法是没问题的。

蒋先锋:我们最近刚刚处理了一个无产可破的案件,我们法院是有破产基金的,在对破产管理人报酬进行确认时,我们遇到一些困难。请问在无产可破的案件当中,破产管理人的计酬标准怎么确定?

方飞潮:我们有很多无产可破的案件,依最高人民法院司法解释的规定是根据可分配的财产份额计算,而无产可破就是没有份额。我们的破产基金是从政府财政部门那边申请的,具有财政补助性质。破产基金不是破产企业的财产,不受该司法解释的规定限制,我们根据当地情况以及管理人履职的成本、工作量的大小给予管理人一些补偿,温州一般一个案件给1万~2万元。

袁公章[北京大成(南宁)律师事务所高级合伙人]:(1)在破产清算环节,我们已经连续公开挂牌卖了3次,第一次是按评估价,第二次是按评估价的8折,第三次是在原有8折的基础上再打8折出售,经过3轮以后,现在还有部分资产无法卖出,比如股权资产、办公设备等。在这种情况下,我们管理人是想跟债委会商量重新确定一些其他方法处置剩余资产。但是,目前债委会内部意见不一致,不能形成统一意见,在此前提下,如果管理人再制定一个方案,提上会议表决,我们预计是通不过的。(2)我们进行破产财产的处置时,对一家国有企业下属子公司的股权进行挂牌转让,转让完毕后,该子公司就成了民营企业。该国有企业是经过公司制改革的,原公司经股权挂牌转让成为民营企业后不存在职工身份置换的问题,但是,现在原公司职工还是认为其从国有企业职工变成了民营企业职工,应该要进行身份置换。对此,发达地区的法官们有没有一些好的处理经验分享?

杨春华:关于第二个问题,职工身份是否置换取决于该企业的股权是100%转让还是部分转让,即企业性质是否发生变化?如果以前是国有企业的,现在是民营企业,在职工身份、待遇上确实有区别。而如果企业性质没有发生变化,就不会有什么问题。

袁公章:第一个问题涉及资产处置,如温州这样破产审判经验比较丰富的地区有没有什么经验可以分享?

方飞潮:股权资产有质押吗?

袁公章:没有。

方飞潮:在股权没有质押的情况下,利益主体的矛盾冲突还不算强烈,如果存在担保的情形,担保债权人和普通债权人之间的矛盾是非常尖锐的。因为破产企业最后往往只剩下担保物,普通债权人在得不到分配的情况下就会想出各种办法阻碍担保物权的实现。比如,在债权人会议上不通过决议,甚至提出各种不合理的要求,先把担保物对外出租3年,所得租金归普通债权人分配,如此,担保物权人的物权根本没办法得到保障。对于类似的事情,最后还是由法院通过强制裁定通过,让财产顺利得到处置。

尹正友(北京市炜衡律师事务所高级合伙人、北京市破产法学会副会长):我回答刚才袁律师的问题,国有股权作为破产财产按照破产法规定进行处置时,其本身是没有问题的,而如果将原有的国有控股变成其他所有制的形式,就可能涉及职工身份的转换,这实际上是职工安置的问题,这也就是为什么我们一直强调破产案件审理需要政府部门的配合,无论是府院联动机制还是其他机制,都需要由政府出面解决企业破产处置过程中的一些事情。根据全国律协的统计,一些重大复杂的重整案件几乎离不开地方党委政府的全力支持。请问郑庭长,在一些重大复杂的案件当中应如何争取地方党委政府对破产审判以及破产管理人执业的理解和支持?

郑伟华:无论建立什么样的府院联动机制,首先都应该明确在破产程序中法院、管理人、债权人、债务人、政府的角色定位。在这个过程中,大家都要明白自己应该做什么,不应该去承担自己职能范围以外的事情。目前,毫无疑问,法院在企业破产过程中处于主导地位,破产管理人处于中心地位,而政府则应该从政策性破产中的主导地位逐渐转变为在市场化破产中负责协调保障的地位。在建设府院联动机制方面,北京市跟浙江、江苏两个省有一定的差距,我们也在努力推进府院联动机制建设,但我认为府院联动不应该是针对个案,而是应该加强类案研究,加强对风险预警或处置的研究。这种研究应当针对破产审判反映出来的社会问题、共性问题,对这些问题的解决应做到信息沟通、信息共享、深入调研等,这是将来府院联动的发展趋势和方向,也是市场化破产对各种角色定位的一个客观要求。

杨春华:非常好,确实应该这样做,否则个案就无法保证公正性、公平性。

嘉宾评议

周家开(广西壮族自治区高级人民法院执行裁判庭副庭长):回顾过去,展望未来,10 年来,人民法院破产审判工作虽然取得了一定的成绩,但还有许多需要完善的地方,我结合自己学习和适用破产法的实践提出以下四点建议:第一,加强专业化破产法官和破产管理人队伍的培养,解决从业人员信心不足、能力不强的问题。第二,在对破产管理人依法监督的同时,建议加强对破产管理人依法履职、依法获取报酬等权利的保护,解决法院、破产管理人的角色与职责错位,以及对破产管理人报酬随意打折的问题。第三,落实政府及相关部门在破产案件中的职责。第四,在试点的基础上,加强破产基金、破产案件信息、破产财产网络拍卖、执转破、简易案件快速审及破产管理人分级管理等制度的建立和完善,解决破产审判的公平与效率问题。

张艳丽(北京理工大学法学院教授):我国目前破产审判存在的"实践先行、理论滞后"的状态,这些新的突破体现在几个方面:第一,关于破产审判中是否应当贯彻债权人中心主义的问题,这是基于债权人在庭外重整过程中的作用所提出来的观点,那么在债权人中心主义的状态下,又该如何定位管理人?新的突破即改变了原有的关系格局。第二,目前我们应该将法庭外重组作为一个重点工作来考虑。市场主体破产退出不仅仅是法院的工作,更应该是全社会的工作。第三,管理人制度在实际运行中也突破了法律的有关规定,如破产管理人的选任模式、破产管理人报酬的取得、破产管理人协会的管理方式以及有些法院对管理人执业方式的规定等。

第二单元　　主持人:胡田野(国家法官学院民商事审判教研部主任)
周东瑞(江苏省海门市人民法院院长)

主题发言

徐根才(浙江省江山市人民法院副院长):我的演讲题目是"《企业破产法》十周年破产案件审理的调研报告——以江山法院破产案件审理为样本"。(更多发言内容,详见浙江省江山市人民法院课题组:《浙江省江山市人民法院破产审判报告(2010－2017)》,载徐阳光主编:《中国破产审判的司法进路与裁判思维》,法律出版社 2018 年版,第 434～446 页)

蒋先锋（时任江苏省常熟市人民法院民四庭审判员，现江苏省常熟市人民法院民四庭副庭长）：我的演讲题目是"以'实践+创新'切实转变破产审判工作理念和思路——常熟法院破产审判10年司法实践的调研报告"。（更多发言内容，详见蒋先锋：《江苏省常熟市人民法院破产审判调研报告（2007－2017年）》，载徐阳光主编：《中国破产审判的司法进路与裁判思维》，法律出版社2018年版，第202～217页）

李琛（湖南省岳阳市中级人民法院民二庭庭长）：我的演讲题目是"破产审判绩效考核机制探究"。（更多发言内容，详见本辑《破产法论坛》收入的同名论文）

卢燎峰（杭州市律师协会企业重整与清算专业委员会主任）：我的演讲题目是"破产管理人执业状况的调研报告"。（更多发言内容，详见本辑《破产法论坛》收入的同名论文）

刘静（时任西南财经大学法学院副教授，现北京外国语大学法学院副教授）：我的演讲题目是"知识、制度到观念——中国个人破产立法的障碍分析"。首先，人们对个人破产并非毫不关心，仅因为需求方在经济上处于弱势，还在道德上处于比较低的洼点，所以无法发声。我们对个人破产有内生需求，但同时也需要将法律移植进来，只是受我国特有的所有制、产权制度、经济结构等的影响，加之中国尚未出现大规模的个人债务危机，所以个人破产与我国制定破产法的节奏没有合上拍。再者，个人破产也会出现蝴蝶效应，比如，执行难、诚信机制等，因此，如果我们不注重个人破产的话，宏观层面就会出现很大的问题。关于具体制度的必要性和可行性问题，在自由财产方面，重整时必须考虑给债权人更多的选择，保留房产再去挣钱还债。在适用主体范围方面，中产阶级是破产的主力。在免责条件方面，我认为，只要能在破产的时候诚实地交出自己的财产即可。

殷慧芬（上海政法学院副教授）：我的演讲题目是"消费信用与过度负债的中国视角"。（更多发言内容，详见殷慧芬：《破产法视野下的消费者过度负债问题》，载《消费经济》2018年第9期）

嘉宾评议

陈唤忠（时任重庆市江津区人民法院副院长，现重庆破产法庭副庭长）：第一，破产程序中各方参与者的定位问题。通过10年的实践，我感觉到大家都逐渐清晰了。法院是程序的主导者，管理人是破产处置的具体执行者，政府是协调者,是相关事务的组织者,我进一步认为政府是破产处置过程中维持社会稳定的第一责任人。第二,各地法院都在努力探索建立各种机制,在破产审判中取得良好的成效。第三,关于法官考核机制的问题,如果通过一个合理科学的考核机制能够把破产法官的工作量完全反映出来,包括无产可破案件折算多少件,有产可破案件折算多少件等,是非常值得借鉴的地方。关于管理人制度方面的问题,我认为将管理人选任中的摇号方式与案件类型相结合是非常好的方法。最后,我们都期待个人破产立法和破产法配套制度的建立。

杨征宇(国浩律师北京事务所高级顾问):首先,徐根才院长的发言特别提到,在破产审理过程中,法院所掌握的资源非常有限,而企业破产又涉及职工安置问题,涉及一些敏感债权的问题,甚至涉及上下游供应链企业连锁反应的问题,这些都是法院无法单独处理的问题,因此才需要府院联动机制保障。其次,蒋先锋法官在讲话中谈到了破产专项基金的探索,这是一个专业性非常强的探索。其实破产管理人在执业时常常会面临无产可破的尴尬局面,引入破产专项基金是一个非常好的解决方法。再次,岳阳市中级人民法院的绩效考核机制则像软件的算法,分类、分阶段、分节点,还可以具体量化,这是非常成功的探索。又次,根据卢燎峰主任的发言,我认为现在确实到了检视破产管理人制度的时期,我们可以发展它、完善它了。最后,刘静教授和殷慧芬教授都谈到了个人破产的问题,现在,个人破产制度的重要性是毫无疑问的,但还需要我们进一步研究。

第二分论坛:重整制度的司法实践及其改进

主题:重整制度的司法实践及其改进

时间:2017 年 6 月 3 日(13:30 ~ 18:00)

地点:友谊宾馆—瑞宾楼 1 +2 号会议室

第一单元　　主持人:蒋大兴(北京大学法学院教授、中国证券法学研究会副会长)

费会平(浙江省湖州市中级人民法院副院长)

主题发言

郑成新(中国信达资产管理股份有限公司业务总监):我的演讲题目是"以企

业重整推进供给侧结构性改革——基于对中核钛白重整成功案例的解析”。(更多发言内容,详见郑成新:《以企业重整推进供给侧结构性改革》,载《学习时报》,2017年5月15日,第8版)

赵惠妙(北京化工大学副教授、香港大学法学博士):

我的演讲题目是“上市公司破产重整中的政府干预实证研究”。(更多发言内容,详见赵惠妙:《上市公司重整中政府角色的实证研究》,载《兰州学刊》2017年第12期)

黄建东(南京市中级人民法院破产庭法官):我的演讲题目是“上市公司重整及重大资产重组衔接问题分析——以舜天船舶公司重整案为例”。(更多发言内容,详见王静、黄建东、蒋伟:《上市公司重整与重大资产重组并行的程序冲突与协调》,载《法律适用》2018年第2期)

郝朝晖(北京市金杜律师事务所合伙人):我的演讲题目是“上市公司重整投资人承诺履行及变更有关问题探讨”。(更多发言内容,详见本辑《破产法论坛》收入的同名论文)

章菁(浙江京衡律师事务所资产管理法律部副主任):我的演讲题目是“企业重整投资者引进的可视化探索”。在实践中,重整投资人基于以较小成本获取企业资产的考量而投资破产企业,但投资人的报价往往与债权人所认为的价值存在一定差距,进而导致最后重整计划很可能被债权人会议否定。为此,有必要将引进重整投资者进行重整的过程可视化,促进开展破产处置工作。可视化的基础要求是破产信息披露,我们的做法是:(1)公开征集投资者,即在第一次债权人会议上提交投资人引进的公开征集方案以及刊登投资人招募公告;(2)重整对价的确定须可视化,根据不同情况分别采用公开竞价和公示竞价的方式;(3)公开重整过程,借助债权人委员会机制,保障债权人的参与权。

费会平(湖州市中级人民法院副院长):我的演讲题目是“湖州法院破产审判的特点”。湖州法院破产审判的特点有:一是以小微企业为主;二是企业所涉及的行业比较多;三是房地产企业风险阶段性爆发;四是关联企业破产比较多;五是以债权人启动破产程序的案件为多;六是有较多的相关责任人涉及刑事犯罪。我们把握的原则有:一是有破有立;二是企业可以破产,但是生产经营不能停;三是我们受理的8个房地产企业破产案件,通过政府垫资、政府兜底、社会融资等方式,涉案企业到现在为止已经全部开始建设。我们的困难有:对于破产制度的认识不足;企业管理混乱、账目不清等;资产处置困难;关联企业实质合并的问题;刑民交叉问题;房地产企业破产过程当中优先权的顺位以及范围;破产企业档案的管理等。

嘉宾评议

郁琳(最高人民法院民二庭法官):赵慧妙教授的视角非常独特,我们一直都在谈"府院联动",这不仅是最高人民法院提出来的,也是基于实践需要和经验总结的基础上提出来的。黄建东法官的发言涉及上市公司会商机制,上市公司如果需要重组,则可能涉及行政审批的问题,也就形成了在具体操作时谁先谁后的问题,所以要形成会商机制。此外还要考虑重整期限的问题,上市公司重整一般都是非常紧迫、命悬一线的。在投资人问题上,章菁律师主要从怎么引进投资人,如何可视化的角度展开,我觉得所谓可视化就是公开化和透明化,增加对外的宣传力以及增强投资人对于相关主体的信任感。郝朝晖律师的发言涉及重整计划执行中发生变化该怎么处理的问题,破产法似乎缺乏了其他的一些制度规范,值得进一步探讨。

邓忠华(信永中和会计师事务所合伙人):首先,现在内地法院开始认可我国香港特别行政区破产受托人的地位了,这是值得肯定的转变。其次,我也非常高兴地看到内地在讨论个人破产的问题,希望制度成立以后,内地能够与香港特别行政区加强配合,有效防止香港特别行政区的债务人通过跨境转移资产的方式逃债。最后,我提议内地要认真研究美国《破产法》第十五章的应用,特别是如何处理内地企业重整、重组、清算在海外的资产,特别是在美国的资产。当然,也不一定在美国,我们见到很多中国企业的资产是分布在国外的,这些企业应当如何来处理,可以考虑借鉴美国《破产法》第十五章的方法。

自由讨论

王斐民(北方工业大学文法学院教授):我向赵惠妙教授提一个问题。从赵教授自身的逻辑线索上,强裁的清偿率会比较低,重整企业在强裁后的 2 年或者 3 年内的财务数据会比较差。但是我们在做结论的时候,是不是还有另外的因素?就企业本身的运营而言,政府想保留,但企业各个方面还是有很多问题的。所以他的财务数据,强裁完之后运营的状态不一定是最好的,可能有别的因素在里面,这个结论在整个演化的过程中间是不是还有漏掉的一些可以考虑的因素?

赵惠妙:在讨论的时候我也考虑了一些其他的因素,但我是把所有案例里面与政府相关的因素抽出来,相当于拿一个放大镜把这个问题放大,让大家看到政府在这其中的作用。其实我觉得大家平常一直在说政府的必要性,我们可能也要从另外一个角度来看政府干预有没有过度,我主要是在讨论这个被放大之后的因素,把这个问题剖开,呈现一个截面给大家。

王新忠(江苏汇君律师事务所主任):在实务中是否遇到过重整投资人在承诺投资破产企业后,却在协议签订之前放弃的情况,如果有,你们如何处理?谢谢。

郝朝晖:这种情况我倒是没有遇到。我的理解是如果存在这种情况可能也没有什么办法,因为你们之间还没有形成一个有效合同,不涉及违约的问题。我理解重整投资人的回应并不是一个承诺,更类似于一个要约邀请的概念。

王新忠:重整投资人已经书面承诺了,而且价格都已经报了。

费会平:如果投资人签署承诺函的同时也交了保证金,那么投资人违约时可以没收保证金。这种案子我们遇到过,投资人签署承诺函之后,投资却终止了,比如,投资人将投资分成几期,第一期投资了,但第二期、第三期就没有继续投资。

宋全胜[中欣重组顾问(北京)有限公司总经理]:我想借此机会向蒋大兴教授请教几个问题,涉及企业破产重整中的公司资本问题。第一,当一个企业严重资不抵债的情况下,如果由法院强裁致使股东股权被削减,股东自己是否愿意?这涉及股权的质权人,或者保全股权知情人的意愿,当然现实当中肯定有比较大的困难。在目前的情况下,我们怎么充分地从法律的合理性角度去解决这个问题。第二,如果一个企业经过了破产重整实现了再生,而企业原股东,无论是自然人股东还是企业股东,由于现在没有个人破产法,在此特别强调在企业股东也破产的情况下,其当时认缴的注册资本是不可能再缴的。《公司法》对于股东进入破产程序而没有能力缴纳再生企业注册资本的情况,有没有必要对于再生企业的注册资本进行强制调减?第三,在关联企业实质合并破产的情况下,所设关联企业的所有财产会用于清偿全体债权人,如果这时部分关联企业得以重生,而有的企业则直接宣告破产,那么这个注册资本应该如何分配?我可能更多是从一种法律应然性的角度提问题,因为我认为公司的注册资本对于潜在的交易者来讲是一个很重要的信用信息。

蒋大兴(北京大学法学院教授、中国证券法学研究会副会长):关于第一个问题,实际上就是公司法上的减资与企业进入破产程序中的减资是否要适用《公司法》的规则,以及破产重整当中的重组是不是要适用我们正常的重组规则的问题。这其实需要观察《公司法》《证券法》和《企业破产法》的关系。我认为,企业进入破产程序后的很多规则都是变形的,跟正常的规则不太一样。就减资而言,我个人比较主张可以做强裁减资,而不能适用正常公司的规则,但即使是强裁调减也要考虑公平原则。比如,是进行定向减资还是公平调减,还是要多考虑的。就重整与重组而言,重组规则是根据《公司法》和《证券法》制定的,而不是根据《破产法》,也即重组是在企业运转正常的情况下进行的,所以在企业破产过程中,我不是太主张使用正常状态下的上市公司重组审核。现在最高人民法院有很大的权力,可以跟证监会会商,但是我认为,会商不是一个法律机制,最高人民法院可以在这个领域当中解释重组规则的适用范围,应该将其限缩为正常状态。

关于第二个问题,在股东与企业都破产的情况下,股东没有缴纳到位的出资怎么办。因为现在适用公司资本认缴制,公司拥有未到期债权。如果公司通过重整获得再生,而股东宣告破产了,那么这时可以按照破产程序解决问题。《企业破产法》要求出资到位,而股东实际上没有出资能力了,但是至少还可以保证一定的清偿率,所以我觉得获得重生的企业需要做申报债权的工作。如果清偿率达到了,股东只能削减股权或者以定向减资的方式进行处理,但是股东拥有的股权可能又是股东单位破产清偿的财产,削减股东的股权,实际上确认在股东破产的一个层面上的财产范畴。

关于第三个问题,其实我本人对合并破产有不同看法,因为时间问题,没有办法在此作太多展开。但是即使在这种情况下,解决这个问题首先涉及一个商业判断的问题:留下来的这些怎么分配?我觉得应该走合并考量的程序,因为合并程序当中也有执行问题,他只是介入了一个重整,好像没有很大的特殊性。

徐俊(长春市中级人民法院民三庭助理审判员):我有一个问题想请教一下郁琳法官,是关于破产重整案件的立案审查标准的问题。我们对重整案件进行立案审查时,需不需要考虑重整前景、重整希望和重整价值?这一部分的考量因素又要占到多大比例?按照王欣新教授的观点,破产重整的门槛要比破产清算低,法院立案审查的时候应该考虑重整前景的问题。但也有观点认为,法律没有明确规定将企业的重整前景作为一个考量因素,所以在实践当中,我们可以不着重考虑,这给我们造成了一定的困惑。

郁琳:我想可以从几个方面来看待这个问题。就企业重整本身而言,撇开政策性因素,我想法律的适用还是要尊重个案的情况。整体而言,现在《企业破产法》在实践中存在这样一个理念,就是希望大家多用重整制度,从宣传的角度来讲,这有利于扩大大家对《企业破产法》的认同感,我觉得这是好的。但是,其实也应该看到,重整制度的适用可能更偏重于大型公司或者是股份制公司、上市公司,尽管我国的《企业破产法》对于重整制度的适用主体和规模没有限制,但是从国外的立法上,从重整制度本身的费用或者是耗费的成本上,我认为重整制度应当适用于大型公司。目前我国也有人认为重整制度的适用有一点扩大化了。相比而言,一些中小型的企业可以运用简易的和解制度,只是现在没有得到适用而已。关于具体的审查标准,最高人民法院民二庭2016年发布了一个立案受理的通知,把立案登记的部门和具体审查的部门分开,那么立案部门就是形式审查,经立案部门登记以后,再转到具体审查部门,对当事人的破产申请进行实质审查,最后决定是否要受理。相比重整,清算的判断标准可能更加清晰一些。企业资不抵债或者有明显丧失清偿能力的可能就可以申请重整,而法院审查时应当对重整价值进行基本的判断,但也要法院具备相应能力作出判断。就重整制度而言,虽然它是一个司法程序,但是更多的还是当事人之间的谈判、博弈、协商。所以,有观点认为,法院在重整案件受理的这个环节中,是不是直接把握到形式审查这一步就可以了。企业进入重整程序后,是不是应该更多地考虑根据各方当事人的意愿来决定企业重整的价值和希望。当然,在实务中,比如上市公司也在受理阶段引入了听证程序,来通过听证程序了解各方当事人的意见,并在各方意见都充分表达的基础上,帮助法院作出判断。

第二单元　　主持人:郗伟明(山西财经大学教授、科研处副处长)
周荆(北京市第三中级人民法院民六庭庭长)

主题发言

何旺翔(南京财经大学法学院副院长、副教授):我的演讲题目是"破产重整中出资人权益保护的本质与界限——以德国法为鉴"。(更多发言内容,详见本辑《破产法论坛》收入的同名论文)

谢博(邓迪大学法学院讲师):我的演讲题目是"出售式重整模式的法律适用问题及完善"。(更多发言内容,详见本辑《破产法论坛》收入的《英美重整计划

外营业出售的经验、争议与启示》一文)

蔡雄强(温州市瓯海区人民法院副院长):我的演讲题目是“建筑业企业破产重整若干问题与对策探讨——以温州中城建设集团有限公司破产重整案件为基点”。(更多发言内容,详见本辑《破产法论坛》收入的同名论文)

贺丹(北京师范大学法学院副教授):我的演讲题目是“当事人自治与司法裁断:公司集团破产规则设计的均衡进路”。(更多发言内容,详见本辑《破产法论坛》收入的同名论文)

范利亚(北京德恒律师事务所破产专业委员会主任):我的演讲题目是“加强中介机构制度建设推进困境企业拯救”。目前,破产法律制度的建设与行政制度的配套上还是缺乏衔接,存在很多制度性的问题。在实践过程中,困境企业的拯救存在几个问题:大型化、跨区域(境)、管理人报酬较低、拯救时间过长、清算组淡出下的维稳问题、占有中的债务人模式(debtor in possession,DIP)和管理人管理模式(trustee in possession,TIP)对企业的影响。对此,德恒形成了一些应对之策,即建设专业的委员会制度,并以公司化的模式进行建设。目前德恒的专业委员会有人力资源部、市场部、财务部及培训部,以此回应市场对我们的要求。此外,我们还建立了专业的人才梯队制度,企业内的破产企业拯救基金制度以及困境企业并购制度。通过各类制度的建设和运行,我们在实践中取得了比较好的效果。比如,联盛集团破产案,我们依靠专业委员会制度,最终实现了成功重整。

宋全胜[中欣重组顾问(北京)有限公司总经理]:我的演讲题目是“形成偿债能力评测标准共识 建立银企资产挽救良性机制”。实践中,我们发现个别银行消极地对待破产处置工作,我认为,这从根本上说还是体制的问题。另外银行对贷款不良程度的认识严重不足,对于不良贷款损失大小的衡量缺乏权威的数据和模型,贷款损失的量化评定观念滞后。问题的核心是目前银行对于具体贷款损失的责任追究是单向的思维,即损失多少,就追究多少,没有明确如果可以通过破产挽救程序挽回损失或者减少损失,对责任人就可以减少责任或者在追回的效益中奖励相关人员,现在银行还没有这种激励机制。我认为,银行债权人是理性的,但不经济,而民间债权人是经济的,但不理性。对此,可以建立一个权威性的、带有公信力的危困企业偿债能力分析标准,以推动中国企业的庭外重组工作。

嘉宾评议

杜军(最高人民法院民二庭法官):关于出资人利益的问题,我们首先要认真对待出资人的权益,不能说因为企业资不抵债所以出资人就丧失了任何利益,需要权衡股东和债权人之间的利益分配。另外,如果出售式重整不给原债权人一些保护方式,债权人完全可能会依照接收破产企业资产的企业需要承担原企业债权债务的思想来提起诉讼,对此我们须进一步探讨。关于合并破产的问题,可否将法院裁定合并和自愿合并相结合,这是具有实践性的问题。在重整方面,重整的应有之义是要让企业恢复生产能力,我的疑问是如何判断企业具有持续经营的能力?企业持续经营后会不会有二次破产的可能?值得研究。在银行参与破产程序的积极性方面,我觉得从制度上可能要解决两个问题:一是考虑从管理人制度改革的角度切入,提高银行的参与度;二是改变现有针对困境企业的制度观念。

胡利玲(中国政法大学民商经济法学院教授):关于出资人权益的保护,研究表明,对股权没有做任何调整的公司的财务状况普遍非常差,很多公司实际上股东权益都是零,都处于负资产的状态,这意味着重整的风险须由债权人承担。因此,股东权益应否调整,如何调整,都是值得关注的问题。但是,仅谈出资人的权益保护是毫无意义的,股东权益的存在才是前提,这时才需要对股东权益进行调整,赋予其表决权。关于出售式重整,其最基本的问题是,如果重整是要通过各种不同的方式使企业能够保存下来,那为什么还要建立出售式重整呢?这可能要回归究竟什么是重整的问题。此外,如果出售式重整可以不表决,这就有剥夺债权人权利的嫌疑,更何况如果可以完全依赖法院判断,那就对法官的要求太高了。而实质合并重整则涉及对公司独立人格的挑战,我认为各企业债权人的合理信赖利益是要维护的,在企业本身并没有满足破产原因时,不应轻易将它纳入合并破产程序中来。

自由讨论

赵学军(河北省曲周县人民法院审委会专职委员):在债权人申请破产重整的案件中,政府一开始也不想参与,我们向政府介绍了重整的意义后,他们态度就很积极。我们认为,政府在预重整或者进入司法重整之前应该发挥主导作用,也即在预重整过程中由政府主导,法院参与,但进入司法重整程序后,则是法院主导,政府参与。不知道这种提法是否合适,我想请教一下杜军法官。

杜军:我们不妨画一个大致画像,预重整就是案件在进入法院之前,当事人之间开展谈判的过程,进行权利的调整,为今后经营方案的制定先做预案,预重整成功之后,案件进入法院就可以快速处理。但实际上,从比较法角度出发,不同的国家法院的参与过程可能是不一样的,总体上法院的参与比较薄弱。关于预重整,首先要明确是否所有的企业都适合预重整?我觉得未必,预重整有一个特点,就是比较私密,由几个主债权人和其他债权人进行协商谈判,很快就可以将方案制定好,如果进入重整程序后其他小债权人不同意,主债权人可以收购小债权人的债权。预重整的目的,一是缓解直接进入破产重整程序的负面影响;二是预防程序上的不可控,我们可以先试错,先做方案,方案一旦做成,最后可以法院的强裁为后盾,认可这个计划。总体来看,不是每个企业都适合经历预重整程序。从规则上来看,我认为预重整确实是一个值得完善的领域,因为它充分调动了市场因素,充分体现了谈判的力量,我觉得重整就是一种非常重要的谈判过程,预重整恰恰可以提供谈判的平台。

至于预重整中法院和政府的关系,总体上,我认为,二者都应该发挥积极的作用,而不是以谁为主的问题,如果案件没有进入法院,而法院是消极被动的,不能强行让法院参与进来,这个时候当事人怎么做是由市场决定的,或者说由政府主导。但是,如果案件进入司法程序后,是不是就以法院为主,政府为辅?我觉得也不能这么说。在破产程序中,各方主体各司其职,政府在人员配置、破产基金的设立上给予帮助,在企业信用上及时恢复,或者积极解决金融风险防范的问题、职工社保的续缴问题以及其他历史遗留问题等。因此,在这过程中,不一定是谁为主、谁为辅的问题。

荣艳(时任南京市中级人民法院清算与破产审判庭审判长,现南京市中级人民法院清算与破产庭副庭长):我想请教两个问题,第一,关于出资人权益调整的问题,在一些案件当中,如果出资人权益上有权利负担,或者是被保全的情况下,请问有没有什么好的做法?我想请何旺翔院长和周荆庭长介绍一下这方面的经验。第二,我们在处理重整案件过程中,企业信用的恢复已经成为非常突出的问题,很多案件都面临着大量的沟通和协调工作,占用了法院大量的时间和资源,我想请教周荆庭长和杜军法官在实践中有没有经验可以分享。

何旺翔:关于预重整的问题,本来企业已经预重整,可是进入重整程序之后,他们发现还有一些尚未掌握的债权申报情况,显然这时他们的方案就被打乱了。回到荣法官的问题,包括股权质押或者被执行的股权进入重整程序后,涉及债转股和股东权益调整时,德国法就设置一个简易的程序,在一定程度上可以通过简易的程序将股东权益的价值降低到零,这时可能相应的股权质押的问题,或者股权被执行的问题就得到了化解。但是,所有这些问题放到中国环境下,可能大家都需要考虑出资人的想法、股权执行人的想法或者是申请人的想法,这时我们可能就要做一系列的协调工作。再如府院联动的问题,我认为,破产重整制度还没有完全成熟的时候,府院联动机制是必要的,但是前提是政府保持适度的干预。很显然,在很多重整案件中,政府是很感兴趣的,但是否真的能考虑到企业继续经营能力的问题,是存在疑问的。所有问题的解决必须结合中国的实际情况,包括法律环境和社会文化环境。

周荆(北京市第三中级人民法院民六庭庭长):在重整过程中,相信所有的法官都会面临这个问题,如果涉及出资人权益调整的时候,有权利负担的股权该如何处理?原来最高人民法院对北京的一个重整案件作了批复,即"五谷道场案",当时股权上有很多权利负担,我们提的方案是如果重整不了,所有的权益都会变成零,所以我们就要解除查封,而当时给我们的批复也是解除查封。我觉得这个个案批复最后起到的是示范效应,虽然在理论上,这里面存在出资人权益的损害,包括质权人的利益问题,这是显而易见的。

杜军:刚才周荆庭长提到的"五谷道场案"是个案答复,不具有普遍性。对于这个问题,我觉得有一个很形象的比喻,如果重整债权人、战略投资人和出资人都在悬崖上抓住了一条绳子,但绳子只能承重两个人的重量,是直接让绳子断掉然后3个人一起摔死,还是从第三个人这里剪断,保住两个人呢?这就是哈佛公开课里面讲的关于正义的选择。显然,在该案例中选择保住两个人。因为如果不解除查封,重整计划没有办法执行,所有的权益都归零,只能转清算,如此,不仅战略投资者和债权人的利益丧失了,保全人的利益也没有了,所以,这当中就会有所选择。但是,我们事后反思这一选择,觉得可以进一步探讨,现在《企业破产法》都施行10年了,我觉得这里面其实没有那么尖锐的利益矛盾。首先,从管理人的角度上,管理人在接手破产企业时,查到这些权利负担后,不要无视这些查封而直接做重整计划,让法院最后强裁。管理人看到这些权利负担之后,应当要意识到他们都是利害关系人,应当将他们的合法权益考虑在内,这是第一步。下一步是可以适用一些标准,把公司的运营价值客观化,通过谈判解除查封,如果无法谈判,法院就可以拍卖股权,并向竞买人说明股权上的权利负担情况,这样的定价可能会比较低,但比较合理,也即通过拍卖解除查封。我认为,刚性解除不太合适,这其中需要管理人做更多的工作。

黄贤华(上海市高级人民法院民二庭审判长):关于重整过程中的查封问题,执行法官认为,被查封的股权只能由作出查封决定的法院来处理,破产法院没有处理的权利。关于股权价值是不是等于零的问题,执行法官认为在账面上,价值可能是为零。但是实际上因为有重整的希望以及重整方的投资,价值并非真的等于零。另外,从解除查封的角度上,根据法律规定,在两种情况下可以解除查封,要么形成了可以让被保全股权产生类似物权变动效果的裁判文书,要么依据当事人申请解除查封,以上是我与执行法官交流之后他们坚持认为不能直接将股权价值减到零,并且不能依据破产裁定进行解封的理由,供大家参考。

周荆:也就是说,在上海法院的做法是通过拍卖股权来实现权益是吗?

黄贤华:目前我们那个案子还僵持着,破产法官认为应当按照破产重整的裁定来解除股权的查封,但是执行庭的法官认为不可以,除非经当事人申请。

周荆:我个人比较支持执行庭法官的观点,但我认为还需要进一步的操作。

宋全胜:我认为,在企业重整过程中,关于股东股权调整的问题,不能用传统的民法,包括《物权法》《公司法》的思维来理解。像股权这种性质的权利,它与一般有体物的财产不同,其中最大的区别是股权价值是通过公司的运营来体现的。当企业重整成功之后,它的股权是有使用价值的,现在陷入债务困境时股权是什么价格,未来重整成功了,又是谁作出了贡献?我觉得应该是投资人投入的资金使股权产生了增值,那么,谁能享有这个增值?我认为,不应该是原有的股东,也不是股权的质权人或者是保全人。我们要认真考虑的是,当初设立公司制度,设立有限责任制度的时候,这些制度的初心是什么。以前没有公司制度,某一组织对外欠的债务需要由组织成员承担无限责任,当公司制度成立时,公司股东仅承担有限责任,此时,如果公司资不抵债,是否应该把这个公司交给债权人处理?也即当公司无法偿还债务时,法律理所应当地不能让原有股东继续控制公司,就应该由债权人接手处理。所以,我认为,调整股东股权的正当性理由不仅包括公司资不抵债,还包括股东确实不能处理债务问题。当然,从程序上应该赋予原股东,包括股权质权人、保全人异议的权利,或者是以听证会的方式充分听取他们的意见,然后再由法院作出裁定。根据我国《公司法》的规定,我国目前只有实质减资,而缺少了相应的制度。比如,设立一个公司,股东想拿回财产,经过公告后,债权人提议减资,但目前也没有规定公司的净资产达到什么程度时,法律就强制他必须减资多少,我国缺少这个制度。如果这个制度设立了,或者回归到公司制度设立的初心,然后再去设计强制减资,我觉得很多问题就会迎刃而解。

第三分论坛:债务人财产与破产债权制度

主题:债务人财产与破产债权制度

时间:2017年6月3日(13:30~18:00)

地点:谊宾馆—嘉宾楼1号会议室

第一单元　　主持人:许德风(北京大学法学院教授)

叶炳坤(厦门市中级人民法院民六庭副庭长)

主题发言

杨光(中国证监会与中国社科院法学所联合培养博士后):我的演讲题目是"论破产定金债权"。(更多发言内容,详见杨光:《破产定金债权刍议》,载《东方法学》2015年第6期)

郭靖祎(华东政法大学博士研究生):我的演讲题目是"海商法与破产法的冲突与弥合——兼论航运、造船企业破产特殊适用规则的必要性"。(更多发言内容,详见郭靖祎:《海商法与破产法的冲突与弥合》,载《华东政法大学学报》2018年第1期)

李悦[北京盈科(杭州)律师事务所律师]:我的演讲题目是"破产债权确认规则研究"。在破产债权确认方面,目前我国存在几个问题,即核查程序是否到位?何为"无异议债权",其是否有具体的认定标准?裁定确认的债权表性质?异议债权具体处理程序以及异议之诉时效如何确定?这也是立法上值得检讨之处。据此,人民法院可以根据实务需要出台司法解释和地方司法实务意见,无论对弥补立法的不足还是规范实务操作程序都具有重要意义。除了参考域外立法例之外,我认为,出台司法解释和完善地方实务规则须同步推进,补充和完善现行破产债权确认规则内容,如完善债权核查规则、明确无异议债权的认定标准,异议期、裁定确认的债权表性质、异议债权处理基本程序以及异议之诉时效规定。其中,对于经裁定的债权表,我倾向于应认定其具有与判决同一法律效力。

冯坚(浙江大公律师事务所主任):我的演讲题目是“破产债权确认程序若干问题探讨——法院裁定确认债权后债权人救济途径的发掘”。(更多发言内容,详见本辑《破产法论坛》收入的同名论文)

李乐敏(浙江振邦律师事务所主任):我的演讲题目是“破产企业环境侵权债权人利益保护机制的司法策略——基于优先受偿顺位及责任主体的考量”。(更多发言内容,详见本辑《破产法论坛》收入的同名论文)。

自由讨论

提问:某化工企业曾经因为农药泄漏对当地农户造成损害,可以算作环境污染产生的债权,当时企业尚未进入破产程序,后来在政府引导之下,企业全额赔偿农户的损失。企业在资金方面出现问题后向民政局借款,全额赔偿给受损的农户。但该企业在尚未还清民政局借款的情况下进入了破产程序,那么民政局的债权是否属于环境侵权造成的债权?是否还享有一定的优先性?

李乐敏:我认为这个问题首先要有个前提,就是企业是否进入破产程序。这个问题与我们实务中办理的案件是类似的,比如,某个破产企业拖欠职工工资,经过职工上访之后,政府就先垫付了这部分职工工资,那么这垫付的这部分债权,有没有优先性呢?实践中是有争议的。我这篇文章的前提是目前《企业破产法》没有赋予由环境侵权产生的债权以优先性,那么现实中如果发生这样的情况,法院和破产管理人处理起来难度就比较大,因为《企业破产法》对环境侵权债权和人身损害赔偿都是作为普通债权来解决的。

叶炳坤:现实中还有类似于环境污染侵权的其他情况,比如,规模性的产品侵权责任,它的后果可能涉及社会公共利益等方面,我想请问下李乐敏主任,您觉得对这一类债权是否也要赋予优先性?或者说在涉及因破产企业侵权而引发的群体性人身损害的情况下,是否都要赋予该债权优先权呢?会不会造成优先权的范围太广?因为在企业破产的情况下,优先权会挤占其他债权人的受益空间。关于这方面,李主任有没有什么补充?

李乐敏:我觉得以上问题都是涉及公共利益的问题,道理都是差不多的,我们考虑优先权的问题是因为破产法制度本身是要对各方面的债权人利益进行平衡。我觉得从公共利益的选择上,我们呼吁建立这样的制度,与我们考虑这种债的性质是差不多的。

高美丽(北京达成律师事务所高级合伙人):我认为,政府部门垫付的费用能否取得优先权取决于所垫付的债权有没有优先性,目前我知道的只有职工债权有这个优先性,之前最高人民法院有一个会议纪要,政府部门基于维护社会稳定的需要而垫付的职工工资,不视为普通的债权转让,而是取得了职工债权所具备的优先权利。

叶炳坤:据我所知,现在环保部门在一些地方开始试点建立因环境侵权而造成损害的赔偿基金。

许德风:企业在进入破产程序之前向民政局借了钱,然后企业用这笔借款赔偿给受害人,民政局取得对该企业的债权,在这种情况下,民政局相当于一个借款人,这笔借款也单纯是借款,没有指向性,所以很难作为一个可以特别对待的债权。但是我了解到的一些可参照的规则是,企业在进入破产程序后,为了消除环境污染而进行的这部分支付,可能会被看作政府对企业特定财产的安排,作为一个共益债务进行受偿,但也要看实际情况,即是否对所有的债权人都有益。

提问:关于破产债权认定项下的保证人或者连带债务人的权利问题,《企业破产法》规定,保证人或者连带债务人尚未代替债务人清偿债务的,可以其对债务人的求偿权申报债权,但是债权人已经申报全部债权的除外。实践中,一些担保机构在为企业融资提供担保时,企业会向担保机构提供反担保,在这种情况下,企业进入破产程序后,如果债权人已经申报债权,这个连带债务人也同时申报了债权,那么管理人应该如何认定?如果依据法律的规定,管理人对债权人的债权申报进行认定,而对连带债务人债权申报不予认定,那么债务人所提供的反担保措施该如何解决?比如,在这个破产企业的土地、房产已经全部抵押给担保机构时,如果担保机构向管理人申报债权,而管理人不予认定的话,这些抵押该如何处理?因为被抵押的财产都是破产企业的主要财产,所以我想请问各位专家能否给我一些建议。

冯坚:我们也碰到过这样的案例,有债务人向担保人提供了反担保,而且反担保可能是采取了物的反担保形式。如果主债权人向管理人申报债权后,不允许连带债务人重新申报的话,会造成什么后果呢?债权人获得债务人部分的清偿后,差额部分要向从债务人进行追偿,在这个过程中,如果从债务人选择向主债权人全额清偿,这个债权到债务人这边会进行全额清偿,因为这是物的反担保。这种情况下,我们管理人会给他全额预留,因为这个时候债务是不确定的,主债权人在追偿时有选择权,最后可能会导致分配不公的后果,管理人就要承担赔偿责任。这个情况什么时候会产生?我的理解是在合并破产过程中,债务人的关联企业给债务人提供了反担保。所以我们的做法是无论怎么样,必须给他预留,这样的做法对管理人风险控制非常有利。

许德风:这个问题值得我们注意,预留是实务上可行的做法。理论上,如果出现反担保的情况,应当允许有反担保的保证人申报债权,保证人和主债权人加一起的总额不得超过主债权的数额,主债权人与保证人是共同获偿,主债权变成了一个有担保的债权。

提问:就刚才的问题,我想再提一个新问题,如果主债权人在分配的时候已经获得100%的清偿,那下一步给具有反担保的保证人预留的数额应如何分配?

冯坚:所有预留的金额我们可以进行追加分配、补充分配。在实务操作中,有些金额的预留是因为管理人考虑到了执业风险问题。比如,管理人在面对某些有争议的海关税收款项时,会先预留部分财产,如果最后税款债权不具有优先性,那么我们就按照补充清偿的规则进行分配。

提问:假设银行的主债权是100万元,债权分配比例是10%,那么银行实际上得到的清偿数额是10万元,这时银行可以主张担保公司承担剩下90万元的责任。但是,担保公司在破产企业中是没有追偿权的,担保公司的债权金额是0,只是破产企业提供反担保的土地和厂房是有效的。如果按照100万元的份额预留后,这部分财产是进行二次分配呢?还是要给担保公司?

冯坚(浙江大公律师事务所主任):如果担保公司选择自己主动清偿,他就可以向债务人追偿。但是,难点是担保公司不主动清偿,在银行受偿10%之后,再由他承担90%的责任,这时,担保公司就这90%的债权是否具有优先权受偿的问题,这确实存在争议。我个人理解这是担保公司的选择,如果我作为从债务人,我应该选择主动清偿。至于在担保公司不选择主动清偿的情况下,那90%的债权还是否享有优先权,仍需进一步思考。

提问:我的问题是,在清偿率只有10%的情况下,债权人受偿10万元后,担保公司还能依100万元的债权申报吗?我觉得债权人受偿10%后,主债权债务关系已经消灭了。

许德风:不是这样的。主债权人得到10%的清偿后,主债权债务关系并没有消灭,如果这时保证人进行了清偿,就发生了法定债权让与的情形,但由于没有规定法定债权让与,我们可以约定债权人让与,让保证人取得主债权人对债务人的剩余债权,同时保证人还享有担保权,可以通过行使担保权实现权益。

提问:保证人的追偿权是在分配之后才产生的吗?

许德风:它是附条件的债权,在主债权人得不到清偿,并且要求保证人承担责任的条件下,保证人才取得对债务人的追偿权。

提问:如果没有反担保的情况,保证人承担了担保责任后,是否就不具有追偿权了?

许德风:是的,没有反担保情形的,就按照现行法律规定,由保证人承担这个风险。

提问:如果企业存在反担保的情形,一笔债务是否有可能出现两次或者三次清偿的情况?

许德风:会有一个上限的规则,即无论得到几次清偿,都不得超过主债权的总额。

提问:在具备反担保的情况下,这部分财产是属于要预留的,第一次分配的时候是不是不能对普通债权分配?

许德风:我觉得主债权人可以申报,具有反担保的保证人也可以申报,管理人可以作一次性的清偿,但是要算清楚,主债权是多少,剩下的给保证人,在担保物不足额的情况下,可以考虑按比例清偿。

提问:在重整计划通过后,投资人又觉得这个行业不好做,想转行,股权想出售给另一家公司,这涉及一些问题:第一,投资人的股权能否转让?第二,投资人能否转行做其他经营?第三,投资人转行的话,涉及之前的资产处置问题,重整计划中的经营方案不能执行了。对此,管理人的风险就很高,请各位专家提出一些处理建议。

叶炳坤:我提一点个人建议,在这种情况下,最好是召开债权人会议重新进行表决。因为这既涉及债权清偿的重大变更问题,也涉及重整后企业经营能力和后续偿债能力的问题,所以重新召开债权人会议是管理人规避风险的最佳方式。

提问:我有两个问题,第一个问题想和郭靖祎博士讨论一下,是关于船舶企业的在建船舶所有权认定的问题。在建船舶所有权的认定涉及船舶的委托方如何行使权利的问题,即委托方是申报债权还是行使取回权?第二个问题我想请教一下叶炳坤庭长,在破产债权的审查认定标准上,实务中是有怎么样的标准去认定呢?如果股东以公司利益的分配请求权作为债权进行申报,法院应该如何把握这个债权的真实合法性?

郭靖祎:我谈一下个人理解,英美法下的造船合同是一种买卖合同,在合同内容的设置当中,对于物权的权属什么时候转移也是有规定的,如果当事人后来不要在建船舶了,这个时候按照买卖合同,船厂享有物权,可以把船进行转卖,船厂转卖的时候与市场价有差距的,合同会规定价格差在什么区间上就由谁来弥补。我认为,在船厂破产的情况下,我们可能真的要仔细地去看这个合同本身的设计和合同初衷是什么,包括设备的安排、款项的比例等,这些都是很重要的。

叶炳坤:第一,目前我国《企业破产法》对于申请人的债权种类,或者说对于债权人的身份是没有明确限制的,我觉得这可以参考美国《破产法典》的相关内容。第二,申请人请求权形成的前提是存在一个债的关系,必须有生效的法律文书,或者有明确的债务凭证等,满足这些要件债权人才具有相应的权利。第三,你提的这个问题在实务中真的存在吗?从利益驱动的角度上,股东在申请破产后,如果企业确实资不抵债,丧失清偿能力,那么股东不仅会丧失利益分配请求权,而且连基本的投资的资金都会一并丧失,实践中真的会有股东这么作为吗?值得怀疑。

嘉宾评议

周光(浙江光正大律师事务所主任、温州市律师协会会长):关于破产定金债权,我们原本的处理方式比较简单,如果是债务人支付的定金,则因为债务人的违约而无法取回,而如果是债权人支付的定金,那就是股东债权。但是,听取杨博士的发言后,我觉得我们的处理方式还是有待商榷的,我们在今后办理案件过程中,要考虑杨博士提出的观点,对于定金债权要根据实际情况实事求是、公平合理地认定。因此,我觉得这篇文章分析到位,条理非常清晰,对我们处理定金债权方面的问题很有启发意义。郭靖祎博士的文章内容非常丰富,有很多注解,我建议在座各位在处理海商法和破产法之间的冲突和弥合问题时,特别是今后办理航运和造船企业的破产案件时,可以看看这篇文章,一定会有很大的收获。

高美丽(北京大成律师事务所高级合伙人):根据冯坚律师的发言,回到管理人本质,我觉得做好债权审核是一个基础,也是我们可以最大限度保护自己、防范风险的一个路径。关于债权审核的流程,不同的机构有不同的做法。其中,在债权审核过程中管理人与法院的交流问题上,我个人建议,我们的债权审核标准可以事前与受理法院进行确认,这样就会提高管理人与法院的工作效率。李乐敏主任的发言给我们带来看问题的全新视角,但在是否赋予环境债权以优先权的地位上,则不无疑问,尤其是在环境债权与税收债权、担保债权的比较上,更是如此。最后,李主任提出在环境侵权的背景下将责任社会化,通过设立基金或者保险的方式解决问题,这是非常好的方法,值得肯定。

第二单元　　主持人:高圣平(中国人民大学法学院教授)
楼东平(绍兴市律师协会会长)

主题发言

吴长波(西南政法大学民商法学院副教授):我的演讲题目是"企业资产证券化融资中的破产隔离法律问题研究"。(更多发言内容,详见吴长波、张姝嫔:《企业资产证券化融资中的破产隔离法律问题研究》,载赵万一主编:《供给侧结构性改革背景下的中国破产法》,华中科技大学出版社2018年版,第307~326页)

张晓红(杭州市下城区人民法院副院长):我的演讲题目是"破产程序中有财产担保债权人的利益保护"。杭州破产审判的突出问题是平衡担保债权人与普通债权人的矛盾关系,当债权人会议对财产分配方案表决中所持的表决权不足以匹配担保物权人对设定担保特定财产所应享有的权益,而财产分配方案中担保物权人更是不享有任何表决权的情况下,如果担保物权人认为债权人会议决议损害了其优先受偿权,希望通过设定担保而保障债权清偿目标时就会存在问题。这时,是否可以考虑通过撤销债权人会议的决议等途径使其能得到救济?而且,当债权人会议长时间不能通过破产财产的处置方案时,能否考虑设置一定的期限,当期限一过就可给予有财产担保的债权人提出单独处置设定了财产担保的财产的权益,以行使其优先受偿权。此外,在人民法院裁定批准清算方案或者认可清算方案时应当满足的条件也需要进一步探讨,不应加重当事人的风险。

项延永(浙江省玉环县人民法院副院长):我的演讲题目是"从不动产租赁合同的解除看破产法基本原则的司法适用"。(更多发言内容,详见本辑《破产法论坛》收入的同名论文)

朱志亮(江苏省启东市人民法院破产庭副庭长):我的演讲题目是"浅谈破产重整中待履行合同转让"。(更多发言内容,详见朱志亮、孙贵斌:《浅谈破产重整中待履行合同转让》,载周继业主编:《人民法院破产审判:江苏实践与经验》,法

律出版社2018年版,第192~197页)

郑学仲[真璞商务咨询(上海)有限公司首席高级企业风险管理师]:我的演讲题目是“因应于破产制度语境的待履行合同之规则完善——基于与普通合同履行价值诉求相殊的视角分析”。(更多的发言内容,详见本辑《破产法论坛》收入的同名论文)

曹春烨(毕马威中国咨询有限公司投资和重组咨询服务合伙人):我的演讲题目是“从会计师角度看‘执转破’中的财务服务”。在如何判断破产企业具有拯救价值的问题上,会计师要看的往往是账上之外的东西,即其历史、市场地位、市场份额、管理的综合能力,等等,最基本的财务信息虽然只是一个单维度的,但也是综合判断的依据之一。简单的方式并不是特别适合于重整这样综合性的事例,更多的全方位的判断可能更有助于对重整之后的判断。例如,在接触的前一个项目中,我们进行了一个全面的尽调,发现是该企业内部决策机制出现了问题,该企业领导层思维无法跟上经济形势,形成了一些错误的决策,因而我们特意在这个方面进行了纠偏。可以说,在完成一个全方位的财务状况报告时,我们其实会关注很多方面,一是业务上的梳理;二是资产和负债情况的梳理;三是对企业进行全方位的诊断。

嘉宾评议

刘宁(四川大学法学院副教授):去年我在四川省做过一些调研,四川省的破产业务相对浙江、江苏或广东而言比较落后,包括破产案件的受理、破产意识、制度实行等方面,破产申请不予受理是四川地区比较常见的现象,执行转破产的衔接问题也比较突出,亟待改进。关于待履行合同的问题,其在实务中仍然有进一步明确、细化和完善的空间。比如,待履行合同除了管理人选择继续履行和解除之外,是否可以转让?这一问题值得研究。针对待履行合的处理,郑学仲老师建议应以商业判断为标准,但由管理人进行商业判断是否合适?诚值研究。因为管理人只是中介机构,也不是完全具备商业判断的能力。如果在一些特殊的合同领域,如不动产租赁等,是否还可以赋予管理人选择权?还是说要有一定的限制?也是一个值得研究的问题,对于特殊的合同类型应该特殊的对待。

张婷(北京大成律师事务所高级合伙人):在执行转破产的衔接上,一方面,破产涉及众多利益方,从执行转破产后,衍生了一系列难题,也增加了制度成本;另一方面,法院指定管理人时存在难处,很多管理人无法处理破产难题。所以,执行转破产虽然是一个解决问题的思路,但还须进一步完善。对于《企业破产法》第18条的规定,我认为,在破产法语境中,如何选择合同的继续履行和解除取决于是否能实现全体债权人利益的最大化,虽然选择后会让债务人付出一定代价,但因此获得的利益可能对全体债权人更有利。然而,法律在待履行合同上只规定解除和继续履行两种方式,不能满足实践的需要,有时我们会根据案件情况提出合同转让,我也提出过合同变更后再履行的想法,尽可能减少我们的负担。关于特殊类型合同的处理问题,在实践中会存在各种各样的利益诉求,需要管理人谨慎处理,同时也呼吁最高人民法院能够针对特殊合同的处理出台一些规定,给予管理人制度上的支持。

自由讨论

提问:第一个问题是在房地产公司的重整和清算中都存在工程复建的问题,企业的楼盘已经销售完毕,但是它没有修建完毕,如果将后续投入的资金全部视为共益债务的话,它无法使其他债权人产生更多的利益,所以我认为将这笔资金视为共益债务在法理上存在问题。第二个问题是关于房屋租赁合同的问题,租赁方已经占有并使用房屋,支付了20年的租金,我们认为,这不能适用双方已经履行完毕的合同,承租方还需要承担其他义务,比如,保证房屋的完整性等,我们认为解除合同有利于破产财产的最大化,承租方对此提起诉讼,法院支持其诉请,认为承租方已经单方履行完毕,不符合我国《企业破产法》第18条规定的条件,我们对此有疑问。

张婷:关于第一个问题,我认为将引进的资金作为共益债务是没有问题的,如果立法不把新的资金赋予共益债务的优先性,破产企业就会很难融资。我觉得通过工程复建,建筑物肯定会增值的,增值的部分除了覆盖原共益债务的范围,还可以增加普通债权人的受偿率。关于第二个问题,我认为,在单方已经履行完毕的情况下,我们也可以去解除,但是肯定要负担相对方的赔偿请求,其中需要衡量的是解除合同的成本与收益。

提问:关于第一个问题,企业已经将房产销售完毕,即便有价值增加,也只是对购房者和建筑工程款优先权人有利,对普通债权人来说同样是不利的。

张婷:我觉得这要考虑一个因素,即优先权的认定是以重整案件受理日还是制订重整计划的这个时间点为准。一般而言,应该是在重整案件受理日时,优先权的范围就锁定了,如果将因额外借款而增加的价值当然地视为担保债权人的受偿范围,是值得商榷的。

王欣新:我认为这是两个问题:一是对共益债务的定性;二是最后受益方是否应当承担这个共益债务。首先,如果新引进的资金是用于完成房屋建设的,那么这笔资金应当视为共益债务,因为这无论是对于购房者,还是不购房的债权人而言都是有价值提升的。其次,在谁支付共益债务的问题上,我认为借款之前需要跟所有消费者说明,最终需要让因新融资而获益的人承担这笔借款的偿还义务,或者如深圳的做法,采用消费者集资的方式。

江涛勇(江西三松律师事务所):某民办学校前期收取学生钱款,承诺毕业返还,但中途因为投资失败而申请破产,现就债权清偿顺位上有争议,我们的做法是将学生债权放在第一位,教职工工资放在第二位,银行的抵押债权放在第三位,依据是我国《民办教育促进法》第59条的规定。我的问题是这种做法是否妥当?谢谢!

曹春烨:我认为,教育服务是需要对价的,该学校的模式实质上是变相的融资,不能将它定义为学生的学费。

王欣新:第一,学费和担保物是两个不同的渠道,不应当重合在一起,彼此之间没有先后的问题。担保物优先清偿担保债权,学费的返还应当从其他财产中进行,它只是一般优先权,不是特别优先权。第二,学校与学生之间的合同涉及的不是学费的问题,实质上是金融融资的问题,不能将它视为学费。

提问:房地产企业在宣告破产后,仍有几个楼盘正在建设,其中有一些满足预售的条件,在企业宣告破产的情况下,究竟是以谁的名义来与购房者签订合同呢?

范文杰(湖北山河律师事务所律师):我认为,企业进入到破产程序后,预售肯定要被封锁的,只能解锁之后再做预售,后面涉及一系列的验收问题、手续问题等,主体只可能是以公司的名义,不可能是以管理人的名义,管理人最多是一个代表。再者,企业已经宣告破产再复工,我觉得这是不妥的,如果我是管理人,可能会建议法院再行宣告破产。

郑志斌(北京大成律师事务所高级合伙人):我认为,第一,从主体的角度来说,这个财产还是属于债务人财产,应该还是以债务人自己来处分,管理人只享有决策权,从合同的角度来看,应该还是由债务人来订立,管理人是代表债务人订立合同。第二,宣告破产后再复工不违反法律规定,因为我们不是做一个新的经营业务,而是对原有破产财产进行处理,相当于一个连续性的经营行为。第三次,关于复工是在破产宣告前还是破产宣告后的问题,我觉得最好是在破产宣告前进行复工,这样争议会比较小一点。因为房地产企业破产清算时可以在建工程的方式整体对外处置。第四,从实务操作角度上来说,如果之后涉及的手续问题以管理人名义操作的话,难度会比较大。第五,我们建议不要再采取预售的方式,因为你已经续建完成了,应该直接现房销售。如果没有续建完成,你在破产程序中再次采取预售方式,恐怕没有消费者会购买。

高圣平:其实关于这个话题更多的是对于清算的法律定位,清算什么情况下终止?理论上一直有争议。但是,《民法总则》对这个问题已经有所规定,根据《民法总则》第72条的规定,清算期间法人存续,但是不得从事与清算无关的活动。所以,对这个问题可以大概从这个角度进行解决。这里可能具有的解释空间是房屋建设完毕后的销售行为是否与清算有关,这是解释上的问题。

冯坚:刚才讲的房地产企业继续举债,是如何将它理解为共益债务?是依据我国《企业破产法》第42条第4项,还是作为一个债权人会议的议案进行表决?哪种方式可以减少管理人风险?如果理解为共益债务,法院肯定是要让举债的相对方作一个说明,我们在实践过程中也比较难把握,想请教一下王欣新老师。

王欣新:首先,我们要对共益债务进行定性,共益债务是对整个破产财产或者债权人的整体利益有利的一类债务,《企业破产法》的规定不一定能涵盖实践中出现的所有类型,只要我们根据债务的发生确实有利于债务人财产的保值增值的,原则上是可以作为共益债务的。至于共益债务的发生是否要经过债权人会议决议,比如,对外借钱要经过债权人会议决议,这种情况是从两个不同的渠道进行解读的。第一,是定性这个债务是不是共益债务。第二,至于这个共益债务是如何发生的。这涉及另一个程序,比如,法律规定管理人对债务人财产做出重大处分时,包括借贷,要经过债权人委员会同意,再重大一点的事项可能就需要经过债权人会议同意,这个程序与第一个定性是不一样的,定性解决性质的问题,程序解决怎么做的问题。

朱志亮:现在我们做破产重整以及合并重整的案子比较多,但是和解及合并和解的案子少,我们在处理合并和解的案例时,发现和解没有监督期,因为和解还有一两年清偿期,这应该怎么处理?

王欣新:我们立法的时候曾考虑借鉴其他国家的做法,设置重整程序后就将和解程序删除,后来起草组很多人认为和解是一个更简化的程序,在当事人自愿的情况下,多留一个渠道,所以和解程序仍然保留。当然,和解协商是带有多数决性质的,所以通常认为虽然和解协议要经过法院认可才生效,但是它更多地体现当事人的意思自治。关于合并和解的问题,我还没考虑好,一般而言,合并破产、合并清算都是可以理解的,而合并和解涉及多个企业不同的清偿率,当事人的协商方式存在疑问,是跨企业表决?还是其他方式?我认为这是还待研究解决的问题。当然,如果确实是有利于债务人和债权人的利益,我们不妨做一些形式上的创新,但需要注意的是,在创新过程中一定不能损害相关当事人的权益,而且和解本身主要是一种协商,包括在合并和解过程中,需要设立程序去保障当事人的意思自治。

第四分论坛:智慧法院背景下的财产处置及其涉税问题

主题:智慧法院背景下的财产处置及其涉税问题

时间:2017 年 6 月 3 日(13:30 ~ 18:00)

地点:友谊宾馆—嘉宾楼 5 号会议室

第一单元　　主持人:孙红梅(国家税务总局税收科学研究所国际室副主任)

黄贤华(上海市高级人民法院民二庭审判长)

主题发言:

丁立波(柳州市中级人民法院清算与破产审判庭审判员):我的演讲题目是"围绕破产案件审理中的'刑民交叉'问题"。在破产案件审理中,绝对化的"先刑后民"异化了刑事审判与民事审判的功能。刑事犯罪造成的被害人民事权利的损害不应当在刑事程序中处理,在破产立案审查过程中坚持"先刑后民"原则也不符合破产法的社会功能。破产清算的目的在于,当债务人资产不足以清偿全部债务时,以清算的方式对众多权利主体的个体利益进行法律上的衡平,赋予先后不同的清偿顺序予以保护。在"刑民交叉"情形下的破产案件,应该严格适用《企业破产法》第 2 条规定以及最高人民法院《关于适用〈中华人民共和国企业破产法〉若干问题的规定》第 1 条规定进行形式审查,只要债务人有到期不能偿还的债权,就应当对债权人的破产清算申请予以受理,债务人企业的违法所得财产也应当按照《企业破产法》的清偿顺序予以分配,而不应当按照《刑法》及最高人民法院《关于刑事附带民事诉讼范围问题的规定》的相关规定将退赔被害人的损失区别于其他民事债务,或优先于民事债务。

蒋瑜(江苏新天伦律师事务所合伙人):我的演讲题目是"论房地产企业破产案件中抵押权的实现顺位——以权利冲突为视角"。(更多发言内容,详见马天、蒋瑜:《论房地产企业破产案件中抵押权的实现顺位——以优先权冲突为视角》,载《太原学院学报》(社会科学版)2019年第1期)

杨萍萍(安徽深蓝律师事务所律师):我的演讲题目是"房地产开发企业破产中以房抵债问题的处理方式"。破产法立法精神之一,是让全体债权人得到公平受偿,管理人尽职尽责管理破产财产,使破产财产效益最大化。以工程款债权及民间借贷债权为例,工程款债权具有法定优先受偿性,债权人可以选择以实物方式交付房款进行清偿,也可以主张以货币方式进行清偿。但是民间借贷情况下,按照原始债务关系进行处理,以货币方式进行清偿。原因为:(1)民间借贷债权属于普通债权,不具有优先受偿性;(2)购房优先权是法定的,内在精神是维护消费者的基本生存权益,这与普通债权人性质有明显区别;(3)从管理人职责考虑,管理人应实现破产资产价值的最大化,如果对以房抵债问题一律以实物进行清偿,资产最大化可能受阻;(4)从管理人合同履行权角度来看,以房抵债协议以及签订房地产买卖合同均属于未履行完毕的合同,管理人对此有选择权。

徐战成(浙江省国税局政策法规处干部、税务公职律师):我的演讲题目是"拍卖公告中税费转嫁承担条款的合法性与操作之张力"。拍卖公告上一般注明产权过户中产生的税费由买方承担,但实际上应该由出卖人承担,这种条款被称为出卖人转嫁条款。该约定在民法上是合法的,但是从税收征管的视角上,该做法会产生一系列争议,操作性方面也存在很大障碍。另外,司法实践中已经出现了不少具争议性的案例,法院对此的态度是按照税法规定承担各自税费。税费转嫁承担条款在实践中遭遇了一系列无法回避的问题:第一,交易价格是不是需要以及如何从不含税价款化为含税价款。第二,买受人能不能在所得税税前扣除。第三,全面营改增后如何处理定向税归属问题。第四,买受人反悔后,税务机关究竟向谁追缴税款以及以何依据追缴。

黄梅(扬州苏中兴企业清算服务有限责任公司总经理):我的演讲题目是"破产清算工作中的涉税难点问题及建议"。涉税问题是破产清算各个阶段都会遇到的难点问题,其产生的根本原因有几个方面:一是我国实施《税收征收管理法》及其他相关规定是以企业正常经营为假设前提,各级税务部门以对待正常经营企业的态度对待破产企业;二是税法和破产法在有些涉税问题上还存在空白、模糊,甚至是矛盾;三是有些涉税问题同时牵涉多个部门以及多个部门的多个机构,经常造成工作推诿;四是目前破产管理人大多数以律师、会计师为主,对具体税法规定、如何申报纳税以及税务注销流程等具体办事流程并不太熟悉,因此管理人与税务部门进行沟通时会存在问题。

自由讨论

提问:请问各位对最高人民法院72号指导案例关于以房抵债的问题有什么看法?

蒋瑜:首先,在72号指导案例中,开发商是有偿债能力的,法院在审判时认为以房抵债协议应该履行,但实际大部分楼盘是烂尾楼,房子并没有建成。其次,以房抵债的债权人不能赋予其优先权,在对抗建筑工程优先权方面,最高人民法院2002年16号的批复上明确了只有消费型购房人可以对抗建筑工程优先权。另外,根据最高人民法院《关于人民法院办理执行异议和复议案件若干问题的规定》,对于登记在房地产开发商名下的权利人,只有购房人才能对抗执行人。据此,我认为以房抵债的债权人不能优先于建筑工程优先权和抵押权人。

杨萍萍:大家对以房抵债的观点不一致,司法裁判的结果也不尽相同,主要的争议点在于以房抵债协议是诺成合同还是实践合同。普通民事审判程序和破产程序是不同的,无论是签订商品房买卖合同还是抵债协议,在破产程序当中都认为该约定是合法有效的,二者只是清偿方式不同。对于以房抵债的债权人能否转化为购房户的问题,我持否定态度,我认为必须在基础债权划分之后进行区别处理。

提问:资产损失的税前抵扣能不能以审计、评估机构出具的审计报告、评估报告作为依据?如果对外债权收不回来,是否也可以把审计、评估机构出具的报告当作税前抵扣依据?

徐战成:这个问题不能一概而论,税法上规定的是"确实无法收回",但这一点需要有较强证明力的证据去证明,税务部门一般不会直接以审计报告、评估报告就认可"确实无法收回"。

黄贤华:我个人认为,依法纳税是每个公民和企业应尽的职责,破产企业会涉及税的操作性问题,但这些操作都是在整个法律范围内的,管理人需要与税务部门积极沟通,管理人与税务部门也应换位思考。

提问:在破产案件中,我们向税务机关发出了申报通知,但税务机关没有派员处理,最后企业所有财产已经分配完毕,企业在办理税务注销时却被税务机关稽查了,税务机关认为企业在欠税状态中不能注销,导致企业迟迟无法注销。为什么会出现这样的情况?怎么解决?

孙红梅:这个问题需要从税务总局规章或者行政法规的层面作改正,否则,基层税务机关不会轻易按照管理人的要求办理。基层税务机关实际上面临着很大的执法风险,如果他们按照管理人要求办理注销,而该行为不符合税务总局内部的行政规程,就会让他们陷入执法困境。再多说几句,我认为,在法律规定尚未完善的情况下,管理人依法纳税或依法从事破产管理事务是非常好的,我们可以在合法合理的情况下进行一点灵活的改变,以便处理事情。我建议人大破产法中心和北京市破产法学会把企业破产过程中涉及的税务问题,尤其是《税收征管法》和《企业破产法》中的冲突条款,作为项目设立,把问题收集起来上报立法机构。

嘉宾评议

韩传华(北京市中资律师事务所合伙人):在破产程序中,债权人可以相互核查,相互提起诉讼,最大限度保证债权的真实性,最大限度保证拍卖程序的公开性。杨萍萍律师提及以房抵债的争议,我认为已经过户的债权包括工程款债权也要慎重考虑,比如,真实性、公平性等。黄梅具有丰富的实务经验,她在破产处置中一直深受税务的困扰,无论是重整还是清算,销售库存产品的税收很重,房产交易的税收也很重,在资产处置过程中,很难落实税收优惠。此外,税务部门可不可以简化税务手续,以免破产程序过于繁杂。对此,北京市高级人民法院规定,在破产案件中,管理人须解决税务问题的,可以直接向北京市税务部门发通知,由税务部门负责调查,极大地方便了管理人的工作,解决了税务申报及注销的问题。

朱鹏祖(北京鹏祖税务咨询有限公司执行董事):关于税务问题,第一,如果税负转嫁公告里约定税负由买受人承担,该约定本身是否合法?我认为,作为法院或者拍卖机构,在公示拍卖信息时,这样的约定或者提示是合法的。根据《拍卖法》的规定,作出一些信息说明是合法的,但如果用信息说明来转嫁纳税义务,那肯定是不合法的。信息公告与纳税义务转嫁的合法性问题要进行区分。第二,关于纳税转嫁的操作性问题。如果仅提及"本次交易所有税费由买受人承担"一句话,这从信息披露的角度上来说是不完整的,拍卖机构或者法院具有信息披露义务,一是要披露本次交易涉及多少种税;二是要披露每个税种的计税要素。

第二单元　　主持人:张如果(安徽省高级人民法院民二庭审判员)
郑伟(中国国际贸易促进会法律事务部公平贸易处处长)

主题发言:

张帆(绍兴市中级人民法院金融庭法官):我的演讲题目是"规范破产资金监管的探索与思考"。(更多发言内容,详见周剑敏、朱森蛟、张帆:《加强破产资金监管 保障债权人之利益》,载《人民法院报》2017年5月18日,第8版)

吕秋红(衢州市衢江区人民法院副院长):我的演讲题目是"关于破产案件资产处置情况的调研报告——以衢江法院破产案件资产处置实践为样本"。破产案件审理的压轴环节在于资产处置,资产处置的成败、效率、价格不仅影响债权人和债务人,更直接影响破产案件的审理进程。法院从司法中立的角度要平衡多元的价值,既要考虑债权人利益,又要考虑公平、社会稳定等方面。个案的复杂性也会给破产处置本身带来一定的束缚,配套政策不健全、税收等方面的问题也会给资产处置带来不便。在完善破产资产处置方面,一要增强重整资产处置的动力;二要完善处置方式,提高处置效率,关键是考虑资产处置的信息如何能够准确地向目标对象传输,同时减少资产拍卖的限制;三要依托政府部门,畅通融资渠道,挖掘潜在的投资者,多方联动实现企业重整。

马嶙侃(时任杭州市富阳区人民法院民四庭助理审判员,现杭州市富阳区人民法院民四庭副庭长):我的演讲题目是"智慧法院背景下浅析破产财产变价方案的选择——以富阳法院破产审理为样本"。(更多发言内容,详见徐阳光、吴建峰主编:《破产审判的富阳实践:基于项目化指引的探索》,法律出版社2019年版,第151~163页)

王飞(北京华宇信息技术有限公司项目总监):我的演讲题目是"最高法院企

业破产重整信息平台的开发与利用”。破产平台规划主要包括三个内容:一是全球破产信息网互联网部分;二是人民法院专网部分;三是破产管理人平台。在互联网部分,平台分别为投资人、社会公众、当事人、法官、管理人提供全面的信息化服务,为债权人、债务人和投资人提供信息资讯和网站,债权人、债务人以及清算责任人在平台注册后,可以进行网上预约立案、破产案件进展查询以及与法官、投资人在线交流等相关活动。在法院专网方面,法官可以通过网上预约立案的受理,转入人民法院的专网平台,形成裁判文书后,可以进入管理人工作平台上。在此过程中,法官工作平台形成的案件办理痕迹、数据都能够通过信息网对外发布。

姜天萃(阿里巴巴创新事业部司法拍卖专家):我的演讲题目是“‘万联网’背景下的破产财产处置”。破产资产处置是破产审判必须要面对的问题,破产资产处置比任何财产交易都要困难,经统计,破产资产处置平均需要3.33次的努力,最多的一次是一个拍品不停降价拍卖了9次。二期产品目标是为管理人设立一个子账号,管理人可以此发拍,减轻法院的负担。阿里巴巴的资产交易平台上实现了破产资产信息的公开及精准化。三期产品要打通破产资产交易平台和资产交易平台之间的通道,让破产资产与其投资人实现配对。这是未来资产交易的生态圈,破产资产是一种败絮其外、金玉其中的资产。

邓景方(广西中司律师事务所合伙人、风险合规部门负责人):我的演讲题目是“互联网+实现债权申报无人值守实践与思考”。债权申报是破产处置中比较难处理的问题,主要体现为债权申报成本过高。而“互联网+”可以提高成本下降的可能性,且使用“互联网+”的方式进行债权申报是可行的,因为立法并没有严格限制债权申报的方式。债权申报涉及非常庞杂的信息,加之每位债权人的信息能力参差不齐,并非每个人都能轻易进行债权申报。对此,我们在平台上作出改良,平台所公布的信息量不大,每一步都有红色字体进行提示,减轻了申报的负担,同时,平台可以自动生成破产管理人需要的表格,包括债权申报表、债权申报书,管理人后期需要统计的数据也能在系统中生成,极大地方便了管理人工作。

自由讨论

提问:第一,在破产清算过程中,如果拍品因多次流派而无法变现时,是否有以物抵债的先例?第二,在清算过程中可能存在大量的应收账款,管理人是否可以经债权人会议同意后把债权分配给债权人?

马嶙侃:我们在实务过程中暂时没有遇到这两种情况,但在第一次债权人会议时,管理人一般也会把这两种清偿形式写入分配方案中,如果确实出现了最坏的情况,管理人还是可以使用这两种形式清偿债务。同时,债权人会议将授权债委会,由债委会最终决定是否使用这两种形式。

提问:如果通过网络形式召开债权人会议,那么这种服务是否需要收费?如果需要,价格如何界定?

王飞:目前,最高人民法院信息平台对接的是第三方开发的系统,价格与平时的网络会议一样。根据会议标准、团队服务、现场处置、会中保障再到最后的现场来确定费用。

提问:请姜天萃女士介绍一下管理人处置破产资产需要什么样的操作流程。

姜天萃:第一,我们需要考虑法院和管理人是什么关系,我认为管理人在处置资产是不能离开法院的。第二,破产管理人的资质问题,因为有些破产资产的处置会超越管理人资质,例如,烟草的买卖涉及烟草专卖权,如果没有资质,该如何处置资产?第三,司法拍卖是免费的,如果由破产管理人进行处置需要收费,那么就该好好考虑,我认为在法院的账号中下设管理人的子账号,体现了法院对管理人的监督。

提问:请问姜天萃女士,您如何看待拍品的流拍次数多?

姜天萃:流拍次数由两个因素决定:一是资产本身处置难,比如,资产价值大,收购人数少;二是平台流量小,不能吸引消费者注意力。我们在拍卖过程中发现,有一些优质资产特意放到流量小的平台出售,因为可以在低价购买后再放到好的平台上出售,赚取差价。我认为,拍卖的最终目的是实现破产资产最优,没有人想再多拍卖一次,只是实践中存在很多假拍卖的现象,淘宝现在做的就是要打破这一利益链。

提问:很多资产的评估价并不代表它的市场价。某资产可能评估价值很高,但实际上可能流拍了上百次。

姜天萃:这个问题涉及拍卖的另一个功能,即市场价格的发现功能。我们在实务中发现,当资产降价降到比较低的价格时,只要有人出价,后面就会陆续有人出价,大家在等待合理价格,资产不会在价格最低点时成交。

嘉宾评议

王斐民(北方工业大学文法学院教授):关于“互联网+”,淘宝网是典型的互联网企业,网站流量代表了其价值,因此,不能认为互联网技术就代表了效率,我们还需要有流量,“互联网+”还可以做到精准推送,这与邓景方律师利用互联网技术便利自己工作是不同的。在此,我认为邓律师与王飞总监的平台是一个很好的对接,邓律师建立自己的小平台,与王总监的平台相对接,在实务中形成的一套东西能让很多管理人使用,而其他管理人的实务成果也能与用户匹配,系统数据能自动导入,这样在具体操作上就会事半功倍。

韩励贞(上海汇通清算事务有限公司总经理):第一,财产变现求高价值。这需要政府与法院建立长效的对接机制、价值导向平衡利益各方,力求财产变现最大化、多方联动、高效便捷。第二,资金监管求规范。将破产财产变现是实施财产分配的前提,在这过程中,需要专人管理、专业培训以及行业监督。第三,变价方案求科学。在破产财产变价过程中,法院起指导监督作用,变价方案的制定应该掌握方案优原则,力求周全、方法强劲、可操作性强。

大会主题演讲

时间:2017年6月4日上午(8:30~11:00)

地点:友谊宫—聚英厅

主持人:汤维建(中国人民大学法学院教授、中国人民大学破产法研究中心副主任、中国法学会民事诉讼法学研究会副会长)

石静霞(时任对外经济贸易大学法学院院长、教授,北京市破产法学会副会长):

我的演讲题目是“中国跨界破产法的10年:回顾及展望”。2006年《企业破产法》第5条对跨界破产作出了规定,该规定存在很多需要检讨的地方,这是由其历史背景决定的。该法第5条规定涉及中国破产程序的域外效力,第1款规定我国的破产程序对债务人的境外财产发生效力,第2款规定我国对于外国法院作出的发生法律效力的破产案件的判决和裁定有承认的可能性,同时也列举了一些条件,如根据条约或互惠关系进行审查,不得违反我国法律的基本原则、主权以及社会公共利益,不能损害中国债权人的合法权益。

下面我介绍两个案例。第一个是“走出去”的案子,浙江省海宁市人民法院在2014年审理了“尖山光电案”,该案涉及债务人在美国新泽西州的若干财产,当时,破产程序有一位外国代表人向美国新泽西州法院申请破产承认和协助,美国新泽西州破产法院很短时间内就承认并协助浙江省海宁市人民法院审理该破产案件。该案涉及几个问题:第一,在外国破产程序中,被任命的破产管理人进入美国法院申请协助和承认时须满足的要求,包括根据美国《破产法》第十五章规定的要求,我们在什么情况下承认外国破产程序的这些要件,更核心的问题是承认前和承认后我们所给予的救济手段。第二,从案例角度梳理跨界破产的问题是有困难的,因为我们的案例资料并没有特别详细,尤其是涉外破产的案例,并非都有公开的资料。武汉市中级人民法院在2013年曾经作出一个破产判决,承认德国蒙塔鲍尔(Montabaur)地方法院的破产裁判,该案的裁定依据有几个方面:(1)裁定在德国已经发生法律效力;(2)该裁定没有违反中国法律的基本原则、国家主权、安全及社会公共利益;(3)存在互惠因素,德国柏林高等法院在2006年时曾经作出判决,承认江苏省无锡市人民法院作出的一个民事裁定;(4)该案的具体法律依据是我国《民事诉讼法》第154条第1款第11项、第282条的规定(只字未提破产法,我觉得可能是因为这个案件涉及的债权债务并不是特别巨大)。但是,这个承认的依据还是有很多可以琢磨的地方,也有很多可以讨论的地方。比如,承认外国的破产裁判与承认和执行外国的一般民商事裁判有什么区别?是不是以我国《民事诉讼法》作为法律依据?我个人觉得,综观世界各国关于破产裁判承认的立法和实践,其与一般的个别民商事案件的承认和执行之间存在非常大的区别。法院对外国裁判的承认,表明其观念是开放的,这是非常值得肯定的,但是在具体的法律依据方面可能还值得讨论。

关于第二个案件,最高人民法院曾在2011年对北京市高级人民法院的一个请示作出批复,该批复针对北泰汽车工业控股公司破产案,香港特别行政区高等法院作出清盘令,但最高人民法院的批复认为该清盘令不属于最高人民法院《关于内地与香港特别行政区法院相互认可和执行当事人协议管辖的民商事案件判决的安排》(以下简称《安排》)的范围,因此不应给予承认与执行。具体理由:第一,清盘令不是《安排》意义上的判决;第二,从《企业破产法》角度来看,第5条的规定是针对外国法院作出的裁判,而我国香港特别行政区法院并不属于外国法院。尽管北京市高级人民法院在请示中明确提出我国香港特别行政区高等法院曾经在2001年承认了“广东国投破产案”的裁判,对于债务人在香港特别行政区被扣押的财产,香港特别行政区高等法院解除了扣押令。在这背景下,最高人民法院于2011年作出的批复也是可以进一步研究的,这个案件之后对内地和香港特别行政区在破产方面的安排产生了比较大的影响。

2016年引起全球注目的“韩进破产案”给我们留下了无数思考,船舶航运行业与中国有巨大的利益关系,其破产涉及非常复杂的海商法和破产法的交叉问题。虽然我们进行了很多紧急预案研究,但韩进海运集团在韩国的破产程序最终没有向中国提出承认和协助的申请,我们可以思考它为什么不提出申请。

如今,中国已经成了双向投资大国,中国企业越来越多地走出去,也有越来越多的外商投资企业进驻中国,预计未来会有越来越多的跨界破产案件。但是,我国《企业破产法》实施10年后,在跨界破产方面并没有出台司法解释,在短时间内出台的可能性也不大,但在立法上,我们还是要思考这方面的问题。比如,立法上是否采纳联合国的跨境破产示范法?在司法实践上,中国所倡导的大国司法理念对于跨界破产案件的审理有何影响?我认为,“韩进破产案”给我们留下太多遗憾与思考,法院在司法实践中能否通过案件裁判的突破来积累经验?立法和司法之间能否进行比较有效的互动?其实,根本上还是人的问题,如果这方面的专业人士都不太关注这些问题,跨界破产工作就更难推进了。因此,我在这个场合再次呼吁大家关注双向的跨界破产问题。

章恒筑(浙江省高级人民法院民四庭庭长):

我的演讲题目是“完善管理人制度的若干思考”。管理人制度是我国破产法中确立的重要制度,在《企业破产法》实施中发挥了重要作用,但在实践中“管理人是干什么的”问题并没有得到很好的解决。

清算管理人是干什么的?对照《企业破产法》第25条,清算程序中的管理人至少有三个核心的职能:一是最大限度汇集可控制的资产;二是根据需要及时变价可控制的资产,为破产财产分配创造条件;三是实施有效率的破产财产分配。实务中,在清算程序中一些管理人的履职一定程度偏离了这三方面的职能定位。

在最大限度汇集可控制的资产方面,2016年下半年,财政部会计司就起草的《企业破产清算有关会计处理的规定(征求意见稿)》征求意见。通过对征求意见稿的研究,我们认为,破产企业不符合“持续经营”的会计制度假设;编制非持续经营下企业财务报表不符合国际会计制度通行做法。实务中,要求管理人编制财务报表,既不符合《企业破产法》对管理人的职能定位,而且财务报表有可能作为征税依据,导致管理人偏离职责,成为"税务协管员",可能增加管理人乃至法院的履职风险。财政部2016年12月正式下发的文件部分回应了各方面的意见,明确管理人要根据法院或债权人会议的要求编制清算财务报表。但问题的思考还在继续之中,我国《企业破产法》第25条有关管理人的职责明确包括"调查债务人财产状况,制作财产状况报告",这是对最大限度汇集可控制债务人资产这项管理人基础性职能的规定。首先,制作财产状况报告这一管理人的基础职能原则上应该由管理人亲力亲为,不具备制作财产状况报告能力的管理人是不称职的管理人。其次,制作财产状况报告是对管理人工作成果的记载,是站着干出来的,不是坐着写出来的。站着干和坐着写有什么不同?举个简单例子,管理人接管企业后,发现企业有一辆车子被他人无偿借用。这个时候,是想办法把车子要回来重要,还是在审计报告中记载有一辆车子的债权重要?答案肯定是车子要回来重要。但有的管理人不是这么想,在财务报表中注明一辆车子在外面就算是完事了,能不能拿回来就不管了。有些管理人甚至是当"二传手",委托别人写好再拿来向债权人会议汇报。况且,还存在一些无效或者低效委托审计评估可能导致的利益输送问题。因此,我们有必要适时制定管理人调查财产状况报告和制作财产状况报告的工作指引,法院、债权人会议要加强监督。

变价破产财产也是管理人的一项核心职责。浙江省绍兴市人民法院的调研报告显示,破产程序中,管理人2/3的时间花在资产处置方面,成为影响破产清算工作效率的"瓶颈"。这里有银行不配合、金融创新工具不足、政府公共服务不配套、处置过程中税费过重等原因,需要逐步改进。从法院、管理人工作角度来看,应该大力推进在法院、债权人会议监督下,通过网络平台以网络拍卖方式变价处置破产财产,实现财产价值最大化。浙江法院会同淘宝网已经在淘宝网建立了专门的破产财产网拍接口,相关工作正在推进之中。当然,经过债权人会议同意,一些破产财产也可以不通过网拍方式变价。平台经济背景下破产财产网拍变价方式的推进,实质是破产财产处置的去中介化(至少是去传统中介化),破产财产网拍中管理人怎么干,怎么收费,应该结合互联网思维进行审视。

执行经法院认可的财产分配方案,是清算管理人最后一个环节的工作。首先讲一下对法院审判管理系统改进清算案件结案标准的建议。结案是一个司法统计标准,而程序终止是法律概念,二者并不是完全等同的,结案不等于程序终结。我国《企业破产法》明确规定,分配方案由管理人执行,既然如此,管理人执行的案件怎么会成为法院的未结案?这是讲不通的。清算管理人执行财产分配,法院至多是一个破产财产分配的监督者,会同债权人会议监督管理人勤勉忠诚履责。清算管理人原则上要尽快完成破产财产的分配,尽快终结破产程序,尽快注销破产企业。但这也不是绝对的。破产财产及其组合有时因有一定的营运价值,如何处置以及何时处置应该符合市场规律,尊重不同风险偏好的债权人利益。比如,一个物业综合体通过长期出租的租金收益清偿债权,有的债权人要拿钱走人,有的则看好未来预期。此时就应该允许转让债权,进而以租金收益权为标的进行金融工具的创新。

以上讲了"清算管理人是干什么的"问题,"重整管理人是干什么的"则是一个更大的议题。实践中,至少要警惕和避免以下几个方面的倾向:一是单纯的维稳式重整,企业根本无挽救价值,政府面临信访压力,于是法院先受理重整,为了给债权人一个希望。二是忽视债务人或业主合法权益的掠夺式重整,不是帮扶有挽救价值的企业,而是"落井下石"赶走原投资者,让关系户接盘。三是恶意逃债或纯粹为了减债的重整。如在外地成立一家投资公司作为新投资人接盘债务人企业,实际上这家投资公司就是债务人实际控制人开办或持股的。这样的重整很可能就是转一圈把银行的债权逃废掉了。破产程序有揭露逃废债的作用,但破产程序被不当利用,也有可能异化为逃废债的工具,危害很大。四是程序空转式重整。主要是管理人缺乏整合资源推进重整的能力,重整程序缺乏和债权人及各方面的沟通,缺乏可行性研究,整个过程就是走程序,最终不得不回到原点走向清算,耗费了司法资源。这几种变形的"重整"形态,偏离了重整制度设计的初衷,要解决重整制度实施中存在的问题,管理人责无旁贷,法院也有值得总结的方面。

潘光林(温州市中级人民法院副院长):

我的演讲题目是"破产重整企业信用修复问题思考"。近几年,温州法院逐步实现了破产案件审理的专业化、法制化和常态化,初步形成了民营企业破产的温州模式,并形成了一批可复制的经验。其中,于2016年推动出台了全国第一个解决重整企业信用修复的地方性会议纪要,为重整企业信用修复提供了温州经验。

第一,重整企业信用修复的必要性。重整企业信用修复问题,主要发生在民营企业破产重整案件中,而在上市企业、国有企业破产重整案件中可能并不突出。2012 年以来温州法院共审理了 46 件破产重整案件,从实践来看,重整计划执行通常需要一定期间,有些甚至长达 2 ~3 年。在战略投资人接管企业、开始经营时,重整计划往往未执行完毕,从而使重整企业依然背负着历史不良信用记录的包袱,严重影响了企业重整后的正常经营和后续健康发展。因此,如果信用修复难题不解决,企业即使有战略投资人投入资金后得以重生,也会在后续经营中步履维艰,甚至再次走向死亡。长此以往,将严重影响战略投资人的积极性,进而会导致重整制度在民营企业这个重要商事主体上有"破产"的危险。

第二,重整企业信用修复的困境。一是银行账户正常使用难。破产企业重整成功后需要正常使用银行账户,尤其是基本户。而破产企业的开户行往往是其债权人,在重整计划执行完毕前,开户行通常会主张未清偿的债权要挂在账户上,款项进入账户会被自动扣划用于还款。二是人行征信系统信用修复难。因历史原因,重整企业在相关商业银行的企业信贷等级以及在人行征信中心的信用记录均为不良。若不能及时做好信用修复,将导致重整企业在后续经营活动中无法贷款、开具保函、参加招投标等,进而影响正常经营活动的开展,并对重整计划的成功执行产生重大影响。三是税务系统信用修复难。重整企业引进战略投资人后,会涉及税务登记证上法定代表人的变更问题,若前法定代表人被列入税务部门的黑名单,税务机关通常会以变更法定代表人可能涉及逃税为由拒绝办理变更手续。同时,企业重整前,大多存在财务信用问题,如果财务信用记录不能在重整后修复,则导致重整后的企业可能要为重整之前的财务问题"背黑锅",遭受税务部门的巨额处罚。四是法院执行系统信用修复难。在执行程序中,企业重整前往往有许多未结执行案件,而被列入失信被执行人名单。企业重整成功后,其应当从失信被执行人名单上撤下来。但是部分执行法院对此并不理解、配合,甚至还因重整之前的债务,查封、冻结重整企业的资产。

第三,重整企业信用修复的温州探索。一是破解重整企业无法正常使用基本户的问题。在人民银行和重整企业开户行的大力支持下,由管理人通过开户行提出撤销及重新开立基本户申请,人行予以核准后,将原挂有债务的基本户撤销,重新在没有债权债务关系的银行开立基本户,从而使重整企业可以正常使用基本户。二是推动解决人行征信系统信用修复问题。企业重整后需要对其信用记录进行修复的,管理人可以分别向温州市人行或者各商业银行提出申请;市人行和各商业银行在收到申请后7个工作日内,凭管理人申请和法院出具的函件予以办理(包括大事记在内的信用记录修复手续)。一般而言,市人民银行根据函件将重整成功的信息作为该企业的重要事件载入征信系统,即大事记,以借此起到隔断原失信记录的效果。三是推动解决税务登记证信用修复问题。无论原债务人企业法定代表人因何种原因被列入税务黑名单,税务部门应凭法院出具的函件予以办理变更手续,亦不得以税收债权未得全额受偿等缺乏法律依据的理由拒绝办理。四是推动解决重整企业参与招投标的问题。针对建筑类等特殊行业的重整企业在参与招投标方面存在的障碍,重整企业在参与招投标之前向温州市住建委、温州市审管办(公共资源管委办)报送重整成功的民事裁定书后,市住建委、市审管办(公共资源管委办)要积极向上级主管部门争取支持,给予建筑类等特殊行业的重整企业政策优惠,并在本市范围内开展的招投标活动中给予参与招投标资格。五是推动解决破产企业营业执照被吊销后恢复的问题。对于破产企业的营业执照在进入破产重整程序前被依法吊销后又因破产重整期间营业需要而申请恢复其营业执照的,市场监管局要按照法院出具的协助执行通知书及时办理暂时恢复营业执照的手续,期限为半年;如到期需要延长,市场监管局按照法院出具的协助执行通知书予以办理延期手续,期限仍为半年。

第四,重整企业信用修复的建议。温州法院的探索虽然在一定程度上解决了重整企业信用修复难的问题,但这一问题的根本解决需要国家相关立法的完善。一是修改《企业破产法》。现行法律并未对企业重整成功后的主体地位作出明确规定,这就导致重整企业信用修复无法可循,实践中只能从法理层面跟相关部门沟通。因此,建议对《企业破产法》进行相应修改,对除债务豁免外的其他方面也要作出豁免规定,重塑良好的信用记录。二是修改破产相关法律法规。在具体操作层面,重整企业信用修复难题涉及税收征管法、征信管理条例、人民币银行结算账户管理办法等法律法规,因此建议这些法律法规根据《企业破产法》对重整企业的定位,增加对重整企业信用修复等问题的明确规定。三是落实执行失信黑名单制度的相关规定。最高人民法院于今年1月刚修订的《关于公布失信被执行人名单信息的若干规定》第10条第1款第5项明确规定,因审判监督或破产程序,人民法院依法裁定对失信被执行人中止执行的,人民法院应当在3个工作日内删除失信信息。建议最高人民法院采取有力措施,督促地方法院将上述规定落实到位。

慈云西(时任深圳市中级人民法院公司清算与破产审判庭庭长,现深圳破产法庭负责人):

我的演讲题目是“重整程序中的重组方”。深圳市中级人民法院设立破产庭到现在已经有25个年头了。深圳破产审判的发展与深圳市场经济高度发达是有密切关系的。深圳今年在审破产案件350多件,受理的破产申请已经达到200多件,法官人均办理破产案件接近80件,量特别大。这些年受理的重整案件大概40余件,基本上都离不开新重组方的引入。

有人问,对重组方怎么约束?的确,它对重整起的作用实在太大了。破产法对破产参与的各方——债权人、债务人、管理人和法院都有规定,但对重组方这一重要的主体没有规定。理论界也很少回应这个问题,我搜了一下,这方面的研究成果比较少。在实务中迫切需要明晰重组方权利义务,应对此做一些实务研究和思考。

首先要对重组方的含义有一个界定。重组方是能给债务人带来新资金(其形态可以为现金或资产等)从而获得新的债权或者股权等权利的第三方主体,也叫重整方。引进重组方主要基于几方面的考虑,直接的初衷是重整企业必须通过一定的方式筹集资金,以图复活和再生,这是最主要的目的。但根据重整制度的规定,重整成功基本前提是完成重整债权的清偿,而破产费用和共益债务又优先于重整债权获得清偿。故企业重整必须先满足两方面的资金需求:一是清偿重整债权的资金;二是清偿破产费用和共益债务的资金。

重组方参与重整的便利和优势,可概括为三个方面:一是成功率更高。法庭外的重组要求跟所有的债权人达成协议,只要一方不达成,可能就进行不下去。破产法规定重整计划的表决通过,需要人数过半数,代表的债权额过2/3,不需要全体一致同意,这就给投资方带来很多便利。破产计划还涉及强制批准的问题,如果在债权人没有受到损害的情况下,法院有权强制批准。虽然说我们用得很少,但这对重组方来说也是有很大作用的。二是约束力更强。重整计划的通过需法院裁定确认,法院裁定确认后就具强制执行的效力,而庭外重组就不可同日而语。三是安全性更高。一旦企业进入重整程序,会对其进行严格的债权审查、财务审计、资产调查,对企业的底摸得非常清楚。这是法庭内的程序,而庭外程序是很难做到这一点的。所以重组方进来,一般不需要担心承担没发现的债务。何况,破产法还有一个设计,就是即使有遗漏债权,也只能按照同等条件来清偿。

重组方的招募和选择。重组方在实务中一般以三种形式出现:第一,投资者。分为产业投资者、财务投资者和前两者的结合。产业投资者一般看重的是重整企业的市场或者看重它的技术,或者看重某一方的资质,不仅要把企业救活,还要把企业发展壮大。所以它是一个战略投资者,大多数时候都是这一类的企业来重整。至于财务投资者适用于资金密集类企业,像房地产企业,主要目的是赚取后期利润,资金快进快出。还有产业投资和财务投资两者结合的。第二,承债公司。目前实践中较少。第三,秃鹫投资者,主要在美国。

重组方的主体资格。与债权人、债务人和出资人不同,重组方是一个非常重要但又变化无常的主体。直到第一次债权人会议召开,只有股东代表、职工代表列席,在开始制订公司重整计划草案后,重组才渐渐浮出水面,开始与债务人或管理人商谈新资金的注入以及交换条件等问题,但这时重组方仍处于不确定的状态。重组方在与债务人或管理人签订正式合同或缴纳保证金以后,才正式承担了重整中的权利和义务,重整计划的通过也为它设定权利和义务,最终明确它在重整中的主体资格。重组方的权利不外乎:(1)知情权,即对公司债权债务状况、治理结构等的了解;(2)参与权,对重整计划的制订、跟各方主体的谈判等;(3)执行权,通过消除债务、资产重组、调整经营管理方式等实现公司脱困再生。其义务前期是通过提交的投资意向书来约束,重整计划通过后,主要通过重整计划的义务来约束。

重组方招募前提与启动。招募前提条件是识别机制。法院识别这个企业有没有重整价值,有重整价值才能招募。法院识别实际上不是最终的,只要市场识别认可,自然就有重整价值,市场不认可,再说它有价值也是不管用的。重组方招募启动时间比较早,无须等债权人会议召开,在审查重整可行性时就要考察企业有无重整价值,开始启动招募,否则提交重整计划时间只有六个月,是来不及的。

对重整法律制度的完善建议,应当主要是围绕如何遴选重组方,包括遴选的方式方法、招募范围和形式;遴选后如何确定其权利、义务,包括保证金的缴纳、协议的签订,保证金的性质,法律上是否认可等;还有重组方的更换等都需要明确,在今后的法律修订中加以完善。

尹正友(北京市炜衡律师事务所合伙人、北京市破产法学会副会长):

我的演讲题目是“债转股在重整实务运用中的尴尬”。2016年10月10日,国务院发布了降杠杆意见,其中一个附件是债转股意见。该意见强调了要遵循法治化原则,按照市场化方式有序推进债转股,要建立企业市场化选择、价格市场化定价、资金市场化筹集、股权市场化退出等长效机制。但是,目前债转股在重整实务却中陷入了尴尬处境。

关于法律本身的问题。第一,法律障碍。我国《商业银行法》第43条明确规定:商业银行不得对非银行金融机构和其他企业进行投资(国家另有规定除外)。债转股意见没有作出不同的规定,反过来告诉我们要通过金融资产管理公司或地方政府平台等,把债权转让给他们,再由他们参与债转股的操作。第二,债转股涉及部分债权人的权利调整,其问题是要不要适用重整程序的表决规则。我认为可以适用重整程序的表决规则,但要注意不得违反最有利原则,避免二次伤害。

选择企业的尴尬。根据债转股意见,我们应当选择具有持续经营能力和持续盈利能力的企业,但在实际操作过程中,很难在降杠杆和去产能之间追求平衡和统一,借此,债转股变成了专门针对困境国有企业的拯救方式。2007年《企业破产法》最大的进步是突破了不同所有制的间隔,让不同类型的企业统一适用《企业破产法》。我们应当秉着发展的眼光,秉着市场本身的需要来思考问题,不要再把债转股变成专属于困境国有企业的拯救方式。

债转股定价。债转股过程中不能回避的是定价的问题,当企业出现资不抵债或遇到严重困难时,其对应的股权比例怎么计算?现存在一个普遍的问题,即债转股本身具有损失。比如,债权人不愿意按照模拟清算的20%进行债转股,而是希望按照账面价值进行债转股。在实际操作中,我们经过模型测算后会用一种比较简洁的方式同意金融机构用账面价值进行转换。

债转股公司的治理。债转股公司的治理很尴尬,要么流于形式,要么管得太死,公司无法实现营利。现在我们更多地采用市场化管理机构及市场化管理人才的方式解决问题。

退出机制。一是借助资本市场安排的退出机制;二是我们作出转让、回购或被收购的决定,以及设计一种综合交易结构支撑下的转让。在设计综合交易结构时,由于目前还缺乏支持债转股的税收优惠政策及相关配套措施,所以我们更要考虑周全,必要时还要与有关方面进行咨询、沟通,以获得他们的理解和支持。

提瑞婷(山东华信清算重组集团董事长、山东省法学会企业破产与重组研究会副会长兼秘书长):

我的演讲题目是“管理人机构的公司制运行与角色定位的思考”。我国破产法没有明确管理人的角色定位,导致管理人身份在破产程序中具有两面性、矛盾性。既要代表债务人,对破产财产进行管理和维护,又要依法合规、公平公正的对待每一位债权人,保护债权人的合法权益。管理人在破产程序中要协调平衡两者的关系,维护双方的合法权益,这要求管理人在履职过程中保持独立性。我们认为,管理人既然是中立的综合利益代表人,那么就需要管理人机构深挖其服务的功能和价值。为此,经过多年探索,我们要把服务做成产品,要把产品做得标准化,让债权人、债务人及法院能够看得见我们的服务,真正感受到我们的服务物有所值,从而实现社会效果和法律效果的统一。

实践中,华信公司从如下五方面确立其角色定位:第一,设立困难企业突发事件的应急服务管理中心,建立矛盾处理的“防护网”;第二,设立困难企业资产招商中心,探索产权流转设计及招商谈判机制,促进企业的资产处置、产权转让,完成企业的重组、整合;第三,设立破产重组利益调解中心,率先践行债权债务关系的多元调解处置机制;第四,设立困境企业转机管理服务中心,完善前置型、多方式、多渠道的解决手段;第五,设立业务监管督导中心,摒弃业务风险,提高管理质效。

华信公司秉承“有所为、有所不为”的经营理念,专注于清算、重整及并购重组业务,目前已初见成效。我们对公司制运行模式的积极探索,形成了共赢共荣的团队文化,让我们的服务角色清晰,让集团的统筹协调优势、区域公司的执行优势及律师、审计、评估、拍卖等其他专业机构的合作顺畅,保证了破产管理项目实施的效率效果。站在《企业破产法》实施10年后的新起点,我们有理由相信,除了执业能力的培育建设,机构的运营、管理能力也将会给管理人行业带来新的机遇。

郑有为(台湾中央大学产业经济研究所专任副教授):

我的演讲题目是“论个人破产中不得免责的债务类型”。大陆自2007年实行《企业破产法》后,这10年来取得了极大的成就。我国台湾地区在这10年间与大陆走了一条不一样的道路,自2008年公布《消费者债务清理条例》之后,社会的焦点基本都在个人破产制度上,有三个重要的议题环绕着整个台湾地区:第一,论豪宅条款。这基本上是台湾地区首次针对担保制度发起猛烈攻击,对台湾地区金融产业整体造成极大的震动。通过10年的实践,我们已经证明了台湾地区现代破产机制的引爆点是自用住宅借款特别条款。这个命题基本上对每一位消费者都有影响,因为大家以后都会申请房贷。我们申请个人破产之后要如何处理,这是台湾地区10年来所遇到的第一个大命题。第二,论奢侈浪费。我个人认为这是台湾地区第二个焦点论题,即因奢侈而负债或者因使用大量信用卡之后而负债。当我们适用台湾地区"消费者债务清理条例"中的清算程序时,这些债务是否需要偿还?第三,论不可免责的债务类型。个人申请破产之后,其产生的各式各样债务是否应该予以免责?这是破产法学的新课题,也是大陆将来的立法重点,台湾地区在这方面的经验也许可以相互交流。

中国台湾地区司法主管部门在2016年公布了最新的"债务清理法草案",这部草案增加了台湾地区个人破产制度的复杂性和困难度。所谓复杂性和困难度,是指草案在原有个人更正程序和清算程序的基础上,新增了和解程序和破产程序,也即台湾地区在将来的个人破产方面会有四种程序加以适用。目前,中国台湾地区在个人破产免责方面的立法设计太过复杂,债务人在申请破产时非常容易发生混淆。我建议在四种程序类型当中分别作出删减,以超级免责的概念贯穿四种程序,呈现一个阶梯式的设计,我也希望可以体现出各种程序的设立目标和适用对象,然后再把所有相关程序中不得免责的债务类型作出差异化或同质化的设计。

伍兆荣(柯伍陈律师事务所资深合伙人):我的演讲主题是"香港跨境破产法的新发展及其对大陆破产管理人在香港地区行使职权的启示"。在资本全球化的背景下,内地很多企业已经走出去了,在我国香港特别行政区也都设立了公司,实施全球化策略。借此,内地企业在香港特别行政区及其他国家都有资产,如果这部分企业进入破产程序,那么其在境外的资产该如何处理?

关于跨境破产,普及主义即只需在一个国家开展破产程序,其他国家或地区以司法辅助。但是,每个国家都需要保护国内债权人的利益,因而出现了修正或改良的普及主义。香港特别行政区法院认可这种经改良的普及主义,其他国家也普遍认可经改良的普及主义。就香港特别行政区而言,普及主义的原则是只有一个破产程序,香港特别行政区法院会尽量协助内地的破产程序,但不得违反香港特别行政区的法律原则或公共政策。

香港特别行政区破产法与英国破产法相似,但是英国在1986年《破产法》中已经有跨界破产的承认制度,而香港特别行政区目前还没有。1997年后,联合国国际贸易委员会示范法里也有关于如何处理跨境破产的规定,但香港特别行政区没有采用,内地也没有采用。因此,香港特别行政区在跨境破产的承认和协助上是遵循普通法的原则,即法官酌情考虑是否作出承认或给予协助。2016年香港特别行政区高等法院指出,政府没有主动为跨境破产提出立法建议或做工作,目前主要依赖法院和律师为跨境破产作努力。内地与香港特别行政区之间的跨境破产主要有以下几种方式:第一,简单的承认。在普通法下,香港特别行政区可以用简单的程序承认内地法院的破产程序,承认内地的破产管理人,破产管理人在被承认后就可以行使所有的职责,这是最理想的。这种承认可能需要耗费一两个月,花费较少,内地法院只需要完成一份请求书,向香港特别行政区法院申请,再由香港特别行政区法院颁布一个命令即可。第二,平行的破产程序,这需要在香港特别行政区重新申请破产,进入破产程序。这种方式需耗费大量的成本,而且手续繁杂。

嘉宾评议

陆晓燕(无锡市中级人民法院金融庭庭长):

关于郑有为教授提及的个人破产问题,根据目前的社会环境和破产理念,估计很难得到解决,而我们在破产处置过程中经常会遭到质疑,我担心它会进一步扩大立法与现实之间的距离。郑教授的发言为我们提供了"他山之石",在很大程度上解决了我的一些顾虑,我不得不佩服这种立法设计非常精妙,尤其是强调了不能免责的债务类型,这些可以给予我们借鉴。

石静霞教授和伍兆荣律师关于跨境破产的发言是比较前沿的,目前我们对于跨境破产问题的处理更多是采用迂回战术,并没有直接要求他国来承认或协助我国的破产程序,应当说是通过一些自治的方式绕过这些跨境破产中的难题。石教授的发言让我感受到了"破人们"的实践智慧,这恰恰是对很多理论问题的回应,也倒逼我们逐渐完善破产立法。

结合慈云西庭长的具体例证,我谈谈自己对重整方的理解。关于重整方有哪些类别,原理上,无论是清算程序还是重整程序,都会涉及投资人。如果是破产清算程序,投资人购买的是破产财产,破产企业用这个对价去清偿债务,投资人可以取得相应的财产。如果是破产重整程序,投资人看重的是破产企业的营运价值,购买的是"活马",取得对"活马"的控制权。借此,我觉得可以用这样的原理去解决重整方的选择问题。

尹正友律师提出了债转股的问题,债能不能转股?用什么程序转股?应该选择什么司法程序?这其实是一个市场自治的问题,即债权人自己作选择。但是,这样的选择到底是以多数决的形式还是以个体选择的形式?我个人觉得还是应该尊重每位债权人的选择权利,同意债转股的债权人可以接受债转股,不同意的债权人也可以保留自己的债权,等待破产分配。如果将债转股理解为一种股权分配的方式,我觉得这里面仍有疑问,因为股权并不属于破产财产,在审计上还不具备财产价值,如果要用股权清偿债权,至少逻辑上应当存在一个推理过程。首先是债权人愿意购买股权,然后将购买股权的对价款与债权进行抵销,但其前提同样也是要债权人自愿接受。

潘光林院长提到信用修复的问题,我认为信用修复是政府的职责,从法理角度来讲,政府权力应当具有义务的性质,打通破产程序"最后一公里"是政府职责的应有之义。政府应当是"在位"但不"越位",尊重市场在资源配置中的决定性作用,但同时也要形成必要的行政配套措施。从信用修复的问题上来看,现行制度还有待完善,我称为破产程序的"最后一公里"。"最后一公里"恐怕不能仅依靠司法力量及管理人力量,还需要顶层设计。作为"破人",我们可以从各个方面为政府提供相关建议,大家群策群力来完善这个顶层设计。

开放式交流

时间:2017年6月4日上午(11:15~12:20)

地点:友谊宫—聚英厅

主持人:郑志斌(北京大成律师事务所高级合伙人、中国人民大学破产法研究中心副主任、北京市破产法学会副会长)

交流嘉宾:王欣新(中国人民大学破产法研究中心主任、北京市破产法学会会长);丁海湖[广东省高级人民法院破产审判庭(执行裁判庭)庭长];鞠海亭(浙江省瑞安市人民法院院长);陆晓燕(无锡市中级人民法院金融庭庭长);赵坤成(北京市金杜律师事务所合伙人);池伟宏(北京大成律师事务所高级顾问);任一民(浙江京衡律师事务所副主任)

提问：在企业破产过程中，银行业的维权诉求特别强烈，银行对债权保护工作的不满意度极高。涉及几个问题：第一，市场化、法治化的问题。如果我国真的可以在市场化、法治化的环境下实施破产，银行业不会有太多怨言，但现实中，“无形之手”并没有起作用，反而是“有形之手”起到很大的作用，这对银行而言是一种伤害。第二，银行业金融机构对企业破产制度的完善至少有以下几个方面的诉求：一是两个债委会如何衔接的问题，银行业金融机构在银监会的倡议下成立了债委会，该债委会与《企业破产法》上的债委会并非一个概念，却涵盖了大量问题，如债权人如何有效地参与企业的破产过程、如何有效行使监督权、如何有效排除政府干预、实质性合并破产如何能实现。二是银行业金融机构正在施行失信惩戒制度，在如何对企业进行失信惩戒上，不无疑问。最后，希望在座与会专家有机会协助银行业协会起草一份工作指引，就银行业如何保护债权的问题提供引领、指导的帮助。

丁海湖：实际上，在银行作为债权人的情形下，我们一直认为依法保护是最确切的。无论是国有银行、商业银行还是其他银行，我们现在都努力地用一把“尺子”去保护。当企业进入破产程序后，银行不能提太多超出法律规定以外的要求，如果都特殊了，就没有一般了。

提问：关于“江西赛维破产重整案”，我想听听王欣新教授的评价。

王欣新：本案的关键是要保障当事人的权利，首先是程序权利，比如，在债权人会议上，债权人有权要求查阅资产评估报告、审计报告，有权提出异议。正常情况下，法院在债权人有异议时，应该召开说明会，让评估机构、审计机构解答疑问，如果不能解答疑问，即证明该评估、审计是有问题的，必须进行相应的修改。如果资产评估报告、审计报告不让债权人查阅，显然是损害其权利。若这种程序权利都没有保证，实体权利也恐怕难以实现。不可否认，债权人的有些权利是以多数决的形式加以限制的，但也有权利是不能用少数、多数这个的概念去评价，否则就会出现多数人的暴政。比如，“债转股”就是一个只能由当事人自行决定的权利，而不是债权人会议表决的事项。债权人会议可以表决的是债权清偿方案、重整计划等事项，这都是对当事人原有权利义务的调整，属于在破产案件受理前就已经产生的权利义务关系，但是“债转股”是不可以的。破产法要求的是共赢，这是基本的公平原则。其次是权利保障上要实现公平。对银行业而言，更在乎能否得到公平保障。重整的目的不是剥夺债权人的权利，而是在挽救债务人的同时保障债权能够得到更多的清偿。如果为了重整就让债权人放弃自己的利益,放弃法定权利,这样的重整显然已经异化,不再是市场化、法治化的重整。

郑志斌:“赛维案”在一些方案设计上还是可圈可点的,比如,优先股的设计。从管理人的角度上,在资源有限、清偿率很低的情况下,管理人如何与银行进行沟通取得理解也是非常重要的。

赵坤成:从管理人角度来看,我们也非常关注市场上的一些重大疑难案件,也关注一些案件评价,但这些评价都是外在评价,对案件具体背景的考虑可能不是很充分,只能从不同角度进行解读。我认为,“赛维案”的管理人肯定是做过很多努力的,但可能在一些细节的把握上不是特别准确。比如沟通问题,管理人有没有就企业资产现状、经营前景等问题向每个债权人进行非常充分的沟通、披露?这个环节是很容易出现误解的。关于两个债委会衔接的问题,这在技术上应该是没有问题的,但在破产法中债委会有人数限制。另外,破产程序中不仅有银行债权人,还有商业贸易债权人、民间机构债权人,这需要作出微调。

池伟宏:在“东北特钢案”中,大连市中级人民法院对银行债权人的要求作出了非常正面的回应。在债权人参与度上,大连市中级人民法院明确金融机构债权人、主席单位和债权人身份所代表的各家银行、金融机构债委会都可以参与重整计划草案的制定,同时明确债权人会议主席可以对管理人工作进行监督,这些都是法院系统从程序公正的角度对银行金融机构债权人诉求作出的积极回应。从历史上来看,无论法院还是管理人,在依法平等保护金融机构及其他债权人的问题上,都从过去有所不足逐渐向比较理想的方向发展。特别地,银监会在要求成立金融机构债委会的问题上起到很重要的作用,金融机构积极回应法院和管理人的协商和协调。

提问:第一,房地产企业从陷入债务困境到进入破产程序的过程中,政府可能垫付了很多资金,这部分资金如果作为优先权受偿,则无法律依据,若作为共益债务,其产生的时间节点又不符合条件,这个问题该如何处理?第二,在民营企业破产的情形下,存在企业账务不规范、主要责任人下落不明、虚报债权等诸多问题,法院方面可能认为该企业破产工作已经无法推进,要么驳回破产申请,要么终结破产程序,管理人方面则可能涉及费用的垫付,这不利于管理人利益的保障,如果要驳回申请或者终结程序则又缺失依据,毕竟企业还有部分资产,这种情况下该如何处理?

任一民：第一个问题涉及危机期间政府垫付资金后其债权性质的确认问题，可以从三个层面来看：第一，对基础事实进行进一步调查和分析论证，如果政府垫付的资金确实用于支付职工工资，那么我们可以按照职工债权标准认定，这点有法律依据；如果不是，则应该确认为普通债权。第二，在不赋予政府垫资以优先权的情形下，对政府也是有警示作用的。因为政府在对危机企业进行救助的过程中，都会有意识地提前聘请法律顾问，做好风险处置预案。如果我们不加区别，直接对政府垫资给予优先保护，可能会纵容政府忽视垫资风险。第三，从个案解决角度上，在重整过程中，有两种模式也许可以给予一些特别保护：一是提供新融资，这在美国已经有实践经验。如果在重整期间提供新融资，则可以把之前的普通债权转化为优先债权，当然，这还需要取得债权人会议的认可；二是考虑到政府是否能贡献新价值，如果有，就可以对之前的一些普通债权调整为优先权，只要政府贡献的利益是大于损失的。第二个问题是关于破产企业欠缺账目、欠缺破产费用的问题，法院对此是否可以终结破产程序？我个人认为是不合适的。关于欠缺企业账目的问题，就目前而言，即便很多民营企业的账目是完整的，但是这个账目是否客观、真实、准确地代表了企业所有的融资或资金进出情况不无疑问。关于破产费用的欠缺问题，应当尽可能想办法克服，有些资产可以变现的，管理人可以通过变现、融资等其他方式解决。无论如何，不能因为欠缺破产费用就提前终结破产程序。对于大量无产可破的案件，我个人建议可以通过设立管理人基金或政府保障基金的方式解决。企业为什么会陷入无产可破的困境？这里面存在很多疑问，有可能是因为资产流失或非法转移的原因，也可能只是表面上无产可破，财产被隐匿。我们是否可以创造条件把无产可破的案件再深度挖掘，如果可以，那么无论是管理人还是破产法官，都能够更好地为债权人提供服务。

陆晓燕：我回应一下政府垫资的问题，以江苏无锡为例，政府即便要垫资，也会先作出风险处置的预案。在企业进入司法程序之前，政府想先挽救一下企业，这可能引发两种后果：一是救治成功，政府的垫资也得到清偿保障；二是救治失败，政府垫资无法清偿。因此，政府会事先与法院或法律顾问进行沟通，先确保政府资金进入的安全性，先以担保物权、房地产预告登记等方式保障政府资金的安全。在政府与法院配合的过程中，像无锡“尚德案”中有政府协调组，但法院工作人员不会进入政府协调组，因为政府协调组是由行政机关工作人员组成，而法院是破产程序的主导者,为破产程序提供公开、公平、公正的平台,所以法院不会加入任何一个利益主体,但相关工作可以由法院和政府协商开展。

提问:在企业职工数量少,破产财产非常有限的情况下,职工债权面临主体尴尬的问题。在破产债权中,绝大多数银行债权属于担保债权,无抵押债权的数额也远远超过职工债权,所以在决定追索财产、撤销返还、债务清理等事项上,由于职工债权所占比例甚小,其话语权就存在明显瑕疵。

王欣新:是否追回财产这一事项根本不属于债权人会议表决的范围,而是由管理人自行决定的范围。管理人会根据调查取证而考虑是否应当追索。但是,如果债权人认为管理人放弃追回的权利是有问题的,可以请求法院对此进行纠正。

提问:第一,个人连带责任能否免除,有没有终点?是终生连带还是仅在破产程序终结时连带?第二,在"个人破产法"尚未出台时,将企业主什么类型的财产纳入破产财产当中能够免除其个人连带责任?

丁海湖:在没有"个人破产法"的情况下,企业主的个人责任显然是不能直接免除的。在实务操作中能否通过企业破产一并解决这个问题?深圳市中级人民法院有一个案例是通过关联企业合并重整,加上非关联企业联合重整的方式,解决了企业主个人连带责任的问题。

赵坤成:个人财产不属于债务人财产或破产财产,《企业破产法》无法约束个人财产的处分,只能通过管理人与实际控制人协商,将其名下所有的有效资产通过自愿赠与纳入破产程序中,再由个人财产加上企业自有财产共同为后续的清偿工作提供支持。理论上,这相当于债务人、股东、实际控制人的共同努力,最终实现对债权人利益的充分保护。

鞠海亭:我们的政府成立了一个临时机构,由法院派员负责一些非法集资或涉及个人破产的案件。虽然这些案件不能称为个人破产案件,但实际上它完全走上了类似个人破产的道路。通过政府相关部门及法院的介入,把债权债务处理完毕。在破产审理过程中,企业主主动把个人财产纳入破产财产范围,取得债权人的谅解,因此,这实际上将个人破产与企业破产进行了合并。

提问:如何才能更多地吸引资本力量来参与企业破产?

王欣新:目前,企业重整对金融的应用相当不充分,有两方面因素:一是我国本身资本市场、金融市场不发达;二是当企业进入到破产程序后,往往已经丧失重整价值,无法吸引金融家们的注意力。随着“僵尸企业”处置工作的开展,之后会陆续出现一些大型企业破产的现象,这些企业具有挽救价值。大型企业可以运用金融手段去设计重整方案,我们一直强调挽救企业的过程要创新,除了在债务清偿方面要创新,在引入资金方面也要创新,如果没有资金的进入,企业挽救往往就丧失了实质的动力。所以,希望大家以后要不断研究如何在企业重整中运用金融手段,使困境企业的资本市场和金融手段结合在一起,让企业获得更多挽救的机会。

闭　幕　式

时间:2017年6月4日上午(12:20~12:40)

地点:友谊宫—聚英厅

主持人:张世君(首都经贸大学法学院教授、副院长,北京市破产法学会副会长)

闭幕总结

徐阳光(中国人民大学法学院教授、中国人民大学破产法研究中心副主任,北京市破产法学会副会长兼秘书长):

今年4月,我们在绍兴举办了管理人制度的专题研讨会,而今天即将闭幕的“第八届中国破产法论坛暨《企业破产法》实施十周年纪念研讨会”是年度大会,也是我们今年的第二次大型活动,大家参会热情非常高,850多位参会嘉宾创了人数上的记录。这次会议与在绍兴召开的会议间隔时间短,大家参会的频率比较高,会议也办得很吃力,我们的会务人员都很疲惫。因此,如果过程中有不周到之处,还请大家多包涵。

我们在本次论坛继续组织了优秀论文评选。在评奖过程中,专家们也很吃力,我们组成了一个评审委员会,专家们需要评审200多篇文章,时间很紧,评审任务重,我在这里向各位评审老师表示感谢。我们将对这次会议的论文精挑细选,在大家确认、定稿之后,我们会在“破产法文库”中的“论坛文集系列”出版。

每一次论坛活动的成功举办,都是全体“破人”共同努力的结果。特别感谢最高人民法院杜万华专委、民二庭贺小荣庭长对我们的大力支持,感谢人民法院报社、《法律适用》杂志社、《人民司法》杂志社、《中国审判》杂志社对我们的大力支持,感谢来自北京、江苏、浙江、上海、广东、广西、山西、安徽高级人民法院的副院长、庭长带队参加会议,感谢全国各地的管理人代表、金融机构代表,感谢中国国际贸易促进委员会这次主动加入主办方行列,拓展我们的眼界和视野,感谢北京市破产法学会全体会员的支持,尤其是团体会员单位北京市金杜律师事务所、北京市大成律师事务所、北京市中伦律师事务所、北京市炜衡律师事务所、山东华信清算重组集团、江苏新天轮律师事务所作为本届论坛的协办单位,为我们提供了强有力的支持。感谢会务组同学们的辛苦付出和友谊宾馆会场后勤服务团队的保障。

我宣布"第八届中国破产法论坛暨《企业破产法》实施10周年纪念研讨会"圆满闭幕,祝大家返程愉快,期待下一次的再相聚。

已公开发表的会议论文清单*

1. 北京市第一中级人民法院清算与破产审判庭:《关于建立破产案件专业审判庭及构建相应审判机制的调研报告》,载吴在存主编:《破产审判的专业化与规范化——北京破产法庭的探索与实践》,法律出版社 2019 年版。

2. 常显慧:《探讨房地产企业破产购房者权益如何保护》,载《投资与创业》2017 年第 2 期。

3. 陈本菲:《我国的个人破产立法——以金融基础设施建设为视角》,载《企业合规论丛》2018 年第 1 期。

4. 崔明亮:《我国破产重整计划性质探究》,载《河南社会科学》2018 年第 7 期。

5. 代策:《个人破产制度的构建——以中国香港个人破产制度为例》,载《中国经济报告》2018 年第 9 期。

6. 丁立波:《破产案件审理中的"刑民交叉"问题研究》,载戴红兵主编:《破产审判的广西实践与探索》,法律出版社 2019 年版。

---

* 第八届中国破产法论坛组委会共收到会议论文 220 余篇,组委会秘书处不仅组织评选了优秀论文,更是鼓励、支持和推荐作者将论文修改后投稿发表,截至 2019 年 12 月底,约 50 篇参会论文在报刊杂志上公开发表,产生了很好的社会影响。"破产法文库"编委会在遴选论文结集出版的过程中,为了避免出版内容和期刊发表论文的重复,也为了更好地尊重期刊杂志的著作权,原则上未收入已经公开发表的论文,采取制作已发表的会议论文清单的形式,为大家提供更好的检索指引。

7. 方新平、潘剑丽、马嶙侃、黄赛琼、何风群:《智慧法院背景下浅析破产财产变价方案的选择——以富阳区人民法院破产审理为样本》,载徐阳光、吴建峰主编:《破产审判的富阳实践:基于项目化指引的探索》,法律出版社 2019 年版。

8. 郭靖祎:《海商法与破产法的冲突与弥合》,载《华东政法大学学报》2018 年第 1 期。

9. 何隽铭:《构建我国个人破产制度应自商个人破产制度始》,载《新余学院学报》2017 年第 4 期。

10. 胡利玲:《破产重整中公司治理的国内研究现状》,载《科技创新导报》2019 年第 23 期。

11. 胡利玲:《破产重整中公司治理的国外研究现状》,载《科技创新导报》2019 年第 21 期。

12. 蒋太仁、黄睿:《国有企业破产重整中职工安置金的性质思考》,载《广西法治日报》2017 年 7 月 11 日,A3 版。

13. 蒋先锋:《江苏省常熟市人民法院破产审判调研报告(2007 - 2017 年)》,载徐阳光主编:《中国破产审判的司法进路与裁判思维》,法律出版社 2018 年版。

14. 赖燕娜、张山:《我国〈破产法〉待履行合同制度研究》,载《广西律师》2017 年第 4 期。

15. 李琛、徐艳:《湖南省岳阳市两级人民法院破产案件审理情况调研报告》,载徐阳光主编:《中国破产审判的司法进路与裁判思维》,法律出版社 2018 年版。

16. 廖丽环:《洛克同意论对执转破程序启动要件的端视与修正》,载《南海法学》2017 年第 5 期。

17. 刘冬梅、张妍、范晓玲:《破产管理人“四元”监管模式研究》,载《法治论坛》2017 年第 2 期。

18. 马天、蒋瑜:《论房地产企业破产案件中抵押权的实现顺位——以优先权冲突为视角》,载《太原学院学报》(社会科学版)2019 年第 1 期。

19. 南京市中级人民法院课题组:《南京市两级人民法院探索“僵尸企业”破产处置的调研报告》,载徐阳光主编:《中国破产审判的司法进路与裁判思维》,法律出版社 2018 年版。

20. 南京市中级人民法院课题组:《强化破产司法供给的实务探索》,载《人民司法·应用》2017 年第 25 期。

21. 衢州市衢江区人民法院:《关于破产案件资产处置情况的调研报告》,载程品方主编:《人民法院企业:破产审判实务疑难问题解析》,法律出版社 2016 年版。

22. 上海市高级人民法院民二庭:《上海市各级各地人民法院破产司法实践十年回顾与展望》,载徐阳光主编:《中国破产审判的司法进路与裁判思维》,法律出版社 2018 年版。

23. 王静、黄建东、蒋伟:《上市公司重整与重大资产重组并行的程序冲突与协调》,载《法律适用》2018 年第 2 期。

24. 魏新璋、程顺增:《衢州市两级人民法院破产审判报告(2007 - 2017 年)》,载徐阳光主编:《中国破产审判的司法进路与裁判思维》,法律出版社 2018 年版。

25. 魏新璋:《破产审判与"僵尸企业"处置的实践探索与思考——以衢州法院加大"僵尸企业"司法处置力度助推供给侧改革为观察点》,载《法治研究》2017 年第 2 期。

26. 温州市瓯海区人民法院课题组:《建筑业企业破产重整若干问题与对策探讨——以温州中城建设集团有限公司破产重整案件为基点》,载杜万华主编:《商事法律文件解读》(总第 151 辑),人民法院出版社 2017 年版。

27. 温州市中级人民法院课题组:《温州两级人民法院企业破产审判报告(2013 - 2016 年)》,载徐阳光主编:《中国破产审判的司法进路与裁判思维》,法律出版社 2018 年版。

28. 吴长波、张姝嫔:《企业资产证券化融资中的破产隔离法律问题研究》,载赵万一主编:《供给侧结构性改革背景下的中国破产法》,华中科技大学出版社 2018 年版。

29. 郗伟明:《论破产重整中未按期申报债权之处置》,载《法商研究》2012 年第 6 期。

30. 夏正芳、李荐、王国亮、翟如意:《江苏法院破产审判十年的探索与思考》,载《人民司法·应用》2017 年第 22 期。

31. 徐阳光:《论关联企业实质合并破产》,载《中外法学》2017 年第 3 期。

32. 许德风:《破产中的连带债务》,载《法学》2016 年第 12 期。

33. 杨光:《破产定金债权刍议》,载《东方法学》2015 年第 6 期。

34. 殷慧芬:《破产法视野下的消费者过度负债问题》,载《消费经济》2018 年第 5 期。

35. 余慧娟、毛宗慧:《执破衔接程序启动的障碍与对策探析——基于破解“执行难”与“僵尸企业”清理的双重考量》,载程品方主编:《人民法院企业破产审判实务疑难问题解析》,法律出版社 2016 年版。

36. 张华欣:《破产企业处置过程中存在问题的思考与分析》,载《中国商论》2018 年第 13 期。

37. 张亚琼:《破产重整投资人招募之类型化分析》,载张善斌主编:《破产法的“破”与“立”——〈企业破产法〉施行十周年纪念文集》,武汉大学出版社 2017 年版。

38. 张有顺、郝振:《执转破案件简化审理的实践和规范——以丽宏喷织(苏州)有限公司破产清算案为例》,载周继业主编:《人民法院破产审判:江苏实践与经验》,法律出版社 2018 年版。

39. 章恒筑、王雄飞:《论完善执行程序与破产程序衔接协调机制的若干问题——基于浙江法院的实践展开》,载《法律适用》2017 年第 11 期。

40. 赵惠妙:《上市公司重整中政府角色的实证研究》,载《兰州学刊》2017 年第 12 期。

41. 浙江省江山市人民法院课题组:《浙江省江山市人民法院破产审判报告(2010-2017)》,载徐阳光主编:《中国破产审判的司法进路与裁判思维》,法律出版社 2018 年版。

42. 郑成新:《以企业重整推进供给侧结构性改革》,载《学习时报》2017 年 5 月 15 日,第 8 版。

43. 周焕然、范晓玲:《破产管理人“金字塔式”选任模式研究》,载《法治论坛》2018 年第 1 期。

44. 周剑敏、朱淼蛟、张帆:《加强破产资金监管 保障债权人之利益》,载《人民法院报》2017 年 5 月 18 日,第 8 版。

45. 周荆、杨琳:《破产法理念的回归与重塑——“执转破”问题的实证主义研究》,载《判解研究》2018 年第 2 期。

46. 周荆、杨琳:《破产重整计划的强制批准》,载《人民司法·应用》2017 年第 31 期。

47. 朱志亮、孙贵斌:《浅谈破产重整中待履行合同转让》,载周继业主编:《人民法院破产审判:江苏实践与经验》,法律出版社 2018 年版。

48. 左北平:《从案例实践的角度剖析会计师事务所新角色:破产管理人》,载《中国注册会计师》2017 年第 2 期。

图书在版编目(CIP)数据

破产法论坛. 第十六辑 / 王欣新，郑志斌主编. --
北京：法律出版社，2020
(破产法文库)
ISBN 978-7-5197-4345-1

Ⅰ. ①破… Ⅱ. ①王… ②郑… Ⅲ. ①破产法-中国
-文集 Ⅳ. ①D922.291.924-53

中国版本图书馆CIP数据核字(2020)第050910号

破产法论坛(第十六辑)
POCHANFA LUNTAN(DI-SHILIU JI)

王欣新　郑志斌　主编

策划编辑 沈小英
责任编辑 沈小英　张泽华
装帧设计 马　帅

出版 法律出版社
总发行 中国法律图书有限公司
经销 新华书店
印刷 固安华明印业有限公司
责任校对 杨锦华
责任印制 吕亚莉

编辑统筹 法治与经济出版分社
开本 710毫米×1000毫米　1/16
印张 41.75
字数 750千
版本 2020年6月第1版
印次 2020年6月第1次印刷

法律出版社/北京市丰台区莲花池西里7号(100073)
网址/www.lawpress.com.cn
投稿邮箱/info@lawpress.com.cn
举报维权邮箱/jbwq@lawpress.com.cn
销售热线/400-660-8393
咨询电话/010-63939796

中国法律图书有限公司/北京市丰台区莲花池西里7号(100073)
全国各地中法图分、子公司销售电话：
统一销售客服/400-660-8393/6393
第一法律书店/010-83938432/8433　西安分公司/029-85330678　重庆分公司/023-67453036
上海分公司/021-62071639/1636　深圳分公司/0755-83072995

书号：ISBN 978-7-5197-4345-1　定价：218.00元